사회복지법제와 실천

Social Welfare
Legislation and Practice

김기원 저

학지사

머리말

『사회복지법제와 실천』은 사회복지법률과 이와 관련된 제도 및 체제를 이해하고, 그 지식을 복지현장에 효과적으로 적용하고 실천하기 위해 필요한 내용을 서술한 책이다. 사회복지법이 사회복지현장에서 올바로 실천되기 위해서는 무엇보다 사회복지법의 해석과 적용에 필요한 기본적인 총론적 지식을 우선 함양해야 하고, 그에 기초하여 개별적인 사회복지법들을 학습하고, 그러한 법적 지식을 복지현장에 적용하고 실천하는 것이 바람직하다. 따라서 필자는 이러한 관점에서 이 책을 총론과 각론 부분으로 나누어 저술하였다. 총론 분야에서는 사회복지법의 해석과 적용에 필요한 기본적인 사항들을 저술하였고, 각론 분야에서는 총론의 지식을 바탕으로 개별적인 사회복지법들을 분석하고 이해할 수 있도록 정리하였다.

필자는 그동안 『사회복지법제론』(개정 4판, 나눔의집, 2009)이라는 제명의 저서를 저술하고, 여러 차례의 개정판을 통하여 새로이 제정되었거나 개정되었던 사회복지에 관한 법의 내용을 분석하고 소개하여 왔다. 이 책은 필자의 저서인 『사회복지법제론』의 개정판으로, 최근 한국사회복지교육협의회의 교과목 개정안에 따라 기존에 출판된 책의 제명을 『사회복지법제와 실천』으로 변경하고, 개정 취지를 참고하여 사회복지법이 사회복지현장에서 올바로 이해되고, 적용 · 실천될 수 있도록 개정하였다. 무엇보다 필자는 역동적으로 변화하는 사회복지법의 입법내용을 반영하였고, 사회복지법의 기본이 되는 법 이론과 체계, 입법과정, 인권 등에 관한 내용을 보완하였으며, 개별적인 사회복지법의 내용을 2018년 저술 당시를 기준 시점으로, 일부는 2019년 법 시행 시점을 기준으로 정리하였다.

본래 법이란 생물(生物)과 같아서 법을 둘러싸고 있는 생태계의 복합적인 요인들과 밀접한 관계를 형성하며 서로 영향을 미치기도 하고 받기도 하며 존재한다. 따라서 법이란, 처음 제정되어 탄생하는 과정에서뿐만 아니라 제정된 이후에도 법을 둘러싼 여러 환경요인과 유기적으로 상호작용하며 개정이 이루어져 그 내용이 변화한다. 체계론적으로 바라보면, 법은 이러한 역동적인 과정(dynamic process)을 거치면서 폐쇄체계(closed system)가 아니라 개방체계(open system)하에서 생존하고 발전해 나가고 있다. 사회복지와 관련된 법도 이와 같은 역동적인 사회경제적 환경이나 인구통계학적 환경변화에 반응하면서 제정되고, 집행되고, 평가되고, 평가 결과가 환류(feedback)되고, 환류책의 일환으로 법이 개정되기도 하고, 폐지되기도 하며, 때로는 새로운 내용의 사회복지법으로 대체되기도 한다.

이 책은 크게 사회복지법의 체계와 이론을 총괄적으로 이해하는 사회복지법제 총론 분야와 역동적으로 변화하고 있는 개별적인 사회복지법의 내용을 가장 최근의 개정법을 바탕으로 상세하게 분석하고, 주요 사회복지관련 대법원과 헌법재판소 등의 판례를 분석한 사회복지법제 각론 분야로 구성되어 있다.

제1부 사회복지법제 총론 분야는 크게 법 일반, 사회복지법의 의의, 사회복지법의 체계, 사회복지법의 역사적 형성과 특징, 사회복지법의 기본원리 및 규범적 특성, 사회복지의 권리성, 사회복지 주체에 대한 법적 검토, 사회복지사의 법적 지위와 권한 · 책임 · 의무, 국제법과 사회복지 그리고 사회복지와 자치법규로 구성되어 있다. 총론 분야에 대한 이해는 개별적인 사회복지법을 이해하고 해석하며 적용하는 데 매우 중요한 내용이다.

'제1장 법 일반'에서는 사회복지법을 이해하는 데 필요한 기본적인 내용인 법의 정의, 법의 목적, 법의 효력, 법의 해석과 적용, 법의 제재 그리고 법률관계: 권리와 의무를 분석하였다. '제2장 사회복지법의 의의'에서는 사회복지법의 개념, 사회복지법의 유사 법규 그리고 사회복지법의 내용적 형식과 입법절차를 분석하였다. '제3장 사회복지법의 체계'에서는 사회복지법의 연원으로서 성문법과 불문법, 사회복지법 체계 일반, 사회복지법의 위계 그리고 사회복지법 상호 간의 관계를 분석하였다. '제4장 사회복지법의 역사적 형성과 특징'에서는 영국, 독일, 미국, 스웨덴, 일본 등 사회복지가 발달된 외국의 사회복지법의 역사적 형성과정을 비교법학적 관점에서 분석하고, 나아가 우리나라의 개별적인 사회복지법의 역사적 형성과정을 분석하였다. '제5장 사회복지법의 기본원리 및 규범적 특성'에서는 인간의 존엄과 가치 · 행복추구권 보장, 평등권 보장, 자유권 보장, 생존권 보장, 청구권 보장, 참정권 보장, 국민의 기본의무 이행 그리고 복지국가주의를 분석하였다. '제6장 사회복지의 권리성'에서는 인권과 사회복지, 복지권, 영역별 사회복지의 권리성 그리고 권리구제의 의의와 방법에 관하여 분석하였다. '제7장 사회복지 주체에 대한 법적 검토'에서는 공적 사회복지 주체, 민간 사회복지 주체, 법인의 능력, 법인의 기관 · 주소 · 정관변경 · 법인소멸 · 법인감독에 관해 설명하고, 최근 사회복지주체로서의 공공성이 강조되는 사회복지법인의 법적 의의, 설립, 기관, 합병 그리고 비영리법인의 설립 등에 관하여 분석하였다. '제8장 사회복지사의 법적 지위와 권한 · 책임 · 의무'에서는 사회복지사의 의의 및 자격관리, 사회복지사의 법적 지위, 사회복지사의 법적 권한과 책임 그리고 사회복지사의 법적 의무에 관하여 분석하였다. '제9장 국제법과 사회복지'에서는 사회복지법의 국제화, 국제기구 및 선언, 국제기구의 사회복지규약 그리고 국가 간 사회보장협정에 관하여 분석하였다. '제10장 사회복지와 자치법규'에서는 자치법규로서 조례와 규칙, 지방의회와 지방자치단체의 장, 지방자치단체 상호 간의 관계 및 국가의 지도 · 감독에 관하여 분석하였다.

제2부 사회복지법제 각론에서는 사회복지분야의 기본이 되는 사항을 규정하고 있는 대한민국헌법, 사회복지기본법과 사회보장의 각 영역별 사회복지법으로 구성되었다. 영역별 사회복지법은 사회보장기본법상 사회보장의 체계에 따라 사회보험법, 공공부조법 그리고 사회서비스법으로 구분하여 분석하였다. '제11장 대한민국헌법'에서는 헌법의 의의 그리고 「대한민국헌법」과 사회복지에 관하여 분석하였다. '제12장 사회복지기본법'에서는 주된 기본법인 「사회보장기본법」 「사회복지사업법」 「사회보장급여의 이용 · 제공 및 수급권자 발굴에 관한 법률」에 관하여 분석하였다. '제13장 사회보험법'에서는 우리나라의 5대 사회보험법인 「국민연금법」 「국민건강보험법」 「고용보험법」 「산업재해보상보험법」 그리고 「노인장기요양보험법」에 관하여 분석하였다. '제14장 공공부조법'에서는 대표적인 공공부조법인 「국민기초생활 보장법」 이외에 「의료급여법」 「긴급복지지원법」에 관하여 분석하였다. '제15장 사회서비스법'에서는 사회복지현장에서 주된 대상이 되는 「노인복지법」 「아동복지법」 「장애인복지법」 「영유아보육법」 「정신건강증진 및 정신질환자 복지서비스 지원에 관한 법률」 「가정폭력방지 및 피해자보호 등에 관한 법률」 「한부모가족지원법」 「청소년복지 지원법」 및 「다문화가족지원법」에 관하여 분석하였다. '제16장 '사회복지법 판례'에서는 판례의 의의를 분석하고, 사회보험법 관련 판례, 공공부조법 관련 판례, 사회서비스법 관련 주요 판례를 소개하였다.

사회복지법은 공법적인 영역과 사법적인 영역이 혼재하는 사회법에 속하기 때문에 사회복지법의 올바른 이해를 위해서는 사회복지법의 내용뿐 아니라 노동법이나 경제법과 같은 다른 사회법에 관한 지식, 헌법이나 행정법 등과 같은 공법에 관한 지식과 민법이나 상법과 같은 사법에 관한 지식을 필요로 하는 경우도 있다. 필자는 가능한 범위 내에서, 개별적인 사회복지법의 내용을 분석함에 있어서 관련 내용을 소개하였다.

이 책을 저술함에 있어 출판과정에서 지면상의 한계로 모든 사회복지법의 내용을 자세하게 소개하는 데에 한계가 있었다. 향후 필자가 준비한 방대한 분량의 사회복지법과 관련법의 내용을 상세히 소개할 수 있는 기회를 찾도록 노력하겠다.

부족한 사람이 부족한 가운데 저술을 하다 보니 부족한 내용도 있으리라 사료된다. 이 모든 것은 필자의 우둔함 때문이므로 많은 질책을 내려 주길 바란다. 이러한 가운데 필자의 우둔함이 깨우침을 받아 더욱 낮아지길 소망한다. 향후 지속적인 연구와 자료개발을 통해 더 나은 사회복지법제와 법적 실천에 관한 책이 탄생하도록 노력하겠다.

저술을 마치면서 무엇보다 그동안 저술에 임하고 연구하고 가르칠 수 있도록 건강과 지혜를 베풀어 주신 하나님께 진심으로 감사를 드리며, 늘 사랑으로 필자를 지켜 주는 사랑하는 나의 가족들, 날카로운 지적과 격려를 함께 보내 주던 동료학자들, 그리고 기도 가운데 함께하여 준 나의 제자들에게도 감사의 마음을 표한다. 또한 편집과 출판과정에서 많은 이해와 노력을 하여 주신 학지사 편집부에도 감사드린다.

2019년 1월

안골 연구실에서 저자 김기원

차 례

제5장 사회복지법의 기본원리 및 규범적 특성 · 113

제6장 사회복지의 권리성 · 143

제7장 사회복지 주체에 대한 법적 검토 • 183

제8장 사회복지사의 법적 지위와 권한 · 책임 · 의무 • 219

제2부 | 사회복지법제 각론

제14장 공공부조법 • 433

제15장 사회서비스법 • 469

제16장 사회복지법 판례 • 581

제1부 사회복지법제 총론

제1장 법 일반

제2장 사회복지법의 의의

제3장 사회복지법의 체계

제4장 사회복지법의 역사적 형성과 특징

제5장 사회복지법의 기본원리 및 규범적 특성

제6장 사회복지의 권리성

제7장 사회복지 주체에 대한 법적 검토

제8장 사회복지사의 법적 지위와 권한 · 책임 · 의무

제9장 국제법과 사회복지

제10장 사회복지와 자치법규-조례 및 규칙

제1장 법 일반

사회복지법은 사회복지에 관한 법으로 일반적인 법률 용어와 법에 관한 이론 및 해석 방법이 사회복지영역에 적용되고 있기 때문에, 사회복지법을 체계적이고 명확하게 이해하기 위해서는 사회복지와 법 일반에 관한 지식이 함께 뒷받침되어야 한다. 따라서 개별적인 사회복지법을 탐구하기에 앞서 법 일반에 관한 내용을 이해하고 이들 내용이 사회복지법 분야에 어떠한 함의성을 갖고 있는지를 분석하도록 한다.[1][2][3][4][5][6]

Ⅰ. 법의 정의

“사회가 있는 곳에 법이 있고, 법이 있는 곳에 사회가 있다”라는 말과 같이 법과 사회는 불가분의 관계에 있다. 법은 사회구성원들이 사회생활을 함에 있어 필요한 행위준칙으로서, 사회질서를 유지하고, 공동생활의 안전을 기하며, 사회정의를 실현하기 위해 국가권력이 일정한 사회적 행위를 당위적으로 의무지울 것을 요구하는 관념이다.

법은 복합적인 성격을 가진 규범이다. 첫째, 법은 행위규범이다. 사람의 의사에 기하여 이루어지는 신체의 외부적 동정인 행위를 ‘하여야 하거나 또는 하여서는 안 되거나’에 관한 판단의 근거가 되는 준칙이다. 둘째, 법은 강제규범이다. 행위규범에 위반하는 행위에 대하여 국가권력에 의하여 일정한 제재를 가함으로써 강제적으로 강행되는 강제력을 가진 규범이다. 강제규범이란 점에서 법은 도덕, 종교, 관습 등과 같은 다른 사회규범과 구별된다. 셋째, 법은 조직규범이다. 법의 본연의 기능을 발휘하기 위하여 법규범의 제정, 적용, 집행을 담당하는 조직과 이 조직을 구성하는 기관에 일정한 권한을 부여하는 규범이다. 넷째, 법은 사회규범이다. 사회규범으로는 법, 도덕, 종교, 관습 등이 있다. 이 가운데 법은 사람들 간의 분쟁이나 갈등을 조정 · 해결하고, 사회를 안정시키고 질서를 유지하며 사회생활을 평화롭게 하는 준칙이다.

Ⅱ. 법의 목적

법은 궁극적으로 사회정의를 실현하고, 법적 안정성을 기하며, 사회질서를 유지하는 데 그 목적이 있다. 사회복지법도 큰 틀에서 이러한 법의 일반적인 목적을 추구하고 있다.

1. 사회정의의 실현

법의 궁극적인 목적은 사회정의의 실현에 있다. 사회정의(social justice)란 모든 사람에게 기본권이 보장된 상태, 사람들이 응당 자신이 받아야 할 대가를 받는 상태 또는 사회 내에 불평등이 존재하지 않는 평등한 상태 등으로 다양하게 정의되고 있다.

정의를 사람들이 사회생활에서 실현해야 할 최고의 덕이라고 주장한 아리스토텔레스는 정의란 단순한 개인의 도덕이 아니라 타인과의 관계에서 실현해야 할 사회적 도덕으로 간주하였다. 그는 정의를 일반적(법률적) 정의, 평균적 정의, 배분적 정의로 구분하였다.[7]

첫째, 일반적 정의(一般的 正義) 사회에 있어서 개인권리의 상호적 존중을 규정하고 개인이 단체의 일원으로서 단체에 대하여 의무를 다하는 것으로, 모든 사람들에게 요구되는 필요한 조치, 즉 덕을 시행할 의무의 내용이 법에 의하여 규정되기 때문에 법률적 정의라고도 한다. 일반적 정의는 개인이 국가에 대해 의무를 다하는 것, 즉 개인의 심정과 행동을 공동생활의 일반원칙에 적합하게 하는 것으로서 국가의 법을 준수하는 것을 말한다. 사회복지법도 사회복지를 실현하고 증진시키기 위해 국민들로 하여금 법적 의무를 준수할 것을 강제하고 있다.

둘째, 평균적 정의(平均的 正義)는 인간은 인간으로서 동일한 가치를 가지고 있는 것이므로 평등하게 다루어져야 한다고 하는 형식적 절대적 평등원리로 교환적 정의(commutative justice) 또는 산술적 정의로도 불린다. 평균적 정의는 사람의 능력과 개성의 차이를 고려하지 않고, 사람들 간의 이해득실을 평균화하여 조정하는 것으로 등가(等價)의 원칙이 적용되며, 사람들 간의 거래나 관계에 있어 급부와 반대급부, 물품과 대가, 손해와 배상, 범죄와 형벌 등을 공정하게 균형을 이루도록 하는 것이다. 평균적 정의가 사회복지법 분야에서 적용된 예로는 「국민연금법」의 국민연금급여산정공식의 주요 요소 가운데 하나인 소득비례 부분(B값)이 유사한 예가 될 수 있으며, 「노인복지법」상 노인복지시설인 노인양로시설과 노인요양시설 가운데 유료로 서비스를 제공하는 경우도 평균적 정의 또는 교환적 정의에 입각한 사례로 들 수 있다.

셋째, 배분적 정의(配分的 正義, distributive justice) 또는 분배적 정의는 전체와 그 구성원 사이의 관계를 조화시키기 위한 정의로서, 사람들 간의 경제적, 사회적, 기타 여러 가지 조건에 따라 차이가 있음을 인정하고, 각자의 처지에 맞는 대우를 해주도록 법적으로 보장함으로써 전체와 그 구성원 사이의 관계를 조화시키는 가치를 실현하며, 모든 사람에게 진보와 발전의 기회가 골고루 분배된다는 측면에서 주로 사회적 약자에 유리한 배려를 그 내용으로 한다. 배분적 정의는 주로 재분배 · 기제를 통해 실현되며, 사회복지법에서 구현된 예로는 주로 빈곤층을 위한 사회보장법인 「국민기초생활 보장법」과 같은 공공부조법을 들 수 있으며, 「장애인고용촉진 및 직업재활법」에서 규정하고 있는 장애인의무고용제도, 세법상의 누진적인 소득세 등을 들 수 있다. 사회보험법 분야에서는 국민연금법의 국민연금급여 산정공식의 또 다른 주요 구성 요소인 균등부분(A값)은 배분적 정의를 구현한 예이다. 배분적 정의는 사회복지법 전반에 걸쳐 가장 중시되고 있는 정의의 개념이다.

2. 법적 안정성의 유지

법은 사람들이 안심하고 사회생활을 할 수 있도록 하기 위해 존재한다. 법이 사람들로 하여금 안심하고 사회생활을 할 수 있도록 하는 것을 법적 안정성이라 한다. 법은 법적 안정성을 갖고 있어야 한다. 법이 법적 안정성을 유지하기 위해서는, 첫째, 법은 사람들이 법의 존재 여부와 그 내용을 명확하게 이해할 수 있어야 한다. 둘째, 법은 너무 자주 변경되어서는 안 된다. 법이 조령모개(朝令暮改) 식으로 자주 개정되면 사회적 불안을 부르게 되고 사회질서를 해칠 수 있다. 셋째, 법은 실효성이 있어야 한다. 법은 실제로 행해져야 사람들이 안심하고 생활할 수 있게 된다. 넷째, 법은 선량한 국민의 의식과 합치되어야 한다. 만일 사회복지법의 내용이 불명확하고, 너무 자주 개정되거나 폐지되고, 선량한 국민의 의식과 일치하지 않는다면 사회복지법에 대한 국민의 순응성이 저하되고 사회불안을 일으키게 된다.

3. 사회질서의 유지

법은 사회공동체의 생활에 있어서 사회질서의 유지를 목적으로 한다. 사회질서란 사회적인 과정이 일관성이 있고, 사회의 각 부분에서 각자의 기능을 수행하기 위해 조화와 균형을 이루는 상태를 말한다. 사회질서는 사회구성원들에 의해 자발적으로 이루어지기도 하지만, 법적 강제에 의해 인위적으로 조성되고 유지되는 경우가 일반적이다. 사회복지법은 빈부격차를 해소하여 사회적 갈등으로 인한 사회불안을 통제하고, 사회보장기관과 복지수혜자의 의무를 명시하며, 법을 위반하거나 오용 및 남용을 방지하기 위한 벌칙규정을 둠으로써 사회질서를 유지하는 데 기여하고 있다.

Ⅲ. 법의 효력

1. 의의

법의 효력이란 법이 그 규범적 의미의 내용대로 실현되는가 하는 문제이다. 즉, 법으로서의 구속력을 가지고, 국민 일반의 행태를 규율하는 규범으로서 법의 내용이 의미하는 바대로 사실상 실현할 수 있는 힘을 가지는 것을 말한다. 법의 효력은 규범이 사실로서 행하여지지 않으면 안 된다고 하는 요구(타당성)와 규범이 실제로 사실로서 행해지고 있다는 상태(실효성)가 결합되어 이루어진다.

2. 법의 실질적 효력과 형식적 효력

1) 법의 실질적 효력(법의 효력 근거)

법이 현실사회에서 실질적 효력을 갖기 위해서는 규범적 타당성, 사실적 실효성 그리고 안정성을 가져야 한다. 첫째, 법적 타당성이란 법률에 대한 의무주체의 의사와는 관계없이 현실에서 법의 내용이 실현되기를 요구하는 것으로 법규범의 객관적 당위성을 나타내는 것이다. 다만 그러한 요구는 요구 자체로서 그치는 것이며, 그 이상의 구체화된 사실을 의미하는 것은 아니다. 따라서 실현된 사실행위와 법의 요구는 서로 상치되는 경우도 있을 것이다.

둘째, 법적 실효성이란 강제규범으로서 법이 규정한 명령을 위반하거나 금지행위를 하는 경우에 대해서 일정한 처벌을 규정하고 있고, 그에 따라 사회생활의 질서가 다시 회복되어나가고 있는데 이러한 강제규범으로서의 법이 현실적으로 법규범이 의미하고 있는 내용대로 실현되고 있는 것을 의미한다.

셋째, 법적 안정성이란 사람들이 법의 권위를 믿고 안심하고 행동할 수 있는 상태를 말한다(앞의 법적안정성의 유지 참고).

2) 법의 형식적 효력

법의 효력은 무한한 범위에 걸쳐 미치는 것은 아니고, 시간과 사람과 장소에 따라 그 효력에 한계가 있다. 일정한 법규범이 시간적 · 장소적 · 인적으로 제한된 범위 내에서 갖는 효력을 법의 형식적 효력 또는 법의 적용범위라고 한다.

(1) 때에 관한 효력

때에 관한 효력은 법의 유효기간을 말한다. 법의 유효기간은 법이 제정 · 공포된 후 주지기간을 거친 후부터 폐지 전까지의 기간을 말한다.

① 법의 시행기간

성문법은 시행일부터 폐지일까지 효력을 갖는다. 시행일부터 폐지일까지의 기간을 법의 시행기간이라 하고, 법은 그 기간 내에 발생한 사항에 대하여만 적용되고, 그 전 또는 그 후에 발생한 사항에는 적용되지 않는 것이 원칙이다.

성문법은 제정과 동시에 효력을 발생하는 것이 아니라 그 성립 후 공포에 의하여 일정한 기간 일반국민에게 법의 존재를 알리는 것이 필요하고, 공포 후 일정한 기간을 경과하여 시행된다. 공포는 법을 주지시키는 형식으로 관보로 하여야 한다.

법이 공포된 후 법의 존재를 일반국민에게 알리기 위한 일정 기간을 시행유예기간(施行猶豫期間) 또는 주지기간(周知期間)이라 한다. 시행기일이 특별히 정해져 있지 않은 경우에는 공포일로부터 20일이 경과함으로써 효력을 발생한다.

② 법의 폐지

성문법은 폐지에 의하여 법으로서의 효력을 잃는다. 법의 폐지에는 명시적 폐지와 묵시적 폐지가 있다. 명시적(明示的) 폐지(명시적 규정이 있는 경우)에는, 첫째 법이 미리 시행기간을 정하여서 시행기간의 만료로 법이 폐지되는 한시법(限時法) 또는 기간부입법(期間附立法)이 있다. 「긴급복지지원법」은 법 제정 당시에는 5년이란 기간 동안만 시행되는 한시법이었으나, 그 후 법 개정을 통하여 현재에는 영속적인 법으로 바뀌었다.

둘째, 신법의 명시규정에 의하여 구법의 일부 또는 전부가 폐지된다고 정한 때에는 구법은 당연히 폐지된다. 예를 들면, "「국민기초생활보장법」에 의해 「생활보호법」이 폐지된다." 또는 "「국민건강보험법」에 의해 「의료보험법」이 폐지된다."와 같이 법의 부칙 등에 명시하는 경우이다.

묵시적 폐지(명시적 규정이 없는 경우)는 '신법(新法)은 구법(舊法)을 개폐(改廢)한다'는 원칙이 적용되는 경우이다. 신법이 구법에 저촉될 때에는 그 저촉되는 범위 안에서 구법은 당연히 효력을 상실한다.

③ 법률불소급의 원칙

모든 법률은 행위 시의 법률을 적용하고, 사후입법(事後立法)으로 소급해서 적용할 수 없다는 원칙이다. 즉, 법은 그 시행일로부터 폐지일에 이르기까지 그 효력을 가지는 것이므로 법은 시행 이후에 발생한 사항에 대하여만 적용되고, 그 시행 이전에 발생한 사항에 대하여는 소급하여 적용되지 않는다는 원칙이다. 이 원칙은 주로 형법에서 적용되며, 죄형법정주의의 파생원칙의 하나로서 형법불소급의 원칙 또는 소급입법금지의 원칙이라고도 하고, 영미법에서는 사후입법(ex post facto law)의 금지라고도 한다. 법률불소급의 원칙에서 기득권불가침의 원칙이 파생된다. 즉, 폐지된 구법에 의하여 이미 발생한 권리는 신법의 시행으로 변경되거나 소멸되지 않는다.

④ 경과규정

특정 법률사항이 구법시대에 발생하여 신법시대에까지 계속 진행하고 있는 사항에 대하여는 구법을 적용할 것인가 아니면 신법을 적용할 것인가를 결정하여야 한다. 이러한 경우 법 적용상의 문제를 해결하기 위하여 법령을 개폐할 때에는 그 법령의 부칙이나 시행령에 명문으로 이에 관한 특별규정을 두는 것이 보통이다. 이러한 목적으로 제정된 것을 경과규정, 경과법(經過法, transistive law) 또는 시제법(時際法)이라 한다.[8] 통상적으로 사회복지법의 부칙에는 경과조치에 관한 법 조항을 두고 있다.

(2) 사람에 관한 효력

사람에 관한 법의 효력은 그 효력이 누구에 대하여 미치는가 하는 법의 적용을 받는 인적 범위를 기준으로 속인주의(屬人主義)와 속지주의(屬地主義)로 구분된다.

속인주의는 자기 나라 국민을 기준으로 하여, 국적을 표준으로 하여 법령의 적용범위를 결정하는 것으로, 한 나라의 법은 자국민에 대해서는 그들이 자국 내에 있거나 외국에 있거나를 불문하고 자국민에 관한 사항이면 그들 모두에게 자기 나라 법령을 적용하는 원칙이다.

반면 속지주의는 영토를 기준으로 하여 법령의 적용범위를 정하는 것으로, 한 나라의 법은 국적 여부를 불문하고 그 영토 내에 있어서만 적용이 되고, 그 영토 내에 있어서는 자국민이거나 외국인이거나를 불문하고 모든 사람은 그 나라의 법이 적용된다는 주의이다.

우리나라의 사회복지법은 대부분 속인주의를 택하고 있으나, 최근 이주근로자들에 대해 산재보험이 적용되고, 「국민연금법」에 외국인의 가입이 명시되고 있다. 또한 「국민기초생활 보장법」에서 우리나라 국민을 부양하고 있는 결혼이주여성에 대한 기초생활보장이 단서규정으로 명시되고, 미국 · 영국 · 캐나다 등과 사회보장협정이 체결됨에 따라 거주국의 사회복지법이 적용되는 사례가 늘고 있어 속지주의가 채택되는 예가 증가하고 있다.

(3) 장소에 관한 효력

장소에 관한 법의 효력은 법이 실제로 적용되는 지역적 범위에 관한 문제이다. 한 나라의 법은 그 나라의 전 영역, 즉 영토, 영해 및 영공의 전반에 걸쳐 그 효력이 미친다. 즉, 국가의 통치권은 그 나라의 영역 전반에 미치는 것이므로, 통치권에 의하여 제정된 법도 그 영역 전반, 즉 자국인이건 외국인이건 불문하고 그 영역 내에 있는 사람 전체에 적용되는 것이 원칙이다. 그러나 예외적으로 치외법권을 갖는 자에게는 외국에 있는 경우에도 자국법이 적용되고, 외국에 있는 일반국민이라 하더라도 참정권 · 병역의무 등에는 자국법이 적용된다. 최근 체결되고 있는 국가 간 복지조약인 사회보장협정의 내용 가운데 당사국 국민들의 재정부담을 덜어주기 위한 이중가입배제규정이나 보험료면제규정은 일종의 복지적 차원에서의 치외법권이 적용된 사례라고 볼 수 있다.

지방의회나 지방자치단체의 장이 제정한 자치법규(조례나 규칙)는 그 지방자치단체 내에서만 효력을 갖는다. 예를 들면, 서울특별시노인종합복지관운영규칙의 경우 서울특별시 소재 노인종합복지관의 운영에 관하여 필요한 사항을 규정한 것으로 다른 지방자치단체 소재 노인종합복지관의 운영에는 적용되지 않는다.

Ⅳ. 법의 해석과 적용

1. 법의 해석

법의 해석이란 일반적이고 추상적으로 규정되어 있는 법의 의미와 내용을 구체적으로 명확하게 밝히는 것이다. 법의 해석방법 종류로는 유권해석과 학리해석으로 나뉘며, 학리해석은 다시 문리해석과 논리해석으로 나뉜다.

1) 유권해석

유권해석(有權解釋, authentic interpretation)이란 권위 있는 국가기관에 의해 법의 의미와 내용이 구속력 있게 확정되고 설명되는 것으로 공권적 해석이라고도 한다. 유권해석에는 입법해석, 사법해석, 행정해석이 있다. 첫째, 입법해석이란 입법기관이 법을 제정하는 권한에 기초하여 특정한 법규의 내용 또는 문구의 의미를 확정하는 것으로 실질적으로는 일종의 입법이다. 이를 법규해석이라고도 한다. 예를 들면, 「사회보장기본법」 제3조 1항은 "사회보장"이란 출산, 양육, 실업, 노령, 장애, 질병 및 사망 등의 사회적 위험으로부터 모든 국민을 보호하고 국민 삶의 질을 향상시키는 데 필요한 소득 · 서비스를 보장하는 사회보험, 공공부조, 사회서비스를 말한다고 입법해석을 하고 있다.

둘째, 사법해석이란 법원이 판결을 통하여 내리는 법해석을 말한다. 이는 법관이 재판을 할 때에 직무상 행하는 해석으로 법의 의의를 판결문에 나타내게 된다. 최근 헌법재판소가 산재보험법의 업무상 재해에 사업주가 제공하거나 그에 준하는 교통수단을 이용하여 출퇴근하는 근로자들과 마찬가지로, 도보나 자가용, 자전거 등 자기 소유의 교통수단 또는 대중교통수단 등을 이용하여 통상적인 경로와 방법으로 출퇴근하는 출퇴근 재해도 업무상 재해에 해당한다고 판결한 것은 사법해석에 해당한다.[9)]

셋째, 행정해석은 행정관청이 법규의 내용 또는 문구의 의미에 관해 내리는 해석을 말한다. 즉, 행정관청이 법을 집행하는 데 있어서 법의 의의를 밝히거나 또는 하급관청의 법해석에 관한 질의에 대한 상급관청의 회답 · 훈령 · 지시 · 통첩 등의 형식으로 행정해석이 이루어진다. 「보건복지가족부훈령」 제523호에 따르면 '부랑인'이란 '일정한 주거가 없거나 무의탁한 사람 또는 연고자가 있어도 가정보호를 원하지 않는 사람으로 거리를 방황하면서 시민에게 위해와 혐오감을 주는 등 건전한 사회질서의 유지를 곤란하게 할 뿐만 아니라 신체적 · 정신적 결함으로 정상적인 사고와 능력이 결여된 정신박약자(현 정신지체인), 알코올중독자, 걸인, 앵벌이, 18세 미만의 부랑아, 불구폐질자'로 해석하고 있다.

2) 학리해석(무권해석)

학리해석(學理解釋, doctrinal interpretation)이란 학문의 이론에 입각하여 법규의 의미를 확정하는 강제력이 없는 해석으로 무권해석(無權解釋)이라고도 한다. 학리해석에는 문리해석과 논리해석이 있다. 첫째, 문리해석(grammatical interpretation)은 법규의 문장이나 자구의 의미내용을 언어적 의미에 의하여 밝히는 것으로, 가능한 그 문장이나 자구에 충실하여 통상의 의미를 밝혀야 한다. 예를 들면, '선의로'를 '호의로'가 아닌 '어떤 사정을 알지 못하고'라고 법률적으로 해석하거나, '악의로'를 '해칠 의사로'가 아닌 '어떤 사정을 알면서'라고 법률적으로 해석하는 것이다.

둘째, 논리해석(logical interpretation)은 법을 논리적 방법에 의하여 그 의미내용을 객관적으로 확정하고 해석하는 방법이다. 주어진 법률의 조문을 법질서 속의 유기적인 일부로 파악하고 그것을 종합적 견지에서 그것과 관계가 있는 다른 조문과의 관계와, 그 조문이 제정된 취지 등을 고려하면서 해석하는 것을 의미한다. 논리해석은 (1) 법문의 문리적 의미가 법의 목적에 비추어볼 때 너무 좁다고 생각하는 경우 법문의 자구를 보통의 의미보다는 넓게 해석하여 법규 속에 잠재하고 있는 진의를 탐구하여 내리는 확장해석(擴張解釋), (2) 법문의 문리적 의미가 너무 넓기 때문에 이를 입법 취지에 비추어 법문의 자구를 보통의 의미보다는 좁게 해석하여 법적 타당성을 확보하려는 축소해석(縮小解釋), (3) 법문의 의미가 명확하지 아니한 경우 이를 보충하여 법의 참뜻에 알맞도록 해석하는 보충해석(補充解釋) 또는 보정해석(補正解釋), (4) 법문에 일정한 사항이 규정되어 있는 경우에 기타의 사항에 대하여는 그 법이 규정한 것과 반대로 해석하는 반대해석(反對解釋), (5) 법문에 일정한 사항이 규정되어 있는 경우에 법문으로써 명기되어 있지 않는 사항이라 할지라도 사물의 성질상 또는 입법정신에 비추어보아 이것은 당연히 그 규정에 포함된 것이라고 해석하는 물론해석(勿論解釋), (6) 법문의 자구를 문리해석하면 그 결과가 명백히 법의 진의에 배치되는 경우에 그 자구를 변경하여 법의 진의에 합치하도록 해석하는 변경해석(變更解釋), (7) 어떤 특정한 사항에 관하여 법에 규정이 있으나 이와 유사한 다른 사항에 관해서는 법령에 규정이 없는 경우에, 법령에 규정이 없는 사항에 관하여 이와 성질이 유사한 다른 사항에 관한 규정을 적용하여 동일한 법적 효과를 인정하는 유추해석(類推解釋),[10] (8) 법안의 이유서, 제안자 의견, 의사록, 입법정책, 외국의 모법과의 관계 등 법이 성립한 연혁에 근거하여 법의 의미를 밝히는 연혁해석(沿革解釋) 등이 있다.

2. 법의 적용

법의 적용이란 법이 규정하는 일반적이고 추상적인 내용 내지 효력을 사회생활의 구체적인 사실에 관하여 실현시키는 것이다.

법의 적용을 위해서는 먼저 구체적인 사실의 내용을 확정하여야 한다. 사실을 확정하는 방법으로는 입증, 추정, 간주(의제) 등이 있다. 첫째, 입증(立證)이다. 입증이란 사실의 존부(存否)에 대하여 법관에게 심증을 주기 위하여 행하는 당사자의 행위로서 거증(擧證)이라고도 한다. 사실확정의 근거가 되는 증거는 가치판단을 좌우하는 중요한 요소로서 원칙적으로 그 사실을 주장하는 자가 내세워야 한다. 이를 입증책임 또는 거증책임이라 한다.

둘째, 추정(推定)이다. 추정이란 어떤 사실이 명확하지 않은 경우 사실을 일단 있는 것으로 정하여 법률효과를 발생시키는 일이다. 추정은 당사자의 입증상의 불편을 피하기 위하여 또는 공익상의 이유로 사실의 존재 또는 부재를 일단 인정하고 일정한 법적 효과를 부여하는 것이다. 추정은 반증이 없는 한 일정한 사실의 성립을 인정하는 것이다. 따라서 입증을 기다리지 않고 사실을 가정하는 것이므로 이와 다른 사실을 주장하는 자는 반증을 들어 언제나 이 효과를 전복시킬 수 있다.

셋째, 간주(看做), 본다 또는 의제(擬制)이다. 간주, 본다 또는 의제라 함은 공익, 기타의 이유로 법률정책상 사실이 진실이냐 아니냐를 불문하고 권위적으로 그렇다고 단정해버리고, 반증을 들어 이를 부인하는 것도 허용하지 아니하고, 법이 그 목적으로 하는 바에 따라 그대로 사실확정을 함으로써 일정한 법적 효과를 부여하는 것이다. 법문에 '간주한다' 또는 '본다'라고 표현되는 규정을 의제규정, 간주규정 또는 본다규정이라고 한다.

Ⅴ. 법의 제재

법의 제재(制裁)란 사회구성원들이 법을 완전히 준수하도록 하기 위하여 법규범에 벗어나거나 법을 위반한 자에 대하여 가해지는 압력 내지 강제수단을 말한다.

법의 제재에는 국내법상의 제재와 국제법상의 제재로 나눌 수 있고, 국내법상의 제재는 다시 공법상의 제재, 사법상의 제재 그리고 사회법상의 제재로 나눌 수 있다. 이 가운데 사회법상 제제의 하나인 사회복지법상 제재로는 부양의무자에 대한 구상권 행사, 장애인의무고용 불이행 사업주에 대한 고용부담금 부과, 학대부모에 대한 친권박탈 등을 들 수 있다.

국제법상의 제재는 국제사회에 있어서 국제법규를 위반한 국가에 대하여 가하는 강제수단이다. 다만 이 제제는 각 국가주체 사이에 행하여지므로 당해 국가 상호 간의 실력관계에 의하여 제약을 받을 수밖에 없어 제재로서는 매우 불완전하다. 국제법상 제재의 예로는 통상제재를 가하는 Blue Round를 들 수 있다.

Ⅵ. 법률관계: 권리와 의무

법률관계란 법에 의해 지배를 받는 생활관계로 권리 · 의무 형식으로 나타난다. 법률관계는 그 생활관계가 법의 힘에 의하여 보장되고 실현된다는 점에서 단순히 도덕, 종교, 풍습 등에 관한 생활관계인 사실관계와 다르다. 법률관계는 법이 규율하는 사람들의 생활관계에서 당사자의 일방이 무엇인가를 주장할 수 있는 권리를 가지고 그 상대방은 이에 대응하여 무엇인가를 하여야 하는 의무를 지는 권리, 의무의 형식으로 나타난다.[11)12)13)14)]

1. 권리

1) 권리의 의의와 종류

권리란 일반적으로 개인 및 단체(團體)가 어떤 행위를 하거나 또는 어떤 이익을 받을 수 있도록 법질서에 의하여 인정된 법률상의 힘을 의미한다.[15)] 권리의 유사개념으로 '반사적 이익'이 있다. '반사적 이익(反射的 利益)'은 법 규정의 반사적 효과로서 어떤 사람이 받는 이익이다. 반사적 이익은 법의 집행결과 파생하는 이익에 불과하고, 이익의 향수자(享受者)가 자기를 위하여 직접 그 이익을 주관할 수 있는 법률상의 힘이 부여되지 않는다는 점에서 법률상의 공권이 아니기 때문에 그것이 침해된 경우에도 소송에 의해 구제받을 수 없다.

권리는 법률상의 힘이므로 법을 떠나서는 존재할 수 없다. 따라서 권리는 법의 분류(공법, 사법, 사회법)와 대응하여 공권(공법상의 권리), 사권(사법상의 권리) 및 사회권(사회법상의 권리)으로 분류한다. 사회복지법은 사회법에 속한다. 따라서 복지권 내지 사회보장수급권은 사회권의 범주에 속하며, 마샬(T. H. Marshall)이 주장하는 바와 같이, 협의의 사회권은 복지권을 의미한다.

2) 권리의 행사와 그 제한

권리의 행사란 권리의 내용을 실현하려는 행위, 즉 권리의 내용인 이익을 향수하려는 행위를 말한다. 권리의 행사는 권리자의 자유에 속하는 것이기 때문에 권리를 행사하건 행사하지 아니하건, 또는 이를 포기하건 모두 권리자의 자유이다. 다만, "권리 위에 잠자는 자는 권리자로서 보호할 가치가 없다."라는 예링(Jhering)의 말처럼, 일정한 경우에는 권리의 불행사에 대하여 일정한 불이익을 가져오게 하여 간접적으로 권리의 행사를 강제하는 경우가 있다. 권리불행사에 의한 소멸시효의 제도가 그 예이다. 소멸시효란 권리불행사의 상태가 일정기간 계속됨으로써 권리소멸의 효과를 발생하는 시효를 말한다. 임금채권의 경우 10년간 행사하지 않으면 권리가 소멸된다.

권리의 행사는 원칙적으로 자유이다. 그러나 권리행사의 자유는 절대적 자유가 아니라 일정한 한계 내에서 누릴 수 있는 제한된 자유이다. 자의적(恣意的)인 권리행사는 허용되지 않으며, 사회성과 공공성을 실현하기 위한 범위 안에서 신의에 좇아 성실하게 권리가 행사되어야 한다.

우리 「대한민국헌법」(이하 약칭 「헌법」)에는 일반적 법률유보조항과 개별적 법률유보조항이 있다. 일반적 법률유보조항은 모든 경우에 적용되는 포괄적 조항으로, 「헌법」 제37조에 명시된 것과 같이, 국민의 모든 자유와 권리는 국가안전보장 · 질서유지 또는 공공복리를 위하여 필요한 경우에 한해 법률로써 제한할 수 있다. 개별적 법률유보조항은 국민의 개별적인 기본권을 명시하고 기본권 행사를 제한하는 경우로, 예를 들면 재산권 행사와 신체의 자유와 관련한 제한을 들 수 있다. 재산권의 행사는 공공복리에 적합하도록 하여야 하며, 공공필요에 의한 재산권의 수용 · 사용 또는 제한은 법률로써 정하도록 하고 있다(「헌법」 제23조). 또한 모든 국민이 갖는 신체의 자유는 법률과 적법한 절차에 의하여 제한할 수 있다(「헌법」 제12조).

권리는 남용할 수 없다. 「민법」 제2조에도 "권리의 행사와 의무의 이행은 신의에 좇아 성실히 하여야 하며, 권리는 남용하지 못한다."고 규정하여 권리행사에 원칙과 한계를 규정하고 있다. 일반적으로 사회성과 공공성에 반한 권리행사는 권리남용에 해당되어서 허용될 수 없다는 원칙을 '권리남용금지의 원칙'이라 한다. 사회구성원 모두는 서로 신의에 좇아 성실히 행동하여야 한다는 원칙을 신의성실의 원칙이라 한다.

2. 의무

1) 의무의 의의와 종류

의무(義務)란 법률상의 구속력을 말한다. 의무란 자기의 의사와는 관계없이 반드시 일정한 행위를 하여야 할 또는 하여서는 안 될 법적인 강제, 즉 작위 또는 부작위를 하여야 할 법적 구속력을 말한다. 여기서 법적 구속력이란 국가 또는 개인의 강제적 제재를 뜻하는 것이 아니고 의무자가 일정한 작위(作爲, 적극적으로 어떤 사항을 하는 것) 또는 부작위(不作爲, 소극적으로 어떤 사항을 하지 아니하는 것)를 하도록 법으로 구속하는 것을 말한다.

의무의 종류는 공권, 사권, 사회권에 대응하여 공의무, 사의무, 사회의무로 분류할 수 있다. 의무의 내용에 따라 적극적 의무와 소극적 의무로 분류한다.

공의무(公義務)는 공법상의 의무이다. 공의무에는 국내법상의 공의무와 국제법상의 공의무가 있다. 국내법상의 공의무에는 국가적 공의무와 국민적 공의무가 있다. 국가적 공의무란 국가나 공공단체가 국민에 대하여 지는 의무이다. 국민적(개인적) 공의무란 국민이 국가나 공공단체에 대하여 지는 의무로, 납세의무, 병역의무, 교육의 의무, 근로의무 등과 같은 4대 의무를 들 수 있다. 국제법상의 공의무란 국가가 국제법상의 주체로서 다른 국가에 대하여 지는 의무이다. 국제법상 일반적으로 당연히 지는 경우와 조약에 의하여 지는 경우가 있다.

사의무(私義務)란 사법관계에서 존재하는 사법상의 의무이다. 즉, 사인 상호 간에 존재하는 의무 및 국가 또는 공공단체가 통치관계에서 행동하지 않고 사법상의 주체로서 사인과 대등한 지위에서 행동한 경우에 국가 또는 공공단체와 사인의 사이에 존재하는 의무이다.

사회의무(社會義務)란 사회권에 대응하는 의무이다. 사회권은 사회법상의 권리이고, 특히 노동법에서는 근로자의 권리이므로, 사회의무는 그 상대방인 사용자의 의무임과 동시에 경우에 따라 국가의 의무로서도 존재한다. 예를 들면 국민은 국민연금이나 건강보험과 같은 사회보험의 보험료를 납부할 의무가 있으며, 국민기초생활보장 대상자 가운데 조건부수급자는 자활사업에 참여해야 할 의무가 있고, 부양의무자에게는 부양의무가 있다.

2) 적극적 의무와 소극적 의무

(1) 적극적 의무

적극적 의무란 작위의무(作爲義務)라고도 한다. 적극적 의무는 의무자의 의무 이행에 있어서 의무자의 적극적인 행위를 내용으로 하는 의무이다. 즉, 의무자가 어떤 행위를 하는 것을 필요로 함을 내용으로 하는 의무이다.

(2) 소극적 의무

소극적 의무란 부작위의무(不作爲義務)라고도 한다. 소극적 의무는 의무의 이행에 있어서 소극적인 동작으로써 족한 것, 즉 의무자가 어떤 행위를 하지 않는 것을 내용으로 하는 의무이다. 소극적 의무에는 일정한 행위를 해서는 아니 되는 경우와 일정한 행위를 인용(認容)하여야 하는 경우가 있다. 적극적 의무와 소극적 의무의 예로 「아동복지법」 제5조에 명시된 보호자 등의 책무를 들 수 있다.

적극적 의무: 아동의 보호자는 아동을 가정에서 그의 성장시기에 맞추어 건강하고 안전하게 양육하여야 한다. 모든 국민은 아동의 권익과 안전을 존중하여야 하며, 아동을 건강하게 양육하여야 한다.
소극적 의무: 아동의 보호자는 아동에게 신체적 고통이나 폭언 등의 정신적 고통을 가하여서는 아니 된다.

3. 권리 · 의무의 주체 및 객체

1) 권리·의무의 주체

권리 및 의무의 주체란 권리를 갖거나 의무를 질 수 있는 자이다. 권리 · 의무의 주체를 법률상 사람이라고 하고, 권리 · 의무의 주체로 될 수 있는 능력을 인격(人格)이라고 하며, 인격을 가지고 있는 법률상의 사람을 법인격자라고 한다. 법인격자에는 자연인과 법률상 사람인 법인이 있다. 사회복지 분야에서 사회복지법인들이 법인격자로서 권리 · 의무의 주체로서 역할을 수행하는 경우가 많다.

2) 권리·의무의 객체

법률상 권리 · 의무의 객체는 권리 또는 의무의 목적으로서 지배하고 또는 지배되는 것을 말한다. 권리 · 의무의 객체는 크게 유체물(有體物)과 무체물(無體物)로 나뉜다. 「민법」 제98조에서 "물건"이라 함은 "유체물 및 전기, 기타 관리할 수 있는 자연력을 말한다."고 규정하고 있다. 사회복지와 관련된 예를 들면 유체물이란 복지기관의 시설물, 복지기관 종사자의 신체, 기부금품 등이다. 여기서 관리할 수 있는 자연력이라 함은 배타적 지배가 가능한 자연력을 말하므로, 배타적으로 지배할 수 없는 자연력은 민법상 물건이 되지 못한다. 무체물이란 개발된 사회복지 프로그램, 사회복지공동모금회와 같은 복지기관의 명칭, 사회복지사의 명예, 복지법인의 출판물에 대한 저작권, 특허권, 영업권, 동력, 열 등으로서 유체물 이외의 모든 것을 말한다.

4. 권리 · 의무의 변동

1) 권리·의무의 변동의 의의

법률관계란 법률에 의해 규율되는 사람들의 생활관계로 당사자 간의 권리와 의무로 구성된다. 사람들의 생활관계는 여러 가지 변동원인에 의해 변화하게 되고, 이러한 변화과정에서 권리와 의무는 취득(발생), 변경, 소멸(상실)하게 되는데, 이를 권리 · 의무관계의 변동 또는 법률관계의 변동이라 한다. 이러한 법률관계 변동의 원인을 법률요건이라 하고, 법률요건을 구성하는 개개의 사실을 법률사실이라 한다.

2) 권리·의무 변동의 종류

(1) 권리 · 의무의 취득(발생)

권리 · 의무의 취득(발생)이란 특정한 권리 또는 의무가 어떤 사실에 의하여 특정 자연인 또는 법인에 발생하는 것으로 절대적 취득인 원시취득과 상대적 취득인 승계취득이 있다.

① 원시취득(절대적 취득)

권리 또는 의무를 타인의 권리나 의무를 바탕으로 하지 않고 종전의 권리나 의무와 관계없이 취득하는 것으로, 사회적으로 이전에 없었던 권리나 의무가 새로 발생하는 것이다. 사회복지법상 원시적 취득의 예로는 근로자가 노령이 되어 국민연금수급권을 갖게 되거나, 장애가 발생하여 장애수당을 받게 되거나, 실직으로 인해 실업급여를 받게 되거나, 경제적 파산으로 기초생활보장수급권을 갖는 것 등을 들 수 있다.

② 승계취득(상대적 취득)

타인의 권리나 의무를 바탕으로 하여 권리나 의무를 취득하는 것으로, 종전의 권리 · 의무에 본질적인 변화 없이 그 주체를 달리하는 것으로, 타인에 속하고 있던 권리가 다른 특정인에게 이전되는 것이다. 이를 상대적 취득이라고도 한다. 예를 들면, 「영유아보육법」상 어린이집을 매각한 경우 매수인이 매도인의 소유권을 취득하는 특정승계가 발생한다.

(2) 권리 · 의무의 변경

권리 · 의무의 변경이란 권리 · 의무의 본질을 변경하지 않고 그 형태를 변경하는 것을 말한다. 여기에는 주체의 변경과 객체의 변경이 있다. 주체의 변경은 권리 · 의무의 주체를 변경하는 경우로 주체가 갱개(更改)하거나 증감하는 경우가 있다. 객체(내용)의 변경은 권리 · 의무의 객체의 수량 또는 성질을 변경하는 경우이다. 예를 들면, 「국민연금법」상 감액된 연금을 받던 재직자노령연금수급권자가 65세 이후에는 완전노령연금수급자가 되어 100% 수준의 연금을 받는 경우를 들 수 있다.

(3) 권리 · 의무의 상실(소멸)

권리 · 의무의 상실 또는 소멸이란, 특정한 권리 · 의무가 어떤 사실(법적 원인)에 의하여 그 주체로부터 이탈하는 것으로 권리 · 의무의 소멸이라고도 한다. 이는 절대적 상실과 상대적 상실로 나뉜다.

① 절대적 상실(소멸)

절대적 상실이란 어떤 권리 · 의무가 그 주체로부터 이탈하여 그 후 누구에게도 속하지 않고 이 사회에서 완전히 없어져버리는 것으로 객관적 상실(소멸)이라고도 한다. 예를 들면, 국민기초생활보장제도에 의해서 생업자금융자를 받은 수급자가 상환불능이라고 인정될 경우에 그 상환의무를 소멸시키는 행정처분인 결손처분이 절대적 상실의 예가 될 수 있다.

② 상대적 상실(소멸)

상대적 상실이란 어떤 권리 · 의무가 아주 소멸하는 것이 아니고 그 권리 · 의무 자체는 존속하고 있으나, 특정 권리 · 의무의 주체를 떠나서 다른 주체에 승계되므로 권리 · 의무가 상실되게 되는 경우이다. 이 경우 권리 · 의무는 원주체에서는 상실되나 새로운 주체에 속하여 존속하게 되는 주체의 변동이 발생한다. 예를 들면 사회복지시설 소유권의 양도가 있다.

(4) 권리 · 의무의 발생, 변경, 소멸의 원인

권리 · 의무의 발생, 변경, 소멸은 법률효과이고, 이 효과를 생기게 하는 원인이 되는 사실을 법률사실이라고 한다.

적법행위(適法行爲)란 법규에 위반하지 않고 이에 적합함으로써 일정한 효과를 발생하는 행위를 말한다. 적법행위에는 법률행위와 사실행위가 있다. 법률행위(法律行爲)는 법률상의 효과를 발생하는 행위로서 의사표시를 요구하는 법률사실(예: 복지기관의 위탁계약)

이다. 반면 사실행위(事實行爲)는 사람의 정신작용이 표현될 필요가 없이 법률효과를 발생시키는 행위(예: 복지기관의 사무관리)이다. 사실행위는 일정한 사실상의 결과가 발생하기만 하면 되고, 법률효과가 발생하기를 바라는 의사가 표현될 필요가 없는 법률사실이므로 무능력자(無能力者)라도 이를 할 수 있다. 정신장애인은 관련 당사자의 청구에 의해 성년피후견인 또는 한정피후견인으로 선고받아 법률행위의 전부 또는 일부를 제한받을 수 있지만, 정신작용이 필요없는 사실행위에는 제한을 받지 않는다.

미주

1) 고창헌(1997). 『법학원론』. 서울: 박영사, pp. 6-8, 27-38, 36-42.
2) 김기수 외(1997). 『법학통론』. 서울: 한양대학교 출판부, pp. 1-19, 54-66.
3) 박영철(2001). 『법학통론』. 서울: 동방도서, pp. 49-57, 58-67, 68-81.
4) 예종덕, 전일주(1999). 『법학통론』. 서울: 학연사, pp. 33-34, 41-49, 58-65, 74-83.
5) 정영석(1989). 『법학통론』. 경기: 법문사, pp. 32-61, 100-124.
6) 김기원(2009). 『사회복지법제론』. 서울: 나눔의집, pp. 15-53.
7) 김기수 외(1997). 전게서.
8) 경과규정의 예: (「의료급여법 시행령」 부칙 제3조) 이 영 시행 당시 다른 법령에서 종전의 의료보호법 시행령을 인용하고 있는 경우, 이 영에 그에 해당하는 규정이 있는 때에는 종전의 규정에 갈음하여 이 영 또는 이 영의 해당규정을 각각 인용한 것으로 본다.
9) 헌법재판소, 「산업재해보상보험법」 제37조 제1항 제1호 다목 등 위헌소원 [2016. 9. 29. 2014헌바254]
10) 법령 중 특히 형벌법규의 해석에 있어서는 죄형법정주의의 원칙상 유추해석의 방법을 채용할 수 없다(유추해석금지의 원칙).
11) 김철수(2001). 『헌법학개론』. 서울: 박영사, pp. 85-90, 235-829.
12) 박영철(2001). 『법학통론』. 서울: 동방도서, pp. 49-57, 58-67, 68-81.
13) 백동주(1989). 인권선언의 역사-사회권. 『사법행정』, 30(4), 한국사법행정학회, pp. 64-65.
14) 정영석(1989). 전게서.
15) 김기수 외(1997). 전게서.

제2장 사회복지법의 의의

Ⅰ. 사회복지법의 개념

사회복지법(social welfare law)은 사회복지에 관한 법이다. 즉, 사회복지를 그 대상으로 하는 법이다. 사회복지법이란 모든 국민과 적법한 외국인들의 인간다운 생활을 보장하고 사회적 정의를 실현하기 위한 공적 · 사적 제도와 정책 등을 규율하기 위한 제반 법규를 의미한다. 사회복지법은 형식적으로 사회복지에 관련된 법의 총체를 말하며, 이념적으로는 생존권을 구체적으로 실현하기 위한 법체계이며, 실질적으로는 국민의 복지권(welfare right)을 보장하고 이를 위한 국가와· 사회의 의무를 규정한 법체계로 정의할 수 있다.[1)]

1. 실정법적 의미의 사회복지법

실정법(實定法, positive law)이란 자연법에 대응한 인정법(人定法)을 지칭하는 것으로, 제정법, 관습법, 판례법 등과 같이 특정한 시대와 특정한 사회에서 성립되고 현실적으로 시행되고 있는 법을 말한다.[2)] 그리하여 실정법은 유한하고 불완전한 인간이 현실적으로 경험적 사실에 의거하여 제정함으로써 형성된 법으로 시대와 장소에 따라 다르며, 그 자체가 완전무결한 것이라고 할 수 없고, 사회경제적 상황에 따라 변화 가능하며, 역사적으로 절대적이라기보다는 상대적인 법이다. 법실증주의(legal positivism)에서는 자연법의 효력을 부정하고, 법을 실정법에 국한하며, 법을 형식적으로만 이해하려고 하여 적법한 절차를 밟아 공포된 법은 그 법이 비록 반윤리적이거나 부정한 법이라도 국민을 기속하는 힘을 갖는다는 의미에서 '악법도 법이다'라는 명제를 받아들였다.[3)]

실정법상의 사회복지법은 형식적 의미의 사회복지법이라고도 한다. 실정법상의 사회복지법은 법의 존재형식이 있고, 적법한 절차를 밟아 공포되었으며, 법의 명칭이 있는 사회복지와 관련된 법이다. 형식적 의미의 사회복지법은 실정법상 사회복지에 관한 내용을 포함하고, 하나로 통일된 사회복지법 또는 사회복지의 각 분야에 관한 개별적인 법의 명칭을 독자적으로 가지며, 법전이라고 하는 외적 형식을 갖추고 있는 법을 의미한다. 그러나 사회복지법은 역사적으로 개별적인 사회문제를 해결하기 위해 산발적으로 생성되었을 뿐만 아니라 복지국가가 발전되어감에 따라 새로운 사회복지법이 제정되고, 기존의 사회복지법도 내용이 수시로 변하기 때문에 「헌법」이나 「민법」과 같이 통일된 형태의 사회복지 법전을 갖고 있지 못하다.

2. 이념적 의미의 사회복지법

이념적으로 사회복지법은 「헌법」에서 규정하고 있는 생존권 이념과 내용을 구체화하기 위한 법으로서 국가가 국민들의 인간다운 생활을 적극적으로 확보해 줌에 있어 필요한 제반 조건을 규정한 법규를 의미한다. 생존권이란 국민이 인간다운 생활을 하기 위해 필요한 제반 조건을 국가권력이 적극적으로 개입하여 형성해줄 것을 요청할 수 있는 권리로 생활권적 기본권, 사회권적 기본권 또는 사회적 기본권이라고도 부른다.[4] 인간다운 생활을 할 권리를 주된 생존권이라 부른다.

독일의 1919년 「바이마르 헌법」 제151조나 우리 「헌법」 제34조에 명시된 인간다운 생활을 할 권리를 구체화하는 법들은 이념적 의미의 사회복지법에 속한다.

3. 법규범적 의미의 사회복지법

법규범적 의미의 사회복지법이란 사회복지와 관련된 행위규범이자 강행규범이고 조직규범으로 실질적 의미의 사회복지법이라고도 한다. (1) 행위규범이란 '……하여야 한다', '……하여서는 아니 된다'는 것과 같이 사람의 행위의 준칙을 정하는 당위의 법칙으로서 사회규범의 유형이라고 할 수 있다. (2) 강제규범은 행위규범에 위반하는 행위에 대하여 일정한 효과, 즉 제재를 가함으로써 강제적으로 사회의 질서를 유지하는 작용을 하는 규범을 말한다. (3) 조직규범은 법규범의 제정, 적용, 집행을 담당하는 기관(보건복지가족부, 노동부, 국회, 법원 등)의 조직과 이 조직을 구성하는 기관에 일정한 권한을 부여하는 규범을 말한다.[5]

사회복지법도 다른 법들과 마찬가지로 행위규범, 강제규범, 조직규범을 갖고 있다. 행위규범으로서 국민의 인간다운 생활을 보장하기 위해 국가와 사회구성원들의 행위준칙을 규정하고 있고, 강제규범으로서 이를 위반한 행위에 대해서는 일정한 제재를 가함으로써 사회구성원 다수의 복지를 실현하고 사회질서를 유지하고 있으며, 조직규범으로서 사회복지법을 제정하고, 적용하고, 집행하는 기관들(보건복지가족부, 노동부, 행정안전부, 국민연금관리공단, 국민건강보험공단, 근로복지공단, 국회, 법원 등)의 조직과 권한을 규정하고 있다.

4. 형식적 · 실질적 의미의 사회복지법

형식적 의미의 사회복지법은 사회복지법전이라는 외적 형식을 갖춘 법규를 말한다. 통일된 사회복지법전이 없는 경우에는 개별적인 사회복지 관련법규들을 형식적 의미의 사회복지법으로 간주한다. 실정법상 사회복지법과 사회복지 관련법들은 모두 형식적 의미의 사회복지법이다. 우리나라에는 민법전이나 형법전 또는 독일의 사회법전과 같은 통일법전 형식의 사회복지법이 존재하지 않기 때문에 개별법 체계와 총괄법 체계 가운데 개별법 체계로 사회복지법이 구성되어 있다. 개별법 체계란 사회복지에 관한 법률이 각기 개별법의 형태로 구성된 체계를 말하고, 반면 총괄법체계란 독일의 사회법전과 같이 총칙에서 기본원리와 제도 간의 공통생활을 규정하고, 각칙에서 각 제도별로 세분화하여 사회복지에 관한 법 전체를 하나의 법전으로 성문화한 법체계를 말한다.[6]

실질적 의미의 사회복지법은 법의 존재형식이나 명칭에 관계없이 법규범의 내용, 목적, 기능들이 사회정의, 사회형평, 사회연대, 사회통합, 인간다운 생활, 행복권 등과 같이 사회복지법규범에 내재하는 공통된 법원리 내지 가치에 부합되는 법률을 의미한다. 따라서 형식적 의미의 사회복지법인 사회보험법, 공공부조법, 사회서비스법뿐만 아니라 사회복지법의 법 원리나 기본가치에 부합하는「임금채권보장법」「최저임금법」「보호관찰 등에 관한 법률」등과 같은 법규들도 실질적 의미의 사회복지법 개념 속에 포함된다. 사회복지법의 개념은 실질적 의미로 파악하는 것이 바람직하다.

Ⅱ. 사회복지법의 유사 법규

사회복지법과 유사하게 사용되는 법률들은 다양하다. 일부 소개하면 다음과 같다.

1. 사회개발법

사회개발법(social development law)이란 사회개발에 관한 법이다. 사회개발(social develpment)은 유엔에서 경제개발(economic development)과 대조적으로 사용하는 용어이다.[7] 사회개발은 사회복지, 고용, 교육, 보건, 주거, 인구 등 사회 제반 분야를 개발함으로써 인간의 보편적 욕구를 충족시키고, 사회문제를 해결하며, 계층 간 갈등을 해소하고, 사회연대적 공동체를 형성하기 위한 국가계획을 의미한다. 사회개발법은 사회복지 이외의 분야를 포함하고 있으므로, 내용적으로 사회복지법보다 광범위하다.

2. 인간봉사법

인간봉사법(human service law)은 인간봉사에 관한 법이다. 인간봉사(human service)란 용어는 사회복지(social welfare)라는 용어가 수급자로 하여금 수치감(stigma)을 자아낸다는 비판에 따라 사회복지라는 용어에 대한 대안용어(alternative term)로서 미국에서 주로 사용되는 용어이다. 우리나라의 보건복지가족부에 상응하는 미국의 정부부처는 보건인간봉사부(Department of Health and Human Service: DHHS)이다. 인간봉사는 사회보장제도와 복지관련 부문을 포함하는 광의의 사회복지에 상응하는 개념이다. 인간봉사법은 인간의 복지를 증진시키기 위한 사회보장제도와 사회복지관련 분야에 관한 법규이다. 인간봉사법은 향후 우리나라에서도 사회복지법이 부정적 의미로 인해 사회적 비난에 부딪힐 때 대안적으로 검토될 수 있는 법명이다.

3. 사회법

사회법(social law)이란 개념에 대한 정의는 일관적이지 못하다. 사회법의 법영역은 사법의 전담 분야로 될 수 없고 공법의 전담 분야도 될 수 없는 사법과 공법이 공존하여 규율하는 법영역이다. 라드부르흐는 이를 '제3의 법영역'이라고 부른다.[8] 사회법이란 용어는 19세기 말경, 독일에서 시민법원리에 대한 부분적 수정원리를 바탕으로 하여 나타났다. 사회법은 자본주의 발전 과정에서 노사대립을 방지하고 노동자의 생존권이 위협받지 않도록 하기 위하여, 근로조건을 개선하고, 산업재해의 무과실책임주의를 강조하며, 자주적인 노동운동을 보장하여 근로자의 생활수준을 향상시키거나, 자유방임적 경제질서하에서의 독과점기업의 횡포를 규제하고 조정하기 위하여, 그리고 모든 국민의 기본적인 욕구를 충족시키고, 인간다운 삶을 보장하며, 사회정의를 구현하기 위한 법이다. 일반적으로 사회법은 광의와 협의로 정의된다. 광의의 사회법은 노동법, 경제법, 사회복지법을 포함하고, 협의의 사회법은 사회복지법을 의미한다.

4. 복지법

복지법은 주로 일본의 사회복지관련법 제정과정에서 찾아볼 수 있다. 미군정 이후 일본의 사회복지관련법의 입법역사를 살펴보면, 1950년대는 복지3법시대로 「생활보호법」 「아동복지법」 「신체장애자복지법」을 제정하였다. 1960년대에는 복지6법시대로 「생활보호법」 「아동복지법」 「신체장애자복지법」 「정신박약자복지법」 「노인복지법」 「모자복지법」을 제정하였다. 이러한 복지법들은 1938년 제정된 「사회사업법」을 기본법으로 삼고 있으며,

「사회사업법」은 그 후 「사회복지사업법」으로 대체되었다.

5. 사회행정법

사회행정법은 급부행정법의 한 분야로 개인의 요보호상태에 대한 국가의 급여관계를 규율하는 법이다. 종종 사회보장법과 동일한 의미로 사용된다.[9)]

Ⅲ. 사회복지법의 내용적 형식과 입법절차

1. 사회복지법 내용의 형식

사회복지법의 형식은 존재형식과 내용적 형식으로 구분된다. 법의 존재형식은 성문법과 불문법을 구분하는 법의 연원(淵源), 즉 법 규범의 존재형식에서 다루기로 하고, 이 장에서는 사회복지법의 내용적 형식에 관하여 분석한다. 내용적으로 사회복지법의 형식은 통상적으로 다른 법령과 대동소이하다.

법령은 기본적으로 제명, 본칙, 부칙으로 구성된다. 제명은 법령의 고유한 이름이고, 본칙은 법령이 본래 규율하려는 주된 내용을 정하는 부분으로서 법령의 본체에 해당되며, 부칙은 본칙에 따르는 시행일, 적용례, 경과조치 등을 정하는 부분이다. 본칙에는 '본칙'이라는 표시를 하지 않으며, 총칙, 실체 규정, 보칙 그리고 벌칙이 본칙에 해당한다.

법령의 일반적 형식체계를 보면 본칙이 먼저 나오고 부칙이 나온다. 따라서 대부분 맨 앞 부분에 그 법령 전반에 공통적으로 적용되는 총칙 규정을 두고, 그다음에 실체 규정, 보칙 규정, 벌칙 규정을 두며, 마지막 부분에 부칙 규정을 둔다.[10)]

첫째, 법령의 총칙은 해당 법 전반에 공통적으로 적용되는 기본적이고 원칙적인 사항을 규정한 것으로, 법령의 앞 부분에 위치한다. 그러나 법령의 총칙 규정 부분에 반드시 어떠한 규정을 두어야 한다는 원칙이 있는 것은 아니며, 총칙 규정에 포함될 내용은 특정한 법령을 제정하거나 개정할 때 그 법령 입법의 취지, 내용과 조문 수 등을 고려하여 개별적으로 판단하여 정한다.

법령의 조문 수가 많은 경우 법령 내용의 성질에 따라 몇 개의 장(章)으로 나누어 구분하는 것이 보통이다. 이 경우 총칙 규정에 해당하는 부분은 제1장으로 하여 그 법령의 맨 앞에 둔다. 장마다 공통되는 사항을 묶어 규정할 필요가 있는 경우에는 각 장에 통칙을 두기도 한다.

총칙 규정에 두는 내용은 개개의 법령에 따라 다양하지만, 통상적으로 총칙에 법령의 목적 또는 취지를 정한 목적 규정, 법령에서 사용되는 용어의 정의를 규정한 정의 규정, 법령의 제정 이념이나 정신을 표현한 기본이념 규정, 국가나 지방자치단체의 책무 규정, 정책수립 의무 등에 관한 규정, 국민의 권리와 의무 규정, 인권에 관한 규정, 법령해석의 지침을 규정한 해석 규정, 법령이 적용되는 대상이나 범위에 관한 적용 범위 규정, 그 법령과 다른 법령과의 관계에 관한 규정 등을 두고 있는 경우가 많다.

최근 사회복지법 관련법들 가운데 기본법적인 위치에 있는 법들은 본칙에 기본이념 조항을 설정하는 경우가 종종 있다. 법령의 기본이념 규정은 법령의 제정 이념이나 정신을 표현한 것으로 그 법령의 조문을 통해서 구현되어야 하는 이념에 관한 선언적 규정이다.

둘째, 법령의 실체 규정은 법령의 본체를 이루는 규정으로 법령의 가장 핵심적인 내용이 포함된다. 실체 규정은 총칙 규정의 다음에 위치하며, 법령마다 그 내용을 달리하고 있다.

셋째, 보칙 규정은 법령의 기본 규정을 보충하기 위하여 만든 규칙으로, 법령의 총칙과 실체 규정에 규정하기에는 적합하지 않은 절차적 · 기술적 · 보충적인 사항에 대한 규정을 말한다. 예를 들면, 수수료, 청문절차, 손실보상, 손해배상, 관계 행정기관과의 협조 · 협의, 권한의 위임 및 위탁, 유사 명칭의 사용금지, 벌칙 적용에서의 공무원 의제 등의 내용이 포함된다.

넷째, 벌칙 규정은 법령의 실효성을 담보하기 위한 목적으로 보충적이며 최종적으로 사용되어야 할 수단이다. 사회복지행정상 행정벌에는 행정형벌과 행정질서벌이 있다. 행정형벌은 형법상 형을 과한다. 형의 종류에는 사형, 징역, 금고, 자격상실, 자격정지, 벌금, 구류, 과료, 몰수라는 9개의 종류가 있다(「형법」 제41조).[11] 이 가운데 사형은 생명형에 속하고, 징역 · 금고 · 구류는 자유형에 속하며, 자격상실과 자격정지는 명예형에 속하고, 벌금 · 과료 · 몰수는 재산형에 속한다. 반면 행정질서벌이란 행정형벌과는 달리 「형법」에 없는 과태료를 과하는 경우를 말한다. 행정질서벌인 과태료 처분은 행정상의 질서위반에 대하여 금전으로 제재를 가하는 행정법상 의무이행 확보수단의 하나이며 형벌이 아니므로, 처벌절차도 「형사소송법」에 의하지 않는다.

마지막으로, 부칙은 법령의 마지막 부분에 위치하며, 본칙의 시행일, 적용관계, 경과 규정, 기존의 법률관계와 새로운 법률관계 간의 연결이나 조정 관계, 새로운 법률과 모순되거나 저촉되는 기존 법령의 개정이나 폐지 등을 정하는 부대적인 사항은 부칙에서 규정한다. 본칙에는 '본칙'이라는 표시를 하지 않으나 부칙에는 부칙의 맨 앞에 반드시 '부칙'이라고 표시한다.

2. 사회복지법의 입법절차

입법이란 실질적으로는 추상적, 일반적인 강제규범의 정립을 말하고 형식적으로는 국민 모두를 구속하는 법률을 제정하는 것을 의미한다. 입법은 자연법이나 관습법이 아닌 성문의 실정법을 제정하는 것이다.[12)]

1) 사회복지법 입법절차의 의의

사회복지법의 입법절차는 법률의 경우, 통상적인 법률의 입법절차와 동일하다. 일반적으로 입법절차라 함은 법령안의 입안부터 공포까지 일련의 절차로, 일정한 입법정책적 목표하에 법률안이 기초가 되어 의회에 이송되고 국가원수의 서명과 공포에 의하여 하나의 법률로서 효력이 발생되기까지의 모든 과정을 의미한다.[13)] 법률의 입법절차에 관해서는 「대한민국헌법」에 규정되어 있다.

대한민국헌법
제40조 입법권은 국회에 속한다.
제51조 국회에 제출된 법률안 기타의 의안은 회기중에 의결되지 못한 이유로 폐기되지 아니한다. 다만, 국회의원의 임기가 만료된 때에는 그러하지 아니하다.
제52조 국회의원과 정부는 법률안을 제출할 수 있다.
제53조 ① 국회에서 의결된 법률안은 정부에 이송되어 15일 이내에 대통령이 공포한다.
② 법률안에 이의가 있을 때에는 대통령은 제1항의 기간내에 이의서를 붙여 국회로 환부하고, 그 재의를 요구할 수 있다. 국회의 폐회중에도 또한 같다.
③ 대통령은 법률안의 일부에 대하여 또는 법률안을 수정하여 재의를 요구할 수 없다.
④ 재의의 요구가 있을 때에는 국회는 재의에 붙이고, 재적의원과반수의 출석과 출석의원 3분의 2 이상의 찬성으로 전과 같은 의결을 하면 그 법률안은 법률로서 확정된다.
⑤ 대통령이 제1항의 기간내에 공포나 재의의 요구를 하지 아니한 때에도 그 법률안은 법률로서 확정된다.
⑥ 대통령은 제4항과 제5항의 규정에 의하여 확정된 법률을 지체없이 공포하여야 한다. 제5항에 의하여 법률이 확정된 후 또는 제4항에 의한 확정법률이 정부에 이송된 후 5일 이내에 대통령이 공포하지 아니할 때에는 국회의장이 이를 공포한다.
⑦ 법률은 특별한 규정이 없는 한 공포한 날로부터 20일을 경과함으로써 효력을 발생한다.

「헌법」에 따르면, 법률의 입법권은 국회에 속하나, 법률안 제출권은 국회의원과 정부에 있다. 그러나 법률로부터 위임받은 사항에 관한 하위법령((위임명령: 대통령령, 총리령, 부령)과 법률의 집행에 필요한 사항을 정하는 하위법령(집행명령)에 관한 입법권은 행정부나 사법부 등이 입법권을 갖도록 하고 있다. 사회복지법에서 시행령은 대통령령이고, 시행규칙은 대부분 보건복지부령이다. 이들 시행령과 시행규칙은 법률의 위임에 의해 제정되는 위임명령에 속한다.

2) 입법절차의 기능

입법절차상 과정은 정치사회의 통합화, 국민의 정치참여의 기회보장, 입법과정을 통한 소수자 보호라는 기능을 수행한다. 첫째, 입법과정은 갈등을 처리하고 정치사회를 통합하는 기능을 수행한다. 입법절차의 과정은 민주주의 국가에서 국민주권의 원리하에 입각하여 민주사회의 다원적이고 다양화된 의견을 조정하고 그것을 입법에 반영시킴으로써 결국 갈등 관리와 정치사회의 통합화에 이바지하는 기능을 수행한다.

둘째, 입법절차의 과정은 국민의 정치참여의 기회를 보장하는 기능을 수행한다. 입법과정에 국민이 참여하는 것은 법률 내용상의 정당성과 절차적 정당성을 획득하는 데 기여할 뿐 아니라 법률의 실효성을 높이는 데도 기여한다.

셋째, 입법절차에서의 다수결방법은 소수자를 보호하는 기능을 수행한다. 다수결방법은 최종적인 의사결정을 하기 전에 서로 상이한 의견을 좁히기 위한 상호의 의견교환과 절충 또는 타협이라는 일련의 과정을 거치게 된다. 이러한 과정은 소수자에게 소수자로서 활동할 수 있는 자유를 보장해줄 뿐 아니라 언제나 다수자가 될 수 있는 방법과 기회를 제공해주기도 한다.[14)]

3) 입법절차의 과정

입법에는 법안 발의자가 누구냐에 따라 의원입법과 정부입법으로 구분된다. 국회의원들이 발의하여 법률이 만들어지는 경우를 의원입법이라 하고, 정부가 발의하여 법률이 만들어지는 경우를 정부입법이라고 한다.[15)] 의원입법과 정부입법은 법안이 제출되기 이전에는 절차상 차이가 있으나, 일단 법안이 제출된 이후에는 의원발의법률안과 정부제출법률안 간에는 절차상 차이가 없다.[16)]

법안 제출 이후의 절차는 의원발의안과 정부제출안에 동일하게 적용되며, 법안은 국회 내 상임위원회 심의, 본회의 심의 의결 등을 거쳐 정부로 이송된 후 대통령의 공포를 거쳐 제정된다. 법률은 법률에 특별한 규정이 없는 한 공포한 날로부터 20일을 경과함으로써 효력을 발생한다.

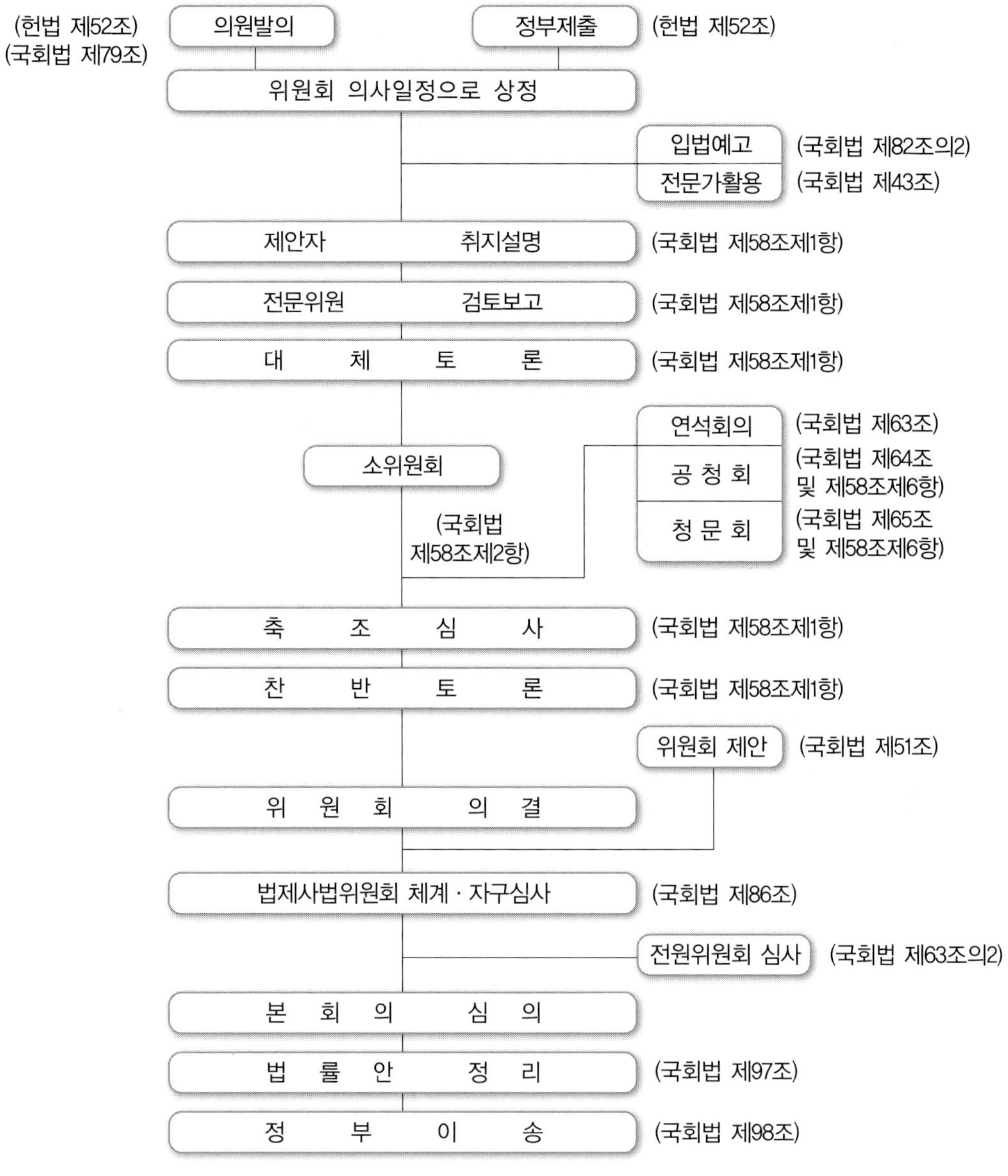

[그림 2-1] 법안 제출 이후 입법과정 흐름도

미주

1) 김기원(2009). 『사회복지법제론』. 서울: 나눔의집, pp. 54-63.
2) 자연법(natural law)이란 자연에서 발견되거나 인간의 이성에서 도출되는 초경험적인 법으로서 민족, 국가, 때와 장소를 초월하여 보편타당성을 갖는다고 인식되는 법으로 실정법이 따라야 할 법원리이다.
3) 박영철(2001). 『법학통론』. 서울: 동방도서, pp. 49-57, 58-67, 68-81.
4) 김철용(1968). 생존권적 기본권의 법적 성격. 『사법행정』. 9(12), 한국사법행정학회, pp. 18-20.
5) 김기수 외(1997). 『법학통론』. 서울: 한양대학교 출판부, pp. 1-19, 54-66.
6) 임정평(1996). 사회보장법의 체계와 과제. 『법학논총』. 제22집, 단국대학교 법학연구소, pp. 26-33.
7) Division for Social Policy and Development (2000). Gateway to Social Policy and Development. Department of Economic and Social Affairs United Nations, 1.
8) 박영철(2001). 전게서.
9) 전광석(1993). 『사회보장법학』, 강원: 한림대학교 출판부, pp. 13-18.
10) 국가법령정보센터, www.law.go.kr
11) 법제처, www.moleg.go.kr
12) 이성환(2009). 입법과정에 있어서 국민참여. 법학논총, 21(2), pp. 151-181.
13) 박영도(1994). 입법과정의 이론과 실제. 한국법제연구원, pp. 13-15.
14) 상게서, pp. 15-17.
15) 전국경제인연합회(2011). 의원발의 법률안에 대한 규제심사제도 도입방안. 전국경제인연합회, pp. 5-9.
16) 법제처, 입법과정안내, www.moleg.go.kr

제3장 사회복지법의 체계

사회복지법의 체계는 사회복지법의 연원, 사회복지법 체계 일반, 사회복지법의 위계 그리고 사회복지법 상호 간의 관계로 구성된다.[1]

Ⅰ. 사회복지법의 연원

법의 연원(淵源)은 법의 존재형식으로 법원(法源)이라고도 불린다. 법은 여러 형식으로 존재하지만, 크게 성문법과 불문법으로 나뉜다.

1. 성문법(제정법)

성문법(成文法, written law)이란 제도상 입법기관에 의해 특별한 절차를 따라 만들어지고 그 내용이 문서의 형식으로 표현되고 일정한 형식과 절차에 의하여 공포된 법을 말한다. 성문법은 입법기관에 의하여 특별한 절차를 거쳐서 제정되므로 이를 제정법이라고도 한다. 오늘날 대부분의 국가는 성문법을 법원(法源)으로 하는 성문법주의를 채택하고 있으며, 보충적으로 불문법(不文法)을 병용(倂用)하고 있다. 우리나라도 성문법주의를 택하고 있으며, 사회복지법 역시 성문법주의에 기초하고 있다. 우리나라의 성문법으로는 「헌법」, 법률, 명령(대통령령, 총리령, 부령 등), 규칙, 자치법규(조례, 규칙) 및 조약 등이 있다.

1) 헌법

「헌법」은 국가의 기본조직, 통치작용, 국민의 기본권 등을 정한 나라의 기본법이다. 「헌법」은 최상위의 법이므로 하위법인 법률, 명령, 규칙 등은 「헌법」에 저촉되어선 안 된다. 우리 「헌법」은 전문에 국민생활의 균등한 향상을 규정하고 있고, 제10조는 인간의 존엄과 가치 · 행복추구권을 규정하고 있으며, 제34조는 인간다운 생활을 할 권리를 규정하고 있다.

2) 법률

법률(法律, act)은 국회에서 의결되고, 대통령이 공포된 법률을 의미한다. 법률은 헌법의 하위에 있는 헌법 다음가는 법원이므로 「헌법」에 위배되면 법적 효력이 없으며, 「헌법」에 위배되는 법률을 제정해서는 안 된다. 그러나 법률은 명령이나 규칙에 대하여는 상위의 지위를 갖는 법원이다. 따라서 명령이나 규칙은 법률에 위배되는 내용을 가질 수 없다. 입법권, 즉 법률의 제정권은 국회에 속하며, 국회의원 또는 정부에 의하여 제출된 법률안은 국회의 의결을 거쳐 다시 대통령이 공포함으로써 법률로 성립된다. 「헌법」은 국민의 권리나 의무에 관한 사항, 기타 중요한 사항은 법률로써 규정할 것을 요구하고 있고 이를 입법사항이라 한다. 현대법치국가에서는 국민의 기본권에 관한 사항은 반드시 법률로 정하도록 되어 있다. 사회복지법은 국민의 기본권 가운데 주로 생존권에 관한 사항을 구체적으로 규정하고 있다.

3) 명령, 규칙

명령(命令)과 규칙(規則)은 국회의 의결을 거치지 아니하고 권한 있는 행정기관이 단독으로 제정하는 법규로서 자치법규에 속하지 않는 성문법원을 말한다. 명령과 규칙은 국회의 의결을 거치지 아니하고 행정기관이 제정하는 것이므로 그 형식적 효력에 있어서 국회가 제정한 법률보다 하위에 속한다. 따라서 명령으로 법률을 개폐하지 못한다. 다만 긴급명령의 경우 예외적으로 법률과 같은 효력을 가진다. 법령이란 말은 법률과 명령을 합해서 부르는 용어이다.

「헌법」 제75조는 "대통령은 법률에서 구체적으로 범위를 정하여 위임받은 사항과 법률을 집행하기 위하여 필요한 사항에 관하여 대통령령을 발할 수 있다."고 규정하고 있다. 명령은 법률과의 관계에서 실질적으로 긴급명령, 위임명령, 집행명령으로 나뉜다. 첫째, 긴급명령은 국회의 집회가 불가능하거나 집회를 기다릴 여유가 없어 긴급한 조치를 취할 필요가 있을 경우에 법률을 대신하여 대통령이 발하는 명령이다. 긴급명령에는 재정경제상 중대한 위기에 처하여 최소한으로 필요한 재정 · 경제상의 처분을 하기 위해 발하는 긴급재정경제명령과 국가를 보위하기 위하여 긴급한 조치가 필요한 경우에 발하는 국가보위상의 긴급명령이 있다. 긴급명령을 발한 때에는 지체 없이 국회에 보고하여 그 승인을 얻어야 한다(「헌법」 제76조).

긴급명령과 관련된 사회복지법의 사례로서 「국민연금법」의 전신인 「국민복지연금법」과 「사립학교교직원연금법」의 전신인 「사립학교교원연금법」이 긴급조치 제3호에 의해서 효력이 정지된 사례를 들 수 있다.[2]

국민생활의안정을위한대통령긴급조치(대통령긴급조치 제3호, 1974.1.14.)
제18조 (국민복지연금법 등의 효정지) 국민복지연금법과 사립학교교원연금법은 1974년 12월 31일까지 각각 그 효력을 정지한다.

둘째, 집행명령은 법률을 집행하기 위해 필요한 사항에 관하여 발하는 명령이다. 국회에서 법률을 제정하는 경우에는 근본적인 중요한 점만을 정하고 세부적인 부분은 각 행정기관으로 하여금 실제로 법률을 집행하는 데 필요한 사항을 정하도록 하고 있는데 이 경우에 행정기관이 제정하는 명령을 말한다.

셋째, 위임명령은 법률에서 구체적으로 범위를 정하여 위임받은 사항에 관하여 구체적인 세목(細目)을 정하는 명령이다. 위임명령은 법률에 의하여 구체적으로 범위가 정해지기 때문에 포괄적 위임은 인정되지 않는다. 사회복지법에서 위임명령의 예로는 대통령령인 시행령과 보건복지부령인 시행규칙을 들 수 있다.

국민기초생활 보장법
제6조의3(소득인정액의 산정) ③ 실제소득, 소득평가액 및 재산의 소득환산액의 산정을 위한 구체적인 범위 · 기준 등은 **대통령령**으로 정한다. (여기서 대통령령은 「국민기초생활 보장법 시행령」으로 규정됨)
제15조의3(광역자활센터)
④ 제1항부터 제3항까지에서 규정한 사항 외에 광역자활센터의 신청 · 지정 및 취소 절차와 평가, 그 밖에 운영 등에 필요한 사항은 **보건복지부령**으로 정한다. (여기서 보건복지부령은 「국민기초생활 보장법 시행규칙」으로 규정됨)

명령은 형식적으로 제정권자를 표준으로 하여 대통령령, 총리령, 부령(보건복지가족부령, 행정안전부령, 노동부령 등)으로 나눈다. 대통령은 법률에서 위임받은 사항과 법률을 집행하기 위하여 필요한 사항에 관하여 대통령령을 발할 수 있고, 국무총리 또는 행정 각부의 장은 소관사무에 관하여 법률이나 대통령령의 위임 또는 직권으로 총리령 또는 부령을 발할 수 있다. 사회복지법과 관련된 시행령(예: 「국민연금법 시행령」 「노인복지법 시행령」)은 사회복지법의 시행에 따르는 세칙이나 규정을 내용으로 하는 명령으로 대통령령의 형식을 띠고 있다.

규칙은 각 부처가 사무처리 및 내부규율 등에 관해 제정한 규범으로 「헌법」이나 법률에 입각하여 입법부, 행정부, 사법부의 각 부에서 내부규율, 업무절차, 사무처리 등을 위해 제정되며, 지방공공단체의 장이 제정하는 규칙도 있다. 보건복지부사무규칙, 국민연금관리공단의 장이 제정한 규칙, 국회인사규칙, 감사원 사무처리규칙, 법원사무규칙 등이 있다. 사회복지법과 관련된 시행규칙(예: 「국민연금법 시행규칙」「국민기초생활 보장법 시행규칙」)은 보건복지부 등과 같은 행정부처가 사회복지법의 시행을 위해 필요한 내부규율, 업무절차, 사무처리를 내용으로 하는 규칙으로 주로 보건복지부령에 의해 제정되고 있다.

4) 자치법규

자치법규란 지방자치단체가 법률에 의하여 인정된 자치권의 범위 내에서 자기의 사무에 관하여, 또 주민의 권리의무에 관하여 제정한 자치에 관한 규칙을 말한다. 지방자치단체는 법령의 범위 안에서 자치에 관한 규칙을 제정할 수 있다. 자치법규에는 조례와 규칙이 있다. 조례는 지방자치단체가 법령의 범위 내에서 지방의회의 의결을 거쳐 그 사무에 관하여 제정한 법이다. 규칙은 자치단체의 장이 법령 또는 조례가 위임한 범위 내에서 그 권한에 속하는 사무에 관하여 정립한 법으로 조례시행규칙이라고도 부른다.

5) 국제조약과 국제법규

국제조약이란 국제적 권리의무의 발생을 목적으로 국제법상의 주체인 국가 간에 맺은 문서에 의한 합의이다. 조약이라는 이름을 가지는 것뿐만 아니라 협정, 협약, 의정서, 헌장 등으로 불리는 것도 포함된다. 「헌법」에 의하여 체결 · 공포된 조약과 일반적으로 승인된 국제법규는 국내법과 같은 효력을 가진다.

대한민국헌법

제6조 ①헌법에 의하여 체결 · 공포된 조약과 일반적으로 승인된 국제법규는 국내법과 같은 효력을 가진다.

여기서 일반적으로 승인된 국제법규란 국제관습과, 우리나라가 체결당사자가 아닌 조약으로서, 국제사회에 의하여 그 규범성이 일반적으로 승인된 것을 말한다.

최근에 활발히 이루어지고 있는 사회보장협정이나 국제노동기구의 사회보장에 관한 조약들은 비준국 간에 구속력을 갖는다.

2. 불문법

불문법(不文法,unwritten law)이란 문서의 형식으로 표현되지 않는 법이다. 입법기관에 의해 일정한 절차에 따라 제정 · 공포되지 않고 존재하므로 비제정법(非制定法)이라고도 한다. 불문법으로는 관습법, 판례법, 조리가 있다. 불문법도 성문법과 더불어 중요한 법원이 되고 있다. 역사적으로 법은 불문법에서 성문법으로 발전하여 왔으며 특히 관습법은 성문법의 모체가 되었다. 오늘날 보통법(common law)을 중심으로 판례법주의를 취하는 영미법에서는 판례법을 제1차적 법원으로 인정하고 있다.

1) 관습법

관습법이란 사회생활에서 자연적으로 형성되어 관행되는 관습이 사회의 법적 확신을 얻게 되어 사회의 중심세력이 이것을 법적 규범으로 승인하고 강행하는 것이다. 사실적인 관습이 법원(法源)으로 인정을 받는 것은 법원(法院)이 판례를 통해 이를 법규범으로 인정함으로써 이루어진다.

우리나라의 경우, 「민법」과 「상법」 등 사법 분야에서는 관습법이 성문법의 보충적 역할을 하고 있다. 「민법」 제1조는 "민사에 관하여 법률에 규정이 없으면 관습법에 의하고, 관습법이 없으면 조리에 의한다."고 규정하고 있다. 「상법」 제1조는 "상사에 관하여 본 법에 규정이 없으면 상관습법에 의하고, 상관습법이 없으면 민법의 규정에 의한다."고 규정하고 있다. 그러나 죄형법정주의가 지배하는 형법에서는 관습법이 배척된다.

2) 판례법

판례란 재판의 선례이다. 판례법(判例法, case law, judge-made law)이란 유사한 사건에 대하여 법원이 동일한 취지의 판결을 반복하여 판례의 방향이 확정됨으로써 동종의 사건에 대하여 사실상의 구속력을 갖게 됨에 따라 형성되는 법이다. 즉, 재판의 집적(集積)에 의해 성립하는 법체계이다. 재판은 원칙적으로 당해 사건에 관해서만 구속력을 가지는 데 불과한 것이나, 그 후 동종의 사건이 일어나 재판을 하는 경우 동일한 취지의 재판을 하게 될 것이므로 재판은 동종의 사건에 대하여는 사실상 구속력을 가지게 된다. 재판의 선례, 즉 판례가 그 후의 재판을 구속할 때 판례는 법의 연원, 즉 법원(法源)으로 되며, 이를 판례법이라고 한다.

법원(法院)은 법의 해석 · 적용을 하는 데 있어서 형식적으로는 동급 및 상급법원의 재판 선례, 즉 판례에 구속받지 않으나, 실제적으로는 하급법원(下級法院)이 상급법원의 판례와 다른 재판을 하는 경우, 심급제도(審級制度)에 의하여 결국 사후심법원인 상급법원에서 하급심법원의 판결이 파기될 가능성이 크기 때문에, 상급법원의 판례는 하급법원의 재판 시 기준이 되어 입법부에서 제정된 법과 사실상 같은 효력을 갖게 될 수 있다.[3] 사회복지법 분야에 있어서도 대법원이나 헌법재판소의 판례는 사실상 구속력을 갖고 있다.

3) 조리

조리(條理, natural rationality)란 자연의 이치, 사물의 본질적 법칙 또는 사물의 이치를 말한다. 조리는 대부분의 사회구성원들이 타당하다고 인정하는 공동생활의 원리인 도리(道理), 사회정의, 사회형평, 공서양속(公序良俗), 사회통념, 사회상규(社會常規), 신의성실 등으로서, 재판에 있어서 다른 법원에 의한 법을 발견할 수 없는 경우에 법원(法源)으로 채용되는 경우가 많다. 「민법」 제1조에는 "민사에 관하여 법률의 규정이 없으면 관습법에 의하고, 관습법이 없으면 조리에 의한다."라고 규정함으로써 조리를 성문법과 관습법 다음의 보충적 효력을 갖는 법원의 하나로서 인정하고 있다. 경우에 따라서 조리는 성문법 해석의 기준이 되기도 한다. 사회복지법 분야에서도 성문법이나 관습법 또는 판례법이 없는 경우에 사회정의나 사회형평과 같은 조리를 법원으로 삼는다.

Ⅱ. 사회복지법 체계 일반

바이마르 헌법이 인간다운 생활의 보장이라는 생존권 규정을 최초로 실정헌법상 명문으로 규정한 이후 세계 각국의 헌법이 생존권을 헌법상에 규정하기 시작하여 이제는 보편적인 현상이 되었다. 생존권이념의 발달은 현대국가로 하여금 사회법 제정을 촉진하는 계기가 되었다.

일반적으로 사회법은 역사적 소산으로서 자본주의체제와 시민사회의 성립 · 진행 · 발전과정에서 자본주의의 사회문제와 구조적 모순을 해결하며, 사회적 약자에게 실질적 자유와 권리를 확보해주기 위하여 제정되고 발전하여왔다. 사회법은 크게 세 가지의 분야에서 발전해왔다. 첫째는 노동자의 지위향상, 기본권 보장 및 생존권과 기본적 권리를 보장해주기 위한 「근로기준법」과 「노동조합법」 등과 같은 노동법 분야이다. 둘째는 공정한 시장질서와 소비자주권을 확립하기 위한 「독점규제 및 공정거래에 관한 법률」이나 「소비자 보호법」 등과 같은 경제법 분야이다. 셋째는 빈부격차를 해소하고 실업 · 질병 · 노령 · 장애 등 사회문제를 해결함으로써 모든 국민의 인간다운 삶을 보장해주기 위한 국가의 제도적 관여를 규정한 사회보험법, 공공부조법, 사회복지서비스법 및 관련복지법 등과 같은 사회복지법 분야이다.

사회복지법은 사회법의 일환으로 발전되었다. 현대복지국가는 모든 국민의 인간다운 생활을 보장하기 위하여 사회복지제도를 수립하였다. 국가는 사회복지제도의 체계를 구성하고, 국민의 권리와 의무에 관한 사항, 기타 중요한 사항을 규정하기 위하여 사회복지법을 제정하고 공포한다.[4)5)6)]

1. 일반 법체계와 사회복지법

1) 일반 법체계

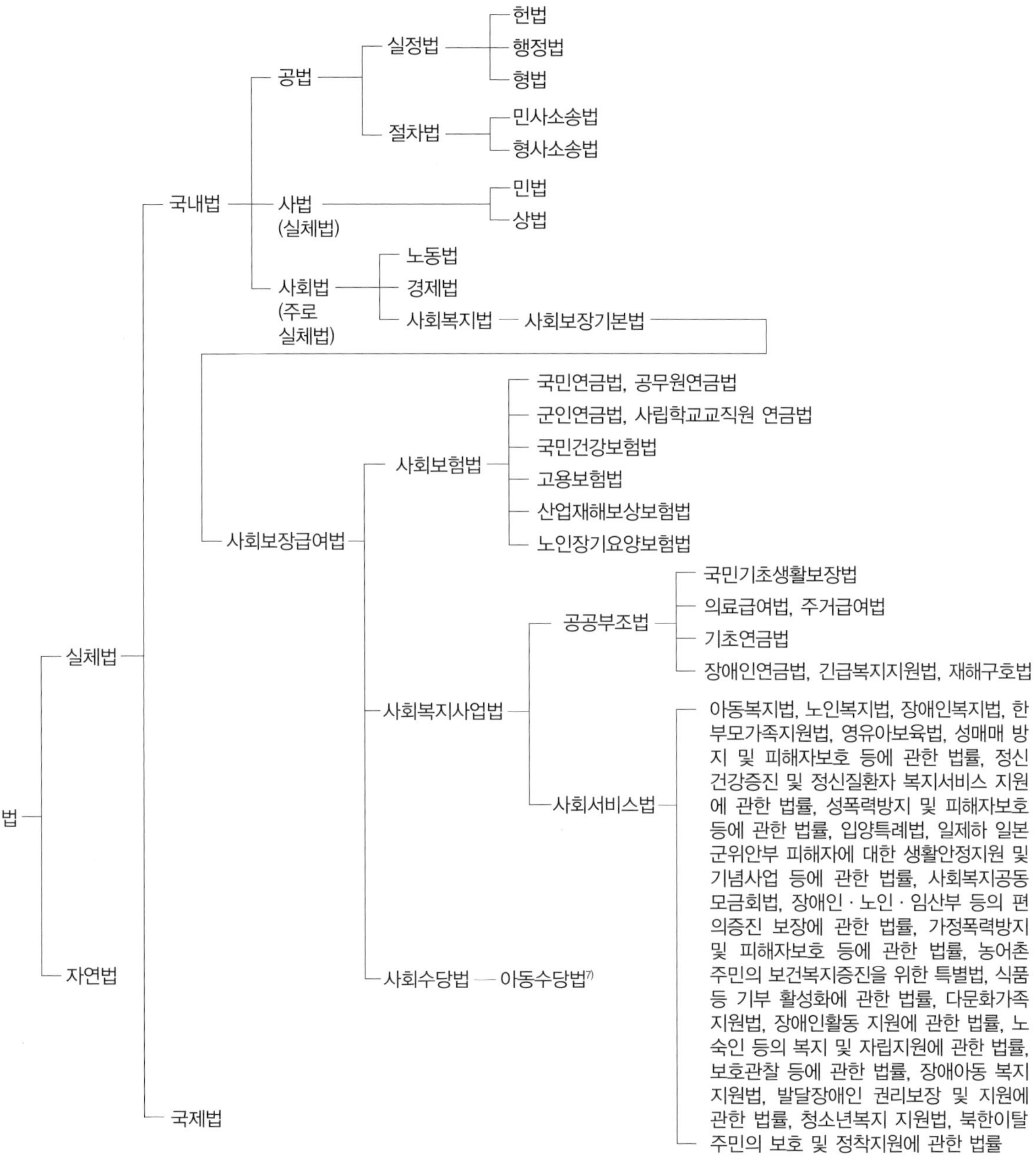

[그림 3-1] 일반적 법체계하에서 사회복지법

일반적으로 법은 일정한 조직체계를 이루고 존재한다. 법은 일반적으로 일정한 제정절차를 거쳤느냐의 여부에 따라 자연법과 실정법으로 대별되고, 실정법은 다시 국제법과 국내법으로 대별된다.

(1) 자연법

자연법(自然法, natural law)이란 시간과 공간을 초월하는 영구불변의 초경험적이고 이상적인 법을 말한다. 즉, 자연현상에 의해 자연적으로 발생하며, 인위적인 영향을 전혀 받지 않는 초실정적인 법규범이다. 자연법은 우주의 존재질서를 규율하는 보편타당한 원칙으로서, 정의의 이념을 그 내용으로 하고 있기 때문에 법의 근원이 된다.

(2) 실정법

실정법(positive law)은 인간사회의 질서유지를 목적으로 사회적 상황에 따라 생성 · 발전되어왔다. 경험적, 역사적인 사실에 의해 성립되고, 현실적인 제도로서 시행되고 있는 제정법, 관습법, 판례법 등이 실정법에 해당한다. 이는 인간에 의해 이 세상에 존재하는 인위적인 법이다. 따라서 실정법은 국가적, 역사적, 시대적 상황에 따라 다른 모습으로 변천 · 발전하였다. 그러나 좁은 의미의 실정법은 제정법, 즉 성문법을 의미한다.

사회복지법은 일반 법체계하에서 실정법에 속한다. 제정법, 관습법, 판례법 등과 같은 실정법 가운데 사회복지법은 주로 제도상 입법권을 가지는 자에 의하여 만들어지고, 그 내용이 문서로써 작성되어 일정한 형식과 절차를 밟아서 공포된 제정법(성문법)에 속한다.

2) 일반 법체계와 분류에 따른 사회복지법

(1) 국내법, 국제법 그리고 사회복지법

사회복지법은 국내법이 주를 이루나 세계화시대 국제법으로서 사회복지법의 중요성이 부각되고 있다. 국내법(國內法, municipal law)이란 한 국가에 의하여 인정되어 그 국가의 주권이 미치는 범위 내에서만 일정한 절차에 의해 효력을 가지는 법이다. 국내법은 사인과 사인 간, 사인과 국가 또는 공공단체 간(국가와 국가 간, 국가와 공공단체 간, 공공단체와 공공단체 간)의 법률관계를 규율하는 법이다. 한 국가의 국민과 외국인의 생활관계, 즉 섭외적 생활관계에 관하여 어느 국가의 법을 적용할 것인가를 결정하는 법은 국제사법(private international law)인데, 이는 국제법이 아니라 국내법에 속한다.

국내법은 공법과 사법 그리고 사회법으로 구분한다. 일반적으로 공법(公法, public law)은 공익적 또는 국가적 관계를 규율하는 법으로 그 내용이 강행규정으로 구성되어 사법에 비하여 강제성이 강하다는 특색이 있다. 사법(私法, private law)은 사인간의 이해관계를 규율하는 법으로서, 평등과 당사자의 의사가 존중되는 법규범이다.

사회법(社會法, social law)은 공법과 사법의 어느 것에도 속하지 않는 양자의 중간에 있는, 양자의 성질을 동시에 겸유하고 있는 제3의 법영역이다. 대표적인 사회법으로는 경제법, 노동법, 사회복지법 등이 있다. 이들 법은 단순히 사적 생활에 관한 것이라고도 할 수 없고, 또 공적 내지 국가적 생활에 관한 것이라고도 할 수 없는, 말하자면 공법–사법의 특성을 모두 가지면서도 그 어느 것에도 속하지 않는 배타적 영역을 가진 법영역이다.

사회복지법은 삼분법에 의한 분류인 공법, 사법, 사회법 가운데 사회법에 속한다. 사회법인 사회복지법은 제정법 가운데 공법인 「헌법」의 테두리 안에서 구체적인 법률로서 국회에서 제정되며, 사회복지관련 법률을 실시하기 위하여 권한 있는 행정기관이 세부적인 시행을 위한 명령이나 규칙을 제정한다. 또한 지방자치단체는 사회복지법령의 테두리 안에서 그 지방자치단체의 지방 내에서만 효력을 가지는 자치법규를 제정하여 운영한다. 자치법규는 지방의회의 의결을 거쳐 제정되는 조례와 자치단체의 장이 제정하는 규칙이 있다.

국제법(國際法, international law)은 국제단체에 의하여 인정되어 국가와 국가 사이에 행하여지는 법을 말한다. 국내법에 비하여 국제법은 그 위반에 대한 제재력이 약하고, 그의 입법에 대한 일정한 원칙이 확립되지 않고 있어 입법기관이나 입법절차가 불완전하다. 국제법에서는 관습법이 많은 역할을 하고 있으며, 국제조약과 국제관습법은 동일한 효력을 가진다. 세계화시대에 국제사회복지법규에 관한 이해는 사회복지세계화 추세를 이해하는 데 도움이 된다(국제사회복지법에 관한 내용은 9장 "국제법과 사회복지" 부분 참고).

(2) 일반법과 특별법

일반법과 특별법은 법의 효력이 미치는 범위를 표준으로 하여 그 범위가 일반적인 경우 일반법, 특정적인 경우 특별법이라고 한다. 일반법이란 사람이라든가, 장소라든가, 사항 등에 관하여 특별한 한정이 없이 일반적으로 넓은 효력범위를 갖는 법을 말하고, 특별법이란 일정하게 한정된 사람 · 장소 또는 사항에 관하여 특수적인 좁은 효력범위를 갖는 법을 의미한다. 일반법과 특별법은 절대적 개념이라기보다는 상대적 개념으로 비교 대상이 되는 법이 어떤 법이냐에 따라 일반법이었던 법이 특별법이 될 수도 있고, 특별법이었던 법이 일반법이 될 수도 있다.

① 인적 범위를 표준으로 하는 구별

일반법은 다수의 사람, 특히 국민 일반에게 적용되는 법이고, 특별법은 다수의 사람 가운데 일부를 한정하여 적용되는 법이다. 모든 장애인에게 적용되는 「장애인복지법」과 장애아동에만 적용되는 「장애아동 복지지원법」을 비교할 때 「장애인복지법」은 일반법에 해당하고, 「장애아동 복지지원법」은 특별법에 해당한다.

② 지역적 범위를 표준으로 하는 구별

일반법은 국토(영토, 영해, 영공)의 전반에 걸쳐 적용되는 법이고, 특별법은 국토 내의 한정된 일부지역에만 적용되는 법이다. 예를 들면 전국에 걸쳐 시행되는 「사회복지사업법」과 농어촌지역에만 적용되는 「농어촌주민의 보건복지 증진을 위한 특별법」을 비교할 때 「사회복지사업법」은 일반법에 해당하고, 「농어촌주민의 보건복지 증진을 위한 특별법」은 특별법에 해당한다.

③ 사항을 표준으로 하는 구별

일반법은 일반적이고 비교적 넓은 범위의 사항에 관하여 적용되는 법이고, 특별법은 비교적 한정된 좁은 범위의 사항에 관하여 적용되는 법이다. 아동복지의 전반적인 사항에 관해 규정하는 「아동복지법」과 아동의 빈곤에 관한 사항에 관해 규정하고 있는 「아동의 빈곤예방 및 지원 등에 관한 법률」을 비교하면, 「아동복지법」이 일반법이고, 「아동의 빈곤예방 및 지원 등에 관한 법률」은 특별법이다.

일반법과 특별법을 구별하는 실익은 '특별법은 일반법에 우선한다'는 '특별법 우선의 원칙'에 있다. 법 적용의 순위를 정하는 데 있어, 특별법은 일반법에 우선하여 먼저 적용되고, 특별법에 해당 규정이 없는 경우에 그의 보충으로서 일반법이 적용된다.

(3) 원칙법과 예외법

원칙법과 예외법은 일정한 사항에 관하여 일반적으로 적용되는가 안 되는가 여부를 기준으로 구분한다. 원칙법이란 일정한 사항에 대하여 일반적으로 적용되는 법을 말하고, 예외법이란 그 일정한 사항에 관하여 특별한 사정이 있는 경우에 그 원칙법을 적용하지 않을 것을 규정한 법이 예외법이다. 통상적으로 예외법은 '다만'이란 단서를 뜻하는 용어로서 표현되는 경우가 많다. 예를 들면, 「국민연금법」 제6조에서 국민연금 가입대상자에 관하여 "국내에 거주하는 18세 이상 60세 미만의 국민은 국민연금의 가입대상이 된다. 다만, 「공무원연금법」 「군인연금법」 「사립학교교직원 연금법」의 적용을 받는 공무원 · 군인 및 사립학교 교직원, 기타 대통령령이 정하는 자를 제외한다."고 규정하고 있다. 이 조항의 본문은 국민연금 가입대상자에 관해 일반원칙을 정하고, 단서는 예외를 정하고 있는데, 그중 본문은 원칙법이고, 단서에는 예외법을 명시하고 있다. 국민연금에 관하여 「국민연금법」은 원칙법이고, 적용제외대상을 규율하는 「공무원연금법」 「군인연금법」 「사립학교교직원 연금법」은 예외법이 된다. 예외법은 원칙법에 대한 예외를 규정한 것이므로 법해석의 원칙으로서 예외법은 원칙법과는 달리 특히 엄격하게 해석하여야 하고 이를 임의로 확장해석하여서는 안 된다.

(4) 실체법과 절차법

실체법과 절차법의 구별은 법의 규정내용 내지 규정사항에 의한 구별이다. 실체법은 법률관계의 실체(근본)인 권리 · 의무의 발생, 변경, 소멸, 효과 등을 정한 법으로 민법 · 상법 · 형법 등이 이에 해당한다. 실체법은 주법(主法)이라고도 부른다. 대부분의 사회복지법은 실체법이다. 반면, 절차법은 실체법에 의하여 정하여진 권리-의무를 확보하기 위하여 만들어진 법이기 때문에 조법(助法)이라고도 부른다. 또한 절차법은 실체법상의 권리를 실행하거나 또는 의무를 구체적으로 실행시키기 위한 절차 형식을 정한 법으로 형식법이라고도 한다. 예를 들면 「형사소송법」 「민사소송법」 「파산법」 「부동산등기법」 「호적법」 등이 이에 해당한다. 사회복지법 분야에서는 「입양촉진 및 절차에 관한 특례법」을 대체하여 제정된 「입양특례법」이 절차법에 해당한다.

(5) 강행법과 임의법

법의 효력이 그 적용에 있어 절대적인가 아닌가 여부에 따라 강행법과 임의법으로 구별된다. 강행법이란 당사자의 의사 여하와 무관하게 법의 적용이 강요되어 효력을 발생하는 법을 말하고, 임의법은 당사자의 의사에 따라 자유롭게 법을 적용할 수도 있고, 법의 적용을 배제할 수도 있는 법을 말한다.

법문 중에 '당사자의 특별한 의사표시가 없으면'이라든가 '다른 의사표시가 없으면'이라고 규정 되어 있는 경우는 그 규정이 임의법에 속한다. 법 조항의 내용이 '하여야 한다'로 되어 있어 행정권을 행사하는 행정주체에 대해 법이 어떤 행위를 기속적으로 명하는 경우는 강행규정 또는 기속규정에 해당하고, '할 수 있다'로 되어 있는 경우 임의규정에 해당한다. 일반적으로 사회질서, 공공복지에 관한 규정은 강행법으로 되어 있고, 사인 상호 간의 법률관계를 규율하는 규정은 임의법으로 되어 있다. 강행규정 또는 기속규정으로 법문이 되어 있으면, 법적 실효성이 강하다. 우리나라 사회복지법의 문제 가운데 하나는 임의규정이 많다는 것이다.

(6) 고유법과 계수법

고유법(固有法)과 계수법(繼受法)의 구별은 법의 성립자료에 의해 구별된다. 고유법이란 어떤 나라의 고유한 생활 · 관습 · 전통 · 역사 속에서 발생하고 발달한 규범을 자료로 하여 성립한 법이다. 반면 계수법이란 다른 사회에서 발생하여 발달한 규범을 그 사회에 옮겨 이를 자료로 하여 성립한 법을 말한다. 사회복지정책이론 가운데 전파이론 또는 확산이론(diffusion theory)이 적용되는 입법 사례는 계수법에 해당한다.[8)]

전파 또는 확산은 특정 국가의 사회복지제도가 인접국가에 전파되는 공간적 전파와 선진국의 제도가 후진국에게, 지배국의 제도가 피지배국에게 전파되는 위계적 전파로 구분하고 있다. 일본의 개호보험법이 우리나라에 전파되어 「노인장기요양보험법」을 제정하게 된 것은 공간적 전파라 볼 수 있으며, 반면 「국민기초생활 보장법」의 전신인 과거 「생활보호법」의 제정에 영향을 미친 일제강점기의 조선구호령은 일본의 구호법을 피지배국인 우리나라에 전파한 위계적 전파라 볼 수 있다.

(7) 행위법과 조직법

행위법이란 사회생활에 있어서 사람의 행위 자체를 규율하는 법을 말하고, 조직법이란 사람의 행위의 기초 또는 수단이 될 조직 · 제도를 정하는 법을 말한다. 대부분의 사회복지법은 행위법이다. 행위법과 조직법은 서로 밀접한 관계를 갖는다. 행위법이 있으면 이를 체계적이고 능률적으로 수행하기 위한 행정기관이나 사법기관이 필요하고, 이들의 조직을 정하는 조직법이 만들어진다. 조직법은 행정기관의 설치, 조직, 직무범위 대강을 정하게 된다. 「정부조직법」 제38조에 따르면 보건복지부장관은 보건 · 위생 · 방역 · 의정 · 약정 · 생활보호 · 자활지원 · 사회보장 · 아동(영유아 보육 포함) · 노인 및 장애인에 관한 사무를 관장한다고 규정하고 있다.

Ⅲ. 사회복지법의 위계

사회복지법령의 위계(hierarchy)는 우리나라의 일반적인 법령체계와 동일한 위계체계를 갖고 있다.[9)10)] 우리나라의 법령체계는 크게 최고법 규범인 「헌법」과 그 헌법이념을 구현하기 위한 법률, 그 법률의 효과적인 시행을 위해 행정입법으로 제정된 대통령령, 총리령, 부령 등이 있다. 이들 법령들은 일정한 위계(hierarchy)를 형성하기 때문에 상위법령의 위임에 의하여 제정되거나 상위법령의 집행을 위하여 제정되는 하위법령은 상위법령에 저촉되는 내용을 법으로 제정할 수 없다. 만약 상위법령에 대한 저촉여부를 판단해야 할 경우, 법률이 상위법인 「헌법」의 위반여부에 관해서는 헌법재판소에서 심사할 권한을 가지며, 명령이나 규칙에 의한 처분이 상위법인 법률의 위반여부에 관해서는 대법원에서 각각 심사할 권한을 갖는다.

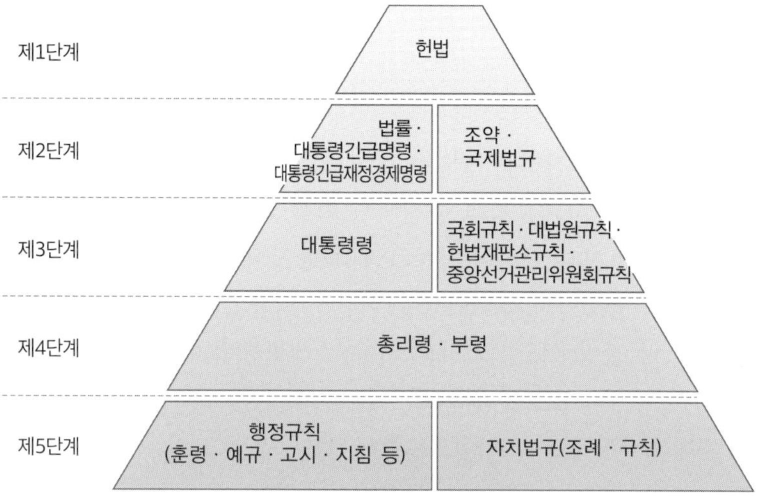

[그림 3-2] 법령의 위계

1. 헌법

「헌법」은 우리나라의 최상위 법규범으로 국민의 권리와 의무 등 기본권에 관한 사항과 국가기관 등 통치기구의 구성에 관한 내용 그리고, 경제 질서 및 선거관리 등에 관한 기본적인 사항을 규정한다. 따라서 법률, 대통령령, 총리령, 부령 등 법령은 헌법정신과 이념에 따라야 하고, 「헌법」이 보장하고 있는 국민의 기본권을 침해하지 않아야 한다.

「헌법」은 대한민국 모든 하위법령의 제정과 개정의 기준과 근거가 되며, 만일 법률이나 대통령령 등이 「헌법」에 위배된 경우 헌법재판소는 「헌법」의 규정과 「헌법」 전문, 「헌법」 속에 담긴 기본이념에 대한 해석을 통하여 당해 법령의 위헌여부 등을 결정한다. 특히, 법률이 「헌법」에 위배되면 헌법재판소에서 위헌 결정을 하여 그 효력을 소멸시킨다.

우리나라 「헌법」은 전문에 "정치·경제·사회·문화의 모든 영역에 있어서 각인의 기회를 균등히 하고, 능력을 최고도로 발휘하게 하며...... 안으로는 국민생활의 균등한 향상을 기하고.....우리들과 우리들의 자손의 안전과 자유와 행복을 영원히 확보할 것"이라고 규정하고 있으며, 이는 사회복지법의 근본정신이 되고 있다. 「헌법」 본문의 내용 가운데 사회복지법의 기준과 근거가 되는 대표적인 「헌법」 조항은 「헌법」 제10조와 제34조가 있다. 「헌법」 제10조는 인간의 존엄과 가치 및 행복추구권으로 '주된 기본권'으로 불린다.

대한민국헌법

제10조 모든 국민은 인간으로서의 존엄과 가치를 가지며, 행복을 추구할 권리를 가진다. 국가는 개인이 가지는 불가침의 기본적 인권을 확인하고 이를 보장할 의무를 진다.

「헌법」 제34조는 인간다운 생활을 할 권리로 '주된 생존권'으로 불린다.

> 대한민국헌법
> 제34조 ① 모든 국민은 인간다운 생활을 할 권리를 가진다.
> ② 국가는 사회보장 · 사회복지의 증진에 노력할 의무를 진다.
> ③ 국가는 여자의 복지와 권익의 향상을 위하여 노력하여야 한다.
> ④ 국가는 노인과 청소년의 복지향상을 위한 정책을 실시할 의무를 진다.
> ⑤ 신체장애자 및 질병 · 노령 기타의 사유로 생활능력이 없는 국민은 법률이 정하는 바에 의하여 국가의 보호를 받는다.
> ⑥ 국가는 재해를 예방하고 그 위험으로부터 국민을 보호하기 위하여 노력하여야 한다.

2. 법률 · 대통령긴급명령 · 대통령긴급재정경제명령

법률은 국회입법 원칙에 의한 성문의 법규범으로 「헌법」의 기본정신과 이념을 구체화한다. 사회복지분야의 법률로는 「사회보장기본법」이나 「사회복지사업법」 등과 같은 기본법, 「국민연금법」 등 5대 사회보험법, 「국민기초생활보장법」 등과 같은 공공부조법, 「장애인복지법」 등과 같은 사회서비스법이 있다.

「헌법」이 국민의 기본권을 제한하는 경우, 「헌법」이 기본권의 제한을 직접 규정하지 아니하고 그 제한을 법률에 위임하는 경우가 있다. 이를 법률유보라 한다. 법률유보에는 일반적 법률유보와 개별적 법률유보가 있다. 일반적 법률유보는 특정의 기본권을 지적하지 아니하고, 국가안전보장 · 질서유지 또는 공공복리와 같은 목적 달성을 위하여, 기본권 일반이 법률에 의하여 제한될 수 있다고 포괄적으로 규정하는 경우로, 그 예로 「헌법」 제37조 제2항을 들 수 있다. 일반적 법률유보조항에서는 제한의 목적이나 제한의 방법에 대해서 일괄적으로 규정하고 있다.

> 대한민국헌법
> 제37조 ②국민의 모든 자유와 권리는 국가안전보장 · 질서유지 또는 공공복리를 위하여 필요한 경우에 한하여 법률로써 제한할 수 있으며, 제한하는 경우에도 자유와 권리의 본질적인 내용을 침해할 수 없다.

개별적 법률유보라 함은 신체의 자유나 재산권과 같은 어떤 기본권을 특별히 지적하여 법률로 제한할 수 있다고 규정하는 경우로, 그 예로는 「헌법」 제12조 제1항과 제23조 제3항을 들 수 있다.

대한민국헌법

제12조 ①모든 국민은 신체의 자유를 가진다. 누구든지 법률에 의하지 아니하고는 체포·구속·압수·수색 또는 심문을 받지 아니하며, 법률과 적법한 절차에 의하지 아니하고는 처벌·보안처분 또는 강제노역을 받지 아니한다.

제23조 ③공공필요에 의한 재산권의 수용·사용 또는 제한 및 그에 대한 보상은 법률로써 하되, 정당한 보상을 지급하여야 한다.

대통령긴급명령은 대통령이 국가비상시에 발령하며, 국회에 보고 승인을 얻는 경우에 한해, 그 법률의 효력을 갖게 된다. 이러한 긴급명령은 통상적인 입법절차만으로는 대처할 수 없는 국가의 안위에 관계되는 국가비상사태 등의 중대한 국가 위기가 있거나 예상될 때, 국가원수나 그에 해당되는 권한이 있는 자가 국가를 보위하기 위하여 국민의 기본권을 제한하는 등 긴급한 조치가 필요하고 국회의 집회가 불가능한 때에 한하여 대통령이 이러한 비상사태를 극복하기 위하여 발동하는 법률의 효력을 가지는 예외적인 긴급입법조치이다. 긴급명령은 국회입법의 원칙에 대한 중대한 예외를 의미하는 것이므로, 국회의 집회가 불가능한 경우에 한하여 예외적으로 인정되는 국가긴급권의 일종이다.

긴급재정명령은 중대한 재정·경제상 위기에 처할 때 대통령이 내리는 긴급명령의 일종이다. 대통령은 국가가 중대한 재정·경제상 위기에 처해 있으나 국회의 집회를 기다릴 여유가 없을 때 최소한으로 필요한 재정·경제상 처분을 하거나 법률의 효력을 갖는 긴급재정명령을 내릴 수 있다. 긴급재정명령 조치는 1993년 당시 김영삼 대통령이 금융실명제를 전격 시행하면서 발동된 적이 있다. 우리 「헌법」 제76조는 대통령의 긴급명령권에 관하여 규정하고 있다.

대한민국헌법

제76조 ① 대통령은 내우·외환·천재·지변 또는 중대한 재정·경제상의 위기에 있어서 국가의 안전보장 또는 공공의 안녕질서를 유지하기 위하여 긴급한 조치가 필요하고 국회의 집회를 기다릴 여유가 없을 때에 한하여 최소한으로 필요한 재정·경제상의 처분을 하거나 이에 관하여 법률의 효력을 가지는 명령을 발할 수 있다.

② 대통령은 국가의 안위에 관계되는 중대한 교전상태에 있어서 국가를 보위하기 위하여 긴급한 조치가 필요하고 국회의 집회가 불가능한 때에 한하여 법률의 효력

> 을 가지는 명령을 발할 수 있다.
> ③ 대통령은 제1항과 제2항의 처분 또는 명령을 한 때에는 지체없이 국회에 보고하여 그 승인을 얻어야 한다.

사회복지법의 분야에서 긴급명령이 내려진 사례로는 「국민연금법」의 전신인 「국민복지연금법」의 효력을 정지시킨 대통령긴급조치를 들 수 있다. 긴급조치는 유신정권이 유신헌법하에서 빈번하게 사용하였던 긴급명령권의 일종으로, 대통령이 내릴 수 있는 특별조치이다. 1973년 12월 24일 「국민복지연금법」과 「사학연금법」을 제정하고, 1974년 1월 1일부터 시행하도록 되어 있었으나, 당시 제2차 석유파동의 여파로 국민경제가 위기에 처하자 정부는 1974년 1월 14일 대통령긴급조치 제3호 「국민생활의 안정을 위한 대통령긴급조치」 제18조에 따라 1974년 12월 31일까지 이들 법의 효력을 정지시킨 적이 있다.[11)]

> 국민생활의안정을위한대통령긴급조치
> [시행 1974.1.14.] [대통령긴급조치 제3호, 1974. 1. 14., 제정]
> 제3장 국민복지연금법 등의 효정지
> 제18조 (국민복지연금법 등의 효정지) 국민복지연금법과 사입학교교원연금법은 1974년 12월 31일까지 각각 그 효력을 정지한다.

3. 조약 및 국제법규

조약이란 서면 형식으로 국가 간에 체결되어 국제법에 의하여 규율되는 국제적 합의로, 그 명칭 여하를 불문하고 국가와 같은 국제법 주체들이 법적 구속력을 받도록 체결한 국제법의 규율을 받는 국제협정이다. 조약은 국가와 국가 사이에 맺은 법적 구속력을 가지는 약속으로, 국가가 의회 등을 통해 비준하면 그 국가의 법과 같은 효력을 갖는다.

국제조약이란 명칭과 관계없이 국가와 국제기구가 필요에 의해 상호 합의하여 지키기로 약속한 국제적 합의로, 국가간 계약과 마찬가지로 서로 약속한 내용을 지켜야 하므로 법적 준수가 보장되어 법적 구속력을 갖는다. 조약에는 그 당사국의 수에 따라 다자적(multilateral) 조약과 양자적(bilateral) 조약이 있으며, 조약의 명칭은 조약뿐 아니라 협약, 협정, 규약, 규정, 헌장 등 다양한 용어가 사용되고 있다.

국제법규란 대한민국이 체약국이 아닌 조약으로 국제사회에서 일반적으로 그 규범력이 인정된 것과 국제관습을 말한다.

우리 헌법은 국제법을 준수할 것을 규정하고, 헌법에 의하여 체결, 공포된 조약과 일반적으로 승인된 국제법규는 국내법과 같은 효력을 갖도록 하고 있다.

> 대한민국헌법
> 第6조 ① 헌법에 의하여 체결 · 공포된 조약과 일반적으로 승인된 국제법규는 국내법과 같은 효력을 가진다.

국내법과 같은 효력을 가진다는 것은 법률에 해당하는 내용은 법률로, 하위법령에 해당하는 내용은 하위법령으로 효력을 가진다는 것을 의미한다.

4. 명령

명령이란 행정권에 의하여 정립되는 법 규범을 총칭하며, 명령권자가 누구냐에 따라 대통령령 · 총리령 · 부령으로 구분한다.

> 대한민국헌법
> 第95조 국무총리 또는 행정각부의 장은 소관사무에 관하여 법률이나 대통령령의 위임 또는 직권으로 총리령 또는 부령을 발할 수 있다.

명령에는 위임명령과 집행명령이 있다.[12] 위임명령은 헌법에 근거하고 법률의 구체적이고 개별적인 위임에 의해 발하는 명령으로 수임명령이라고도 불리며, 그 내용과 효력의 발생과 소멸은 모법인 법률의 위임규정에 종속된다. 경우에 따라서는 대통령령의 위임으로 발하는 총리령이나 부령과 같이 상급명령의 위임에 의하여 행해지는 명령도 위임명령에 속한다. 집행명령은 법률을 집행하는 데 필요한 세부사항을 정하는 명령으로, 그 내용과 효력의 발생과 상실에서 헌법적 근거가 있어야 하나 법률의 위임은 요하지 아니하며 새로운 입법사항을 규정할 수 없다.

대통령령은 행정권의 수반인 대통령이 발하는 명령으로 그 업무 소관은 행정작용 전반에 걸쳐 있다. 대통령령이 위임명령인 경우에는 통상적으로 그 제명은 법명 뒤에 시행령이란 용어를 붙여서, 예를 들면 「노인복지법 시행령」과 같이 표기한다.

총리령은 행정부의 부처 중에서 국무총리 직속기관인 국민안전처, 인사혁신처, 법제처, 국가보훈처 등의 소관사항에 관하여 제정된다.

부령(部令)은 행정입법 중의 하나로, 행정 각부에서 소관 사무에 대해 발하는 명령으로,

법의 위계상 대통령령보다 하위에 속한다. 사회복지법 분야에서 부령은 주로 보건복지부령이며, 부령이 위임명령인 경우에는 통상적으로 그 제명은 법명 뒤에 시행규칙이란 용어를 붙여서, 예를 들면, 「노인복지법 시행규칙」과 같이 표기한다.

총리령과 부령 간의 위계에 관해서는 서로 다른 주장들이 있으나, 통상적으로 총리령과 부령은 동등한 위계라고 본다. 그러나 총리령이 부령보다 상위에 있다는 일부 주장도 있다.

5. 행정규칙

행정규칙은 행정기관 내부에서 직무수행이나 업무처리기준을 제시할 목적으로 제정된 일반적, 추상적 규범으로 법조형식의 규정을 갖는다. 행정규칙은 행정조직 내부에서 행정의 사무처리 기준으로서 제정되었기 때문에 국민에게는 법적 효력을 갖지 못하며, 실무상 훈령, 통첩, 예규 등이 이에 해당한다. 행정규칙은 공포를 효력발생요건으로 하지 않으며, 간혹 행정명령이나 직무규칙이란 용어로도 사용되고, 통상 법적 근거 없이 제정되기 때문에 대통령령, 총리령, 부령과 같은 법규명령과 구별된다.

훈령(訓令)이란 상급기관이 하급기관에 대해 오랜 시간동안 그 권한의 행사를 지시하기 위해 발하는 명령이다. 지시(指示)는 상급기관이 직권이나 하급기관의 문의에 의해 개별적, 구체적으로 발하는 명령이다. 예규(例規)는 법규 문서 이외의 문서로서 반복적 행정사무의 기준을 제시하는 것이다. 일일명령이란 당직, 출장, 시간외근무 등 일일업무에 관한 명령을 말한다.

고시(告示)란 행정 기관에서 국민에게 어떠한 내용을 알리는 것을 뜻하는 것이다.

6. 자치법규: 지방자치단체의 조례와 규칙

자치법규에는 조례와 규칙이 있으며, 자치법규의 효력은 관할 지역 내에서만 발생한다는 점에서 지역제한적 특징이 있다. 조례는 지방자치단체가 법령의 범위 안에서 그 권한에 속하는 사무에 관하여 지방의회의 의결을 거쳐 지방자치단체의 장이 공포하는 규범이다. 규칙은 조례를 시행하기 위하여 지방자치단체의 장이 정하는 규범으로 조례시행규칙이라고도 부른다.

Ⅳ. 사회복지법 상호 간의 관계

사회복지법들 간에는 법 적용상 상위법으로서 하위법의 위계적인 문제, 그리고 다른 법에 우선하여 적용해야 하는 우선순위의 문제가 존재할 수 있고, 법 적용에 있어서 원칙과 예외의 문제들이 있을 수 있다.

1. 사회복지기본법과 개별적 사회복지법과의 관계

사회복지기본법은 다른 사회복지법들의 기본적인 법 원리, 기본이념, 입법지침 등을 제공한다. 이들 기본법에는 상위에 위치하여 헌법과 모든 사회복지법들을 연계하는 최상위 사회복지기본법과 다른 개별적인 사회복지법들의 중간에 위치한 매개적인 사회복지기본법이 있다.

「헌법」은 우리나라의 최상위의 법이다. 「헌법」을 제외한 우리나라의 사회복지법들 가운데 위계적으로 최상위에 존재하는 법은 「사회보장기본법」이다. 「사회보장기본법」은 우리나라 모든 법의 최상위법인 「헌법」과 개별적인 사회복지법 간에 중개자로서의 역할을 하한다. 동시에 「헌법」 제10조의 인간의 존엄과 가치 및 행복추구권과 제34조의 인간다운 생활을 할 권리와 같이 매우 추상적인 형태로 표현되어 있는 헌법규정을 토대로 이를 개별적인 사회복지로 구체화함에 있어서, 하나의 입법 지침을 제공하는 기본법이자 일반법으로서 역할을 수행할뿐만 아니라, 다른 사회복지법들을 실질적으로 지배하고 있다.

「사회보장기본법」은 사회보장정책의 수립 · 추진과 관련 제도에 관한 기본적인 사항을 규정함으로써 사회보장의 이념, 기본원칙, 범위 등을 규율하여 사회보장입법의 지침으로 기능하게 하려는 목적으로 제정한 법이다. 「사회보장기본법」은 이 법의 제명에서 밝히고 있듯이, 사회복지와 관련된 법들의 기본법으로서 역할을 수행한다. 우리나라의 모든 사회복지법들은 「사회보장기본법」에 명시된 기본적인 내용을 위반하여서는 안 된다.

우리나라의 사회복지법체계는 유럽의 일부 국가와 같이 사회보장법전이나 사회복지법전 같이 통합법전체계를 갖추고 있는 것이 아니라 개별적이고 분립적인 법률로 되어 있기 때문에 「사회보장기본법」은 개별적인 사회보장 관련 법률을 지배하는 기본적인 법이념, 공통원칙, 권리-의무관계, 용어의 정의 등을 제공하여 사회복지법체계를 일관성 있게 정리하는 기능을 수행한다. 동법 제4조에 따르면, "사회보장에 관한 다른 법률을 제정하거나 개정하는 경우에는 이 법에 부합되도록 하여야 한다"고 명시함으로써, 이 법이 사회복지 전반에 걸쳐 기본법이 됨을 밝히고 있다.

「사회보장기본법」은 법의 성격상 일반법에 해당하는 반면 개별적인 사회복지법은 특별법에 해당한다. 일반법이란 사람이라든가, 장소라든가, 사항 등에 관하여 특별한 제한이 없이 일반적으로 넓은 효력범위를 갖는 법을 말하고, 특별법이란 일정하게 한정된 사람 · 장소 또는 사항에 관하여 특수적인 좁은 효력범위를 갖는 법을 말한다. 일반법과 특별법과의 관계에 있어서 "특별법은 일반법에 우선한다"는 '특별법우선의 원칙'이 적용된다. 법 적용의 순위를 정하는 데 있어 특별법은 일반법에 우선하여 먼저 적용되고, 특별법에 규정이 없는 경우에 일반적 사항을 규정하고 있는 일반법이 적용된다. 따라서 「사회보장기본법」은 법의 성격상 일반법에 속하므로 법의 적용 시 다른 개별적인 사회복지법들이 「사회보장기본법」에 우선하여 먼저 적용되어야 한다.

우리나라의 사회복지법들 가운데 「사회보장기본법」의 하위법으로서 「사회보장기본법」과 개별적인 사회복지법들과의 중간에 위치하면서 일정 부분 기본법의 역할을 수행하는 사회복지법들이 있다. 대표적인 이들 법으로는 「사회보장급여의 이용 · 제공 및 수급권자 발굴에 관한 법률」 「사회복지사업법」 「건강가정기본법」 「자원봉사활동기본법」 등이 있다.

「사회보장급여의 이용 · 제공 및 수급권자 발굴에 관한 법률」(약칭: 「사회보장급여법」)은 소위 '송파 세모녀 자살 사건'을 계기로 탄생한 법으로, 사회복지수급 절차 및 방법 그리고 정보연계 등에 관하여 기본법의 역할을 한다. 개별적인 사회복지법들이 사회복지급여에 관하여 규정을 할 때는 이 법에 명시된 내용을 근거로 법을 정하여야 한다.

「사회복지사업법」은 사회복지사업에 관한 기본법이다. 「사회복지사업법」은 사회복지사업의 조직과 운영에 관한 기본법적 성격을 갖는 동시에 일반법적인 특성을 가지며, 사회복지사업 관련 법률을 제정하거나 개정할 때 입법지침을 제공해주고 있다. 또한 헌법과 개별적인 사회복지사업 관련법 간의 중간자의 역할을 수행하면서 사회복지와 관련된 헌법의 추상적인 법이념과 원칙을 사회복지사업 분야 관련 법률에 반영할 수 있도록 하고 있다. 「사회복지사업법」 제3조는 "사회복지사업의 내용 및 절차 등에 관하여 개별적인 사회복지사업법에 특별한 규정이 있는 경우를 제외하고는 이 법에서 정하는 바에 따른다."고 명시함으로써, 「사회복지사업법」이 이들 개별적인 사회복지사업법의 일반법의 역할을 수행함을 천명하고 있으며, 이들 개별적인 사회복지사업법을 "개정하는 경우에는 이 법에 부합하도록 하여야 한다."고 명시함으로써 이 법이 이들 개별적인 「사회복지사업법」의 기본법임을 밝히고 있다.

「건강가정기본법」은 건강가정사업에 관한 기본법으로, 동법 제26조에 규정하고 있는 바와 같이, 국가는 건강가정사업과 관련되는 다른 법률을 제정 또는 개정하는 경우에는 이 법에 부합되도록 하여야 한다.

「자원봉사활동기본법」은 자원봉사활동의 진흥에 관한 기본법으로, 동법 제6조에 명시된 바와 같이 "자원봉사활동의 진흥 등에 관하여는 다른 법률에 특별한 규정이 있는 경우를 제외하고는 이 법에서 정하는 바에 따른다."고 밝히고 있다.

2. 분야별 사회복지법들 간의 관계

법을 기준으로 할 때, 분야별 사회복지법에는 사회보험법, 공공부조법 그리고 사회서비스법과 아직은 우리나라에서 법제화가 이루어지지 않은 사회수당법이 있다. 이 분야별 사회복지법들은 내부적으로 서로 밀접한 관계를 맺고 있으며, 때로는 다른 분야의 사회복지법들과도 일정한 관계를 맺고 있다.

첫째, 우리나라의 사회보험법들로는 「국민연금법」「국민건강보험법」「고용보험법」「산업재해보상보험법」「노인장기요양보험법」과 같은 5대 사회보험법이 있고, 「국민연금법」 이외에 「공무원연금법」「군인연금법」「사립학교교직원 연금법」과 같은 직역연금법을 포함한 4대 공적연금법과 별정우체국직원의 연금을 규정하고 있는 「별정우체국법」이 있다.

사회보험법이란 국민에게 발생하는 사회적 위험을 보험의 방식으로 대처함으로써 국민의 건강과 소득을 보장하는 제도에 관한 법이다. 5대 사회보험법은 각각 서로 다른 사회적 위험을 대처하기 위한 법으로, 서로 간에 대등한 관계에서 각각의 입법목적에 명시된 사회적 사고를 보험방식으로 대처하고 있다.

반면 「국민연금법」과 직역연금법 간에는 원칙법과 예외법의 관계가 성립된다. 「국민연금법」은 국민의 노령, 장애 또는 사망이라는 사회적 사고를 보험방식으로 대처하고 있는 원칙법이다. 그러나 단서 규정을 다음과 같이 두어 "다만, 「공무원연금법」「군인연금법」「사립학교교직원 연금법」「별정우체국법」을 적용받는 공무원, 군인, 교직원 및 별정우체국 직원, 그 밖에 대통령령으로 정하는 자는 제외한다."고 명시함으로써, 이들 직역연금법의 적용대상자들은 「국민연금법」이 아닌 해당하는 각각의 직역을 관장하는 직역연금법의 적용을 받도록 하고 있다.

둘째, 공공부조법들 간의 관계이다. "공공부조법이란 국가 및 지방자치단체의 책임하에 생활유지능력이 없거나 생활이 어려운 국민의 최저생활을 보장하고 자립을 지원하는 제도에 관한 법을 말한다. 우리나라의 공공부조법으로는 「국민기초생활보장법」「의료급여법」「주거급여법」「긴급복지지원법」 등이 있다. 이들 공공부조분야의 법들 가운데 가장 기본이 되는 법은 「국민기초생활보장법」이다.

「국민기초생활보장법」은 생활이 어려운 자에게 필요한 급여를 행함에 있어 원칙이 되는 법으로, 다른 법률에 특별한 규정이 있는 경우를 제외하고는 이 법이 정하는 바에 따른다. 단서 규정인 다른 법률로는 「의료급여법」「주거급여법」「긴급복지지원법」 등이 있다. 이들 예외법들은 특별한 경우에 적용되는 특별법으로서, '특별법 우선 적용의 원칙'에 따라 생활이 어려운 국민의 최저생활보장과 자활지원사업에 우선적으로 적용하여야 한다. 이러한 관계를 법 조항에 명시한 공공부조법도 있다. 「주거급여법」 제4조는 "주거급여에 관하여 이 법에서 정하지 아니한 사항에 대하여는 「국민기초생활 보장법」에 따른다."고 명시함으로써, 「주거급여법」이 특별법에 해당되고, 「국민기초생활 보장법」이 일반법에 해당됨을 나타내고 있다.

셋째, 사회서비스법이란 국가 · 지방자치단체 및 민간부문의 도움이 필요한 모든 국민에게 복지, 보건의료, 교육, 고용, 주거, 문화, 환경 등의 분야에서 인간다운 생활을 보장하고 상담, 재활, 돌봄, 정보의 제공, 관련 시설의 이용, 역량 개발, 사회참여 지원 등을 통하여 국민의 삶의 질이 향상되도록 지원하는 제도를 관장하는 법이다. 우리나라의 사회서비스법에 속하는 법들은 매우 다양하지만, 법적으로 명백하게 사회서비스법의 영역에 속하는 것으로 명시된 법은 「사회복지사업법」에 명시된 27개의 법들 가운데 공공부조법에 가까운 5개의 법들을 제외한 22개의 법들을 들 수 있다. 이 사회서비스법들은 각자의 분야에서 국민의 인간다운 생활을 보장하고 삶의 질 향상을 지원하고 있지만, 사회서비스법들 내에서는 일종의 위계가 존재하는 경우도 있다. 예를 들면, 「장애인복지법」은 장애인과 관련된 사회서비스법의 일반법 역할을 수행한다. 따라서 「장애인활동 지원에 관한 법률」 「장애아동 복지지원법」 「발달장애인 권리보장 및 지원에 관한 법률」 등은 「장애인복지법」의 특별법으로서, 특별법 우선적용의 원칙을 적용하여, 관련 사항에 대하여 이들 장애인 관련 특별법을 우선적으로 적용하고, 이들 특별법에 적용할 법의 내용이 없는 경우에는 상대적으로 일반법인 「장애인복지법」을 적용하여야 한다.

넷째, 사회수당법이다. 「아동수당법」 개정으로 2019년 1월부터 기존의 선별적인 사회부조식 아동수당제도가 보편적인 아동수당제도로 바뀌게 된다. 이러한 보편적 프로그램 또는 데모그란트(demogrant)는 귀속적 욕구에 의한 할당으로 권리성이 가장 강하다.

3. 사회복지법과 타법과의 관계

사회복지법은 노동법, 경제법, 행정법, 조세법, 민법, 책임보험법, 공중위생법 등과 밀접하게 관련이 있다.

1) 사회복지법과 헌법과의 관계

「헌법」은 국가통치체제의 기초를 정한 근본법이다. 사회복지법은 국가의 근본법인 「헌법」의 하위법으로서 「헌법」에 기초하고 「헌법」의 테두리 안에서 성립한다. 따라서 사회복지법은 「헌법」의 기본이념을 지도원리로 하여 이 테두리 안에서 사회복지에 관한 구체적인 사항들을 규정한 법으로, 「헌법」의 기본원리를 기초로 성립한다.

2) 사회복지법과 노동법과의 관계

노동법이란 자본주의 경제질서에 있어서 근로자들의 노동관계를 규정함으로써 그들의 생존확보를 가능하게 하는 법규를 말한다.[13] 사회복지와 노동의 관계는 역사적으로 또

현실적으로 밀접한 관련을 갖고 있다. 사회복지법 가운데 일부 법률은 노동법적 특성을 일부 갖고 있다. 연금법은 근로자의 노후생활을 보장하기 위한 법률로 옛날에는 노동자 보험으로서 노동법 분야에서 다루었지만, 노령이란 업무를 떠난 문제이기 때문에 주변적인 문제로 다루었다. 그러나 사회복지법이 발전해감에 따라 노령의 문제는 생활보장이란 관점에서 다루어야 할 문제로 인식됨에 따라 노동법이 아닌 연금법에서 다루게 되었다.

고용보험법이나 실업보험법은 실업에 의하여 발생하는 임금소득의 상실을 사회적인 급부에 의하여 보충하려는 것이다. 그러나 실업의 예방이나 사후대책 또는 노동관계복귀를 위한 직업안정정책은 노동법의 영역이다. 그러므로 실업에 관해서는 노동법과 사회보장법은 그 다루는 관점이 다르지만 함께 실직근로자와 그 가족의 생존권 확보를 꾀하는 점에 있어서는 공통의 목표를 가지고 있다. 따라서 노동법과 사회보장법이 서로 밀접하게 협력하여 실업의 방지와 실업자의 생활보장을 유기적으로 결부시킬 필요가 있다.

「산재보험법」도 노동법과 밀접한 관계를 갖는다. 재해부조 또는 재해보상규정은 사용자가 재해를 입은 고용근로자에 대하여 직접 의료서비스나 금전부조를 제공하도록 한 것으로, 이는 노동조건의 하나로 규정되어 있었다. 그러나 노동법이 분화되면서 산업재해로 인한 근로자와 그 가족의 생활보장적 측면이 대두되면서 산재보험법이 분화되었다. 노동법은 산업재해의 예방을 위한 산업안전 및 보건 그리고 쾌적한 작업환경에 관한 분야를 규정하고, 반면 사회복지법은 산업재해를 입은 근로자와 그 가족의 생활을 보장하기 위한 분야를 규정하게 되었다.

3) 사회복지법과 행정법과의 관계

행정법은 행정을 그 대상으로 하는 행정에 관한 국내공법(國內公法)이다. 행정법은 공익, 즉 공공복리를 실현하기 위한 활동을 규율하고, 국가나 지방자치단체와 같은 공법적인 권리주체에 의한 활동을 규율하며, 개별적인 사안의 규율을 위하여 구체적인 조치를 내용으로 하는 활동을 규율하는 법으로 국내 행정권의 조직과 작용에 관한 공법을 말한다.[14)15)16)] 복지국가의 특징 중 하나는 복지 제공 주체가 여럿이라는 복지다원주의(welfare pluralism)이지만, 그 주체 가운데 국가가 복지서비스를 제공하는 데 가장 주된 역할을 하며, 사회복지의 영역 가운데 공공복지서비스를 제공하는 복지행정영역이 가장 큰 비중을 차지한다. 따라서 사회복지행정을 규율하기 위한 사회복지법들은 행정법의 특성을 기본적으로 갖추고 있다. 행정법에서는 사회복지행정을 행정작용법의 급부행정으로 간주하기도 한다. 행정법 가운데 급부행정은 급부주체와 객체 간의 행정서비스 전달체계를 중점적으로 규율하는 법인 반면, 사회복지법은 사회적 자원의 할당의 원칙과 수급권자의 입장 보호를 중점적으로 규율한다. 복지행정과 관련하여 행정법은 일반법에 해당하고 사회복지법은 특별법에 해당한다. 따라서 사회복지법의 복지행정상 법익은 '특별법 우선의 원칙'에 따라 보호되어야 한다.

4) 사회복지법과 조세법과의 관계

조세법과 사회복지법은 그 본래의 목적은 다르면서도 기능적인 측면에서 유사한 면을 보이고 있다. 조세라 함은 국가 또는 지방자치단체가 수입을 얻기 위하여 법률의 규정에 의해 직접적인 반대급부를 제공함이 없이 자연인이나 법인에게 부과하는 경제적 부담을 말한다.[17] 조세는 국세 지방세와 같은 세(稅)만이 아니라 그 명칭 여하를 불문하고 보상 없이 국가가 일방적이고 강제적으로 과하는 것으로, 반대급부를 조건으로 한 것은 조세가 아니다. 따라서 노령, 질병, 실업이 발생했을 때 노령연금, 요양급여, 실업급여 등을 받는 조건으로 납부하는 국민연금보험료, 건강보험료, 고용보험료 등 사회보험 보험료는 반대급부를 조건으로 하고, 보험료 납부에 따라 보험급여청구권이 구체적으로 발생하여 쌍방적이기 때문에 엄격히 말하면 조세가 아니다. 일부에서는 이들 사회보험의 보험료와 같이 강제적으로 납부해야 하는 보험료를 준조세(準租稅)라고도 부른다. 외국의 경우 이들 사회보험료를 사회보장세(social security tax)라고 부르는 경우도 있다.

사회복지법과 세법 간의 직접적인 관련이 있는 경우의 예로는 부양의무자에 대한 구상권을 행사할 때와 부정수급자에 대해 비용을 징수할 때 부양의무자나 부정수급자가 이에 응하지 않을 때에는 「국세징수법」이나 「지방세외수입금의 징수 등에 관한 법률」에 따라 징수하는 경우를 들 수 있다.

국민기초생활 보장법

제46조(비용의 징수) ① 수급자에게 부양능력을 가진 부양의무자가 있음이 확인된 경우에는 보장비용을 지급한 보장기관은 제20조에 따른 생활보장위원회의 심의 · 의결을 거쳐 그 비용의 전부 또는 일부를 그 부양의무자로부터 부양의무의 범위에서 징수할 수 있다.

② 속임수나 그 밖의 부정한 방법으로 급여를 받거나 타인으로 하여금 급여를 받게 한 경우에는 보장비용을 지급한 보장기관은 그 비용의 전부 또는 일부를 그 급여를 받은 사람 또는 급여를 받게 한 자(이하 "부정수급자"라 한다)로부터 징수할 수 있다.

③ 제1항 또는 제2항에 따라 징수할 금액은 각각 부양의무자 또는 부정수급자에게 통지하여 징수하고, 부양의무자 또는 부정수급자가 이에 응하지 아니하는 경우 국세 또는 지방세 체납처분의 예에 따라 징수한다.

최근 주목을 받고 있는 근로장려세제(EITC)는 저소득 가구에게 근로소득 금액을 기준으로 산정한 근로장려금을 세금환급의 형태로 지급함으로써 근로빈곤층의 근로유인을 제고하고 실질소득을 지원하기 위한 근로연계형 소득지원제도이다. 근로장려세제의 법적 근거는 「조세특례제한법」에 있다.

> **조세특례제한법**
> 제100조의2(근로장려세제) 저소득자의 근로를 장려하고 소득을 지원하기 위하여 제100조의3부터 제100조의13까지의 규정에 따른 근로장려세제를 적용하여 근로장려금을 결정 · 환급한다.

5) 사회복지법과 민법의 관계

사회복지법은 사회법의 하나로서 공법과 사법의 특성을 공유하고 있다. 사회복지법은 사법 가운데 「민법」과 밀접한 관계를 갖고 있다. 「민법」은 인간으로서 생활관계를 규율하는 사법으로 권리의 주체, 권리의 객체 그리고 권리의 변동관계 등과 같은 사항은 「민법」의 내용과 방법이 사회복지법률 관계에 적용된다.[18]

「사회복지사업법」은 사회복지법인을 관장하고, 「민법」은 비영리법인을 관장한다. 사회복지법인은 비영리법인에 속한다. 따라서 「사회복지사업법」은 법인에 관하여 이 법들 간의 관계를 다음과 같이 규정하고 있다.

> **사회복지사업법**
> 제32조(다른 법률의 준용) 법인에 관하여 이 법에서 규정한 사항을 제외하고는 「민법」과 「공익법인의 설립 · 운영에 관한 법률」을 준용한다.

직역연금을 관장하는 공단의 경우, 우선적으로 각각의 직역연금법을 적용하여야 한다. 그러나 이들 직역연금법에서 정한 것이 없을 경우에는 「민법」 중 재단법인에 관한 규정을 준용한다.

> **국민연금법**
> 제48조(「민법」의 준용) 공단에 관하여 이 법에서 정한 것 외에는 「민법」 중 재단법인에 관한 규정을 준용한다.

6) 사회복지법과 공익법인의 설립·운영에 관한 법률과의 관계

사회복지법인은 법인법정주의의 원칙에 따라 「사회복지사업법」의 법인 관련 규정을 적용하여 설립된다. 그러나 사회복지법인에 관한 사항이 「사회복지사업법」에 명시되어 있지 않은 경우, 법인에 관하여 이 법에서 규정한 사항을 제외하고는 「민법」과 「공익법인의 설립 · 운영에 관한 법률」을 준용하도록 되어 있다. 사회복지법인은 비영리법인인 동시에 공익법인에 속한다. 비영리법인은 「민법」이 관장한다. 공익법인이란 재단법인이나 사단법인으로서 사회 일반의 이익에 이바지하기 위하여 학자금 · 장학금 또는 연구비의 보조나 지급, 학술, 자선(慈善)에 관한 사업을 목적으로 하는 법인을 말한다. 사회복지법인에 관한 법 적용은 '특별법 우선적용의 원칙'에 따라 다음과 같이 법을 적용한다.

사회복지사업법 → 민법 → 공익법인의 설립 · 운영에 관한 법률

7) 사회복지법과 경제법의 관계

경제법은 국가의 경제정책의 실현을 위한 법으로 시장에서 분배(distribution)의 문제를 다룬다.[19] 반면 사회복지법은 시장에서 이루어진 분배의 결과를 다시 분배하려는 재분배(redistribution)의 문제를 다룬다. 양자는 경제적인 약자를 경제적으로 보호하려는 점에서 공통된 점이 있다.

8) 사회복지법과 책임보험법의 관계

책임보험법은 남의 신체나 재산에 손해를 입혀 법률상의 책임을 질 경우 가해자가 피해자에게 개별적으로 배상하는 대신, 가해자가 될 가능성이 있는 주체들을 의무적으로 보험에 가입시켜 손해배상을 집단화(risk pooling)하는 대응방법을 규율한 법이다. 대표적인 예로 「자동차손해배상 보장법」이다. 사회보험법과 책임보험법은 보험가입이 의무화되어 있고, 위험의 결합(risk pooling)과 위험의 분산(risk sharing)을 토대로 한다는 측면에서 공통점이 있다. 그러나 책임보험은 개인적 사고에 대비하는 반면 사회보험은 사회적 사고를, 책임보험은 민간사업자에 의해 운영되는 반면 사회보험은 특수공법인에 의해 관리된다. 사회보험은 재원의 조달이 노사 간의 양자 부담에 의해, 산재보험의 경우 사용자부담에 의해 이루어지는 반면, 책임보험은 가입자의 보험료만으로 재원이 마련된다는 점에서 차이가 있다.[20]

미주

1) 김기원(2009). 『사회복지법제론』. 서울: 나눔의집, pp. 139-151.
2) 국가법령정보센터, www.law.go.kr
3) 민 · 형사 단독사건: 지방법원(지원) 단독판사 → 지방법원 본원 합의부(항소부) → 대법원
   민 · 형사 합의사건: 지방법원(지원) 합의부 → 고등법원 → 대법원
   군사재판: 보통군사법원 → 고등군사법원 → 대법원
   행정소송: 행정법원 → 고등법원 → 대법원
4) 예종덕, 전일주(1999). 『법학통론』. 서울: 학연사, pp. 33-34, 41-49, 58-65, 74-83.
5) 윤찬영(1997). 사회복지법의 분석방법론에 관한 연구. 『사회복지연구』, 9, 서울대학교사회복지연구소, pp.133-136.
6) 전광석(1996). 가족의 사회보장기능과 사회보장법의 가족보호기능. 『사회보장연구』. 12(1), 한국사회보장학회, 181-183.
7) 2019년 1월부터 「아동수당법」 개정으로 보편적인 아동수당제도가 실시됨.
8) 김기원(2017). 『사회복지정책론』. 서울: 학지사.
9) 한국법제연구원, https://elaw.klri.re.kr
10) 법제처, www.moleg.go.kr
11) 국가법령정보센터, www.law.go.kr
12) 행정전문용어사전, http://my.g4c.go.kr
13) 김형배(1980). 『노동법』. 서울: 박영사, pp. 33-42, 109-115.
14) 유지태(2001). 『행정법신론』. 서울: 박영사, pp. 3-9, 611-628.
15) 이상규(1981). 『신행정법론』. 경기: 법문사, pp. 128-137.
16) 박윤흔(1981). 『최신 행정법강의』. 경기: 국민서관, pp. 42-45, 356-368.
17) 이만우(1995). 『세법세무회계측면을 중심으로』. 서울: 박영사, pp. 1-2.
18) 김준호(2000). 『민법강의』. 경기: 법문사, pp. 3-35.
19) 경제법의 범주에 속하는 법률로는 독점규제및공정거래에관한법률, 물가안정에관한법률, 소비자보호법, 부정경쟁방지및영업비밀보호에관한법률, 조선산업의정상적경쟁조건에관한법률, 기업활동규제완화에관한특별조치법 등이 있다.
20) 장훈(1984). 『사회보장법총론』. 대구대학교출판부, pp. 121-128.

제4장 사회복지법의 역사적 형성과 특징

사회복지법은 정치적 · 경제적 · 사회적 · 문화적인 요인들과 역동적으로 상호작용하면서 형성되고, 변화하고, 발전되고, 창조되고, 대체되고, 소멸되면서 전개되고 있다. 사회복지법은 국가마다 정치적 · 경제적 · 사회적 · 문화적 입법 배경이 다르고, 학자에 따라 해석의 관점이 다르게 나타나는 경우가 종종 나타난다.[1][2][3][4]

법을 역사적 변천과정에 따라 연구하는 학문 분야를 법사학(法史學, legal history)이라고 한다. 법사학은 인간생활을 법적측면에서 다루며 어떻게 생성, 발전, 소멸되어 왔는가를 역사적 · 사실적으로 분석함으로써 현재의 법질서와 법사상을 이해하려는 학문 분야이다.

사회복지법의 역사적 형성과정에는 다수의 방법이 있다. 역사주의 접근방법은 사회복지법을 역사적 형성물로 간주하고, 시간적 변화과정에서 그 존재의의와 본질, 가치가 확정될 수 있다고 본다. 외재적 방법은 사회복지발전을 사회 · 경제적 환경의 변동과 관련시켜 시대적 특징을 명백히 하려 한다. 내재적 방법은 사회복지적 원조의 목적과 그 목적을 실현하기 위한 방법의 변천을 분석한다. 통합적 방법은 사회복지발달이 시기적 · 단계적으로 뚜렷하게 구분되지 않으므로 외재적 방법과 내재적 방법을 적절하게 원용하여 분석한다. 이 장에서는 통합적 방법을 사용하여 사회복지법의 역사적 변천과정을 분석한다.

Ⅰ. 외국 사회복지법의 역사적 형성과정

주요 선진국의 사회복지법의 역사를 주요 법 위주로 정리한다.[5][6][7][8][9][10][11][12][13][14]

1. 영국의 사회복지법 형성과정

영국은 구빈법을 제정하여 빈민구제에 관한 국가책임을 가장 먼저 확립한 국가이다. 수차례의 구빈법 제정과 사회보험 등 사회보장분야의 법 제정을 통해 사회복지법 발전에 기여하였다.[15]

1) 엘리자베스구빈법 이전의 사회복지법 형성과정

영국에서의 사회복지입법은 공공부조 분야에서 노동통제적 입법 형태로 시작되었다. 영국에서 최초의 사회복지법은 전염병 재해가 계기가 되었다. 1348년 페스트라는 전염병이 전염되어 2년 동안 영국 전체 인구의 2/3가 사망하였다. 이로 인해 장원에서 일할 노동력 부족을 초래하였으며, 노동력 부족 문제를 해결하기 위하여 1351년 에드워드(Edward) 3세 영국 왕은 「노동자법」(the Statute of Laborers)을 제정하였다. 이 법은 임금에 상한선을 두며, 노동능력이 있는 실업자는 노동을 강제하였으며, 근로능력이 있는 걸인에게 시혜를 베푸는 행위를 금지시켰다. 이 법은 '종교는 국가에 종속하여야 한다'는 국가만능론(erastianism)에 최초로 영향을 미친 법으로 전해진다.

16세기 초 초기산업혁명으로 도시 부랑노동자가 증가하고, 1517년 루터의 종교개혁 이후 수도원이 해산되면서 수도원의 보호를 받던 계층들이 빈민으로 거리를 배회하게 되자, 빈민구제사업은 국가가 해결하여야 한다는 국가적 인식이 나타나, 빈민구제 및 통제를 위한 구빈법(빈민법) 제정으로 법제화되었다.

헨리(Henry) 8세는 1531년 「걸인과부랑인처벌에관한법」(the Act concerning Punishment of Beggars and Vagabonds)을 제정하였다. 이 법은 부랑자와 신체가 건장한 자가 걸식행위를 할 경우 이들을 채찍으로 태형을 가한 후 출생지로 강제추방하여 강제노역을 하도록 하였다.

구빈법의 기본 골격을 형성한 것으로 전해지는 「건장한부랑자및걸인의처벌에관한법」(the Act for Punishment of Sturdy Vagabonds and Beggars)은 헨리 8세가 1536년 제정하였다. 빈민이나 걸인들은 한 곳에 3년 이상 거주하면 거주지 교구에 등록하도록 하였다. 교구는 교회에 특별히 자선상자를 설치하고, 교구민들의 자발적인 헌금이나 기부로 노동능력이 없는 빈민들을 보호하도록 하였다. 노동능력이 있는 빈민들은 일을 하도록 하였으며, 5~14세 사이의 빈곤아동들이 노동에 종사하지 않는 경우 도제(徒弟)생활을 하도록 하였으며, 이를 거부할 경우는 태형을 가는 등 신체형에 처하였다. 부랑인이 두 번 잡히면 태형과 함께 귀를 자르고 세 번 잡히면 사형에 처하였다.

1547년 헨리 8세 사망 이후 의회는 「부랑자의처벌및빈민과노동불능자의구제에관한법률」을 제정하고 일하지 않는 부랑자에 대한 벌칙을 강화하였다. 이 법에 따르면, 근로능력이 있는 부랑자가 3일 이상 근로를 거부할 경우 부랑자의 가슴에 인두로 V(Vagabond)자의 낙인을 찍어 노예로 삼도록 하였고, 도망을 치거나 그래도 일을 하지 않으면 S(Slave)자의 낙인을 찍어 종신노예로 삼도록 하였다. 이 법을 소위 '피의 입법'이라 하였다.

1576년 빈민에 대한 강제노역을 규정한 「빈민구제법」(the Poor Relief Act)이 제정되었다.

이 법에 따르면 근로능력자는 작업장(workhouse)에 보내어 강제노역을 시켰고, 근로무능력자는 자선원(charitable hospitals)에 입소시켜 생활을 보호해주었으며, 나태한 빈민은 교정원(house of correction)에 보내는 자유형에 처하였다. 그러나 이 법은 비용부담을 꺼리는 교구와 지방정부의 비협조로 제대로 실행되지 못하였다.

2) 구구빈법

엘리자베스(Elizabeth) 1세 영국 여왕은 1601년 소위 「구구빈법」[舊救貧法, Old Poor Law 또는 「엘리자베스구빈법」(Elizabeth Poor Law of 1601)]을 제정하였다. 이 법은 빈민통제적 · 치안유지적 입장에서 빈곤문제를 해결하기 위한 기존의 법들을 집대성하여 성문화한 것으로, 최초로 구빈의 책임을 교회가 아닌 정부(지방정부)가 졌다는 점에 큰 의의가 있으나, 실제 내용상으로는 빈민구제보다는 빈민을 통제하고 관리하기 위한 법이었다. 이 법은 본래 '빈민구제를위한법'(An Act for the Relief of the Poor)이라는 명칭으로 제정되었다.

「구구빈법」은 빈민을 세 종류로 구분하고 각각을 구분해 처우했다. 첫째, 노동능력이 있는 빈민(the able- bodied poor)이다. 이들은 '가치 없는 빈민'(the undeserving poor or the unworthy poor), 즉 도움을 받을 만한 가치가 없는 빈민들로서, 기혼과 미혼을 막론하고 스스로 생활을 영위할 수 있는 노동능력을 가진 사람은 일을 하도록 하였다. 이들 노동능력이 있는 신체가 건강한 빈민은 교정원(the house of correction)이나 작업장(workhouse)에서 강제로 노동을 하도록 하였으며, 이를 거부할 경우 감옥에 투옥하였다. 둘째, 노동능력이 없는 빈민(the impotent poor)이다. 장애인이나 노인, 기타 노동불능자가 대부분인 이들은 '가치 있는 빈민'(the deserving poor or the worthy poor), 즉 도움을 마땅히 받을 만한 가치가 있는 빈민들로서 구빈원(almshouse) 또는 자선원(charitable hospitals)에 수용되어 제한된 보호를 받도록 하였다. 작업장 밖의 거주지에서 보호하는 원외구제(outdoor relief)의 비용이 덜 들 것으로 판단되면 빈민감독관들은 현 거주지에서 음식, 의복, 연료 등의 현물급여를 제공하였다. 셋째, 부모의 양육을 받을 수 없는 빈곤아동(dependent children)이다. 의지할 곳 없는 고아, 기아 또는 부모가 양육능력을 상실한 아동은 도제(徒弟, apprentice)와 입양을 통하여 보호하였다. 8세 이상의 아동들 가운데 일을 할 수 있는 경우, 소년들은 24세까지 도제계약을 맺어 도제봉공인(徒弟奉公人)으로 장인(匠人)에게서 기술을 배우며 생활하도록 하였고, 소녀들은 21세까지 또는 결혼할 때까지 가사를 돌보는 하녀로서 도제생활을 하도록 하였다.

「구구빈법」은 빈민구제의 책임을 교회가 아닌 정부(지방정부)가 지도록 하였다. 이를 위해 정부는 지방세액을 증가시켰고, 구빈행정체계를 마련하여 모든 교구에 구빈감독관(overseers of the poor)을 임명하였으며, 이들이 구빈업무와 지방세 징수업무를 관장하도록 하였다. 구구빈법이 1834년 개정구빈법에 의해 개정될 때까지 지방기금에 의한, 지방관리에 의한, 지방빈민에 대한 구빈행정이라는 원칙이 유지되었다.

3) 정주법

찰스(Charles) 2세는 빈민의 소속교구를 분명히 하고, 빈민들의 도시유입을 막기 위해 1662년 교구에 정착해 거주할 수 있는 자격을 규정한 「정주법」(定住法, The Settlement Act of Charles II)을 제정하였다. 정주법이 규정하는, 정착해 거주할 수 있는 자격은 교구 내에서 출생을 하였거나, 여자인 경우 결혼을 하였거나, 1년 1일 동안 교구 내에서 일하고 있는 사람으로 제한하였다. 새로이 이사온 이주자는 이주한 후 40일 이내에 빈민감독관으로부터 생활상태를 조사받도록 되어 있으며, 이들 새로운 이주자가 1년에 은화 10파운드에 해당하는 지대를 낼 수 있거나 공탁을 할 경우 또는 소유한 토지가 있는 경우와 같이 교구의 구빈혜택을 받지 않을 것이 확실한 경우 이주가 허락되었다. 「정주법」은 극단의 교구주의(parochialism) 내지 지방할거주의(sectionalism)의 표현인 동시에, 농촌노동자의 이농을 막아 농촌노동력을 확보하기 위한 방책이기도 하였다.

4) 냇치벌법 또는 작업장조사법

「냇치벌법」(Sir Edward Knatchbull's Act of 1723)은 작업장조사법(Workhouse Test Act) 또는 작업장심사법(작업장시험법)이라고도 불린다. 이 법은 빈곤자와 실업자도 기회가 주어지면 국부(國富)의 원천이 될 수 있다고 봄으로써, 빈민을 직접 구제하는 대신 작업장에서의 노동을 통해 그들의 근로의욕을 강화시키는 데 초점을 맞추었다. 작업장 수용을 거부하는 자는 구제명부에서 명단을 삭제하여 구제받을 자격을 박탈하였다. 작업장 수용가능성의 조사(심사)는 일종의 억제책의 역할을 하여야 하며, 구제는 그 제도를 받아들일 수밖에 없을 만큼 절망적인 사람들에게만 제공되어야 한다는 작업장 조사의 시초가 되었다.[16)]

5) 길버트법

1782년, 「길버트법」(Gilbert Act)은 구빈법 개혁조치의 하나로, 일종의 작업장 개선운동이었다. 길버트법은 구빈세 부담을 경감시킴으로써 구빈세의 계속적 증가를 방지하였고, 교구가 구빈행정단위로는 작기 때문에 구빈행정을 합리화하기 위해 교구연합(parish union)을 통해 보다 효율적인 구빈행정을 시도하였고, 감독이나 구제위원과 같은 유급구빈전문관리로 하여금 구빈행정을 수행하도록 하였으며, 노동능력이 있는 근면한 빈곤자들이 자신의 집에서 공공부조를 받게 되는 원외구제(outdoor relief)제도를 창시하여 거택

보호제도의 효시가 됨으로써, 구구빈법과 차이를 보이고 있다. 작업장은 노동능력이 있는 빈민을 수용하는 곳이 아니라 노인, 병자, 고아, 모자 등과 같이 노동능력이 현격히 부족하거나 노동을 할 수 없는 빈민을 위한 보호시설이 되었다. 길버트 의원이 주도한 이 법은 오늘날 인도주의적인 구빈제도를 실시한 법으로 평가되고 있다.

6) 우애조합장려법

1793년, 영국에서는 원시적 사회보험 기능을 수행하는 공제조합을 장려하는 법이 제정되었다. 「우애조합장려와구제에관한법」(An Act for the Encouragement and Relief of Friendly Society)은 우애조합을 법정단체로 인정하여 조합결성을 장려한 법이다. 영국에서는 노동자나 농민의 자발적인 상호부조조직인 우애조합들이 상호협력하여 빈곤에 대처하는 공제활동을 적극적으로 전개하여 왔다.

7) 스핀햄랜드법

1795년 5월 스핀햄랜드의 버크셔카운티(Berkshire County)는 임금보충방안을 채택하였다. 행정장관은 임금보충방안인 급여수당척도(allowance scale)를 도입하기로 결정하였는데, 이 제도에 따르면 교구는 빵 가격과 가족 중 아동의 수에 따라 노동자들에게 그들의 임금을 생존수준에까지 보충하여주도록 하였다. 이러한 방법은 다른 지방에도 전파되어 의회에서 「스핀햄랜드법」(Speenhamland Act of 1795)으로 승인되었다.

8) 개정구빈법

1834년 개정구빈법(Poor Law Amendment,1834) 또는 신구빈법(New Poor Law)이라 불리는 「잉글랜드와웨일즈빈민들에대한법의관리개선과개정에관한법」(An Act for the Amendment and Better Administration of the Law Relating to the Poor in England and Wales)의 제정에는 국가의 개입을 반대하는 아담 스미스의 자유방임주의, 빈곤은 자연의 법칙이라는 맬더스의 인구론 등과 같은 사상적 배경이 자리를 잡고 있다. 또한 현실적으로 빈민들의 구걸행위가 만연하고 구빈세(poor rate) 부담의 증가로 구빈법 시행에 대한 시민들의 거센 반대가 일어났으며, 이에 1832년 현행 구빈법의 구빈행정의 실태와 부정적인 영향을 조사하기 위하여 구빈법위원회(Poor Law Commission)가 설립되었다. 위원장에는 경제학자인 시니어(Nassau W. Senior)가 임명되었다. 구빈법위원회는 조사결과를 토대로 빈민구제조건을 보다 엄격히 적용하는 개정구빈법이 제정되었다.

이 법의 원칙은, 첫째, 작업장 수용의 원칙이다. 스핀햄랜드법에 의한 임금보조와 아동수당, 가족수당을 폐지하고, 길버트법에 의한 노동능력자에 대한 원외구제를 중지한다.

노동능력이 있는 빈민에게는 원외구제를 금지하고 작업장(workhouse) 수용으로 한정하였다. 단 기아를 면하기 위해 어떠한 조건이라도 수락하려는 자로서 자립의 수단이나 희망이 없다고 인정되는 자는 예외로 하였다. 둘째, 피구제자의 생활수준은 최하급 독립노동자의 상태 이하가 되지 않으면 안 된다는 열등처우의 원칙(劣等處遇의 原則, principle of less eligibility)이다. 정상적인 노동을 권장하기 위하여 구제의 수준을 최하급 극빈 독립노동자의 생활수준보다 낮은 수준에서 정하였다. 열등처우의 원칙은 오늘날 공공부조제도에서도 일반적으로 적용되는 원칙으로 보충급여방식의 생계급여 등에서 발견할 수 있다. 셋째, 작업장 조사 또는 작업장 심사(workhouse test)의 원칙이다. 빈곤 처우의 지나친 다양성과 자격조사에 따른 부패를 해소하기 위해 단순조사를 실시하였고, 이를 통해 구제적용의 다양성과 불확실성을 배제하였다. 조사를 통해 절망적인 처지에 놓인 빈민들을 작업장에 수용하였다. 넷째, 균일 처우의 원칙(principle of national uniformity)이다. 피구제자에게 주어지는 구제는 지방정부가 아니라 중앙정부의 행정기관인 구빈법위원회에 의해 전국적으로 통일되었다. 구빈행정의 기초단위를 교구에서 교구연합인 구빈법연합(Poor Law Unions)으로 확대함과 아울러, 중앙집권적인 구빈행정전달체계를 중앙정부의 구빈법위원회–보좌위원–연합교구의 빈민보호위원으로 재편하였다.

개정구빈법은 빈곤구제의 책임은 국가에 있다고 인정하기는 하였지만, 근본적으로 빈곤의 원인이 개인의 도덕적 문제나 나태에 있다는 일종의 사례빈곤(case poverty)으로 보았기 때문에 사회구조적인 문제로 인해 빈곤이 발생한다고 인식하지 않았다. 따라서 사회의 구조적 개혁을 시도하거나 제도적인 빈곤구제법이라기보다는 사회통제적이고 잔여적인 빈곤구제법이었다. 개정구빈법은 한편으로는 구빈비용을 줄이는 효과를 가져왔으나 다른 한편으로는 작업장 등에서 빈민을 관리하는 비용을 초래하였다.

9) 지방정부법

구빈법원칙이 실질적으로 폐지되고 공공부조가 확립된 것은 1929년 「지방정부법」(Local Government Act)에 의해서이다. 「지방정부법」은 교구연합의 구제위원회를 폐지하고, 그 기능을 시군의 공공부조위원회(Public Assistance Committee)로 이관시켰다. 「지방정부법」이 발효된 날 '구제규제령'이 시행되어 능력 있는 빈민에 대한 작업장 수용과 열등처우의 원칙을 부정함으로써 형식적으로 구빈법 체제가 종결되었다.

10) 노령연금법

1908년 무갹출하는 「노령연금법」(Old Age Pension Act)이 제정되었다. 노령연금제도(Old Age Pensions)는 무갹출제의 연금으로, 영국에 거주한 지 20년 이상의 남녀 70세 이상의 자 중에서 자산조사를 통하여 연간소득 31파운드 10실링 이하의 소득을 가진 자에게 소득에 따라 차등 지급하는 일종의 사회부조식 공적연금이다.

11) 국민보험법

1911년에는 영국 최초의 사회보험법인 「국민보험법」(National Insurance Act)이 제정되어 전국 단일 국가보험 형태로 정착하였다.[17)]「국민보험법」이 제정된 것은 종전까지 운영하던 구빈법 체제로서는 정부의 비용부담이 크고, 민간에 맡겨두면 보험료 납부의 문제가 있었기 때문에 강제성을 띤 사회보험인 국민보험을 제정하게 된 것이다. 이 법은 사회보험이 처음 도입되었다는 측면에서 영국 복지국가의 기원으로 평가되기도 하지만, 여러 가지 제한적인 측면도 있다. 국민보험(National Insurance)은 제1부 국민건강보험과 제2부 실업보험으로 구성되었다.

12) 실업보험법·미망인고아노령갹출연금법·실업법

1921년에 국민보험법을 개정하여 「실업보험법」(Unemployment Insurance Act)을 제정하였다. 실업자구제에 대한 중앙정부의 책임이 강조되어 1934년에는 실업부조국이 창설되었다.

1925년, 「미망인 · 고아 · 노령 갹출연금법」(Widows' Orphans' and Old Age Contributory Pensions Act)은 모든 미망인, 고아, 노인에 대하여 갹출제 연금제도를 실시하였다.

1929년 시작된 대공황으로 실업보험에 가입되지 않은 자의 구제가 문제가 되자, 영국정부는 1934년 「실업법」을 새로이 제정하고 실업부조제도를 실시하여 실업으로 인해 빈곤에 빠지면 노동능력이 있는 자라도 그들의 생활을 국가가 국가재원을 활용해 보호해주었다.

13) 베버리지 입법

1941년 영국은 '사회보험과관련서비스에관한부처간위원회'(Interdepartmental Committee on Social Insurance and Allied Services)를 구성한 후, 윌리엄 베버리지(William Beveridge)를 위원장으로 임명하고 역사적인 사회복지개혁에 착수하였다. 이 위원회는 1942년 소위 베버리지 보고서라 불리는 획기적인 사회보장개혁안이 담긴 '사회보장제도 및 관련서비스에 관한 위원회 보고(약칭 베버리지 보고서)'를 발표하였다.[18)] 베버리지 보고서의 기본 원칙은 다음과 같다. (1) 급여는 보험기여에 상응하여 주어지며 하나의 권리로서 인정되어야 한다. (2) 급여는 최저생활수준에 입각하여야 정액으로 받는다(flat-rate subsistence benefit). (3) 모든 사람은 정액의 기여(flat-rate contribution)를 하고 정액의 급여를 받는다.

(4) 사회보험에 가입할 수 있는 자격을 갖추지 못했거나 능력이 없는 자들은 공공부조의 혜택을 받는다. 이는 공공부조가 사회보험 미가입자에 대한 안전망(safety-net)의 기능을 수행한다.

베버리지의 구상을 실현하는 데 주저했던 보수당정부는 선거에 패하고 노동당이 승리하였다. 노동당정부는 베버리지 보고서의 내용을 받아들여 사회보장제도를 적극적으로 구체화시켰다. 이를 위하여 소위 '베버리지 입법'이라는 4개의 법을 제정하였다.

• 베버리지 입법
1. 1945년 「가족수당법」
2. 1946년 「국민보험산업재해법」
3. 1946년 「국민보건서비스법」
4. 1948년 「국민부조법」

(1) 가족수당법

1945년 「가족수당법」(Family Allowances Act)을 제정하였다. 15세 미만의 부양아동, 재학중인 15~18세의 아동, 15세 이상의 비근로아동들이 있는 경우 가족수당과 아동소득공제를 제공하였다. 「가족수당법」은 아래에서 설명한 국민보험산업재해법, 국민보건서비스법, 국민부조법과 함께 베버리지 보고서를 구체화한 입법이다.

(2) 국민보험산업재해법

1946년 제정된 「국민보험산업재해법」(National Insurance-Industrial Injuries-Act)은 균일하게 갹출하고 최저생활수준 이하의 연금을 균일하게 지급하도록 규정하고 있다.

(3) 국민보건서비스법

1946년 제정된 「국민보건서비스법」(National Health Service Act)은 병원을 국영화하고 의료서비스를 무료로 제공하도록 규정하고 있다. 국민보건서비스 방식에서는 재원의 대부분이 국세 및 지방세로 조달되고, 의료공급체계도 국가의 책임하에 조직화되어 있어, 전국민이 동등하게 이 제도의 혜택을 받고 있다. 영국은 베버리지 보고를 근거로 하여 1948년 제정된 「국민보건서비스법」에 의해 대부분의 병원을 국유화하였고 이를 통해 의료의 사회화를 이룩하였다.

(4) 국민부조법

1929년「지방정부법」이 구빈위원회를 폐지함으로써 일단 형식상 구빈법은 폐지되었다. 구빈법이 실질적으로 완전히 폐지된 것은 1948년「국민부조법」(National Assistance Act)에 의해서이다. 국민부조법의 제정으로 구빈법은 350년 만에 해체되고, 국가적 최소한(national minimum)이란 이념에 기반을 둔 공공부조제도로 전환하게 되었다.

14) 사회보장법·복지개혁과연금법

대처 정부는 영국병의 원인이 과대한 사회보장제도에 있다고 보고, 경제성장을 제1의 국가정책으로 삼고 이를 위해「1986년사회보장법」(the 1986 Social Security Act)을 제정하였다.「사회보장법」은 제1부 연금, 제2부 소득관련—소득보조, 주택급여, 가족크레디트, 제3부 사회기금, 제4부 비자산조사급여, 제5부 출산수당, 제6부 공통규정, 제7부 기타 규칙으로 구성되어 있다.

1999년「복지개혁과연금법」(Welfare Reform and Pensions Act 1999)이 제정되었다. 이 법은 연금과 사회보장에 관한 개혁입법으로 스테이크홀더 연금제도(stakeholder pension scheme)를 도입하였다. 스테이크홀더란 이해관계자란 말로 스테이크홀더 연금제도는 사회구성원 간의 상호의존과 협동을 통해 모두의 이익을 도모함으로써 '한 국가(one nation)'를 지향한다.

2. 독일의 사회보장법

독일은 1871년 국가가 통일되면서부터 제1차 세계대전까지 급속한 경제성장을 이룩하였다. 그러나 산업화의 진전에 따라 노동자의 도시집중현상이 나타나고, 다시 사회경제적으로 물가인상, 노동조건의 악화, 주택난의 문제를 야기하면서 강력한 사회주의운동과 노동운동을 초래하게 되었다. 이러한 사회주의운동에 대응하여 비스마르크는 탄압과 회유의 이중적 정책을 펴기 시작하였다. 한편으로는 사회주의운동을 탄압하였고, 다른 한편에서는 1881년 비스마르크 재상의 고무하에 독일 황제 빌헬름 1세는 '요부조자의 보호확대'란 칙령을 제정하고, "사회보험제도의 확립이야말로 기독교국민생활의 윤리적 기초에 입각한 모든 공동체의 가장 숭고한 임무 중의 하나이다."라고 선언한 후 사회보험법을 제정하였다.[19][20][21][22][23][24][25][26]

• 비스마르크 입법

특징	입법 내용
채찍(강압책)	1878년 사회주의자탄압법
당근 또는 사탕(유화책)	1883년 노동자질병보험법 1884년 산업재해보험법 1889년 폐질 · 노령보험법

1) 비스마르크 입법

(1) 사회주의자탄압법

1871년 국가를 통일한 독일은 급속한 경제성장을 이루었으며, 그러한 과정에서 노동자들이 도시에 집중하게 되었다. 노동자들의 도시집중과 아울러 심각한 물가인상, 열악한 노동조건, 주택난 등 생활난은 강력한 사회주의운동으로 발전하게 되었으며, 이러한 사회적 혼란을 잠재우기 위하여 비스마르크는 1878년 사회주의자탄압법(Sozialistengesetz)을 제정하였다. 비스마르크의 사회정책은 종종 '채찍과 당근(stick and carrot)' 또는 '채찍과 사탕(stick and sugar)' 정책으로 비유된다. 비스마르크의 사회주의자탄압법은 채찍정책으로 그 자체는 사회주의운동 가담자들을 엄하게 진압하기 위한 법이기에 사회복지와 관련된 내용을 직접 포함하고 있지 않았지만, 비스마르크는 사회주의운동에 가담하지 않는 노동자를 회유하기 위한 당근(사탕)정책으로서 사회보장입법을 실행하는 계기가 되었다. 1881년 황제칙서에서 비스마르크는 "사회적 상처의 회복은 사회민주적인 폭동의 억압뿐만 아니라 노동자들의 복지를 적극적으로 장려하는 데서 찾아야 될 것"이라고 밝히고 당근정책의 일환으로 질병보험법의 초안과 재해보험법의 수정안을 제출하였으며, 나아가 폐질및 노령보험법을 제정해 노령과 폐질로 노동불능이 된 사람에게 국가구조를 요구할 권리가 주어져야 한다고 주장하였다.

(2) 노동자질병보험법

1883년 「노동자질병보험법」을 제정하였다. 근로자의 질병보험에 관한 법률은 비스마르크의 사회보험입법 가운데 가장 먼저 제정된 사회보험으로 질병에 걸린 노동자에 대한 무료치료와 질병수당을 지급하는 의료보험제도였다. 세계 최초의 사회보험으로 볼 수 있는 「노동자질병보험법」은 광산, 공장, 철도, 수공업 등에 종사하면서 일급이 6과 2/3마르크에 미달되는 모든 저소득 노동자를 강제 적용대상으로 하였다. 이 법은 노동자가 2/3, 사용자가 1/3씩 비용을 분담하는 질병금고를 설치할 것을 의무화하고, 발병 시에는 가입자에게 무료진료와 아울러 질병수당을 지급하도록 규정하였다.

(3) 산업재해보험법

1884년 「산업재해보험법」을 제정하였다. 이 법은 연간소득이 2천 마르크 미만인 광산, 공장, 건설업 등에 종사하는 저소득 노동자를 의무적인 가입대상으로 하여, 업무상 노동자에게 발생하는 재해에 대하여 사용자가 전적으로 책임질 것을 규정함으로써 업무상 재해에 대한 사용자 책임제도를 확립하였다. 이는 이후 1911년에 「제국보험법」에 규정되었으며, 1996년 「사회법전」에 편입되었다. 사회법전은 사회복지법체계상 형식적으로 개별법체계가 아닌 총괄법체계를 이룬 것으로 사회복지에 관한 법 전체를 하나의 법전으로 성문화한 것이다.

(4) 폐질 · 노령보험법

1889년 「폐질 · 노령보험법」이 제정되었다. 이 법은 공무원과 일부 직종의 도제를 제외한 연간소득 2천 마르크 미만인 모든 저소득 노동자를 의무가입대상으로 하였다. 이들 가운데 70세에 달한 노동자에게는 노령연금을 지급하고, 자신의 과오가 아닌 이유로 노동이 불가능하게 된 노동자에게는 폐질연금을 지급하도록 하였다. 연금재원은 노동자와 사용자가 각각 절반씩 부담하는 갹출금과 정부가 부담하는 약간의 보조금으로 충당하였다.

2) 제국보험법

1911년 「노동자질병보험법」 「산업재해보험법」 「폐질 · 노령보험법」을 통합하여 「제국보험법」을 제정하였다. 개혁적인 성격을 띤 이 법은 형식적으로 세 개의 법을 단일화시켰지만 적용대상의 범위나 조직 및 재정 면에서의 일원화는 이루지 못하였다. 그러나 보험행정의 집행 면에서 개별보험 상호 간의 조정을 가능하게 하고, 세 가지 법률에서 공통되는 부문을 추출하여 통합적인 법률을 제정하였다. 또한 이 법으로 적용대상자의 범위가 확대되고 새로운 제도들이 도입되었다. 질병보험의 경우 가입대상이 농촌피고용자, 가사보조원, 가내공업 종사자로까지 확대되었고, 폐질및노령보험의 경우 강제가입이 아닌 임의가입 형태의 부가연금제도를 도입하였으며, 과부 및 고아를 위한 유족보험이 개발되었다.

3) 아동수당법·주택수당법

1954년 「아동수당법」이 제정되어 아동수당제도가 시행되었다. 당시 서독에 거주하고 있고 동일 세대 내에서 양육되고 있는 아동에게 지급하였다. 지급대상은 피용자, 자영업자, 가족종사자를 대상으로 18세 미만의 제3자녀 이후의 아동에 대해 1인당 월 25마르크

씩 지급하였다. 그 후 아동수당은 제1자녀부터 나머지 자녀들 모두에게 지급되었으며 금액을 차등지급하였다.

1965년 「주택수당법」을 제정하였다. 이 법에 따른 주택수당의 지급은 신청을 하여 허가를 받아야 하였다. 주택수당의 지급여부와 수당액은 세대의 규모, 가족의 수입, 주택임대료 혹은 주택유지를 위한 경비에 따라 결정되었다. 임대료보조금이나 경비보조금을 지급하는 경우 이의 산정에는 난방비나 가구사용료까지 포함시켰다.

4) 사회법전

1970년 기존의 제국보험법 등에 산재되어 있던 각종 사회보장법률을 체계화시키기 위하여 「사회법전」을 편찬하도록 하고, 1975년 총칙, 1976년 사회보험총칙, 1988년 의료보험, 1989년 연금보험, 1990년 아동 및 청소년보호, 1996년 산업재해보험, 1998년 고용촉진 등을 점진적으로 사회법전에 편입시켰으며, 지속적으로 여러 관련된 법들을 사회법전에 포함시키고 있다. 「사회법전」은 공적인 사회적 급여에 관련된 모든 개별법을 포괄하고 있으며, 법조항 개정이 있을 경우 수시로 보완하고 있다. 사회법전은 기존의 개별법 체계를 총괄법 체계로 전환한 것으로 다음과 같이 구성되어 있다: 제1권 일반부분, 제2권 교육촉진, 제3권 고용촉진, 제4권 사회보험의 공동규정, 제5권 법정 의료보험, 제6권 법정 연금보험, 제7권 산업재해보상보험, 제8권 자녀 및 청소년부조, 제9권 사회부조, 제10권 운영절차, 제11권 사회적 간병 및 보호보험. 사회법전 총칙의 제1조는 인간다운 생활의 보장, 인격의 자유로운 확대를 위한 동일한 조건, 가족보호 등을 명시하고 있다.

5) 연금개혁법·개호보험법

1989년 「연금개혁법」을 제정하였다. 이 법은 연금수급개시연령을 단계적으로 인상하기 위한 법이었다.

1994년 우리나라의 「노인장기요양보험법」에 해당하는 「개호보험법」이 제정되었다. 개호보험의 가입대상자는 법정질병보험의 가입자 및 임의가입자였고, 개호보험에 별도로 가입하는 것이 아니고 질병보험 가입과 동시에 개호보험 가입자가 되었다.

3. 미국의 사회복지입법

미국은 전통적으로 개인주의 성향이 강하고 지방분권의 전통을 갖고 있기 때문에 강제가입과 연방정부의 중앙관리를 내용으로 하는 사회보험제도의 도입에는 소극적이었다.

1900~1930년대까지의 30년간을 미국에서 진보와 개혁(progress and reform)의 시대라

한다. 이 시기에는 공적 구호를 제공하기 위한 주정부법들이 제정되기 시작하였다. 1930~1940년대는 제도의 성립시기로서 대공황으로 인한 사회경제적 문제를 해결하기 위한 방편으로 정부 차원의 공공복지가 획기적으로 발전하였다. 1975~1985년대는 제도의 위기시대이다. 사회복지의 위기에 대처하기 위하여 세금을 인상하고 급여인상을 연기하는 등 대대적인 사회보장제도 개정작업이 실시되었다.

1990년대에 들어서는 클린턴 대통령이 복지개혁을 단행하여 PRWORA법을 제정하였다.[27)28)29)30)31)32)33)34)35)]

1) 노동자재해보상법

1911년 워싱턴주에 산재보험법의 기원이 되는 「노동자재해보상법」(Workmen's Compensation Law)이 제정되었다. 1920년에는 43개 주에서 제정되었다.

2) 사회보장법

1933년 루스벨트 대통령은 경제공황을 극복하기 위하여 긴급은행구제법을 시작으로 강력한 경제회복정책인 뉴딜정책을 펴기 시작하였다. 이러한 뉴딜정책은 3Rs(Relief, Reform, Recovery)로 구체화되었으며, 이 가운데 구제(Relief)의 일환으로 「사회보장법」(Social Security Act: SSA)이 1935년 제정되었다. 「사회보장법」은 (1) 연방정부가 운영하는 노령연금보험(Old Age Insurance), (2) 주정부가 운영하는 실업보험(Unemployment Insurance), (3) 주정부가 운영하는 공공부조 및 사회복지서비스에 대한 연방보조금으로 구성되어 있다.[36)] OASDI는 피보험자에게 퇴직, 사망, 장해의 사고가 발생한 경우에 소득의 일부를 보전하기 위한 연금급여를 행하는 보험제도이다. 실업보험(Unemployment Insurance)은 1932년 위스콘신주에서 시행되었으며, 전국적으로는 1935년 제정된 「사회보장법」에 의하여 입법화되었고, 1937년에는 모든 주에서 입법화되었다. 그러나 미국의 「사회보장법」은 공식적으로는 시민 간의 계층상의 위계질서를 인정하지 않았으나, 보호에 있어서 많은 불평등 요소가 내포되어 있었다.

3) 부양아동원조법

미국 부양아동원조제도의 변천
ADC(1935) → AFDC(1962) → TANF(1996)

루스벨트 대통령은 1935년 「부양아동원조법」(Aid to Dependent Children Act: ADC)이

라 불리는 법안에 서명하였다. 동법은 당시 대공황 시기에 가난한 과부와 자식들을 도와주기 위해 제정되었으나, 「사회보장법」(Social Security Act)으로 인해 그다지 세간의 주목을 받지 못하였다. 그러자 1962년 케네디 대통령의 요구에 따라서 의회가 관련된 복지예산을 증액하고 프로그램의 이름을 부양아동가족원조프로그램(Aid to Families with Dependent Children: AFDC)으로 변경하였다. AFDC 프로그램은 경제적 부조와 요구호부양아동에 대한 가정 내 보호를 규정함으로써 저소득 가족의 생계를 유지시키고 강화하기 위해 제공하는 현금급여 프로그램이다. 이 프로그램은 후에 TANF 프로그램으로 대체되었다.

4) 식품권법

1964년 「식품권법」(Food Stamp Act of 1964)이 제정되었다. 식품권(food stamp)이란 정부가 빈민들이 건강한 문화생활을 누릴 수 있을 정도의 영양수준을 유지하기 위해 만들어진 쿠폰으로 사용용도가 법에 의해 제한된, 정부가 지불보증한 식료품교환권으로 오늘날 바우처(voucher)에 해당한다. 식품권제도는 2018년 현재에는 보충적 영양원조프로그램(Supplemental Nutritional Assistance Program: SNAP)으로 명칭을 변경하여 실시되고 있다.

5) 노령미국인법

1965년 노인복지법에 해당하는 「노령미국인법」(Older Americans Act)이 제정되었다. 이 법은 60세 이상의 모든 노인에게 연방정부와 주정부 그리고 지방정부가 협력하여 의료, 주거, 시설수용 등 종합적인 복지서비스를 제공하는 보편주의적인 법이다. 노령미국인법은 노인들에게 직접적인 재정지원을 하지 않고 주정부와 지방정부 및 노인에게 서비스를 제공하는 비영리 사회복지단체에 재정을 지원한다.

6) 고용시연령차별금지법

1967년 연령으로 인해 고용과정에서 차별받는 것을 금지하는 「고용시연령차별금지법」(Age Discrimination in Employment Act: ADEA)이 제정되어 40세 이상 65세 이하의 자에 대하여 차별하지 못하도록 하였다. 따라서 기업은 65세 이하의 정년을 정할 수 없으며, 65세 미만의 자를 연령을 이유로 해고할 수 없게 되었다. 그리고 직원을 신규채용하는 경우에도 연령을 이유로 차별하지 못하도록 하였다. 이후 차별금지의 연령은 1978년 70세로, 1986년에는 연령의 상한을 완전히 폐지하였다.

7) 미국장애인법

1990년 미국의 장애인기본법이라 할 수 있는 「미국장애인법」(Americans with Disability Act: ADA)이 제정되었다. 이 법에서 장애는 사람의 주요 생활활동의 한 가지 또는 그 이상에 실질적 제약을 갖는 신체적 또는 정신적 손상, 그러한 손상의 기록, 그러한 손상이 있는 것으로 간주되는 경우로 정의하고 있어 신체적 · 정신적 손상과 이로 인한 생활의 제약을 포괄하고 있다. 이 법은 장애인의 고용안정을 위해 장애인근로자가 취업이 된 이후 고용주가 이들에게 합당한 배려(reasonable accommodation)를 하도록 규정하고 있다. 합당한 배려란 장애인이 직무수행에 적합한지를 평가할 때에, 그들이 직무상 요구되는 기능들을 원만히 잘 수행할 수 있도록 고용주가 그들을 위해 변경해주거나 조정해주어야 하는 사항을 말한다.

8) 개인의책임과근로기회조정에관한법

1996년 8월 22일 클린턴 대통령은 "이것은 복지개혁의 끝이 아니라 시작이며, 이에 대하여 우리 모두가 책임을 져야 한다."고 말하면서 복지개혁법안에 서명하였다. 상하 양원의 인준을 거쳐 대통령이 서명한 동법(PL 104-193)의 본래 법안명은 「1996 개인의 책임, 근로기회, 그리고 의료보호재구성에 관한 법」(Personal Responsibility, Work Opportunity and Medicaid Restructuring Act of 1996)이다. 이 법안의 이름을 줄여 주로 「1996개인의책임과근로기회조정에관한법」(Personal Responsibility and Work Opportunity Reconciliation Act: PRWORA of 1996—PRWORA)이라 부르고 있다. 이 법은 간략히 복지개혁법(Welfare Reform Act of 1996)이라 부르기도 한다. PRWORA를 구체화하는 정책대안으로서, 기존의 AFDC를 대체하는, 임시적빈곤가정원조프로그램(Temporary Assistance for Needy Families: TANF program)이 마련되었다. 클린턴 대통령이 서명한 PRWORA는 국가의 복지제도를 '일정 기간 동안만 기간을 제한해서 원조를 제공(temporary assistance)하는 대신에 수혜자에게 반드시 근로할 것을 요구하는 복지제도'로 극적으로 변화시키려는 내용을 포함하고 있다. 이는 복지개혁에 관한 광범위하고 초당적인 계획이다. PRWORA의 목적은 부양아동이 있는 가정에 원조를 제공하고, 근로를 통해 자립자활을 도모하며, 미혼출산을 예방하고 감소시키고, 정상적인 결혼생활을 유도하며, 복지종속을 방지하는 데 있다.

4. 스웨덴 사회복지법의 역사

스웨덴의 사회복지법의 역사는 통상적으로 스웨덴이 1850년대 이후 산업혁명의 과정을 겪으면서 시작된 사회구제와 사회보장에 대한 중요성의 부각, 노조의 결성과 사민당의 등장을 통해 1900년대 초부터 시작된 사회보장제도의 태동기, 1920년대와 1930년대 세계적 경제공황의 여파 속에서 더욱 발전되어 온 준비기, 1930년대 이후 2차 세계대전을 거치면서 지속적으로 추진해 온 성장과 복지의 이중적 과제를 헤쳐 나오면서 이룩한 사회보장제도의 황금기, 1970년대를 거치면서 에너지 위기로 촉발된 세계경제의 도전과 세금의 확대를 통한 보편적 복지제도의 재 확립기, 그리고 최근 금융위기 이후로 구분하여 분석한다.[37][38][39][40]

1) 산업혁명과 사회부조 활동의 태동

스웨덴의 사회보장제도 출현은 1800년대 중반 산업혁명의 진행과 직접적 연관이 있다. 농경국가였던 1800년대 중반까지만 해도 사회구제와 국민교육의 상당부분을 교회가 담당하고 있었다. 전국지방의 구분은 교회의 지역교구인 소켄(Socken)과 일치되어 있었기 때문에, 각 교회의 목사는 지역학교의 교장, 행정구역의 동네 이장, 그리고 사회복지사업을 주관하는 사회복지담당관의 역할을 동시에 맡고 있었다.

(1) 교회법

1571년 「교회법」이 제정된 이후 스웨덴은 교회법 시대에 들어선다. 1686년에 실시된 교회법은 왕령(王令)의 형식으로 '1교회-1교구제'와 자선구제를 명문화하였다. 이 교회법은 교회의 빈곤구제에 대한 규정을 담고 있었고, 교구마다 시설물을 지어 빈민들을 수용하도록 권고하고 있다. 그러나 이 법에서 교회의 빈곤구제는 의무사항이 아닌 임의규정으로 되어 있었기 때문에 교회가 빈곤구제를 제대로 시행하지 않자 1734년 교회법을 다시 제정하고, 교회의 빈곤구제를 임의규정이 아닌 의무규정, 즉 기속규정으로 정하여 교회로 하여금 집이 없는 사람과 극빈자를 보호하도록 하였다. 1800년대 들어 교회의 체계적인 사회구제사업을 위해 디아코니(Diakoni)가 전국적으로 결성되었으며, 이는 일종의 교회의 사회구제운동이었다.

(2) 구빈법

1847년 스웨덴 사회에 음주문화의 변화를 통해 빈곤퇴치와 국민건강 증진을 도모하려는 사회개혁운동이 전개되었다. 그 결과로 「구빈법」이 제정되었고, 빈곤구제 위원회가 설립되어 교회를 대신하여 지방자치단체가 빈곤구제의 주체로서 역할을 맡게 되었다. 1847년의 구빈법은 극빈자를 질병이나 노령으로 일을 할 수 없어 빈곤하게 된 빈민, 즉 가치 있는 빈민(the deserving poor)과 음주 · 나태 등으로 인해 일을 하지 않아 발생하게 된 선택적 빈곤에 빠진 빈민, 즉 가치 없는 빈민(the undeserving poor)으로 구분하고, 불가항력적으로 빈곤에 처한 가치 있는 빈민은 무료로 돌보아 준 반면, 자신이 의지가 약하거나 알코올중독 혹은 일하기 싫어 빈곤을 택한 빈민들은 강제노역을 시키고 음식물과 숙소를 제공해주는 구분처우라는 이중적인 구제를 실시하였다.

1918년의 구빈법은 이와 같은 구분처우를 실시하지 않고, 가난한 사람뿐 아니라 부양가족이 없는 연로한 노인을 수용하여 보호할 수 있는 기초양로원과 같은 시설로 당시 시설을 개편하였다. 그러나 아직까지 빈곤이 사회구조적이라기보다는 음주나 나태와 같은 개인적 사유로 발생한 선택적 빈곤이므로, 빈곤은 개인의 책임이라는 시각이 지배적이었으며, 빈민구제시설을 폐쇄시켜야 한다는 주장도 널리 퍼져 있었다.

(3) 직업안정법

산업혁명이 확산되면서 일자리를 찾아 대도시로 이주해 온 농촌인구로 인해 주택문제, 질병이나 영양실조와 같은 건강문제가 대두되기 시작하였으며, 열악한 노동환경이나 잦은 작업장 사고 등으로 다양한 사회적 문제가 부각되기 시작하였다. 1889년에는 스웨덴 최초로 「직업안전법」이 제정되어, 작업장에서 일하는 노동자들의 안전향상을 위한 조치를 고용주가 의무적으로 실천할 것을 규정하여, 산업재해와 관련된 치료 및 결근수당을 지급받게 되었다.

(4) 산업재해보상법 · 실업보험법 · 국민연금법 · 국민건강보험법

1901년 고용주책임주의를 강제한 산업재해보상법을 제정하였고, 피재근로자의 치료 및 보상에 관한 규정을 마련하였다.

스웨덴 복지국가가 본격적으로 발전하기 시작한 것은 사민당이 선거에서 승리해 집권하면서 정치적 프로젝트의 하나로 복지개혁을 지속적으로 추진한 이후이다. 사민당정부는 1934년 「실업보험법」을 제정하였다.

1937년에는 국민연금의 실질적 수준을 높이고, 제도를 보다 체계적으로 실시하기 위해 「국민연금법」을 제정하였다.

「국민건강보험법」은 1946년에 제정되어, 의사진료, 처방약, 상병수당 등에 대한 보편적인 적용을 하는 의료보장제도로 정립되었다.

(5) 아동수당법 · 소외계층 지원법 · 사회서비스법

1947년 아동수당법을 제정하고, 빈곤가정의 일부 아동에게만 경제적 지원을 지급하는 선별적복지를 포기하고, 모든 아동에게 동일하게 적용되는 보편적 복지의 틀을 마련하였다.

1956년 소외계층 지원법이 제정되어 일정한 가계수입이 없는 극빈가족, 장기실업자 중

건강 및 연령으로 더 이상 일을 할 수 없는 가장이 부양하는 가족, 자신의 장애나 장애가 있는 가족을 돌보기 위해 일하지 못하는 가장들을 지원하였다.

1982년 「사회서비스법」(Social Service Act: Socialtjänstlagen)이 제정되었다. 이 법은 공공부조제도와 사회복지서비스를 하나의 법 체계로 통합한 것이었다. 동법의 재정으로 개인의 경제적 욕구를 그의 생활과 분리하지 않고 통합적으로 접근하게 되었다. 사회서비스법은 지방정부가 공공부조 수급자로 선정된 대상자에 대해서 '합리적 생활수준(reasonable standard of living)'을 보장해야 한다고 규정하였다.

(6) 보건의료서비스법 · 발달장애인을 위한 특별서비스법

1983년 「보건의료서비스법」이 제정되어 의료서비스공급에 대한 지방자치단체의 책임을 명시하였다.

1986년 「발달장애인을 위한 특별서비스법」(Act on Special Services for Developmentally Disabled Persons)이 제정되어 발달장애인을 위한 지원서비스가 법제화되었다.

(7) 복지개혁법

1994년에는 「연금개혁법」이, 1998년에는 「복지개혁법」이 제정되었다. 이 법들의 핵심은 연금제도를 보다 노동친화적으로 만들기 위해, 조기퇴직연금과 장애연금은 65세가 되면 노령연금으로 대체되도록 하고, 개인의 일생소득을 바탕으로 하는 소득비례의 연금급여가 강화되었다. 또한 완전연금의 수령조건이 강화되고, 연금정구권 관련 규정을 강화하였다.

최근 스웨덴의 복지상황은 세계적 재정위기의 여파로 자동차생산회사인 사브(Saab), 볼보(Volvo), 전자회사인 에릭슨(Ericsson)의 대량해고에 따른 실업문제가 겹쳐 복지제도를 참여의 복지, 기여의 복지로 전환하고, 단기적 실업상태에 있는 동안 취업지원을 강화하고, 실업자 스스로도 적극적으로 새로운 직장을 구할 수 있도록 코칭(coaching)을 통한 구직맞춤 서비스를 제공하고 있다. 개인 기여의 책임복지를 바탕으로 노동시장에 참여하는 사람에게는 세제혜택을 주고, 장기실업, 장기병가에 있는 사람을 조기에 노동시장에 복귀할 수 있도록 재활 및 재취업 교육 등을 체계적으로 관리하게 함으로써 적극적 시민의식(active citizenship)을 바탕으로 한 복지제도를 운영하고 있다.

5. 일본의 사회복지법 역사

일본에서는 오래 전부터 휼구규칙 등 빈민구제법이 존재하였고, 구호법의 제정 등으로 근대적인 공공부조제도가 형성되기 시작하였다. 1945년 이후 일본의 사회복지제도는 경제성장과 함께 커다란 발전과 변화를 가져왔다. 이러한 사회복지제도의 기초적인 틀이 이루어진 시기는 1945년부터 1952년까지의 미군정시대라 할 수 있다. 일본은 2차 세계대전 후에 미국사회보장조사단들의 권고를 받아 '사회보장제도심의회'를 구성하고 이 심의회가 정부에 대하여 권고를 행하는 형식으로 새로운 사회보장제도의 요강을 마련하면서 제정되기 시작하였다. 1950년대 이후에는 우리나라의 6·25전쟁을 계기로 크게 성장한 경제력을 바탕으로 사회보장법을 체계화시켜왔다.[41)42)43)]

1) 휼구규칙

1874년 「휼구규칙」은 빈민의 구제책임 기본을 봉건적인 친족 및 지역공동체의 상호부조에 두었지만, 노동능력이 없는 빈민층에 대하여는 은혜적으로 구제하였다.

2) 건강보험법·국민건강보험법

1922년 「건강보험법」을 제정하였다. 일본의 가장 오래된 의료보장제도로서 피보험근로자를 보호하여 산업발전을 촉진시키는 데 있었으나 사업장의 근로자 및 피부양자까지 확대하였다. 이 법은 1938년 「국민건강보험법」으로 대체되어 피용자 이외의 일반국민을 피보험자로 하고 그 질병과 부상, 출산, 사망에 관하여 의료 및 기타의 보험급여를 지급하였다.

3) 선원보험법·노동자연금보험법·후생연금보험법

1939년 제정된 「선원보험법」은 민간기업의 노동자에 대한 현대적인 최초의 공적연금법이다. 1941년 「노동자연금보험법」이 제정되었다. 이 법은 노령퇴직자에 대한 연금지급제도를 규정한 법으로, 1944년 「후생연금보험법」으로 변경되었다. 1944년 후생연금보험법이 제정되어 노령, 장해, 사망으로 인한 노동능력의 장기적 상실 또는 생계유지자의 사망에 대하여 그 본인 또는 유족의 생활을 장기적으로 보장하였다.

4) 생활보호법

1946년 9월 「생활보호법」을 제정하여 국민의 기본생활을 위한 국가의 부조활동을 시작하였다.

5) 실업보험법·고용보험법

1947년 「실업보험법」이 제정되어 패전 후 실업자의 경제적 생활을 보장하였으며, 1974년 「고용보험법」으로 대체되었다. 「고용보험법」은 원칙적으로 전 산업 규모의 대소에 상관없이 모든 사업장에 당연적용되었다.

6) 아동복지법

1947년 「아동복지법」이 제정되어 패전 후 유아의 보건위생상태의 악화, 청소년의 불량화, 심각한 고아문제에 대처하였다.

7) 노동자재해보상보험법

1947년 「노동자재해보상보험법」이 제정되어 산업재해를 입은 근로자의 재해를 보상하였다.

8) 사회보장에 관한 권고

1948년 미연합군에 의하여 일본 사회보장제도의 개혁을 위하여 파견된 미국 사회보장제도조사단에 의하여 「사회보장에 관한 권고」가 1950년에 제안되어 그 후 일본의 사회보장 확립에 크게 기여하였다. 이 권고는 사회보장을 구성할 4개의 부문에 대하여 구체적인 플랜을 제시하였다. 즉, 사회보험에 대하여는 기존의 각 보험을 통합하여 이를 (1) 의료출산장제보험, (2) 노령폐질유족보험, (3) 실업보험, (4) 업무재해보험의 네 부문으로 하고 있다.

9) 신체장애자복지법

1949년 「신체장애자복지법」은 18세 이상의 신체장애자를 위한 법이다.

10) 사회복지사업법

1938년 사회사업법이 제정되었고, 이를 대체하는 「사회복지사업법」을 1951년 제정하였다. 「사회복지사업법」은 사회복지사업의 전 분야에 있어서 공통적인 기본사항을 정하여 「생활보호법」「아동복지법」「모자및과부복지법」「노인복지법」「신체장애자복지법」「정신박약자복지법」 그 밖에 사회복지를 목적으로 하는 법률이 서로 공정하고 또한 적정하게 행해질 수 있도록 사회복지의 증진에 이바지하는 데 그 목적이 있다.

11) 국민연금법

1959년 「국민연금법」의 제정으로 전국민연금제가 시행되었다.

12) 정신박약자복지법·노인복지법·모자복지법·모자보건법

1960년 정신지체인의 복지를 위한 「정신박약자복지법」이 제정되었다. 1963년에는 「노인복지법」이 제정되었고, 1964년 「모자복지법」이 제정되었다. 이 법의 제정으로 소위 복지6법체제를 갖추게 되었다. 복지6법이란 「생활보호법」(1946), 「신체장애자복지법」(1949),

「사회복지사업법」(1951)의 기존 복지3법에다 「정신박약자복지법」(1960), 「노인복지법」(1963), 「모자복지법」(1964)을 합쳐 복지6법이라 부른다. 1965년에는 「아동복지법」상 모자보건에 관한 규정을 독립시켜 「모자보건법」을 제정하였다.

13) 아동수당법

1971년 「아동수당법」이 제정되었다. 아동수당은 3세 미만의 아동을 포함하여 2인 이상의 아동에 대하여 지급한다.

14) 개호보험법

1997년 「개호보험법」이 제정되었다. 개호보험제도는 1994년부터 논의되기 시작하여 1997년 「개호보험법」이 제정되고 2000년 4월 1일에 실시되었다. 개호보험의 보험자는 개호보험료를 징수하고 보험급여를 실행하는 권한을 가진 기관이다. 공적개호보험에서는 기초자치단체인 시정촌이 보험자이다.

Ⅱ. 우리나라 사회복지법의 역사적 형성과정

우리나라의 사회복지 입법의 변천사는 공공부조와 관련된 입법에서 시작되어, 그 후 사회복지에 관한 기본적인 법률, 사회복지사업에 관한 법률, 사회보험에 관한 법률 등이 혼재적으로 제정되었다.[44][45][46][47][48][49][50][51][52]

1. 삼국시대

삼국시대 가장 대표적인 사회복지 입법은 「진대법」이다. 「진대법」은 일명 「내외대열법」(內外大悅法)으로도 불리는데, 춘궁기인 매년 3~7월 사이에 가구수(家口數)에 따라 관곡(官穀)을 대여하고 추수기인 10월에 회수하는 궁핍한 농민들을 위한 구휼책이었으며, 다른 한편으로는 왕권을 강화하기 위한 방책이었다. 「진대법」은 조선시대 「환곡법」의 기원이 된다.

2. 고려시대

고려시대의 사회복지 입법은 유교정치의 영향을 받아 수행되었다. 성종 때에는 면재법(免災法)을 제정하여 수한상충(水旱霜蟲) 등으로 인해 전답의 피해가 4분 이상 손실되면 조

(組)를 면재하고, 6분 이상이면 조포(租布)를 면하고, 7분 이상은 조포역을 다 면제하여 주었다. 문종 때에는 「손재면역법」(損財免役法)을 제정하였으나 내용은 성종 때의 「면재법」과 대동소이하다.

고려 태조 때는 춘궁기에 농민에게 곡식을 대여하고 추수 후에 이를 회수하는 「진대법」(賑貸法)을 마련하였다. 진대법의 구빈집행기관 가운데 하나로 흑창(黑倉)이 있었다. 흑창이란 태조 때 빈민을 구제하기 위한 창고이다. 흑창은 성종 때 의창(義倉)으로 바뀌었다. 의창은 농민구제를 위하여 각 지방에 설치한 창고로 매년 3~7월 사이에 가구 수에 따라 관곡을 대여하고 10월에 회수하였다.

고려시대의 공공부조행정의 주된 내용은 진휼(賑恤)제도로서 조선 세종 때 정인지 등에 의해 지어진 『고려사』에 소개되고 있다.

정인지의 고려사에 나오는 고려의 5개 진휼사업
사면지제, 재면지제, 환과고독, 수한질여진대지제, 납속보관지제

사면지제(恩免之制)는 개국, 즉위, 순행, 경사, 난후 등의 시기에 조세를 감면해주는 등의 은전을 베푸는 것이다. 재면지제(災免之制)는 천재지변이나 질병 등으로 인해 이재민들이 발생했을 때 이들의 조세, 부역 및 형벌을 전부 혹은 일부를 감면해주는 것이다. 환과고독(鰥寡孤獨)은 4궁(四窮)이라 불리며, 빈곤해 자활할 수 없는 홀아비, 과부, 고아 및 노인에 양곡이나 주거를 제공하여 보살펴주는 것이다. 수한질여진대지제(水旱疾濾賑貸之制)는, 재면지제가 이재궁민에게 조세형역 등을 면제 또는 감면하는 것임에 반해, 수한질여진대는 각종 물품과 의료, 주택 등을 급여하는 사업이다. 납속보관지제(納粟補官之制)는 국가재정의 부족을 보충하기 위해 일정한 금품을 납입한 자에게 일정한 관직을 주는 제도로 구휼과는 무관한 제도였으나, 충목왕 때 흉년이나 재해가 발생했을 때 백성을 구휼하기 위한 재원조달방법으로 사용되었다.

3. 조선시대

세종 21(139) 「하장자구기법」(何長子球飢法)이라는 시식법을 시행하였다. 이 법에 따라 시식소에서 밤새워 죽을 쑤어 큰 독에 담아 식혀두었다가 이튿날 굶주린 사람들에게 급식하였다.

1485년 성종 16년에 편찬된 조선시대 기본법전(基本法典)인 『경국대전(經國大典)』은 6전(이전, 호전, 예전, 병전, 형전, 공전)으로 구성되어 있는데, 이 가운데 이전의 경관직조에는

의료구제기관으로 혜민서와 활민서를 두도록 하고 있다. 호전의 상평창조에는 서울과 지방에 상평창을 두어 국민의 경제안정을 도모하였고, 비황조(備荒條)에는 지방관에게 흉년에 대비하여 소금과 해초를 준비할 것을 지시하였다. 지방관이 구호행정을 소홀히 하여 굶주린 자들이 사망한 경우나 보고하지 아니한 경우에는 지방관을 중죄에 처한다는 규정을 제정하였다. 예전의 혜휼조(惠恤條)에는 아동과 노인의 구휼에 관한 내용이 규정되어 있으며,[53] 또 예전조(禮典條)에 따르면, 월령의는 한성부 5부에 빈곤한 질병인이 있는 경우 월령의를 파견하여 치료케 하고 빈곤하여 약값을 지불할 능력이 없는 자에게는 관에서 그 비용을 지불하고 예조에 보고하였다. 월령의는 일종의 방문의사제도이었다.

1794년 정조 때에는 역대 구호행정에 관한 기록을 조진관으로 하여금 편찬하게 하여 「혜정연표」(惠政年表)를 작성하였다. 1744년 영조는 『경국속전』에 민간수양에 관한 규정을 제정하였다. 민간수양이 인신매매나 유아유괴 등 사회적 문제를 초래하여 관의 허가 없이 민간수양을 일절 금지하였으나, 고아나 유기아 또는 흉년에 아동들을 유한한 국가비용으로 관부에서 수용하기에는 쉽지 않기 때문에 민간수양을 점차 허용하게 되었다. 1783년 정조는 무의무탁한 사궁의 구제에 관한 진휼청의 구호사업준칙인 자휼전칙(字恤典則)을 공포하였다.[54]

4. 일제강점기

일제강점기의 사회복지 입법은 일제의 식민통치의 수단으로 이루어졌다. 일제강점기의 사회복지법은 공공부조제도와 관련이 있다.

1914년 조선총독부령 제35조에 의하여 제정된 이재구조에 관한 「은사이재구조기금관리규칙」을 제정하고 재해구호자금의 이자금으로써 재해구호를 행하였다.

1916년 일본 대정왕 즉위 후 한국에 배부한 20만 엔을 가지고 은사진휼자금을 만들고, 「궁민구조규정」(窮民救助規定)을 공포하여 관리방침을 규정하였다. 이 기금의 이자에 의해 구조를 받을 수 있는 사람은 독신자로서 폐질, 불구, 중병자(60세 이상의 노쇠자로서 생계를 유지할 수 없고 타에 의지할 곳 없는 자), 독신자가 아니라도 기타 가족이 노유(老幼), 폐질, 불구, 실종 또는 개감 등으로 인하여 부양을 받을 수 없는 자 또는 13세 미만의 무의무탁한 자 등이다. 이들에게는 구조미(救助米) 또는 구조미대(救助米代)를 지급하였다.

1917년에는 임시은사금을 기금으로 행려병인구호자금관리규칙을 제정해 그 이자로서 행려병인, 사망인 또는 그 동반자를 구조하였다.

1927년 빈민문제가 심각한 사회문제로 대두되자 「경성부방면위원규정」을 경성부고시 제49호로 공포하고 방면위원제도를 실시하였다. 방면위원은 빈민의 생활상태를 상세히

조사해서 그 진상을 파악하고, 조사에 의해 빈곤의 원인을 판명한 후 개개의 사정에 따라 적절한 선도 · 교화 · 구제의 방법을 강구하고, 생활향상을 도모한다. 방면위원사업의 주된 내용은 빈민생활상태조사, 상담지도, 보호구제, 보건구호, 주선, 호적정리 등이다.

1944년 3월에 「조선구호령」을 실시하였다. 조선구호령은 일본의 「구호법」을 주로 하고 「모자보호법」과 「의료보호법」의 내용을 부분적으로 부가해서 종합시킨 법이다. 조선구호령은 형식상으로는 근대적 의미의 공공부조가 우리나라에 최초로 제도화된 것이다. 조선구호령은 「국민기초생활 보장법」의 전신인 「생활보호법」의 내용과 보호대상과 급여에 있어 유사한 측면이 있다. 「조선구호령」의 적용대상은 (1) 65세 이상의 노쇠자, (2) 13세 이하의 유아, (3) 임산부, (4) 불구, 폐질, 질병, 상이, 기타 정신 또는 신체의 장애로 인하여 노동을 하기에 지장이 있는 자이다. 급여내용은 생활부조, 의료, 조산, 생업부조, 장제부조 등이 있다. 구호는 신청주의에 의해 실시되며, 이를 심사하기 위해 자산조사를 거치도록 규정하고 있으며, 구호는 거택보호를 원칙으로 하고 예외적으로 구호시설수용, 위탁수용을 할 수 있도록 규정하고 있다. 재정은 국가가 1/2 또는 7/12 이내를 보조하고, 도는 1/4을 보조할 수 있으며, 이하는 읍 · 면에서 부담하도록 규정하고 있다. 구호사업의 전달체계는 중앙에서 조선총독부 내무부 학무국 사회과에서 관장하고, 이하는 도지사, 부윤 또는 읍장의 책임으로 되어 있다.

일제의 식민지시대에서 우리 민족이 제정한 복지관련 입법은 1919년 4월 11일 임시정부가 제정한 「대한민국임시정부헌법」에서 일부 찾아볼 수 있다. 임시정부는 대한민국임시정부헌법의 전문에서 "항구완전(恒久完全)한 자주독립(自主獨立)의 복리(福利)"를 지향함을 천명하였다. 즉, 자주독립을 이루고 민생복리를 추구하는 복지국가를 지향할 것임을 선언하였다. 이러한 전문의 내용은 임시정부 헌법 제3조에서 대한민국의 인민은 남녀, 귀천, 빈부의 계급이 없고 일절 평등하다고 명시함으로써 보다 구체화되었다.

5. 미군정기

미군정기는 8·15해방 후 3년간(1945. 9. 8.~1948. 8. 15.)에 걸친 기간으로 일제강점기와 대한민국이라는 독립국가 형성 사이의 과도기적 단계이다. 미군정하의 구호행정의 법적 · 제도적 근거는 형식상으로는 일제강점기의 관계법을 계승하고 있으나, 그것보다는 군정법령 및 몇 가지 업무처리준칙에 의해 이루어졌다. 당시의 빈곤정책은 광범위한 요구호자들의 긴박한 필요에 대응하는 임시적인 구호사업 중심으로 전개되었다. 미군정기 보건후생정책은 기아의 방지, 최소한의 서민 생계유지, 보건위생 및 치료, 응급주택 공급 등에 중점을 두었으나 획기적 사업추진이나 장기계획은 실시하지 않았다.

1946년 미군정은 구호준칙으로서 「후생국보3호」「후생국보3A호」「후생국보3C호」를 제정하였다. 「후생국보3호」의 C항은 공공구호(public relief)를 규정하고 있는데, 이는 「조선구호령」과 유사하게 구호의 대상으로 (1) 65세 이상된 자, (2) 6세 이하의 부양할 소아를 가진 모, (3) 13세 이하의 소아, (4) 불치의 병자, (5) 분만 시 도움을 요하는 자, (6) 정신적 · 육체적 결함이 있는 자로서, 구호시설에 수용되지 않고, 가족이나 친척의 보호가 없고, 노동할 수 없는 자로 규정하였다. 구호내용으로는 식량, 주택, 연료, 의류, 의료, 매장으로 분류된다.

「후생국보3A호」는 이재민과 피난민에 대한 구호를 규정하였다. 구호내용으로 식량, 의류, 숙사, 연료, 주택부조, 긴급의료, 매장, 차표제공 등을 들 수 있다. 「후생국보3C호」는 궁민과 실업자에 대한 구호규칙으로서, 거택구호 시 세대인원에 대한 지급한도액을 규정하고 있다.

6. 정부수립과 6·25동란기

통상 우리 헌정사는 1948년 제헌헌법부터 시작한다고 한다. 1945년 8월 15일 우리 민족은 일제로부터 해방되었다. 그로부터 3년 동안의 미군정기를 거쳐 1948년에야 비로소 우리의 헌법을 제정하였다. 1948년 5월 10일 제헌국회 구성을 위한 국회의원선거를 실시하여, 5월 31일 198명의 국회의원으로 구성된 역사적인 제헌국회가 개회되었다. 제헌국회는 헌법기초위원회를 조직하여 곧바로 헌법제정작업에 착수하여 대통령제(임기 4년, 1회 중임가능)와 단원제국회 및 국무총리제를 채택한 제헌헌법이 완성되어 7월 17일 공포되었다.

1948년 정부수립 후 보건후생부와 노동부를 합쳐 사회부로 개칭하여 보건부와 사회부가 각각 독립되어 업무를 실시하다가, 1955년에는 보건사회부로 개칭하였다. 이 시기 복지정책의 특징은 외국민간원조단체가 주축이 되어 고아원, 양로원 등 수용보호시설을 중심으로 한 미국식 사회사업개념이 도입되었다는 것이다. 새로운 복지제도가 조성되지는 않았으나 복지제도의 방향설정에 중요한 계기가 되었다.

1) 제헌헌법

1948. 7. 17. 제정된 제헌헌법인 「대한민국헌법」은 전문에서 국민생활의 균등한 향상을 기하고 자유와 행복을 확보할 것을 결의함으로써 복지국가를 지향함을 선언하고 있다. 또한 별도의 조항에서 복지관련 내용을 직간접적으로 규정하고 있다.

2) 군사원호법

6·25동란으로 인해 상이군경과 전몰군경 그리고 그 유가족의 생활문제에 대처하고, 군

경의 사기진작을 위해 1950년 「군사원호법」이 제정되었으며, 1951년에는 「경찰원호법」이 제정되었다. 이들 법은 1961년 「군사원호보상법」에 의해 대체되었다.

3) 후생시설설치기준령, 법인설립허가신청에 관한 규칙, 후생시설운영요강

「후생시설설치기준령」이 1950년 제정되었다. 6·25동란으로 인해 전쟁고아와 월남피난민의 급증 등 요구호대상자 급증은 기존의 구호령으로는 대처할 수 없는 상황을 낳게 되어 외국원조기관들에 의한 수용보호를 피할 수 없게 되었다. 따라서 국가와 민간단체의 난립과 외원기관의 중복구호 등으로 많은 혼란을 가져오게 된다. 복지시설의 무분별한 운영, 피수용자의 인권유린 등을 방지하고, 수용아동의 양호를 기하기 위하여 후생시설로서 갖추어야 할 최소한도의 요건을 규정한 후생시설설치기준령을 제정하였다.

1952년 10월 보사부 훈령으로 「후생시설운영요령」이 제정되어 운영과 감독에 관한 규칙을 세우게 되었고, 효과적인 구제방법을 모색하는 방향으로 나가게 되었다. 또한 후생시설을 영아원, 육아원, 감화원 등 아동시설과 모자원, 정신치료 감화원, 불구자 수용원, 맹아원, 직업보도원 등의 성인 특수시설과 양로원과 같은 노인만의 보호시설 등으로 구분하여 우리나라 사회복지시설의 종류를 처음으로 체계화하는 시도를 하였다.

7. 1960년대

1) 제3공화국 헌법

헌법 제5차 개정은 5·16군사쿠데타에 의하여 이루어졌다. 이 헌법의 사회복지적 의미는 헌법 전문에 국민생활의 균등한 향상을 기함을 천명하고, 동법 제30조에 인간다운 생활을 할 권리를 신설한 것에서 찾을 수 있다.

2) 공무원연금법

1960년 제정된 「공무원연금법」은 공무원이 상당한 연한 성실히 근무하고 퇴직을 하였거나 공무로 인한 부상 또는 질병으로 퇴직 또는 사망한 때, 그리고 군인으로서 현역에 일정한 기간 복무하고 퇴직 또는 사망할 때에 본인이나 유족에게 연금 또는 일시금을 지급하여 생계를 보장하기 위하여 제정되었다. 「공무원연금법」은 우리나라 최초의 사회보험법이자, 최초의 공적 연금법이다.

3) 생활보호법

1961년 12월 30일 제정된 「생활보호법」은 생활유지의 능력이 없거나 생활이 어려운 자에게 필요한 보호를 행하여 이들의 최저생활을 보장하고 자활을 조성함으로써 사회복지의 향상에 기여함을 목적으로 하고 있다. 이 법의 제정으로 우리나라 빈곤구제정책이 정착되고 공공부조사업이 본격 실시되기 시작하였다. 그러나 이 법은 1944년 일제강점기에 제정된 조선구호령과 유사한 측면이 많다. 1982년 「생활보호법」은 전면개정을 이루어 영세민을 법정보호대상 범위에 포함시키었고, 보호대상자가 생활 유지 · 향상을 위하여 그 자산, 근로능력 등을 최대한 활용할 것을 전제하고, 친족부양우선주의를 명백히 하였으며, 보호수준은 건강하고 문화적인 최저생활을 유지하는 수준이며, 보호의 종류에서 자활보호와 교육보호를 추가하였다. 이 법은 1999년 「국민기초생활 보장법」으로 대체되었다.

4) 아동복리법

1961년 제정된 「아동복리법」은 보호가 필요한 아동들을 대상으로 보육사업이 본격적으로 실시되게 되었다. 1981. 4. 13. 「아동복리법」이 「아동복지법」으로 전면 개정되어 모든 아동을 대상으로 하는 복지사업을 실시하게 되었다.

5) 재해구호법

1962년 「재해구호법」이 제정되었다. 「재해구호법」은 국가와 지방자치단체가 한해 · 풍해 · 수해 · 화재 등 비상재해가 발생하였을 때, 공적자금을 활용하여 응급적인 구호를 행함으로써 피해지역의 재해를 복구하고, 재난을 입은 이재민의 생존을 보호하며, 사회질서를 유지하기 위해 제정되었다.

6) 군인연금법

1963년 제정된 「군인연금법」은 「공무원연금법」의 내용 가운데 군인연금 부분을 분리하여 별도의 법으로 제정한 법이다. 이 법은 군인이 상당한 연한에 성실히 복무하고 퇴직하거나 심신의 장애로 인하여 퇴직 또는 사망한 때 또는 공무상의 질병 · 부상으로 요양하는 때에 본인이나 그 유족에게 적절한 급여를 지급함으로써 본인 및 그 유족의 생활안정과 복리향상에 기여하기 위해 제정되었다.

우리나라 최초의 사회보험법: 「공무원연금법」(1960)
우리나라 최초의 공적연금법: 「공무원연금법」(1960)
우리나라 5대사회보험 가운데 제일 먼저 제정된 법: 「산업재해보상보험법」(1963)

7) 산업재해보상보험법

1963년 11월 법률 제1438호로 사용자의 무과실책임주의를 원칙으로 하는 「산업재해보상보험법」을 제정 · 공포하였다. 우리나라 5대 사회보험 가운데 가장 먼저 제정된 법이다. 산업재해보상보험이 등장하기 이전에 근로자의 업무상 재해에 대한 보상은 「근로기준법」에 근거하여 이루어졌다. 그러나 사용자의 책임하에 근로자에 대한 업무상의 재해를 보상하도록 되어 있는 「근로기준법」은 별 효력이 없어서 이를 대신하여 실질적으로 근로자를 보호할 수 있는 대책이 수립될 필요가 있었다.

8) 사회보장에관한법률

「사회보장에관한법률」은 국민의 인간다운 생활을 도모하기 위한 사회보장제도의 확립과 그 효율적인 발전을 기하기 위하여 법률 제01437호로 1963. 11. 5. 사회보장에 관한 기본법으로서 제정되었다. 이 법에서는 사회보장을 사회보험에 의한 제급여와 무상으로 행하는 공공부조를 말한다고 정의하였다. 그러나 이 법은 7조로 구성되어 기본법으로서 실제적 의미를 갖기에는 미비하였다. 이 법은 1995. 12. 30. 법률 제05134호에 의해 「사회보장기본법」이 제정되면서 폐지되었다.

9) 의료보험법

「의료보험법」은 1963년 12월에 국민의 질병 · 부상 · 분만 또는 사망 등에 대하여 보험급여를 실시함으로써 국민보건을 향상시키고 사회보장의 증진을 도모함을 목적으로 제정되었다. 의료보험 초안을 작성하는 데 모델이 되었던 것은 일본의 건강보험제도와 국민보험제도였다. 사회보장제도 심의위원회 전문가들은 일본의 두 의료보험법안을 혼합하여 법률안을 내어놓았다. 이 법률안은 1963년 12월 최고회의 본회의를 통과함으로써 법률로서 확정되었다. 그러나 법안심의과정에서 사회보장제도의 주요한 원칙인 강제적용의 원리가 삭제되고 임의적용으로 바뀌었다. 이 법은 1999년 「국민건강보험법」으로 대체되었다.

8. 1970년대

1) 사회복지사업법

1970. 1. 1. 「사회복지사업법」이 제정되었다. 이 법은 사회복지사업에 관한 기본적 사항을 규정한 기본법으로, 제정되었으며, 사회복지사업을 생활보호법 · 아동복리법 · 윤락행위등방지법 등에 의한 보호사업 · 복지사업 · 선도사업 · 복지시설의 운영 등을 목적으

로 하는 사업으로 정의하였고, 사회복지사업을 목적으로 하는 사회복지법인을 설립하고자 하는 자는 보건사회부장관의 인가를 받도록 하였으며, 사회복지시설의 설치 · 운영은 국가 · 지방자치단체 및 시 · 도지사의 허가를 받은 사회복지법인 또는 보건사회부장관의 허가를 받은 기타의 법인에 한하였고, 보건사회부장관은 공동모금의 목적달성을 위하여 법인인 모금회의 설립을 허가할 수 있도록 하였다.

2) 국민복지연금법

1973. 12. 24. 법률 제2655호로 「국민복지연금법」이 제정되었다. 그러나 이 법은 긴급조치 제3호에 의해 법의 효력을 정지당하였고, 1986년 「국민연금법」으로 대체되었다.

국민생활의안정을위한대통령긴급조치(대통령긴급조치 제3호, 1974.1.14.)
제18조 (국민복지연금법 등의 효정지) 국민복지연금법과 사립학교교원연금법은 1974년 12월 31일까지 각각 그 효력을 정지한다.

3) 개정(강제적용)의료보험법

1963년 제정된 「의료보험법」은 강제가입제도가 아닌 임의가입제도여서 강제가입을 원칙으로 하는 사회보험으로서의 역할을 상실하였다. 이 법이 1976년 12월 전면 개정되어 공무원 · 교직원 · 군인을 제외한 500인 이상 사업장 근로자에게 강제적용됨으로써 실질적인 의료보험이 실시되었다. 이에 따라 1977. 1. 1. 500인 이상 사업장 근로자를 대상으로 최초로 강제적용방식을 도입한 직장의료보험을 실시하였다. 사실상 사회보험으로서의 의료보험제도가 도입되었다.

4) 의료보호법

1977. 12. 31. 「의료보호법」이 법률 제3076호로 제정되어 생활유지능력이 없거나 일정수준 이하의 저소득층을 대상으로 국가재정에 의하여 기본적인 의료혜택을 제공하여 국민보건의 향상과 사회복지증진에 이바지하는 의료부조사업을 실시하였다. 이 법은 1991년 「의료급여법」으로 대체되었다.

5) 공무원및사립학교교직원의료보험법

1977. 12. 31. 법률 제3081호로 제정된 「공무원및사립학교교직원의료보험법」은 공무원, 사립학교 교직원 및 그 부양가족의 질병, 부상, 분만, 사망 등에 대하여 보험급여를 실

시함으로써 그들의 건강을 향상시키고, 사회복지의 증진을 도모함을 목적으로 하고 있다. 이 법은 1999년 「국민건강보험법」으로 귀속되었다.

6) 제5공화국 헌법

10·26 사태 후 계엄이 선포되고 정국이 불안한 가운데 전두환, 노태우 등 이른바 신군부가 1979. 12. 12. 병력을 동원하여 계엄사령관인 육군 참모총장을 연행 · 감금하는 하극상에 의한 군사반란을 일으켰다. 신군부는 국회를 해산하고 자의로 국가보위입법회의라는 기구를 만들어 헌법을 만들고 국민투표로 확정하였다. 이 헌법이 8차 개헌으로 이루어진 제5공화국 헌법이다. 제5공화국 헌법 가운데 사회복지법과 관련해 고찰할 것은 헌법의 기본권 조항 가운데 행복추구권을 추가하였다. 「헌법」 제32조에 국가는 사회보장 · 사회복지의 증진에 노력할 의무를 진다는 조항을 두었다.

9. 1980년대

1) 사회복지사업기금법

「사회복지사업기금법」은 1980. 12. 31. 법률 제3336호로 제정되었다. 이 법은 사회복지사업을 효과적으로 수행하기 위하여 사회복지사업기금을 설치 · 운용함으로써 사회복지증진에 기여하기 위해 제정되었다.

2) 아동복지법

1981. 4. 13. 기존의 「아동복리법」이 모든 아동을 대상으로 아동의 복지를 보편적으로 실현하는 「아동복지법」이 제정되어, 요보호아동을 대상으로 하는 「아동복리법」을 대체하였다.

3) 심신장애자복지법

1981년 유엔이 '세계장애인의 해'를 선포하자, 우리나라에서는 「심신장애자복지법」이 제정되어 비로서 장애인 문제 해결을 위한 국가적 노력이 시작되었다. 1988년 서울장애인올림픽 개최를 계기로 장애인에 대한 사회적 관심이 높아짐에 따라 「심신장애자복지법」은 1989년 「장애인복지법」으로 대체되었다.

4) 노인복지법

「노인복지법」은 노인의 심신의 건강 유지 및 생활안정을 위하여 필요한 조치를 강구함으로써 이러한 사회문제를 해결하고, 노인의 복지증진에 기여하기 위하여, 1981. 6. 5. 법률 제3453호로 제정 · 공포되었다.

5) 국민연금법

「국민연금법」은 1986. 12. 31. 법률 제3902호로 제정되었다. 「국민연금법」은 국민의 노령 · 폐질 또는 사망에 대하여 연금급여를 실시함으로써, 국민의 생활안정과 복지증진에 기여함을 목적으로, 기존의 「국민복지연금법」을 대체하여 1988년부터 본격 실시되었다.

6) 최저임금법

「최저임금법」은 1986. 12. 31. 법률 제3927호로 제정되었다. 이 법은 노동자에 대하여 임금의 최저수준을 보장함으로써, 근로자의 생활안정과 노동력의 질적 향상을 통한 국민경제의 건전한 발전에 이바지함을 목적으로 하고 있다.

7) 보호관찰법

「보호관찰법」이 1986. 12. 31. 법률 제3902호로 제정되었다. 이 법은 죄를 범한 자로서 재범방지를 위하여 보호관찰, 사회봉사, 수강 및 갱생보호 등 체계적인 사회 내 처우를 하는 보호관찰제도를 실시하게 되었다.

이 법은 1995년 「갱생보호법」을 흡수하여 「보호관찰 등에 관한 법률」로 개칭되었다.

8) 모자복지법

모자복지법(1989) → 모 · 부자복지법(2003) → 한부모가족지원법(2008)

1989. 4. 1. 모자가정이 건강하고 문화적인 생활을 영위할 수 있게 함으로써 모자가정의 생활안정과 복지증진에 기여하기 위하여 「모자복지법」을 법률 제4121호로 제정하였다. 이 법은 2003년 「모 · 부자복지법」으로 대체되었고, 「모 · 부자복지법」은 2008년 다시 「한부모가족지원법」으로 대체되었다.

9) 장애인복지법

1989. 12. 20. 법률 제4179호로 장애인복지대책의 기본이 되는 사업을 정한 「장애인복지법」이 제정되었다. 이 법의 제정으로 「심신장애자복지법」은 폐지되었다.

10. 1990년대

1) 영유아보육법

「영유아보육법」이 1991. 1. 14. 법률 제4328호로 제정 · 공포되어 「아동복지법」(보건복지부), 「유아교육진흥법」(내무부, 교육부), 「남녀고용평등법」(노동부)으로 분산 · 다원화되어 있던 법체계와 주관부서를 통합 · 일원화하고, 이어서 동법시행령 및 시행규칙이 제정됨으로써 보육정책은 기존의 파행적인 운영에서 탈피하여 새로운 발전과 도약의 전기를 마련하였다.

2) 고용보험법

고용보험의 시행을 통하여 실업의 예방, 고용의 촉진 및 근로자의 직업능력의 개발 · 향상을 도모하고, 국가의 직업지도 · 직업소개기능을 강화하며, 근로자가 실업한 경우에 생활에 필요한 급여를 실시함으로써, 근로자의 생활의 안정과 구직활동을 촉진하여 경제 · 사회발전에 이바지함을 목적으로 1993. 12. 27. 법률 제4644호로 「고용보험법」을 제정하였다. 이 법은 우리나라 IMF외환위기 이전에 제정되어 대량실업이라는 외환위기극복에 기여하였다.

3) 성폭력범죄의 처벌 및 피해자 보호 등에 관한 법률

성폭력범죄를 예방하고 그 피해자를 보호하며, 성폭력범죄의 처벌 및 그 절차에 관한 특례를 규정함으로써 국민의 인권신장과 건강한 사회질서의 확립에 이바지함을 목적으로 「성폭력범죄의 처벌 및 피해자 보호 등에 관한 법률」이 법률 제4702호로 1994. 1. 5. 제정되었다.

4) 보호관찰 등에 관한 법률

1995. 1. 5. 「갱생보호법」을 「보호관찰법」에 흡수시키고, 법의 제명을 「보호관찰 등에 관한 법률」을 개정하여 법률 제4933호로 공포하였다. 이 법의 제정으로 「갱생보호법」하의 관찰보호가 보호관찰로 일원화되었으며, 성인법까지로 보호관찰의 적용범위가 확대되었다.

5) 사회보장기본법

사회보장에 관한 국민의 권리와 국가 및 지방자치단체의 책임을 정하고, 사회보장제도에 관한 기본적인 사항을 규정함으로써, 국민의 복지증진에 기여하기 위하여, 1995. 12. 30. 「사회보장기본법」이 법률 제05134호로 제정되었다. 이 법은 사회보장은 모든 국민이 인간다운 생활을 할 수 있도록 최저생활을 보장하고, 국민 개개인이 생활의 수준을 향상시킬 수 있도록 제도와 여건을 조성하여, 그 시행에 있어 형평과 효율의 조화를 기함으로써 복지사회를 실현하는 것을 기본이념으로 한다고 규정하고 있다. 이 법은 1963년에 제정된 「사회보장에관한법률」을 확대개편하여 대체한 사회복지 전반의 기초가 되는 기본법이다.

6) 정신보건법

정신질환의 예방과 정신질환자의 의료 및 사회복귀에 관하여 필요한 사항을 규정함으로써 국민의 정신건강 증진에 이바지하기 위하여 1995. 12. 30. 「정신보건법」이 법률 제5133호로 제정되었다. 이 법은 2016년 「정신건강증진 및 정신질환자 복지서비스 지원에 관한 법률」로 대체되었다.

7) 사회복지공동모금법

사회복지사업을 지원하기 위하여 국민의 자발적인 성금으로 공동모금된 재원을 효율적으로 관리 · 운용함으로써, 사회복지의 증진에 이바지하기 위하여, 「사회복지공동모금법」이 1997. 3. 27. 제정되어 법률 제5317호로 공포되었다. 이 법은 2001년 「사회복지공동모금회법」으로 대체되었다.

8) 청소년보호법

청소년을 각종 유해한 사회환경으로부터 보호하고 청소년을 건전한 인격체로 성장할 수 있도록 하기 위하여 1997. 3. 7. 「청소년보호법」을 제정하였다.

9) 가정폭력방지 및 피해자보호 등에 관한 법률

가정폭력을 예방하고 가정폭력의 피해자를 보호함으로써 건전한 가정을 육성하기 위하여, 1997. 12. 31. 「가정폭력방지 및 피해자보호 등에 관한 법률」을 제정하고 법률 제5487호로 공포하였다.

10) 국민의료보험법

의료보험법(1963) → 국민의료보험법(1997) → 국민건강보험법(1999)

「국민의료보험법」은 조합주의 방식인 「의료보험법」이 통합주의 방식인 「국민건강보호법」으로 넘어가는 과정에서의 과도기적인 법으로 1997. 12. 31. 법률 제5488호로 제정되었다. 「국민의료보험법」의 시행으로 227개 지역의료보험조합과 공무원 · 교직원의료보험관리공단이 통합되었다.

11) 국민건강보험법

국민의 질병 · 부상에 대한 예방 · 진단 · 치료 · 재활과 출산 · 사망 및 건강증진에 대하여 보험급여를 실시함으로써, 국민보건을 향상시키고, 사회보장을 증진시키기 위하여, 「국민건강보험법」을 1999. 2. 8. 제정하고, 법률 제5854호로 공포하였다. 「국민건강보험법」의 제정으로 우리나라의 의료에 관한 사회보험제도가 조합주의에서 통합주의로 변경되었다. 당시 다보험자방식으로 운용되고 있는 의료보험관리체계를 국민건강보험공단이라는 단일보험자로 통합운영함으로써, 관리운영의 효율성과 보험료 부담의 형평성을 높이고, 질병의 치료 외에 예방, 건강증진 등을 포함하는 포괄적인 의료서비스를 제공하여 국민건강의 향상을 도모하게 되었다.

12) 국민기초생활 보장법

1999. 9. 7. 법률 제6024호로 「국민기초생활 보장법」이 제정되어 2000년 10월부터 실시하게 되었다. IMF사태 이후 초유의 대량실업으로 절대빈곤계층이 대량 발생되어 사회 전체적으로 위기에 처하였다. 이러한 때에 자본주의사회의 최후의 안전벽이라는 공공부조, 특히 생활보호제도가 사회적 안전망(social safety net)의 기능을 제대로 수행하지 못하고 구멍 뚫린 안전망으로 전락하였다. 이와 같은 문제는 기존의 생활보호제도가 연령이 18세 미만 65세 이상이거나 폐질자나 임산부와 같은 근로무능력자로서 부양의무자가 없는 제한된 인구계층에 한하여 실시되었기 때문에, 대량실업 발생에 따른 18세 이상 64세 미만의 근로능력 빈민들의 생존의 문제를 방치할 수밖에 없었다. 이러한 문제 해결을 위해 임시변통적인 한시적 생활보호제도가 실시되기도 하였으나 일시적인 대안에 불과하였다.

기존의 생활보호제도가 2차적 사회안전망으로서 제 기능을 다하지 못하고 있는 현실적 문제를 타개하기 위해 생활보호제도를 대폭 확충하여 사회안전망의 사각지대에 살고 있는 저소득계층을 생존위기로부터 보호하기 위한 근본적 변화가 필요하게 되었다.

11. 2000년대

1) 장애인고용촉진및직업재활법

장애인이 그 능력에 맞는 직업생활을 통하여 인간다운 생활을 할 수 있도록 장애인의 고용촉진과 직업재활 및 직업안정을 도모하기 위하여 2000. 1. 12. 「장애인고용촉진 및 직업재활법」을 제정하여 법률 제6166호로 공포하였다. 기존의 「장애인고용촉진 등에 관한 법률」은 「장애인고용촉진 및 직업재활법」으로 그 명칭이 바뀌었다.

2) 의료급여법

생활이 어려운 저소득 국민의 건강을 증진하기 위하여, 의료급여수급기간의 제한을 폐지하여, 연중 기간제한 없이 의료급여를 받을 수 있도록 하고, 운영상 나타난 미비점을 전반적으로 개선 · 보완하기 위하여, 「의료보호법」을 대체하는 「의료급여법」을 2001. 5. 24. 제정하였다.

3) 사회복지공동모금회법

기부문화의 활성화 및 사회복지공동모금사업 재원의 안정적 확보를 통한 민간복지지원체계의 발전을 도모하기 위하여 사회복지공동모금회로 하여금 복권을 발행할 수 있는 법률적 근거를 규정하여 2001. 5. 24. 기존의 「사회복지공동모금법」을 대체하여 제정하였다.

4) 건강가정기본법

「건강가정기본법」이 2004. 2. 9. 법률 제07166호로 제정되었다. 이 법의 제정과정에서 사회복지학계와 가정학계 간에 첨예한 마찰이 빚어지기도 하였다. 이 법은 건강한 가정생활의 영위와 가족의 유지 및 발전을 위한 국민의 권리 · 의무와 국가 및 지방자치단체 등의 책임을 명확히 하고, 현대사회에서 제기되는 다양한 가정문제의 적절한 해결방안을 강구하며, 가족원의 복지 증진에 이바지할 수 있는 지원정책을 시행함으로써 건강가정을 구현하고, 나아가 사회통합에 기여하도록 하려는 목적으로 제정되었다.

5) 긴급복지지원법

「긴급복지지원법」이 법률 제7739호로 2005. 12. 23. 제정되었다. 이 법은 갑작스러운 위기상황이 발생한 경우 누구든지 손쉽게 도움을 청하고 필요한 지원을 받을 수 있는 제도를 마련하기 위하여 제정되었다. 이 법은 5년이란 시한이 정해진 한시법으로 2010. 12. 22.까지 유효한 법으로 제정되었으나, 법 개정을 거쳐 영속적인 법으로 개정되었다.

6) 주거급여법

생활이 어려운 사람에게 주거급여를 실시하여 국민의 주거안정과 주거수준 향상에 이바지하기 위하여 「주거급여법」이 2014.1.24. 법률 제12333호로 제정되었다.

7) 사회보장급여의 이용·제공 및 수급권자 발굴에 관한 법률(약칭: 사회보장급여법)

「사회보장급여의 이용 · 제공 및 수급권자 발굴에 관한 법률」(약칭: 사회보장급여법)이 「사회보장기본법」에 따른 사회보장급여의 이용 및 제공에 관한 기준과 절차 등 기본적 사항을 규정하고 지원을 받지 못하는 지원대상자를 발굴하여 지원함으로써 사회보장급여를 필요로 하는 사람의 인간다운 생활을 할 권리를 최대한 보장하고, 사회보장급여가 공정하고 효과적으로 제공되도록 하며, 사회보장제도가 지역사회에서 통합적으로 시행될 수 있도록 그 기반을 구축하기 위하여 2014.12.30. 법률 제12935호로 제정되었다. 이 법은 사회보장급여에 관한 기본법의 역할을 한다.

8) 정신질환자 복지서비스 지원에 관한 법률(약칭: 정신건강복지법)

정신질환의 예방 · 치료, 정신질환자의 재활 · 복지 · 권리보장과 정신건강 친화적인 환경 조성에 필요한 사항을 규정함으로써 국민의 정신건강증진 및 정신질환자의 인간다운 삶을 영위하는 데 이바지하기 위하여 「정신건강증진 및 정신질환자 복지서비스 지원에 관한 법률」(약칭: 정신건강복지법)이 2016. 5. 29. 법률 제14224호로 제정되었다.

9) 아동수당법

아동에게 아동수당을 지급하여 아동 양육에 따른 경제적 부담을 경감하고 건강한 성장 환경을 조성함으로써 아동의 기본적 권리와 복지를 증진하기 위하여 「아동수당법」이 2018.3.27. 법률 제15539호로 제정되었다. 당초 이 법은 모든 아동에게 지급하는 사회수당방식으로 입안되었으나, 입법과정에서 소득인정액조사, 즉 자산조사를 통해 하위 90%를 선별하여 지급하는 사회부조방식으로 제정되었다. 그러나 「아동수당법」 개정으로 2019년 1월부터 소득인정액조사를 실시하지 않고 6세 미만의 모든 아동에게 지급하는 사회수당식 아동수당제도로 전환되게 된다. 이로써 우리나라에도 사회수당법이 탄생하게 되었다. 사회수당식 아동수당제도는 보편적 프로그램(universal program)으로 일종의 데모그란트(demogrant)이다.

미주

1) 김만두(1991). 『사회복지법제론』. 서울: 홍익재, pp. 84-112.

2) 박승두(1997). 『사회보장법』. 부산: 중앙경제사, pp. 183-198, 219-239, 243-261.

3) 신섭중 외(2001). 『사회복지법제』. 서울: 대학출판사, pp. 133-166.

4) 김기원(2009). 『사회복지법제론』. 서울: 나눔의집, pp. 64-113.

5) 김기원(2016). 『사회보장론』. 서울: 정민사.

6) 김기원(2000). 『공공부조론』. 서울: 학지사, pp. 137-180.

7) 김태성, 김진수(2001). 『사회보장론』. 서울: 청목출판사, pp. 87-97.

8) 류상열(2002). 『사회복지역사』. 서울: 학지사, pp. 184-189.

9) 신섭중 외(1996). 『세계의 사회보장』. 서울: 유풍출판사, pp. 136-196.

10) 원석조(2001). 『사회복지역사의 이해』. 한국복지정책연구소출판부, pp. 27-31, 103-112.

11) 지윤(1985). 『사회사업사』. 서울: 홍익재, pp. 1-151.

12) 함세남 외(1995). 『선진국 사회복지발달사』. 서울: 홍익재, pp. 27-88.

13) Bloy, Marjie (1999). 『Old Poor Law 1795-1834』. Dspace, pp. 1-3.

14) Rathfelder, Martin (1999). The Poor Law 1601, pp. 1-7.

15) Poor Law를 '빈민법'으로 번역하여야 하나 많은 경우 '구빈법'으로 번역되고 있어 통례를 따른다.

16) Higginbothan, Peter (2002). The Workouse. http://user.ox.uk, 1-19.

17) 세계 최초의 사회보험법은 1883년 독일 비스마르크황제 때 제정된 질병보험법이다.

18) 김기원(2017). 『사회보장론』. 서울: 정민사.

19) 상게서.

20) 김학수(1984). 사회보험법 연구. 『법학연구』, 11, 전북대학교 법학연구소, pp. 2-5.

21) 박승두(1997). 전게서, pp. 183-261.

22) 신섭중 외(1991). 『비교사회복지론』. 서울: 유풍출판사, pp. 337-339.

23) 신섭중 외(1996). 전게서.

24) 이학춘, 위성종(2000). 『사회보장법』. 충북: 대명출판사, pp. 123-187.

25) 임정평(1996). 사회보장법의 체계와 과제. 『법학논총』, 제22집. 단국대학교 법학연구소, pp. 26-33.

26) 전광석(1988). 서독 사회보장법의 체계적 이해를 위한 시론. 『사회보장연구』, 4. 한국사회보장학회, pp. 7-25.

27) 김기원(2017). 전게서.

28) 김기원(2000). 전게서.
29) 김기원(1999). 미국 PRWORA 법안의 복지정책적 함의. 『서울장신논단』, 제7집. 서울장신대학교, pp. 215-247.
30) 박승두(2001). 『사회보장법총론』. 법률SOS, pp. 104-118.
31) 이학춘, 위성종(2000). 전게서.
32) DHHS (1998). 『The Personal Responsibility and Work Opportunity Reconciliation Act of 1966』. Fact Sheet, HHS Press Office, pp. 1-5.
33) Rimlinger, Gaston V. (1997). 『Welfare Policy and Industrialization in Europe』. America and Russia. 백종만 외 역. 한울 아카데미, pp. 292-305.
34) 배영수(1984). 1935년 미국 사회보장법의 제정에 대하여. 『서양사연구』, 6, 서울대서양사연구회, pp. 41-59.
35) 김기원(1995). 장애인 고용안정정책에 관한 연구. 『선진화를 위한 정책 윤리 및 과제』. 한국정책학회, pp. 28-36.
36) 사회보장법 제정 이전에 실업보험제도 수립과 관련하여 오하이오방안(Ohio plan)과 위스콘신방안(Wisconsin plan) 간에 논란이 있었다. 오하이오방안은 실업보험제도에 의해서 실업자들이 받게 될 경제적 혜택에 중점을 둔 반면, 위스콘신방안은 실업 자체의 예방에 중점을 두었다. 위스콘신방안은 흔히 예방론(prevention theory)이라고 불리며, 미국은 위스콘신방안을 채택하였다.
37) 최연혁(2012). 『주요국의 사회보장제도-스웨덴』. 한국보건사회연구원, pp. 9-47.
38) 김인춘(2007). 『스웨덴 모델, 독점자본과 복지국가의 공존』. 삼성경제연구소, pp. 117-123.
39) 이현주(2016). 스웨덴 공공부조제도의 현황과 이슈. 『보건복지포럼』, pp. 99-111.
40) 주은선(2004). 1990년대 스웨덴 연금개혁의 정치. 『진보평론』, 21, pp. 140-176.
41) 국민건강보험공단, www.nhis.or.kr
42) 박승두(2001). 전게서.
43) 선우덕(2015). 『일본 사회보장제도의 개혁쟁점과 대책』. 보건복지포럼, pp. 35-43.
44) 곽효문(2000). 조선조의 사회복지법제에 관한 연구. 『한국행정사학지』, 8, 한국행정사학회, pp. 197-218.
45) 김기원(2000). 전게서.
46) 김만두, 한혜경(1993). 『현대사회복지개론』. 서울: 홍익재, pp. 49-147.
47) 신섭중 외(2001). 전게서.
48) 하상락(1989). 『한국사회복지사론』. 서울: 박영사, pp. 489-513.
49) 현외성(2001). 한국 노인복지법의 형성과 변천과정. 『노인복지연구』, 14, 한국노인복지학회,

pp. 67-72.

50) 공무원연금공단, www.geps.or.kr

51) 국가법령정보센터, www.law.go.kr

52) 윤찬영(2000). 『사회복지법제론 I』. 경기: 나남출판, pp. 351-362.

53) 『경국대전』 혜휼조에 나오는 아동구휼에 관한 내용

① 추위에 떨며 구걸하는 자로서 친족이 없는 자와 노인으로서 부양할만한 사람이 없는 자에게는 헤아려 입을 것과 먹을 것을 준다.

② 버려진 아이는 한성부나 각 읍에 보호하였다가 원래 기르던 사람에게 주되 그 기간 동안 관가에서 입을 것과 먹을 것을 준다. 열 살이 넘었는데도 되돌려달라고 하는 자가 없는 경우 원래 기르던 사람이 데려가서 사역하는 것을 허락한다.

54) 진휼청의 유기아에 대한 구호사업준칙의 일부를 소개하면 다음과 같다.

① 흉년에 걸식하는 아이는 10세를 한하고 노상에 유기된 아이는 3세를 한하여 진휼청에서 유양(留養)하도록 한다.

② 행걸아(行乞兒)는 반드시 부모, 친족 또는 주인이 없이 무의무탁한 것을 기준으로 한다.

③ 유기아를 유양함에는 유걸여인 중 젖 있는 자를 택하여 매 1인에 두 아이씩 나누어 주고 유녀(乳女)에게는 1인당 1일 쌀 1되 4홉, 장 3홉, 미역 3잎씩을 지급한다.

④ 행걸아, 유기아를 막론하고 이를 유양하고자 자원하는 자에게는 진휼청으로부터 허가장을 발행하되 자녀로 하기를 원하는 자, 노비로 하기를 원하는 자로 구분하여 그 원하는 바에 따라 시행하였다.

⑤ 행걸아와 유기아에 대한 급식과 사유의 절차는 관의 지도감독이 철저하지 않으면 유명무실한 것이므로 매월 말 해당관은 어린이들이 살찌고 마른 것, 동작이 빠르고 느린 것을 심사하여 급식과 사유를 잘하고 못한 것을 밝혀 그 잘못된 것에 대하여 진청에 보고하고 유모를 문책한다.

⑥ 행걸 또는 유기아 중 의류가 없는 자에게는 진청 전례에 의하여 의류를 지급하고 유녀 중 옷이 없는 자도 전부 만들어주고, 질병자는 진청으로부터 혜민서에 위촉하여 간호구료케 한다.

⑦ 경외의 지방의 경우 지방관은 허실을 심사하여 행걸아는 진장이라 칭하는 수용소를 설치하여 유양하고 유기아는 진장의 설치 여부를 막론하고 유양한다.

제5장 사회복지법의 기본원리 및 규범적 특성

프리들랜더(Friedlander, W. A.)는 사회복지사업의 기본적 가치로서 모든 사람은 인간으로서의 가치 · 품위 · 존엄을 가진다는 개인존중의 원리, 개인이 무엇을 요구하며, 그것을 어떻게 충족할 것인가를 자기 스스로 결정할 권리를 가진다는 자발성 존중의 원리 또는 자기결정의 원리, 모든 인간에 대한 균등한 기회를 보장하는 기회균등의 원리, 사람은 자기자신, 가족 및 사회에 대해 책임을 진다는 사회연대의 원리 또는 상호부조의 권리를 들고 있다. 이 가운데 가장 기본적인 가치로 인정받는 원리는 인간으로서의 가치, 품위, 존엄을 가진다는 개인존중의 원리이다.[1] 개인존중의 원리와 자기결정의 원리는 우리 「헌법」 제10조에 명시되어 있으며, 이 조항이 명시하고 있는 인간의 존엄과 가치 · 행복추구권은 주기본권(主基本權) 내지 포괄적 기본권으로서 사회복지법의 기본원리로서의 역할을 수행한다.

사회복지법은 국가의 근본법인 「헌법」의 하위법으로서 「헌법」에 기초하고 「헌법」의 테두리 안에서 성립한다. 따라서 사회복지법의 기본원리는 「헌법」의 기본원리를 지도원리로 하여 이 가운데 사회복지와 관련된 기본원리를 사회복지제도와 현상에 적합하도록 구체화한 원리이다.

우리나라의 사회복지법은 우리나라의 「헌법」을 기초로 하고 「헌법」의 테두리 안에서만 성립한다. 「헌법」은 전문에서 국민생활의 균등한 향상을 선언하고, 기본권조항에서 모든 국민의 인간다운 생활을 보장하며, 사회보장 · 사회복지에 관한 국가의무를 규정하고, 건강하고 쾌적한 환경에서 생활할 권리를 보장하여 줌으로써 복지국가 건설을 국가의 근본목적으로 하고 있음을 천명하고 있으며, 개별 조항과 사회복지관련 법률에서 이를 구체화하고 있다.

「헌법」의 기본원리 가운데 사회복지법의 지도원리로 원용이 되는 기본원리는 복지국가주의, 기본권존중주의, 사회적 시장경제주의 등을 들 수 있다. 여기서 사회복지법의 기본원리란 사회복지법 법령을 해석함에 있어 기준을 제공할 뿐 아니라 법령의 흠결(欠缺)이 있을 때 이를 보완하는 원리가 되며, 사회복지관련 입법이나 사회복지정책을 결정할 때 방향을 제시해 주고, 모든 국민과 공무원을 비롯한 국가기관이 사회복지법을 존중하고 수호하도록 하는 지침이 되며, 사회복지법을 개정함에 있어서 사회복지법의 기본원리는 개

정의 한계가 된다.[2)]

Ⅰ. 인간의 존엄과 가치 · 행복추구권 보장

「헌법」 제10조는 "모든 국민은 인간으로서의 존엄과 가치를 가지며, 행복을 추구할 권리를 가진다. 국가는 개인이 가지는 불가침의 기본적 인권을 확인하고 이를 보장할 의무를 진다."고 규정함으로써 인간의 존엄과 가치 · 행복추구권이 천부인권으로서의 기본적 인권임을 선언하고 있다.

인간의 존엄이란 인간으로서의 자주적인 인격과 가치를 의미한다. 우리나라 헌법재판소는 "「헌법」상의 인간상은 자기결정권을 지닌 창의적이고 성숙한 개체로서의 국민이다. 우리 국민은 자신이 스스로 선택한 인생관 · 사회관을 바탕으로 사회공동체 안에서 각자의 생활을 자신의 책임하에 스스로 결정하고 형성하는 민주적 시민이다."라고 판시하고 있다.

개인은 개인 자체로서 가치가 있는 것으로 인정되고, 나아가 인간사회에 있어서의 가치의 근원이 된다. 인간의 가치 중에서 가장 본질적이고 핵심적인 가치는 생명권, 즉 생명에 대한 권리로 이는 기본권 중의 기본권이다. 생명권은 국가가 개인의 생명을 침해하는 경우, 이를 배제할 것을 요구할 수 있는 소극적인 생명권과 국가에 대하여 생존할 수 있도록 사회적 · 경제적 여건을 마련하여 줄 것을 요구할 수 있는 적극적인 생명권으로 구성된다. 이러한 자기결정권의 내용은 인간이 무엇을 요구하며 그것을 어떻게 충족할 것인가를 자기 스스로 결정할 권리를 가진다는 자기결정의 원리와 유사하다.

인간은 행복을 추구할 권리도 가지고 있다. 행복추구권을 광의로 해석하여 모든 기본적 인권을 포괄하는 포괄적 기본권으로 보아 생명 · 자유 · 생존 등을 포괄적으로 내포하는 개념이다. 헌법재판소는 "「헌법」 제10조의 행복추구권은 국민이 행복을 추구하기 위하여 필요한 급부를 국가에 적극적으로 요구할 수 있는 내용으로 하는 것이 아니라, 국민이 행복을 추구하기 위한 활동을 국가권력의 간섭 없이 자유롭게 할 수 있다는 포괄적인 의미의 자유권으로서의 성격을 가지는 것으로 본다."고 판시하고 있다(헌법재판소, 1995).[3)]

인간의 존엄과 가치 · 행복추구권은 법적으로 근본규범성, 기본권성, 반전체주의적 성격을 가진다. 첫째, 인간의 존엄과 가치 · 행복추구권 보장은 복지국가주의의 근본규범을 이루고 있다. 이 규정은 국가의 근본질서로 단순히 입법방침을 규정한 프로그램 규정이 아니라 국가의 기본권 보장 의무를 규정한 최고의 근본규범으로서 국가권력을 구속한다. 따라서 입법 · 행정 · 사법 등 모든 국가작용의 목적과 가치판단의 기준을 제공하며, 국가질서의 요소로서의 의의를 가진다. 또한, 법해석상의 최고기준으로 원칙규범 내지 최고규범으로서 모든 법령의 효력과 내용을 해석하는 기준이 되는 근본원리를 제공한다. 그리고 이 규정은 헌법개정의 한계를 이루며, 헌법개정의 방법으로써도 전면 개폐할 수 없는 불가침 규정이다. 둘째, 인간의 존엄과 가치 · 행복추구권은 기본권으로서의 성격을 가진다. 이는 기본권의 성격을 가진 일반적인 인권으로서 소극적으로는 국가권력에 대해 방어권적 기본권의 성격을 가지며, 적극적으로는 보호청구권이고, 실질적으로 국민의 기본적 인권 전반을 의미하는 주기본권(主基本權)의 성격을 갖고 있다. 헌법재판소는 인간의 존엄과 가치 · 행복추구권의 기본권성을 인정하고 이를 총칭하여 '행복추구권'이라 판시하기도 하였다. 셋째, 반전체주의적(反全體主義的) 원리이다. '인간의 존엄과 가치 · 행복추구권'을 보장함으로써 국가는 국민을 위하여 존재하고 국민의 이익을 옹호하며 인권을 존중함으로써 전체주의를 배격하고 있다.

인간으로서의 존엄과 가치 · 행복추구권의 주체는 「헌법」 제10조에서 볼 때 모든 인간이다. 인간인 이상 국적의 유무에 영향을 받지 않고 국민뿐만 아니라 외국인 및 무국적자도 그 주체가 되며, 태아도 인간으로서의 존엄과 행복추구권과 생명권을 가진다는 것이 일반적 견해이다. 또 인간의 존엄과 행복추구권의 향유는 정신적 · 신체적 상황과는 무관하기 때문에 빈민이건 부자이건, 비장애인이건 장애인이건, 아동이건 노인이건, 알코올중독자나 범죄자이건 아니건 간에 상관없이 모든 인간에게 인정된다.

「헌법」 제10조 후문은 "국가는 개인이 가지는 불가침의 기본적 인권을 확인하고 이를 보장할 의무를 진다."라고 함으로써, 국가는 인간의 존엄과 가치 · 행복추구권을 소극적으로 침해하지 않는 데 그치지 않고, 적극적으로 보장할 의무를 지도록 하고 있다. 이 규정은 단순한 입법방침이 아니라 직접적 효력을 규정한 것이다.

인간의 존엄과 가치를 침해하는 법률은 원칙적으로 제정할 수 없으며, 행정도 이를 침해해서는 안 되며, 이를 침해한 행정처분은 위헌 · 무효가 된다. 국가권력도 인간의 존엄과 가치 · 행복추구권을 침해하였을 때에는 국가가 배상책임을 져야 한다. 인간의 존엄과 가치 · 행복추구권의 침해에 대하여는 국민은 청원권의 행사라든가 재판청구권의 행사, 헌법소원권의 행사와 같은 여러 가지의 구제수단을 가지고 있다.

Ⅱ. 평등권 보장

우리 「헌법」은 전문에서 "정치 · 경제 · 사회 · 문화의 모든 영역에 있어서 각인의 기회를 균등히 하고……국민생활의 균등한 향상을 기하고"라고 선언하고 있다. 「헌법」 제11

조에서 "누구든지 성별 · 종교 또는 사회적 신분에 의하여 정치적 · 경제적 · 사회적 · 문화적 생활의 모든 영역에 있어서 차별을 받지 아니한다."라고 규정하고 있다. 평등권은 국가에 의하여 불평등한 취급을 받지 아니함과 동시에 국가에 대해서 평등한 취급을 요구할 수 있는 공권이다.

평등권 사상은 역사적으로 중세의 신 앞의 평등, 근대의 법 앞의 평등, 현대의 경제적 · 사회적 · 실질적 평등으로 발전하였다. 현대의 평등사상은 평균적 정의의 실현에 국한하지 않고, 배분적 정의의 이념에 근거한 실질적 평등을 주장하고 있다. 즉, 근대의 평등사상이 만인의 평등과 인간의 해방이라는 추상적 이념인 데 반하여, 현대의 평등사상은 사회생활에 있어서 경제적 불평등과 같은 현실적 불평등을 타파함으로써 모든 국민이 균등하게 인간다운 생활을 할 수 있도록 보장하기 위한 구체적이고 실질적인 이념이다. 실질적 평등사상은 바이마르(Weimar) 헌법에 의하여 확립되었다.

평등권은 주관적 공권성과 초실정법적 자연권성을 갖고 있다. 불평등한 입법에 대하여는 위헌심사를 요청하고, 불평등한 행정처분이나 재판에 대하여는 행정소송 또는 상소를 할 수 있는 주관적 공권이며, 국가에 의해 보장되며 법률에 의하여 구체화되는 일종의 실정권(實定權)인 동시에 인간이 자연상태부터 갖고 있었던 천부인권인 초실정법적 자연권이다.[4)]

「헌법」의 평등보호조항은 개별적인 차별은 금지하나 어떠한 경우에도 차별을 인정하지 아니하고 모든 사람을 동일하게 취급하는 것을 요청하는 절대적 평등을 의미하는 것은 아니며, 정당한 이유가 있고 합리적인 근거에 기한 차별입법이 허용되는 상대적 평등을 의미한다. 상대적 평등은 롤스(Rawls)의 정의론 가운데 차등의 원리(difference principle)와 맥을 같이한다.[5)]

사회복지관련법에서 경제적 · 사회적 약자의 지위를 향상하기 위해 취해지는 호의적 조치(benign treatment), 우선적 조치(preferential treatment) 또는 적극적 조치 내지 긍정적 조치 또는 적극적 평등화행위(affirmative action: A.A.)는 절대적 평등론에서는 강자에 대한 불평등이므로 인정되지 않으나 상대적 평등론하에서 인정되는 조치이다. 예를 들면, 우리나라에서 장애인들을 50인 이상 사업체는 2% 이상 의무적으로 고용하여야 한다는 장애인의무고용제도의 규정은 사회적 약자인 장애인의 사회통합과 사회정의라는 정당한 이유가 있기 때문에 고용경쟁에서 장애인에 대한 차별적인 혜택을 주는 입법은 허용이 된다. 여성채용목표제도 같은 이유에서 입법이 허용된다. 그러나 이러한 조치는 역차별(逆差別, reverse discrimination)의 문제를 발생시키기도 한다. 미국에서는 유색인종과 같은 소수민족에 대하여 고등교육이나 고용 시 일정한 혜택을 줌으로써 상대적 평등을 보장해 주는 긍정적 조치를 실시하고 있다.

평등권은 개인뿐만 아니라 법인과 법인격 없는 단체에도 인정되는 권리이다. 그러나 외국인에게도 인정될 것인가의 문제에 대해서 부정설과 긍정설이 있으나, 평등권은 인간의 권리이므로 외국인에게도 적용된다. 그러나 국제법의 규정에 따라 호혜평등의 원칙에 의해 일부 제한이 따르는 경우가 있다.

누구든지 성별, 종교 또는 사회적 신분에 의하여 정치적 · 경제적 · 사회적 · 문화적 생활의 모든 영역에 있어서 차별을 받지 아니한다.

차별금지의 이유로는 성별, 종교, 사회적 신분을 들고 있다. 첫째, 남녀의 성에 따른 차별은 금지되고 있는데, 이것은 남녀평등권을 선언한 규정이라 하겠다. 남자도 남녀평등권의 주체가 된다. 국회는 「남녀차별금지및구제에관한법률」을 제정하여 고용, 교육, 재화, 시설, 용역 등의 공여 및 이용, 법과 정책의 집행 등에 있어서의 차별을 금지하고 또 성희롱을 금지하고 있다. 다만 「여성발전기본법」 및 다른 법률에 규정된 남녀 간의 평등을 촉진하기 위하여 여성채용목표제나 모성보호제도 같이 잠정적 우대조치, 남녀 간에 현존하는 불평등의 해소를 위한 사항 및 모성을 보호하기 위한 특별한 조치는 남녀평등 위반이 아니라고 한다. 둘째, 종교에 따른 차별금지이다. 정교분리(政敎分離)의 원칙에 따라 어떠한 종교도 우대하여 국교로 할 수 없다. 종교뿐 아니라 양심 · 사상에 의한 차별대우도 부인되어야 할 것이다. 사회복지시설에서 특정 종교를 가진 자를 우선 입소시킨다거나, 종교를 이유로 불평등하게 처우하고 차별해서는 안 된다. 셋째, 사회적 신분에 의한 차별금지이다. 사회적 신분을 출생에 의하여 고정된 생래의 신분인 선천적 신분은 물론 후천적으로 취득한 신분도 포함된다. 사회적 신분이란 사람이 사회에 있어서 일시적이 아니고 장기적으로 차지하고 있는 지위로 보아 구체적으로는 귀화인, 사용인, 노동자, 교원, 공무원, 직업상의 지위, 부자, 빈자, 농민, 어민, 상인, 학생 등이 포함된다.

차별금지생활영역으로는 정치적 · 경제적 · 사회적 · 문화적 생활영역이다. 첫째, 정치적 생활영역에서의 평등은 선거권과 피선거권, 국민투표권, 공무담임권 등에서의 평등으로 절대적 평등권이라고도 한다. 모든 국민은 자신의 복지가 결정되는 과정에 직간접적으로 평등하게 참여할 권리가 있다. 둘째, 경제적 · 사회적 생활영역에서의 차별금지로는 경제활동이나 사회활동에서 불합리한 차별을 받지 않는 것을 말한다. 예를 들면, 고용, 주거, 사회복지시설 이용 등에 있어서 차별을 받지 않는 것을 말한다. 그러나 사회복지시설에 기초생활보장수급자를 차별적으로 우선 입소시키는 것은 평등을 이루는 데 기여하기 때문에 합리화된다. 셋째, 문화적 생활영역이란 교육, 문화 등에 있어서의 평등을 말한다. 그러나 빈곤가정의 취학 전 아동에 대해 조기교육 프로그램(Head Start program)을 실시하는 것은 취학 후 실질적 평등을 이루는 데 기여하므로 합리화된다.

법률에 의한 평등권의 제한은 국가안전보장, 질서유지, 공공복리를 위하여 필요불가결한 경우에 한한다. 사회복지전담공무원 등 공무원은 그 직무의 특수성과 국민 전체에 대한 봉사자의 지위에서 평등권이 상당히 제한되고 있다. 공무원인 근로자는 법률이 정하는 자에 한하여 단결권, 단체교섭권, 단체행동권을 가진다. 공무원법은 공무원의 겸직금지를 규정하고, 정당가입제한, 정치활동제한을 규정하고 있다. 또 복종의무를 규정하고, 직장이탈금지, 친절, 청렴 등의 의무를 지며, 거주지제한 등도 할 수 있다.

Ⅲ. 자유권 보장

자유권이란 국민이 그의 자유영역에 대해서 국가권력으로부터 침해를 받지 않을 소극적인 권리이다. 따라서 자유권은 국가가 국민의 행위 등을 간섭하지 않을 권리, 즉 부작위(不作爲)를 요구할 수 있는 권리일 뿐 적극적으로 국가의 작위(作爲)를 요청할 수 있는 권리가 아니다. 그러나 국가가 자유권을 침해하는 때에는 그 침해를 배제하여 줄 것을 청구할 수는 있기 때문에 이 점에서는 대국가적인 침해배제청구권이라 하겠다.

「헌법」은 자유권의 주체를 '국민'이라고 하고 있지만, 자유권은 성질상 자연권으로서 '인간'의 권리이다. 따라서 자유권은 외국인에게도 인정되는 것이 원칙이다.

자유권의 제한을 위해 「헌법」은 자유권에 대한 일반적 법률유보조항을 두고 있다. 「헌법」 제37조는 "국민의 모든 자유와 권리는 국가안전보장, 질서유지 또는 공공복리를 위하여 법률로써 제한할 수 있으며, 제한하는 경우에도 자유와 권리의 본질적인 내용은 침해할 수 없다."고 하고 있다.

사회복지 분야에서 최근 널리 행해지는 모금행위는 일반적 행동자유권에 속하지만, 「기부금품모집규제법」이나 「사회복지공동모금회법」을 통해 제한할 수 있다. 「국민기초생활보장법」하의 공공근로제도나 고용보험의 근로조건부복지제공(workfare) 내지 근로연계복지제도도 직업선택의 자유에 간접적으로 영향을 줌으로써 국민의 자유권을 제한하는 사례가 될 수도 있다. 정신요양시설이나 정신병원에서 정신장애인이나 알코올중독자들에게 치료적 목적에서 신체적 자유에 일부 제한을 가하는 경우도 자유권의 제한으로 볼 수 있다. 이러한 자유권의 제한의 근거는 때로는 「헌법」상 개별적 법률유보조항인 공공복리나 질서유지의 필요에서 그 근거를 찾아야 한다.

자유권의 「헌법」상 내용은 다음과 같다.

(1) **신체의 자유이다.** 「헌법」 제12조에서 "모든 국민은 신체의 자유를 가진다."고 선언하고 있다. 신체의 자유를 보장하고 있는 것은 신체의 안전성이 외부로부터 물리적인 힘이나 정신적인 위협으로부터 침해당하지 않을 자유와 신체활동을 임의적이고 자율적으

로 할 수 있는 자유를 말하는 것이다. 신체의 자유의 실체적 보장을 위하여 죄형법정주의를 선언하고 있다. 따라서 누구든지 법률과 적법한 절차에 의하지 아니하고는 처벌, 보안처분 또는 강제노역을 받지 아니한다. 보안처분(保安處分)이란 범죄에 대한 사회보전의 방법으로서 보호관찰제도, 사회봉사명령제도, 수강명령제도, 보호감호, 치료감호, 보호관찰 등이 있다. 강제노역이라 함은 본인의 의사에 반하여 강제적으로 과하는 노역으로 영국의 구빈법(poor law)하에서는 근로능력이 있는 빈민들을 작업장이나 교정원에서 강제노역에 처한 적이 있다.

(2) **거주 · 이전의 자유이다.** 거주 · 이전의 자유란 국민이 자기가 원하는 곳에 주소(住所)나 거소(居所)를 설정하고, 또 그것을 이전할 자유 및 일단 정한 주소 · 거소를 그의 의사에 반하여 옮기지 아니할 자유를 말한다. 거주 · 이전의 자유의 주체인 '모든 국민'이란 한국국적을 가진 한국민을 의미하며, 자연인만이 아니고 법인도 포함한다. 외국인은 「출입국관리법」 등에 의하여 특별한 제한을 받고 있다. 거주 · 이전의 자유는 국내 거주 · 이전의 자유, 국외 거주 · 이전의 자유, 국적이탈의 자유를 내포하고 있다. 1662년 찰스 2세가 제정한 정주법(定住法)은 거주 · 이전의 자유가 제한된 예이다. 정주법은 오늘날 거주 · 이전의 자유를 위반한 사례가 될 수 있다. 오늘날 저소득층의 주거문제를 해결하기 위한 영구임대아파트 입주제도는 간접적으로 거주 · 이전의 자유를 제한한다는 지적이 있다. 이 문제를 해결하기 위한 대안으로 주거증서(housing voucher) 제도가 있다. 주거증서는 현금 대신 임대료로 납부할 수 있는 증서로서, 빈민들은 정부로부터 지급받은 주거증서를 임대료 대신 사용함으로써 자신이 원하는 주거에서 자유로이 거주할 수 있게 된다.

(3) **직업선택의 자유이다.** 여기서 직업이란 생활의 기본적 수요를 충족시키기 위한 계속적 활동, 즉 총체적이며 경제적 성질을 가지는 모든 소득활동을 의미하며, 이러한 내용을 가진 활동인 한 그 종류나 성질을 불문한다. 직업선택의 자유의 주체는 '모든 국민'이다. 여기의 모든 국민에는 우리의 국적을 가진 자연인뿐만 아니라 사법인을 포함하지만 공법인은 포함하지 않는다. 외국인에 대해서는 국가정책상 특정의 직업에 종사하는 것을 제한할 수 있다. 직업선택의 자유도 국가안전보장, 질서유지 또는 공공복리를 위하여 필요한 경우에는 법률로써 제한될 수 있다. 이를 위해 자격제, 허가제, 인가제, 신고제 등을 두고 있다. 사회복지법에서 직업선택의 자유는 일부 제한이 된다. 예를 들면, 사회복지사 자격증제도나 사회복지법인 설립 허가제도, 「윤락행위등방지법」이나 「청소년보호법」에 따른 직업선택이나 종사의 자유에 대한 제한을 들 수 있다. 「사회복지사업법」은 사회복지법인은 정관에 명시한 종류의 사업 이외에는 할 수 없도록 하고 있다. 또한 사회복지법인의 수익사업의 경우 무한정할 수 없으며, 법인의 설

립목적 수행에 지장이 없는 범위 안에서만 수행할 수 있고, 사행행위 등 반사회적인 수익사업을 할 수 없다. 「고용보험법」은 직업안정기관의 장이 소개한 직업에 고용보험 수급자는 정당한 사유가 없는 한 이에 응하여야 한다고 규정하고 있다. 「국민기초생활보장법」에서는 조건부수급자들에게 자활사업에 참가하는 것을 생계급여의 조건으로 제시하고 있으며, 조건부수급자가 이 조건을 이행하지 아니하는 것이 명백한 경우에는 지체없이 생계급여의 지급을 중지함으로써 직업선택의 자유를 제한하고 있다.

(4) **주거의 자유이다.** 주거의 자유는 개인의 사생활을 공권력으로부터 보호하며 개인의 공간적인 사생활의 프라이버시를 보호하기 위한 것이다. 「헌법」 제16조는 "모든 국민은 주거의 자유를 침해받지 아니한다. 주거에 대한 압수나 수색을 할 때에는 검사의 신청에 의하여 법관이 발부한 영장을 제시하여야 한다."라고 규정하고 있다. 여기서 주거(住居)라고 함은 협의의 주택에 한하지 않고, 현재 거주 여부를 불문하고 사람이 거주하기 위하여 점유하고 있는 일체의 건조물 및 시설을 말한다. 따라서 학교, 회사, 여관의 객실, 사무소 등도 주거에 속한다. 침해는 거주자의 승낙 없이 혹은 거주자의 의사에 반하여 불법적으로 주거에 들어가거나 수색하는 것을 말하며, 거주자나 관리인의 승낙이 있더라도 불법행위를 하러 들어간 경우 진정한 승낙이 있다고 볼 수 없다. 사회복지전담공무원이 공공부조수급권자 선정과정에서 자산조사(means test)를 실시하기 위해서 수급권자의 주거를 방문하여 소득과 재산을 조사를 하는 경우 또는 사회복지시설에 대해 관련기관이 실태조사를 하는 경우에 거주자의 승낙 없이 혹은 거주자의 의사에 반하여 주거에 들어가는 경우 주거침입에 해당된다.

(5) **사생활의 비밀과 자유이다.** 사생활의 비밀과 자유는 사생활 활동의 자유와 사생활을 함부로 공개당하지 아니할 권리를 말한다. 첫째, 비밀영역에 대한 권리로 도청, 비밀녹음, 비밀촬영 등으로 사생활의 비밀을 본인의 승낙 없이 또는 본인의 의사에 반하여 얻는 것은 금지된다. 둘째, 사적 영역의 존중에 대한 권리로 개인은 자기의 사생활을 자의로 영위할 수 있는 자유를 가지며, 자기의 사생활을 타인에게 공개할 것인가 여부에 대한 결정권을 가지고 있다. 셋째, 내밀(內密)영역에 대한 권리로 양심영역이나 성적 영역에 관한 권리이다. 넷째, 인격적인 감정세계와 정신적인 내면생활이 침해받지 아니할 권리를 말한다. 최근 우리나라에서 「국민건강보험법」을 개정해 개인의 질병정보를 공개하려는 시도는 사생활 비밀과 자유를 침해할 우려가 있다. 미국의 부양아동가족원조프로그램인 AFDC의 사례에서처럼 불법수급자를 색출하기 위해 한밤중에 복지공무원이 수급자의 자택을 급습(midnight raid)하여 침실에 남녀가 있는 경우에는 편모가정이 아니라고 판정하고 수급권을 박탈하였던 사례는 사생활의 비밀과 자유를 침해한 사례에 해당한다.

(6) **종교의 자유이다.** 「헌법」 제20조는 "모든 국민은 종교의 자유를 가진다. 국교는 인정되지 아니하며, 종교와 정치는 분리된다."라고 규정하여 종교의 자유와 정교의 분리를 선언하고 있다. 종교의 자유는 인간의 자유이므로 국민뿐만 아니라 외국인에게도 인정된다. 종교의 자유는 신앙의 자유, 종교적 행위의 자유 및 종교적 집회 · 결사의 자유의 3요소를 내용으로 한다. 종교기관이 운영하는 사회복지시설이 수용자나 이용자에게 특정 종교를 강요하여 종교선택의 자유를 침해하거나, 사회복지기관이 직원을 채용할 때 신앙을 이유로 고용 시 불이익을 주거나 해고하는 것은 원칙적으로 금지된다.

(7) **집회 · 결사의 자유이다.** 집회(集會)의 자유(freedom of assembly)는 개인에게 상호집합하는 공권을 부여하고, 집회제도 자체를 보장하는 것이다. 결사(結社)라 함은 다수인이 일정한 공통된 목적을 위하여 계속적인 단체를 형성하는 것을 말한다. 물론 그 목적 여하는 불문하지만, 가입과 탈퇴의 자유가 인정되는 자의적인 단체를 말한다. 가입과 탈퇴의 자유가 인정되지 않는 결사는 여기서 제외된다. 사회복지 분야에서 전개된 장애등급제폐지운동, 최저임금인상운동, 최저보장수준 상향운동 등은 「헌법」상 집회의 자유에 기초한 복지권운동이다. 이들 집회는 일종의 복지권운동(welfare movement)의 표현으로 전개되고 있다. 결사의 자유는 사회복지사노동조합, 사회복지관협회, 사회복지협의회, 각종 장애인 · 노인 · 여성 관련 단체 등을 결성하는 사례에서 찾아볼 수 있다.

Ⅳ. 생존권 보장

생존권은 복지국가의 근간이 되는 사회복지법의 또 다른 기본원리이다. 생존권이란 국민이 인간다운 생활을 하기 위해 필요한 제반 조건을 국가권력이 적극적으로 개입하여 형성해 줄 것을 요청할 수 있는 권리로 생존권적 기본권, 생활권, 생활권적 기본권, 사회권, 사회권적 기본권 또는 사회적 기본권이라고도 부른다. 즉, 사람이 어떠한 사태에 처하더라도 의식주 및 그 밖의 생활자료를 확보하여 생존을 지속할 수 있는 권리를 말한다.[6)7)] 생존권은 우리 「헌법」 제34조에서 "모든 국민은 인간다운 생활을 할 권리를 가진다."고 규정함으로써 생존권 보장의 원칙을 선언하고 이를 위하여 국가로 하여금 사회보장 · 사회복지를 증진시키기 위한 사회복지제도를 마련하고 복지정책을 실시하며, 각종 사회복지사업을 실시할 의무를 갖는다고 규정함으로써 사회복지법 전반의 가장 중요한 기본원리로 삼고 있다.

1. 생존권의 발전

생존권은 자유권이 인간다운 삶을 보장하는 데 한계에 부딪침에 따라 발달한 기본권이다. 18~19세기 자유주의하에서 국민 각자는 자신의 기본적 생활에 필요한 물질적 · 사회적 조건 등을 자신의 능력과 책임하에 스스로 확보하도록 방임시키고 국가는 단순히 소극적으로 국방이나 치안 등의 임무를 띠고 있었다. 국가의 개입을 제한하는 자유주의사상을 바탕으로 시장의 기능에 대한 국가권력의 개입을 배척하였으나, 시장의 실패로 인해 부의 불평등, 빈부격차, 실업 등 여러 사회적 문제를 초래하게 되었다. 무엇보다도 빈민이나 장애인, 독거노인, 고아, 과부 등 사회적 약자에게는 최소한의 인간다운 생활에 필요한 조건조차 확보되지 않았기 때문에 생존의 문제를 해결하지 못하는 자유권이 아닌 결핍으로부터의 자유를 요구하게 되었다. 따라서 모든 국민에게 최소한의 인간다운 생활을 보장하기 위한 생존권의 보장을 요청하게 되었다.

생존권을 최초로 실정헌법상에 명문으로 규정한 것은 독일의 「바이마르 헌법」(독일공화국헌법, 1919)이다. 동법 제151조는 "경제생활의 질서는 모든 사람에게 인간다운 생활을 보장하는 것을 목적으로 하는 정의의 원칙에 합치하여야 한다."라고 선언하고, 노동에 관한 권리, 국영보험제도, 생계보호, 중산계급의 보호 등을 규정함으로써 생존권의 효시가 되었으며, 그 후 세계인권선언과 각국의 헌법이 이를 뒤따르게 되었다.[8)]

우리 「헌법」도 생존권 보장에 관한 규정을 헌법 전문과 본문 제34조, 제119조 등에 두고 있다.

2. 생존권의 의의 및 특징

생존권은 모든 국민이 최소한의 문화생활을 영위하는 데 필요한 제반 조건을 국가권력이 적극적으로 개입하여 확보해 줄 것을 요청할 수 있는 권리이다. 생존권은 국가의 적극적인 개입을 요구할 수 있는 권리이므로 국가권력의 불간섭을 요구하여 국민의 자유를 확보하는 자유권적 기본권과 구별된다. 생존권은 문화적인 최저한도의 생활을 국가권력이 적극적으로 개입하여 보장해 줌으로써 모든 국민이 인간다운 생활을 영위할 수 있도록 하여 주는 국가의 적극적 의무 내지 작위의무인 동시에 적극적으로 인간다운 생활을 보장해 줄 것을 국가에게 요구할 수 있는, 작위(作爲)를 요구할 수 있는, 국민의 적극적 권리이다.

자본주의사회에서 생존권을 보장하기 위해서는 국가가 자본주의 시장경제의 모순을 시정하고, 사회복지정책을 실행하여 모든 국민들에게 최저한도의 문화적인 생활을 보장해 주어야 한다. 현대국가에서 생존권을 보장하는 것은 국가의 의무인 동시에 정체성을 부여하는 근거가 된다. 카를 슈미트(Carl Schmitt)는 생존권을 사회주의적 권리 또는 사회적 권리라고 하면서, 이를 개인이 국가에 대하여 적극적으로 급부를 청구하는 권리로 보고 있다.

생존권은 주생존권(主生存權)과 그로부터 파생하는 개별적 생존권으로 나누어진다. 주생존권은 '인간다운 생활을 할 권리'이다. 인간다운 생활을 할 권리는 인간의 존엄과 가치 · 행복추구권을 주된 내용으로 하고 있으며, 단순한 물질적으로 최소한의 생활을 할 권리가 아니고 건강하고 문화적인 최소한의 생활을 영위할 수 있는 권리를 말한다. 개별적인 생존권은 문화적 생존권(교육을 받을 권리, 문화생활을 할 권리), 사회적 생존권(가족생활과 혼인생활을 할 권리), 경제적 · 물질적 생존권(최저한도의 물질적 생활을 할 권리, 사회보장청구권, 생활보장청구권), 노동생존권(노동을 할 권리, 노동자의 근로3권), 환경권(쾌적한 환경생활권, 주거의 권리), 건강권(보건에 관한 권리, 의료보호청구권) 등이 있다.

생존권은, 특히 자유권과 비교할 때, 다음과 같은 특징을 갖는다.[9)]

첫째, 생존권은 현대적, 복지주의적 권리성을 갖는다. 자유권은 고전적 권리로서 자유주의이념의 산물이며, 자연법사상과 국가계약설에 따른 개인주의, 시장경제주의에 입각하고 있는 반면, 생존권은 사회정의, 사회적 평등이념의 산물이며 현대적 사회국가, 복지국가, 사회적 시장경제주의의 근거하에 발전해 왔다.

둘째, 생존권은 국가 내적 급부청구권의 성격을 띠고 있다. 자유권은 전국가적(前國家的) 자유를 근거로 한 국가에 대한 소극적 권리로서, 국가권력의 침해를 방어하고 자유방임을 요구하는 방어권인 반면, 생존권은 국가 내에서 국가권력에 의하여 보장되는 권리로 국가에 대하여 적극적인 배려와 보호를 요청할 수 있는 급부청구권이다. 자유권은 입법재량의 여지가 없는 정태적 권리인 데 반하여 생존권의 형성과 구체화는 입법재량하에 있는 동태적 권리이다.

셋째, 상대적 권리의 성격을 갖고 있다. 자유권은 모든 국가권력을 구속하며, 입법권도 이의 형성에는 자유재량권이 거의 없다. 국가의 적극적 행위를 요구하는 생존권은 입법권과 재판권을 구속하기는 하나 행정부에 직접 급부를 명령하는 청구권은 아니다. 자유권은 전국가적(前國家的)인 자연권으로 인정되어 절대적인 것이며 제한이 법률로써도 곤란하다. 이에 대하여 생존권은 법률에 의한 제한이 보다 용이하며 사회적 · 경제적 요건에 따라 그 실현이 제약되는 경향이 있다.

넷째, 실질적 평등권 내지 상대적 평등권의 성격을 갖는다. 근대헌법은 자유권과 형식적 평등권을 보장하였으나 경제적 불평등을 파생시키고 절대빈곤의 문제를 해결하지 못하였다. 생존권은 국민생활의 실질적 · 경제적 평등을 요청하고, 자유권과 형식적 평등권의 제약원리로 기능하고 있다. 생존권의 보장을 위하여 자유권의 제한은 가능한 한 최소에 그쳐야 하며, 생존권과 자유권은 조화를 이루어야 한다. 생존권 보장은 자본주의체제를 유지하는 범위 내에서 실질적 평등을 보장하려는 것으로 사회정책적 · 사회개량적 기본권이며 사회적 시장경제국가를 기반으로 하고 있다.

3. 생존권의 법적 성격

생존권의 법적 성격에 대해서는 재판규범성과 관련하여 프로그램(입법방침)규정설과 법적 권리설로 나뉜다. 법적 권리설은 다시 추상적 권리설과 구체적 권리설로 나뉜다.[10][11][12][13] 생존권의 법적 성격은 사회복지수급권 내지 복지권의 법적 성격과 직접 관련이 되어 있다(구체적 내용은 '제6장 사회복지의 권리성'에서 설명한다).

프로그램규정설에 따르면, 생존권의 헌법규정은 국민에게 구체적이고 현실적인 권리를 부여한 규정이 아니라, 일종의 강령규정(綱領規定)으로서, 입법자에게 어떠한 생존권을 어떻게 규정하라고 하는 등 입법의 방침을 지시하는 프로그램(입법방침)규정이라고 한다.

법적 권리설에 따르면, 생존권의 「헌법」 규정은 국가에 대해 법적으로 요구할 수 있는 법적 권리를 개개 국민에게 부여한 것이며, 국가는 그에 대응하는 법적 의무를 가지고 있다고 한다. 이 입장을 취하는 경우에도 「헌법」에 따라 직접 청구할 수 있는가, 입법이 없는 경우에 입법을 강제할 수 있는가에 따라 추상적 권리설과 구체적 권리설로 나뉜다.

추상적 권리설은 생존권의 법적 권리성을 인정하되 그 권리성은 추상적인 정도에 그친다고 보는 견해이다. 즉, 생존권의 헌법규정에 따라 국민은 국가에 대하여 추상적 권리를 가지고, 국가는 '입법, 기타 국정상 필요한 조치를 강구할' 추상적 의무를 진다고 보는 설이다.

구체적 권리설은 생존권을 「헌법」에 따라 구체적으로 실현시킬 수 있고 또 직접 청구할 수 있는 권리로 본다. 나아가 국가로 하여금 생존권 보장을 위해 일정한 조치를 취하도록 의무를 지우는 작위의무화소송(作爲義務化訴訟)을 제기할 수 있다고 본다.

4. 생존권의 내용

생존권의 구성

1. 인간다운 생활을 할 권리
2. 교육받을 권리
3. 근로의 권리
4. 혼인과 가족에 관한 권리
5. 보건에 관한 권리

1) 인간다운 생활을 할 권리

인간다운 생활을 할 권리(right of life)란 건강하고 문화적인 최저한도의 생활을 할 권리를 말한다. 이는 생존권 중에서 가장 핵심적인 권리인 주생존권(主生存權)으로서, 「바이마르 헌법」의 '인간다운 생활', 「세계인권선언」의 '인간의 존엄성에 상응하는 생활', 국제연합총회에서 1966년 채택한 「경제적 · 사회적 및 문화적 권리에 관한 국제규약(International Covenant on Economic, Social and Cultural Rights)」에서는 '적절한 생활조건(adequate standard)을 가질 권리'로서 표현되고 있다. 한편, 우리 「헌법」에서는 '인간다운 생활을 할 권리'로 표현되고 있다.

1919년에 제정된 「바이마르 헌법」은 제151조에서 "경제생활의 질서는 각인으로 하여금 인간다운 생활을 보장하는 것을 목적으로 하는 정의의 원칙에 합치하여야 한다."라고 하여 최초로 실정헌법상 명문으로 생존권을 규정하였다. 1948년에 유엔총회에서 채택된 「세계인권선언(Universal Declaration of Human Rights)」은 제22조에서 "모든 사람은 각자 사회의 일원으로서 사회보장을 받을 권리를 가지며, 또 각국의 조직 및 자원을 고려한 국가적인 노력과 국제적인 협력을 통하여 자기의 존엄과 자기의 인격의 자유로운 발현에 불가결한 경제적 · 사회적 · 문화적 권리를 가진다."고 하고, 제25조에서 "모든 사람은 자기 및 가족의 건강과 복지를 위하여 특히 의식주, 의료 및 필요한 사회서비스를 확보하기에 충분한 정도의 생활수준을 보유할 권리를 가지며, 나아가 실업, 질병, 불구, 배우자의 상실 또는 불가항력에 의한 생활불능의 경우에 생활보장을 받을 권리를 가진다."고 선언하고 있다.

우리 「헌법」 제34조는 "모든 국민은 인간다운 생활을 할 권리를 가진다. 국가는 사회보장 · 사회복지의 증진에 노력할 의무를 진다. 국가는 여자의 복지와 권익의 향상을 위하여 노력하여야 한다. 국가는 노인과 청소년의 복지향상을 위한 정책을 실시할 의무를 진다. 신체장애자 및 질병 · 노령 기타의 사유로 생활능력이 없는 국민은 법률이 정하는 바에 의하여 국가의 보호를 받는다. 국가는 재해를 예방하고 그 위험으로부터 국민을 보호하기 위하여 노력하여야 한다."라고 규정함으로써 주기본권으로 국민의 인간다운 생활을 할 권리를 선언하고, 이에 대응하여 국가의 사회보장 · 사회복지증진의무를 규정하고 있다.

인간다운 생활을 할 권리란 최소한의 문화적인 생활을 영위할 수 있는 권리이다. 이를 위해서는 적어도 생물학적 유기체로서의 인간이 생존하는 데 필요한 물질적인 생활의 충족 이상으로 최소한의 문화적인 생활을 누릴 수 있는 권리가 보장되어야 한다. 국가는 이러한 목적을 위하여 필요한 조치를 취할 책임이 있다. 따라서 인간다운 생활을 할 권리는 원칙적으로 국민의 권리이며 외국인에게는 인정되지 않는다. 그러나 사회보장협정 등 국제조약이 체결된 경우 상호주의에 입각하여 자국민과 동등한 대우를 하여야 한다.

인간다운 생활을 할 권리는 생존권의 성격을 갖는 것이다. 그리고 주생존권으로서의 성격을 가지고 다른 개별적인 생존권들이 여기서 파생된다. 인간다운 생활을 할 권리의 규정은 단순한 입법방침규정에 그치는 것이 아니며, 법적 권리로서 성격을 가지는 것이다. 이러한 권리는 국가가 국민 일반에 대하여 개괄적으로 쾌적하고 문화적인 최저한도의 생활을 보장하는 책무를 지는 것을 말한다. 따라서 인간다운 생활을 할 권리는 대국가적(對國家的) 효력을 가진다.

인간다운 생활을 할 권리 그 자체는 구체적 권리가 아니므로 입법과 재판과정을 거쳐 구체적으로 실현된다. 인간다운 생활을 할 권리는 「사회보장기본법」「국민기초생활보장법」「국민연금법」「사회복지사업법」 등 사회복지관련법의 제정을 통해 구체적으로 형성된다. 또한 인간다운 생활을 할 권리는 인간다운 생활이 무엇인가 또는 어느 수준의 생활을 의미하는가, 즉 건강하고 문화적인 최저한도의 생활에 관한 기준을 법원이 재판을 통해 명확히 할 수 있다. 최근 우리나라에서도 대법원과 헌법재판소에 인간다운 생활의 보장에 관한 위헌 또는 국가의 부작위소송이 제기되어 이와 관련된 재판과정을 통해 인간다운 생활이 무엇인가가 구체화되고 있다.

구체적 입법이 없는 경우에 개개의 국민이 헌법을 근거로 직접 이 권리의 보장을 청구할 수 있을 것인가라는 문제에 관해서 헌법재판소는 "인간의 존엄에 상응하는 최소한의 물질적인 생활의 유지에 필요한 급부를 요구할 수 있는 구체적 권리가 상황에 따라서는 직접 도출될 수 있다고 할 수는 있어도, 동 기본권이 직접 그 이상의 급부를 내용으로 하는 구체적인 권리는 국가가 재정형편 등 여러 가지 상황들을 종합적으로 감안하여 법률을 통하여 구체화할 때에 비로소 인정되는 법률적 차원의 권리라고 할 것이다."라고 판결함으로써 입법부에 넓은 재량권을 인정하고 있다.

인간다운 생활을 할 권리의 내용은 사회보장을 받을 권리, 생활보장을 받을 권리, 재난예방 및 재해구호를 받을 권리 등으로 구성된다. 첫째, 사회보장을 받을 권리이다. 국가는 국민의 인간다운 생활을 보장하기 위하여 사회보장의 증진을 위해 적극적으로 노력할 의무를 진다. 사회보장을 받을 권리란 국민은 국가로 하여금 사회보장제도를 수립하고 이를 적극적으로 실시하여 국민들의 인간다운 생활을 보장할 것을 요구할 수 있는 적극적인 권리를 의미한다.

둘째, 생활보장을 받을 권리이다. 생활보장은 사회보장의 하위개념으로 파악할 수 있다. 생활보장에 관한 구체적인 입법으로 「국민기초생활 보장법」을 들 수 있다. 동법에서 국가는 생활이 어려운 자에게 필요한 급여를 행하여 이들이 건강하고 문화적인 최저생활을 할 수 있도록 보장하고 자립자활을 도모할 의무가 있음을 규정하고 있다. 장애·질병·노령, 기타의 사유로 인해 생활능력이 없거나 생활능력이 현저히 부족한 사람들도 국가로 하여금 최저한도의 건강하고 문화적인 생활을 보장받을 권리가 있다. 건강하고 문화적인 최저한도의 생활수준은 외국의 경우 빈곤선(poverty line or poverty threshold)으로, 우리나라의 경우에는 최저보장수준으로 대표되고 있다.

셋째, 재난예방 및 재해구호를 받을 권리이다. 국민은 국가 및 지방자치단체로 하여금 재난으로부터 국민의 생명과 재산을 보호받고, 비상재해가 발생하였을 때 응급적인 구호를 받을 권리가 있다. 이를 위하여 국가 및 지방자치단체의 재난관리체제를 확립하고, 재난의 예방 및 수습과 긴급구조, 기타 재난관리에 관한 필요한 조치를 실시하여야 한다. 또한 재해를 예방하고 그 위험으로부터 국민을 보호하기 위하여 노력하여야 하며, 비상재해가 발생하였을 때에 응급적인 구호를 행하여야 한다. 우리나라는 이를 위하여 「재난관리법」과 「재해구호법」을 제정해 놓고 있다. 「재해구호법」상 구호기관인 시 · 도지사 및 시장 · 군수 · 구청장은 이재민에 대해서는 임시주거시설의 제공, 급식 또는 식품 · 의류 · 침구 그 밖의 생활필수품의 제공, 의료서비스의 제공, 전염병 예방 및 방역활동, 위생지도 등의 구호를 행하며, 필요시 현금구호를 행할 수 있다.

인간다운 생활을 할 권리의 기준을 정하는 입법자는 인간의 존엄과 가치 · 행복추구권이라는 헌법규범에 구속되며, 인간의 존엄성을 침해할 정도로 생활의 기준을 설정하는 법률은 위헌법률이 될 것이고, 위헌심사를 청구할 수 있다. 구체적인 권리내용에 관한 기준이 법규명령 등 행정입법에 위임된 경우에도 법원은 명령, 규칙 등에 대한 위헌심사권을 가진다. 예를 들어, 「국민기초생활 보장법」에 따른 보호기준을 보건복지가족부령이나 행정규칙이나 조례로 정한 경우에는 법원이 합법성과 함께 합헌성을 판단할 수 있다.

입법의 부작위에 의한 침해와 구제에 관해서 필요한 법률을 전혀 제정하지 않고 또 불충분한 법률에 의하여 '건강하고 문화적인 최저한도의 생활'을 영위할 수 없는 국민을 방치하는 경우, 그 국민의 생존권은 현실적 · 구체적으로 침해되었기 때문에 헌법소원을 제기할 수 있다.

2) 교육을 받을 권리

「헌법」 제31조는 "모든 국민은 능력에 따라 균등하게 교육을 받을 권리를 가진다. 모든 국민은 그 보호하는 자녀에게 적어도 초등교육과 법률이 정하는 교육을 받게 할 의무를 진다. 의무교육은 무상으로 한다. 국가는 평생교육을 진흥하여야 한다……."고 규정하고 있다.

교육을 받을 권리라 함은 교육을 받을 수 있도록 국가의 적극적인 배려를 요구할 수 있는 권리를 말한다. 교육의 주체는 국민과 그 대표자인 국가가 공유한다. 교육을 받을 권리는 적극적 · 구체적 청구권을 수반하는 문화적 생존권이다. 헌법재판소는 국민의 교육을 받을 권리를 수학권이라고 하고, "국민의 수학권의 보장은 국민이 인간으로서의 존엄과 가치를 가지며 행복을 추구하고, 인간다운 생활을 영위하는 데 필수적인 조건이고 대전제이다."라고 판시하였다.

교육을 받을 권리의 구체적 내용은 다음과 같다. 첫째, '능력에 따라' 교육을 받을 권리이다. 여기서 능력이라 함은 정신적·육체적 능력을 말하며, 재산·가정환경·성별·인종·기타에 의한 불합리한 차별은 허용되지 않는다. 따라서 능력에 따른 교육이라 함은 정신적·육체적 능력에 상응한 교육을 말한다. 입학에 있어서 공개경쟁시험을 치르게 하는 것은 능력에 따른 차별을 하는 것으로 위헌이 아니다. 그러나 지적장애인과 같이 지적 능력이 떨어지거나 지체장애인과 같이 육체적 능력이 떨어지는 자에 대한 교육을 경시할 수 있다는 것이 아니라 이들의 능력에 맞는 특별한 교육적 노력을 별도로 강구하여야 한다는 것이다.

둘째, '균등하게' 교육을 받을 권리이다. 균등하게 교육을 받을 권리는 교육에 있어서의 차별대우의 금지라는 소극적인 것이 아니고, 국가가 모든 국민에게 균등한 교육을 받을 수 있도록 무상의무교육 등을 시행하고, 특히 경제적 약자에게 실질적인 평생교육을 받을 수 있도록 국가가 적극적 정책을 실현할 것을 요청한다. 무상의무교육에 있어서 무상(無償)의 범위는 수업료 면제만이 아니라, 국가의 재정이 허용하는 경우에는 학용품을 비롯한 급식의 무상까지도 포함한다고 보아야 할 것이다. 국가와 지방자치단체는 의무교육의 실시에 관한 의무를 지고 있으며, 국가는 가능한 한 최대의 배려를 하여 보호자의 부담을 경감시켜 주어야 한다. 소극적 의미의 균등하게 교육을 받을 권리의 예로 서울특별시 소재 모 대학 사회사업학과 P군이 학교측이 장애인편의시설을 갖추지 않아 수학권 내지 학습권을 침해하였다는 소송사례와 일부 대학들이 지체장애인이나 시각장애인의 입학원서 접수를 거부하거나 신체검사에서 탈락시킨 것과 관련된 소송 사례를 들 수 있다.

셋째, '교육'을 받을 권리의 대상이 되는 교육은 공교육과 사교육으로 나눌 수도 있는데, 교육을 받을 권리에서 공교육을 받을 권리가 중시된다.

넷째, 교육을 받을 권리는 학습권(수학권)과 교육권(교수권)으로 구분된다. 어린이를 비롯하여 모든 국민은, 장애인이건 비장애인이건 나면서부터 교육을 받아 학습하고 인간적으로 발달·성장하여 갈 권리를 가지고 있다.

3) 근로의 권리

17~18세기의 자연법론의 개인주의적 사회관에 따라 개인의 자유로운 근로의 기회를 국가가 침해하지 않는다는 소극적 의미의 자유권이었던 근로의 권리가 19세기 후반에 국가가 적극적으로 관여하여 능동적으로 보호하는 생존권으로 발전하게 되었다.[14]

「헌법」 제32조는 근로의 권리 · 의무에 관해 "모든 국민은 근로의 권리를 가진다. 국가는 사회적 · 경제적 방법으로 근로자의 고용의 증진과 적정임금의 보장에 노력하여야 하며, 법률이 정하는 바에 의하여 최저임금제를 시행하여야 한다. 모든 국민은 근로의 의무를 진다. 국가는 근로의 의무의 내용과 조건을 민주주의원칙에 따라 법률로 정한다. 근로조건의 기준은 인간의 존엄성을 보장하도록 법률로 정한다. 여자의 근로는 특별한 보호를 받으며, 고용 · 임금 및 근로조건에 있어서 부당한 차별을 받지 아니한다. 연소자의 근로는 특별한 보호를 받는다." 또한 "국가유공자, 상이군경 및 전몰군경의 유가족은 법률이 정하는 바에 의하여 우선적으로 근로의 기회를 부여받는다."고 규정하고 있는데 이는 일종의 사회보훈으로서 길버트와 스펙의 할당의 원리 가운데 보상(compensation) 기준에 따른 할당의 예에 속한다.

근로의 권리의 주체는 근로능력 있는 국민이다. 외국인에게도 보장하는 것은 바람직한 것이기는 하나 근로의 권리는 국가 내적이고 사회정책적 권리이므로, 외국인은 취업요구 등 근로의 권리를 주장할 수는 없다. 국가는 국민의 고용증진과 나아가 완전고용에 대한 의무를 지고 있고, 국가는 이를 위하여 사회적 · 경제적 시책을 강구하여야 하며, 사회보장제도를 확립하고 경제성장을 위해 적극적인 노력을 하여야 한다.

특히 장애인, 여성, 고령자, 저임금 빈곤노동자 등과 같은 사회적 약자의 근로의 권리를 보장하기 위해 국가가 적극적으로 관여하여 이들의 근로의 권리를 보장해 주어야 할 의무가 있다. 장애인이 그 능력에 맞는 직업생활을 통하여 인간다운 생활을 할 수 있도록 장애인의 고용촉진 및 직업재활을 도모하기 위한 「장애인고용촉진 및 직업재활법」, 헌법의 평등이념에 따라 고용에 있어서 남녀의 평등한 기회 및 대우를 보장하는 한편, 모성을 보호하고 직장과 가정생활의 양립과 여성의 직업능력 계발 및 고용촉진을 지원함으로써 남녀고용평등을 실현하기 위한 「남녀고용평등법」, 고령자가 그 능력에 적합한 직업에 취업하는 것을 지원 · 촉진함으로써 고령자의 고용안정과 국민경제의 발전을 기하기 위한 「고령자고용촉진법」, 근로자에 대하여 임금의 최저수준을 보장하여 근로자의 생활안정과 노동력의 질적 향상을 기함으로써 국민경제의 건전한 발전에 이바지하게 함을 도모하는 「최저임금법」 등은 이들 사회적 약자의 근로의 권리를 확보해 주기 위해 국가가 법령을 제정해 국가권력을 바탕으로 노동시장에 인위적으로 개입한 사례이다. 또한 모든 근로자가 각자의 능력을 계발 · 발휘할 수 있는 직업에 취직할 기회를 제공하고, 산업에 필요한 노동력의 충족을 지원함으로써 근로자의 직업안정을 도모하고 균형 있는 국민경제의 발전에 이바지함을 도모하는 「직업안정법」 등도 근로의 권리를 확보해 주기 위해 국가가 인위적으로 개입한 사례이다.

「헌법」은 적정임금의 보장에 노력하여야 하며, 최저임금제를 시행할 것을 규정하고 있다. 근로조건 가운데 가장 중요한 내용은 적정임금이다. 적정임금이란 근로자가 받는 임금이 그 가족의 인간다운 생활을 영위하는 데 적합한 액수를 말하는 것으로서, 물질적인 최저한의 생활보장수단인 최저임금과 구별되며, 최저임금보다는 고액의 것이라야 한다. 우리나라의 「최저임금법」은 근로자의 생활안정과 노동력의 질적 향상을 기함으로써 국민경제의 건전한 발전에 이바지하기 위하여 최저임금을 정하고 있다.

「근로기준법」은 남녀의 차별대우를 할 수 없다고 규정하고, 「남녀고용평등법」은 모집과 채용에서 여성에게 남성과 평등한 기회를 부여하도록 하고 있으며, 동일한 사업 내의 동일가치의 근로에 대하여는 동일한 임금을 지급하도록 규정(equal pay for equal work)하고 있고, 「영유아보육법」은 직장여성의 영유아보육을 위해 일정한 규모의 사업장의 사업주에 대해 보육시설을 설치할 의무를 부과하고 있다.

「헌법」은 근로자의 근로3권을 보장하고 있다. 근로자는 근로조건의 향상을 위하여 자주적인 단결권, 단체교섭권, 단체행동권을 가진다. 단 공무원인 근로자는 법률이 정하는 자에 한하여 단결권, 단체교섭권 및 단체행동권을 가진다. 근로3권의 주체로서의 근로자(laborer)라 함은 노동자를 의미하며, 직업의 종류를 불문하고 임금, 급료, 기타 이에 준하는 수입에 의하여 생활하는 자, 즉 노동력을 팔고 그 대가를 얻어 생활하는 자를 말한다.

단결권(right of organization)은 근로조건의 유지 · 개선을 목적으로 사용자와 대등한 교섭력을 가지기 위한 단체를 구성하는 권리이다. 단체에의 불가입이나 그로부터의 탈퇴를 조건으로 하는 반조합계약인 황견계약(黃犬契約, yellow dog contract)의 체결이나, 노동조합이 노동자의 가입을 강제하여(조직강제) 유니언 숍(union shop) 협정을 체결하는 것은 문제가 된다. 최근 사회복지기관 종사자들이 사회복지기관 내에 사회복지노동조합을 결성하는 사례가 늘고 있다.

단체교섭권(right of collective bargaining)은 근로자의 단체가 사용자와 근로조건에 관하여 교섭할 수 있는 권리이다. 정당한 단체교섭의 요구에 대하여 사용자는 이를 거부할 수 없으며, 단체교섭의 결과인 단체협약은 법적으로 보호를 받는다. 단체행동권(right to act collectively)은 노동쟁의가 발생한 경우 쟁의행위를 할 수 있는 쟁의권을 의미하며, 쟁의권은 근로자가 그의 주장을 관철하기 위하여 업무의 정상적인 운영을 저해하는 행위를 할 수 있는 권리이다. 이들 근로3권은 상호 밀접한 관계를 가지면서 근로자의 생존을 확보하기 위한 수단으로 보장되어야 한다.[15]

공무원인 근로자는 국민 전체에 대한 봉사자로서의 지위에서, 공무의 성질상 공공복리를 위하여 법률이 정하는 자에 한하여 근로3권을 가질 수 있다. 노동기본권은 국가의 안전보장, 질서유지와 공공복리를 위하여 법률로써 제한할 수 있다. 최근 활발히 활동하는 사회보험노동조합이나 민주적인 기관운영과 사회복지사의 권익향상 그리고 수급권자의 서비스질의 향상을 내세우며 새로이 결성되어 활동을 시작한 사회복지사노동조합의 활동은 조합원인 사회복지기관종사자들의 근로3권 보장이라는 생존권 보장의 논리에서 이해되어야 한다. 사회복지기관에 종사하는 사회복지사는 단결권, 단체교섭권, 단체행동권을 모두 가지나, 공무원인 사회복지전담공무원은 단결권과 단체교섭권은 가지나 단체행동권은 현재로서는 제한을 받는다.

4) 혼인과 가족에 관한 권리

「헌법」 제36조는 "혼인과 가족생활은 개인의 존엄과 양성의 평등을 기초로 성립되고 유지되어야 하며, 국가는 이를 보장한다. 국가는 모성의 보호를 위하여 노력하여야 한다. 모든 국민은 보건에 관하여 국가의 보호를 받는다."라고 규정하고 있다. 혼인과 가족에 관한 권리는 인간의 권리이므로 국민뿐만 아니라 외국인에게도 인정된다. 그러나 법인에는 적용되지 않는다.

부부의 평등은 보장된다. 「여성발전기본법」은 개인의 존엄을 기초로 하여 남녀평등의 촉진, 모성의 보호, 성차별적 의식의 해소 및 여성의 능력개발을 통하여 건강한 가정의 구현과 국가 및 사회의 발전에 남녀가 공동으로 참여하고 책임을 분담할 수 있도록 도모한다. 「모자보건법」은 모성의 생명과 건강을 보호하고 건전한 자녀의 출산과 양육을 도모함으로써 국민보건 향상에 이바지하고 있고, 「한부모가족지원법」은 한부모가족이 건강하고 문화적인 생활을 영위할 수 있게 함으로써 한부모가족의 생활안정과 복지증진에 기여하고 있다. 아동과 청소년에 대하여 특별한 보호를 위해 「아동복지법」 「청소년기본법」 「청소년보호법」 등이 있다. 최근에는 건강한 가정생활의 영위와 가족의 유지 및 발전을 도모하기 위한 「건강가정기본법」이 제정되었다.

5) 보건에 관한 권리

보건에 관한 권리는 국민의 생존권의 하나이며, 국가에 대하여 건강한 생활을 침해하지 않도록 요구할 수 있을 뿐만 아니라 보건을 유지하도록 국가에 대하여 적극적으로 요구할 수 있는 권리이다. 국가는 관련법률을 제정하여 국민건강보험제도, 의료급여제도, 공중위생제도, 각종 보건행정서비스 등을 실시하여 국민의 보건을 유지하고 증진시킬 의무를 진다. 이는 단순한 입법방침규정이 아니며, 국가는 건강보험제도 등을 도입하여 국민의 보건을 유지 · 증진해야 할 의무가 있다. 국가는 현재 「국민건강증진법」 「지역보건법」 「정신건강복지법」 「구강보건법」 「공중위생관리법」 「전염병예방법」 「의료법」 「검역법」 등을 제정하였고, 「국민건강보험법」 「의료급여법」을 제정하여 의료보장제도를 실시하여 국민건강권을 보장하고 있다.

Ⅴ. 청구권 보장

1. 청구권의 의의와 법적 성격

청구권은 국민이 국가에 대하여 특정한 행위를 요구하거나, 보호를 요청하는 적극적인 권리이며, 기본권을 실현하기 위한 주관적 공권이고, 국가 내적인 시민의 권리이다. 청구권은 내용상 청원권, 재판청구권, 형사보상청구권 및 국가배상청구권으로 구성된다.

1) 청원권(請願權, right to petition)

청원권은 국민이 국가기관에 대하여 의견이나 희망을 진술할 수 있는 권리이다. 시민적 법치국가에 있어서 보장되는 국민의 권리 중 가장 고전적인 권리로서 전제정치시대에는 국민의 권리를 수호하는 데 실질적으로 중요한 역할을 하였다. 우리 「헌법」 제26조는 청원권에 대하여 "모든 국민은 법률이 정하는 바에 의하여 국가기관에 문서로 청원할 권리를 가진다. 국가는 청원에 대하여 심사할 의무를 진다."라고 규정하고 있다. 국가는 국민이 제출한 청원을 심사할 의무가 있으며, 나아가 청원을 처리하고 그 결과를 통지할 의무까지 지우고 있다.[16]

「헌법」은 청원권의 주체를 국민이라 하고 있는데, 자연인뿐 아니라 법인에도 청원권이 인정되며, 외국인에게도 인정된다고 본다. 청원권의 객체는, 즉 청원을 제출할 수 있는 대상기관을 헌법은 국가기관이라고만 명시하고 있으나, 이 국가기관은 입법 · 행정 · 사법기관뿐 아니라 널리 지방자치단체의 기관이나 공공단체의 기관까지 포함한다.

청원의 내용은 장래에 대한 희망과 과거행위에 대한 구제요구라고 할 수 있다. 청원은 서면에 의한 것만 인정되고, 구두나 집회에 의한 것은 언론 · 집회의 자유로 인정된다.

「청원법」에 따르면, 청원사항은 피해의 구제, 공무원의 비위의 시정 또는 공무원에 대한 징계나 처벌의 요구, 법률 · 명령 또는 규칙의 제정 개정 또는 폐지, 공공의 제도 또는 시설의 운영, 기타 공공기관의 권한에 속하는 사항이다. 그러나 재판에 간섭하거나 국가의 원수를 모독하는 것 등은 청원할 수 없다. 「헌법」은 국가에 청원을 심사할 의무만을 부과하고 있으나, 「청원법」은 청원을 성실하고 공정하며 신속하게 심사 · 처리하고 그 결과를 청원인에게 통지하여야 한다고 규정하고 있다.

사회복지 분야에서의 청원사례로는 과거 일방적인 의료보험(현 건강보험)수가 인상 등 보건의료정책이 잘못됐다며 시민사회단체의 대표들이 보건복지부장관의 탄핵청원을 제기한 사례나 한국노년유권자연맹이 제기한 보건복지부 산하 노년복지국 설치 청원을 예로 들 수 있다. 최근 난민들의 체류문제가 이슈된 적이 있는데, 이들 난민들은 관계기관에 직접 청원을 할 수 있다.

보건복지부에는 보건복지와 관련된 국민들의 고충을 처리하고 권리를 구제하기 위한 복지 옴부즈맨(ombudsman) 제도를 형식적으로나마 두고 있다. 본래 옴부즈맨 제도는 스웨덴에서 전통적으로 인정되어 온 제도인데, 이 옴부즈맨은 의회에서 임명되는 기관으로서 국가기관의 위법 · 부당한 행위에 대해 국민이 제출한 청원 등을 조사하여 관련 국가기관이 이를 시정하도록 권유하는 일을 그 주된 임무로 한다.

2) 재판청구권

재판청구권은 재판을 받을 권리를 말한다. 「헌법」 제27조는 "모든 국민은 헌법과 법률이 정한 법관에 의하여 법률에 의한 재판을 받을 권리를 가진다."고 규정하고 있다. 재판을 받을 권리는 국가에 대한 재판을 청구할 수 있는 기본권으로서, 이는 행정부의 자의적인 판단을 배제하고 사법권의 독립이 보장된 법원에서 신분이 보장된 자격 있는 법관에 의하여 재판을 받을 권리와 적법한 절차에 따르는 공정한 심판을 받을 권리를 포함하는 것이다.

재판을 받을 권리는 헌법재판, 민형사재판, 행정재판을 받을 권리 등으로 나뉜다.

(1) **헌법재판을 받을 권리이다.** 국민은 공권력의 행사 · 불행사로 기본권이 침해된 경우, 헌법재판소에 헌법소원을 제기할 수 있고, 법률의 위헌 여부가 재판의 전제가 된 경우 헌법재판소에 위헌법률심판을 제청해 줄 것을 당해 재판이 계속(係屬) 중인 법원에 신청할 수 있으며, 행정부의 명령, 규칙, 처분이 「헌법」에 위반되는지 여부에 관한 경우, 법원에 판단을 청구할 수 있다. 정부가 빈민의 생활을 보장하기 위해 설정한 생계급여 수준이 「헌법」의 인간다운 생활을 할 권리에 위배된다는 헌법소원에 대한 헌법재판소의 기각판결이 있었다.

(2) **민사재판청구권은 국민의 사법상의 권리보호를 위한 수단으로서, 이는 사권보호청구권이다.** 국민은 사권보호를 위해 법원에 소를 제기할 수 있는 소권을 가지며, 법원은 국민의 적법한 제소에 대해서는 재판을 거절할 수 없고, 법률로써도 이 청구권을 제한할 수 없다.

(3) **형사재판청구권이다.** 형사재판은 검사의 공소제기에 의해서 이루어지므로 국민은 고소 · 고발로써 형벌권을 발동시키는 데 관여할 수 있으나, 직접적으로 형사재판을 받을 권리를 행사할 수는 없다.

(4) **행정재판을 받을 권리이다.** 공권력에 의하여 국민의 권리가 침해된 경우에 국민은 행정소송을 청구할 권리가 있다. 우리나라는 취소소송에 있어 행정심판임의전치주의를 채택하고 있다.[17] 행정심판이란 위법 · 부당한 행정행위로 인하여 권익을 침해당한 자

가 행정기관에 대하여 그 시정을 구하는 행정쟁송절차로, 과거에는 이의신청, 심사청구, 소원 등으로 불리었다. 행정심판전치주의란 행정처분에 대하여 행정심판, 심사의 청구, 이의신청, 기타 행정기관에 대한 불복신청을 할 수 있는 경우에는 이에 대한 재결(裁決)을 거친 후가 아니면 소를 제기할 수 없도록 하는 필요적 행정심판전치주의와 행정심판을 거칠 수도 있고, 거치지 않을 수도 있는 임의적 행정심판전치주의가 있다. 우리나라 사회복지법은 임의적 행정심판 전치주의를 원칙으로 하고 있다. 행정심판재결에 불복하는 경우 행정법원에 행정소송을 제기할 수 있다.[18][19]

대부분의 사회복지법은 행정심판전치주의에 의해 행정심판(심사청구)을 우선하도록 하고 있다. 보험급여에 관한 결정에 대하여 불복이 있는 자는 공단에 행정심판을 청구할 수 있다. 행정심판의 결정에 불복이 있는 자는 당해 보험심사위원회에 재심사청구를 할 수 있다. 재심사청구에 대한 결정에 불복이 있는 자는 행정소송을 제기할 수 있다. 여기서 행정심판이란 위법 · 부당한 행정행위로 인하여 권익을 침해당한 자가 행정기관에 대하여 그 시정을 구하는 행정쟁송절차를 말한다.

3) 형사보상청구권 및 국가배상청구권

형사보상청구권이란 형사피의자 또는 형사피고인으로서 구금되었던 자가 법률이 정한 불기소처분을 받거나 공판결과 확정판결에 의하여 무죄를 선고받은 경우 그가 입은 물질상 정신상의 손실에 대하여 그 손실의 전보(塡補)를 국가에 대하여 청구할 수 있는 권리이다. 「국민연금법」에는 근로자의 비밀유지규정이 있다. 이 규정을 위반할 경우 국민연금관리공단 직원은 1년 이하의 징역에 처하게 되며, 당해 근로자는 비밀공개로 인한 정신적 · 물질적 손실에 대한 보상을 국가에 청구할 수 있다.

국가배상청구권이란 국민이 공무원의 직무상 불법행위로 손해를 입은 경우에 국가에 대해 그 손해를 배상해주도록 청구할 수 있는 권리를 말한다. 예를 들면, 국가가 사회복지시설 주변에 불법으로 개설한 임도(林道)가 수해로 붕괴되어 사회복지시설이 피해를 입은 경우 국가는 사회복지시설에 그 손해를 배상하여야 한다.

Ⅵ. 참정권 보장

참정권은 국민이 국가기관의 구성원으로서 공무(公務)에 참여하는 권리이다. 참정권은 정치권이라고도 불린다. 참정권은 오늘날의 민주정치에 있어서는 국민이 국가의사의 형성과정에 참여하거나 국가기관을 구성하며, 국가권력행사를 통제 내지 견제할 수 있는 등 필수적인 제도적 장치로 되어 있는 민주적 · 정치적 권리이며, 개별적인 국민의 능동적인 공권(公權)이다. 참정권은 내용에 따라 공무원의 선임에 관한 권리, 공무담임권, 선거권, 피선거권, 국민발안권(國民發案權), 국민표결권 등으로 나눌 수 있다. 국민은 선거 등을 통해 자신의 복지가 결정되는 과정에 참정권을 행사함으로써 직 · 간접적으로 참여할 수 있다.

Ⅶ. 국민의 기본의무 이행

국민의 기본의무란 국민이 통치대상으로서의 지위에서 부담하는 기본적 의무를 말한다. 우리 「헌법」은 고전적인 기본의무로서 납세의 의무, 국방의 의무, 재산권행사의 공공복리적합의무, 교육의 의무, 근로의 의무, 환경보전의 의무 등의 새로운 의무의 규정을 두고 있다.

(1) **납세의 의무이다.** 「헌법」 제38조는 "모든 국민은 법률이 정하는 바에 의하여 납세의 의무를 진다."라고 규정하고 있다. 납세의 의무라 함은 국가의 통치활동에 필요한 경비를 충당하기 위하여 국민이 조세를 납부하는 의무를 말한다. 조세(租稅)라 함은 국세, 지방세와 같은 세만이 아니고, 그 명칭 여하를 불문하고 보상 없이 국가가 일방적 · 강제적으로 과하는 일체의 경제적 부담을 말한다. 따라서 일정한 반대급부를 조건으로 한 사용료나 수수료의 징수, 전매수입, 공채수입 등은 이에 해당하지 않는다.

국민연금보험료, 국민건강보험보험료, 고용보험보험료, 산재보험보험료 등 사회보험료는 외국의 경우 사회보장세(social security tax)라고 불리기도 한다. 그러나 엄격히 말하면 이들 사회보험료는 일정한 반대급부를 조건으로 하기 때문에, 예를 들면 보험료 납부의 대가로 국민연금의 경우 노령연금, 건강보험의 경우 요양급여, 고용보험의 경우 실업급여, 산재보험의 경우 요양급여 등을 받기 때문에, 조세로 보기 어렵다. 반면 장애인의무고용제 위반으로 납부하는 장애인고용부담금은 반대급부가 없기 때문에 조세로 간주할 수 있다. 실제로 경제계에서는 이를 준조세(準租稅)라고 부르며, 기업의 조세부담으로 받아들이고 있다. 최근 사회복지재원을 충당하기 위한 목적세로 복지세 신설을 주장하기도 한다.

납세의 의무는 그 성질상 조세공평주의와 조세법률주의에 따라야 한다. 납세의 의무는 재산권에 대한 일종의 제한이기 때문에 국민의 자력(資力)에 따라서 공정 · 평등하게 과세되어야 할 것이다.

납세의 의무의 주체는 국민이다. 여기서 국민이라 함은 자연인과 법인을 포함한다. 납세의 의무는 국방의 의무와는 달리 경제적 부담을 그 내용으로 하므로, 외국인이라

할지라도 국내에 재산을 가지고 있거나 조세의 대상이 되는 행위를 할 때에는 치외법권이 있는 경우를 제외하고는 납세의무를 지게 된다.

(2) **국방의 의무이다.** 「헌법」 제39조는 “모든 국민은 법률이 정하는 바에 의하여 국방의 의무를 진다. 누구든지 병역의무의 이행으로 인하여 불이익한 처우를 받지 아니한다.” 라고 규정하고 있다. 최근 여성계의 헌법소원으로 국방의 의무를 수행한 군필자들에게 공무원채용시험에서 3~5%의 가산점을 주던 「제대군인지원에 관한 법률」의 일부 조항에 대해 헌법재판소가 위헌판결을 내린 적이 있다. 이 판결은 병역의무의 이행으로 인한 불이익은 아니지만 병역의무 이행에 대한 사회적 보상을 폐지한 결과가 된다. 국방의 의무와 관련하여 ‘군(軍)사회복지사’ 제도를 신설하여 사회복지사들이 군인들의 복지관련 업무를 담당하게 하거나, 기존의 사회복지병과를 보다 실질적으로 운영하는 방안을 강구할 수 있다.

(3) **교육을 받게 할 의무이다.** 교육을 받게 할 의무란 친권자나 보호자가 그 보호하에 있는 어린이들에게 초등교육과 법률이 정한 교육을 받게 할 의무를 말한다. 「헌법」 제31조는 “모든 국민은 그 보호하는 자녀에게 적어도 초등교육과 법률이 정하는 교육을 받게 할 의무를 진다.”고 규정하고 있다. 교육의 의무는 국민의 인간다운 생활을 유지하고 문화국가를 건설하는 데 수반되는 의무이다. 보호자가 의무이행의 독려를 받고도 이를 이행하지 않은 경우에 과태료에 처하도록 규정하고 있다.

(4) **근로의 의무이다.** 「헌법」 제32조는 “모든 국민은 근로의 의무를 진다. 국가는 근로의 의무의 내용과 조건을 민주주의원칙에 따라 법률로 정한다.”라고 규정하고 있다. 근로란 반드시 육체적 노동이나 유급노동을 의미하는 것이 아니라 정신적 노동을 포함하는 넓은 의미의 근로를 의미한다.

근로의 의무의 법적 성격은 윤리적 의무설과 법적 의무설로 나뉜다. 윤리적 의무설에 따르면, 「헌법」의 근로의 의무는 「헌법」상의 공의무로 보지 않고 ‘근로의 능력이 있음에도 불구하고 근로하지 않는 자에 대해서는 근로의 권리의 보호, 즉 그 생활보호를 하지 않는다는 사상의 표명으로 보는 것이 타당하다.’라고 한다. 반면, 법적 의무설에 따르면, ‘근로의 의무란 국가가 공공필요에 의하여 근로할 것을 명한 때에 이에 복종하여야 할 국민의 의무를 말한다.’고 한다. 우리나라는 근로의 의무를 법률로 정할 수 있도록 하고 있는 「헌법」 규정을 비추어 볼 때 법적의무설을 따르고 있다. 근로의 의무는 형벌이나 형의 선고에 의한 강제노역이 아니므로 비육체적 노동에 종사하거나 자유업에 종사하는 것은 허용된다. 또 근로의 의무는 국민의 자유나 권리를 침해하지 않도록 예외적인 경우에만 부과되어야 한다. 「고용보험법」에서 실직근로자에게 실업급여를 받기 위한 조건으로 적극적 구직노력을 하도록 하는 실업의 인정제도나 국민기초생활

보장제도에서 조건부수급자에게 생계급여를 받기 위해서는 자활사업에 참여해야 한다는 규정은 법적 의무설에 따른 조처로 볼 수 있다.

(5) **재산권 행사의 공공복리적합 의무이다.** 「헌법」 제23조는 "재산권의 행사는 공공복리에 적합하도록 하여야 한다."라고 규정하고 있다. 공공복리라 함은 각 시대에 있어서의 사회 전체의 사태를 고려하여 판정해야 할 것이나, 언제나 사회적 법치국가의 견지에서 고찰되어야 할 것이다. 재산권행사의 공공복리적합의 의무는 단순한 윤리적인 의무규정이 아니고 헌법적 의무이며, 법률로써 강제할 수 있는 규정이라고 보아야 할 것이다. 왜냐하면 우리나라의 재산권은 자유자본주의사회에서와 같은 절대적인 자유권이 아니고, 사회적 제약을 내포하고 있는 것이므로 재산권의 행사도 공공복리의 증진을 위하여 행사되어야 할 것이다. 재산권행사의 공공복리적합의무는 토지를 적극적으로 이용 · 개발할 의무, 재산권을 남용하지 않을 의무 등이 있는데, 「민법」상에도 권리남용의 금지규정이 있다.

「장애인복지법」에서 장애인시설을 혐오시설로 간주하고 자신이 거주하는 지역에 설립되는 것을 반대하는 집단이기주의 내지 지역이기주의인 님비(NIMBY)현상이나 바나나(BANANA)현상에 대한 벌칙규정은 재산권행사의 공공복지적합의무를 위반한 사례로 볼 수 있다.

(6) **환경보전의 의무이다.** 최근 「사회보장법」 개정으로 환경이 사회서비스 분야에 포함되었다. 「헌법」 제35조는 "국민은 환경보전을 위하여 노력하여야 한다"고 규정하고 있다. 환경은 국민들의 삶의 질에 중대한 영향을 미친다. 환경보전의무는 자연인뿐만 아니라 법인도 이 의무의 주체가 된다.

Ⅷ. 복지국가주의

사회복지법은 복지국가주의를 기본이념으로 하고 있다. 복지국가(welfare state)란 모든 사람들이 인간으로서의 존엄과 가치를 부여받고 행복을 추구할 수 있는 권리가 보장된 국가를 말한다. 복지국가란 빈곤, 노령, 질병, 재해, 실업 등 불안하고 만족스럽지 못하고 국민들의 행복을 저해하는 역복지(diswelfare 또는 비복지)를 제거하고 국민들의 복지를 향상시키기 위해 부단히 노력하며, 이를 가장 중요한 국가의 기본시책으로 삼고 있는 국가이다. 복지국가에 대한 학자들의 정의는 매우 다양하다. 윌렌스키(Wilensky)는 "복지국가란 모든 국민에게 최소한의 수입, 영양, 건강, 주택 그리고 교육을 보장하는 국가"라고 하고, 헥셔(Heckscher)는 "복지국가는 자국 내에 거주하는 국민들의 삶에 대해 집합적 책임을 지는 국가"라고 하고, 미쉬라(Mishra)는 '국민들의 삶과 관련된 최소한의 전국적 기준을 유지하기 위해 국가의 책임을 제도화하는 국가'라고 한다.[20]

우리「헌법」은 전문에서 정치 · 경제 · 사회 · 문화의 모든 영역에 있어서 각인의 기회를 균등히 하고, 능력을 최고도로 발휘하게 하며, 자유와 권리에 따르는 책임과 의무를 완수하게 하여, 안으로는 국민생활의 균등한 향상을 기하고 밖으로는 항구적인 세계평화와 인류공영에 이바지함으로써 우리들과 우리들의 자손의 안전과 자유와 행복을 영원히 확보할 것을 다짐하고, 이어서「헌법」제34조에서 모든 국민은 인간다운 생활을 할 권리를 가지고, 국가는 사회보장 · 사회복지의 증진에 노력할 의무를 지며, 국가는 여자의 복지와 권익의 향상을 위하여 노력하여야 하고, 국가는 노인과 청소년의 복지향상을 위한 정책을 실시할 의무를 지며, 신체장애자 및 질병 · 노령 · 기타의 사유로 생활능력이 없는 국민은 법률이 정하는 바에 의하여 국가의 보호를 받고, 국가는 재해를 예방하고 그 위험으로부터 국민을 보호하기 위하여 노력하여야 한다고 규정함으로써 복지국가주의가「헌법」의 기본이념이고, 사회복지법을 포함한 모든 실정법의 기본적인 법원리가 되고 있다. 복지국가의 달성을 위하여 자본주의운영체제에 국가권력이 필요에 따라 인위적으로 관여하게 됨으로써 한편으로는 수정자본주의 내지 사회적 시장경제주의를 채택하고 있다.

미주

1) 장인협(1992). 『사회복지학개론』. 서울대학교출판부, pp. 40–41.
2) 김기원(2009). 『사회복지법제론』. 서울: 나눔의집, pp. 54–63, 114–138.
3) 〈헌법재판소 판시〉 1995.7.21.93헌가14 국가유공자예우등에관한법률 제9조 본문 위헌제청 헌재공보 제11호

   [판시사항] 위 법률조항이 헌법 제10조의 행복추구권을 침해하는지 여부: 헌법 제10조의 행복추구권은 국민이 행복을 추구하기 위하여 필요한 급부를 국가에 적극적으로 요구할 수 있는 것을 내용으로 하는 것이 아니라, 국민이 행복을 추구하기 위한 활동을 국가권력의 간섭 없이 자유롭게 할 수 있다는 포괄적인 의미의 자유권으로서의 성격을 가지므로 국민에 대한 일정한 보상금의 수급기준을 정하고 있는 이 사건 규정이 행복추구권을 침해한다고 할 수 없다.
4) 평등권은 자유권, 생존권, 참정권에 이어 제4의 기본권이라고도 부른다.
5) 롤스의 차등의 원리에 따르면 우리 사회에 불평등은 존재해서는 안 되지만 그 불평등의 존재로부터 가장 열악한 처지에 있는 자 또는 최소수혜자(the least advantaged)에게 최대 이익이 돌아간다면 그 불평등의 존재는 합리화시킬 수, 즉 사회적으로 용인(容認)할 수 있다.
6) 김철용(1968). 생존권적 기본권의 법적성격. 『사법행정』, 9, 한국사법행정학회, pp. 18–20.
7) 신섭중(1979). 생존권의 보장과 공적부조. 『법학연구』, 21, 부산대학교 법학연구소, pp. 193–201.
8) 김철수(2001). 생존권적 기본권의 법적 성격. 『세계헌법연구』, 6, 국제헌법학회, pp. 273–311.
9) 상게서.
10) 허영민(1974). 생존권적 기본권에 관한 연구. 『극동논총』. 전북대 법학연구소, pp. 139–150.
11) 김철수(2001). 『헌법학개론』. 서울: 박영사, pp. 85–90.
12) 구병삭(1981). 『헌법학』. 서울: 박영사, pp. 360–367.
13) 박일경(1981). 생존권의 법적 성격. 『사법행정』, 22, 한국사법행정학회, pp. 19–23.
14) International Covenant on Economic, Social and Cultural Rights(1996)

   Article 6

   1. The States Parties to the present Covenant recognize the right to work, which includes the right of everyone to the opportunity to gain his living by work which he freely chooses or accepts, and will take appropriate steps to safeguard this right.

2. The steps to be taken by a State Party to the present Covenant to achieve the full realization of this right shall include technical and vocational guidance and training programmes, policies and techniques to achieve steady economic, social and cultural development and full and productive employment under conditions safeguarding fundamental political and economic freedoms to the individual.

Article 7

The States Parties to the present Covenant recognize the right of everyone to the enjoyment of just and favourable conditions of work which ensure, in particular:

(a) Remuneration which provides all workers, as a minimum, with:

(i) Fair wages and equal remuneration for work of equal value without distinction of any kind, in particular women being guaranteed conditions of work not inferior to those enjoyed by men, with equal pay for equal work; (ii) A decent living for themselves and their families in accordance with the provisions of the present Covenant;

(b) Safe and healthy working conditions;

(c) Equal opportunity for everyone to be promoted in his employment to an appropriate higher level, subject to no considerations other than those of seniority and competence;

(d) Rest, leisure and reasonable limitation of working hours and periodic holidays with pay, as well as remuneration for public holidays.

15) 김형배(1980). 『노동법』. 서울: 박영사, pp. 33-42, 109-115.

16) 청원권과 행정소송제도와의 차이를 살펴보면 다음과 같다. (1) 행정심판이나 소송은 자기의 권익이 침해된 경우에만 제출할 수 있는 데 대하여, 청원은 그 대상이 되는 국가적용에 의해 권리 또는 이익이 반드시 침해됨을 필요로 하지 않고 그 적법 여부나 부당 여부를 불문하며 장래의 사항도 청원사항이 될 수 있으며, (2) 권리나 이익을 침해당한 자뿐 아니라 제3자나 공공의 이익을 위하여도 청원할 수 있다는 점, (3) 청원은 행정심판이나 행정소송과는 달리 제기기간의 제한 없이 언제든지 할 수 있으며, (4) 청원은 자유롭게 희망을 진술하고 국가는 이에 대하여 수리하고 심사 · 처리할 의무는 있으나, 준사법절차인 재결이나 결정이 필수적이 아니며, 국가기관은 그 결과에 기속되지 않는다는 점 등이 다르다.

17) 과거의 소원법은 1984년 행정심판법으로 대체되었다. 소원이란 행정청의 위법-부당한 처분의 취소-변경을 구하기 위해 처분청의 직근상급청에 제기하는 행정쟁송절차이다.

18) 김남진(1987). 『행정법』. 경기: 법문사, pp. 384-387, 439-446.

19) 박윤흔(1981). 『최신행정법 강의』. 경기: 국민서관, pp. 42-45, 356-368.

20) 김태성, 성경룡(1993). 『복지국가론』. 경기: 나남출판, pp. 46-56.

제6장 사회복지의 권리성

사회복지의 권리성은 인권과 사회복지, 복지권, 영역별 사회복지 권리성 및 권리구제로 구성된다.[1)]

Ⅰ. 인권과 사회복지

인권(human rights) 또는 인간의 권리란 인간이기 때문에 당연히 갖는 권리를 말한다. 「국가인권위원회법」 제2조에 따르면, 인권이란 「헌법」 및 법률에서 보장하거나 대한민국이 가입 · 비준한 국제인권조약 및 국제관습법에서 인정하는 인간으로서의 존엄과 가치 및 자유와 권리를 말한다.[2)]

프랑스의 법학자 카렐 바작(Karel Vasak)의 3단계 인권론에 따르면, 인권의 내용은 1세대 인권인 시민적 · 정치적 권리, 2세대 인권인 경제 · 사회 · 문화적 권리, 그리고 3세대 인권인 연대와 단결의 권리라는 세 개의 범주로 구분된다.[3)] 첫째, 시민적 · 정치적 권리는 신체의 자유와 사상의 자유로 구분된다. 이런 시민적 · 정치적 권리를 보통 '자유권'이라고 말하며, 통상 '국가로부터의 자유'라고 일컬어지며, 이 때문에 대국가적 방어권 또는 소극적인 권리로 분류된다.

둘째, 경제 · 사회 · 문화적 권리는 사회보장에 대한 권리, 일할 수 있는 권리와 실업으로부터 보호받을 수 있는 권리, 일정기간의 유급휴가를 포함한 휴식과 여유를 즐길 권리, 교육을 받을 권리 등을 말한다. 이들 권리는 일정기준의 분배정의에 따른 물질적인 가치에 대한 요구를 포함하고 있기 때문에 자원배분에 국가의 개입을 필요로 한다. 이들 권리들은 보통, '사회권'이라고 말하며, 보통 '~에 대한 권리'라는 형식으로 기술된다. 따라서 이 영역의 권리는 국가에 대한 적극적인 요구권이 요체로 복지권과 밀접한 내용이다.

셋째, 연대와 단결의 권리는 집단권이라고도 일컬어지는데, 현재 사회에서 개인을 중심으로 한 인권이 집단중심으로 옮겨 오고 구조적인 문제로 중심축이 변해 가는 것을 보여 주는 것으로, 연대와 단결의 권리는 논의의 역사가 그리 길지 않고 제도적으로 확립되지도 않은 생성단계에 있는 권리이다. 전쟁 없는 평화로운 사회생활을 누릴 권리, 환경에 대한 권리, 민족자결권, 문화유산에 대한 권리 등이 이에 속한다. 또한 경제개발에 참여하고 개발이익의 분배에 참여할 권리를 규정한 발전권도 이에 속한다.

인권과 사회복지와의 관계는 인간다운 삶의 기본요소인 생존과 자율을 향상시키는 측면이 있는 반면, 손상시키는 측면도 있다. 사회복지는 주된 생존권인 인간다운 생활을 할 권리를 누릴 수 있도록 원조를 하기 때문에 인권을 증진시키는 측면이 있는 반면, 때로는 생존과 자율을 위해 필요한 적절한 복지를 제공하기 못하고 있거나 또는 복지를 제공하는 과정에서, 예를 들면 자사조사과정에서, 스티그마(stigma)를 발생시키는 등, 사회복지가 인권향상에 기여하지 못하거나 인권을 침해하는 측면도 있다.[4)]

인권에 관한 대표적인 국제규범으로는 불리는 1948년의「세계인권선언」과 1966년의「국제인권규약」이 있다. 이들 국제인권장전은 사회복지를 인권의 내용으로 규정하고 있다. 1948년 유엔 총회에에서 채택된「세계인권선언」(Universal Declaration of Human Rights)은 전문에서 모든 인류 구성원의 천부의 존엄성과 동등하고 양도할 수 없는 권리를 인정하는 것이 세계의 자유, 정의 및 평화의 기초이며, 인권에 대한 무시와 경멸에 대해 격문하면서, 본문에서 복지권에 대해 다음과 같이 선언하고 있다. "모든 사람은 사회의 일원으로서 사회보장제도에 관한 권리를 가지며, 국가적 노력과 국제적 협력을 통하여 그리고 각국의 조직과 자원에 따라 자신의 존엄성과 인격의 자유로운 발전을 위하여 불가결한 경제적, 사회적 및 문화적 권리의 실현에 관한 권리를 가진다(제22조).

모든 사람은 식량, 의복, 주택, 의료, 필수적인 사회역무를 포함하여 자신과 가족의 건강과 안녕에 적합한 생활수준을 누릴 권리를 가지며, 실업, 질병, 불구, 배우자와의 사별, 노령, 그 밖의 자신이 통제할 수 없는 상황에서의 다른 생계 결핍의 경우 사회보장을 누릴 권리를 가진다. 모자는 특별한 보살핌과 도움을 받을 권리를 가진다. 모든 어린이는 부모의 혼인 여부에 관계없이 동등한 사회적 보호를 향유한다(제25조)."[5)]

1966년 유엔총회에서는 도덕적 선언에 그친 세계인권선언과는 다른, 법적 구속력을 갖는 조약으로서「경제적 사회적 문화적 권리에 관한 국제규약(A규약)」과「시민적 정치적 권리에 관한 국제규약(B규약)」이라는 두 개의 국제인권규약이 채택되었다. 이 가운데 복지권에 관한 내용은 주로 A규약에 다음과 같이 포함되어 있다. "사회의 자연적이고 기초적인 단위인 가정에 대하여는, 특히 가정의 성립을 위하여 그리고 가정이 부양 어린이의 양육과 교육에 책임을 맡고 있는 동안에는 가능한 한 광범위한 보호와 지원이 부여된다. 임산부에게는 분만 전후의 적당한 기간 동안 특별한 보호가 부여된다. 동 기간 중의 근로 임산부에게는 유급휴가 또는 적당한 사회보장의 혜택이 있는 휴가가 부여된다. 가문 또는 기타 조건에 의한 어떠한 차별도 없이, 모든 어린이와 연소자를 위하여 특별한 보호와 원조의 조치가 취하여진다. 어린이와 연소자는 경제적, 사회적 착취로부터 보호된다. 어린이와 연소자를 도덕 또는 건강에 유해하거나 또는 생명에 위험하거나 또는 정상적 발육을 저해할 우려가 있는 노동에 고용하는 것은 법률에 의하여 처벌할 수 있다. 당사국은 또한 연령제한을 정하여 그 연령에 달하지 않은 어린이에 대한 유급노동에의 고용이 법률로 금지되고 처벌될 수 있도록 한다(제10조).

이 규약의 당사국은 모든 사람이 적당한 식량, 의복 및 주택을 포함하여 자기 자신과 가정을 위한 적당한 생활수준을 누릴 권리와 생활조건을 지속적으로 개선할 권리를 가지는 것을 인정한다. 이 규약의 당사국은 기아로부터의 해방이라는 모든 사람의 기본적인 권리를 인정하고, 개별적으로 또는 국제협력을 통하여 아래 사항을 위하여 구체적 계획을 포함하는 필요한 조치를 취한다(제11조).

이 규약의 당사국은 모든 사람이 도달 가능한 최고 수준의 신체적 · 정신적 건강을 향유할 권리를 가지는 것을 인정한다(제12조)."

Ⅱ. 복지권

1. 의의

사회복지의 권리성은 국민들이 사회복지를 받을 권리에 관한 성격을 논한다. 사회복지의 권리성은 그동안 복지권과 관련하여 그 성격이 분석되어 왔다. 복지권(welfare right, right to welfare)이란 「헌법」상 국민들이 복지혜택을 받을 권리를 말한다. 기본권(fundamental rights)이란 인간이 인간으로서 누릴 수 있는 권리 가운데 「헌법」이 보장하는 국민의 기본적 권리를 말한다. 사회복지급여가 국민이 누릴 수 있는 기본권이냐 아니냐, 기본권이라면 어떠한 성격을 갖고 있느냐에 관해 서로 다른 주장들이 제기되고 있다. 대체로 사회복지급여가 복지권으로서 국민의 기본적 권리의 하나라는 견해에는 의견의 일치를 보고 있지만, 그 성격에 있어서는 서로 다른 견해들이 있다.

사회복지는 사회보험, 공공부조, 사회복지서비스 및 관련복지제도 등 다양한 영역으로 구분된다. 사회복지의 권리성을 논함에 있어 이들 각 영역들은 보장대상, 수급권자, 재원조달방법 등에 있어서 현저한 차이가 있기 때문에 각각의 특성을 고려하여 사회복지의 권리성을 논해야 한다. 「사회보장기본법」에서 사회보장은 사회보험, 공공부조, 사회복지서비스 및 관련 복지제도로 구성된다. 이런 측면에서 복지권은 사회보장수급권으로 설명될 수 있다.

2. 생존권으로서 복지권

기본권이란 인간이 누릴 수 있는 권리 가운데 「헌법」이 보장하는 국민의 기본적 권리이다. 전통적으로 기본권은 내용상 기본적 인권으로서 인간의 존엄과 가치 및 행복 추구권, 그리고 개별적인 기본권으로서 평등권, 자유권, 생존권, 수익권, 참정권으로 구분된다. 이 가운데 복지권은 인간의 존엄과 가치 및 행복추구권이라는 기본적 인권 아래 주로 생존권의 한 영역으로 분석된다.[6][7][8][9][10]

18세기 서구의 시민혁명에 의해 정립된 자유권은 종래의 신분이나 토지제도에 얽매어 있던 인간과 자본을 해방시키기 위하여 소유권절대의 원칙과 계약자유의 원칙을 확립하였으며, 개인의 생활은 개인의 책임이라는 원칙 아래 가난한 자에 대한 구제를 오로지 은혜적 내지 시혜적(施惠的)인 것으로 파악하고 가진 자의 소유권 보호를 중시하였다.

그러나 자유, 평등, 독립의 추상적 인격으로 인간을 파악하는 자유권 원리는 경제적 약자에게는 생존에 필요한 최저한의 기본적 조건마저 확보해 주지 못하기 때문에 생존 그 자체를 위협받는 사람들에게는 자유권이란 공허한 구호일 뿐 실질적 의미를 부여하지 못하였다. 따라서 구체적이고 현실적인 인간의 실질적인 자유와 평등을 보장하고 경제적 정의를 실현하기 위한 경제적 · 사회적 기본권으로서의 생존권 보장이 요청되었다. 생존권은 자유권을 기초로 한 자본주의사회가 생산수단을 갖지 못한 근로자계층에 대하여 인간다운 생존가능성을 위태롭게 함에 따라 시민의 요구와 투쟁에 의해 획득된 권리이다. 따라서 생존권의 역사는 바로 그 사회구성원의 인간다운 생존을 위한 투쟁의 역사라고 말한다.

생존권은 사회주의적 생존권과 개량주의적 생존권으로 구별된다. 사회주의적 생존권은 개인의 생존욕망을 충족시키기 위하여 사유재산제도를 부정하고, 특히 생산수단을 공유화함으로써 모두의 노동을 통해 생존권을 실질적으로 실현하려는 사회주의국가에서 추구되는 생존권이다. 반면, 개량주의적 생존권은 사유재산제도를 사회의 기본질서로 인정하고, 다만 그로 인해 파생되는 문제점을 해결하고 개선해 나감으로써 생존권을 실현하려는 자본주의국가에서 추구되는 생존권이다.

생존권은 사회권이라고도 일컫는데, 이는 인간다운 생활을 위하여 필요한 여러 조건이 국가권력의 적극적인 관여에 의해 확보될 것을 요청할 수 있는 권리이다. 복지권은 '인간다운 생활을 할 권리'를 구체적으로 실현하기 위한 하나의 수단이 되는 개별적 생존권이다.

복지권이란 모든 국민이 인간다운 생활을 누리는 데 필요한 복지서비스를 국가로부터 보장받을 권리를 말한다. 복지권은 국민들의 기본적인 권리의 하나로서 시민권(citizenship right)의 역사적 발달과 더불어 시민의 요구와 투쟁에 의해 획득된 권리이다.

마샬(Marshal, T. H.)은 시민권이 공민권(civil right), 정치권(political right) 및 사회권(social right)으로 구성되어 있다고 지적하고, 이 가운데 사회권을 복지권(welfare right)이라고 하였다. 사회권(social right)은 사회의 지배적인 기준에 합당한 시민생활을 누릴 수 있는 권리로서 국가로부터 복지서비스를 받을 권리를 말한다. 복지권은 영국과 같이 국민의 집단적 요구에 의해 나타나기도 하고, 독일의 국가온정주의(state paternalism)와 같이 정부가 국민의 욕구를 미리 파악하여 필요한 복지서비스를 제공하는 과정에서 발생하기도 한다.

사회복지발전과정에서 초기에는 협의의 사회복지대상인 생활상 어려움을 겪는 요보호대상자들을 수혜대상자로 하여 복지권의 범위가 좁았으나, 점차 사회복지의 수혜대상자가 확대 발전되어 감에 따라 복지권의 범위가 공민권의 범위와 같이 모든 국민으로 확대되어 갔다. 이러한 추세는 세계화시대에 더욱 발전되어 국가 간에 사회보장협정이 체결되기 시작하였으며, 상호주의에 입각한 사회보장협정에 따라 상대국이 상대국에 체류하는 우리나라 국민에게 일정한 복지혜택을 제공할 경우, 우리 정부도 국내에 체류하는 상대국의 국민들에게 상응하는 복지혜택을 제공하게 됨에 따라 복지권의 대상범위가 국내에 체류하는 유자격 외국인에게까지 확대되었다. 상호주의와는 별도로 인도주의의 차원에서 외국인에 대한 복지권의 범위가 확대되기도 한다.

3. 헌법상의 복지권

개량주의적 생존권은 바이마르 헌법에서 최초로 보장된 이래 세계 각국의 헌법이 이를 규정하였다. 바이마르 헌법 제151조는 "경제생활의 질서는 각인으로 하여금 인간다운 생활을 보장하는 것을 목적으로 하는 정의의 원칙에 합치하여야 한다."고 규정하고 있다.

우리 「헌법」 규정도 생존권 보장에 관한 규정을 두고 있다. 우리 「헌법」 전문에 국민생활의 균등한 향상을 기하고 자유와 행복을 확보할 것을 명시하고 있다. 「헌법」 제10조는 기본권 보장의 대원칙을 "모든 국민은 인간으로서의 존엄과 가치를 가지며, 행복을 추구할 권리를 가진다. 국가는 개인이 가지는 불가침의 기본적 인권을 확인하고 이를 보장할 의무를 진다."고 선언하고 있다.

제34조 제1항에서는 생존권 보장의 기본원칙으로 "모든 국민은 인간다운 생활을 할 권리를 가진다."라고 선언하고 있다. '인간다운 생활을 할 권리'란 모든 국민이 건강하고 문화적인 최저생활을 누릴 권리를 갖고 있으며, 국가는 이를 보장할 의무를 진다는 것이다. 제2항 이하에서 이를 구체화하는 복지권을 규정하고 있다. "국가는 사회보장, 사회복지의 증진에 노력할 의무를 진다. 국가는 여자의 복지와 권익의 향상을 위하여 노력하여야 한다. 국가는 노인과 청소년의 복지향상을 위한 정책을 실시할 의무를 진다. 신체장애자 및 질병, 노령, 기타의 사유로 생활능력이 없는 국민은 법률이 정하는 바에 의하여 국가의 보

호를 받는다. 국가는 재해를 예방하고 그 위험으로부터 국민을 보호하기 위하여 노력하여야 한다.”

「헌법」 제32조에서는 다음과 같이 근로자의 생존권을 보장하고 있다. “모든 국민은 근로의 권리를 가진다. 국가는 사회적 · 경제적 방법으로 근로자의 고용의 증진과 적정임금의 보장에 노력하여야 하며, 법률이 정하는 바에 의하여 최저임금제를 시행하여야 한다. 근로조건의 기준은 인간의 존엄성을 보장하도록 법률로 정한다. 여자의 근로는 특별한 보호를 받으며, 고용 · 임금 및 근로조건에 있어서 부당한 차별을 받지 아니한다. 연소자의 근로는 특별한 보호를 받는다. 국가유공자, 상이군경 및 전몰군경의 유가족은 법률이 정하는 바에 의하여 우선적으로 근로의 기회를 부여받는다.”

소득분배와 관련하여 「헌법」 제119조 제2항은 “국가는 균형 있는 국민경제의 성장 및 안정과 적정한 소득의 분배를 유지하고…….”라고 규정하고 있다.

「헌법」상 국가는 사회보장 내지 사회복지의 증진을 위해 노력해야 할 의무가 있으며, 생활능력이 없는 국민은 국가로부터 보호를 받는다.

4. 복지권의 법적 성격

복지권의 법적 성격에 관해 서로 다른 학설들이 서로 다른 주장을 하고 있다. 복지권을 논함에 있어 생존권의 법적 성격에 관한 기존의 이론으로부터 복지권의 법적 성격을 추론하고 이로부터 복지권의 법적 성격을 규명하는 것이 일관성이 있다.[11][12][13][14][15]

생존권의 법적 성격에 관한 기존의 학설을 원용하여 복지권을 분류할 수 있다. 복지권의 법적 성격에 관한 학설은 크게 프로그램규정설(program 規定說)과 법적 권리설로 나누어진다. 법적 권리설은 다시 추상적 권리설(抽象的 權利說)과 구체적 권리설(具體的 權利說)로 세분된다. 이에 따라 복지권은 크게 프로그램규정과 법적 권리로 나뉘고, 법적 권리는 다시 추상적 권리, 구체적 권리로 세분된다.

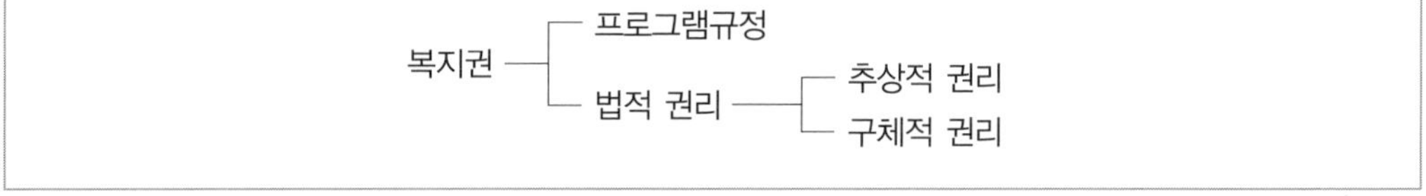

[그림 6-1] 복지권의 구분

복지권의 성격은 구체성, 적극성, 권리의 강도의 측면에서 볼 때 아래와 같이 정리할 수 있다.

〈표 6-1〉 복지권의 성격

		구체성	적극성	권리의 강도	법적 권리
프로그램규정		매우 약함	매우 미약	매우 미약	법적 권리 아님
법적 권리	추상적 권리	약함	미약	미약	법적 권리임
	구체적 권리	매우 강함	매우 강함	매우 강함	법적 권리임

1) 프로그램규정으로서 복지권

프로그램규정으로서 복지권은 프로그램규정설 내지 입법방침규정설(立法方針規定說)에 따라 사회복지에 관한 권리, 즉 복지권을 정의한 것이다. 프로그램규정설에 따르면, 모든 국민의 인간다운 생활을 위한 국가보호에 관한 「헌법」 규정은 구체적이고 현실적인 권리를 부여한 규정이 아니라, 입법에 의해서만 효력을 발생하는 강령규정으로서, 입법자에게 입법의 방침을 지시하는 규정이라는 것이다. 즉, 현실적으로 직접 적용되지 않고, 집행법률에 의한 현실화를 요하는 법규범으로서, 입법부에 대해 입법방침(program)을 규정하는 것이라는 주장이다. 즉, 「헌법」상의 복지권은 입법권만을 구속하고, 행정권과 사법권을 구속하지 않는다고 본다. 따라서 그 실시는 국가의 자유재량이며, 일종의 반사적 이익에 속한다. 국민은 인간다운 생활에 필요한 급여를 구체적으로 청구할 수 없으며, 국가는 입법을 할 정치적 도의적 책임을 지는 데 불과하다.

「헌법」은 사유재산제도를 전제로 하고 있기 때문에 국가가 국민의 모든 삶을 책임지지 않고 있으며, 복지권은 일종의 반사적(反射的) 이익 또는 반사적 수익권으로 국가의 행정적, 재정적 능력에 의존한다. 따라서 복지사업은 정부가 예산의 범위 내에서 재정능력의 한도 내에서 행정적으로 가능한 범위 내에서 실시할 수 있다. 즉, 복지권은 국가의 재정적 실현가능성(fiscal feasibility)과 행정적 실현가능성(administrative feasibility)의 범주 내에서만 실현되는 권리이다.

2) 법적 권리

법적 권리는 사회복지에 관한 권리를 법적 권리설에 따라 정의한 것이다. 법적 권리설은 사회복지의 권리에 관한 법규정은 법적인 권리로서 개개국민은 사회복지의 혜택을 누릴 권리가 법으로 보장되어 있으며, 국가는 이를 이행할 의무가 있다는 학설이다. 법적 권리는 추상적 권리와 구체적 권리로 나뉜다.

(1) 추상적 권리

추상적 권리는 「헌법」상 사회복지에 관한 권리를 추상적 권리설에 따라 정의한 것이다. 추상적 권리설은 국민은 국가에 대해 사회복지 혜택을 받을 추상적 권리를 가지고, 국가는 입법, 기타 국정상 필요한 조치를 강구할 추상적 의무를 진다고 보는 학설이다. 구체적인 입법이 없는 경우에 헌법상의 규정을 근거로 하여 소(訴)에 의해 구체적 권리를 주장할 수 없으므로 「헌법」상의 복지권은 직접 구체적인 권리를 보장하고 있지는 않다. 그러나 구체적인 권리를 보장하고 있지 않다고 해서 복지권이 법적 권리가 아니라는 것은 아니며, 국민은 국가에 대하여 입법과 기타의 조치를 요구할 추상적 권리를 가진다.

그러나 추상적 권리설은 구체적인 입법이 없는 한 생존권을 현실적인 권리로서 재판상 청구할 수 없다는 점에서 프로그램규정설과 일치하고 있으므로 양자는 별다른 차이가 없다. 그러므로 추상적 권리설에 따른다 하더라도 인간다운 생활을 할 권리는 실질적 의미에서의 권리성을 확보하지 못하는 결과가 된다. 추상적 권리설은 근대의 소극적 시민국가에서 현대의 적극적 복지국가로 지향해 나가는 과도기의 사회적 · 경제적 배경을 대변하는 애매한 논리의 산물이다.

(2) 구체적 권리

구체적 권리는 「헌법」상 사회복지에 관한 권리를 구체적 권리설에 따라 정의한 것이다. 구체적 권리설은 복지권이란 「헌법」에 보장된 권리이며, 「헌법」상의 의무이기 때문에, 국민은 국가에 대해서 적극적으로 입법을 요청할 권리가 있으며, 국가는 이에 대해 적극적으로 응해야 할 의무가 있다. 따라서 사회복지에 관한 입법이 없거나, 있더라도 그 내용이 불충분한 경우에는 법률의 제정이나 개정을 요구할 수 있는 것이다. 이때에 국가의 부작위는 사회복지를 받을 권리의 현실적 · 구체적 침해가 되기 때문에 위헌확인소송을 제기할 수 있다고 보아야 한다. 만일 입법이 존재하지 않는 경우에 이는 「헌법」상 복지권을 침해하는 것이 되어 국민은 국가에 대해 부작위위헌확인소송(不作爲違憲確認訴訟)을 제기하거나, 의무를 구체적으로 이행하도록 요구하는 작위의무화소송(作爲義務化訴訟)을 제기할 수 있도록 함으로써, 구체적으로 복지권을 실현할 수 있다는 학설이다. 입법의 부작위에 대해서는 헌법소원을 할 수 있다.

(3) 사견(私見)

현재 생존권에 대한 다수설은 프로그램규정설이다. 같은 맥락에서 복지권도 프로그램규정적으로 보는 것이 다수설이다. 그러나 사회복지분야에서의 복지권은 내용별로 구분하여 이해하여야 한다. 사회보장 가운데 사회보험, 공공부조, 사회서비스는 수혜대상자,

재원기여 여부, 급여종류 등에서 다르기 때문에 수급권에 대한 권리의 성격도 다르다. 사회보험은 사회보험재정에 수급권자가 직접 기여하기 때문에 수급권자가 기여의 대가로 보험급여를 응당 받아야 할 권리(entitlement)가 있지만, 공공부조나 사회서비스의 경우 수급권자가 재정적으로 직접 기여하는 부분이 없기 때문에 응당 받아야 할 권리로서 일반적으로 인정받지 못하는 취약성이 있다. 따라서 사회보험수급권은 수급권자에게 구체적인 권리로 인정되어야 하는 반면, 공공부조와 사회복지서비스는 수급권자에게 프로그램규정으로서의 권리이거나 추상적 법적 권리로 인정되어야 한다.

5. 복지권 관련 판례

복지권에 관한 판례는 많지 않으나 헌법재판소에 위헌소송을 한 예를 통해 몇 가지 판례를 찾아볼 수 있다. 복지권이 기본권으로서 어떠한 법적 성격을 갖는가에 관해서 자주 인용되는 판례는 「국민기초생활 보장법」의 전신인 「생활보호법」과 관련된 판례로서, 당시 심창섭씨 부부가 당시 보건복지부장관이 고시한 생활보호사업지침상의 '1994년 생계보호기준'이 「헌법」상의 행복추구권과 인간다운 생활을 할 권리를 침해하였다고 청구한 '1994년 생계보호기준 위헌확인 헌법소원심판'에 대한 헌법재판소 전원재판부의 전원일치로 「헌법」상의 행복추구권과 인간다운 생활을 할 권리는 구체적인 법적 권리로서 행사될 수 없으며, 프로그램규정적인 권리로서 또는 추상적 권리로서 인정된다고 판시한 적이 있다(기타 판례 내용은 16장 사회복지법 판례 부분 참고).

6. 복지권의 규범적 구조

복지권의 규범적 구조는 크게 실체적 권리, 수속적 권리, 절차적 권리로 구분된다. 실체적 권리는 구체적으로 복지급여를 청구할 수 있는 권리로 사회보험청구권, 공공부조청구권, 사회복지서비스청구권, 관련복지제도급여청구권으로 나뉜다. 수속적 권리는 일련의 수속적 과정이 적합하게 이루어지도록 보장받을 권리로 급여정보권, 상담권, 적법진행보장권으로 나뉜다. 절차적 권리는 의무를 이행하고 강제를 구체적으로 실현하는 절차와 관련된 권리로 사회복지쟁송권, 사회복지행정참여권, 사회복지입법청구권으로 나뉜다.[16][17]

1) 실체적 권리

실체적 권리란 모든 국민에게 인간다운 생활을 유지하도록 보장하기 위한 「헌법」상 권리를 구체화하는 입법이 제정되었을 때, 국민이 해당 법률에 의해 현실적인 급여를 청구할 수 있는 권리로 복지급여청구권을 말한다. 사회복지법은 수급요건, 수급권자, 급여수준, 수급기준, 급여종류, 재원조달, 전달체계, 수급권의 보호와 제한 등을 구체적으로 규정하여야 한다.

- 복지권의 규범적 구조
  - 실체적 권리: 사회보험청구권, 공공부조청구권, 사회서비스청구권
  - 수속적 권리: 사회복지급여정보권, 상담권, 적법진행보장권
  - 절차적 권리: 사회복지쟁송권, 사회복지행정참여권, 사회복지입법청구권

[그림 6-2] 복지권의 규범적 구조

실체적 권리로서 복지권은 내용상 3가지 청구권으로 구성된다. (1) 사회보험법에 의한 국민연금, 국민건강보험, 고용보험, 산재보험, 노인장기요양보험 등의 급여를 청구할 수 있는 사회보험청구권, (2) 공공부조법에 의한 생계급여나 의료급여 등을 청구할 수 있는 공공부조청구권, (3) 사회서비스법에 의한 사회서비스를 청구할 수 있는 사회서비스청구권이 있다.

2) 수속적 권리

수속적 권리는 수급권이 결정되기 이전에 발생하는 권리이다. 복지의 수속적 권리는 복지급여를 받기 위해 거쳐야 하는 일련의 수속과정이 본래의 수급권 보장을 위해 적합하게 진행되어야 할 것을 요구하는 권리이다. 구체적으로 복지급여를 받기 위해 필요한 적절한 절차에 참가하는 권리, 수속과정에서 공평하게 대우를 받아야 할 권리, 하자 없는 재량행사를 청구하는 권리 등을 의미한다. 복지급여를 받기 위해서 수혜대상자 본인이나 친족이 복지급여를 지방행정기관에 신청해야 하고, 행정기관은 자산조사와 상태조사를 거쳐 평가를 하고, 평가결과에 따라 급여의 종류, 범위, 수준 등을 결정한 후 급여를 실시하게 된다. 이러한 신청, 조사, 결정, 실시 과정상에서 수급권자들을 공정하게 대해야 한다. 또한 모든 사항을 법령이 규정할 수 없으므로 수속과정에 행정기관의 재량권이 행사될 때 재량권은 남용되어선 안 되고 본래 목적에 적합하게 이루어져야 한다.

수속적 권리로는 급여정보권, 상담권, 적법진행보장권이 있다. 복지급여 수속을 받기 전에 국가로부터 관련된 정보를 제공받을 권리, 필요한 상담을 받을 권리 등이 있으며, 복지급여를 신청하고 심사하고 결정하는 과정에서 적법하고 적절한 진행을 보장받을 권리를 말한다.

3) 절차적 권리

절차적 권리는 수급권이 결정된 이후에 발생하는 권리이다. 복지권의 실체적 권리를 보장하고 실현하기 위해 필요한 의무를 이행하고 강제를 구체적으로 실현하는 절차와 관련된 권리이다. 절차적 권리에는 복지급여쟁송권, 복지급여행정참여권, 복지입법청구권으로 구성된다.[18]

복지급여쟁송권이란 복지권이 위법 또는 부당한 행정기관의 조치에 의해서 침해되었을 때 이의 구제를 신청하는 권리를 말한다. 복지급여쟁송권은 행정심판의 청구를 통한 행정적 구제와 행정소송을 통한 사법적 구제가 있다. 행정기관이 복지급여를 실행하지 아니할 때 행정심판이나 행정소송을 제기할 수 있으며, 경우에 따라서는 공공복지기관의 부작위에 대해 부작위위헌확인소송(不作爲違憲確認訴訟) 또는 작위의무화소송을 제기할 수 있다. 대부분의 경우 행정심판전치주의 내지 심사청구전치주의가 「사회복지법」상 규정되어 있어(예외: 「산업재해보상보험법」) 위법 부당한 국가의 복지처분에 대해 행정법원에 행정소송을 제기하기에 앞서 해당기관과 상급행정기관에 심사청구 또는 재심사를 청구하도록 되어 있다.

복지행정참여권이란 복지행정 과정에 복지권자나 국민들이 참여할 권리를 말한다. 사회복지수급자격이나 급여를 결정함에 있어 이루어지는 자산조사나 상태조사가 이루어지는 과정에서 재량권의 남용을 막고 복지행정이 공평무사하게 이루어지도록 하기 위해 수급권자와 국민들이 자신의 복지가 결정되는 과정에 직 · 간접적으로 참여할 수 있는 제도나 절차가 적절히 확보되어야 한다.

「국민기초생활 보장법」상 중앙생활보장위원회 구성에 수급자대표가 포함되거나 「최저임금법」상 최저임금심의위원회에 근로자대표가 들어가는 것은 일종의 복지행정참여권을 보장하는 것이다.

복지입법청구권이란 인간다운 생활을 보장할 구체적 법률이 제정되지 않았거나 제정된 법률의 내용이 불충분한 경우에 복지권을 보장하기 위한 입법이나 개정을 청구할 수 있는 권리를 말한다. 직접민주주의의 한 형태로서 발안제가 있다. 발안제는 일정 수의 선거권자들이 연대 서명을 통해 중요 법률이나 조례의 제 · 개정안 등을 행정부나 입법부에 요구할 수 있는 제도를 말한다. 적용 범위에 따라 「헌법」이나 법률의 제 · 개정안을 입법부에 요구하는 국민발안제와 지방자치단체의 의회에 조례의 제 · 개정안을 요구할 수 있는 주민발안제가 있다. 우리나라에는 국민발안제는 실시하고 있지 않으나 주민발안제는 실시하고 있다.

국민발안권이 입법화되어 활발히 운영되는 국가의 경우 일정 수 이상의 국민이 복지권을 향유하거나 보호하기 위하여 직접 국가에 사회복지에 관한 입법이나 개정을 청구할 수 있는 제도적 장치가 마련되어 있다. 우리나라의 경우 절차적 복지권으로서 국민발안권은 없으나, 주민발안권은 있다.

7. 복지권의 보호와 제한

복지권 내지 사회보장수급권이 기본권으로서 보장되는 데 있어 취약성을 갖는 몇 가지 이유가 있다.[19][20][21] 첫째, 오랫동안 복지권은 기본권의 성격상 프로그램규정적 권리로 인정되어 온 것이 통설이었다. 따라서 사회복지급여가 국가의 복지행정 결과 파생되는 반사적 이익으로서 간주되기 때문에 국민의 복지권은 취약성을 띠고 있다.

둘째, 복지급여 종류에는 현금급여나 현물급여뿐만 아니라 시설수용서비스, 직업훈련서비스, 상담서비스와 같은 복지서비스가 있다. 이와 같은 복지서비스는 모든 내용을 법률조항으로 규정하기가 어려울 뿐만 아니라 표준화시켜 모든 상황에 일률적으로 적용하기 어려운 점이 있다. 국민들에게 권리로서 인정받기 위해서는 객관적이고 획일적으로 적용할 수 있는 기준이 마련되어야 하기 때문에 개별사례적이고 복잡다양한 사회복지서비스 분야에서의 복지권은 취약하게 마련이다.

셋째, 복지수혜 원인인 빈곤을 수혜자 개인의 책임으로 돌리려는 사회적 인식이 복지권을 기본권으로 인식하게 하는 데 어려움이 있어 권리성이 취약하게 된다.

넷째, 복지권은 국민 다수가 향유하는 권리라기보다는 사회 내에 소수 극빈계층에 속하는 사람들을 위한 권리라고 인식하는 사람들이 많기 때문에 다수로부터 복지권이 기본권으로 인정받기 어렵다.

이상과 같이 복지권이 기본권으로서 취약성을 띠고 있기 때문에 국가적 차원에서 수급권 보호를 위한 정책적 노력을 하여야 한다. 또한 복지권은 수급권자 개인의 생활보장뿐만 아니라 모두가 인간다운 생활을 할 수 있는 사회공동체를 구현하고, 사회적 형평을 실현하기 위한 국가적 차원의 노력이기 때문에 국가는 수급권자가 누릴 수 있는 권리가 부당하게 침해받지 않도록 적극적으로 노력하여야 하며, 복지권을 실행하는 과정에서 장애가 되는 요인들을 사전에 제거함으로써 복지권을 보호해 주어야 한다. 그러나 국가는 복지권이 과잉보호를 받게 되거나 남용되거나 악용되는 경우 이를 제한하여야 한다.

1) 복지권 보호

복지권상의 급여수준은 수급권자와 그 가족이 최저한도의 건강하고 문화적인 인간다운 생활을 유지하는 데 적합하도록 국가는 급여수준을 보장하여야 한다.

복지권은 수급권자 및 그 가족들이 최저한도의 건강하고 문화적인 인간다운 생활을 유지하는 데 그 목적이 있기 때문에, 복지권은 수급권자에게만 귀속시켜야 하는 일신전속적(一身專屬的)인 권리로 보호되어야 한다. 따라서 복지권을 타인에게 임의적으로 승계할 수 없으며, 타인에게 복지급여를 양도하거나 담보로 제공할 수 없다. 또한 수급권자의 채권자는 수급권을 압류하거나 자기의 채무와 상계할 수 없다. 단, 국민연금 유족급여의 경우는 예외적으로 유족에게 승계가 이루어진다.

복지급여는 인간다운 최소한의 삶을 영위하도록 하기 위한 국가적 차원의 보호이기 때문에 복지급여에 대해서 대체로 조세나 공과금을 부과하지 않는다. 복지급여가 일단 결정이 되면, 수급권자에 대한 보호를 정당한 이유 없이 무리하게 변경하여 수급권자에게 불이익을 초래하게 하여서는 안 된다.

2) 복지권 제한

복지권은 「헌법」상 보장된 인간다운 생활을 할 권리를 구체화하는 권리로서 보호되어야 하지만 근본 목적에 어긋난 경우 일정한 제한을 가할 수 있다.

먼저 복지권은 기본권을 구체화하는 권리이므로 「헌법」상 기본권을 제한하는 사유인 국가안전보장, 질서유지, 공공복리를 위해 제한될 수 있다.[22] 이는 일반적 법률유보조항이다. 국가안전보장이란 국가의 존립과 헌법의 기본질서를 유지하는 것을 말하고, 질서유지란 헌법질서와 사회질서와 같은 공공의 안녕질서를 유지하는 것을 말하며, 공공복리란 국민의 공공의 이익과 행복을 의미한다.

또한 복지권은 복지제도의 목적과 특성상 제한될 수 있다. 복지급여는 최저한도의 인간다운 삶을 영위하도록 보장해 주는 제도로서 궁극적인 목적은 수급권자를 자립자활시키는 데 있다. 따라서 복지권의 내용인 급여의 수준이 수급권자의 자립자활을 저해할 정도로 과다하거나, 중복해 지급되는 사례는 지양되어야 한다. 수급자에게 도덕적 해이(moral hazard) 현상이 발생하지 않도록 하여야 한다.

복지제도는 수급권자가 직접적으로 재정에 기여를 하지 않고 다른 사회구성원이 부담하는 일반조세수입으로 재원을 충당함으로써 사회적 형평을 기하려는 제도이기 때문에, 급여의 수준이 재원을 부담하는 다른 사회구성원들에 대해 지나치게 부당한 재정적 부담을 주는 수준이 되어서는 안 된다.

수급권자는 신의성실의 원칙에 따라 수급조건에 따른 의무를 성실하게 이행하여야 한다. 복지수급 사유 및 조건을 고의 또는 악의 있는 행위를 통해 발생시키거나, 수급 사유 및 조건이 허위로 판명된 경우 또는 수급기간을 허위나 부당하게 연장시키는 행위를 한 경우에 수급권은 제한되거나 금지되어야 한다. 또한 사회보험의 경우, 비록 강제가입이지만 법에 명시된 사회보험료 납부의무를 성실하게 이행하여야 하고, 공공부조나 사회서비스의 경우에는 소득인정액조사에 성실히 임해야 하고, 금융정보·신용정보·보험정보 등 법에서 요구하는 정보나 자료를 제출하여야 하며, 조건부수급자의 경우 자활사업에 성실히 임해야 한다. 만일 불이행 시 복지급여의 제공이 중지되거나 감축될 수 있다.

Ⅲ. 영역별 사회복지의 권리성

사회복지의 권리성에 대한 논의는 사회복지 전반에 걸쳐 일반적으로 논의할 수 있는 측면도 있지만 각 영역별로 구분해 논의해야 할 필요성도 있다. 현재 생존권에 대한 다수설은 프로그램규정설이다. 같은 맥락에서 복지권도 프로그램규정적으로 보는 것이 아직은 다수설이다. 그러나 사회복지의 영역 가운데 사회보험, 공공부조, 사회서비스 및 사회수당 제도들은 수혜대상자, 재원의 기여 여부, 급여종류 등에 있어서 다르기 때문에 수급권에 대한 권리의 성격도 다르다.

1. 사회보험의 권리성

사회보험이란 국민에게 발생하는 사회적 위험을 보험의 방식으로 대처함으로써 국민의 건강과 소득을 보장하는 제도를 말한다(「사회보장기본법」 제3조). 사회보험은 보험운영에 필요한 주된 재원은 주로 보험급여를 받게 되는 가입자의 기여금으로 충당되고 있다. 따라서 사회보험은 향후 발생할 사회적 사고에 대비해서 미리 가입자가 자신의 경제적 부담으로 보험료를 부담하고, 일정한 사회적 사고가 발생했을 때 응당 현금 또는 현물로 급여를 받게 되기 때문에 사회보험수급권의 권리성이 매우 강하다.

일정한 범위의 국민은 법률상 당연히 국민연금에 가입되고, 급여의 종류와 내용이 법률로 정하여져 있으며, 연금보험료의 액수와 징수방법도 법률로 정하여져 있는 등 보험관계의 내용을 당사자들이 개별적으로 선택할 수 없다. 더구나 사회보험의 경우 일정한 범위의 국민은 법률상 당연히 가입하게 되고, 급여의 종류와 내용이 법률로 규정되어 있으며, 보험료 액수와 징수방법도 법률로 정하여져 있기 때문에 보험관계의 내용을 당사자들이 개별적으로 선택하거나 변경하거나 소멸시킬 수 없다. 만일 수급권자의 사회보험수급권이나 보험관계내용을 제한하거나 변경하거나 소멸시킬 경우에는 원칙적으로 법률로 위임된 사항이 아니면 행정재량에 의해 이를 제한하거나 변경하거나 소멸할 수 없고, 반드시 당해 「사회보험법」의 개정을 통해서만 가능하도록 되어 있다. 결과적으로 사회보험수급권은 구체적으로 법으로 보장된 구체적 · 법적 권리이다.

사회보험수급권은 「헌법」에 보장된 인간다운 생활을 보장하기 위한 사회보장적 급여로서 생존권을 구체화하는 권리이다.[23] 「사회보험법」에 구체적으로 보장된 권리이기 때문에 국민은 사회적 사고가 발생했을 때 국가에 대해 보험급여를 적극적으로 요청할 법적인 권리가 있으며, 국가는 이에 대해 적극적으로 응해야 할 의무가 있다. 만일 국가가 사회보험수급권을 법률이 정하는 대로 보장하지 못하는 경우, 수급권자인 국민은 국가를 대상으로 구체적 소송을 통해서 법으로 정해진 권리를 구제받을 수 있다. 사회보험의 권리성은 구체적인 법적 권리로서의 특징을 갖고 있다.

사회보험수급권은 재산권으로서 특징을 갖는다. 국가는 매년 사회보험의 관리 · 운영에 필요한 관리 · 운영비만을 전부 또는 일부 부담하고, 실제 급여에 필요한 재원을 이루는 보험료는 가입자 본인이 전부 또는 일부를 부담하므로 법상의 각종 급여수급권은 「헌법」 제23조에 의하여 보장되는 재산권으로서의 성격도 가지고 있는 것으로 보아야 한다. 또한 헌법재판소는 사회보험의 강제가입과 강제징수제도가 헌법에 보장된 인간으로서 존엄과 가치 · 행복추구권을 침해하는지 여부에 관해서 사회보험제도의 입법목적이 정당하고 국가안전보장, 질서유지, 공공복리를 위해서 그리고 그 기본권 제한의 방법 내지 수단에 있어서 과잉금지하지 않는 한 사회보험의 강제가입과 강제징수제도로 인한 행복추구권 침해가 「헌법」에 위반된다고 할 수 없다고 판시하고 있다.[24] 다만 국가에 의한 강제가입과 강제징수가 이루어지는 만큼 사회보험수급권자의 복지권은 국가가 철저하게 보장해주어야 한다.[25]

2. 공공부조의 권리성

공공부조(公共扶助)란 국가와 지방자치단체의 책임하에 생활 유지 능력이 없거나 생활이 어려운 국민의 최저생활을 보장하고 자립을 지원하는 제도를 말한다(사회보장기본법 제3조). 이를 좀더 부연 설명하면, 공공부조란 국가가 규정한 일정한 수준 이하에서 경제적으로 빈곤한 생활을 하고 있으며, 자신의 능력으로 독립적인 생활이 불가능하거나, 부양의무자의 도움을 받을 수 없어 보호를 필요로 하는 상태(要保護狀態)에 있는 자를, 신청에 의하여 또는 직권으로 소득인정액조사(자산조사)와 상태조사를 실시한 후, 수급권자로 판명되면 이들에 대해 건강하고 문화적인 최저한도의 기초생활을 유지할 수 있도록 현금급여, 현물급여 또는 증서를 제공해 주고, 자활능력이 있는 자에 대해서는 이들의 자립자활을 촉진하기 위한 필요한 조치를 취하거나 근로를 조건으로 원조를 제공(workfare)하는 근로연계를 실시하며, 수혜자의 비용부담 없이 국가와 지방자치단체가 일반조세수입을 기초로 한 공적인 재원을 활용하여 필요한 비용을 충당하는 무기여 · 보충적 원조이며, 자본주의사회의 공적인 최후의 안전망이다.

「헌법」은 공공부조에 관한 복지조치나 급여가 국민의 권리이자 국가의 의무임을 명시하고 있다. 또한 이를 구체화할 공공부조 관련법의 제정과 운영을 위한 틀을 제공하고 있다. 공공부조의 권리와 의무의 발생, 변경, 소멸, 성질, 내용, 범위 등과 관련된 내용을 규정하고 있는 실체법으로는 「국민기초생활 보장법」「의료보호법」「재해구호법」 등이 있다. 공공부조수급권은 생활능력이 없는 국민들의 인간다운 생활을 유지시켜 주기 위한 「헌법」상 규정이다. 따라서 생활능력이 없는 국민은 국가로부터 건강하고 문화적인 최저한도의 인간다운 생활을 보장받을 수 있는 권리가 있고, 국가는 이들이 최소한 최저수준의 인간다운 생활을 영위할 수 있도록 사회보장과 사회복지의 증진을 위해 노력해야 할 의무가 있다. 공공부조수급권의 「헌법」상 권리에 대한 법적 성격에 관해 서로 다른 학설들이 서로 다른 논리로 법적 성격을 규정하고 있다.

공공부조수급권이 기본권으로서 어떠한 법적 성격을 갖는가에 관한 현재 우리 정부의 공식적인 견해는 심창섭 씨 부부가 보건복지부장관이 고시한 생활보호사업지침상의 「94년 생계보호기준」이 「헌법」상의 행복추구권과 인간다운 생활을 할 권리를 침해하였다고 청구한 '1994년 생계보호기준 위헌확인 헌법소원심판'에 대한 헌법재판소 전원재판부의 전원일치 판결결과로서 알 수가 있다. 헌법재판소는 공공부조수급권이 구체적인 법적 권리로서 행사될 수 없으며, 프로그램규정적인 권리로서 또는 추상적 권리로서 인정된다고 판시하고 있다. 그러나 「생활보호법」을 대체하여 「국민기초생활 보장법」이 제정됨에 따라 수급권자란 용어가 새로이 만들어졌다. 수급권자(受給權者)란 이 법에 따른 급여를 받을 수 있는 자격을 가진 사람, 즉 권리를 가진 사람이며, 법에 급여를 받을 수 있는 권리가 명시되어 기초생활보장수급권이 법적인 권리가 되었다. 그러나 기초생활보장을 받기 위해 수급권자가 경제적 기여를 하지 않았기 때문에 실제 권리를 행사함에 있어서 애매모호한 측면이 있다. 따라서 이는 가입자의 경제적 기여를 필수로 하는 사회보험에서와 같이 구체적 권리가 아니라, 추상적 권리에 불과하다. 그러나 모든 국민들에게 최저보장수준을 보장받을 권리가 법에 명시됨으로써 공공부조수급권은 과거의 「생활보호법」상의, 프로그램규정적인 권리에서 벗어나, 비록 구체적 권리는 아니지만, 추상적인 법적 권리로 그 권리성이 일보 진전되었다.[26]

3. 사회서비스의 권리성

사회서비스란 사회서비스란 국가 · 지방자치단체 및 민간부문의 도움이 필요한 모든 국민에게 복지, 보건의료, 교육, 고용, 주거, 문화, 환경 등의 분야에서 인간다운 생활을 보장하고 상담, 재활, 돌봄, 정보의 제공, 관련 시설의 이용, 역량 개발, 사회참여 지원 등을 통하여 국민의 삶의 질이 향상되도록 지원하는 제도를 말한다(「사회보장기본법」 제3조). 사회서비스의 사회적 권리성에 대한 기존의 연구는 전무한 편이다. 따라서 기존의 헌법재판소나 대법원의 판례를 중심으로 논리를 전개해야 한다.

사회서비스법에서 서비스수혜대상자의 선정 기준 및 지급수준 등에 관한 구체적인 사항을 보건복지가족부장관에게 위임하고 있으므로, 보건복지가족부장관은 서비스수혜대상자의 선정기준과 지급수준을 매년 예산확보상황 등을 고려한 후 구체적인 지급수준과 지급시기, 지급방법, 선정기준 등을 법령이 위임한 범위 내에서 결정할 수 있다.[27)][28)] 따라서 사회서비스수급권은 법적인 권리가 아니라 국가의 예산확보상황에 따른 반사적 이익이기 때문에 일종의 프로그램규정 내지 입법방침으로 간주하여야 한다. 따라서 사회서비스수급권은 국민의 국가보호에 관한 구체적이고 현실적인 권리를 부여한 규정이 아니라, 입법에 의해서만 효력을 발생하는 강령규정으로서 입법자에게 입법의 방침을 지시하는 규정이라는 것이다. 즉, 현실적으로 직접 적용되지 않고 집행법률에 의한 현실화를 요하는 법규범으로서 입법부에 대해 입법방침(program)을 규정하는 것이라는 주장이다. 즉 사회서비스수급권은 입법권만을 구속하고 행정권과 사법권을 구속하지 않는다고 본다.

따라서 그 실시는 국가의 자유재량이며 일종의 반사적 이익에 속한다. 국민은 인간다운 생활에 필요한 사회서비스를 구체적으로 청구할 수 없으며, 국가는 입법을 할 정치적 · 도의적 책임을 지는 데 불과하다. 사회서비스수급권은 일종의 반사적 이익 또는 반사적 수익권으로 국가의 행정적 · 재정적 능력에 의존한다. 따라서 복지사업은 정부가 예산의 범위 내에서 재정능력의 한도 내에서 행정적으로 가능한 범위 내에서 실시할 수 있다.

4. 사회수당의 권리성

2019년 1월부터 실시되는 개정된 「아동수당법」은 기존의 하위 90% 가정의 아동에게만 지급하던 아동수당을 모든 가정의 아동에게 지급하게 함으로써 보편적인 사회수당식 아동수당제도로 바뀌게 된다. 이러한 보편적 프로그램 또는 데모그란트(demogrant)는 귀속적 욕구에 근거한 할당으로 급여에 대한 권리성이 매우 강하다.

Ⅳ. 권리구제

1. 권리구제의 의의와 방법

1) 권리구제의 의의

권리구제란 법에서 보장하고 있는 국민의 권리가 침해당하거나 부당하게 이익이 손상되었을 때 국민이 법규정을 통해 보장된 자신의 권리나 이익을 실현시키기 위하여 취하는 법적 · 제도적 장치와 수단을 의미한다. 사회복지법에서의 권리구제는 수급권자가 수급자격의 신청과정에서, 수급자격의 심사과정에서, 급여의 수급과정에서 당해 복지행정기관의 처분에 대하여 이의가 있거나 결정을 받아들일 수 없는 경우, 그 처분의 시정을 요구하는 법적인 구제제도이다.

최근 사회복지법의 제 · 개정을 통하여 복지권(welfare right)에 대한 법적 보장이 강화되어 감에 따라 이제는 복지가 일종의 시혜(dole)나 선물(gift)로 인식되기보다는 국민들이 법적으로 누릴 수 있는 권리(right)로 인식됨에 따라 국민들이 자신이 누릴 수 있는 복지에 대한 권리가 불법 · 부당하게 침해되었을 경우, 침해받은 권리를 적극적으로 구제하여 자신의 복지권을 보다 충실하게 보호하기 위한 적극적인 노력이 이루어지고 있다.

권리구제의 개념은 다양한 관점에서 논의되고 있으며, 다양한 사회복지법들에서 각각 국민들의 복지권을 보호하기 위한 권리구제방안들이 법적으로 그리고 제도적으로 마련되어 있다. 이는 「헌법」에서 보장하고 있는 국민의 인간다운 생활을 할 권리를 보장하는 동시에 나아가 인간의 존엄과 가치 그리고 행복추구권을 실현하기 위한 수단이다.

사회복지법 분야에서의 권리구제는 복지정책의 형성과정에서 발생할 수 있는 정부담당자의 불법 · 부당한 행위나 방임, 사회복지법상의 제도적 모순, 복지행정시스템의 오류 등으로 인해 침해된 국민의 복지권을 보호하고, 국민의 인간다운 생활을 보장하기 위해 필요한 장치이다. 이는 행정통제적 측면과 국민의 복지권 강화라는 양쪽 측면에서 살펴볼 수 있다.[29)]

첫째, 행정통제적 측면에서의 권리구제이다. 최근 들어, 복지행정의 적극적 기능이 강조되고 전문화됨에 따라 복지행정담당자가 복지행정업무를 집행하는 과정에 상당한 권한을 부여받고 있으며, 행정기관의 재량권이 증대하고, 때로는 행정권이 남용되거나 일탈현상이 발생할 가능성이 있으며, 이러한 요인들은 수급권자의 복지권이 침해되는 결과를 발생시킬 수 있다. 사회보장 부문에서 권리구제 제도는 법률에 명시된 국민의 사회보장수급권과 같은 복지권을 보호하는 목적뿐만 아니라 행정기관의 조치 및 행정작용에 대한 취소 및 변경을 요청함으로써 행정오류 및 부당성에 대한 통제 수단으로서 의의를 가진다. 즉, 사회복지분야에서의 권리구제 절차 및 제도는 사회보장 급여결정 및 정책집행과 같은 행정청의 행정작용을 법에 종속시키고 스스로 내린 결정에 대해 자기통제를 하기 위한 수단으로 볼 수 있다. 사회복지에서 권리구제는 지자체가 행사한 부절적한 복지행정처분뿐만 아니라 행정재량에 따른 부당한 처분에 대하여도 수급권자 스스로 행정처분 변경을 신청할 수 있으며, 계급에 따라 서열이 결정되는 계서제(階序制)를 토대로 구조화된 복지행정조직에서는 복지행정기관의 처분 변경에 대한 의결권이 상위 행정기관에 있으므로 하위 행정기관의 행정행위를 통제하는 통제기능이 있다.

둘째, 국민의 복지권 강화 차원에서의 권리구제이다. 우리나라의 사회복지법들은 공통적으로 국민의 복지에 관한 권리를 보장하기 위한 국가와 지방자치단체의 책임을 법의 내용에 명시하고 있다. 따라서 국민은 복지혜택을 누릴 법적 권리가 있으며, 국가와 지방자치단체는 국민의 복지권을 최대한 보장하고, 국민의 복지권이 침해당하지 않도록 하기 위한 최선의 노력을 기울일 법적 의무가 있다. 만일 행정권에 의하여 국민의 복지권이 불법 · 부당하게 침해당했을 경우, 국가와 지방자치단체는 법에 명시된 합법적 권리구제절차에 따라 국민이 침해당한 자신의 복지권을 스스로 회복할 수 있도록 구제제도와 행정절차를 마련해 주어야 한다.

2) 권리구제의 방법

사회보장부문에서 권리구제는 수요자 중심의 복지환경 구현을 위한 광의의 권리구제와 법률에서 명시하고 있는 자신의 권리 및 이익이 침해당했거나 행정기관의 조치가 부당하다고 여겨질 때 행정작용에 대한 취소 · 변경을 요청하는 협의의 권리구제로 구분할 수 있다.

권리구제의 방법은 복지사각지대에 놓여 있는 취약계층의 발굴을 통하여 이들의 사회복지수급권을 사전적으로 구제해 주는 적극적 행정을 통한 권리구제방법과 제도적으로 명시된 절차에 따라 권리구제가 이루어지는 제도적 권리구제방법으로 구분할 수 있다.

(1) 적극적 행정을 통한 권리구제방법

우리나라 사회보장제도는 신청주의를 원칙으로 한다. 「사회보장기본법」에 따르면, 모든 국민은 사회보장 관계 법령에서 정하는 바에 따라 사회보장급여를 받을 권리, 즉 사회보장수급권을 가진다. 사회보장급여를 받으려는 사람은 관계 법령에서 정하는 바에 따라 국가나 지방자치단체에 신청하여야 한다. 다만, 관계 법령에서 따로 정하는 경우에는 국가나 지방자치단체가 신청을 대신할 수 있다(동법 제9조 및 제11조). 그러나 사회보장급여 자체에 대한 정보가 없거나, 사회보장급여의 수급절차에 대한 지식이 없어 신청을 못한 경우 사회보장수급권자들은 복지사각지대에 놓이게 된다. 따라서 복지사각지대에 놓인 국민을 적극적으로 발굴하여 국민에게 주어진 복지권, 즉 사회보장수급권을 구제해 주는 것이다.

적극적 행정을 통한 권리구제는 신청주의로 인해 복지급여를 인지하지 못하고 있거나, 알고 있음에도 불구하고 신청을 못 하고 있는 복지대상자를 발굴하여 복지급여 수급 권리를 발굴하고 찾아 주는 사전적 권리구제와 복지급여를 신청하였지만 보장결정단계에서 엄격한 자격심사 기준이나 재량권 남용으로 인해 탈락한 경우 이의신청이나 재심사를 통하여 수급권을 구제할 수 있는 사후적 권리구제가 있다.

(2) 제도적 권리구제방법

제도적 권리구제방법에는 이의신청, 심사청구, 심판청구, 행정심판, 행정소송, 행정쟁송 등 다양한 제도와 절차가 있을 수 있다. 크게 보면 행정절차를 통한 권리구제와 쟁송을 통한 권리구제로 구분할 수 있다.

① 행정절차를 통한 권리구제

행정절차를 통한 권리구제에는 청원, 소청, 이의신청, 심사청구, 재심사청구, 심판청구, 행정심판 등이 있으며, 사회복지법률에서는 대체로 이의신청, 심사 및 재심사청구라는 행정절차를 통하여 이루어진다.[30]

행정절차를 통한 권리구제는 사회복지급여의 심사과정이나 결정과정에서 행정기관의 부득이한 결정 또는 처분 · 부작위 등에 대해 수급권자가 이의가 있는 경우 수급권자나 법적 대리인이 일정한 행정적 절차를 통하여 권리를 구제받을 수 있는 일종의 제도적 안전망(institutional safetynet)이다. 행정절차를 통한 권리구제는 복지행정의 효율성과 신속성을 보장하는 장점이 있다. 사법절차에 의한 행정쟁송사건의 심판은 그 절차가 복잡하고, 심리과정에도 상당한 시간이 필요하므로 행정사건에 관한 분쟁을 효율적이고 신속하게 해결할 수 있어 행정능률에 기여할 수 있다.

행정절차를 통한 권리구제는 각각의 사회복지법률이나 시행령 및 행정규칙이 권리구제의 주체 · 방법 · 절차 등을 별도로 규정하고 있다. 이러한 행정절차를 통한 권리구제는 행정기관의 처분 및 결정에 이의가 있는 경우 수급자가 직접 또는 법적 대리인을 통하여 이의신청을 제기하여야 하며, 이 결정에 불복할 경우 다시 재심사청구를 순차적으로 진행할 수 있다.

첫째, 청원이란 국민이 국가기관의 권한에 속하는 사항에 대하여 불만사항을 시정하거나 피해의 구제, 법령의 개정 등을 요청하기 위해 국가기관 등에 서면으로 희망을 진술하는 것을 말한다.

「헌법」 제26조는 국민의 청원권을 청구권적 기본권으로 명시하고 있다. 모든 국민이 법률이 정하는 바에 의하여 국가기관에 문서로 청원할 권리를 가지고 있으며, 국가는 청원에 대하여 심사할 의무를 진다. 「헌법」상 보장된 국민의 청원권행사의 절차와 청원의 처리에 관한 사항을 규정하기 위한 실정법으로서 「청원법」이 있다.[31] 이 법에 따르면 청원을 제출할 수 있는 대상기관은 국가기관, 지방자치단체와 그 소속기관 그리고 법령에 의하여 행정권한을 가지고 있거나 행정권한을 위임 또는 위탁받은 법인 · 단체 또는 그 기관이나 개인이다. 청원은 다음 각 호의 어느 하나에 해당하는 경우에 한하여 할 수 있다.

1. 피해의 구제 2. 공무원의 위법 · 부당한 행위에 대한 시정이나 징계의 요구
3. 법률 · 명령 · 조례 · 규칙 등의 제정 · 개정 또는 폐지
4. 공공의 제도 또는 시설의 운영
5. 그 밖에 국가기관 등의 권한에 속하는 사항

그러나 청원이 감사 · 수사 · 재판 · 행정심판 · 조정 · 중재 등 다른 법령에 의한 조사 · 불복 또는 구제절차가 진행 중인 때, 허위의 사실로 타인으로 하여금 형사처분 또는 징계처분을 받게 하거나 국가기관 등을 중상모략하는 사항인 때, 사인 간의 권리관계 또는 개인의 사생활에 관한 사항인 때 그리고 청원인의 성명 · 주소 등이 불분명하거나 청원내용이 불명확한 때에는 이를 수리하지 아니한다.

청원의 방법은 청원인의 성명과 주소 또는 거소를 기재하고 서명한 문서(전자문서 포함)로 하여야 하며, 다수인이 공동으로 청원을 하는 때에는 그 처리결과를 통지받을 3인 이하의 대표자를 선임하여 이를 청원서에 표시하여야 하고, 청원서에는 청원의 이유와 취지를 밝히고, 필요한 때에는 참고자료를 첨부할 수 있다.

청원서는 청원사항을 관장하는 기관에 제출하여야 하며, 청원을 수리한 기관은 성실하고 공정하게 청원을 심사 · 처리하여야 한다. 청원을 관장하는 기관이 청원을 접수한 때에는 특별한 사유가 없는 한 90일 이내에 그 처리결과를 청원인에게 통지하여야 한다. 청원이 처리기간 이내에 처리되지 아니하는 경우 청원인은 청원을 관장하는 기관에 이의신청을 할 수 있다.

청원의 일종으로 소청(訴請)이 있다. 소청이란 사회복지전담공무원과 같은 공무원이나 교원이 징계처분 그 밖에 그 의사에 반하는 불리한 처분이나 부작위에 대하여 이의를 제기하는 것을 말한다. 소청심사제도는 이의를 심사하고 결정하는 행정심판제도의 일종으

로서, 위법, 부당한 인사상 불이익 처분에 대한 구제라는 사법 보완적 기능을 통하여 직접적으로 공무원의나 교원의 신분 보장과 직업공무원 · 교원제도를 확립하고, 간접적으로는 공행정이나 사행정에 대한 자기통제적 기능을 수행한다.[32)]

둘째, 이의신청에는 다양한 개념정의가 존재하지만, 통상적으로는 민원사항에 대한 행정기관의 불법 또는 부당한 거부처분에 대하여 불복이 있는 민원인이 그 처분을 받은 날부터 법으로 정해진 기간 이내에 제기하는 행정처분의 취소나 변경을 구하는 제도를 말한다. 「민원 처리에 관한 법률」 제35조에 따르면, 법정민원에 대한 행정기관의 장의 거부처분에 불복하는 민원인은 그 거부처분을 받은 날부터 60일 이내에 그 행정기관의 장에게 문서로 이의신청을 할 수 있다. 행정기관의 장은 이의신청을 받은 날부터 10일 이내에 그 이의신청에 대하여 인용 여부를 결정하고 그 결과를 민원인에게 지체 없이 문서로 통지하여야 한다. 민원인은 이의신청 여부와 관계없이 「행정심판법」에 따른 행정심판 또는 「행정소송법」에 따른 행정소송을 제기할 수 있다. 민원인은 또 이의신청 여부와 관계없이 행정심판 또는 행정소송을 제기할 수 있다 이의신청은 다음 각 호의 사항을 적은 문서로 하여야 한다(동법 시행령 제40조).[33)]

1. 신청인의 성명 및 주소(법인 또는 단체의 경우에는 그 명칭, 사무소 또는 사업소의 소재지와 대표자의 성명)와 연락처
2. 이의신청의 대상이 되는 민원
3. 이의신청의 취지 및 이유
4. 거부처분을 받은 날 및 거부처분의 내용

셋째, 심사청구란 권한이 있는 행정기관의 위법 또는 부당한 행정처분에 대하여 그 취소 · 변경 등을 구하기 위하여 심사를 청구하는 행위이다. 「국민연금법」에 따르면, 국민연금가입자의 자격, 기준소득월액, 연금보험료, 그 밖의 이 법에 따른 징수금과 급여에 관한 공단 또는 건강보험공단의 처분에 이의가 있는 자는 그 처분을 한 공단 또는 건강보험공단에 심사청구를 할 수 있다. 심사청구는 그 처분이 있음을 안 날부터 90일 이내에 문서(전자문서 포함)로 하여야 하며, 처분이 있은 날부터 180일을 경과하면 이를 제기하지 못한다. 다만, 정당한 사유로 그 기간에 심사청구를 할 수 없었음을 증명하면 그 기간이 지난 후에도 심사청구를 할 수 있다. 심사청구 사항을 심사하기 위하여 국민연금공단에 국민연금심사위원회를 두고, 건강보험공단에 징수심사위원회를 둔다(「국민연금법」 제108조부터 제109조).

넷째, 재심사청구란 심사청구인이 심사관의 결정에 불복하여 심사위원회에 이의를 제기하는 것을 말한다. 「국민연금법」에 따르면, "심사청구에 대한 결정에 불복하는 자는 그 결정통지를 받은 날부터 90일 이내에 대통령령으로 정하는 사항을 적은 재심사청구서에 따라 보건복지부의 국민연금재심사위원회에 재심사를 청구할 수 있다. 재심사위원회의 재심사와 재결에 관한 절차에 관하여는 「행정심판법」을 준용하며, 재심사청구 사항에 대한 재심사위원회의 재심사는 「행정심판법」에 따른 행정심판으로 본다(동법 제110조부터 제112조).

다섯째, 재결신청이란 공권력의 불행사에 대한 권리구제방안으로, 행정상 법률관계의 존재나 형성에 관해 다툼이 있을 경우에 권한이 있는 행정청에 대하여 그 판정을 청구하는 행위를 말한다. 「공익사업을 위한 토지 등의 취득 및 보상에 관한 법률」에 따르면, 사업인정고시가 된 후 협의가 성립되지 아니하였을 때에는 토지소유자와 관계인은 서면으로 사업시행자에게 재결을 신청할 것을 청구할 수 있다(동법 제30조).

여섯째, 불복신청이란 행정처분을 위법 또는 부당하다고 하여 그 취소 또는 변경을 구하기 위하여 권한을 가진 행정청에 대하여 재심사를 청구하는 행위를 총칭하는 용어로 실정법상 이의신청 · 재조사의 청구 · 행정심판 · 행정소송 등 다양한 경우에 사용된다.

② 쟁송을 통한 권리구제

쟁송을 통한 권리구제에는 행정쟁송을 통한 권리구제, 민사쟁송을 통한 권리구제, 헌법소원을 통한 권리구제가 있다.

가) 행정쟁송을 통한 권리구제

행정쟁송이란 행정작용에 의하여 권리나 이익을 침해당한 자가 이를 구제받기 위하여 제기하는 권리구제절차로, 행정상의 법률관계에 대하여 분쟁이 있을 경우에 이해관계인의 쟁송제기에 따라 일정한 판단기관인 행정청 또는 법원이 그 분쟁을 심리 · 판정하는 절차를 의미한다. 행정쟁송은 행정객체인 국민의 권리와 이익 보호라는 권리구제기능과 법질서의 확립이라는 기능을 이중적으로 수행한다. 행정쟁송에는 행정심판 · 이의신청 · 소원 및 행정소송, 공익소송 등 다양한 제도들이 있으며, 대표적으로는 행정심판과 행정소송이 있다.[34)]

ㄱ) 행정심판

행정심판은 넓은 의미로는 행정청이 일정한 공법적 결정을 함에 있어서 거치는 모든 준사법적 절차를 의미하며, 좁은 의미로는 행정기관이 재결청이 되는 행정쟁송 절차를 의미한다.

「행정심판법」에 따르면 행정심판은 행정청의 위법 또는 부당한 처분이나 부작위(不作爲)로 침해된 국민의 권리 또는 이익을 구제하고, 아울러 행정의 적정한 운영을 도모하기 위한 심판절차를 의미한다. 행정심판의 대상은 행정청의 처분 또는 부작위이다. 행정청의 처분 또는 부작위에 대하여는 다른 법률에 특별한 규정이 있는 경우 외에는 이 법에 따라 행정심판을 청구할 수 있다. 그러나 대통령의 처분 또는 부작위에 대하여는, 다른 법률에서 행정심판을 청구할 수 있도록 정한 경우 외에는 행정심판을 청구할 수 없다.[35]

행정심판의 종류에는 취소심판, 무효 등 확인심판 그리고 의무이행심판이 있다. 취소심판이란 행정청의 위법 또는 부당한 처분을 취소하거나 변경하는 행정심판을 말한다. 무효등 확인심판이란 행정청의 처분의 효력 유무 또는 존재 여부를 확인하는 행정심판을 말한다. 의무이행심판이란 당사자의 신청에 대한 행정청의 위법 또는 부당한 거부처분이나 부작위에 대하여 일정한 처분을 하도록 하는 행정심판을 말한다.

다음 각 호의 행정청 또는 그 소속 행정청의 처분 또는 부작위에 대한 행정심판의 청구, 즉 심판청구에 대하여는 행정청에 행정심판위원회를 설치하고, 그 행정심판위원회에서 심리 · 재결한다.

1. 감사원, 국가정보원장, 그 밖에 대통령령으로 정하는 대통령 소속기관의 장
2. 국회사무총장 · 법원행정처장 · 헌법재판소사무처장 및 중앙선거관리위원회사무총장
3. 국가인권위원회, 그 밖에 지위 · 성격의 독립성과 특수성 등이 인정되어 대통령령으로 정하는 행정청

다음 각 호의 행정청의 처분 또는 부작위에 대한 심판청구에 대하여는 국민권익위원회에 두는 중앙행정심판위원회에서 심리 · 재결한다.

1. 상기 행정청 외의 국가행정기관의 장 또는 그 소속 행정청
2. 특별시장 · 광역시장 · 특별자치시장 · 도지사 · 특별자치도지사(특별시 · 광역시 · 특별자치시 · 도 또는 특별자치도의 교육감을 포함) 또는 특별시 · 광역시 · 특별자치시 · 도 · 특별자치도의 의회
3. 지방자치단체조합 등 관계 법률에 따라 국가 · 지방자치단체 · 공공법인 등이 공동으로 설립한 행정청

다음 각 호의 행정청의 처분 또는 부작위에 대한 심판청구에 대하여는 시 · 도지사 소

속으로 두는 행정심판위원회에서 심리 · 재결한다.

1. 시 · 도 소속 행정청 2. 시 · 도의 관할구역에 있는 시 · 군 · 자치구의 장, 소속 행정청 또는 시 · 군 · 자치구의 의회 3. 시 · 도의 관할구역에 있는 둘 이상의 지방자치단체(시 · 군 · 자치구를 말한다) · 공공법인 등이 공동으로 설립한 행정청

(「행정심판법」 제1조부터 제6조)[36]

사회복지법에서 행정심판전치주의(行政審判前置主義)가 적용되는 경우가 있다. 행정심판전치주의란 행정소송의 제기에 앞서서 피해자가 행정청에 대해 먼저 행정심판의 제기를 통해 처분의 시정을 구하고, 그 시정에 불복이 있을 때 행정소송을 제기하는 것이다. 행정심판전치주의에는 필요적 행정심판전치주의와 임의적 행정심판전치주의가 있다.

「행정소송법」은 행정심판과 행정소송과의 관계에 관하여 다음과 같이 정하고 있다. 동법 제18조에 따르면, "취소소송은 법령의 규정에 의하여 당해 처분에 대한 행정심판을 제기할 수 있는 경우에도 이를 거치지 아니하고 제기할 수 있다. 다만, 다른 법률에 당해 처분에 대한 행정심판의 재결을 거치지 아니하면 취소소송을 제기할 수 없다는 규정이 있는 때에는 그러하지 아니하다."고 규정함으로써 임의적 행정심판전치주의를 원칙으로 하고, 예외적으로 필요적 행정심판전치주의를 채택하고 있다. 그러나 필요적 행정심판이 적용되는 경우에도 다음에 해당하는 사유가 있는 때에는 행정심판의 재결을 거치지 아니하고 취소소송을 제기할 수 있다.

1. 행정심판청구가 있은 날로부터 60일이 지나도 재결이 없는 때 2. 처분의 집행 또는 절차의 속행으로 생길 중대한 손해를 예방하여야 할 긴급한 필요가 있는 때 3. 법령의 규정에 의한 행정심판기관이 의결 또는 재결을 하지 못할 사유가 있는 때 4. 그 밖의 정당한 사유가 있는 때

필요적 행정심판이 적용되는 경우에 다음에 해당하는 사유가 있는 때에는 행정심판을 제기함이 없이 취소소송을 제기할 수 있다.

1. 동종사건에 관하여 이미 행정심판의 기각재결이 있은 때 2. 서로 내용상 관련되는 처분 또는 같은 목적을 위하여 단계적으로 진행되는 처분 중 어느 하나가 이미 행정심판의 재결을 거친 때 3. 행정청이 사실심의 변론종결 후 소송의 대상인 처분을 변경하여 당해 변경된 처분에 관하여 소를 제기하는 때 4. 처분을 행한 행정청이 행정심판을 거칠 필요가 없다고 잘못 알린 때

(「행정소송법」 제18조)

사회복지법에서 행정심판전치주의와 관련된 예는 「국민연금법」에서 찾아볼 수 있다.

국민연금공단의 처분에 이의가 있는 자는 그 처분에 대하여 국민연금공단에 심사청구를 할 수 있으며, 심사청구에 대한 국민연금공단의 결정에 불복하는 자는 그 결정통지를 받은 날부터 90일 이내에 대통령령으로 정하는 사항을 적은 재심사청구서에 따라 보건복지부의 국민연금재심사위원회에 재심사를 청구할 수 있다. 재심사위원회의 재심사와 재결에 관한 절차에 관하여는 「행정심판법」을 준용하며, 재심사청구 사항에 대한 재심사위원회의 재심사는 「행정소송법」상 행정심판과의 관계를 적용할 때 「행정심판법」에 따른 행정심판으로 본다(「국민연금법」 제112조). 따라서 국민연금공단의 처분에 대한 소송은 1차적으로 국민연금공단의 심사청구를 하고, 공단의 결정에 불복하는 경우에는 2차적으로 보건복지부의 재심사위원회의 재심사를 청구할 수 있으며, 이 재심사를 「행정심판법」의 행정심판으로 간주함으로써 임의적으로나마 행정심판전치주의의 원칙을 적용하고 있다. 재심사위원회의 결정에 불복할 경우에는 「행정소송법」에 따른 행정소송을 제기할 수 있다.

ㄴ) 행정소송

소송이란 사실관계나 법률관계에서 대립하는 당사자 사이의 권리나 의무 등에 관한 분쟁을 재판에 의하여 법률적으로 해결하여 구체적인 법률관계를 확정하여 줄 것을 법원에 요구하는 법률적 절차를 말한다. 소송의 종류에는 민사소송, 형사소송, 행정소송, 가사소송, 헌법소원 등이 있다. 행정소송이란 「행정소송법」상 소송절차를 통하여 행정청의 위법한 처분 그 밖에 공권력의 행사 · 불행사 등으로 인한 국민의 권리 또는 이익의 침해를 구제하고, 공법상의 권리관계 또는 법적용에 관한 다툼을 적정하게 해결하기 위하여 제기하는 소송을 말한다.

행정소송의 종류에는 항고소송, 당사자소송, 민중소송 그리고 기관소송이 있다.[37]

1. 항고소송: 행정청의 처분 등이나 부작위에 대하여 제기하는 소송
   (항고소송에는 취소소송, 무효 등 확인소송 그리고 부작위위법확인소송이 있음. 취소소송은 행정청의 위법한 처분 등을 취소 또는 변경하는 소송을 말하며, 무효 등 확인소송은 행정청의 처분 등의 효력 유무 또는 존재여부를 확인하는 소송을 말하고, 부작위위법확인소송은 행정청의 부작위가 위법하다는 것을 확인하는 소송을 말함)
2. 당사자소송: 행정청의 처분 등을 원인으로 하는 법률관계에 관한 소송 그 밖에 공법상의 법률관계에 관한 소송으로서 그 법률관계의 한쪽 당사자를 피고로 하는 소송
3. 민중소송: 국가 또는 공공단체의 기관이 법률에 위반되는 행위를 한 때에 직접 자기의 법률상 이익과 관계없이 그 시정을 구하기 위하여 제기하는 소송
4. 기관소송: 국가 또는 공공단체의 기관상호간에 있어서의 권한의 존부 또는 그 행사에 관한 다툼이 있을 때에 이에 대하여 제기하는 소송. 다만, 헌법재판소의 관장사항으로 되는 소송은 제외한다.

여기서 "처분 등"이라 함은 행정청이 행하는 구체적 사실에 관한 법집행으로서의 공권력의 행사 또는 그 거부와 그 밖에 이에 준하는 행정작용 및 행정심판에 대한 재결을 말한다. "부작위"라 함은 행정청이 당사자의 신청에 대하여 상당한 기간 내에 일정한 처분을 하여야 할 법률상 의무가 있음에도 불구하고 이를 하지 아니하는 것을 말한다(행정소송법 제1조부터 제4조).

사회복지법에서도 행정소송을 규정한 경우도 있다.「국민건강보험법」에 따르면, 공단 또는 심사평가원의 처분에 이의가 있는 자와 이의신청 또는 심판청구에 대한 결정에 불복하는 자는「행정소송법」에서 정하는 바에 따라 행정소송을 제기할 수 있다(동법 제90조).

나) 민사쟁송을 통한 권리구제

민사쟁송을 통한 권리구제는 민사소송, 조정, 중재 등이 있으나 사회복지법 분야에서의 민사쟁송은 주로「민사소송법」의 절차에 따른 민사소송을 통해 이루어진다. 민사소송이란「민법」「상법」등 사법에 의해 규율되는 대등한 주체 사이의 신분상 또는 경제상 생활관계에 관한 다툼, 즉 사법상의 권리 또는 법률관계에 대한 다툼을 법원이 국가의 재판권에 의해 법률적 · 강제적으로 해결 · 조정하기 위한 일련의 절차를 말한다.「민사소송법」은 사법체계의 권리 실현을 위한 재판절차를 규정하는 절차법으로서, 재산권과 신분권에 관한 분쟁이 생겼을 때 이해관계에 있는 당사자가 법원에 그 분쟁해결을 호소하여 오면 법원이 상대편인 이해관계인 등을 참여시켜서 그 분쟁을 가리는 데 필요한 절차를 규정

한 법이다.

조정은 한쪽 당사자만의 의사에 의해서도 절차가 시작된다는 점에서는 민사소송과 유사하지만, 절차상으로는 양쪽 당사자를 조정위원이 설득하여 합의가 성립되도록 하는 절차이다.

중재는 중재인의 최종적 판단인 중재재판에 양쪽 당사자가 구속되므로 중재재판을 하면 분쟁은 해결될 수 있지만, 중재 자체는 당사자 간의 합의가 있을 때만 시작되는 절차이다.

사회복지법 분야에서의 민사소송은 주로 국민의 복지권을 보호하기 위해 제기되는 손해배상청구소송과 관련이 있다. 최근에 제기된 국민의 복지권 내지 사회보장수급권 보장을 위한 민사소송의 예를 들면 다음과 같다.[38]

관련 법조항: 구 국민연금법 제84조(기금의 관리운용)

원고 김◯◯외 1인 피고(피청구인):대한민국 담당재판부:서울지법

1. 청구내용: 국민연금 가입자들은 정부가 기금의 45% 이상을 공공부문에 강제예탁함으로써 금융부문에 투자하였더라면 얻었을 수익 상당의 피해를 입었다고 주장하며 이같은 공무원의 직무집행상 불법행위를 묵인 방조한 정부에게 만 원씩의 손해배상을 청구
2. 판결: 법원은 국민연금이 수익과 무관하게 국가가 지급을 보장하는 사회보험적 성격을 띠고 있어 수익성보다는 안정성이 우선할 것이고 공공부문에 투자된 기금 또한 국민 모두의 수익으로 환원될 수 있다고 한 헌법재판소의 결정을 들어 가입자들의 주장을 기각

법원은 본 민사소송재판의 판결에서 본건을 「민사소송법상」 소송요건의 흠결이나 부적법 등을 이유로 본안심리를 거절하는 형식판결인 각하를 하지 않고, 「민사소송법」상 소송요건을 갖추고 적법하다고 인정을 한 후 본안판결인 기각을 하였다. 이는 수급권자인 국민이 국가를 상대로 복지권 내지 사회보장수급권을 침해받았을 경우 민사소송을 제기할 수 있음을 보여 준 판례이다.

때로는 국민의 복지권 내지 사회보장수급권의 구제 차원이 아닌 구상권 행사와 같이 수급권자를 대위(代位)하여 민사소송이 제기되기도 한다.

국민연금법

제114조(대위권 등) ① 공단은 제3자의 행위로 장애연금이나 유족연금의 지급 사유가

발생하여 장애연금이나 유족연금을 지급한 때에는 그 급여액의 범위에서 제3자에 대한 수급권자의 손해배상청구권에 관하여 수급권자를 대위한다.

산업재해보상보험법

제87조(제3자에 대한 구상권) ① 공단은 제3자의 행위에 따른 재해로 보험급여를 지급한 경우에는 그 급여액의 한도 안에서 급여를 받은 자의 제3자에 대한 손해배상청구권을 대위(대위)한다.

다) 헌법소원

헌법소원이란 헌법재판소법에 따르면, 공권력의 행사 또는 불행사로 인하여 「헌법」상 보장된 기본권을 침해받은 자는 법원의 재판을 제외하고는 헌법재판소에 헌법소원심판을 청구하여 침해의 원인이 된 공권력의 행사를 취소하거나 그 불행사가 위헌임을 확인받는 법적 권리구제 방법이다. 다만, 다른 법률에 구제절차가 있는 경우에는 그 절차를 모두 거친 후에 헌법소원심판을 청구할 수 있다. 헌법소원의 심판은 그 사유가 있음을 안 날부터 90일 이내에, 그 사유가 있는 날부터 1년 이내에 청구하여야 한다. 다만, 다른 법률에 따른 구제절차를 거친 헌법소원의 심판은 그 최종결정을 통지받은 날부터 30일 이내에 청구하여야 한다.

사회복지법 관련 헌법재판소의 판례 가운데 소위 '출퇴근 산업재해 인정' 판례를 소개하면 다음과 같다.

「산업재해보상보험법」 제37조 제1항 제1호 다목 등 위헌소원[2016. 9. 29. 2014헌바254]

【판시사항】

근로자가 사업주의 지배관리 아래 출퇴근하던 중 발생한 사고로 부상 등이 발생한 경우만 업무상 재해로 인정하는 「산업재해보상보험법」 제37조 제1항 제1호 다목(이하 '심판대상조항'이라 한다)이 평등원칙에 위배되는지 여부

【결정요지】

도보나 자기 소유 교통수단 또는 대중교통수단 등을 이용하여 출퇴근하는 산업재해보상보험가입 근로자는 사업주가 제공하거나 그에 준하는 교통수단을 이용하여 출퇴근하는 산재보험 가입 근로자와 같은 근로자인데도 사업주의 지배관리 아래 있다고 볼 수 없는 통상적 경로와 방법으로 출퇴근하던 중에 발생한 재해를 업무상 재해로 인정받지 못한다는 점에서 차별취급이 존재한다. 따라서 심판대상조항은 합리적 이유 없이 비혜택근로자를 자의적으로 차별하는 것이므로, 헌법상 평등원칙에 위배된다.

라) 공익소송

공익소송은 재판의 결과가 소송당사자뿐만 아니라 같은 조건에 있는 다수 국민의 권리를 회복시켜 준다는 점에서, 즉 당사자의 사익뿐 아니라 공익(public interest)을 구현하기 위하여 제기되는 소송으로, 이를 통하여 국민의 복지권 내지 사회보장수급권을 구제할 수 있다. 이는 현재의 소송제도에서는 인정되고 있지 않지만, 특정인이 상징적 대표자로서 소송을 제기하는 일종의 대표소송이나 단체소송제도와 유사한 결과를 가져올 수 있는 소송이다. 공익소송에 대한 법원의 판결은 잘못된 법령이나 제도, 관행에 대한 무효선언을 통해 새로운 입법을 촉구하기도 하고 법적 기준 자체를 변경하거나 정부의 정책을 바꾸도록 하는 데 기여할 수 있어, 사법부가 행정부나 입법부를 대신해 정책형성의 선도적 역할을 수행할 수도 있다.[39]

사회복지 분야에서의 대표적 공익소송은 1994년 2월 22일 심창섭, 이금순 노인 부부가 「생활보호법」의 생활보호급여의 수준이 「헌법」 제34조에 명시된 국민의 인간다운 생활을 할 권리를 향유할 수 있는 수준인지의 문제에 대하여 위헌 여부를 심판해 달라는 헌법소원을 제기한 사례를 들 수 있다.

3) 사회복지법에서의 권리구제 사례

사회복지법에서의 권리구제는 「장애인차별금지 및 권리구제 등에 관한 법률」과 같이 별도의 법이 제정된 경우도 있으나, 대부분은 법의 본문에 권리구제에 관한 규정을 두고 있다.

(1) 사회보험법에서의 권리구제

① 국민연금법에서의 권리구제

가입자의 자격, 기준소득월액, 연금보험료, 그 밖의 이 법에 따른 징수금과 급여에 관한 공단 또는 건강보험공단의 처분에 이의가 있는 자는 그 처분을 한 국민연금공단 또는 건강보험공단에 심사청구를 할 수 있다. 심사청구에 대한 결정에 불복하는 자는 그 결정통지를 받은 날부터 90일 이내에 대통령령으로 정하는 사항을 적은 재심사청구서에 따라 보건복지부의 국민연금재심사위원회에 재심사를 청구할 수 있다(동법 제110조).

② 국민건강보험법에서의 권리구제

가입자 및 피부양자의 자격, 보험료 등, 보험급여, 보험급여 비용에 관한 공단의 처분에 이의가 있는 자는 공단에 이의신청을 할 수 있다. 요양급여비용 및 요양급여의 적정성 평가 등에 관한 심사평가원의 처분에 이의가 있는 공단, 요양기관 또는 그 밖의 자는 심사평가원에 이의신청을 할 수 있다. 이의신청은 처분이 있음을 안 날부터 90일 이내에 문서로 하여야 하며 처분이 있은 날부터 180일이 지나면 제기하지 못한다. 이의신청에 대한 결정에 불복하는 자는 보건복지부의 건강보험분쟁조정위원회에 심판청구를 할 수 있다. 공단 또는 심사평가원의 처분에 이의가 있는 자와 이의신청 또는 심판청구에 대한 결정에 불복하는 자는「행정소송법」에서 정하는 바에 따라 행정소송을 제기할 수 있다(동법 제86조부터 제90조).

③ 고용보험법에서의 권리구제

피보험자격의 취득 · 상실에 대한 확인, 실업급여 및 육아휴직 급여와 출산전후휴가 급여 등에 관한 처분에 이의가 있는 자는 심사관에게 심사를 청구할 수 있고, 그 결정에 이의가 있는 자는 심사위원회에 재심사를 청구할 수 있다. 심사를 행하게 하기 위하여 고용보험심사관을 둔다. 심사의 청구는 원처분 등을 한 직업안정기관을 거쳐 심사관에게 하여야 한다. 심사관은 심사의 청구에 대한 심리(심리)를 마쳤을 때에는 원처분 등의 전부 또는 일부를 취소하거나 심사청구의 전부 또는 일부를 기각한다. 결정은 심사청구인 및 직업안정기관의 장에게 결정서의 정본을 보낸 날부터 효력이 발생한다.

재심사를 하게 하기 위하여 고용노동부에 고용보험심사위원회를 둔다. 재심사의 청구는 원처분 등을 행한 직업안정기관의 장을 상대방으로 한다. 재심사의 청구에 대한 재결은「행정소송법」제18조를 적용할 경우 행정심판에 대한 재결로 본다(동법 제87조부터 제104조).

④ 산업재해보상보험법에서의 권리구제

보험급여에 관한 결정 · 진료비에 관한 결정 · 약제비에 관한 결정 · 진료계획 변경 조치등 · 보험급여의 일시지급에 관한 결정 · 부당이득의 징수에 관한 결정 · 수급권의 대위에 관한 결정에 해당하는 공단의 결정 등에 불복하는 자는 근로복지공단에 심사청구를 할 수 있다. 심사청구는 그 보험급여 결정 등을 한 공단의 소속 기관을 거쳐 공단에 제기하여야 한다. 보험급여 결정 등에 대하여는「행정심판법」에 따른 행정심판을 제기할 수 없다. 심사청구를 심의하기 위하여 공단에 관계 전문가 등으로 구성되는 산업재해보상보험심사위원회를 둔다.

심사청구에 대한 결정에 불복하는 자는 산업재해보상보험재심사위원회에 재심사청구를 할 수 있다. 다만, 판정위원회의 심의를 거친 보험급여에 관한 결정에 불복하는 자는 심사청구를 하지 아니하고 재심사청구를 할 수 있다. 재심사청구에 대한 재결은「행정소송법」제18조를 적용할 때 행정심판에 대한 재결로 본다. 심사청구 및 재심사청구에 관하여 이 법에서 정하고 있지 아니한 사항에 대하여는「행정심판법」에 따른다(동법 제106조부터 제111조).

⑤ 노인장기요양보험법에서의 권리구제

장기요양인정 · 장기요양등급 · 장기요양급여 · 부당이득 · 장기요양급여비용 또는 장기요양보험료 등에 관한 국민건강보험공단의 처분에 이의가 있는 자는 공단에 이의신청을 할 수 있다. 공단은 장기요양심사위원회를 구성하여 제1항에 따른 이의신청 사건을 심의하게 하여야 한다. 이의신청에 대한 결정에 불복하는 자는 결정처분을 받은 날부터 90일 이내에 보건복지부의 장기요양심판위원회에 심사청구를 할 수 있다. 공단의 처분에 이의가 있는 자와 이의신청 또는 심사청구에 대한 결정에 불복하는 자는 「행정소송법」으로 정하는 바에 따라 행정소송을 제기할 수 있다(동법 제57조).

(2) 공공부조법에서의 권리구제

① 국민기초생활 보장법에서의 권리구제

수급자나 급여 또는 급여 변경을 신청한 사람은 시장 · 군수 · 구청장(교육급여인 경우에는 시 · 도교육감)의 처분에 대하여 이의가 있는 경우에는 그 결정의 통지를 받은 날부터 90일 이내에 해당 보장기관을 거쳐 시 · 도지사 및 시 · 도교육감에게 서면 또는 구두로 이의를 신청할 수 있다. 이 경우 구두로 이의신청을 접수한 보장기관의 공무원은 이의신청서를 작성할 수 있도록 협조하여야 한다. 이의신청을 받은 시장 · 군수 · 구청장은 10일 이내에 의견서와 관계 서류를 첨부하여 시 · 도지사에게 보내야 한다.

시 · 도지사가 시장 · 군수 · 구청장으로부터 이의신청서를 받았을 때에는 30일 이내에 필요한 심사를 하고 이의신청을 각하 또는 기각하거나 해당 처분을 변경 또는 취소하거나 그 밖에 필요한 급여를 명하여야 한다. 시 · 도지사는 각하 또는 기각하거나 해당 처분을 변경 또는 취소하거나 그 밖에 필요한 급여 등을 하였을 때에는 지체 없이 신청인과 해당 시장 · 군수 · 구청장에게 각각 서면으로 통지하여야 한다.

시 · 도지사의 처분 등에 대하여 이의가 있는 사람은 그 처분 등의 통지를 받은 날부터 90일 이내에 시 · 도지사를 거쳐 보건복지부장관(주거급여 또는 교육급여인 경우에는 소관 중앙행정기관의 장을 말하며, 보건복지부장관에게 한 이의신청은 소관 중앙행정기관의 장에게 한 것으로 본다)에게 서면 또는 구두로 이의를 신청할 수 있다. 이 경우 구두로 이의신청을 접수한 보장기관의 공무원은 이의신청서를 작성할 수 있도록 협조하여야 한다. 시 · 도지사는 이의신청을 받으면 10일 이내에 의견서와 관계 서류를 첨부하여 보건복지부장관 또는 소관 중앙행정기관의 장에게 보내야 한다. 보건복지부장관 또는 소관 중앙행정기관의 장은 이의신청서를 받았을 때에는 30일 이내에 필요한 심사를 하고 이의신청을 각하 또는 기각하거나 해당 처분의 변경 또는 취소의 결정을 하여야 한다. 보건복지부장관 또는 소관 중앙행정기관의 장은 이의신청을 각하 또는 기각하거나 해당 처분의 변경 또는 취소의 결정을 하였을 때에는 지체 없이 시 · 도지사 및 신청인에게 각각 서면으로 결정 내용을 통지하여야 한다. 이 경우 소관 중앙행정기관의 장이 결정 내용을 통지하는 때에는 그 사실을 보건복지부장관에게 알려야 한다(동법 제38조부터 제41조).

② 의료급여법에서의 권리구제

수급권자의 자격, 의료급여 및 급여비용에 대한 시장 · 군수 · 구청장의 처분에 이의가 있는 자는 시장 · 군수 · 구청장에게 이의신청을 할 수 있다.

급여비용의 심사 · 조정, 의료급여의 적정성 평가 및 급여 대상 여부의 확인에 관한 급여비용심사기관의 처분에 이의가 있는 보장기관, 의료급여기관 또는 수급권자는 급여비용심사기관에 이의신청을 할 수 있다. 이의신청은 처분이 있음을 안 날부터 90일 이내에 문서(전자문서를 포함)로 하여야 하며, 처분이 있은 날부터 180일이 지나면 제기하지 못한다. 다만, 정당한 사유에 따라 그 기간에 이의신청을 할 수 없었음을 소명한 경우에는 그러하지 아니하다. 의료급여기관이 급여비용심사기관의 확인에 대하여 이의신청을 하려면 통보받은 날부터 30일 이내에 하여야 한다.

급여비용심사기관의 이의신청에 대한 결정에 불복이 있는 자는 「국민건강보험법」에 따른 건강보험분쟁조정위원회에 심판청구를 할 수 있다. 심판청구를 하려는 자는 심판청구서를 처분을 행한 급여비용심사기관에 제출하거나 건강보험분쟁조정위원회에 제출하여야 한다(동법 제30조 및 제30조의 2).

③ 긴급복지지원법에서의 권리구제

위기상황의 발생이 확인된 사람에 대한 지원의 종류 및 내용의 결정이나 지원중단 또는 비용환수에 따른 반환명령에 이의가 있는 사람은 그 처분을 고지받은 날부터 30일 이내에 해당 시장 · 군수 · 구청장을 거쳐 시 · 도지사에게 서면으로 이의신청할 수 있다. 이 경우 시장 · 군수 · 구청장은 이의신청을 받은 날부터 10일 이내에 의견서와 관련 서류를 첨부하여 시 · 도지사에게 송부하여야 한다. 시 · 도지사는 송부를 받은 날부터 15일 이내에 이를 검토하고 처분이 위법 · 부당하다고 인정되는 때는 시정, 그 밖에 필요한 조치를 하여야 한다(동법 제16조).

(3) 사회서비스법에서의 권리구제

① 노인복지법에서의 권리구제

노인 또는 그 부양의무자는 이 법에 따른 복지조치에 대하여 이의가 있을 때에는 해당 복지실시기관에 이의를 신청할 수 있다. 이의신청은 해당 복지조치가 있음을 안 날부터 90일 이내에 문서로 하여야 한다. 다만, 정당한 사유로 인하여 그 기간 이내에 이의신청을 할 수 없었음을 증명한 때에는 그 사유가 소멸한 날부터 60일 이내에 이의신청을 할 수 있다. 이의신청을 받은 복지실시기관은 그 신청을 받은 날부터 30일 이내에 이를 심사 · 결정하여 청구인에게 통보하여야 한다. 복지실시기관의 심사 · 결정에 이의가 있는 자는 그 통보를 받은 날부터 90일 이내에 행정심판을 제기할 수 있다. 부양의무자가 부담하여야 할 보호비용에 대하여 보호를 행한 자와 부양의무자 사이에 합의가 이루어지지 아니하는 경우로서 시장 · 군수 · 구청장은 당사자로부터 조정요청을 받은 경우에는 이를 조정할 수 있다. 시장 · 군수 · 구청장은 조정을 위하여 필요하다고 인정하는 경우 부양의무자에게 소득 · 재산 등에 관한 자료의 제출을 요구할 수 있다(동법 제50조).

② 아동복지법에서의 권리구제

아동은 아동의 권리보장과 복지증진을 위하여 이 법에 따른 보호와 지원을 받을 권리를 가진다. 아동복지시설의 장 및 「초 · 중등교육법」에 따른 학교의 장은 아동의 친권자가 그 친권을 남용하거나 현저한 비행이나 아동학대, 그 밖에 친권을 행사할 수 없는 중대한 사유가 있는 것을 발견한 경우 시 · 도지사, 시장 · 군수 · 구청장 또는 검사에게 법원에 친권행사의 제한 또는 친권상실의 선고를 청구하도록 요청할 수 있으며, 시 · 도지사, 시장 · 군수 · 구청장 또는 검사는 친권행사의 제한 또는 친권상실의 선고 청구를 요청받은 경우에는 요청받은 날부터 30일 내에 청구 여부를 결정한 후 해당 요청기관에 청구 또는 미청구 요지 및 이유를 서면으로 알려야 한다. 처리결과를 통보받은 아동복지시설의 장 및 학교의 장은 그 처리결과에 대하여 이의가 있을 경우 통보받은 날부터 30일 내에 직접 법원에 친권행사의 제한 또는 친권상실의 선고를 청구할 수 있다(「아동복지법」 제2조 및 제18조).

③ 장애인복지법에서의 권리구제

장애인이나 법정대리인 등은 이 법에 따른 복지조치에 이의가 있으면 해당 장애인복지실시기관에 이의신청을 할 수 있다. 이의신청은 복지조치가 있음을 안 날부터 90일 이내에 문서로 하여야 한다. 다만, 정당한 사유로 인하여 그 기간 이내에 이의신청을 할 수 없었음을 증명한 때에는 그 사유가 소멸한 날부터 60일 이내에 이의신청을 할 수 있다. 장애인복지실시기관은 이의신청을 받은 때에는 30일 이내에 심사 · 결정하여 신청인에게 통보하여야 한다. 심사 · 결정에 이의가 있는 자는 「행정심판법」에 따라 행정심판을 제기할 수 있다(동법 제84조).

④ 한부모가족지원법에서의 권리구제

지원대상자 또는 그 친족이나 그 밖의 이해관계인은 이 법에 따른 복지 급여 등에 대하여 이의가 있으면 그 결정을 통지받은 날부터 90일 이내에 서면으로 해당 복지실시기관에 심사를 청구할 수 있다. 복지실시기관은 심사청구를 받으면 30일 이내에 이를 심사·결정하여 청구인에게 통보하여야 한다.

⑤ 장애인차별금지 및 권리구제 등에 관한 법률(장애인차별금지법)

이 법에서 금지하는 차별행위로 인하여 피해를 입은 사람 또는 그 사실을 알고 있는 사람이나 단체는 국가인권위원회에 그 내용을 진정할 수 있다. 위원회는 진정이 없는 경우에도 이 법에서 금지하는 차별행위가 있다고 믿을 만한 상당한 근거가 있고 그 내용이 중대하다고 인정할 때에는 이를 직권으로 조사할 수 있다.

위원회는 이 법에서 금지하는 차별행위에 대한 조사와 구제 업무를 전담하는 장애인차별시정소위원회를 둔다. 위원회는 이 법이 금지하는 차별행위로 「국가인권위원회법」에 의해 피진정인, 그 소속 기관·단체 또는 감독기관의 장에게 권고를 한 경우 그 내용을 법무부장관에게 통보하여야 한다. 법무부장관은 이 법이 금지하는 차별행위로 「국가인권위원회법」의 권고를 받은 자가 정당한 사유 없이 권고를 이행하지 아니하고 다음 각 호의 어느 하나에 해당하는 경우로서 그 피해의 정도가 심각하고 공익에 미치는 영향이 중대하다고 인정되는 경우 피해자의 신청에 의하여 또는 직권으로 시정명령을 할 수 있다.

1. 피해자가 다수인인 차별행위에 대한 권고 불이행
2. 반복적 차별행위에 대한 권고 불이행
3. 피해자에게 불이익을 주기 위한 고의적 불이행
4. 그 밖에 시정명령이 필요한 경우

법무부장관은 상기 시정명령으로서 이 법에서 금지되는 차별행위를 한 자에게 다음 각 호의 조치를 명할 수 있다.

1. 차별행위의 중지 2. 피해의 원상회복 3. 차별행위의 재발방지를 위한 조치
4. 그 밖에 차별시정을 위하여 필요한 조치

법원은 이 법에 따라 금지된 차별행위에 관한 소송 제기 전 또는 소송 제기 중에 피해자의 신청으로 피해자에 대한 차별이 소명되는 경우 본안 판결 전까지 차별행위의 중지 등 그 밖의 적절한 임시조치를 명할 수 있다. 법원은 피해자의 청구에 따라 차별적 행위의 중지, 임금 등 근로조건의 개선, 그 시정을 위한 적극적 조치 등의 판결을 할 수 있다.

법원은 차별행위의 중지 및 차별시정을 위한 적극적 조치가 필요하다고 판단하는 경우에 그 이행 기간을 밝히고, 이를 이행하지 아니하는 때에는 늦어진 기간에 따라 일정한 배상을 하도록 명할 수 있다. 이 경우 「민사집행법」의 간접강제규정을 준용한다(동법 제38조부터 제48조).

미주

1) 김기원(2009). 『사회복지법제론』. 서울: 나눔의집, pp. 151-167.
2) 법제처, www.moleg.go.kr
3) 국가인권위원회, www.humanrights.go.kr
4) 김종해(2008). 복지정책의 위기와 패러다임 전환을 위한 과제, 『세계인권선언 60주년 제주인권회의 기념 자료집』. 한국인권재단, pp. 223-230.
5) Office of the United Nations High Commissioner for Human Rights (OHCHR), Universal Declaration of Human Rights, www.ohchr.org
6) 사회권과 생존권에 대한 설명을 이해를 돕고자 덧붙인다. 1. 사회권은 일반적으로 권리를 논할 때 사용되는 권리에 관한 용어이다. 즉, 권리의 유형을 공권, 사권, 사회권으로 구분하고, 공권 · 사권과 대비하여 사회권을 규명한다. 반면, 생존권 또는 생존권적 기본권이란 용어는 기본권을 논할 때 사용되는 용어이다. 2. 복지권은 이러한 권리의 내용들을 사회복지와 관련하여 규명할 때 사용하는 용어이다. 사회보장수급권은 「사회보장기본법」하에서 사용되는 유사 용어이다. 3. 내용상으로 사회권은 생존권, 복지권, 사회보장수급권의 내용을 포함하고 있다. 협의의 사회권은 복지권 또는 사회보장수급권이라 할 수 있다.
7) 김기원(2000). 『공공부조론』. 서울: 학지사, pp. 137-180.
8) 김기원(2017). 『사회복지정책론』. 서울: 학지사.
9) 김유성, 이홍재(1989). 『사회보장법』. 한국방송통신대학, pp. 29-37, 38-45, 81-90.
10) 김철수(2001a). 『헌법학개론』. 서울: 박영사, pp. 85-90, 235-829.
11) 김철수(2001b). 생존권적 기본권의 법적 성격. 『세계헌법연구』, 6, 국제헌법학회, pp. 273-311.
12) 허영민(1974), 생존권적 기본권에 관한 연구. 『극동논총』. 전북대 법학연구소, pp. 139-150.
13) 김철수(2001a). 전게서, pp. 85-90.
14) 구병삭(1981). 『헌법학』. 서울: 박영사, pp. 360-367.
15) 박일경(1981). 생존권의 법적성격. 『사법행정』, 22, 한국사법행정학, pp. 19-23.
16) 김기원(2000). 전게서.
17) 신섭중 외(2001). 『사회복지법제』. 서울: 대학출판사, pp. 133-166.
18) 김유성(1992). 『한국사회보장법론』. 경기: 법문사, pp. 13-20, 31-100.
19) 김기원(2000). 전게서.
20) 신섭중(1979). 생존권의 보장과 공적부조. 『법학연구』, 21, 부산대학교 법학연구소, pp. 193-201.

21) 신섭중 외(2001). 전게서.

22) 김철수(2001b). 전게서.

23) 국민연금의 경우 보험료는 가입자 개인의 표준소득월액에 비례하나, 국가 또는 사용자가 보험비용의 일부를 부담함으로써 수급권자가 지급받는 연금액은 납부한 연금보험료에 비례하여 정해지는 것이 아니라 이와 관계없이 법률에 의하여 일정하게 정해진다. 이와 같이 국민연금은 보험원리에 부양원리가 도입된 사회보장제도의 특색을 지니고 있으므로, 법상의 연금수급권은 기본적으로 인간다운 생활을 보장하기 위한 사회보장적 급여로서의 성격을 가진다.

24) 우리 「헌법」 제10조는 모든 국민이 인간으로서의 존엄과 가치를 가지고 있으며 행복추구권을 가진다고 규정하고 있고, 행복추구권은 그 구체적인 표현으로서 일반적인 행동자유권과 개성의 자유로운 발현권을 포함하며, 또한 일반적인 행동자유권에는 당사자 자신이 자유롭게 계약을 체결할 수 있고, 원하지 않는 계약을 체결하지 않을 자유인, 이른바 계약자유의 원칙이 포함되므로, 개인의 의사를 묻지 않고 강제가입과 연금 보험료의 강제징수를 전제로 한 국민연금제도는 국민연금에 가입하지 않고 자신 스스로 사회적 위험에 대처하고자 하는 개인들의 행복추구권을 침해한다고 볼 수도 있다.

그러나 국민의 기본권도 과잉금지의 원칙에 위배되지 않는 한 국가안전보장, 질서유지, 공공복리를 위하여 필요한 경우에 법률로써 제한할 수 있는바, 국민연금제도는 국민의 노령·폐질 또는 사망에 대하여 연금급여를 실시함으로써 국민의 생활안정과 복지증진에 기여할 것을 그 목적으로 하고 있고(「국민연금법」 제1조), 이러한 국민연금제도의 목적은 국민들의 일반적 생존권 보장 규정인 「헌법」 제34조 제1항과 국가의 사회보장증진 의무를 규정한 「헌법」 제34조 제2항에서 직접 비롯된 것으로, 그 입법목적은 정당성이 있다 할 것이며, 국민들에게 노령·폐질 또는 사망과 같은 사태가 발생한 때에 그 부담을 국가적인 보험기술을 통하여 대량적으로 분산시킴으로써 구제를 도모하는 사회보험제도의 일종으로서 그 방법 또한 적정하다 할 것이다(헌법재판소, 2001).

25) 헌법재판소(1997). 『헌법재판소판례집』, 9(1), 헌법재판소, p. 545.

26) 김기원(2000). 전게서.

27) 법령보충적인 행정규칙, 규정은 당해 법령의 위임한계를 벗어나지 아니하는 범위 내에서만 그것들과 결합하여 법규적 효력을 가지고, 「노인복지법」 제13조 제2항의 규정에 따른 「노인복지법시행령」 제17조, 제20조 제1항은 노령수당의 지급대상자의 연령범위에 관하여 위 법조항과 동일하게 '65세 이상의 자'로 반복하여 규정한 다음, 소득수준 등을 참작한 일정 소득 이하의 자라고 하는 지급대상자의 선정기준과 그 지급대상자에 대한 구체적인 지급수준(지급액) 등의 결정을 보건사회부장관에게 위임하고 있으므로, 보건사회부장관이 노령수당의 지급대상자에 관하여 정할 수 있는 것은 65세 이상의 노령자 중에서 그 선정기준이 될 소득수준 등을 참

작한 일정 소득 이하의 자인 지급대상자의 범위와 그 지급대상자에 대하여 매년 예산확보상황 등을 고려한 구체적인 지급수준과 지급시기, 지급방법 등일 뿐이지, 나아가 지급대상자의 최저연령을 법령상의 규정보다 높게 정하는 등 노령수당의 지급대상자의 범위를 법령의 규정보다 축소 · 조정하여 정할 수는 없다고 할 것임에도, 보건사회부장관이 정한 1994년도 노인복지사업 지침은 노령수당의 지급대상자를 '70세 이상'의 생활보호대상자로 규정함으로써 당초 법령이 예정한 노령수당의 지급대상자를 부당하게 축소 · 조정하였고, 따라서 앞 지침 가운데 노령수당의 지급대상자를 '70세 이상'으로 규정한 부분은 법령의 위임한계를 벗어난 것이어서 그 효력이 없다(대법원, 1996).

선천성 심장질환에 의한 합병증의 위험 때문에 정상적인 사회생활을 할 수 없는 자를 심장장애자로 인정하는 입법을 하지 않았다고 하더라도 「장애인복지법시행규칙」 제2조 제1항 별표1 제10호는 심장장애의 경우를 1등급에서 3등급까지 나누어 규정하고 있고, 이는 심장장애인을 보호하기 위한 기본규정으로서 심장장애에 관한 규정이 전혀 없는 경우가 아닌, 부진정입법부작위에 해당하므로 입법을 하지 아니하는 부작위로 인한 헌법소원심판 대상이 되지 않는다(헌법재판소, 2000).

28) 대법원. 『대법원판례집』, www.scourt.go.kr

29) 함영진, 박선미, 윤동원(2012). 『사회보장 수급권자 선정의 문제점과 권리구제 체계화 방안 연구』. 국회입법조사처, pp. 67-136.

30) 통상적인 제도적 권리구제는 이의신청(심사청구) → 재심사청구 → 행정소송(법적쟁송)의 절차를 따르고 있다.

31) 법제처, www.moleg.go.kr

32) 소청심사위원회, https://sochung.mpm.go.kr

33) 법제처, www.moleg.go.kr

34) 함영진, 박선미, 윤동원(2012). 사회보장 수급권자 선정의 문제점과 권리구제 체계화 방안 연구. 국회입법조사처, pp. 67-136.

35) 여기서 "처분"이란 행정청이 행하는 구체적 사실에 관한 법집행으로서의 공권력의 행사 또는 그 거부, 그 밖에 이에 준하는 행정작용을 말한다.

"부작위"란 행정청이 당사자의 신청에 대하여 상당한 기간 내에 일정한 처분을 하여야 할 법률상 의무가 있는데도 처분을 하지 아니하는 것을 말한다. "재결(裁決)"이란 행정심판의 청구에 대하여 제6조에 따른 행정심판위원회가 행하는 판단을 말한다. "행정청"이란 행정에 관한 의사를 결정하여 표시하는 국가 또는 지방자치단체의 기관, 그 밖에 법령 또는 자치법규에 따라 행정권한을 가지고 있거나 위탁을 받은 공공단체나 그 기관 또는 사인(私人)을 말한다.

36) 법제처, www.moleg.go.kr

37) 이 가운데 당사자소송과 항고소송은 주관적 소송으로, 기관소송과 민중소송은 객관적 소송으로 부르기도 한다.

38) 참여연대, www.peoplepower21.org

39) 상동.

제7장 사회복지 주체에 대한 법적 검토

사회복지 분야에서 사회복지 주체는 주로 복지다원주의(welfare pluralism), 복지의 혼합(welfare mix), 복지의 혼합경제(mixed economy of social welfare), 복지지도론(welfare map) 등을 통해 설명한다. 즉, 사회복지의 주체가 단일하지 않고 국가, 지방자치단체, 공공기관, 비영리법인, 비영리단체, 종교단체뿐 아니라 경우에 따라서는 영리법인이나 영리단체, 개인 등 다양하게 구성되어 있다. 사회복지는 국민의 인간다운 생활을 보장한다는 취지에 따라 공공성이 매우 높은 영역이기 때문에, 그 운영은 공정하게 이루어져야 한다. 따라서 사회복지의 법률관계를 수행하는 사회복지 주체에 관한 논의는 국민들의 인간다운 생활을 보장함에 있어 큰 의미가 있다. 사회복지법에서는 사회복지의 주체를 크게 공적인 사회복지 주체와 민간사회복지 주체로 구분할 수 있다.[1]

Ⅰ. 공적 사회복지 주체

1. 공적 사회복지 주체의 의의

법률관계에서 당사자란 주로 권리-의무의 주체를 말한다. 사회복지의 공적인 법률관계는 주로 국가나 지방자치단체 또는 공공단체가 법률관계의 주체로서 사회복지와 관련하여 국민과 갖게 되는 권리-의무관계이다. 공적 사회복지 주체는 사회복지행정의 주체로서 역할을 수행한다.

2. 공적 사회복지 주체의 종류

1) 국가

국가란 공식적인 통치조직을 가지고 일정한 영토에 정주하는 다수인으로 이루어진 단체를 말한다. 국가는 법률상 하나의 인격을 가지는 것으로 간주된다. 다시 말하면, 국가는 법률상 사람, 즉 법인(法人)으로서 법률관계에서의 주체가 되는 것이다. 법인 가운데 국가는 공법인(公法人)에 속한다.

국가가 행정주체가 되는 경우, 그 권한은 대통령을 정점으로 하는 국가행정조직을 통해 행사된다. 그리고 그 국가를 위해 실제로 행정사무를 담당 · 수행하는 역할을 하는 것이 행정기관이며, 이 행정기관은 어떠한 권한을 행사하느냐에 따라 행정관청, 집행기관, 의결기관, 자문기관, 보조기관 등으로 분류된다. 경우에 따라서는 동일기관이 서로 다른 행정기관의 권한을 행사하는 경우가 있다.

첫째, 행정관청이다. 행정관청은 행정에 관한 국가의 의사를 결정 · 표시 · 집행하는 권한을 가진 행정기관이다. 행정기관 가운데 보건복지가족부, 행정안전부, 노동부와 같이 그 권한이 전국에 미치는 것을 중앙관청이라고 하고, 광역자치단체기관 등과 같이 특정 지역에 미치는 것을 지방관청이라고 한다.[2] 사회복지법상 사회보험의 관장자는 보건복지부나 노동부와 같은 중앙관청의 장으로 되어 있다.

둘째, 집행기관이다. 집행기관은 주어진 권한 내에서 행정의사를 결정할 뿐만 아니라 그것을 외부에 표시하여 집행하는 권한까지를 가진 기관을 말한다. 집행기관은 의결기관 또는 의사기관에 대하여 그 의결 또는 의사결정을 집행하는 기관이나 행정기관 그리고 채권자의 신청에 의하여 강제집행을 실시할 직무를 가진 국가기관이다. 집행기관은 일반적으로 행정기관과 지방자치단체를 의미한다. 사회복지의 주된 집행기관으로 보건복지가족부가 있고, 그 밖에 노동부, 국토교통부, 여성가족부, 행정안전부, 교육부, 국방부 등도 집행기관으로서 사회복지와 관련된 권한을 일부 수행하고 있다.

셋째, 의결기관이다. 의결기관은 어떤 단체의 의사를 결정하는 합의제기관으로, 그 결정이 법률상 당해 행정청을 기속(羈束)하는 힘을 가진 기관을 말한다. 의결기관은 그 단체의 의사를 결정하는 것이므로 의사기관(意思機關)이라고도 한다. 공법상 공법인(公法人)인 국가나 지방자치단체의 의결기관은 국회와 지방의회이다. 의결기관은 내부적으로 국가 · 공공단체의 의사를 결정할 수 있을 뿐, 그것으로써 외부에 대하여 국가 · 공공단체를 대표할 수 없는 점에서 행정관청과 구별된다. 사회복지법은 의결기관인 국회의 심의를 거쳐 대통령이 공포함으로써 법적 효력이 전국적으로 발생한다. 지방화 시대에 지방의회는 당해 지방정부의 관할권내에서 법적 구속력이 있는 조례를 제정함으로써 지방정부의 복지행정을 기속하고 있다.

사회복지관련 행정기관 내에도 의결기관이 존재한다. 예를 들면, 「국민기초생활 보장법」에 의한 생활보장위원회가 한 예이다. 생활보장위원회는 생활보장사업의 기획 · 조사 · 실시 등에 관한 사항을 심의 · 의결하기 위하여 보건복지부와 특별시 · 광역시 · 도에 각각 설치한다. 보건복지부에 두는 생활보장위원회인 중앙생활보장위원회(위원장: 보건복지부장관)는 생활보장사업의 기본방향 및 대책 수립, 소득인정액 산정방식의 결정, 급여기준의 결정, 기준중위소득 및 최저보장수준의 결정, 생활보장기금의 적립 · 관리 및 사용에 관한 지침의 수립 등에 관한 사항을 심의 · 의결한다(동법 제20조).

넷째, 자문기관이다. 자문기관은 조직체에서 집행기관이 집행할 안의 내용과 방법, 기타 문제의 자문에 대하여 답신하는 기관으로 집행기관(행정청)이나 의결기관에 대응하는 개념이다. 자문기관은 당해 집행기관의 요구가 있을 때 또는 자진하여 어떤 사항에 대한 의견을 제출하는 기관을 말한다. 자문기관 자신은 행정의사를 결정하거나 이를 표시 · 집행하는 권한이 없고, 오직 참고의견을 제출할 수 있을 뿐이므로, 그 의견의 채택 여부는 전적으로 당해 집행기관에 달려 있다. 자문기관은 국가나 지방자치단체 등의 제도수립 또는 정책결정의 과정에서 전문적인 의견을 수렴하고, 이해관계자들의 의견을 조정하며, 민간대표 또는 사회 각계각층의 여론을 흡수하여 행정의 민주화에 이바지하는 기능이 있기 때문에 오늘날 각 분야별로 많이 설치되는 경향이다. 자문기관은 「헌법」이나 법률 또는 대통령령으로 둘 수 있으나, 법률에 직접 규정된 복지관련 자문기관으로는 각종 심의위원회를 들 수 있다. 사회복지법상 심의위원회로는 「사회보장기본법」 제16조에 사회보장심의위원회, 「국민연금법」상 국민연금심의위원회, 「국민건강보험법」상 건강보험심의조정위원회, 「최저임금법」상 최저임금위원회 등이 있다.

다섯째, 보조기관이란 국가 또는 공공단체의 의사를 결정 · 표시할 수 있는 권한을 가지는 행정관청을 보좌하는 기관이다. 「정부조직법」 제2조 제3항에 따르면 보조기관은 행정관청에 예속하여 자기의 의사를 결정하고 선고하는 권리나 능력은 없고, 다만 관청의 의사결정에 대하여 준비하고 또는 이미 결정된 의사를 실현함에 그치는 기관을 말한다. 예를 들면, 보건복지부의 경우 보건복지가족부차관, 연금보험국장, 사회복지정책실장, 보건정책국장, 기초생활보장심의관 등이 보조기관이다. 보조기관은 국가나 공공단체의 의사를 결정하여 외부에 표시할 수 있는 권한을 가지지 못하는 것이 원칙이나, 예외적으로 권한의 위임을 받은 범위 내에서는 관청의 지위에 서는 경우가 있다.

그러나 국가는 모든 행정을 스스로 행하지 않고 그로부터 독립한 공법인을 설치하여 그로 하여금 일정한 범위의 행정을 행하게 하기도 한다. 예를 들면, 국가가 모든 복지행정을 스스로 수행하지 않고 국민연금관리공단, 국민건강보험공단, 근로복지공단, 장애인고용촉진공단 등과 같은 국가로부터 독립한 특수한 공법인을 설립하여 그로 하여금 일정한 범위의 복지행정을 수행하도록 하고 있다.

2) 지방자치단체

지방자치단체는 국민기초생활보장제도와 같은 공공부조나 사회복지서비스를 직접 국민들의 삶의 현장에서 집행하는 데 중요한 역할을 하고 있다. 지방자치가 발전되어 가면서 오늘날 공적 사회복지 주체로서 지방자치단체는 그 역할이 점차 증가하고 있다. 지방자치단체는 국가 영토의 일부를 자기 구역으로 하여 그 구역 내의 모든 주민에 대하여 법률이 정하는 범위 내에서 지배권을 행사하는 단체이다. 지방자치단체는 그의 지배권이 지방자치단체에 고유한 것이 아니고, 국가로부터 부여된다는 점에서 국가와 구별되고, 일정한 구역에 대한 지배권을 가지는 지역단체인 점에서 다른 공법인과 구별된다.

지방자치단체는 자치행정의 주체로서 국가로부터 행정권의 일부를 부여받은 공공단체이며 공법인(公法人)이다. 「지방자치법」에 따르면 지방자치단체는 다음의 두 가지 종류로 구분하며, 특정한 목적을 수행하기 위하여 필요하면 따로 특별지방자치단체를 설치할 수 있다.

1. 특별시 · 광역시 · 특별자치시 · 도 · 특별자치도
2. 시 · 군 · 구

지방자치단체인 구는 자치구로 특별시와 광역시의 관할 구역 안의 구만을 말한다.

공적 사회복지 주체로서의 지방자치단체에는 보통지방자치단체(특별시, 광역시, 특별자치시, 도, 특별자치도, 시, 군, 구)와 특별지방자치단체(지방자치단체조합)가 있다. 전자가 전형적인 지방자치단체이고, 후자는 특별한 목적을 위해 설치되는 특수한 지방자치단체이다. 보통지방자치단체는 다시 상급지방자치단체(특별시, 광역시, 특별자치시, 도, 특별자치도)와 하급지방자치단체(시, 군, 구)로 나뉜다. 지방자치단체의 기관에는 의결기관인 지방의회가 있고, 집행기관으로 지방자치단체의 장, 보조기관(부지사, 부시장, 부군수, 부구청장, 행정기구), 소속행정기관(직속기관, 사업소, 출장소, 합의제 행정기관), 하부행정기관(구청장, 읍장, 면장, 동장)이 있다.

「지방자치법」 제8조에는 사무처리의 기본원칙을 규정하고 있다. 지방자치단체는 그 사무를 처리함에 있어서 주민의 편의 및 복리증진을 위하여 노력하고, 조직 및 운영의 합리화와 그 규모의 적정화를 도모하며, 법령이나 상급지방자치단체의 조례에 위반되지 않아야 한다.

3) 공공조합(공법상의 사단법인)

공공조합은 일정한 자격을 가진 사람(조합원)에 의해 구성된 공법상의 사단법인이다. 지방자치단체와 같이 일반적인 공공사무를 처리함을 목적으로 하는 것이 아니라, 한정된 특수한 사업을 수행함을 목적으로 한다. 공공조합이 일정한 지역을 기반으로 구성되기도 하나, 그 지역의 요소는 자격요건에 지나지 않으며, 지방자치단체에서와 같은 필수적인 구성요소가 아니다. 협의로는 공공조합만을 공공단체라고 한다.

공공조합의 설치목적은 동업자의 이익을 도모하는 것, 보험과 같은 공제사업을 하기 위

한 것 등 여러 가지가 있으며, 그들 사업을 하기 위해 여러 가지 국가적 공권을 행사하기도 하나, 그 정도는 각 단체에 따라 일정하지가 않다.

공공조합의 예를 들면, 「국민건강보험법」의 전신인 과거 「의료보험법」상의 의료보험조합을 들 수 있다. 의료보험조합은 보험자로써 직장의료보험의 업무를 담당하는 직장의료보험조합과 관할지역에 거주하는 지역민을 대상으로 하는 지역의료보험조합이 있다. 의료보험조합은 국가가 해야 할 의료보험사업을 대신 행하는 것을 목적으로 하므로 공적인 성격을 지니는 특수법인이다. 공공조합의 다른 예로 지방자치단체조합이 있다. 2개 이상의 지방자치단체가 하나 또는 둘 이상의 사무를 공동으로 처리할 필요가 있을 때에는 규약을 정하여 그 지방의회의 의결을 거쳐 시 · 도는 행정안전부장관의, 시 · 군 및 자치구는 시 · 도지사의 승인을 받아 지방자치단체조합을 설립할 수 있다. 지방자치단체조합은 법인으로 한다(「지방자치법」 제159조).

4) 영조물법인

영조물법인(營造物法人)은 영조물이 독립된 법인격을 취득한 공공단체이다. 영조물이란 국가 및 공공단체 또는 그로부터 특허를 받은 자가 특정한 공공목적을 위하여 계속적으로 봉사하도록 정해진 인적 · 물적 시설을 말한다. 영조물에는 이용자는 있으나 구성원은 없으며, 영조물의 운영자 내지는 직원 역시 구성원은 아니다. 이와 같이 구성원이 없는 점이 영조물과 공공조합이 다른 점이다.[3)]

영조물에는 일반공중의 이용에 제공되는 병원, 학교, 철도 등과 같은 공공용 영조물과 행정주체의 사용에만 제공되는 교도소 시험장과 같은 공용 영조물이 있다. 영조물은 그 본질에 있어서 개인이 경영하는 같은 종류의 시설과 다른 점이 없으나, 공공적 성질을 띠고 있으므로 법률은 영조물 관리자에게 개인이 경영하는 시설과는 다른 법률적 취급을 하는 일이 많다. 영조물 이용의 법률관계는 원칙적으로 사법상의 이용관계와 같으나, 법률로 공법적 규율을 하고 있는 경우에는 공법관계가 된다.

사회복지 분야의 영조물법인의 예로는 교정복지를 수행하는 법무부 산하 특수교육기관인 소년원, 장애인에게 전문적인 의료와 재활서비스를 제공하기 위해 설립한 국립재활원, 장애인고용촉진공단 산하 직업전문학교, 서울대학교병원이나 적십자병원 등을 들 수 있다.

5) 공재단(공법상 재단)

공재단 또는 공법상 재단이라 함은 재단설립자에 의해 출연된 재산(기금, 물건 등)을 관리하기 위해 설립된 공공단체이다. 공재단에도 그의 운영자 내지 직원 및 수혜자는 있으나 구성원은 없기 때문에 자치단체로 부를 수 없다. 사회복지분야에서의 공재단으로는 서울복지재단, 경기복지재단, 재단법인 부산복지개발원, 청주복지재단, 대전복지재단, 광주복지재단 등과 같이 지방자치단체들이 해당 지방자치단체의 복지정책수립과 복지서비스제공을 위해 설립한 복지재단이 있다. 또한 고용보험이나 산재보험 등 노동관계 문제를 연구하고 정책대안을 제시하는 한국노동연구원이나 국가의 장단기 보건의료사회복지정책의 수립에 이바지하기 위해 설립된 한국보건사회연구원 등을 들 수 있다.

6) 공무수탁사인

사회복지관련 공무수탁사인(公務受託私人)도 공적 사회복지 주체가 될 수 있다. 사인이라 함은 자연인은 물론이고 사법인 내지는 법인격이 없는 단체를 말한다. 보통의 경우 사인(私人)은 사회복지법관계에 있어서 복지행정주체의 상대방인 행정객체로서의 지위를 가진다. 그러나 때로는 사회복지 분야에서 사인이 국가적 공권을 부여받아 행정주체로서의 지위를 가지는 경우가 있는데 사인 또는 사업인이 그의 직원으로부터 국민연금보험료, 사립학교교직원연금보험료, 국민건강보험보험료, 고용보험보험료를 원천징수하는 경우 경우가 이에 해당된다. 또한 근로복지공단의 인가를 받아 영세기업의 보험관련 업무를 대행해 주고 있는 고용보험사무조합이나 산재보험사무조합도 국가적 공권을 부여받아 영세사업주의 대리인으로서 보험사무 처리를 대행해 주고, 보험혜택에 대한 상담을 제공함으로써 실질적으로 공적 사회복지 주체로서 역할을 수행한다.

3. 공적 사회복지 주체의 법률관계

공적 사회복지 주체의 법률관계는 주로 복지행정상 법률관계로 나타난다. 본래 법률관계란 권리의무관계를 의미한다. 따라서 복지행정상의 법률관계는 복지행정과 관련된 당사자간의 권리-의무관계를 의미한다. 공적사회복지주체의 복지행정상 법률관계는 영역 및 성질에 따라 다음과 같이 나뉜다.

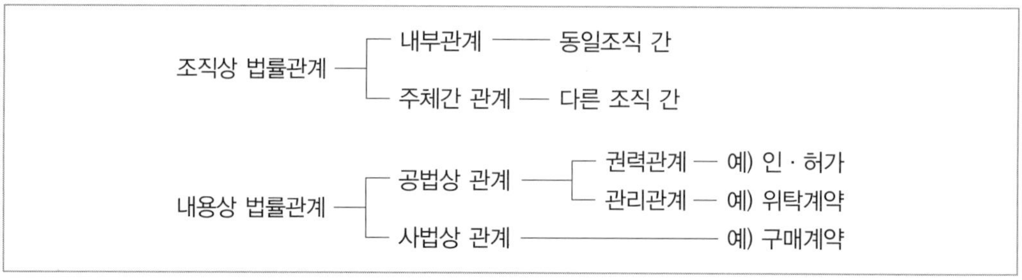

[그림 7-3] 복지행정상 법률관계 예

1) 복지행정조직상의 법률관계

복지행정조직법관계는 복지행정조직 내부관계와 행정주체 상호 간의 관계로 나뉜다.

첫째, 복지행정조직 내부관계는 상급청과 하급청 간의 관계(권한의 위임, 지휘, 감독권), 대등행정청 간의 관계(행정청 간의 협의, 사무의 위탁), 기관위임사무에 관한 주무장관과 지방자치단체의 장과의 관계가 행정조직 내부관계를 이룬다. 이 관계는 권리주체 간의 관계, 즉 권리-의무의 관계가 아니라 직무권한-기관권한의 행사관계로서의 성질을 가진다. 이들 관계에서 일어나는 분쟁은 원칙으로 법률상의 쟁송에 해당되지 않는다. 예를 들면, 국민기초생활보장제도의 경우 보건복지부는 전반적인 사업계획을 수립하고 행정안전부에 「국민기초생활 보장법」상 서비스전달에 관한 사무를 위탁하고, 행정안전부는 하급행정청인 기초지방자치단체에 기초생활보장사무를 위임하고 지휘감독을 행한다. 이때 보건복지부와 행정안전부 간에는 권리-의무관계가 발생하는 것이 아니라 직무권한행사관계가 발생한다.

둘째, 복지행정주체 간의 관계는 국가의 지방자치단체에 대한 인 · 허가 등 감독관계, 보조금 · 교부금의 교부 등 원조관계, 지방자치단체 상호 간에 행하여지는 협의, 사무의 위탁, 조합의 설립 등이 여기서 말하는 행정주체 상호 간의 관계에 해당한다. 서울특별시가 용지구입에 어려움이 있으므로 다른 지방자치단체에 서울특별시 주민이 이용할 수 있는 사회복지시설을 설립해 운영하도록 하고, 그 대신 시설의 설립 · 운영과 관련된 비용을 보조금으로 지급할 때, 서울특별시는 시설이용권과 보조금지급의무를, 그리고 다른 지방자치단체는 시설제공의무와 보조금청구권을 갖게 되어 양자 간에는 일정한 권리-의무관계가 발생한다. 대등한 지위의 행정청 간에 이루어지는 이러한 형태의 보조금을 수평적 보조금(horizontal subsidy)이라고 부른다.

2) 복지행정 내용상 법률관계

복지행정 내용상의 법률관계는 공법상 관계와 사법상 관계로 구분할 수 있다.

(1) 공법상 관계

공법(公法)상 관계는 대등한 당사자 간의 관계를 규율하는 사법이 배제되고, 행정주체에 대해 사인에게는 원칙적으로 인정되지 않는 특수한 지위가 인정되는, 공법이 규율하는 관계로 권력관계와 관리관계로 나누어진다. 첫째, 권력관계(지배관계)란 행정주체가 개인에 대해 일방적으로 명령 및 강제하며, 혹은 일방적으로 법률관계를 형성, 변경, 소멸하는 등 개인에게는 인정되지 않는 우월적 지위가 인정되는 관계이다. 그리고 행정주체의 이러한 지위에서의 행위는 법에 의해 공정력, 집행력, 불가쟁력 등 특수한 효력(구속력)이 인정됨이 보통이다. 복지행정에서 권력관계의 예로는 「국민연금법」 등 사회보험법에 따라 보험료를 부과하고 징수하는 경우, 「사회복지사업법」에 따라 사회복지법인을 설립하고자 할 때 시 · 도지사의 허가를 받아야 하는 경우, 「영유아보육법」에 따라 국공립어린이집 외의 어린이집을 설치 · 운영하려는 자는 특별자치도지사 · 시장 · 군수 · 구청장의 인가를 받아야 하는 경우 등을 들 수 있다.

둘째, 관리관계란 행정주체가 공익을 실현하며, 국민의 생활을 배려함에 있어서 법이 행정주체에 우선적 지위를 인정하며, 혹은 공익우선의 견지에서 대등한 당사자 간의 관계를 수정 · 보완하는 관계를 말한다. 예를 들면, 지방자치단체가 종합사회복지관이나 노인복지관 등을 자체 예산으로 건축하고 그 복지관의 운영을 특정 사회복지법인이나 비영리법인을 선정하여 보조금을 지급하고 운영을 위탁하는 경우, 수탁법인과 지방자치단체 간에는 공익적 차원에서 관리관계가 성립한다. 최근 우리나라에 도입된 교정복지시설인 민영교도소의 경우도 국가와 민영교도소 운영법인 간에 공익적 목적의 달성을 위해 관리관계가 성립이 된다.

(2) 복지행정상의 사법 관계

국가 또는 공공단체 등의 행정주체가 당사자인 경우에도 그 성질상 사인(私人)과 동일한 입장에 서는 경우가 있다. 예를 들면, 국가나 지방자치단체가 복지시설운영에 필요한 물품구매를 위한 계약, 사회복지시설 건축을 위해서 건설회사와 공사청부계약을 맺는 경우이다. 이러한 경우에 행정주체의 행위는 사인과 같은 사법상의 행위로서 「민법」이나 「상법」 등에 의한 규율을 받는다. 복지행정의 주체가 계약을 체결함에 있어, 「예산회계법」 「국유재산법」 등에 의한 제약을 받고, 상급기관의 승인을 요하는 등 일정한 제한을 받지만, 이것은 행정주체의 내부사정이기 때문에, 행위의 사법적(私法的) 성질 그 자체를 변경하는 것은 아니다.

Ⅱ. 민간 사회복지 주체

복지다원주의하에서 사회복지법인이나 각종 비영리법인 등과 같은 민간주체들도 사회복지의 주체로서 역할을 하고 있다. 무엇보다 주된 민간 사회복지 주체인 사회복지법인이나 각종 비영리법인 등의 일반적 사항과 법리적 구조를 파악해 볼 필요가 있다.[4]

1. 법인 일반

1) 법인의 의의 및 목적

사람에는 법인과 자연인이 있다. 법인(法人, artificial person, juridical person, corporation)이란 자연인 이외로서 법률상의 권리-의무의 주체가 되는 것이다. 법인이란 일정한 목적하에 결합된 사람의 집단 또는 재산의 집합체에 대하여 법인격, 즉 법률상 권리·의무의 주체가 될 수 있는 능력이 부여된 것을 말한다.

권리의 주체로서 사람인 자연인이 있다. 사람은 사회생활을 하면서 일정한 공동목적의 달성을 위해 단체를 결성할 수 있다. 그런데 단체의 구성원 모두를 권리-의무의 주체로 삼는 것도 생각할 수 있지만, 이것은 거래관계에서 매우 불편하다. 그래서 구성원과는 독립된 주체로서 단체 자체를 인정하고, 여기에 권리-의무의 주체로서의 지위를 부여하는 것이 법인제도이다. 그것은 법에 의하여 비로소 창출되었다는 점에서 또 의인화(擬人化)한 점에서, 자연인에 대비하여 법률상 사람, 즉 법인이라고 부른다. 그러나 양자는 권리-의무의 주체라는 점에서는 아무 차이가 없으므로 공통으로, 권리-의무의 주체가 될 수 있는 능력, 즉 인격(人格)을 가진다.

사회복지법은 물론 「민법」 전반의 분야에서 사단 또는 재단에 법인격을 부여하는 목적은 법률관계의 처리와 책임의 분리를 위해서이다. 첫째, 법률관계의 처리를 편리하게 하기 위해서이다. 사회복지 분야에서 법률관계의 명확성을 기하기 위하여는 권리-의무 당사자가 누구인지를 명확히 하고, 또 그 법률관계가 계속적으로 유지되어야 할 필요가 있기 때문에, 단체의 구성원과는 독립하여 단체 자체가 그 주체가 되는 것이 요청된다. 둘째, 책임의 분리이다. 법인격이 인정되는 경우에는 구성원의 개인재산과는 구별되는 단체 자체의 재산이 인정된다. 단체 자체의 이름으로 재산을 가지고 부동산의 경우에는 등기를 할 수 있다. 단체에 대한 채권자는 단체의 재산에 대해서만 집행할 수 있고 구성원의 개인재산에 대하여는 할 수 없다. 또 구성원 개인에 대한 채권자가 단체의 재산에 대해 집행할 수 없음도 물론이다.

2) 법인에 관한 법적 규율

사회복지법인은 우선적으로 「사회복지사업법」의 적용을 받는다. 민법총칙편의 적용을 받는 법인은 영리를 목적으로 하지 않는 비영리법인으로서 사단법인과 재단법인이다. 영리법인에 대하여는 「상법」 이 적용되며, 공익법인에 관하여는 「공익법인의 설립·운영에 관한 법률」이, 의료법인에 대하여는 「의료법」이 우선적으로 적용되며, 그에 정함이 없는 경우에 「민법」의 법인에 관한 규정이 보충적으로 적용된다.

사회복지법인은 사회복지사업을 목적으로 한 비영리-공익법인에 속한다. 따라서 사회복지법인에 관한 법적 규율은 특별법 우선적용의 원칙에 따라 「사회복지사업법」을 우선적으로 적용하고, 그에 정함이 없는 경우에는 비영리법인을 관장하는 「민법」과 공익법인을 관장하는 「공익법인의 설립 · 운영에 관한 법률」을 보충적으로 적용한다. 사회복지법인이나 비영리법인이 소재지 관할 특별자치시장 · 특별자치도지사 · 시장 · 군수 · 구청장의 허가를 받아 정신요양시설을 설치 · 운영하는 경우에는 「정신건강증진 및 정신질환자 복지서비스 지원에 관한 법률」(약칭: 「정신건강복지법」, 과거 「정신보건법」 폐지)의 우선적용을 받는다.

3) 법인의 본질에 관한 학설

사회복지법인이나 비영리법인의 본질은 학설에 따라 서로 다르다. 법인부인설(法人否認說)은 법인의 본체는 법인으로부터 이익을 얻고 있는 다수의 개인이거나, 일정한 목적에 바쳐진 주인이 없는 재산이거나, 법인재산관리인이지 법인의 실체는 없다고 본다. 법인의제설(法人擬制說)은 권리-의무의 주체가 될 수 있는 것은 자연인에 한정되며, 법인은 법률이 자연인에 의제한 것에 지나지 않는다고 함으로써 법인 자체의 독자성을 부인한다. 법인실재설(法人實在說)에 따르면, 자연인만이 법적 주체로서 실재하는 것이 아니라 자연인 이외에 일정한 법적 요건을 갖춘 단체도 법적 주체로서 사회에 실재하며, 법인은 바로 그러한 사회적 실재라고 주장한다. 사회복지법인의 법인격이 인정되는 정도는 '법인부인설 → 법인의제설 → 법인실재설'로 갈수록 그 정도가 강하다고 볼 수 있다. 우리 「민법」 제34조에서는 법인의 권리능력에 대해 법인은 법률의 규정에 좇아 정관으로 정한 목적의 범위 내에서 권리와 의무의 주체가 된다고 규정함으로써 법인실재설을 채택하고 있다.

4) 법인의 종류

법인의 종류는 다음과 같이 구분된다.

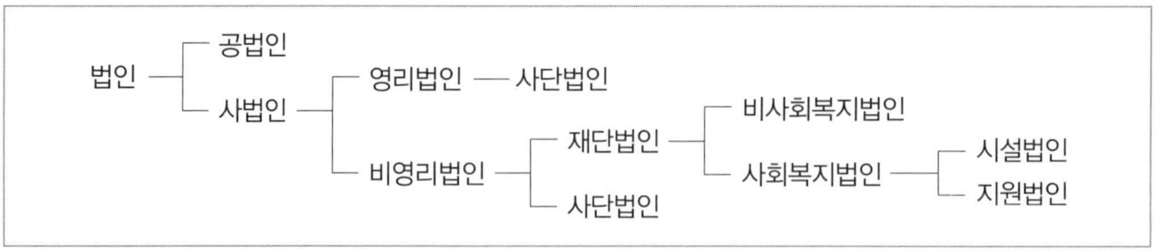

[그림 7-4] 법인의 유형

첫째, 법인은 어느 나라 법에 근거하느냐에 따라 내국법인과 외국법인으로 구분된다. 대한민국의 법에 준거하여 설립된 법인이 내국법인이고, 외국법에 준거하여 설립된 법인이 외국법인이다. 우리나라의 「사회복지사업법」에서 규정하고 있는 사회복지법인, 「민법」에서 규정하고 있는 비영리법인, 「공익법인의 설립 · 운영에 관한 법률」에서 규정하는 공익법인은 내국법인에 대해서만 규정하고 있다.

둘째, 법인은 설립목적에 따라 공법인과 사법인으로 구분된다. 특정한 공공목적을 위하여 특별한 법적 근거에 따라서 설립된 법인을 공법인(公法人)이라 한다. 그 결과 공법인은 사법인(私法人)과는 달리 보통 그 목적이 법률로써 정해져 있고, 목적 달성에 필요한 한도에서 행정권이 부여되고, 여러 특혜가 인정되며, 또한 국가나 지방자치단체의 특별한 지도감독을 받고 있다. 사법인(私法人)은 사법에 의하여 설립되고 규율되는 법인이다. 민법상의 비영리사단법인과 비영리재단법인, 그리고 상법상의 영리법인이 대표적이며, 그 내부의 법률관계에 국가 또는 공공단체의 강제적 권력작용이 가해지지 않는 법인을 가리킨다. 사단법인은 내부조직의 차이에 따라 사단법인과 재단법인으로 나누어지고, 그 목적에 따라 비영리법인과 영리법인으로 나누어진다. 사회복지 분야에서 국민연금공단, 국민건강보험공단, 근로복지공단, 한국장애인고용공단 등과 같은 공단이나 지방자치단체는 공법인이며, 「사회복지사업법」상 사회복지법인은 사법인에 속한다.

셋째, 법인은 영리추구 여부에 따라 영리법인과 비영리법인으로 구분된다. 사법인 중에서도 상법상의 법인은 영리법인이고, 민법상의 법인은 비영리법인이다. 영리법인은 사원의 경제적 이익을 도모함을 궁극적 목적으로 하여 설립된 법인으로 사단법인만이 영리법인이 될 수 있고, 재단법인은 영리법인이 될 수 없다. 반면, 공익을 위한 사업이나 학술, 종교, 자선, 기예, 사교, 기타 영리가 아닌 사업을 목적으로 하는 법인을 비영리법인이라 한다. 대부분의 사회복지법인은 비영리법인이다.

법인은 사람의 단체이냐 아니면 재산의 집합체이냐에 따라 사단법인과 재단법인으로 구분된다. 사단법인은 일정한 목적을 위하여 결합한 사람의 단체(社團)에 법인격이 부여된 것인 반면, 재단법인은 일정한 목적에 바쳐진 재산이라는 실체(財團)에 법인격이 부여된 것이다. 전자는 단체의사에 의하여 자율적으로 활동하는 데 대하여, 후자는 설립자의 의사에 의하여 타율적으로 운영되는 점이 다르다. 이러한 본질적 차이에서, 설립행위, 정관변경, 기관의 종류, 해산사유 등에서 차이를 보이고 있다.

사회복지법인은 대부분 설치한 시설을 운영하거나 지원사업을 하기 위한 재산을 소유해야 하는 재단법인이지만, 한국사회복지사협회나 한국사회복지협의회 등과 같은 경우 재산을 소유해야 하는 의무가 없으므로 사단법인에 속한다.

5) 법인의 설립

(1) 법인성립의 준칙: 법인법정주의

「민법」 제31조와 제33조는 법인성립의 준칙과 법인설립의 등기에 관해서 "법인은 법률의 규정에 의함이 아니면 성립하지 못한다." 그리고 "법인은 그 주된 사무소의 소재지에서 설립등기를 함으로써 성립한다."고 규정함으로써 「민법」의 적용을 받는 비영리법인의 성립에 관해 법인법정주의(法人法定主義)를 취하고 있으며, 비영리법인의 성립요건으로 '주무관청의 허가'와 '설립등기'를 요구하고 있다.

사회복지법인이나 비영리법인의 설립은 법률의 규정에 의하여 성립한다는 법인법정주의를 채택하고 있으며, 성립요건으로 '주무관청의 허가'와 '설립등기'를 요구하고 있다. 사회복지법인의 설립허가를 받으려는 자는 법인설립허가신청서에 보건복지부령으로 정하는 서류를 첨부하여 사회복지법인의 주된 사무소의 소재지를 관할하는 시장 · 군수 · 구청장에게 제출(전자문서에 의한 제출을 포함)하여야 하고, 시장 · 군수 · 구청장은 법인설립허가신청서를 받은 때에는 자산에 관한 실지조사의 결과와 사회복지법인 설립의 필요성에 관한 검토의견을 첨부하여 시 · 도지사에게 송부(전자문서에 의한 송부를 포함)하여 시 · 도지사의 허가를 받아야 하며, 허가를 받은 자는 법인의 주된 사무소의 소재지에서 설립등기를 하여야 한다(「사회복지사업법」 제16조 및 시행령 제8조).

「민법」의 적용을 받는 비영리법인은 법률의 규정에 의함이 아니면 성립하지 못한다. 자선, 학술, 종교, 기예, 사교 기타 영리 아닌 사업을 목적으로 하는 사단 또는 재단은 주무관청의 허가를 얻어 이를 법인으로 할 수 있으며, 법인은 그 주된 사무소의 소재지에서 설립등기를 함으로써 성립한다(「민법」 제31조부터 제33조).

(2) 법인설립에 관한 입법주의

법률의 규정에 따른 법인의 성립요건에는 여러 이론이 있다. 우리나라는 사회복지법인을 비롯한 비영리법인에 관하여는 허가주의를 취하고 있고, 영리법인은 준칙주의를 취하고 있다.

자유설립주의는 법인의 설립에 관해 아무런 제한을 하지 않는 것으로 「사회복지사업법」이나 「민법」은 이 주의를 채택하지 않고 있다.

준칙주의는 법률이 법인설립에 관한 요건을 미리 정해 놓고, 그 요건만 충족되면 당연히 법인의 설립을 인정하는 주의로 영리법인의 설립이 이 주의에 속한다. 준칙주의에서는 법인설립에 관해 관청의 인가를 받을 필요가 없고, 다만 그 조직과 내용을 공시(公示)하기 위한 등기나 등록을 법인의 성립요건으로 하고 있다.

인가주의(認可主義)는 법률이 정한 요건을 갖추고 행정관청의 인가를 얻음으로써 법인으로 성립하는 것이다. 인가는 제3자의 법률행위를 보충하여 그 법률상 효력을 완성시켜 완전히 유효하게 만들어 주는 행정주체의 동의행위로서, 허가와는 달리 법률이 정한 요건을 갖추면 반드시 인가를 해 주어야 한다. 인가는 일종의 보충행위로 타인을 위한 행정행위에 속한다.[5] 사회복지분야에서 인가주의를 취하고 있는 예를 들면, 최근 사회복지분야에서 활발하게 활동하고 있는 사회적 협동조합은 인가주의를 채택하고 있다. 사회적협동조합이란 협동조합 중 지역주민들의 권익 · 복리 증진과 관련된 사업을 수행하거나 취약계층에게 사회서비스 또는 일자리를 제공하는 등 영리를 목적으로 하지 아니하는 협동조합을 말한다. 사회적협동조합을 설립하고자 하는 때에는 5인 이상의 조합원 자격을 가진 자가 발기인이 되어 정관을 작성하고 창립총회의 의결을 거친 후 기획재정부장관에게 인가를 받아야 한다(「협동조합기본법」 제85조). 사업주로부터 위임을 받아 보험료 신고, 고용보험 피보험자에 관한 신고 등 사업주가 지방고용노동관서 또는 공단에 대하여 하여야 할 사항을 ... 법인 등이 보험사무를 대행하려는 경우에는 대통령령으로 정하는 바에 따라 근로복지공단의 인가를 받아야 한다(「고용보험 및 산업재해보상보험의 보험료징수 등에 관한 법률」 제33조). 사회복지법인이 정관을 변경하려는 경우에는 주무관청인 시 · 도지사의 인가를 받아야 한다.

허가주의(許可主義)는 법인의 설립에 관하여 행정관청의 자유재량에 의한 허가를 필요로 하는 주의이다. 허가주의는 법인의 설립이 행정관청의 재량에 의해 제한되는 점에서 자유설립주의나 준칙주의에 비하여 법인설립이 자유롭지 못하다. 우리나라의 사회복지법인이나 비영리법인의 경우 허가주의를 채택하고 있다. 사회복지법인을 설립하려는 자는 대통령령으로 정하는 바에 따라 주무관청인 시 · 도지사의 허가를 받아야 하며, 허가를 받은 자는 법인의 주된 사무소의 소재지에서 설립등기를 하여야 한다(「사회복지사업법」 제16조). 또한 「민법」은 학술 · 종교 · 자선 · 기예 · 사교 · 기타 영리 아닌 사업을 목적으로 하는 사단 또는 재단은 주무관청의 허가를 얻어 이를 법인으로 할 수 있다고 규정함으로써, 비영리법인의 설립에 관하여도 허가주의를 채택하고있다. 특허주의란 법인을 설립할 때에 특별한 법률의 제정이나 해당 법 조항의 신설을 필요로 하는 것으로서, 사회복지분야에서는 관련 법에 설립근거가 명시된 국민연금공단, 국민건강보험공단, 근로복지공단 등과 같은 각종의 특수공법인이 여기에 속하며, 국책은행이나 공사도 이에 속한다. 여기서 특허란 특정의 상대방을 위하여 능력을 설정하는 행위를 말한다. 「국민연금법」 제24조에는 보건복지부장관의 위탁을 받아 국민연금공단을 설립한다고 규정하고, 이 법 제26조에서는 공단은 법인으로 한다고 규정하고 있다. 「국민건강보험법」 제13조에서도 건강보험의 보험자는 국민건강보험공단으로 한다고 규정하고, 이 법 제15조에서 공단은 법인으로 한다고 규정하고 있다. 「산업재해보상보험법」 제10조에서도 고용노동부장관의 위탁을 받아 산재보험사업을 효율적으로 수행하기 위하여 근로복지공단을 설립한다고 규정하고, 이 법 제12조에서 공단은 법인으로 한다고 규정하고 있다.

강제주의는 법인의 설립을 국가가 강제하는 것으로서, 그 예로는 법에 의해 모든 변호사가 가입하게 되어 있는 대한변호사협회를 들 수 있다. 사회복지분야에서 강제주의에 따라 설립되는 법인으로 간주될 수 있는 예를 들면, 한국사회복지사협회를 들 수 있다. 한국사회복지사협회는 사회복지에 관한 전문지식과 기술을 개발 · 보급하고 사회복지사의 자질 향상을 위한 교육훈련 및 사회복지사의 복지증진을 도모하기 위하여 설립된 사회복지법인이다.

Ⅲ. 법인의 능력

법인도 권리의 주체이므로, 자연인과 마찬가지로 권리능력, 행위능력, 불법행위능력을 갖는다. 그러나 법인에는 자연인과 같이 행위무능력자나 책임무능력자는 없다.[6] 법인의 경우에는, 법인에 어떠한 범위의 권리-의무를 인정할 것인가(권리능력)를 전제로 하여, 그것을 향유하기 위하여 어떠한 종류의 행위를 누가 어떠한 형식으로 하여야 하는가(행위능력), 누구의 어떠한 불법행위에 대하여 법인 자신이 배상책임을 부담하는가(불법행위능력)라는 관점에서 다루어진다.

첫째, 권리능력이란 법률상 권리-의무의 주체가 될 수 있는 지위 또는 자격을 말한다. 이를 법적 인격이라고도 한다. 즉, 법인이 권리-의무의 주체가 되어 법률적 행위를 스스로 현실적으로 할 수 있는 능력을 말한다. 법인은 법률의 규정에 좇아 정관으로 정한 목적의 범위 내에서 권리와 의무의 주체가 된다(「민법」 제34조). 법인의 권리능력은 성질, 법률, 정관상의 목적에 의해 제한을 받게 된다. (1) 성질에 의한 제한으로 자연인을 전제로 하는 권리, 즉 생명권 · 호주승계권 · 상속권 · 친권 · 정조권 · 육체상의 자유권 등은 법인이 가질 수 없다. 그러나 일반의 재산권 · 명예권 · 성명권 · 신용권 · 정신적 자유권은 가질 수 있고, 그 밖에 유증을 받을 수도 있다. 법인은 자연인이 아니기 때문에 이사나 감사와 같은 법인의 임원이 될 수 없다. (2) 법인격은 법률에 의하여 부여되는 것이므로, 법률로써 권리능력의 범위를 제한할 수 있음은 당연하다. (3) 목적에 의한 제한으로 법인은 정관으로 정한 목적의 범위 내에서 권리능력을 가진다.

둘째, 행위능력이란 단독으로 완전하고 유효한 법률행위를 할 수 있는 지위나 자격을 말한다. 행위능력이 없는 자를 행위무능력자라고 한다. 법인은 행위능력자로서 그 권리능력의 범위에 속하는 권리를 현실로 취득하거나 이미 취득한 권리를 관리 · 처분하기 위해서는 일정한 행위를 하여야 한다. 법인의 행위는 현실적으로 자연인을 통해 할 수밖에 없다. 이때의 자연인을 '대표기관'이라고 부르는데, 대표기관의 행위는 자연인으로서의 행위가 아니라 법인의 행위로 간주된다. 대표기관이 될 수 있는 자로는 이사, 임시이사, 특별대리인, 청산인이 있다.

셋째, 불법행위능력이란 법률상의 책임을 부담할 능력으로 책임능력이라고도 한다. 법인은 이사, 임시이사, 특별대리인, 청산인, 기타 대표자가 그 직무에 관하여 타인에게 가한 손해를 배상할 책임이 있다. 법인이 불법행위책임을 지는 것은 이사나 기타 대표자의 불법행위에 대해서이다. 따라서 법인의 이사가 책임능력이 있어야 하고, 고의 또는 과실이 있어야 하며, 가해행위가 위법하여야 하고, 피해자가 손해를 입어야 한다. 법인의 불법행위의 요건이 갖추어지면, 법인은 피해자에게 그 손해를 배상하여야 하며, 법인은 구상권을 행사할 수 있다.

Ⅳ. 법인의 기관 · 주소 · 정관변경 · 법인소멸 · 법인감독

1. 법인의 기관

법인은 독립된 권리주체이기는 하지만 자연인처럼 그 자체가 활동할 수는 없다. 법인의 의사를 결정하고, 또 그 의사를 집행하기 위해서는 일정한 조직을 필요로 하는데, 이 조직을 이루는 것이 법인의 기관이다. 비영리법인의 경우, 법인의 기관은 사단법인과 재단법인에 따라 달라진다. 비영리사단법인의 기관으로는 의사결정기관인 사원총회, 이사, 감사가 있다. 반면, 비영리재단법인의 경우 재산의 집합체이기 때문에 법인의 기관에는 사원총회가 없고, 이사와 감사만이 있다. 따라서 비영리법인의 경우, 이사는 비영리사단법인과 비영리재단법인 모두에 반드시 있어야 하는 필수기관인 반면, 감사는 어느 법인이든 임의기관으로 되어 있다. 반면, 사회복지법인의 경우, 대부분 재단법인이지만, 법인의 기관에는 의사집행기관인 이사와 감독기관인 감사가 있다. 「사회복지사업법」에는 사회복지법인의 경우 감사도 두어야 하는 필수기관으로 정해져 있다.

1) 이사

이사(理事)는 대외적으로 법인을 대표하고 대내적으로 법인의 사무를 집행하는 상설적 필요기관으로서 사회복지법인이든 비영리사단법인이든 비영리재단법인이든 반드시 이사를 두어야 한다. 이사의 직무권한에는 법인대표와 사무집행의 두 가지가 있다. 이사는 선량한 관리자의 주의로 그 직무를 행하여야 한다고 하며, 이사가 그 임무를 해태한 때에는 그 이사는 법인에 대하여 연대하여 손해배상책임을 지는 것으로 규정한다. 이사는 법인의 사무에 관하여 각자 법인을 대표한다. 즉, 각자대표주의이다. 이사가 수인 있어도 각자 법인을 대표하므로, '각자 대표'가 원칙이다. 이사는 법인의 모든 사무를 집행한다. 이사가 수인인 경우에는 정관에 다른 규정이 없으면 이사의 과반수로써 결정한다.

2) 임시이사-특별대리인

임시이사는 법인의 이사가 없거나 결원이 있는 경우, 이로 인해 손해가 생길 염려가 있는 때에는 이해관계인이나 검사의 청구에 의하여 법원이 선임하여 임시로 직무를 수행시키는 이사를 말한다.

특별대리인은 법인과 이사의 이익이 상반하는 사항에 관하여는 이사는 대표권이 없기 때문에 이 경우에 법원은 이해관계인이나 검사의 청구에 의하여 선임하여 직무를 수행하도록 하는 대리인을 말한다.

3) 감사

감사(監事)는 법인의 내부에서 법인의 재산상태나 이사의 업무집행을 감사(監査)하는 기관이다. 감사는 사단법인에서나 재단법인에서나 공익법인에서는 이사처럼 필수기관이 아니라, 정관이나 총회의 결의로 둘 수 있는 임의기관이다. 그러나 「사회복지사업법」에 따르면, 사회복지법인의 경우 감사는 필수기관으로, 두 명 이상의 감사를 두어야 한다.

감사의 주요 직무권한으로는 법인의 재산상황을 감사하는 일, 이사의 업무집행의 상황을 감사하는 일, 재산상황 또는 업무집행에 관하여 부정 · 불비한 것이 있음을 발견한 때에는 이를 총회 또는 주무관청에 보고하는 일, 그 보고를 하기 위하여 필요한 때에는 총회를 소집하는 일 등이다.

4) 사원총회

사원총회(社員總會)는 사람의 단체로 사단법인에만 있는 기관으로서, 사단법인의 구성원인 사원(社員)으로 구성되는 최고의 의사결정기관이며 또한 필수기관이다. 총회의 종류로는 통상총회와 임시총회가 있다. 일부 법인에서는 이를 대의원총회라 부르고 있다. 사단법인의 이사는 매년 1회 이상 통상총회를 소집하여야 한다. 총회는 정관에 다른 규정이 없으면 통지한 사항에 관하여만 결의할 수 있다. 각 사원의 결의권은 평등하며, 총회의 결의는 「민법」 또는 정관에 다른 규정이 없으면 사원 과반수의 출석과 출석사원의 과반수로써 결의한다. 사원은 사원권(社員權)을 가지며, 법인의 사업에 참여함에 있어서 각종의 권리와 의무를 갖게 된다.

2. 법인의 주소

법인에 있어서도 자연인과 마찬가지로 일정한 장소를 주소로 하여 그것에 일정한 법률효과를 인정할 필요가 있다. 「사회복지사업법」과 「민법」은 법인의 주소는 그 주된 사무소의 소재지에 있는 것으로 한다고 규정한다. 주된 사무소란 수개의 사무소 중에서 법인의 최고수뇌부가 존재하는 장소를 말한다.

3. 정관의 변경

정관의 변경이란 법인이 그 동일성을 유지하면서 그 조직을 변경하는 것을 말한다. 사원의 자주적인 의사결정에 따라 자율적으로 운영되는 자율법인인 사단법인에서는 그 변경이 원칙적으로 허용되지만, 설립자의 의사에 따라 타율적으로 운영되는 타율법인인 재단법인에서는 그 변경에 제약이 따른다.

사단법인의 정관은 총사원 3분의 2 이상의 동의가 있는 때에 한하여 이를 변경할 수 있다. 그러나 정수에 관하여 정관에 다른 규정이 있는 때에는 그 규정에 의한다(「민법」 제42조). 재단법인의 정관은 그 변경방법을 정관에 정한 때에 한하여 변경할 수 있다. 다만, 재단법인의 목적달성 또는 그 재산의 보전을 위하여 적당한 때에는 명칭 또는 사무소의 소재지를 변경할 수 있다. 정관의 변경은 주무관청의 허가를 얻지 아니하면 그 효력이 없다.

사회복지법인이 정관을 변경하려는 경우에는 시 · 도지사의 인가를 받아야 한다. 다만, 공고 및 공고방법 등과 같은 경미한 사항에 관해서는 인가를 받지 않아도 된다(「사회복지사업법」 제17조 및 시행규칙 제9조).

4. 법인의 소멸

법인의 소멸이란 법인이 권리능력을 상실하는 것을 말하며, 자연인의 사망에 해당하는 것이다. 법인에는 자연인에서와 같은 상속이라는 제도가 없으므로, 법인의 소멸은 일정한 절차를 거쳐 단계적으로 이루어진다. 즉, 우선 '해산(解散)'에 의하여 법인의 본래의 활동을 정지하고, 이어서 재산을 정리하는 청산의 단계로 들어간다. 법인이 소멸하는 시점은 바로 이 '청산(淸算)'이 종료한 때이다.

법인의 해산이란 법인이 그 본래의 활동을 정지하고 청산절차에 들어가는 것을 말한다. 해산한 법인은 청산법인으로 모습을 바꾸게 된다. 청산이란 해산한 법인이 잔무를 처리하고 재산을 정리하여 완전히 소멸할 때까지의 절차를 말한다. 청산절차에는 두 가지가 있다. 하나는 파산으로 해산하는 경우이며, 이때에는 파산법이 정하는 절차에 따라 청산을 하게 된다. 다른 하나는 기타 원인에 의한 해산이며, 이때에는 「민법」이 정하는 절차에 따라 청산을 하게 된다. 법인이 해산되면 청산인이 청산법인의 집행기관이 되며, 파산의 경우를 제외하고는 이사가 청산인이 된다.

사회복지법인의 경우 해산한 법인의 남은 재산은 정관으로 정하는 바에 따라 국가 또는 지방자치단체에 귀속된다. 국가 또는 지방자치단체에 귀속된 재산은 사회복지사업에 사용하거나 유사한 목적을 가진 법인에 무상으로 대여하거나 무상으로 사용 · 수익하게 할 수 있다. 다만, 해산한 법인의 이사 본인 및 그와 대통령령으로 정하는 특별한 관계에 있는 사람이 이사로 있는 법인에 대하여는 그러하지 아니하다(「사회복지사업법」 제27조).

5. 법인의 등기

명확한 외형을 가지는 자연인에 비해, 법인의 존재나 내용은 일반 제3자가 용이하게 이를 알 수가 없다. 여기서 거래의 안전을 위해 법인의 조직이나 내용을 공시(公示)하는 것이 요청되는데, 이것이 법인등기이다.[7] 등기한 사항은 법원이 지체 없이 공고하여야 한다. 법인등기의 종류에는 설립등기, 분사무소 설치 및 사무소 이전의 등기, 변경등기 및 해산 및 청산종결의 등기가 있다. 이 가운데 법인의 설립등기는 법인의 성립요건이고, 나머지 등기는 그 등기를 하여야 제3자에게 대항할 수 있는 대항요건이다.[8]

6. 법인의 감독

비영리법인이나 사회복지법인은 그 성립에서 소멸에 이르기까지 감독을 받는데, 그 대상에 따라 감독의 주체가 다르다. 감독에는 사무감독과 해산과 청산의 감독이 있다. 법인의 사무는 주무관청(사회복지법인은 시 · 도지사)이 검사 · 감독한다. 법인의 해산 및 청산은 법원이 검사 · 감독한다.

Ⅴ. 사회복지법인

1. 사회복지법인의 의의

사회복지법인이라 함은 사회복지사업을 행할 목적으로 설립된 법인을 말한다. 사회복지법인은 「사회복지사업법」에서 규정한 사회복지사업을 수행하기 위해 설립된 비영리 ·

공익 · 특수법인을 말한다. 따라서 사회보험 분야와 관련된 사업을 제외한 공공부조와 사회서비스 관련 사업을 수행하기 위해 설립된 법인이다.

- 사회복지법인
  - 사회복지 시설법인
  - 사회복지 지원법인

사회복지법인 제도는 민간사회복지사업의 공공성과 안정성을 높이기 위한 것으로 사회복지 시설법인과 지원법인으로 구분된다. 시설법인이란 시설의 설치 및 운용을 목적으로 하는 법인을 말한다. 사회복지시설은 생활시설과 이용시설로 구분된다. 생활시설은 가정에서 양육 · 보호할 수 없는 사람, 재활을 필요로 하는 사람들이 시설에서 거주하며 보호를 받을 수 있도록 하는 기능을 하며, 시설거주자의 인권을 보호하고, 건강관리, 영양관리, 생활지도, 학습지도, 직업지도, 재활치료, 상담, 숙식관리 등 생활의 장으로서 일상생활의 향상과 자활을 위한 서비스를 제공하는 기능을 담당한다. 이용시설은 일반가정에서 생활하고 있는 사람들이 어떤 문제가 있거나 필요에 따라 시설을 이용하여 전문적인 서비스나 상담을 받거나 직업훈련, 재활치료, 아동위탁, 청소년활동, 각종 학습활동, 여가선용 등 다양한 서비스 기능을 담당한다.

반면, 지원법인이란 시설의 설치 및 운용을 목적으로 하지 아니하고 사회복지사업을 지원하는 것을 목적으로 하는 법인을 말한다. 지원법인에 가까운 사회복지법인으로는 우리나라 대기업들이 사회복지사업을 지원하기 위하여 세문 법인들(예: 삼성복지재단, 아산복지재단 등)을 들 수 있다.

사회복지법인은 기본사업, 공익사업, 수익사업을 행한다. 첫째, 기본사업은 사회복지법인의 설립목적을 수행하기 위한 사업으로, 예를 들면, 아동복지사업, 노인복지사업, 장애인복지사업, 한부모가족지원사업 등이 있다. 둘째, 공익사업으로는 「사회복지사업법」 이외의 각종 법령에서 비영리법인이 수행할 수 있는 것으로 규정된 공익사업으로, 「의료법」에 의한 의료사업, 「특수교육진흥법」에 의한 특수학교 설치, 기타 저소득층 및 지역주민에 대한 생활보조금 · 학자금 · 의료비지원 등의 사업을 말한다. 셋째, 수익사업은 사회복지법인의 설립목적 수행에 지장을 주지 않고, 사회복지법인의 명예나 신용을 손상치 않는 범위 안에서 수익사업을 할 수 있다. 사회복지법인은 수익사업으로부터 생긴 수익을 법인 또는 그가 설치한 사회복지시설의 운영 외의 목적에 사용할 수 없다. 수익사업에 관한 회계는 특별회계로 처리되어 법인의 다른 회계와 구분하여 계리하여야 한다. 예를 들어, 부동산 임대료 수입, 농수산물 및 축산 수익, 주식의 배당이익, 사회교육프로그램 운영수익 등이 있다.[9]

2. 사회복지법인 설립

사회복지법인의 설립은 통상적인 비영리재단법인의 설립요건인 목적의 비영리성, 설립행위(정관작성 및 재산출연), 주무관청의 허가 및 설립등기의 요건을 갖추어야 한다.[10)]

1) 주무관청(시·도지사)의 설립허가

사회복지법인의 설립과 관련하여 우리나라는 허가주의(許可主義)를 채택하고 있다. 허가주의는 법인의 설립에 관하여 행정관청의 자유재량에 의한 허가를 필요로 하는 주의이다. 허가주의는 「사회복지사업법」에 의한 사회복지법인뿐 아니라 「민법」에 의한 비영리법인에도 준용되고 있다.

주무관청은 관련법령 규정의 적법성 검토와 목적사업의 실현 능력 및 재정적 기초가 확립되어 있는지 여부 등을 심사한 후 목적한 사업이 원활히 수행될 수 있다고 판단될 때 법인의 설립을 허가한다. 허가관청은 법인의 설립허가를 함에 있어 필요한 조건을 붙일 수 있다.

사회복지법인을 설립하려는 자는 대통령령으로 정하는 바에 따라 시 · 도지사의 허가를 받아야 한다. 허가를 받은 자는 법인의 주된 사무소의 소재지에서 설립등기를 하여야 한다.

사회복지법인의 설립허가를 받으려는 자는 법인설립허가신청서에 다음의 서류를 첨부하여 사회복지법인의 주된 사무소의 소재지를 관할하는 시장 · 군수 · 구청장을 거쳐 시 · 도지사에게 제출(전자문서에 의한 제출을 포함)하여야 한다.

법인설립허가신청서 제출 시 첨부서류

1. 설립취지서 1부　2. 정관 1부　3. 재산출연증서 1부　4. 삭제 〈2008. 11. 5.〉
5. 재산의 소유를 증명할 수 있는 서류 각 1부
6. 재산의 평가조서 1부
7. 재산의 수익조서 1부
8. 임원의 취임승낙서 및 이력서 각 1부

8의2. 시 · 도사회보장위원회 지역사회보장협의체로부터 받은 이사 추천서 1부

9. 임원 상호간의 관계에 있어 법 제18조 제3항에 저촉되지 아니함을 입증하는 각서 1부
10. 설립 해당 연도 및 다음 연도의 사업계획서 및 예산서 각 1부

시장 · 군수 · 구청장은 법인설립허가신청서를 받은 때에는 자산에 관한 실지조사의 결

과와 사회복지법인 설립의 필요성에 관한 검토의견을 첨부하여 시 · 도지사에게 송부(전자문서에 의한 송부를 포함)하여야 한다(「사회복지사업법」 제16조, 시행령 제8조 및 시행규칙 제7조).

시 · 도지사는 제1항에 따른 신청에 대하여 허가를 하는 때에는 사회복지법인설립허가증을 신청인에게 발급하여야 하며, 사회복지법인관리대장을 작성하여 관리하여야 한다.

시 · 군 · 구가 법인설립허가신청서 접수 시 자산에 관한 실지조사의 결과와 법인설립의 필요성에 관한 검토의견을 첨부하여 시 · 도지사에 송부하여야 한다. 자산에 관한 실지조사결과서에는 출연재산의 소유권 및 사용권이 확실한지 여부를 확인한 결과를 포함하여야 한다.

법인설립의 필요성에 관한 검토의견에는 사업계획서 및 예산서 등의 적정여부, 설립자의 자질 및 재정능력 등에 대한 객관적 의견, 법인 목적사업에 대한 실현가능성 등에 대한 검토의견을 제출하여야 한다. 그 밖에 기타 특기사항 및 의견을 포함시킬 수 있다.

시 · 도지사는 법인설립허가 신청내용이 다음의 기준에 적합한 경우에 한하여 허가하여야 한다.

1. 목적사업이 구체적이며 실현가능하다고 인정되는 경우
2. 출연재산의 수입으로 목적사업을 원활히 달성할 수 있다고 인정되는 경우
3. 목적사업이 적극적으로 사회복지를 유지 · 증진하는 것이라고 인정되는 경우

시 · 도지사는 상기내용에 적합하다고 해서 반드시 허가할 의무는 없으나(재량행위), 상기 내용을 충족하지 못하였을 경우에는 허가하여서는 안 된다.

목적사업이 2 이상의 시 · 도의 소관에 속하는 경우에는 법인의 주된 사무소가 위치하는 시 · 도에서 설립허가 여부를 결정하되, 관련 시 · 도 간 협의하여야 한다(「공익법인의 설립 · 운영에 관한 법률」 제4조 및 시행령 제5조).

사회복지법인 설립절차 및 처리절차는 다음과 같다.

처리 절차		
신청인	경유기관	처리기관
	시·군·구(10일)	시·도(17일)
사회복지법인 설립허가 신청서 작성·제출 → 접수 및 검토보고서 작성 → 접수 → 신청내용 확인 → 사회복지법인 설립허가(허가증 작성) → 사회복지법인 설립허가증 수신 → 사회복지법인 설립허가증 발급		

1 단계	신청인의 법인설립 신청(신청인 → 시 · 군 · 구)
조치사항	사회복지법인을 설립하고자 하는 자는 「사회복지사업법 시행규칙」 제7조에 규정되어 있는 사회복지법인 설립허가 신청서와 기타 구비서류를 완비하여 시 · 군 · 구에 제출
2 단계	검토의견 등 첨부하여 시 · 도에 제출(시 · 군 · 구 → 시 · 도)
조치사항	시 · 군 · 구는 설립허가신청서를 신청한 법인에 대한 기초자료(예: 자산에 관한 실지조사 결과, 법인설립필요성에 관한 검토의견서 등)를 첨부하여 시 · 도에 제출
3 단계	시 · 도에서 최종 허가여부 결정
조치사항	– 시 · 도는 법인설립신청서와 시 · 군 · 구의 기초자료, 시 · 도의 복지여건 등을 종합적으로 검토하여 법인설립허가 최종 결정 – 처리기한 17일 * 주무관청에서 신청서의 보완을 요청한 경우 보완기간은 처리기한에 산입하지 않으며, 신청서를 반려한 경우 처리기한은 종료되고 재접수 시점부터 다시 기산하는 것을 원칙으로 함.

사회복지법인을 설립하려는 자는 시 · 도지사의 허가를 받아야 한다. 따라서 사회복지법인을 설립하고자 하는 자는 사회복지법인 설립허가신청서에 보건복지부령으로 정하는 서류를 첨부하여 사회복지법인의 주된 사무소의 소재지를 관할하는 시장 · 군수 · 구청장을 거쳐 시 · 도지사에게 제출(전자문서에 의한 제출을 포함)하여야 한다. 시장 · 군수 · 구청장은 법인설립허가신청서를 받은 때에는 자산에 관한 실지조사의 결과와 사회복지법인 설립의 필요성에 관한 검토의견을 첨부하여 시 · 도지사에게 송부(전자문서에 의한 송부를 포함)하여야 한다(「사회복지사업법」 제16조 및 시행령 제8조).

신청서에는 다음의 서류를 첨부하여야 하며, 담당공무원은 건물등기부 등본, 토지등기부 등본, 개별공시지가 확인서를 확인하여야 한다(동법 시행규칙 제7조).

신청인 (대표자) 제출서류	1. 설립취지서 1부 2. 정관 1부 3. 재산출연증서 1부 4. 재산의 소유를 증명할 수 있는 서류 1부(「전자정부법」 제36조제1항에 따른 행정정보의 공동이용을 통하여 소유권에 대한 정보를 확인할 수 있는 경우에는 그 확인으로 첨부서류를 갈음합니다) 5. 재산의 평가조서 1부(「부동산 가격공시 및 감정평가에 관한 법률」에 따른 감정평가업자의 감정평가서를 첨부하되, 개별공시지가 확인서로 첨부서류에 대한 정보를 확인할 수 있는 경우에는 그 확인으로 첨부서류를 갈음합니다) 6. 재산의 수익조서 1부(수익용 기본재산을 갖춘 경우만 첨부하며, 공인된 감정평가기관의 수익증명 또는 수익을 증명할 수 있는 기관의 증빙서류를 첨부하여야 합니다) 7. 임원의 취임승낙서 및 이력서 각 1부 8. 「사회복지사업법」 제18조제2항 각 호의 어느 하나에 해당하는 기관으로부터 받은 이사 추천서 1부 9. 임원 상호간의 관계에 있어 「사회복지사업법」 제18조제3항에 저촉되지 아니함을 입증하는 각서 1부 10. 설립 해당 연도 및 다음 연도의 사업계획서 및 예산서 각 1부
담당 공무원 확인사항	1. 건물등기부 등본 2. 토지등기부 등본 3. 개별공시지가 확인서

시 · 도지사는 신청에 대하여 허가를 하는 때에는 사회복지법인설립허가증을 신청인에게 발급하여야 한다. 시 · 도지사는 사회복지법인관리대장을 작성 · 관리하여야 한다.

2) 목적의 비영리성

사회복지법인은 반드시 사회복지사업을 수행할 목적으로 설립되어야 하며, 사회복지사업을 수행함에 있어 이윤추구를 위한 영리목적이 아닌 사회복지라는 비영리목적을 위해 존재하여야 한다. 여기서 "사회복지사업"이란 「사회복지사업법」 제2조의 각 목에 명시된 법률에 따른 보호 · 선도(善導) 또는 복지에 관한 사업과 사회복지상담, 직업지원, 무료 숙박, 지역사회복지, 의료복지, 재가복지(在家福祉), 사회복지관 운영, 정신질환자 및 한센병력자의 사회복귀에 관한 사업 등 각종 복지사업과 이와 관련된 자원봉사활동 및 복지시설의 운영 또는 지원을 목적으로 하는 사업을 말한다.

비영리사업의 목적을 달성하기 위해 필요한 한도에서 비영리사업의 본질에 반하지 않을 정도의 수익사업을 하는 것은 가능하나, 수익사업으로 인한 수익은 언제나 사업목적의 수행에 충당되어야 한다. 유료시설에서 생활비를 받는 경우, 운영비 보조를 위해 일정 수익사업을 하는 경우 등은 가능하나 이로 인한 수익은 시설기능보강, 운영비보조, 생활자

복지수준 향상 등을 위해 쓰여야 한다.

사회복지법인은 목적사업의 경비에 충당하기 위하여 필요할 때에는 법인의 설립 목적 수행에 지장이 없는 범위에서 수익사업을 할 수 있다. 수익사업에서 생긴 수익을 법인 또는 법인이 설치한 사회복지시설의 운영 외의 목적에 사용할 수 없다. 수익사업에 관한 회계는 법인의 다른 회계와 구분하여 회계처리하여야 한다(「사회복지사업법」 제28조). 여기서 수익사업의 범위 및 종류에 대해서는 주무관청에서 개별사안별로 비영리법인 본질 위배 여부, 법인 설립목적 달성을 위한 법인 내 인적 · 물적 상황 등 제반여건을 충분히 고려하여 판단하여야 한다.

수익사업에 관한 회계는 특별회계로 처리되어 법인의 다른 회계와 구분하여 계리하여야 한다.

사회복지법인을 설립하고자 하는 자는 수행하고자 하는 목적사업을 구체적으로 확정하여 신청해야 한다. "사회복지사업 수행"과 같은 형태의 추상적인 목적사업은 불가능하므로 수행하고자 하는 목적사업을, 예를 들면, 「국민기초생활 보장법」 제○○조의 ○○사업, 등과 같이 세부적이고 구체적으로 규정하여야 한다.

허가심사 시 설립자의 재정능력 및 의도, 목적사업의 비영리성, 수익사업의 성격 등을 엄격하게 심사하여 조세회피의 의도 등 순수하지 않은 목적의 법인설립은 미연에 방지하여야 한다.

3) 설립행위(정관작성 및 재산의 출연)

사회복지법인은 원칙적으로 재단법인에 속한다. 따라서 사회복지법인의 설립행위는 설립자가 기본재산 등을 출연하는 재산의 출연과 설립자의 법인 설립의도를 정관에 기재하는 정관의 작성으로 구성된다.

(1) 정관(定款)의 작성

법인의 설립자는 법인의 기본규칙을 정하여 이를 서면에 기재하고 기명 인감날인하여야 한다(「민법」 제43조). 사회복지법인의 정관에는 다음 각 호의 사항이 포함되어야 한다(「사회복지사업법」 제17조). 이를 필요적 기재사항이라고 한다. 따라서 정관은 「사회복지사업법」 제17조 정한 사항을 모두 기재하고 있는 때에만 유효하며, 그 가운데 하나라도 빠지면 정관으로서의 효력이 생기지 않는다.

사회복지법인 정관의 필요적 기재사항

1. 목적 2. 명칭 3. 주된 사무소의 소재지 4. 사업의 종류 5. 자산 및 회계에 관한 사항

6. 임원의 임면(任免) 등에 관한 사항 7. 회의에 관한 사항 8. 수익(收益)을 목적으로 하는 사업이 있는 경우 그에 관한 사항 9. 정관의 변경에 관한 사항
10. 존립시기와 해산 사유를 정한 경우에는 그 시기와 사유 및 남은 재산의 처리방법
11. 공고 및 공고방법에 관한 사항

법인이 정관을 변경하려는 경우에는 시 · 도지사의 인가를 받아야 한다. 다만, 보건복지부령으로 정하는 경미한 사항의 경우(예: 공고 및 공고방법에 관한 사항)에는 그러하지 아니하다.

(2) 재산의 출연

사회복지법인은 사회복지사업의 운영에 필요한 재산을 소유하여야 한다. 법인의 재산은 보건복지부령으로 정하는 바에 따라 기본재산과 보통재산으로 구분하며, 기본재산은 그 목록과 가액(價額)을 정관에 적어야 한다(「사회복지사업법」 제23조).

법인의 재산은 기본재산과 보통재산으로 구분한다.

- 사회복지법인 재산
  - 기본재산
    - 목적사업용 기본재산
    - 수익용 기본재산
  - 보통재산

① 기본재산

사회복지법인의 기본재산은 다음 각호에 해당하는 재산으로 하고, 그 밖의 재산은 보통재산으로 한다.

1. 부동산
2. 정관에서 기본재산으로 정한 재산
3. 이사회의 결의에 의하여 기본재산으로 편입된 재산

재산의 종류는 동산, 부동산 등 다양한 형태가 가능하며 일정 신용평가등급 이상의 채권도 가능하다. 다만, 출연하고자 하는 재산에 제한물권(지상권, 근저당권, 가등기)이 설정되어 있거나, 가압류 가처분 등이 되어 있어 법인이 채무를 부담하거나 재산권 행사가 제한되어서는 안 된다. 기본재산이 현금일 경우, 「예금자보호법」에 의한 보호 등을 확인하여 기본재산 잠식 위험성이 있는 보관방법은 지양하여야 한다.

출연재산의 귀속은, 생전처분으로 법인을 설립하는 때에는 출연재산은 법인이 성립된 때로부터 법인의 재산이 된다. 유언(遺言)으로 법인을 설립할 때, 출연재산은 유언의 효력이 발생한 때로부터 법인에 귀속한 것으로 본다.

기본재산은 다음 각호와 같이 목적사업용 기본재산과 수익용 기본재산으로 구분한다. 다만, 시설의 설치 · 운영을 목적으로 하지 아니하고 사회복지사업을 지원하는 것을 목적으로 하는 법인(지원법인)에 있어서는 이를 구분하지 아니할 수 있다.

1. 목적사업용 기본재산: 법인이 사회복지시설 등을 설치하는 데 직접 사용하는 기본재산
2. 수익용 기본재산: 법인이 그 수익으로 목적사업의 수행에 필요한 경비를 충당하기 위한 기본재산

법인은 기본재산의 매도 · 증여 · 교환 · 임대 · 담보제공 또는 용도변경에 관한 허가를 받고자 하는 경우에는 기본재산처분허가신청서에 다음 각 호의 서류를 첨부하여 시 · 도지사에게 제출하여야 한다(「사회복지사업법 시행규칙」 제14조).

1. 기본재산의 처분을 결의한 이사회 회의록사본 1부
2. 처분하는 기본재산의 명세서 1부
3. 처분하는 기본재산의 감정평가서(교환의 경우에는 취득하는 재산의 감정평가서를 포함하며, 개별공시지가서 확인서로 첨부서류에 대한 정보를 확인할 수 있는 경우에는 그 확인으로 첨부서류를 갈음한다) 1부

가) 목적사업용 기본재산

시설의 설치 · 운영을 목적으로 하는 시설법인의 경우, 시설종류별 설치기준에 적합한 시설(건축물)과 부지를 갖추거나 갖출 수 있는 목적사업용 기본재산 및 시설 운영을 위한 보통재산을 갖춰야 하고 시설설치 부지는 시설설치가 가능한 지역이어야 한다.

출연재산의 귀속은, 생전처분으로 법인을 설립하는 때에는 출연재산은 법인이 성립된 때로부터 법인의 재산이 된다. 유언(遺言)으로 법인을 설립할 때의 출연재산은 유언의 효력이 발생한 때로부터 법인에 귀속한 것으로 본다.

생활시설의 경우, 상시 10인 이상 시설거주자를 보호할 수 있는 목적사업용 기본재산을 갖추되, 개별법령에서 10인 미만의 소규모시설을 따로 정하고 있는 경우에는 당해 법

령에 의한 시설의 설치기준에 해당하는 목적사업용 기본재산을 갖추어야 한다(「사회복지사업법 시행규칙」 제13조).

구분	10인 미만 가능	상시 5인 이상	상시 10인 이상
시설	아동복지시설 노숙인복지시설	노인복지시설	장애인복지시설 정신요양시설

결핵 및 한센병 요양시설은 입소정원에 13.2제곱미터를 곱한 시설면적 이상에 해당하는 목적사업용 기본재산을 갖추어야 한다.

이용시설의 경우, 당해 법인이 설치 운영하고자 하는 시설을 갖출 수 있는 목적사업용 기본재산을 갖추어야 한다.

지원법인은 법인의 운영경비의 전액을 충당할 수 있는 기본재산을 갖추어야 한다. 지원법인은 출연된 기본재산으로부터 발생하는 수익으로 인건비, 사업비 등 법인운영경비의 전액을 충당할 수 있는 기본재산을 갖추어야 한다.

나) 수익용 기본재산

수익용 기본재산은 법인이 그 수익으로 목적사업의 수행에 필요한 경비를 충당하기 위한 재산이다(「사회복지사업법」 제23조).

② 보통재산

보통재산은 기본재산 이외의 재산으로, 자동차, 컴퓨터, 집기, 비품 등 감가상각하는 재산은 보통재산에 해당한다.

4) 설립등기

시 · 도지사의 허가를 받은 법인은 주된 사무소 소재지에서 설립등기를 함으로써 성립한다(「민법」 제33조). 등기하지 않으면 제3자에 대항하지 못하며, 등기의무를 해태할 경우 과태료의 처벌을 받는다(「민법」 제97조). 법인설립의 허가가 있는 때에는 3주 내에 주된 사무소의 소재지(등기소)에서 설립등기를 한 후, 7일 이내에 시 · 도지사에 보고하여야 한다.

등기사항

1. 목적 2. 명칭 3. 사무소 4. 설립허가의 연월일 5. 존립시기나 해산사유를 정한 때에는 그 시기 또는 사유 6. 자산의 총액 7. 출자의 방법을 정한 때에는 그 방법 8. 이사의 성명 주소 9. 이사의대표권을 제한한 때에는 그 제한

3. 사회복지법인의 기관[11)]

1) 사회복지법인의 임원

사회복지법인은 임원으로서 이사(理事)와 감사(監事)를 두고, 법인의 의사결정기관인 이사회(理事會)를 반드시 두어야 한다. 법인은 대표이사를 포함한 이사 7명 이상과 감사 2명 이상을 두어야 한다. 비영리법인의 경우 감사는 임의기관으로 되어 있으나 사회복지법인의 경우 사회복지사어법에 '두어야 한다'고 규정함으로써 임의기관이 아닌 반드시 두어야 하는 필수기관이다.

(1) 이사

이사는 대외적으로 법인을 대표하고 대내적으로 법인의 업무를 집행하는 필수기관이다(「민법」 제58조, 제59조). 이사의 정수는 대표이사를 포함한 7인 이상이어야 하며 그 임기는 3년으로 연임할 수 있다(「사회복지사업법」 제18조). 이사의 수는 정관으로 정하며, 상한은 없으나. 공익법인의 경우 의사결정의 효율성을 감안하여 15명 이하로 제한하고 있다(「공익법인의 설립 · 운영에 관한 법률」 제5조). 이사는 직무상 선량한 관리자의 주의로 충실하게 그 직무를 행해야 하며, 이사가 그 임무를 해태한 때에는 법인에 대하여 연대하여 손해배상의 책임이 있다(「민법」 제61조, 제65조).

이사는 대외적으로 법인을 대표할 권한이 있으며, 이사 각자가 대표하는 각자대표주의를 원칙으로 한다. 따라서 이사는 법인의 사무에 관하여 각자 법인을 대표하므로 이사의 행위는 대외적으로 법인의 행위로서 인정되며, 그가 대표하는 사무에는 제한이 없다.

이사는 대내적으로 법인의 업무를 집행할 권한이 있다. 이사는 법인의 모든 내부적 사무를 집행할 권한이 있으며, 정관에 다른 규정이 없으면 법인의 사무집행은 이사의 과반수로써 결정한다(「민법」 제58조).

이사 정수	필요 외부추천이사의 수
7명/8명	2명
9명/10명/11명	3명
12명/13명/14명	4명
15명/16명/17명	5명
18명/19명/20명	6명

이사 정수는 법인의 정관에서 그 인원수를 확정하여 기재하여야 한다. 법인은 이사 정

수의 3분의 1 이상을 시 · 도사회보장위원회 및 지역사회보장협의체 가운데 어느 하나에 해당하는 기관이 3배수로 추천한 사람 중에서 선임하여야 한다.

이사회는 이사로써 구성되며(감사는 제외) 이사장은 정관이 정하는 바에 따라 이사 중에서 호선한다. 이사회의 구성에 있어서 대통령령으로 정하는 특별한 관계에 있는 사람이 이사 현원(現員)의 5분의 1을 초과할 수 없다.

특별한 관계에 있는 자의 범위

"대통령령으로 정하는 특별한 관계에 있는 사람"이란 다음 각 호의 사람을 말한다.

1. 출연자
2. 출연자 또는 이사와의 관계가 다음 각 목의 어느 하나에 해당하는 사람
   가. 6촌 이내의 혈족 나. 4촌 이내의 인척 다. 배우자(사실상 혼인관계에 있는 사람을 포함한다) 라. 친생자(親生子)로서 다른 사람에게 친양자(親養子)로 입양된 사람 및 그 배우자와 직계비속
3. 출연자 또는 이사의 사용인 그 밖에 고용관계에 있는 자(출연자 또는 이사가 출자에 의하여 사실상 지배하고 있는 법인의 사용인 그 밖에 고용관계에 있는 자를 포함한다)

> "출자에 의하여 사실상 지배하고 있는 법인"이라 함은 법인이 다음 각호의 1에 해당하는 것을 말한다.
> 1. 법인의 발행주식총액 또는 출자총액의 100분의 30 이상을 출자자 1인과 그와 제1항제2호 · 제4호 및 사용인 그 밖에 고용관계에 있는 자(이하 이 항에서 "지배주주"라 한다)가 소유하고 있는 경우
> 2. 법인의 발행주식총액 또는 출자총액의 100분의 50 이상을 제1호의 법인과 그의 지배주주가 소유하고 있는 경우
> 3. 법인의 발행주식총액 또는 출자총액의 100분의 50 이상을 제1호의 법인과 그의 지배주주 및 제2호의 법인이 소유하고 있는 경우

4. 출연자 또는 이사의 금전 그 밖의 재산에 의하여 생계를 유지하는 자 및 그와 생계를 함께 하는 자
5. 출연자 또는 이사가 재산을 출연한 다른 법인의 이사

이사의 임기는 3년으로 하고 감사의 임기는 2년으로 하며, 각각 연임할 수 있다. 외국인인 이사는 이사 현원의 2분의 1 미만이어야 한다. 법인은 임원을 임면하는 경우에는 보

건복지부령으로 정하는 바에 따라 지체 없이 시 · 도지사에게 보고하여야 한다(「사회복지사업법」 제18조 및 시행령 제9조).

시 · 도사회보장위원회 및 지역사회보장협의체는 이사를 추천하기 위하여 매년 다음 각 호의 어느 하나에 해당하는 사람으로 이사 후보군을 구성하여 공고하여야 한다. 다만, 사회복지법인의 대표자, 사회복지사업을 하는 비영리법인 또는 단체의 대표자, 지역사회보장협의체의 대표자는 제외한다.

1. 사회복지 또는 보건의료에 관한 학식과 경험이 풍부한 사람
2. 사회복지를 필요로 하는 사람의 이익 등을 대표하는 사람
3. 비영리민간단체에서 추천한 사람
4. 사회복지공동모금지회에서 추천한 사람

이사회의 기능은 다음과 같다(「공익법인의 설립 · 운영에 관한 법률」 제7조).

1. 공익법인의 예산, 결산, 차입금 및 재산의 취득 처분과 관리에 관한 사항
2. 정관의 변경에 관한 사항
3. 공익법인의 합병 해산에 관한 사항
4. 임원의 임면에 관한 사항
5. 수익사업에 관한 사항
6. 그 밖에 법령이나 정관에 따라 그 권한에 속하는 사항

사회복지법인은 재단법인의 성격을 띠어 사단법인의 사원총회와 같은 의사결정기관이 없으므로 이사회가 의사결정기관의 역할을 수행한다. 이사회는 이사장이 소집하고 그 의장이 된다. 다만, 이사장이 궐위되거나 이를 기피함으로써 7일 이상 이사회의 소집이 불가능한 때에는 재적이사 과반수의 찬동으로 시 · 도지사의 승인를 받아 이를 소집할 수 있다. 이사회의 의사는 정관에 특별한 규정이 없는 한 재적이사 과반수의 찬성으로 의결한다.

사회복지법인의 이사회는 사회복지법인의 예산, 결산에 관한 사항, 임원의 임면에 관한 사항 등을 심의 · 의결하는 필요적 상설기관으로서 이사 자신들의 직접적인 토의와 결의를 요하고 의결권의 대리행사는 허용되지 않는다.

이사회는 다음 각 호의 사항을 기재한 회의록을 작성하여야 한다. 다만, 이사회 개최 당일에 회의록 작성이 어려운 사정이 있는 경우에는 안건별로 심의 · 의결 결과를 기록한 회의조서를 작성한 후 회의록을 작성할 수 있다.

1. 개의, 회의 중지 및 산회 일시 2. 안건 3. 의사 4. 출석한 임원의 성명 5. 표결수 6. 그 밖에 대표이사가 작성할 필요가 있다고 인정하는 사항

회의록 및 회의조서에는 출석임원 전원이 날인하되 그 회의록 또는 회의조서가 2매 이상인 경우에는 간인(間印)하여야 한다. 회의조서를 작성한 경우에는 조속한 시일 내에 회의록을 작성하여야 한다. 법인은 회의록을 공개하여야 한다. 다만, 대통령령으로 정하는 다음의 사항에 대하여는 이사회의 의결로 공개하지 아니할 수 있다.

1. 진행 중인 재판에 관련된 정보와 범죄의 예방, 수사, 공소의 제기 및 유지, 형의 집행, 교정(矯正), 보안처분에 관한 사항으로서 공개될 경우 그 직무수행을 현저히 곤란하게 하거나 형사피고인의 공정한 재판을 받을 권리를 침해한다고 인정할 만한 상당한 이유가 있는 정보 2. 감사 · 감독 · 검사 · 시험 · 규제 · 입찰계약 · 기술개발 · 인사관리에 관한 사항이나 의사결정 과정 또는 내부검토 과정에 있는 사항 등으로서 공개될 경우 업무의 공정한 수행이나 연구 · 개발에 현저한 지장을 초래한다고 인정할 만한 상당한 이유가 있는 정보 3. 해당 정보에 포함되어 있는 성명 · 주민등록번호 등 개인에 관한 사항으로서 공개될 경우 사생활의 비밀 또는 자유를 침해할 우려가 있다고 인정되는 정보 4. 법인 · 단체 또는 개인의 경영상 · 영업상 비밀에 관한 사항으로서 공개될 경우 법인 등의 정당한 이익을 현저히 해칠 우려가 있다고 인정되는 정보 5. 공개될 경우 부동산 투기, 매점매석 등으로 특정인에게 이익 또는 불이익을 줄 우려가 있다고 인정되는 정보

이사의 임면방법은 정관의 필요적 기재사항이며, 따라서 정관에 의하여 정하여진다. 공익법인의 경우 임원 취임 시 주무관청의 승인을 받도록 되어 있으나, 사회복지법인의 경우 「사회복지사업법」에서는 이를 보고로 갈음하고 있다(「사회복지사업법」 제25조, 시행령 제10조의4, 「공공기관의 정보공개에 관한 법률」 제9조 제1항).

(2) 감사

사회복지법인의 감사는 법인의 재산이나 업무집행상태의 적정 여부를 조사 · 감독하는 기관으로 필수기관이다. 감사의 정수는 2인 이상이어야 하며 그 임기는 2년으로 연임할 수 있다. 감사는 이사와, 앞에서 명시한 「사회복지사업법 시행령」 제9조의 "특별한 관계에 있는 자"가 아니어야 하며, 감사 중 1명은 법률 또는 회계에 관한 지식이 있는 사람 중에서 선임하여야 한다. 다만, 대통령령으로 정하는 일정 규모 이상의 법인은 시 · 도지사의 추천을 받아 「주식회사 등의 외부감사에 관한 법률」 제2조 제7호에 따른 감사인에 속한 사람을 감사로 선임하여야 한다.

감사의 직무는 다음과 같다.

1. 대내적 직무
① 법인의 업무와 재산상황을 감사하는 일 및 이사에 대하여 이에 필요한 자료의 제출 또는 의견을 요구하고 이사회에서 발언하는 일
② 이사회의 회의록에 기명 날인하는 일
③ 법인의 업무와 재산상황에 대하여 이사에게 의견을 진술하는 일
④ 법인의 업무와 재산상황을 감사한 결과 불법 또는 부당한 점이 있음을 발견한 때 이를 이사회에 보고하는 일
⑤ ④의 보고를 하기 위하여 필요한 때에는 이사회의 소집을 요구하는 일
2. 대외적 직무
① 법인의 직무와 재산상황을 감사한 결과 불법 또는 부당한 점이 있음을 발견한 때에는 지체 없이 시 · 도지사에 이를 보고하여야 함
② 이사가 법인의 목적범위외의 행위를 하거나 기타 이 법 또는 이 법에 의한 명령이나 정관에 위반하는 행위를 하여 법인에게 현저한 손해를 발생하게 할 우려가 있는 때에는 그 이사에 대하여 직무행위를 유지(留止)할 것을 법원에 청구할 수 있음

2) 임원의 보충, 겸직 및 해임명령

임원 중 결원이 생긴 때에는 2월 이내에 이를 보충하여야 하고 법인이 기간 내 보충하지 않을 시 시 · 도지사는 지체 없이 이해관계인의 청구 또는 직권으로 임시이사를 선임한다. 이사는 법인이 설치한 사회복지시설의 장을 제외한 당해 시설의 직원을 겸할 수 없다(「사회복지사업법」 제22조).

시 · 도지사는 아래의 경우 법인에 대하여 그 임원의 해임을 명할 수 있다.
1. 시 · 도지사의 명령을 정당한 이유 없이 이행하지 아니한 때
2. 회계부정이나 현저한 불법행위 기타 부당행위 등이 발견되었을 때

3. 법인의 업무에 관하여 시 · 도지사에게 보고할 사항에 대해 고의로 보고를 지연하거나 허위보고를 한때
4. 외부추천이사 선임과 관련된 사항을 위반하거나, 특별한 관계에 있는 사람을 규정을 초과하여 선임하거나, 감사의 선임과 관련된 사항을 위반하여 선임된 사람
5. 임원의 겸직근무 의무를 위반한 사람
6. 직무집행 정지명령을 이행하지 아니한 사람
7. 기타 「사회복지사업법」 또는 「사회복지사업법」에 의한 명령을 위반하였을 때

(「사회복지사업법」 제18조부터 제22조, 시행규칙 제11조)

4. 사회복지법인의 합병

법인의 합병에는 새로운 법인을 신설하여 그 법인에 기존의 법인들이 합병되는 신설합병과 기존의 하나의 법인으로 다른 법인들이 흡수되는 흡수합병이 있다. 법인은 시 · 도지사의 허가를 받아 이 법에 따른 다른 법인과 합병할 수 있다. 다만, 주된 사무소가 서로 다른 특별시 · 광역시 · 특별자치시 · 도 · 특별자치도에 소재한 법인 간의 합병의 경우에는 보건복지부장관의 허가를 받아야 한다. 법인이 합병하는 경우 합병 후 존속하는 법인이나 합병으로 설립된 법인은 합병으로 소멸된 법인의 지위를 승계한다(「사회복지사업법」 제30조).

5. 비영리법인의 설립

사회복지사업은 비영리법인에 의해서도 수행되고 있다. 비영리법인에는 비영리사단법인과 비영리재단법인이 있으며, 「민법」의 적용을 받는다.

비영리법인을 설립하기 위해서는 목적의 비영리성, 설립행위, 주무관청의 허가, 설립등기의 4가지 요건을 갖추어야 한다. 첫째, 목적의 비영리성이다. 비영리법인은 학술, 종교, 자선, 기예, 사교 기타 영리 아닌 사업을 목적으로 하여야 한다(「민법」 제32조). 비영리법인이 수행하는 영리 아닌 사업이란 단지 영리가 아닌 사업이면 되고, 반드시 공익을 목적으로 할 필요는 없다.

둘째, 설립행위이다. 비영리법인의 설립행위는 비영리사단법인의 경우는 정관의 작성을 의미하는 반면, 비영리재단법인의 경우는 정관의 작성과 재산의 출연을 의미한다. 사단법인을 설립하려면, 설립자가 일정한 사항을 기재한 정관을 작성하여 기명날인하여야 한다. 정관이란 법인의 조직과 활동을 정한 근본 규칙이다. 「민법」은 그 설립자의 수에 관

해 규정하고 있지는 않으나, 사단의 성질상 2인 이상이어야 한다. 그리고 정관의 작성에는 설립자들이 반드시 기명날인을 하여야 한다. 정관작성은 서면에 의하는 요식행위이며, 장래에 성립할 사단에 법인격 취득의 효과를 발생시키려는 의사표시이다(「민법」 제44조).

비영리재단법인의 설립행위에는 정관의 작성 이외에 재산의 출연이 포함된다. 비영리재단법인의 설립자는 일정한 재산을 출연하고, 일정한 사항이 기재된 정관을 작성하여 기명날인하여야 한다. 정관의 작성 이외에 재산을 출연하여야 하는 점에서 재단법인 설립행위는 사단법인의 그것과는 근본적으로 다르다.

재단법인의 설립행위는 설립자가 일정한 재산을 출연하고 서면으로 정관을 작성하여야 하는 요식행위이며, 그 실질은 재단에 법인격을 주려고 하는 법률행위이고, 그중에서도 상대방 없는 단독행위이다. 재단법인의 설립자는 1인이라도 되며, 2인 이상이라도 상관이 없다(「민법」 제47조).

셋째, 주무관청의 허가이다. 비영리법인은, 비영리사단법인과 비영리재단법인 모두, 주무관청의 허가를 받아 설립된다. 즉, 허가주의를 원칙으로 한다. 주무관청의 허가는 그 본질상 주무관청의 자유재량에 속하는 것으로서, 그 허가 여부에 대해 다툴 수 없다.[12)]

마지막으로, 설립등기이다. 법인은 자연인이 아닌 법률상 사람이기 때문에 법인의 존재나 내용은 일반 제3자가 알 수 없어 이를 공시할 필요가 있고, 또 법인의 설립과 같이 다수의 이해관계인이 관여하는 경우에 개별적으로 그 선의 · 악의 또는 대항력의 유무를 판단한다는 것은 원활한 거래에 장애가 되므로 비영리법인은 그 주된 사무소의 소재지에서 설립등기를 함으로써 성립한다(「민법」 제33조).

미주

1) 김기원(2009). 『사회복지법제론』. 서울: 나눔의집, pp. 168-201.
2) 사회복지법에서 '국가와 지방자치단체'라는 용어가 자주 등장하는데, 이때 국가는 대부분의 경우 중앙관청을 의미한다.
3) 사단은 구성원과 독립하여 단체 그 자체가 주체가 된다. 조합은 구성원 모두가 그 주체가 된다. 반면, 영조물은 이용자는 있으나 구성원은 없다(직원은 구성원이 아니다).
4) 김준호(2000). 『민법강의』. 경기: 법문사, pp. 3-35.
5) 허가는 사실로서의 행위가 적법하게 행해지기 위한 적법요건이며, 허가 없이 행한 행위는 처벌 대상은 되지만, 행위 자체는 무효가 되는 것이 아니다. 이에 대하여 인가는 법률적 행위의 효력요건이기 때문에 무인가행위는 무효가 되지만, 처벌의 대상은 되지 아니한다. 인가는 타인의 법률행위를 완성시키는 보충행위에 불과하므로, 타인의 법률행위가 불성립 또는 무효일 때에는 인가가 있어도 유효가 되지 않는다. 또한 취소할 수 있는 행위일 때에는 인가가 있어도 취소할 수 있다. 인가의 대상이 되는 행위는 법률행위에 한하고, 사실행위는 제외된다.
6) 행위무능력자에는 미성년자, 심신이 박약하거나 재산의 낭비로 자기나 가족의 생활을 궁핍하게 할 염려가 있는 자인 한정치산자, 심신상실의 상태에 있는 금치산자가 있다. 이들이 권리주체로서 능력을 행하기 위해서는 법정대리인이 필요하다. 책임무능력자는 정신상태의 미성숙 또는 장애로 인해 형사책임을 질 능력이 없는 상태에 있는 자로 14세 미만의 형사미성년자와 심신장애상태에 있는 자가 해당된다.
7) 공시(公示)란 상대방이 있는 의사표시를 하는 자가 그 상대방이 누구인지 또는 그 상대방의 소재를 알 수 없는 경우에 유사한 의사표시를 하는 편법이다. 등기나 등록이 한 예이다.
8) 대항요건이란 이미 효력이 발생하고 있는 법률관계 또는 권리관계의 득실변경을 제3자에게 주장(대항)하기 위한 법률요건이다.
9) 김종래(2001). 『21C 복지법인경영총람』. 복지연합신문사, pp. 15-20.
10) 법제처, 사회복지사업법, www.moleg.go.kr
11) 상동.
12) 비영리사단법인 및 재단법인의 설립이 허가주의에서 일정기준을 충족하여 주무관청이 법인설립을 허가해 주는 인가주의로 변경하는 「민법」 개정이 추진되고 있다.

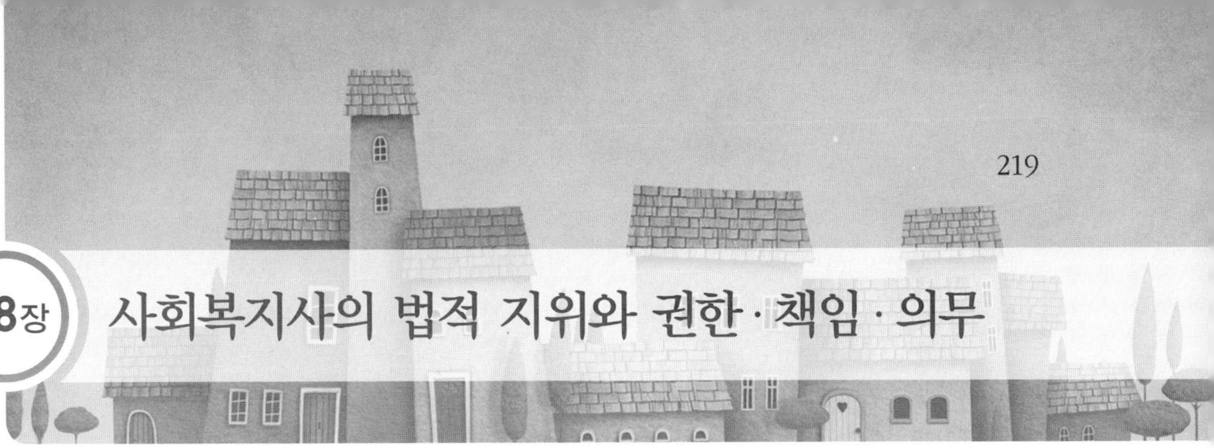

제8장 사회복지사의 법적 지위와 권한 · 책임 · 의무

사회복지사의 법적 지위와 권한은 사회복지사의 의의 및 자격관리, 사회복지사의 법적 지위, 사회복지사의 권한과 책임 그리고 사회복지사의 법적 의무로 구성된다.[1]

Ⅰ. 사회복지사의 의의 및 자격관리[2]

1. 사회복지사의 정의 및 등급

사회복지사란 사회복지에 관한 전문지식과 기술을 가진 자로서, 「사회복지사업법」에 의거하여 보건복지부장관으로부터 자격증을 교부받은 자를 말한다. 한국사회복지사협회에 따르면, 사회복지사란 현대사회에서 발생하고 있는 청소년, 노인, 여성, 가족, 장애인 등 다양한 사회적, 개인적 문제를 겪는 사람들에게 사회복지학 및 사회과학의 전문지식을 이용하여 문제를 진단 · 평가함으로써 문제해결을 돕고 지원하는 업무를 담당하는 자를 말한다.[3]

보건복지부장관은 사회복지에 관한 전문지식과 기술을 가진 사람에게 사회복지사 자격증을 발급할 수 있다. 사회복지사의 등급은 1급 · 2급으로 하고 등급별 자격기준 및 자격증의 발급절차 등은 대통령령으로 정한다.[4] 사회복지사 1급 자격증을 받으려는 사람은 국가시험에 합격하여야 한다.

2. 사회복지사 결격사유

사회복지사 결격사유는 사회복지사가 될 수 없거나 사회복지사의 자격을 상실하도록 되어 있는 사유로 일종의 소극적 요건이다. 본래 결격사유는 임용 · 고용 · 위임 관계 등의 법률관계에서 그 당사자가 될 수 없거나, 국가가 창설하여 운영하는 각종 자격 제도에서 그 자격을 취득할 수 없거나, 각종 인허가, 등록 등을 필요로 하는 영업 또는 사업을 할 수 없는 사유를 말한다. 결격사유는 직접 국민의 자유와 권리를 제한하는 것이므로 법률에 직접 규정해야 한다.[5]

사회복지사의 결격사유를 법에 명시하는 이유는 사회복지사는 국민의 인간다운생활에 중대한 영향을 미칠 뿐 아니라, 국민의 신뢰를 바탕으로 업무를 수행하는 직업이고, 고도의 전문성 또는 윤리성, 공정성이 요구 되는 직종이기 때문에 사회복지사의 자질을 일정 수준 이상으로 유지함으로써 국민의 생존권을 보호하기 위한 것이다. 사회복지사의 결격사유는 사회복지사로서의 자질이 부족한 자가 이러한 사회복지직종이나 사회복지사업영역에 진입하는 것을 방지하는 기준으로 작용하는 한편, 이러한 사회복지직종이나 사회복지사업영역에 종사하고 있는 자 중에 자질이 부족한 자를 배제시키는 기준으로도 작용한다.

다음 각 호의 어느 하나에 해당하는 사람(결격사유)은 사회복지사가 될 수 없다.

1. 피성년후견인 또는 피한정후견인
2. 금고 이상의 형을 선고받고 그 집행이 끝나지 아니하였거나 그 집행을 받지 아니하기로 확정되지 아니한 사람
3. 법원의 판결에 따라 자격이 상실되거나 정지된 사람
4. 마약 · 대마 또는 향정신성의약품의 중독자
5. 「정신건강증진 및 정신질환자 복지서비스 지원에 관한 법률」 제3조 제1호에 따른 정신질환자. 다만, 전문의가 사회복지사로서 적합하다고 인정하는 사람은 그러하지 아니하다.

(「사회복지사업법」 제11조의2)

3. 사회복지사의 자격취소 등

보건복지부장관은 사회복지사가 다음 각 호의 어느 하나에 해당하는 경우 그 자격을 취소하거나 1년의 범위에서 정지시킬 수 있다. 다만, 제1호부터 제3호까지에 해당하면 그 자격을 취소하여야 한다.

1. 거짓이나 그 밖의 부정한 방법으로 자격을 취득한 경우
2. 제11조의2(사회복지사 결격사유) 각 호의 어느 하나에 해당하게 된 경우
3. 자격증을 대여 · 양도 또는 위조 · 변조한 경우
4. 사회복지사의 업무수행 중 그 자격과 관련하여 고의나 중대한 과실로 다른 사람에게 손해를 입힌 경우
5. 자격정지 처분을 3회 이상 받았거나, 정지 기간 종료 후 3년 이내에 다시 자격정지 처분에 해당하는 행위를 한 경우
6. 자격정지 처분 기간에 자격증을 사용하여 자격 관련 업무를 수행한 경우

자격이 취소된 사람은 취소된 날부터 15일 내에 자격증을 보건복지부장관에게 반납하여야 한다. 보건복지부장관은 제1항에 따라 자격이 취소된 사람에게는 그 취소된 날부터 2년 이내에 자격증을 재교부하지 못한다.

「사회복지사업법」에 따른 사회복지사가 아니면 사회복지사 또는 이와 유사한 명칭을 사용하지 못한다. 사회복지사라는 명칭은 권리의 대상에 속한다(「사회복지사업법」 제11조의 3 및 제11조의 4).

4. 국가시험

사회복지사 1급 자격증을 받으려는 사람은 국가시험에 합격하여야 한다. 국가시험은 보건복지부장관이 시행하되, 시험의 관리는 대통령령으로 정하는 바에 따라 시험관리능력이 있다고 인정되는 관계 전문기관에 위탁할 수 있다.

사회복지사국가시험과목(제3조제3항 관련)
1. 사회복지기초(인간행동과 사회환경 및 사회복지조사론을 말한다)
2. 사회복지실천(사회복지실천론 · 사회복지실천기술론 및 지역사회복지론을 말한다)
3. 사회복지정책과 제도(사회복지정책론 · 사회복지행정론 및 사회복지법제론을 말한다)

5. 사회복지사의 채용 및 교육 등

사회복지법인 및 사회복지시설을 설치 · 운영하는 자는 대통령령으로 정하는 바에 따라 사회복지사를 그 종사자로 채용하고, 보고방법 · 보고주기 등 보건복지부령으로 정하는 바에 따라 특별시장 · 광역시장 · 특별자치시장 · 도지사 · 특별자치도지사 또는 시장 · 군수 · 구청장에게 사회복지사의 임면에 관한 사항을 보고하여야 한다. 다만, 대통령령으로 정하는 사회복지시설은 그러하지 아니하다. 여기서 “대통령령으로 정하는 사회복지시설”이란 다음 각 호의 시설을 말한다.

사회복지사를 종사자로 채용하지 않아도 되는 사회복지시설
1. 「노인복지법」에 따른 노인여가복지시설(노인복지관은 제외한다.)
2. 「장애인복지법」에 따른 점자도서관과 점자도서 및 음성도서 출판시설
3. 「영유아보육법」에 따른 어린이집
4. 「성매매방지 및 피해자보호 등에 관한 법률」 제5조에 따른 성매매피해자 등을 위한

지원시설 및 같은 법 제10조에 따른 성매매피해상담소
5. 「정신건강증진 및 정신질환자 복지서비스 지원에 관한 법률」 제3조 제6호 및 제7호에 따른 정신요양시설 및 정신재활시설
6. 「성폭력방지 및 피해자보호 등에 관한 법률」에 따른 성폭력피해상담소

사회복지법인 또는 사회복지시설을 설치 · 운영하는 자는 해당 법인 또는 시설에서 다음 각 호에 해당하는 업무에 종사하는 자를 사회복지사로 채용하여야 한다.[6] 다만, 법 제2조 제1호 각 목의 법률에서 따로 정하고 있는 경우에는 그에 의한다.[7]

사회복지사를 채용하여 종사하도록 해야 할 업무
1. 사회복지프로그램의 개발 및 운영업무
2. 시설거주자의 생활지도업무
3. 사회복지를 필요로 하는 사람에 대한 상담업무

보건복지부장관은 사회복지사의 자질 향상을 위하여 필요하다고 인정하면 사회복지사에게 교육을 받도록 명할 수 있다. 다만, 사회복지법인 또는 사회복지시설에 종사하는 사회복지사는 정기적으로 인권에 관한 내용이 포함된 보수교육(補修敎育)을 받아야 한다(「사회복지사업법」 제13조 및 시행령 제6조).

6. 사회복지전담공무원의 임용

사회복지전담공무원에 관한 법률이 관련법의 개정에 의해 「사회복지사업법」에서 「사회보장급여의 이용 · 제공 및 수급권자 발굴에 관한 법률」(약칭 「사회보장급여법」)로 이관되었다. 사회복지사업에 관한 업무를 담당하게 하기 위하여 시 · 도, 시 · 군 · 구, 읍 · 면 · 동 또는 사회보장사무 전담기구에 사회복지전담공무원을 둘 수 있다. 사회복지전담공무원은 사회복지사의 자격을 가진 사람으로 하며, 그 임용 등에 관하여는 지방공무원임용령이 정하는 바에 의한다. 다만, 사회복지전담공무원 중 별정직 공무원인 자의 임용 등에 관하여는 당해 지방자치단체의 조례가 정하는 바에 의한다. 사회복지전담공무원은 사회보장급여에 관한 업무 중 취약계층에 대한 상담과 지도, 생활실태의 조사 등 보건복지부령으로 정하는 사회복지에 관한 전문적 업무를 담당한다. 국가는 사회복지전담공무원의 보수 등에 드는 비용의 전부 또는 일부를 보조할 수 있다. 시 · 도지사 및 시장 · 군수 · 구청장은 「지방공무원 교육훈련법」 제3조에 따라 사회복지전담공무원의 교육훈련에 필요한 시책을

수립 · 시행하여야 한다「사회보장급여의 이용 · 제공 및 수급권자 발굴에 관한 법률」(사회보장급여법) 제43조 및 시행령 제23조].

7. 사회복지의 날

국가는 국민의 사회복지에 대한 이해를 증진하고 사회복지사업 종사자의 활동을 장려하기 위하여 매년 9월 7일을 사회복지의 날로 하고, 사회복지의 날부터 1주간을 사회복지주간으로 한다. 국가와 지방자치단체는 사회복지의 날의 취지에 적합한 행사 등 사업을 하도록 노력하여야 한다(「사회복지사업법」 제15조의2).

Ⅱ. 사회복지사의 법적 지위[8)]

사회복지사의 법적 지위 또는 신분은 공공기관의 사회복지사와 민간기관의 사회복지사로 구분하여 규정하여야 한다.

1. 공공기관 사회복지사의 법적 지위

공공기관에서 근무하는 사회복지사의 대표적인 예는 사회복지전담공무원으로서 근무하는 경우이다. 사회복지전담공무원에 대한 법적 신분에 대해 현행법에서는 별도로 직접 규정한 내용은 없다. 다만, 「지방공무원법」 제2조의 공무원 구분에 따르면, 공무원은 경력직 공무원과 특수경력직 공무원으로 나누는데, 사회복지전담공무원은 이 가운데 경력직 공무원에 속한다. 경력직 공무원이라 함은 실적과 자격에 의하여 임용되고, 그 신분이 보장되며, 평생토록 공무원으로 근무할 것이 예정되는 공무원을 말한다.

경력직 공무원의 구분

1. 일반직 공무원: 기술 · 연구 또는 행정 일반에 대한 업무를 담당하며, 직군 · 직렬별로 분류되는 공무원(예: 사회복지전담공무원)
2. 특정직 공무원: 법관 · 검사 · 외무공무원 · 경찰공무원 · 소방공무원 · 교육공무원 · 군인 · 군무원 및 국가정보원장의 직원과 특수 분야의 업무를 담당하는 공무원으로서 다른 법률이 특정직 공무원으로 지정하는 공무원
3. 기능직 공무원: 기능적인 업무를 담당하며, 그 기능별로 분류되는 공무원

반면, 특수경력직 공무원이라 함은 경력직 공무원 이외의 공무원으로 정무직 공무원,

별정직 공무원, 계약직 공무원, 고용직 공무원으로 나뉜다.[9] 사회복지전담공무원은 경력직 공무원에 속하며, 그 가운데 일반직 공무원에 속하고, 일반직 공무원 가운데 사회복지 직렬에 속한다. 또한 일반직 공무원 가운데 국가공무원, 즉 중앙공무원이 아니라 지방공무원에 속한다.[10]

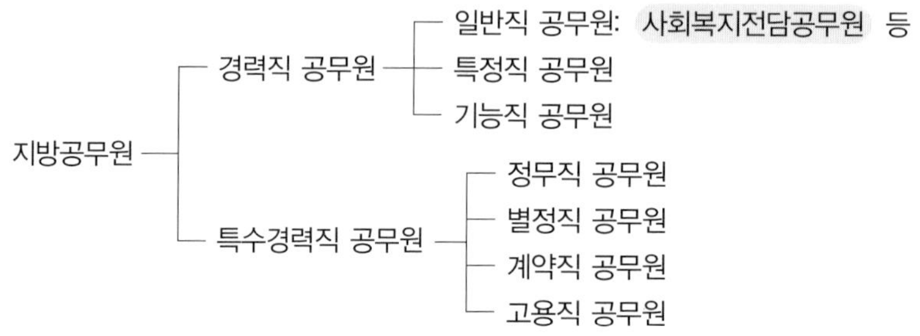

* 사회복지전담공무원 신분체계

: 지방공무원 → 경력직 공무원 → 일반직 공무원 → 사회복지직렬 공무원

[그림 8-1] 지방공무원의 구분과 사회복지전담공무원

사회복지전담공무원은 우선 경력직 공무원으로서 법적 지위를 갖는다. 경력직 공무원이란 실적과 자격에 의하여 임용되고 그 신분이 보장되어, 평생토록 공무원으로 근무할 수 있음이 예정되는 공무원을 말한다.

공무원의 지위와 신분에 대하여 「헌법」은 "공무원은 국민 전체에 대한 봉사자이며, 국민에 대하여 책임을 진다. 공무원의 신분과 정치적 중립성은 법률이 정하는 바에 의하여 보장된다(「헌법」 제7조)."고 규정하고 있다. 사회복지전담공무원은 경력직 공무원으로서 그 자격 · 임용 · 보수 · 연수 및 신분보장에 관하여 「지방공무원법」의 적용을 받게 된다.

2. 민간기관에 종사하는 사회복지사의 법적 지위

민간기관에 종사하는 사회복지사의 법적 지위는 근로자로서 갖는 지위와 전문가로서 갖는 지위로 구분할 수 있다.

1) 근로자로서 사회복지사

「근로기준법」 제14조에 따르면, 근로자란 직업의 종류를 불문하고 사업 또는 사업장에서 임금을 목적으로 근로를 제공하는 자를 말한다.[11] 여기서 근로라 함은 정신노동과 육체노동을 포함한다. 민간기관에 종사하는 사회복지사는 무보수로 봉사하는 자원봉사자와는 달리 사회복지관련 민간사업장에서 규정에 따른 임금을 받고 근로를 제공하는 근로자로서 「근로기준법」에 따른 근로자로서의 법적 지위를 갖는다. 따라서 민간기관에 종사하는 사회복지사는 사용자와 원칙적으로 대등한 관계에서 근로계약을 체결하며, 조직구성원의 지위에서 업무를 수행하며, 공동의사결정에 참여한다.

근로자로서의 사회복지사는 사회복지노동시장에서 노동의 공급자로서 노동의 수요자인 법인이나 기관과 노사관계를 형성한다. 단위사업장에서 노동시장을 매개로 하여 개별노동자와 사용자가 형성하는 관계를 개별적 노사관계라고 하며, 노동자집단과 개별적 사용자 혹은 노동자집단과 사용자집단 간의 관계를 집단적 노사관계라고 한다. 최근 사회복지현장에서도 사회복지노동조합이 결성되어 집단적 노사관계를 형성하고 있다.

노사관계는 일반적으로 신분적 지배관계에서 사용자 우위단계를 거쳐 노사대등관계에 이르고 나아가 노사협조단계를 거치게 된다. 사회복지현장의 노사관계는 노사 간에 서로의 존재를 존중하는 노사협조단계로 나아갈 때 근로자로서 사회복지사의 지위와 권익도 향상될 것이다.

2) 전문가로서 사회복지사

민간사회복지기관에 종사하는 사회복지사는 사회복지에 관한 전문지식과 기술을 갖추고, 보건복지부장관으로부터 자격증을 교부받은 자를 말한다. 보건복지부장관으로부터 사회복지사자격을 취득하기 위해서는 사회복지학 전공교과목이나 관련교과목을 이수하고 학위를 받거나 일정 기간 사회복지사업의 실무경험이 있어야 하며, 1급 자격의 경우는 2003년 이후에는 국가시험에 합격하여야 한다. 사회복지사는 국가가 공인한 전문가이다. 따라서 사회복지사는 국가가 인정한 전문가로서 지위를 누린다.

「사회복지사업법」에서도 사회복지법인이나 시설의 일정 업무는 반드시 사회복지사로 하여금 전문성을 발휘하도록 하고 있다(「사회복지사업법」 제13조 및 동법시행령 제6조). 예를 들면, 사회복지 프로그램의 개발 및 운영업무, 시설거주자의 생활지도업무, 사회복지를 필요로 하는 사람에 대한 상담업무는 사회복지사를 그 종사자로 채용하여야 한다고 규정함으로써 이들 분야에서 사회복지사로 하여금 전문가로서의 역할을 수행하도록 하고 있다.

Ⅲ. 사회복지사의 권한과 책임[12)]

사회복지사의 법적 권한과 책임은 공공기관에 근무하는 사회복지전담공무원과 민간복

지기관이나 시설에 근무하는 사회복지사 간에는 공통점도 있지만 차이점도 있다.[13)]

1. 사회복지전담공무원의 법적 권한

사회복지전담공무원은우 경력직 공무원으로서 특수경력직 공무원과는 달리 실적과 자격에 의하여 임용되고 그 신분이 보장되어, 평생토록 공무원으로 근무할 수 있음이 예정되는 공무원으로 그에 따른 법적 권한과 책임이 있다. 따라서 이들의 법적 권한은 공무원으로서의 법적 권리에 준하고 있으며, 크게 신분상의 권리와 재산상의 권리로 나눌 수 있다.

1) 신분상의 권리

사회복지전담공무원은 공공기관에서 사회복지사의 신분을 가지고 복지관련 업무에 근무함으로써 인정되는 신분상의 권리들이 있다. 대표적인 것이 직업공무원제도하에서의 신분보장이다. 공무원들이 보람을 갖고 일생을 공무에 헌신할 수 있는 직업공무원제도의 확립을 위해서는 공무원의 신분보장은 필수불가결한 사항이다. 「헌법」 제7조에는 "공무원의 신분과 정치적 중립성은 법률이 정하는 바에 의하여 보장된다."고 규정하고 있다. 따라서 사회복지전담공무원의 신분은 「헌법」과 「지방공무원법」 등 관련법률이 정하는 바에 따라 보장된다.

사회복지전담공무원의 신분보장에 관한 권리는 다음과 같다. 첫째, 사회복지전담공무원의 신분변동에 관한 처분은 법으로 정한 사유에 의해서만 가능하다. 둘째, 징계처분, 강임, 휴직, 직위해제 또는 면직 등 신분에 관한 처분을 행할 때에는 당해 공무원이 적절하게 자신의 권리를 방어할 수 있도록 하게 하기 위해서 처분의 사유를 기재한 처분사유설명서를 교부하여야 한다(「지방공무원법 제75조). 셋째, 소청(訴請)을 제기할 수 있는 권리이다. 소청이란 국가 또는 지방자치단체의 위법한 명령이나 처분에 의하여 불이익을 입은 자가 관할 소청심사위원회에 심사를 청구하는 것이다. 징계처분, 기타 본인의 의사에 반하는 불리한 처분을 받은 사회복지전담공무원은 징계 · 강임(降任) · 휴직 · 직위해제 또는 면직처분의 경우에는 처분사유설명서를 받은 날로부터, 그 밖의 불리한 처분을 받은 경우에는 그 처분이 있는 것을 안 날로부터 30일 이내에 소청심사위원회에 심사를 청구할 수 있는 소청제기권을 갖게 된다(「지방공무원법」 제13조, 제67조, 제76조). 이는 특별법상의 행정심판으로서의 성질을 가지며, 행정소송을 제기하기 위한 필수적인 전치절차(前置節次)로서의 의미를 갖는다. 따라서 이를 거치지 않고 행정소송을 제기하면 당해 소송은 각하된다. 넷째, 소송제기권(訴訟提起權)이다. 사회복지전담공무원의 신분에 관한 위법한 처분이 행해지는 때에는 행정소송을 제기할 수 있는 권리를 갖게 된다.

2) 직무집행과 관련되는 권리

사회복지전담공무원이 직무집행과 관련하여 갖게 되는 권리로는 직무수행권과 직위보유권이 있다.

(1) 직무수행권

사회복지전담공무원의 직책상 임무, 즉 직무는 관할지역 안의 사회복지를 필요로 하는 사람 등에 대하여 항상 그 생활실태 및 가정환경 등을 파악하고, 사회복지에 관하여 필요한 상담과 지도를 행하는 것으로, 직무를 수행할 때에는 자신의 직무를 집행할 정당한 권리를 갖게 된다. 당해 직무집행을 방해하는 경우에는 「형법」상의 공무집행방해죄를 구성하게 된다.

(2) 직위보유권

사회복지전담공무원은 자신에게 적합한 일정한 직위를 부여받을 권리와, 자기에게 부여된 직위가 법이 정한 일정한 이유와 절차에 의하지 아니하고는 박탈당하지 않을 권리인 직위보유권을 갖는다.

3) 재산상의 권리

사회복지전담공무원은 보수청구권, 연금청구권, 실비변상을 받을 권리 등을 갖는다.

(1) 보수청구권

사회복지전담공무원의 보수에 관해서는 지방공무원법 제47조와 지방공무원보수규정이 있다. 공무원의 보수는 봉급과 수당으로 나누어지며, 제공된 직무수행의 대가로서의 성질과 생활보장적인 성질 그리고 공무수행의 공정성 확보 모두를 포함한다. 봉급은 공무원에게 지급되는 기본급여로서 직무의 곤란성, 책임의 정도 및 재직기간 등에 따라 계급별, 호봉별로 지급된다. 수당은 예산의 범위 안에서 공무원에게 지급되는 봉급 이외의 보수로서, 이에는 직무수당, 상여수당, 특수근무지수당, 특수근무수당, 명예퇴직수당 등이 있다. 또한 근무성적이 우수한 공무원에 대하여는 특별상여수당을 지급할 수 있도록 하고 있다.

사회복지전담공무원은 자신의 직무수행의 대가로 국가를 상대로 보수를 청구할 권리를 갖는다. 보수청구권은 공무원법 관계에서 발생하는 공권이므로 이에 관한 소송유형은 행정소송으로서 공법상의 당사자 소송에 의하여야 하지만 소송실무상은 민사소송에 의하고 있다. 보수청구권은 생활보장적 성격을 가지므로 민사소송상의 압류에 있어서 1/2을 넘는 액수는 압류가 제한된다. 보수청구권은 국가에 대한 권리로서 금전의 급부를 목적으로 하는 것이므로 그 소멸시효는「예산회계법」규정에 의하여 5년의 소멸시효에 해당한다.

(2) 연금청구권

사회복지전담공무원은 공무원연금을 청구할 권리를 갖는다. 사회복지전담공무원은 재직기간 동안 기여금을 납부하고, 기여에 상응하여 구체적 권리로서 연금청구권(年金請求權)을 갖는다. 공무원연금은 공무원의 퇴직 또는 사망과 공무로 인한 부상 · 질병 · 폐질에 대하여 적절한 급여를 실시함으로써, 공무원 및 그 유족의 생활안정과 복리향상에 기여함을 목적으로 하며, 그 내용에 있어서 단기급여와 장기급여로 나누어진다. 단기급여는 공무원의 공무로 인한 질병, 부상과 재해에 대하여 지급되는 것으로 그 내용에는 공무상요양비, 공무상요양일시금, 재해부조금, 사망조위금이 있다. 장기급여로는 공무원의 퇴직, 폐질 및 사망에 대하여 지급되는 것으로서, 그 내용에는 퇴직급여, 장해급여, 유족급여, 퇴직수당이 있다.

공무원연금급여를 받을 권리는 이를 양도, 압류하거나 담보에 제공할 수 없다. 다만, 연금인 급여를 받을 권리는 이를 대통령령이 정하는 금융기관에 담보로 제공할 수 있고,「국세징수법」「지방세법」· 기타 법률에 의한 체납처분의 대상으로 할 수 있다.

(3) 실비변상을 받을 권리

사회복지전담공무원은 보수를 받는 이외에 규칙 또는 대통령령이 정하는 바에 따라 직무수행에 소요되는 실비를 변상받을 권리가 있다. 이러한 실비로는 직무수행을 위한 회의참석수당, 자가운전수당, 여비규정에 의한 운임, 숙박료, 식비 등을 지급받는 경우를 들 수 있다.

4) 기타 권리

(1) 교육을 받을 권리 여부

사회복지전담공무원은 전문가로서의 자질을 향상시키기 위하여 필요한 지도와 훈련을 받을 권리가 있다. 이 권리는 구체적 권리라기보다는 프로그램 규정적 권리로서 보건복지부의 예산이 허락하는 범위 내에서 누릴 수 있는 권리이다.

(2) 사생활의 비밀과 자유의 권리

사회복지전담공무원은「헌법」상 보장된 사생활의 비밀과 자유를 침해받지 아니할 권리를 갖는다. 사회복지전담공무원은 상명하복의 관료제조직 내에서 근무를 하지만, 사생활의 내용을 침해받지 아니하고, 자신이 원하는 대로 자유로운 활동과 생활을 영위할 권리를 갖는다.

5) 사회복지전담공무원의 법적 권한의 제한

사회복지전담공무원의 법적 권한은 국가안전보장 · 질서유지 또는 공공복리를 위하여 필요한 경우에 한하여 법률로써 제한할 수 있으며, 제한하는 경우에도 자유와 권리의 본질적인 내용은 침해할 수 없다.

사회복지전담공무원은 「헌법」상 보장된 근로3권(단결권, 단체교섭권, 단체행동권) 또는 근로기본권을 제한받는다. 「헌법」 제33조에는 공무원인 근로자는 법률이 정하는 자에 한하여 단결권 · 단체교섭권 및 단체행동권을 가진다고 규정하고 있어 사회복지전담공무원의 근로3권을 제한하고 있다. 사회복지전담공무원은 근로3권 가운데 단결권과 단체교섭권은 인정되나 단체행동권권은 제한을 받는다.

사회복지전담공무원의 지원자격이 사회복지사자격증 소지자에 한정되므로, 「사회복지사업법 시행령」 제11조 제2항의 사회복지사 결격사유에 해당할 경우 사회복지전담공무원은 그 자격을 상실하게 되고, 권한을 행사할 수 없게 된다.

2. 민간사회복지기관에 종사하는 사회복지사의 법적 권한

민간사회복지기관에 종사하는 사회복지사의 법적 권한은 「근로기준법」상 근로자의 권리, 「사회복지사업법」상 사회복지사로서의 권리를 누릴 수 있으며, 근무하는 복지기관과의 당사자 계약인 근로계약에 따라 권한을 행사할 수 있다.

1) 신분상의 권리

(1) 신분보장과 관련되는 권리

민간사회복지기관에 종사하는 사회복지사는 임금을 목적으로 복지사업이나 사회복지사업장에 근로를 제공하는 근로자로서 「근로기준법」상 신분보장을 받을 권리를 갖는다. 민간사회복지기관에 종사하는 사회복지사의 신분보장을 위한 권리로는, 첫째, 자신의 의사에 반하여 신분조치를 받지 않을 권리가 있다. 사회복지사는 사회복지사 결격사유에 해당하거나, 형의 선고나 징계처분 또는 정관이나 기관운영규정에서 정한 사유에 의하지 아니하고는 그 의사에 반하여 휴직, 정직, 강임, 면직 등 신분조치를 당하지 않을 권리가 있다. 둘째, 면직예고를 받을 권리가 있다. 기관으로부터 면직을 받을 때는 일정 기일 전에 사전에 예고를 받을 권리가 있다. 셋째, 사회복지사가 직권면직, 직권휴직, 징계처분 등 본인의 의사에 반하여 불리한 처분을 받은 경우에는 이의신청을 하고 심사결과를 통보받을 권리가 있다.

(2) 직무집행과 관련되는 권리

사회복지사는 사회복지에 관한 전문지식과 기술을 활용하기에 적합한 일정한 직무와 책임(직위)을 부여받을 권리를 가지며, 부여된 직무를 수행할 권리를 가진다. 단, 직무수행능력이 부족하거나 근무성적이 극히 불량하거나 직원으로서의 근무태도가 심히 불성실한 경우에는 직위를 부여하지 않을 수 있다.

(3) 재산상의 권리

사회복지사는 자신이 제공한 직무수행의 대가로 보수를 청구할 권리를 갖는다. 보수는 직무수행의 대가로서만이 아니라 생활보장적인 성격과 공무수행의 공정성 확보라는 차원에서 고려되어야 한다.

사회복지사는 연금청구권을 갖는다. 사회복지사는 국민연금을 청구할 권리를 갖는다. 사회복지사는 국민연금에 당연가입하고, 재직기간 동안 기여금을 납부한 후 기여에 상응하여 구체적 권리로서 연금수급권을 가지며, 연금을 청구할 권한을 갖는다.

사회복지사는 보수를 받는 이외에 기관운영규정에 따라 직무수행에 소요되는 실비를 변상받을 권리가 있다. 이러한 실비로는 직무수행을 위한 회의참석수당, 자가운전수당, 여비규정에 의한 운임, 숙박료, 식비 등을 지급받는 경우를 들 수 있다.

(4) 근로3권

민간복지기관에 근무하는 사회복지사는 「헌법」상 보장된 근로3권을 갖는다. 「헌법」 제33조는 근로자는 근로조건의 향상을 위하여 자주적인 단결권 · 단체교섭권 및 단체행동권을 가진다고 규정하고 있다. 「노동조합 및 노동관계조정법」 제1조에서도 근로자의 단결권 · 단체교섭권 및 단체행동권을 보장함을 명시하고 있다. 근로자로서 사회복지사는 자주적으로 단결하여 근로조건의 유지, 개선, 기타 근로자의 경제적 · 사회적 지위의 향상을 도모하기 위해 노동조합을 조직할 권리가 있다. 최근 결성되고 있는 사회복지노동조합이 그 예이다. 단체교섭권이란 근로자의 단체가 사용자와 근로조건의 유지 · 개선에 관하여 교섭할 수 있는 권리를 말한다. 단체행동권은 근로자가 근로조건의 유지 · 개선을 위하여 사용자에 대항하여 업무의 정상적인 운영을 저해하는 집단적 쟁의행위를 할 수 있는 권리를 말한다.

(5) 사생활의 비밀과 자유의 권리

사회복지사는 사생활의 비밀과 자유를 향유할 수 있는 권리를 갖는다. 사회복지사는 헌법상 보장된 사생활의 비밀과 자유를 침해받지 아니할 권리를 갖는다. 사회복지사는 위계적인 조직 내에서 근무를 하지만, 사생활의 내용을 침해받지 아니하고 자신이 원하는 대로 자유로운 활동과 생활을 영위할 권리를 갖는다.

3. 사회복지사의 법적 권한의 한계

사회복지사의 법적 권한은 국가안전보장 · 질서유지 또는 공공복리를 위하여 필요한 경우에 한하여 법률로써 제한할 수 있으며, 제한하는 경우에도 자유와 권리의 본질적인 내용은 침해할 수 없다.

기관에 종사하는 사회복지사에게 사회복지사로서의 결격사유가 발생할 경우 사회복지사의 자격이 상실되며, 따라서 사회복지사로서의 법적 권한은 상실하게 된다(결격사유는 p.219 2. 사회복지사 결격사유 참고).

Ⅳ. 사회복지사의 법적 의무[14)]

1. 사회복지사업법상 사회복지사의 의무

복지업무에 종사하는 사람은 그 업무를 행함에 있어서 사회복지를 필요로 하는 사람을 위하여 차별 없이 최대로 봉사하여야 한다는 최대봉사의 원칙을 규정하고 있다(「사회복지사업법」 제5조).

비밀누설금지를 의무화하고 있다. 사회복지사업 또는 사회복지업무에 종사하였거나 종사하고 있는 자는 그 업무수행의 과정에서 알게 된 다른 사람의 비밀을 누설하여서는 아니 될 의무가 있다(동법 제47조).

2. 사회복지전담공무원의 의무

사회복지전담공무원은 공무원으로서 부여된 의무가 있다. 이는 크게 일반적 의무와 직무상 의무로 나뉜다.

1) 일반적 의무

(1) 선서 의무

사회복지공무원은 취임할 때에 소속기관장 앞에서 대통령령이나 규칙이 정하는 바에 따라 선서를 하여야 한다.

> **선서문**
>
> 선서, 본인은 공직자로서 긍지와 보람을 가지고 국가와 국민을 위하여 신명을 바칠 것을 다짐하면서 다음과 같이 선서합니다.
>
> 1. 본인은 법령을 준수하고 상사의 직무상 명령에 복종한다.
> 1. 본인은 국민의 편에 서서 정직과 성실로 직무에 전념한다.
> 1. 본인은 창의적인 노력과 능동적인 자세로 소임을 완수한다.
> 1. 본인은 재직 중은 물론 퇴직 후에라도 직무상 알게 된 기밀을 절대로 누설하지 아니한다.
> 1. 본인은 정의의 실천자로서 부정의 발본에 앞장선다.

「국가공무원 복무규정」

(2) 성실 의무

사회복지공무원은 성실히 직무를 수행하여야 한다. 이는 자신의 전인격과 양심을 바쳐서 성실히 직무를 수행하여야 하는 것을 의미한다. 이는 구체적인 법적 의무로 위반하면 징계의 사유가 된다.

(3) 품위유지 의무

사회복지공무원은 직무의 내외를 불문하고 그 품위를 손상하는 행위를 하여서는 안 된다. 이때의 품위는 주권자인 국민의 수임자로서 직책을 맡아 수행해 나가기에 손색이 없는 인품을 말한다. 예를 들면, 축첩행위, 도박행위, 아편이나 알코올중독행위 등은 품위유지 의무 위반이 된다.

(4) 청렴 의무

사회복지공무원은 직무와 관련하여 직접 또는 간접을 불문하고 사례, 증여 또는 향응을 수수할 수 없으며, 직무상의 관계여하를 불문하고 그 소속상관에게 증여하거나 소속공무원으로부터 증여를 받아서는 안 된다. 이는 품위유지의 경제적 측면에서 강조한 것으로 볼 수 있다.

2) 직무상 의무

(1) 법령준수 의무

사회복지공무원뿐만 아니라 모든 공무원은 직무집행에 있어서 법령을 준수하여야 한다. 이는 공무원의 직무수행에 있어서 가장 기본적인 의무로서, 위반의 경우에는 내부적으로 징계의 사유가 됨은 물론 외부적으로 손해배상이나 형벌의 효과를 야기하게 된다.

(2) 복종 의무

사회복지공무원은 직무를 수행함에 있어서 소속상관의 직무상의 명령에 복종하여야 한다. 소속상관이란 직무를 지휘, 감독할 권한이 있는 사람을 말하는 것으로서, 직무상의 소속상관을 의미한다. 직무명령이란 소속상관이 직무와 관련하여 당해 공무원에 대하여 발하는 명령을 말한다. 이는 상급공무원이 하급공무원에 대한 명령이라는 점에서, 상급관청이 하급관청에 대하여 발하는 훈령(訓令)과 구별된다.

(3) 친절 · 공정 의무

사회복지공무원은 국민 전체에 대한 봉사자로서 친절하고 공정하게 집무하여야 한다.

(4) 직무에의 전념을 보장하기 위한 의무들

① 직장 이탈 금지 의무

공무원은 소속상관의 허가나 정당한 이유 없이 직장을 이탈하지 못한다.

② 영리업무 및 겸직 금지 의무

공무원은 공무 이외의 영리를 목적으로 하는 업무에 종사하지 못하며, 소속기관장의 허가 없이 다른 직무를 겸하지 못한다. 이는 당해 직위에 의하여 부여된 공무수행에 영향을 줄 수 있는 영리업무나 다른 겸직을 금지하고자 하는 것이다.

③ 정치운동의 금지 의무

사회복지전담공무원의 정치적 중립성을 보장하기 위하여 일정한 내용의 정치운동이 금지된다. 그 내용으로서는 (1) 정당이나 정치단체의 결성에 관여하거나 가입할 수 없고, (2) 선거에 있어서 특정 정당이나 특정인의 지지나 반대를 하기 위하여 일정한 행위를 하지 못하며, 다른 공무원에게 (1)과 (2)의 행위를 하도록 요구하거나 정치적 행위의 보상 또는 보복으로서 이익이나 불이익을 약속할 수 없는 것이다.

④ 집단행위의 금지 의무

집단행동은 통상적으로 집단의 이익을 대변하게 되며, 이로 인해 국민 전체의 이익추구에 장애가 될 수 있다. 이에 따라 「헌법」은 법률로 별도로 정하는 공무원 이외에는 단결권, 단체교섭권 및 단체행동권을 행사하지 못하도록 하고 있으며, 이에 좇아 「국가공무원법」은 원칙적으로 공무원의 노동운동, 기타 공무 이외의 일을 위한 집단적 행위를 금지하고 있다.

⑤ 비밀엄수 의무

사회복지공무원은 재직 중은 물론 퇴직 후에도 직무상 지득(知得)한 비밀을 엄수하여야 한다. 이때의 비밀의 내용은, 사회복지공무원 본인이 취급한 직무에 관한 비밀뿐 아니라 직무와 관련하여 알게 된 비밀도 포함된다.

⑥ 전문성 개발 의무

사회복지전담공무원은 수급권자에게 최상의 서비스를 제공하기 위해, 지식과 기술을 개발하는 데 최선을 다하며, 이를 활용하고 전파할 의무가 있다. 사회복지의 전문성은 체계적인 이론, 전문적인 권위, 전문직 윤리강령, 전문직 고유의 문화를 갖추고, 사회로부터 그 권한이 인정받을 때 확보될 수 있다.

3. 민간사회복지기관의 사회복지사 의무

민간사회복지사의 의무도 사회복지전담공무원의 의무와 유사하나 일부 차이가 있다. 민간사회복지기관에 종사하는 사회복지사도 성실의 의무, 품위유지의무, 청렴의무와 같은 일반적 의무가 있으며, 사회복지공무원과 같이 선서의무도 있으나 그 내용은 차이가 있다.

직무상 의무로 법령준수의무, 복종의무, 친절공정의무, 직장이탈금지의무, 정치운동금지의무, 비밀엄수의무가 있으나 근로3권이 보장되므로 사회복지전담공무원과 같이 단체행동권과 같은 집단행위금지의무는 없다.

민간사회복지기관에 종사하는 사회복지사의 기본적인 의무와 권리는 한국사회복지사협회에서 공포한 개정된 사회복지사윤리강령에 나타나 있다.[15]

사회복지사 자격증을 취득하고 사회복지사로서 일하게 되는 사람은 일을 시작하기 전에 사회복지사로서의 의무와 책임을 다하고 윤리강령을 준수할 것을 맹세하는 선서를 한다.[16]

4. 미국 사회복지사협회(NASW) 윤리강령

미국의 사회복지사 제도는 주마다 차이가 있으나 전국사회복지사협회(National Association of Social Workers: NASW)에 의하여 전문성이 인정되는 사회복지사는 각 주마다 다소 차이가 있다. 이들 사회복지사의 종류는 교육수준, 경력, 시험합격 등을 기준으로 초급사회복지사, 중급임상사회복지사, 고급임상사회복지사, 공인사회복지사, 임상사회복지사, 사회복지사, 고급실천사회복지사, 독립사회복지사, 독립임상사회복지사 등으로 구분된다. 이들은 전문가로서의 가치와 지식과 기술을 가지고 사회복지사로서 권리와 의무를 수행하고 있다. 미국의 전국사회복지사협회는 사회복지사의 일상적인 전문적 행동에 대한 가이드를 제공하고, 사회복지윤리실천의 질적인 향상을 도모하기 위하여 1996년 윤리강령을 채택하고, 1997년부터 발효하였다.

미국사회복지사협회의 윤리강령(NASW Code of Ethics)은 전문, 윤리강령의 목적, 윤리원칙, 윤리기준 등으로 구성되어 있다.[17)]

미주

1) 김기원(2009). 『사회복지법제론』. 서울: 나눔의집, pp. 201-236.

2) 법제처, 사회복지사업법, www.moleg.go.kr

3) 한국사회복지사협회, http://lic.welfare.net

4) 과거 사회복지사의 등급은 1급 · 2급 · 3급으로 하였으나, 「사회복지사업법」의 개정으로 2019.1.1.부터 사회복지사의 등급이 1급 · 2급으로 개정하여 시행하게 된다.

5) 정부입법지원센터, www.lawmaking.go.kr

6) 과거의 사회복지사업법에서는 사회복지시설 종사자 총수의 1/3 이상을 사회복지사로 채용하도록 하는 의무규정을 두었으나, 「사회복지업법」이 개정된 이후 위와 같이 직무 내용을 기준으로 이에 해당하는 업무에 종사하는 자를 사회복지사로 채용하도록 규정하고 있다.

7) 가. 「국민기초생활 보장법」 나. 「아동복지법」 다. 「노인복지법」 라. 「장애인복지법」 마. 「한부모가족지원법」 바. 「영유아보육법」 사. 「성매매방지 및 피해자보호 등에 관한 법률」 아. 「정신건강증진 및 정신질환자 복지서비스 지원에 관한 법률」 자. 「성폭력방지 및 피해자보호 등에 관한 법률」 차. 「입양특례법」 카. 「일제하 일본군위안부피해자에 대한 생활안정지원 및 기념사업 등에 관한 법률」 타. 「사회복지공동모금회법」 파. 「장애인 · 노인 · 임산부 등의 편의진 보장에 관한 법률」 하. 「가정폭력방지 및 피해자보호 등에 관한 법률」 거. 「농어촌주민의 보건복지증진을 위한 특별법」 너. 「식품등 기부 활성화에 관한 법률」 더. 「의료급여법」 러. 「기초연금법」 머. 「긴급복지지원법」 버. 「다문화가족지원법」 서. 「장애인연금법」 어. 「장애인활동 지원에 관한 법률」 저. 「노숙인 등의 복지 및 자립지원에 관한 법률」 처. 「보호관찰 등에 관한 법률」 커. 「장애아동복지지원법」 터. 「발달장애인 권리보장 및 지원에 관한 법률」 퍼. 「청소년복지 지원법」 허. 그 밖에 대통령령으로 정하는 법률

8) 법제처, 사회복지사업법, www.moleg.go.kr

9) 1. 정무직 공무원

가. 선거에 의하여 취임하거나 임명에 있어서 국회의 동의를 요하는 공무원

나. 감사원의 원장 · 감사위원 및 사무총장, 국회의 사무총장 · 차장 · 도서관장 및 의정연수원장, 헌법재판소의 재판관 · 사무처장 및 차장, 중앙선거관리위원회의 상임위원 · 사무총장 및 차장

다. 국무총리, 국무위원, 처의 처장, 각 부의 차관, 청장(통계청장 · 기상청장 · 문화재청장 · 경찰청장 및 해양경찰청장과 중앙행정기관이 아닌 청의 장을 제외한다), 국무조정실장, 차관급 상당 이상의 보수를 받는 비서관

라. 국가정보원의 원장 및 차장, 국가과학기술자문회의의 위원장, 중앙인사위원회의 위원장

마. 기타 다른 법령이 정무직으로 지정하는 공무원

2. 별정직 공무원

가. 국회수석전문위원

나. 감사원 사무차장 및 특별시 · 광역시 · 도선거관리위원회의 상임위원

다. 국가정보원장, 기획조정실장, 각급 노동위원회 상임위원, 해양안전심판원의 원장 및 심판관

라. 비서관 · 비서, 기타 다른 법령이 별정직으로 지정하는 공무원

3. 계약직 공무원: 국가와 채용계약에 의하여 일정한 기간 전문지식이 요구되는 업무에 종사하는 공무원

4. 고용직 공무원: 단순한 노무에 종사하는 공무원

10) 국가공무원은 행정안전부 국가직 시험에 임용되어 각급 국가(중앙)산하 기관에서 근무하는 공무원을 말하며, 반면 지방공무원은 지방자치단체, 즉 특별시 · 광역시 및 도청에서 주관하여 임용된 자로 지방 사무를 담당하는 공무원을 말한다. 국가직 공무원과 지방직 공무원의 차이는 시험을 시행하는 기관이 다르며, 근무하는 곳이 다를 뿐 업무면에서나 보수면에서는 별다른 차이가 없다.

11) 「노동조합 및 노동관계조정법」 제2조에 따르면, "근로자라 함은 직업의 종류를 불문하고 임금 · 급료 · 기타 이에 준하는 수입에 의하여 생활하는 자를 말한다."고 정의함으로써 실업자도 포함하고 있다.

12) 법제처, 사회복지사업법, www.moleg.go.kr

13) 유지태(2001). 『행정법신론』. 서울: 박영사, pp. 3-9, 611-628.

14) 법제처, 사회복지사업법, www.moleg.go.kr

15) 한국사회복지사협회, http://lic.welfare.net

16) 상동.

17) NASW(2004), www.naswdc.org/

제9장 국제법과 사회복지

사회복지에 관한 국제법규는 세계화시대에 사회복지에 관한 법적 분석과 이해를 하는데 필수적이다. 국제법이란 국제사회의 법으로 원칙적으로 국가 간의 합의에 의해 성립하고 국가 간의 관계를 규율한다. 국가는 다른 주권국가와의 의사의 합치를 통하여 국제법을 성립시키는 것이므로 국가의 의사에 반하여 국제법이 성립될 수는 없다. 따라서 국제법의 법원(法源)은 국가 간의 합의라고 할 수 있다. 국가 간의 명시적인 합의가 조약이고, 묵시적인 합의가 국제관습법이다.

우리나라 「헌법」 제6조 1항은 "헌법에 의하여 체결공포된 조약과 일반적으로 승인된 국제법규는 국내법과 같은 효력을 가진다."라고 규정함으로써 국제법을 국내법에 수용하고 이를 존중함을 분명히 하고 있다. 여기서 "일반적으로 승인된 국제법규"란 확립된 국제관습법규와 우리나라가 체결당사국이 아닌 조약이라도 국제사회에서 일반적으로 그 규범성이 인정된 것(예: 제네바협정)도 포함된다고 본다.[1]

사회복지관련 국제법규는 상징적인 각종 선언문에 의해 영향을 받지만, 주로 국제조약으로 구체화되고 있다. 국제조약이란 국제법의 주체 간에서 일정한 권리의무를 당사자 간에 발생하게 하기 위하여 서면의 형식으로 그리고 국제법의 규율에 따라서 체결되는 국제적 합의이다. 조약을 체결할 수 있는 국제법의 주체는 원칙적으로 국가이지만, 국제기구도 조약체결의 기능을 가진다. 조약은 협약(pact, convention), 협정(agreement), 규약(covenant), 헌장(charter), 규정(statute), 제정서(protocol) 등의 여러 명칭으로 불린다. 어떠한 명칭을 붙이느냐 하는 것은 당사자의 임의이지만, 그 호칭 여하에 불문하고 실질적으로 국가간의 합의이면 당사자를 구속한다.

사회복지법은 다양한 원인으로 국제화되고 있다. 이러한 국제화 과정에서 국제기구들과 국제적인 선언들도 중요한 역할을 수행하고 있지만, 최근에는 개별국가들 간에, 일종의 사회복지에 관한 조약인, 독자적인 사회보장협정이 보다 활발하게 체결되어 협약에 비준한 국가 간에 상호주의에 입각하여 자국민에 준하는 사회복지혜택을 상대국 국민에게 부여하고 있다. 사회보장협정은 국제법의 지위를 갖고 협약당사국의 사회보장에 관한 사항을 규제함으로써 국내 사회보장법상 권리가 비준당사국 간에 국제적으로 보호받을 수 있는 일종의 쌍무조약(雙務條約)이 된다.[2][3][4][5]

Ⅰ. 사회복지법의 국제화, 국제기구 및 선언

사회복지법은 국제적으로 서로 전파되어 공통적인 법규범을 형성하기도 한다. 전파이론(확산이론, diffusion theory)에 따르면, 복지선진국의 사회복지제도나 법이 복지가 발달되지 않은 국가에게로 전파되기도 하고, 제국의 사회복지제도와 법이 식민지국가에 이식되는 위계적 전파가 이루어지기도 하며, 한 국가의 사회복지제도와 법이 주변국가에 전해지기도 하는 공간적 전파가 사회복지법 분야에서도 나타나고 있다.

1. 사회복지법의 국제화의 원인

1) 인간다운 생활보장의 보편화

사회복지의 목적은 모든 국민에게 인간다운 생활을 보장하는 데 있다. 인간다운 생활보장은 오늘날 보편적인 국가목적이 되고 있다. 각국은 각각의 국가목적을 추구하는 가운데 다른 나라의 제도와 법률을 연구하고, 이를 도입하여 실시하기 때문에 각국의 사회복지법은 내용과 체제에 있어서 공통적인 요소들을 쉽게 발견할 수 있다. 결과적으로 사회복지법은 내용상 국제적으로 유사한 유형을 형성하고 발전하게 된다.

2) 근로자의 국제적 이동

유럽의 블록화 현상은 사회복지법의 국제화를 촉진시키고 있다. 유럽공동체(EC)가 발전해 가면서 유럽 내에 블록경제(bloc economy)가 형성되고, 한 블록 내에서는 근로자들이 국경을 초월하여 자유로이 이동하면서 경제활동을 하게 된다. 따라서 유럽 각국은 자국 내에서 활동하고 있는 이주근로자들(migrant workers)을 소위 내외국인 평등의 사회복지정책원칙에 따라 내국인과 동등하게 사회복지혜택과 근로조건을 부여하고 있다. 우리나라도 이주근로자 또는 외국인노동자의 유입이 급증하고 있어, 이들에 대한 사회복지법의 적용문제가 이슈가 되고 있다. 「국민연금법」에서는 국내 거주하는 외국인도 원칙적으로 국민연금에 가입하도록 하고 있다.

3) 노동자 대표의 국제기구 참여활동

사회복지수급권자의 상당수가 노동조합의 조합원으로 구성되어 있다. 각국의 노동조합은 타국의 노동조합과 국제적 연대를 형성하여 사회복지에 관한 다양한 요구를 하고 있다. 오늘날 가장 강력한 국제적인 노동자조직인 국제노동기구(ILO)의 이사회는 각국의 정부대표가 이사회구성원의 50%, 사용자대표가 25%, 노동자대표가 25%로 구성되어 있어 이들 노동자대표들이 국제기구에 참여하여 근로자의 복지를 향상시키기 위해 노력하고 있다.[6)7)8)9)] ILO는 유럽사회보장법전의 성립과정에서도 각국 노동조합의 조직적 지지를 벌이는 등 법전 성립에 중대한 역할을 하였다.

4) 국제적 사회복지기준의 설정

사회보장, 노동, 보건 등과 관련된 국제기구들은 전 세계적으로 적용할 수 있는 국제적인 사회복지기준의 설정하여 각 국가들이 사회복지법을 제정하거나 실시할 때 기준으로 삼도록 권고하고 있다. ILO의 경우 고용보험이나 산재보험과 같은 분야에서 최소가입률이나 급여수준에 관해 국제적인 기준을 설정하거나, 최저임금제도나 국민연금의 임금대체율 고용보험가입률 등에 관하여 기준을 설정해 가입국에 제시하고, 불이행 국가에 대해서는 국제적 연대를 통해 다각적인 압력을 가함으로써 근로자 복지의 국제적 평준화 달성에 기여하고 있다. 이러한 국제기구의 국제적 사회복지기준의 설정은 복지후진국들에게는 향후 사회복지발전 방향과 목표를 설정하는 데 가이드라인 역할을 하고 있다.

2. 국제사회복지 관련 기관

국제사회복지와 관련된 기관들은 다수가 있다. 그 가운데 주요 기관들을 열거하면 다음과 같다. 이들 관련기구들은 사회복지에 관해 국제적으로 연대하여 대처하기도 하고, 보편적인 사회보장기준을 제시함으로써 개별국가의 사회복지법 제정 및 개정에 영향을 미치고 있다.

첫째, 유엔(United Nation: UN)이다. 유엔은 전쟁을 방지하고 평화를 유지하며, 정치 · 경제 · 사회 · 문화 등 모든 분야에서 국제협력을 증진시키는 역할을 하는 국제기구이다. 유엔은 총회에서 주요 선언이나 권고협약을 채택함으로써 사회복지 분야뿐 아니라 여러 분야에 국제적인 기준을 설정하고 있다. 예를 들면, 1989년 11월 20일 제44차 UN총회에서 아동의 인권과 권리를 포괄적으로 규정한 「아동의 권리에 관한 협약」을 채택하였다. 우리나라는 1991년 12월 20일 비준서를 유엔사무총장에게 기탁함으로써 이 협약은 우리나라에서도 발효하게 되었다.[10)]

둘째, 국제노동기구(International Labor Organization: ILO)이다. 1916년 「베르사유 평화조약」으로 성립한 ILO는 근로조약이나 권고를 채택함으로써 근로조건의 국제적 기준을 설정하는 것이 본래의 임무였으나, 제2차 세계대전 후에는 UN의 경제사회이사회와 협력하여 근로조건뿐 아니라 사회복지에 대하여도 활발한 활동을 전개하고 있다. ILO는 1944년에 소득보장의 권고, 의료보장의 권고, 고용서비스의 권고를 사회보장법 체계의 3대 기본요소로 채택하였다. 1952년 ILO 제35차 총회에서는 「사회보장최저기준조약」을 채택하였으며, 1962년에 「사회보장 내외국인 균등대우조약」을 채택함으로써 이 조약의 비준국은 사회보장의 적용범위 및 수급권에 있어서 자국의 영토 내에 있는 다른 모든 비준국 국민에 대하여 자국의 사회보장법규에 의하여 자국민에게 주어지는 것과 동등한 대우를 해 줄 것을 규정하고 있다. 이어서 ILO는 1964년에는 업무재해조약을, 1967년에는 질병 · 노령 · 유족급여조약을 채택하였다.[11][12][13]

셋째, 세계보건기구(World Health Organization: WHO)이다. 세계보건기구(WHO)는 국제연합의 전문기구로서 세계 인류가 신체적 · 정신적으로 최고의 건강 수준에 도달하는 것을 목적으로 활동한다. 전염병이나 기타 질병예방, 환경위생, 영양 등뿐만 아니라 장애인복지와 관련해 많은 활동을 하고 있다. 세계보건기구의 ICIDH(International Classification of Impairment, Disability and Handicap)는 장애의 보편적인 정의와 기준을 제시해 왔다. 그동안 장애를 질병이나 신체 이상과 같이 의학적 관점에서만 바라보던 것에서, 그로 인한 기능적 · 구조적 손상(impairment), 신체의 기능적 · 구조적 손상의 결과로 발생하는 활동이나 행동 패턴의 제약(disability), 활동의 제약으로 인해 야기되는 사회적 불이익(handicap)에 이르기까지 사회적 관점에서 장애를 총체적으로 규정하였다.[14]

넷째, 경제협력개발기구(Oganigation for Economic Cooperation Development: OECD)는 개방된 시장경제와 다원적 민주주의라는 가치관을 공유하는 국가 간 경제사회정책협의체로서, 정부지출 가운데 사회보장의 비율 등을 포함한 정부 운영 현황 · 성과를 비교하는 보고서를 격년으로 발간하여 회원국가들의 사회복지 증진에 기여하고 있다.

그 밖에 1949년 설립된 유럽협의회(Council of Europe)는 회원국들의 사회보장제도를 발전시키기 위해 1961년 「유럽사회헌장(European Social Charter)」을 채택하고, 사회보장의 권리를 기본적인 사회적 권리로 규정하였으며, 1964년 유럽사회보장법전(European Code on Social Security)을 제정하였다. 1957년 「로마조약」에 의해 성립된 유럽경제공동체(European Economic Community: EEC)는 1958년 「해외이주근로자의 사회보장(Social Security for Migrant Workers)에 관한 규칙」을 제정하였다.

3. 사회복지에 관한 국제적 선언 및 규약

각종 세계적인 선언문들과 국제규약 가운데 사회복지에 관한 내용을 정해 놓은 경우들이 있다. 특히 제2차 세계대전 후의 국제적 선언에는 전쟁에 의한 피폐된 국가경제로부터 국민들의 생존권을 보편적으로 보장하기 위한 내용들이 자주 등장한다.

첫째, 1793년 「인권선언문」은 "공공구호는 신성불가침의 책무이다. 사회는 빈곤한 시민들에게 노동의 기회를 제공하거나 노동할 수 없는 상태에 있는 사람들에게는 생존의 수단을 제공하여서 시민들의 생존을 보장해야 한다."고 규정하였다.

둘째, 「대서양헌장」은 1941년 미국의 루스벨트 대통령과 영국의 처칠 수상이 선언한 것으로, '공포와 결핍으로부터의 자유(freedom from fear and want)'라는 슬로건을 제시하고, 서방국가들로 하여금 사회보장에 관한 권리를 국민의 기본권으로 인정하였다.

셋째, 「필라델피아선언」은 1944년 국제노동기구(ILO) 필라델피아 총회에서 채택된 선언으로, 사회보장원칙 및 전쟁에서 생기는 제문제를 심의하여 결과적으로 소득보장에 관한 권고, 의료보호에 관한 권고, 군대 및 전시고용으로부터 풀려난 자에 대한 소득보장 및 의료에 관한 권고를 포함하고 있다. 소득보장에 관한 권고에서 "노령을 포함하여 노동이 불가능하거나 사망에 의하여 소득이 보장되지 않는 경우에 합리적인 수준의 소득을 보장하여 궁핍을 구제하고 빈곤을 방지하지 않으면 안 된다. 소득보장은 가능한 한 강제적 사회보험의 기초 위에서 이를 조직하도록 하고 사회보험제도의 적용을 받지 못하는 궁핍에 대하여는 공공부조에 의하여 충족되어야 한다."고 선언하였다.

넷째, 「세계인권선언」(Universal Declaration of Human Rights)은 유엔이 1948년 12월 10일 총회에서 인권과 기본적인 자유가 모든 사람과 모든 곳에서 보장된다는 개인의 자유와 권리에 관해 채택한 세계선언이다. 이 선언은 법적인 구속력은 없는 선언적 의미를 갖는 선언이지만 오늘날까지 모든 사람과 모든 국가가 달성해야 할 인권에 관한 상징적인 기준이 되고 있다. 세계인권선언과 국제인권규약[경제적 · 사회적 및 문화적 권리에 관한 국제규약(A규약)과 시민적 및 정치적 권리에 관한 국제규약(B규약)]을 합쳐서 국제권리장전(International Bill of Human Rights)이라고 부른다.

「세계인권선언」은 다음과 같이 선언하고 있다. "모든 사람은 사회의 일원으로서 사회보장제도에 관한 권리를 가지며, 국가적 노력과 국제적 협력을 통하여 그리고 각국의 조직과 자원에 따라 자신의 존엄성과 인격의 자유로운 발전을 위하여 불가결한 경제적, 사회적 및 문화적 권리의 실현에 관한 권리를 가진다(제22조). 모든 사람은 식량, 의복, 주택, 의료, 필수적인 사회역무를 포함하여 자신과 가족의 건강과 안녕에 적합한 생활수준을 누릴 권리를 가지며, 실업, 질병, 불구, 배우자와의 사별, 노령, 그 밖의 자신이 통제할 수 없는 상황에서의 다른 생계 결핍의 경우 사회보장을 누릴 권리를 가진다."

Ⅱ. 국제기구의 사회복지규약

1964년 서유럽의 17개국으로 구성된 유럽협의회(CE)에서 사회보장에 관한 최고기준에 해당하는 유럽적 수준의 사회보장조약을 성립시키고, 각국이 비준을 하였다. 이를 일반적으로 「유럽사회보장법전」이라 부른다. 우리의 경우 국제사회보장법전이라고 일컬을 만한 국제법적인 사회복지법전은 없지만 실질적인 법적 효력을 지닌 국제기구 또는 국가 간에 이루어진 국제사회복지법규들이 존재한다.[15)]

1. 국제인권규약

1948년 12월 10일 유엔총회에서 채택된 「세계인권선언」(Universal Declaration of Human Rights)은 세계의 인권에 관한 보편적이고 선언적인 상징으로서 의미를 갖고 있으나 법적인 구속력은 없다. 이러한 「세계인권선언」은 1966년 「국제인권규약」이 채택됨에 따라 구체적이고 구속력 있는 국제법규로 발전하게 되었다. 우리나라는 1990년 이 규약을 체결하고 적용해 오고 있다. 「국제인권규약」은 '경제적, 사회적 및 문화적 권리에 관한 국제규약'인 A규약(Part A)과 '시민적, 정치적 권리에 관한 국제규약'인 B규약(Part B)으로 구분되어 있다. 사회복지와 밀접한 관련이 있는 규약은 A규약이다. 우리나라는 지난 1990년 당시 B규약 선택의정서는 비준하였으나, A규약 선택의정서의 비준은 2018년 현재까지도 이루어지지 않고 있다. 따라서 국제인권규약 가운데 국내법과 동일한 효력을 갖는 규약의 내용은 B규약뿐이며, A규약은 선언적 의미에 그치고 있다.

A규약과 B규약 가운데 사회복지와 관련 있는 부분을 정리하면 다음과 같다.

1) 경제적, 사회적 및 문화적 권리에 관한 국제규약(A규약)

「경제적, 사회적 및 문화적 권리에 관한 국제규약」(International Covenant on Economic, Social and Cultural Rights)은 A규약(Part A)이라고도 불린다. 이 규약은 1966년 12월 16일 유엔총회에서 채택하고, 1976년 1월 3일에 발효되었다. 이 규약의 서문과 사회복지와 관련된 주요 내용은 다음과 같다.

> 서문
> 이 규약의 당사국은, 유엔 헌장에 선언된 원칙에 따라 인류사회의 모든 구성원의 고유의 존엄성 및 평등하고 양도할 수 없는 권리를 인정하는 것이 세계의 자유, 정의 및 평화의 기초가 됨을 고려하고, 이러한 권리는 인간의 고유한 존엄성으로부터 유래함을 인정하며, 세계인권선언에 따라 공포와 결핍으로부터의 자유를 향유하는 자유 인간의 이상은 모든 사람이 자신의 시민적, 정치적 권리뿐만 아니라 경제적, 사회적 및 문화적 권리를 향유할 수 있는 여건이 조성되는 경우에만 성취될 수 있음을 인정하며……

- 이 규약의 당사국은 모든 사람이 사회보험을 포함한 사회보장에 대한 권리를 가지는 것을 인정한다(제9조).
- 이 규약의 당사국은 모든 사람이 적당한 식량, 의복 및 주택을 포함하여 자기 자신과 가정을 위한 적당한 생활수준을 누릴 권리와 생활조건을 지속적으로 개선할 권리를 가지는 것을 인정한다. 이 규약의 당사국은 기아로부터의 해방이라는 모든 사람의 기본적인 권리를 인정하고, 개별적으로 또는 국제협력을 통하여 아래 사항을 위하여 구체적 계획을 포함하는 필요한 조치를 취한다(제11조).
- 이 규약의 당사국은 모든 사람이 도달 가능한 최고 수준의 신체적 · 정신적 건강을 향유할 권리를 가지는 것을 인정한다(제12조).

2) 시민적 및 정치적 권리에 관한 국제규약(B규약)

「시민적 및 정치적 권리에 관한 국제규약」(International Covenant on Civil and Political Rights)은 B규약(Part B)이라고도 불린다. 이 규약은 1966년 12월 16일 유엔총회에서 채택되어 1976년 3월 23일부터 발효되었다. 전 세계의 147개국이 체결하였으며, 우리나라는 1990년 7월 10일부터 이 규약을 적용해 오고 있다. 이 규약은 국제법으로서 법적 실효성을 갖고 있다. 이 규약의 서문과 주요 내용은 다음과 같다.

> 서문
> 이 규약의 당사국은, 유엔 헌장에 선언된 원칙에 따라…… 세계인권선언에 따라 시민적, 정치적 자유 및 공포와 결핍으로부터의 자유를 향유하는 자유인간의 이상은 모든 사람이 자신의 경제적, 사회적 및 문화적 권리뿐만 아니라 시민적 및 정치적 권리를 향유할 수 있는 여건이 조성되는 경우에만 성취될 수 있음을 인정하며……

- 이 규약의 당사국은 이 규약에서 규정된 모든 시민적 및 정치적 권리를 향유함에 있어서 남녀에게 동등한 권리를 확보할 것을 약속한다(제3조).
- 모든 사람은 법 앞에 평등하고 어떠한 차별도 없이 법의 평등한 보호를 받을 권리를 가진다. 이를 위하여 법률은 모든 차별을 금지하고, 인종, 피부색, 성, 언어, 종교, 정치적, 또는 기타의 의견, 민족적 또는 사회적 출신, 재산, 출생 또는 기타의 신분 등의 어떠한 이유에 의한 차별에 대하여도 평등하고 효과적인 보호를 모든 사람에게 보장한다(제26조).

2. 아동의 권리에 관한 협약

유엔은 1989년 11월 20일「아동의 권리에 관한 국제협약」을 제정하고 1990년 9월 2일부터 발효하였다. 현재 세계 191개국이 협약을 체결하였으며, 우리나라도 1991년 12월 20일부터 이 협약을 적용하기 시작하였다.

이 협약은 서문에서 "유엔이 세계인권선언에서 아동기에는 특별한 보호와 원조를 받을 권리가 있다."고 선언하였음을 상기하며, 사회의 기초집단이며 모든 구성원 특히 아동의 성장과 복지를 위한 자연적 환경으로서 가족에게는 공동체 안에서 그 책임을 충분히 감당할 수 있도록 필요한 보호와 원조가 부여되어야 함을 선언하면서 다음과 같은 사회복지 관련 내용을 포함하고 있다.

- 이 협약의 목적상, "아동"이라 함은 아동에게 적용되는 법에 의하여 보다 조기에 성인 연령에 달하지 아니하는 한 18세 미만의 모든 사람을 말한다(제1조).
- 공공 또는 민간 사회복지기관, 법원, 행정당국, 또는 입법기관 등에 의하여 실시되는 아동에 관한 모든 활동에 있어서 아동의 최선의 이익이 최우선적으로 고려되어야 한다. 당사국은 아동의 부모, 후견인, 기타 아동에 대하여 법적 책임이 있는 자의 권리와 의무를 고려하여, 아동복지에 필요한 보호와 배려를 아동에게 보장하고, 이를 위하여 모든 적절한 입법적 · 행정적 조치를 취하여야 한다(제3조).

3. 장애인 인권선언 및 장애인의 권리에 관한 협약

장애인의 권리와 관련된 국제적 선언 및 협약으로는 선언적 의미가 있는「장애인 인권선언」과 법적 구속력을 갖는「장애인의 권리에 관한 협약」이 있다. 유엔은 1975년 제30차 총회에서「장애인 인권선언」(Declaration on the Rights of Disabled Persons)을 채택하고, 장애인은 인간으로서의 존엄이 존중되는 권리를 출생하면서부터 갖고 있다. 장애인은 그 장애의 원인 · 특질 또는 정도에 관계없이 동년배의 시민과 동등의 기본적 권리를 갖는다고 선언하였다(제3조).

유엔은 신체장애, 정신장애, 지적장애를 포함한 모든 장애가 있는 이들의 존엄성과 권리를 보장하기 위해 2006년 12월 13일 제61차 유엔총회에서「장애인의 권리에 관한 협약」(Convention on the Rights of Persons with Disabilities)을 채택하였다.[16] 우리나라도 2008년 비준함으로써, 이 협약은 국내법과 동일한 법적 효력을 갖게 되었다.

이 협약은 다음과 같은 원칙을 정하고 있다.

가. 천부적인 존엄성, 선택의 자유를 포함한 개인의 자율성 및 자립에 대한 존중

나. 비차별 다. 완전하고 효과적인 사회 참여 및 통합
라. 장애가 갖는 차이에 대한 존중과 인간의 다양성 및 인류의 한 부분으로서의 장애인의 인정 마. 기회의 균등 바. 접근성 사. 남녀의 평등
아. 장애아동의 점진적 발달능력 및 정체성 유지 권리에 대한 존중

이 협약에 따르면, 당사국은 적정한 수준의 의식주를 포함하여 장애인 자신과 그 가족이 적정한 생활수준을 유지하고 생활조건을 지속적으로 개선시킬 장애인의 권리를 인정하며, 장애를 이유로 한 차별 없이 이러한 권리의 실현을 보호하고 증진하는 적절한 조치를 취한다. 당사국은 장애를 이유로 한 차별 없이 장애인이 사회적 보호에 대한 권리를 보호하기 위한 적절한 조치를 취한다.

Ⅲ. 국가 간 사회보장협정

사회보장협정이란 사회보장에 관해 상호주의에 입각하여 정부가 주로 입법부의 동의 없이 단독으로 외국정부와 맺는 약정 또는 정부 간의 협정을 말한다. 보통 양국 간 협정을 맺게 되나 유럽연합규정(EU Regulation)과 같이 다자간 협정을 맺는 경우도 있다. 사회보장협정은 사회보장에 관한 국가 간의 실질적 의미를 갖는 조약으로서, 체결당사국 간에 상대방의 국민이 자국에 체류하는 동안 자국의 사회보장 혜택을 자국의 국민에 준하여 상대방 국민에게 제공하는 국가 간 상호협약이다. 그러나 우리나라의 경우 사회보장협정은 사회보장제도 가운데 주로 국민연금 분야에서 매우 제한된 범위 내에서 실시되고 있다. 여기서는 사회보장협정의 주된 사항인 연금과 관련된 내용을 중심으로 기술한다.[17)18)]

1. 협정 체결 배경

우리나라 국민이 해외에 거주 시 상대국의 사회보장비용을 지불해야 하고, 본국에 귀국할 시 국민연금에 가입해야 한다. 이와 같은 경우, 공적연금의 중복가입에 따른 사회보장비용부담이 발생하고, 실질적인 노후소득보장을 받지 못하게 된다. 이에 사회보장관련 비용부담을 경감하고, 우리나라 국민의 실질적인 노후 소득보장을 확대하기 위해 양국 간의 연금제도 중복가입을 방지하고 가입기간을 합산하여 연금수급권을 보호할 필요성이 대두되었다.

2. 협정 목적

사회보장협정의 목적은 이중가입 면제, 가입기간 합산, 동등대우, 급여송금보장 등이다. 첫째, 이중가입면제이다. 단기간 동안 협정상대국에서 근로하거나 자영업을 하는 사람들이 양국 중 한 국가의 사회보장제도에만 가입하도록 함으로써 이들의 재정적 부담을 덜어 주고자 한다.

둘째, 가입기간합산이다. 협정상대국으로 이민가거나 장기 체류하여 연금 가입기간이 양국으로 분리되어 연금을 받지 못하는 사람들이 양국 가입기간을 합산하여 연금을 받을 수 있도록 연금수급권을 보호하기 위한 것이다.

셋째, 동등대우이다. 국가에 따라 적용범위에 있어서 다소 차이는 있으나 일반적으로 협정상대국 국민에 대해서는 연금 수급권 취득, 급여지급 등 법령 적용에 있어 자국민과 동등한 대우를 해 주는 것이다.

넷째, 급여송금보장이다. 협정 당사국 간에는 연금 급여를 해외로 자유롭게 송금할 수 있도록 하기 위한 것이다.

3. 협정의 내용 및 업무절차

사회보장협정은 대부분 양 당사국의 정부 간에 체결되고 있으며, 그 형태는 협정의 적용범위에 따라 '가입기간 합산 협정(totalization agreement)'과 '보험료면제 협정(contributions only agreement)'으로 구분된다. 즉, 우리나라가 캐나다, 미국, 독일 등과 체결한 「가입기간 합산 협정」은 이중가입 배제와 가입기간 합산 규정을 모두 포함하고 있으나, 영국, 중국, 네덜란드, 일본, 이탈리아, 우즈베키스탄 등과 체결한 보험료 면제 협정은 이중가입 배제만을 규정하고 있다. 따라서 우리나라와 가입기간 합산 협정이 체결된 국가에서 근로나 자영활동을 하는 우리나라 국민은 양국에서의 이중가입 배제 및 가입기간 합산, 자국인과의 동등 대우, 연금급여의 해외송금 보장 등의 혜택을 누릴 수 있다. 반면에 보험료 면제 협정이 체결된 국가에서 근로나 자영활동을 하는 경우에는 양국에서의 이중가입 배제 이외에는 그 나라에서의 가입기간이 있더라도 국민연금 가입기간과의 합산혜택은 받을 수 없다.

4. 법적 효력

우리나라 「헌법」에 따르면, 「헌법」에 의하여 체결 · 공포된 조약과 일반적으로 승인된 국제법규는 국내법과 같은 효력을 가진다(「헌법」 제6조). 국회는 상호원조 또는 안전보장에 관한 조약, 중요한 국제조직에 관한 조약, 우호통상항해조약, 주권의 제약에 관한 조약, 강화조약, 국가나 국민에게 중대한 재정적 부담을 지우는 조약 또는 입법사항에 관한 조약의 체결 · 비준에 대한 동의권을 가진다(「헌법」 제60조). 따라서 사회보장협정의 체결 · 비준은 국회의 동의를 받아야 한다. 비준(批准, ratification)은 조약 체결의 권한을 가진 전권위원이 조약의 내용에 합의했음을 증명하기 위하여 서명한 조약을, 국가 원수가 최종적으로 확인하는 행위를 말한다.

외국과 체결한 사회보장협정이 국회의 비준동의를 거쳐 발효되면, 국민연금관리공단은 협정 실무 집행기관으로서 우리나라 파견근로자에 대해 협정상대국 제도의 가입면제를 위한 가입증명발급, 외국인 파견근로자의 외국제도 가입증명접수 · 처리, 협정당사국 간 가입기간 합산에 따라 외국 실무기관이 보내온 급여청구서 접수 · 처리, 급여지급, 외국 실무기관에 급여청구서 송부 및 협정시행에 따른 외국 실무기관과의 통계자료교환 등 각종 협정실무를 수행하게 된다.

5. 협정체결 현황

2018년 현재 우리나라는 미국, 영국, 독일, 프랑스, 네덜란드, 스웨덴, 캐나다, 벨기에, 핀란드, 스위스, 중국, 일본, 몽골, 필리핀 등 35개국과 사회보장협정을 체결하고 있다. 미국, 독일, 스웨덴, 캐나다, 프랑스, 벨기에, 필리핀 등과는 가입기간 합산협정, 영국, 네덜란드, 스위스, 이탈리아, 중국, 일본, 몽골 등과는 보험료 면제협정을 체결하고 있다.

사회보장협정의 적용을 받는 법령은 협정당사국의 사회보장법령체계에 따라 다소 차이가 있다. 우리나라는 대부분의 경우 「국민연금법」만을 대상으로 하고 있으나, 미국과는 「산재보험법」, 독일과는 「고용보험법」이 포함되어 있다. 그러나 산재보험 및 고용보험 등 다른 사회보험제도는 대부분 '보험료 면제(이중적용 방지)' 규정에만 적용되고, 급여(가입기간 합산) 규정에는 적용되지 않는다.[19]

미주

1) 김철수(2001). 『헌법학개론』. 서울: 박영사, pp. 85-90, 235-829.
2) 박승두(1997). 『사회보장법』. 부산: 중앙경제사, pp. 183-198, 219-239, 243-261.
3) 박승두(2001). 『사회보장법총론』. 법률SOS, pp. 104-118.
4) 전광석(1993). 『사회보장법학』. 강원: 한림대학교 출판부, pp. 13-18.
5) 김기원(2009). 『사회복지법제론』. 서울: 나눔의집, pp. 237-257.
6) 김치선(1988). 『노동법총설』. 서울: 서울대학교 출판부, pp. 99-104.
7) 박승두(1997). 『사회보장법』. 부산: 중앙경제사, pp. 183-198, 219-239, 243-261.
8) 전광석(1993b). 유럽공동체의 사회정책과 사회보장법. 『사법행정』, 34(2), 한국사법행정학회, pp. 29-32.
9) ILO (2002). "ILO History," About the ILO, ILO(International Labour Organization), pp. 1-4.
10) 박균성(1993). 아동의 권리에 관한 국제협약과 아동복지법제. 『법학논총』, 제19집, pp. 83-89.
11) 김유성, 이홍재(1989). 『사회보장법』. 한국방송통신대학, pp. 29-37, 38-45, 81-90.
12) 이홍재(1998). 고용보험법의 생성과 노동세력의 주장. 『사회보장연구』, 14(1), pp. 71-80.
13) 감정기 외(2002). 『사회복지의 역사』. 경기: 나남출판, pp. 215-216, 237-240.
14) 황수경(2004). WHO의 새로운 국제장애분류(ICF)에 대한 이해와 기능적 장애 개념의 필요성. 『노동정책연구』, 4(2), pp. 128-149.
15) 유엔인권고등판무관, www.ohchr.org
16) 유엔장애인권리협약 NGO 보고서연대(2014). 대한민국 UN 인권정책센터. 『유엔장애인권리협약 NGO 보고서연대 활동백서』. 대한민국 UN 인권정책센터, pp. 371-406.
17) 국가기록원, www.archives.go.kr
18) 국민연금공단, www.nps.or.kr
19) 국민연금관리공단, www.npc.or.kr.

제10장 사회복지와 자치법규-조례 및 규칙

지방자치가 활성화되어 가면서 지장자치단체가 제정한 자치법규가 활발하게 제정되어 지방주민을 위한 자치업무를 효율적이면서도 민주적으로 수행하고 있다. 지방자치란 일정 지역의 주민이 그 지역의 공공사무를 자주적으로 결정하고 처리하는 제도로 일반적으로 주민자치와 단체자치로 나뉜다. 주민자체는 지방자치단체가 지방주민들의 생활에 관련되는 사무를 국가에 의하지 않고 자기들의 의사와 책임 아래 스스로 또는 대표자를 선출하여 처리하는 것이다. 반면, 단체자치는 법률상으로 법인격을 가진 자치단체가 국가로부터 상대적으로 독립된 지위를 가지고 일정한 권한을 부여받아 국가의 간섭을 받지 않고 자주적으로 처리하는 것이다. 지방화시대를 맞이하여 지방자치단체들은 국민복지 향상의 동반자로서 국가와 긴밀히 협조하면서 사회복지사업을 수행하고 있으며, 경우에 따라서는 지방정부가 독자적으로 조례와 규칙을 제정하여 지역사회를 위한 사회복지사업을 수행하기도 한다.[1][2]

Ⅰ. 자치법규(조례, 규칙)

「헌법」 제117조는 "지방자치단체는 주민의 복리에 관한 사무를 처리하고 재산을 관리하며, 법령의 범위 안에서 자치에 관한 규정을 제정할 수 있다."고 규정함으로써 지방자치단체에 자치법규의 제정권을 부여하고 있다. 지방자치단체는 법률에 의하여 인정된 자치권의 범위 내에서, 즉 법령의 범위 내에서 자기의 사무 또는 주민의 권리의무에 관한 자치에 관한 규칙인 자치법규를 제정한다. 자치법규에는 조례와 규칙이 있다. 조례와 규칙에 대한 세부적인 내용은 「지방자치법」에 규정되어 있다.

1. 조례의 의의 및 특성

조례란 지방자치단체가 그 자치입법권에 의거하여 법령의 범위 내에서 지방의회의 의결을 거쳐 그 사무에 관하여 제정한 법이다. 지방자치단체는 조례제정권을 갖고 있다. 지방자치단체는 법령의 범위 안에서 그 사무에 관하여 조례를 제정할 수 있다. 다만, 주민의 권리제한 또는 의무부과에 관한 사항이나 벌칙을 정할 때에는 법률의 위임이 있어야 한다(「지방자치법」 제15조). 조례의 제정과 개폐는 의결기관으로서 지방의회의 권한에 속한다.

조례는 다음과 같은 특징을 갖고 있다. 첫째, 조례는 위계적(位階的) 특성을 갖고 있다. 시 · 군 및 자치구의 조례나 규칙은 시 · 도의 조례나 규칙에 위반하여서는 아니 된다(「지방자치법」 제17조). 일부 지방자치단체에서는 독자적인 사회복지조례를 제정하여 다른 지방자치단체가 실시하고 있지 않는 사회복지사업을 독자적으로 실시하고 있다.

둘째, 조례는 내용상 포괄성을 갖는다. 조례는 특정 분야에 한해서 제정되는 것이 아니라 자치업무의 수행에 필요한 모든 분야를 포함하고 있다. 따라서 지방자치단체은 사회복지와 관련된 업무의 수행을 위한 사회복지조례도 제정하고 있다.

셋째, 조례는 법질서 유지적 특성을 갖고 있다. 조례는 '법령의 범위 내에서만' 제정할 수 있도록 함으로써 법질서를 유지하고 법적 일관성을 기하고 있다.

넷째, 조례는 지역제한적 특성을 갖고 있다. 자치법규는 원칙적으로 그 지방자치단체의 지방 내에서만 효력을 갖는다. 사회복지조례(예: OO시보육조례, OO시장애인주간보호시설설치및운용조례, OO시생활보호기금운영관리조례)는 해당 자치단체의 지방의회가 사회복지사무에 관해 제정한 법의 적용을 받는 해당자치단체의 지방에서만 효력을 갖는다.[3)]

사회복지조례는 지방자치단체들이 관할지역주민들의 삶의 질을 균형적으로 발전시키는 데 기여하기 위하여 제정된다. 이를 위하여 조례는 지방자치단체들이 사회복지사업을 수행함에 있어 민주성과 능률성을 도모할 수 있도록 하기 위한 내용을 포함하고 있다.

사회복지법은 일부 사항에 관하여 지방자치단체가 조례로 정해 실시할 수 있도록 법에 규정하기도 한다.[4)]

노인장기요양보험법

제47조의2(장기요양요원지원센터의 설치 등)

③ 장기요양요원지원센터의 설치 · 운영 등에 필요한 사항은 보건복지부령으로 정하는 바에 따라 해당 지방자치단체의 조례로 정한다.

국민기초생활 보장법

제4조(급여의 기준 등)

④ 지방자치단체인 보장기관은 해당 지방자치단체의 조례로 정하는 바에 따라 이 법에 따른 급여의 범위 및 수준을 초과하여 급여를 실시할 수 있다.

일부 지방자치단체의 사회복지에 관한 조례를 별도로 정하여 실시하고 있다.

서울특별시 저소득주민의 생활안정 지원에 관한 조례 (일부 내용)[5)]
[서울특별시조례 제6386호, 2017.1.5.]
제1조(목적) 이 조례는 「국민기초생활 보장법」에 의한 수급권자 등 저소득 주민의 생활안정을 위한 지원에 관하여 필요한 사항을 규정함을 목적으로 한다.
제1조의2(시장의 책무) ① 서울특별시장(이하 "시장"이라 한다)은 생계곤란 등의 위기상황에 처한 주민을 위한 시책을 마련하기 위하여 노력한다.
② 시장은 서울특별시(이하 "시"라 한다) 및 관련기관 홈페이지, 우편 등 다양한 방법을 활용하여 주민들에게 시의 생활안정 지원제도를 적극적으로 홍보한다.
제1조의3(발굴조사 등) ① 시장은 위기상황에 처한 저소득주민을 찾아내어 신속하게 지원하기 위하여 발굴조사를 할 수 있다.
② 시장은 제1항에 따른 발굴조사를 원활히 추진하기 위하여 민간부문의 참여를 장려하고 활성화하도록 노력한다.
제2조(지원대상자) 시장은 시에 거주하는 다음 각 호의 어느 하나에 해당하는 사람의 생활안정을 위하여 금전 또는 물품 등을 지원할 수 있다.
1. 「국민기초생활 보장법」에 의한 수급권자 및 차상위계층
2. 「사회복지사업법」에서 정하는 사회복지시설에서 보호를 받는 사람 또는 같은 시설을 이용하는 사람
3. 그 밖에 지원이 필요한 사람으로서 규칙으로 정하는 사람
제3조(지원내용) ① 지원대상자에 대한 지원내용은 다음 각 호와 같다. 다만, 다른 법령에 따라 같은 지원이 되는 사람의 경우는 그러하지 아니하다.
1. 급식관련경비 지원 2. 교육관련 경비 지원 3. 문화체육활동경비 지원 4. 명절보상품 지원
5. 월동대책비 지원 6. 긴급구호비 지원 7. 그 밖에 규칙으로 정하는 사항
② 제1항에 따른 지원수준은 규칙으로 정한다.
제4조(지원대상자의 결정) ① 제3조제1항제1호의 지원대상자는 시장, 구청장 또는 서울특별시교육감이 선정한 사람으로 결정한다.
② 제3조제1항제2호부터 제4호까지의 지원대상자는 시장 또는 구청장이 결정한다.
③ 제3조제1항제5호의 지원대상자는 시장 또는 구청장이 결정한 사람과 서울지방보훈청장이 선정한 저소득 보훈자로 한다.
제5조(희망온돌 시민기획위원회 설치 및 기능) 시장은 다음 각 호의 사항을 자문하기 위하여 희망온돌 시민기획위원회(이하 "위원회"라 한다)를 둘 수 있다.

1. 생활안정을 위해 지원이 필요한 저소득 주민의 발굴 및 지원에 관한 사항
2. 민간자원을 활용한 저소득 주민의 생활안정 지원에 관한 사항
3. 기부 · 나눔문화의 사회적 확산에 관한 사항

2. 규칙의 의의 및 특성

자치입법으로서 규칙(規則)은 지방자치단체의 장이 법령 또는 조례가 위임한 범위 내에서 그 권한에 속하는 사무에 관하여 정립한 법으로, 조례시행규칙이라고도 불린다.

규칙제정권은 지방자치단체의 장에게 속한다. 지방자치단체의 장은 법령 또는 조례가 위임한 범위 안에서 그 권한에 속하는 사무에 관하여 규칙을 제정할 수 있다(「지방자치법」 제16조). 일반적으로 조례가 제정되면 조례의 시행에 관하여 필요한 사항을 규칙으로 정하고 있다. 즉, 조례시행규칙 또는 조례운영규칙을 정한다.

3. 조례 · 규칙의 심의 · 의결

지방자치단체의 장이 조례 · 규칙의 제정 · 개폐 및 공포 등을 하고자 하는 경우에 이를 심의 · 의결하기 위하여 지방자치단체의 장 소속하에 조례 · 규칙심의회를 둔다.

심의회는 (1) 지방자치단체의 장이 지방의회에 제출하는 조례안, (2) 지방의회의 의결을 거친 조례공포안, (3) 주민의 조례의 제정 또는 개폐청구에 있어서의 유효서명의 확인, 이의신청 및 청구요건에 관한 사항, (4) 지방자치단체의 장이 제정 · 개폐하고자 하는 규칙안, (5) 예산안 · 결산안 기타 지방의회에 제출하는 안건중 지방자치단체의 장이 심의회의 심의 · 의결이 필요하다고 인정하는 안건을 심의 · 의결한다.

심의회의 의장은 지방자치단체의 장이 되고, 부의장은 지방자치단체의 부지사 · 부시장 · 부군수 · 부구청장이 되며, 위원은 실장 · 국장 또는 실장 · 과장이 된다. 심의회의 회의는 의장 및 부의장을 포함한 재적위원 과반수의 찬성으로 의결한다(「지방자치법 시행령」 10조의 19).

4. 조례와 규칙의 공포

조례와 규칙의 공포문에는 전문을 붙여야 한다. 조례와 규칙의 공포문 전문에는 제정하거나 개정하는 뜻을 기재하여 지방자치단체의 장이 서명한 후 직인을 찍고 그 일자를 명기한다(「지방자치법 시행령」 제11조).

조례와 규칙의 공포는 당해 지방자치단체의 공보에의 게재로써 한다. 다만, 지방의회의 의장이 공포하는 경우에는 공보나 일간신문에의 게재 또는 게시판의 게시로써 한다(「지방자치법 시행령」 제12조). 조례와 규칙의 공포일과 공고 · 고시일은 그 조례와 규칙 등을 게재한 공보나 신문이 발행된 날 또는 게시판에 게시된 날로 한다(「지방자치법 시행령」 제13조).

Ⅱ. 지방의회와 지방자치단체의 장

사회복지조례는 일반 조례와 같이 지방의회의 의결을 거쳐 제정된다. 사회복지규칙 역시 일반 규칙과 마찬가지로 지방자치단체의 장이 제정한다. 사회복지 자치법규를 제정하는 지방의회와 지방자치단체에 관해 설명하면 다음과 같다.[6]

1. 지방의회

지방자치단체에 의회를 둔다(「지방자치법」 제26조). 지방의회의원은 주민의 보통 · 평등 · 직접 · 비밀선거에 의하여 선출한다(「지방자치법」 제26조의2). 지방의회의원의 임기는 4년으로 한다(「지방자치법」 제31조).

지방의회는 조례의 의결 및 개폐뿐만 아니라 예산의 심의 · 확정, 결산의 승인, 법령에 규정된 것을 제외한 사용료 · 수수료 · 분담금 · 지방세 또는 가입금의 부과와 징수, 기금의 설치 · 운용, 대통령령으로 정하는 중요재산의 취득 · 처분, 대통령령으로 정하는 공공시설의 설치 · 처분, 법령과 조례에 규정된 것을 제외한 예산외 의무부담이나 권리의 포기, 청원의 수리와 처리, 외국 지방자치단체와의 교류협력에 관한 사항, 기타 법령에 의하여 그 권한에 속하는 사항을 의결한다(「지방자치법」 제35조).

2. 지방자치단체와 지방자치단체의 장

1) 지방자치단체의 의의

지방자치단체는 국민기초생활보장제도와 같은 공공부조나 사회복지서비스를 직접 국민들의 삶의 현장에서 집행하는 데 중요한 역할을 하고 있다. 지방자치단체는 국가 영토의 일부를 자기 구역으로 하여 그 구역 내의 모든 주민에 대하여 법률이 정하는 범위 내에서 지배권을 행사하는 단체이다. 지방자치단체는 그의 지배권이 지방자치단체에 고유한 것이 아니고, 국가로부터 부여된다는 점에서 국가와 구별되고, 일정한 구역에 대한 지배권을 가지는 지역단체인 점에서 다른 공법인과 구별된다.

「지방자치법」에 따르면 지방자치단체는 법인으로 한다. 지방자치단체는 법인 가운데 공법인(公法人)에 속한다. 지방자치단체는 (1) 특별시와 광역시 및 도와 (2) 시와 군 및 구로 대별한다. 지방자치단체인 구는 특별시와 광역시의 관할구역 안의 구에 한하며, 자치구의 자치권의 범위는 법령이 정하는 바에 의하여 시 · 군과 다르게 할 수 있다. 특정한 목적을 수행하기 위하여 필요한 경우에는 별도의 특별지방자치단체를 설치할 수 있다(「지방자치법」 제2조).

특별시와 광역시 및 도는 정부의 직할하에 두고, 시는 도의 관할구역 안에, 군은 광역시 또는 도의 관할구역 안에 두며, 자치구는 특별시와 광역시의 관할구역 안에 둔다. 특별시 또는 광역시가 아닌 인구 50만 이상의 시에는 자치구가 아닌 구를 둘 수 있고, 군에는 읍 · 면을 두며, 시와 구에는 동을, 읍 · 면에는 리를 둔다. 도시의 형태를 갖춘 시지역(예: 도농복합시)에는 동을, 그 밖의 지역에는 읍 · 면을 두되, 자치구가 아닌 구를 둘 경우에는 당해구에 읍 · 면 · 동을 둘 수 있다(「지방자치법」 제3조).

지방자치단체가 고유사업으로 사회복지사업을 하는 경우 원칙적으로 당해 사업의 관할구역은 해당 자치단체에 제한된다.

2) 지방자치단체의 사무

(1) 사무처리의 기본원칙

지방자치단체의 사무처리의 기본원칙은 다음과 같다. (1) 지방자치단체는 그 사무를 처리함에 있어서 주민의 편의 및 복리증진을 위하여 노력하여야 한다. (2) 지방자치단체는 조직 및 운영의 합리화에 노력하고 그 규모의 적정화를 도모하여야 한다. (3) 지방자치단체는 법령이나 상급지방자치단체의 조례에 위반하여 그 사무를 처리할 수 없다(「지방자치법」 제8조).

(2) 지방자치단체의 사무범위

지방자치단체는 그 관할구역의 자치사무와 법령에 의하여 지방자치단체에 속하는 사무를 처리한다. 지방자치단체의 사무를 예시하면 지방자치단체의 구역, 조직 및 행정관리 등에 관한 사무, 주민의 복지증진에 관한 사무, 농림 · 상공업 등 산업진흥에 관한 사무, 지역개발 및 주민의 생활환경시설의 설치 · 관리에 관한 사무, 교육 · 체육 · 문화 · 예술의 진흥에 관한 사무, 지역민방위 및 소방에 관한 사무가 있다.

이 가운데 주민의 복지증진에 관한 사무로는 주민복지에 관한 사업, 사회복지시설의 설치 · 운영 및 관리, 생활곤궁자의 보호 및 지원, 노인 · 아동 · 심신장애자 · 청소년 및 부녀의 보호와 복지증진, 보건진료기관의 설치 · 운영, 전염병 및 기타 질병의 예방과 방역 등의 사무가 있다. 지방자치단체는 행정기구의 설치 · 운영에 있어서 그 합리화를 도모하고 다른 지방자치단체와의 균형을 유지하여야 한다(「지방자치법」 제102조).

3) 지방자치단체의 장

지방자치단체의 장은 규칙제정권을 갖는다. 지방자치단체의 장으로 특별시에 특별시장, 광역시에 광역시장, 도에 도지사를 두고, 시에 시장, 군에 군수, 자치구에 구청장을 둔다(「지방자치법」 제85조). 지방자치단체의 장은 주민의 보통 · 평등 · 직접 · 비밀선거에 의하여 선출한다(「지방자치법」 제86조). 지방자치단체의 장의 임기는 4년으로 하며, 지방자치단체의 장의 계속 재임은 3기에 한한다(「지방자치법」 제87조). 지방자치단체의 장은 당해 지방자치단체를 대표하고 그 사무를 통할하는 통할대표권을 갖으며, 위임된 사무의 관리 및 집행권을 갖는다(「지방자치법」 제92조).

지방자치단체의 장은 조례 또는 규칙이 정하는 바에 의하여 그 권한에 속하는 사무의 일부를 보조기관, 소속행정기관 또는 하부행정기관, 관할지방자치단체나 공공단체 또는 그 기관에 위임 또는 위탁할 수 있으며, 조사 · 검사 · 검정 · 관리업무 중 주민의 권리 · 의무와 직접 관련되지 아니하는 사무를 법인 · 단체 또는 그 기관이나 개인에게 위탁할 수 있다(「지방자치법」 제94조). 이 조항은 지방자치단체가 지역사회복지관을 설립하고 그 사무를 사회복지법인 등에 위탁할 수 있는 법적 근거가 되고 있다.

3. 사회보장전담기구, 소속행정기관 및 공공기관

특별자치시장 및 시장 · 군수 · 구청장은 사회보장에 관한 업무를 효율적으로 수행하기 위하여 관련 조직, 인력, 관계 기관 간 협력체계 등을 마련하여야 하며, 필요한 경우에는 사회보장에 관한 사무를 전담하는 기구인 사회보장사무 전담기구를 특별자치시 및 시 · 군 · 구의 조례로 별도로 설치할 수 있다(「사회보장급여의 이용 · 제공 및 수급권자 발굴에 관한 법률」 제42조).

지방자치단체는 소속행정기관으로 직속기관, 사업소, 출장소, 합의제행정기관 및 하부행정기관을 둔다. 지방자치단체는 특정 업무를 효율적으로 수행하기 위하여 필요한 때에는 당해 지방자치단체의 조례로 사업소를 설치할 수 있다(「지방자치법」 제105조).

지방자치단체는 그 소관사무의 일부를 독립하여 수행할 필요가 있는 때에는 합의제행정기관을 설치할 수 있다(「지방자치법」 제107조). 합의제행정기관의 예로 사회복지사업에 관한 중요사항을 심의 또는 건의하기 위하여 특별시 · 광역시 · 도 및 시 · 군 · 자치구에 각각 사회복지위원회를 둘 수 있다. 사회복지위원회는 각 자치단체가 조례를 만들어 조직하고 운영하고 있다. 예를 들면, 부산광역시는 조례를 제정하여 부산광역시사회복지위원회를 조직해 운영하고 있다. 이 위원회는 부산광역시를 위하여 사회복지에 관한 기본계획 수립, 주요 사업 조정, 새로운 제도 도입, 장애인복지에 관한 시행계획 및 정책 · 제도개선사항, 지방생활보장위원회 기능 등의 사항을 심의 · 의결하고 있다.

지방자치단체는 주민의 복지를 증진하기 위하여 공공시설을 설치할 수 있다. 공공시설은 관계지방자치단체의 동의를 얻어 그 지방자치단체의 구역 밖에 설치할 수 있다(「지방자치법」 제135조).

Ⅲ. 지방자치단체 상호 간의 관계 및 국가의 지도 · 감독[7)]

1. 지방자치단체 상호 간의 협력 및 분쟁조정

지방자치단체는 다른 지방자치단체로부터 사무의 공동처리에 관한 요청이나 사무처리에 관한 협의 · 조정 · 승인 또는 지원의 요청이 있는 때에는 법령의 범위 안에서 이에 협력하여야 한다(「지방자치법」 제139조). 지방자치단체 상호 간 또는 지방자치단체의 장 상호 간 사무를 처리함에 있어서 의견을 달리하여 다툼(분쟁)이 있는 때에는 다른 법률에 특별한 규정이 없는 한 행정안전부장관 또는 시 · 도지사가 당사자의 신청에 의하여 이를 조정할 수 있다. 다만, 그 분쟁이 공익을 현저히 저해하여 조속한 조정이 필요하다고 인정되는 경우에는 당사자의 신청이 없는 때에도 직권으로 이를 조정할 수 있다. 행정안전부장관 또는 시 · 도지사가 분쟁을 조정하고자 할 때에는 관계중앙행정기관의 장과의 협의를 거쳐 지방자치단체중앙분쟁조정위원회 또는 지방자치단체지방분쟁조정위원회의 의결에 따라 조정하여야 한다(「지방자치법」 제140조).

2. 사무위탁

지방자치단체 또는 그 장은 소관사무의 일부를 다른 지방자치단체 또는 그 장에게 위탁하여 처리하게 할 수 있다. 이 경우 지방자치단체의 장은 사무위탁의 당사자가 시 · 도 또는 그 장인 경우에는 행정안전부장관 및 관계중앙행정기관의 장에게, 시 · 군 및 자치구 또는 그 장인 경우에는 시 · 도지사에게 이를 보고하여야 한다. 사무가 위탁된 경우 위탁된 사무의 관리 및 처리에 관한 조례 또는 규칙은 사무를 위탁받은 지방자치단체에 대하여도 적용된다(「지방자치법」 제141조). 서울특별시의 경우 서울특별시 관할구역 내에 이용가능한 토지를 구하기 어려운 경우 경기도나 강원도에 사회복지시설을 설치하고 서울특별시 주민들이 이용하도록 하는 대신 시설운영에 필요한 재원을 서울특별시가 부담하고 대신 시설운영에 관한 지휘감독사무를 시설이 위치한 지방자치단체에 사무위탁을 할 수 있다.

3. 행정협의회

지방자치단체는 2개 이상의 지방자치단체에 관련된 사무의 일부를 공동으로 처리하기 위하여 관계지방자치단체 간의 행정협의회를 구성할 수 있다(「지방자치법」 제142조). 협의회는 그 사무를 처리하기 위하여 필요하다고 인정하는 때에는 관계지방자치단체의 장에 대하여 자료의 제출, 의견의 개진 기타 필요한 협조를 요구할 수 있다(「지방자치법」 제145조).

4. 지방자치단체조합 설립

2개 이상의 지방자치단체가 하나 또는 둘 이상의 사무를 공동으로 처리할 필요가 있을 때에는 규약을 정하여 당해 지방의회의 의결을 거쳐 시 · 도는 행정안전부장관의, 시 · 군 및 자치구는 시 · 도지사의 승인을 얻어 지방자치단체조합을 설립할 수 있다. 다만, 조합의 구성원인 시 · 군 및 자치구가 2개 이상의 시 · 도 에 걸치는 조합은 행정안전부장관의 승인을 얻어야 한다. 조합은 법인으로 한다(「지방자치법」 제149조). 지방자치단체조합은 사회복지시설의 설치 · 운영과 같은 주민의 복지증진에 관한 사무뿐만 아니라 산업진흥사무, 생활환경시설 설치, 교육문화사무 등을 수행할 수 있다.

5. 국가의 지도 · 감독

중앙행정기관의 장 또는 시 · 도지사는 지방자치단체의 사무에 관하여 조언 또는 권고하거나 지도할 수 있으며, 이를 위하여 필요한 때에는 지방자치단체에 대하여 자료의 제출을 요구할 수 있다. 국가 또는 시 · 도는 지방자치단체가 당해 지방자치단체의 사무를 처리함에 있어서 필요하다고 인정할 경우 재정지원 또는 기술지원을 할 수 있다(「지방자치법」 제156조). 지방자치단체 또는 그 장이 위임받아 처리하는 국가사무에 관하여는 시 · 도에 있어서는 주무부장관의, 시 · 군 및 자치구에 있어서는 1차로 시 · 도지사의, 2차로 주무부장관의 지도 · 감독을 받는다(「지방자치법」 제156조).

미주

1) 김기원(2009). 『사회복지법제론』. 서울: 나눔의집, pp. 258-276.

2) 법제처, 지방자치법, www.moleg.go.kr

3) ○○시 노인복지기금조성및운용에 관한 조례(조례 제1533호)
제1조(목적) 이 조례는 ○○시 노인이 건전하고 안정된 생활을 영위할 수 있도록 필요한 기금을 조성하고 이의 효율적인 운용관리에 필요한 사항을 규정함을 목적으로 한다.

4) 법제처, www.moleg.go.kr

5) 국가법령정보센터, www.law.go.kr

6) 법제처, 지방자치법, www.moleg.go.kr

7) 상동.

제2부 사회복지법제 각론

제11장 대한민국헌법

Ⅰ. 헌법의 의의

헌법(Constitution)이란 특정의 형태나 질서를 갖추는 것을 의미하는 라틴어 "constituere"에서 유래한 것으로, 통상적으로 국가의 기본 조직에 관한 법, 즉 영토의 범위, 국민의 자격 요건 및 국가 통치기관의 조직과 기능 등을 정하는 법이다.[1)]

「헌법」은 최고 규범성, 개방성, 정치성, 역사성 등의 특성을 갖는다.[2)] 첫째, 「헌법」은 최고규범성을 갖는다. 「헌법」은 국가의 존립과 통치를 위해 반드시 행해져야 할 것들을 정하고 있는 규범으로, 실정법의 위계상 최상의 지위에 있으며, 다른 모든 하위법을 지배하는 국가의 기본법이자 기초법이다.

둘째, 「헌법」은 개방성을 갖는다. 「헌법」은 폐쇄체계(closed system)가 아닌 개방체계(open system)하에서 존재한다. 따라서 「헌법」은 정치적 · 경제적 · 사회적 · 문화적 환경의 변화에 영향을 받아 그 내용이 변화할 수 있다.

셋째, 「헌법」은 정치성을 갖는다. 민주주의하에서의 「헌법」은 정권의 정당성을 부여하고, 다양한 국민의 의견과 이익이 존재하는 갈등적 상황을 해결하는 제도적 장치를 정하고 있기 때문에 정치적 성격을 가질 수밖에 없다.

넷째, 「헌법」은 역사성을 갖는다. 헌법의 기본이념이나 근본가치는 역사적 배경과 지배 상황하에서 탄생할 뿐만 아니라, 일단 제정이 된 이후에서 국가사회적 필요에 의해 개정이 이루어지게 되므로 역사성을 갖는다.

Ⅱ. 대한민국헌법과 사회복지

「헌법」[1987. 10. 29. 「헌법」 제10호로 전부개정, 1988. 2. 25. 시행]의 내용 가운데 사회복지와 밀접하게 관련이 있는 「헌법」의 주요 내용을 소개하고, 각각의 「헌법」 조항들의 사회복지법적 함의성을 논할 때 언급되어야 할 사항들을 제시한다.[3)]

전문
유구한 역사와 전통에 빛나는 우리 대한국민은 정치 · 경제 · 사회 · 문화의 모든 영역에 있어서 각인의 기회를 균등히 하고, 능력을 최고도로 발휘하게 하며, 자유와 권리에 따르는 책임과 의무를 완수하게 하여, 안으로는 국민생활의 균등한 향상을 기하고 밖으로는 항구적인 세계평화와 인류공영에 이바지함으로써 우리들과 우리들의 자손의 안전과 자유와 행복을 영원히 확보할 것을 다짐하면서.

헌법 전문의 사회복지적 주요 내용: 국민생활의 균등한 향상, 행복

제1조 ① 대한민국은 민주공화국이다.
② 대한민국의 주권은 국민에게 있고, 모든 권력은 국민으로부터 나온다.

사회복지법에서의 민주주의 가치

제6조 ① 헌법에 의하여 체결 · 공포된 조약과 일반적으로 승인된 국제법규는 국내법과 같은 효력을 가진다.

비준 · 공포된 사회보장협정과 일반적으로 승인된 복지관련 국제법규의 법적 지위는 우리나라의 사회복지법과 같은 효력을 가짐

제7조 ① 공무원은 국민전체에 대한 봉사자이며, 국민에 대하여 책임을 진다.
② 공무원의 신분과 정치적 중립성은 법률이 정하는 바에 의하여 보장된다.

사회복지전담공무원의 책임과 신분 및 정치적 중립성

제10조 모든 국민은 인간으로서의 존엄과 가치를 가지며, 행복을 추구할 권리를 가진다. 국가는 개인이 가지는 불가침의 기본적 인권을 확인하고 이를 보장할 의무를 진다.

주(主)기본권, 복지권의 근간이 되는 주된 기본권, 복지수혜자와 사회복지종사자의 인권

제11조 ① 모든 국민은 법 앞에 평등하다. 누구든지 성별 · 종교 또는 사회적 신분에 의하여 정치적 · 경제적 · 사회적 · 문화적 생활의 모든 영역에 있어서 차별을 받지 아니한다.

사회서비스 제공할 때 무차별 평등의 원칙과 사회복지시설에서의 무차별 평등의 원칙

제12조 ① 모든 국민은 신체의 자유를 가진다. 누구든지 법률에 의하지 아니하고는 체포 · 구속 · 압수 · 수색 또는 심문을 받지 아니하며, 법률과 적법한 절차에 의하지 아니하고는 처벌 · 보안처분 또는 강제노역을 받지 아니한다.

적법 절차에 의한 신체의 자유 제한: 개별적 법률유보조항

제16조 모든 국민은 주거의 자유를 침해받지 아니한다. 주거에 대한 압수나 수색을 할 때에는 검사의 신청에 의하여 법관이 발부한 영장을 제시하여야 한다.

사회복지시설 거주자의 주거의 자유

제17조 모든 국민은 사생활의 비밀과 자유를 침해받지 아니한다.

사회복지종사자의 비밀 유지 의무

제20조 ① 모든 국민은 종교의 자유를 가진다.

국민기초생활 보장법
제33조(시설장의 의무) ⑤ 보장시설의 장은 위탁받은 수급자에게 종교상의 행위를 강제하여서는 아니 된다.

제23조 ① 모든 국민의 재산권은 보장된다. 그 내용과 한계는 법률로 정한다.
② 재산권의 행사는 공공복리에 적합하도록 하여야 한다.

개별적 법률 유보조항, 사회복지법인의 재산 소유 의무

제25조 모든 국민은 법률이 정하는 바에 의하여 공무담임권을 가진다.

사회복지전담공무원 등 복지분야 공무원 임용

제26조 ① 모든 국민은 법률이 정하는 바에 의하여 국가기관에 문서로 청원할 권리를 가진다.
② 국가는 청원에 대하여 심사할 의무를 진다.

복지관련 제도의 신설이나 개선에 관한 국민의 청원권, 사회복지정책에 대한 청원

제31조 ① 모든 국민은 능력에 따라 균등하게 교육을 받을 권리를 가진다.
③ 의무교육은 무상으로 한다.
④ 교육의 자주성 · 전문성 · 정치적 중립성 및 대학의 자율성은 법률이 정하는 바에 의하여 보장된다.

교육받을 권리, 교육의 의무, 무상교육, 무상급식, 무상보육

제32조 ① 모든 국민은 근로의 권리를 가진다. 국가는 사회적 · 경제적 방법으로 근로자

의 고용의 증진과 적정임금의 보장에 노력하여야 하며, 법률이 정하는 바에 의하여 최저임금제를 시행하여야 한다.

근로의 권리, 최저임금법, 적정임금

② 모든 국민은 근로의 의무를 진다. 국가는 근로의 의무의 내용과 조건을 민주주의원칙에 따라 법률로 정한다.

근로의 의무, 근로연계복지(workfare), 「국민기초생활 보장법」 자활급여 및 조건부수급자, 고용보험법의 실업의 인정

⑥ 국가유공자 · 상이군경 및 전몰군경의 유가족은 법률이 정하는 바에 의하여 우선적으로 근로의 기회를 부여받는다.

상대적 평등, 사회보훈제도, 사회적 할당의 원리로서 보상, 적극적 조치(A.A)

제33조 ① 근로자는 근로조건의 향상을 위하여 자주적인 단결권 · 단체교섭권 및 단체행동권을 가진다.

사회복지종사자의 근로3권

② 공무원인 근로자는 법률이 정하는 자에 한하여 단결권 · 단체교섭권 및 단체행동권을 가진다.

사회복지전담공무원 등 복지분야 공무원의 근로3권 보장과 제한: 단체행동권 제한

제34조 ① 모든 국민은 인간다운 생활을 할 권리를 가진다.

주된 생존권, 독일 바이마르 헌법 제151조, 복지권 또는 사회보장수급권의 법적 근거

② 국가는 사회보장 · 사회복지의 증진에 노력할 의무를 진다.
③ 국가는 여자의 복지와 권익의 향상을 위하여 노력하여야 한다.
④ 국가는 노인과 청소년의 복지향상을 위한 정책을 실시할 의무를 진다.
⑤ 신체장애자 및 질병 · 노령 기타의 사유로 생활능력이 없는 국민은 법률이 정하는 바에 의하여 국가의 보호를 받는다.
⑥ 국가는 재해를 예방하고 그 위험으로부터 국민을 보호하기 위하여 노력하여야 한다.

제35조 ① 모든 국민은 건강하고 쾌적한 환경에서 생활할 권리를 가지며, 국가와 국민은 환경보전을 위하여 노력하여야 한다.

환경권, 사회보장기본법상 사회서비스분야에 환경이 추가됨

③ 국가는 주택개발정책 등을 통하여 모든 국민이 쾌적한 주거생활을 할 수 있도록 노력하여야 한다.

주거복지, 주거권, 주거급여법

제36조 ① 혼인과 가족생활은 개인의 존엄과 양성의 평등을 기초로 성립되고 유지되어야 하며, 국가는 이를 보장한다.

「건강가정기본법」「다문화가족지원법」「가정폭력방지 및 피해자보호 등에 관한 법률」

② 국가는 모성의 보호를 위하여 노력하여야 한다.

「모자보건법」

③ 모든 국민은 보건에 관하여 국가의 보호를 받는다.

건강권, 「국민건강보험법」「장애인 건강권 및 의료접근성 보장에 관한 법률」「정신건강증진 및 정신질환자 복지서비스 지원에 관한 법률」

제37조 ① 국민의 자유와 권리는 헌법에 열거되지 아니한 이유로 경시되지 아니한다.

② 국민의 모든 자유와 권리는 국가안전보장·질서유지 또는 공공복리를 위하여 필요한 경우에 한하여 법률로써 제한할 수 있으며, 제한하는 경우에도 자유와 권리의 본질적인 내용을 침해할 수 없다.

일반적 법률유보조항, 복지권 또는 사회보장수급권의 제한

제40조 입법권은 국회에 속한다.

사회복지입법권

제41조 ① 국회는 국민의 보통·평등·직접·비밀선거에 의하여 선출된 국회의원으로 구성한다.

② 국회의원의 수는 법률로 정하되, 200인 이상으로 한다.

③ 국회의원의 선거구와 비례대표제 기타 선거에 관한 사항은 법률로 정한다.

제47조 ① 국회의 정기회는 법률이 정하는 바에 의하여 매년 1회 집회되며, 국회의 임시회는 대통령 또는 국회재적의원 4분의 1 이상의 요구에 의하여 집회된다.

② 정기회의 회기는 100일을, 임시회의 회기는 30일을 초과할 수 없다.

③ 대통령이 임시회의 집회를 요구할 때에는 기간과 집회요구의 이유를 명시하여야 한다.

제49조 국회는 헌법 또는 법률에 특별한 규정이 없는 한 재적의원 과반수의 출석과 출석의원 과반수의 찬성으로 의결한다. 가부동수인 때에는 부결된 것으로 본다.

제51조 국회에 제출된 법률안 기타의 의안은 회기중에 의결되지 못한 이유로 폐기되지 아니한다. 다만, 국회의원의 임기가 만료된 때에는 그러하지 아니하다.

제52조 국회의원과 정부는 법률안을 제출할 수 있다.

사회복지법률안 제출권자 = 정부와 국회의원

제53조 ① 국회에서 의결된 법률안은 정부에 이송되어 15일 이내에 대통령이 공포한다.

② 법률안에 이의가 있을 때에는 대통령은 제1항의 기간내에 이의서를 붙여 국회로 환부하고, 그 재의를 요구할 수 있다. 국회의 폐회중에도 또한 같다.

③ 대통령은 법률안의 일부에 대하여 또는 법률안을 수정하여 재의를 요구할 수 없다.

④ 재의의 요구가 있을 때에는 국회는 재의에 붙이고, 재적의원과반수의 출석과 출석의원 3분의 2 이상의 찬성으로 전과 같은 의결을 하면 그 법률안은 법률로서 확정된다.

⑤ 대통령이 제1항의 기간내에 공포나 재의의 요구를 하지 아니한 때에도 그 법률안은 법률로서 확정된다.

⑥ 대통령은 제4항과 제5항의 규정에 의하여 확정된 법률을 지체없이 공포하여야 한다. 제5항에 의하여 법률이 확정된 후 또는 제4항에 의한 확정법률이 정부에 이송된 후 5일 이내에 대통령이 공포하지 아니할 때에는 국회의장이 이를 공포한다.

⑦ 법률은 특별한 규정이 없는 한 공포한 날로부터 20일을 경과함으로써 효력을 발생한다.

사회복지관련법률의 입법절차

제54조 ① 국회는 국가의 예산안을 심의 · 확정한다.

사회복지예산 심의 및 확정

② 정부는 회계연도마다 예산안을 편성하여 회계연도 개시 90일전까지 국회에 제출하고, 국회는 회계연도 개시 30일전까지 이를 의결하여야 한다.

③ 새로운 회계연도가 개시될 때까지 예산안이 의결되지 못한 때에는 정부는 국회에서 예산안이 의결될 때까지 다음의 목적을 위한 경비는 전년도 예산에 준하여 집행할 수 있다.

1. 헌법이나 법률에 의하여 설치된 기관 또는 시설의 유지 · 운영
2. 법률상 지출의무의 이행
3. 이미 예산으로 승인된 사업의 계속

준예산

제55조 ① 한 회계연도를 넘어 계속하여 지출할 필요가 있을 때에는 정부는 연한을 정하

여 계속비로서 국회의 의결을 얻어야 한다.

② 예비비는 총액으로 국회의 의결을 얻어야 한다. 예비비의 지출은 차기국회의 승인을 얻어야 한다.

계속비, 예비비

제56조 정부는 예산에 변경을 가할 필요가 있을 때에는 추가경정예산안을 편성하여 국회에 제출할 수 있다.

추가경정예산

제57조 국회는 정부의 동의없이 정부가 제출한 지출예산 각항의 금액을 증가하거나 새 비목을 설치할 수 없다.

제59조 조세의 종목과 세율은 법률로 정한다.

조세법정주의, 목적세로서 복지세 신설 검토

제60조 ① 국회는 상호원조 또는 안전보장에 관한 조약, 중요한 국제조직에 관한 조약, 우호통상항해조약, 주권의 제약에 관한 조약, 강화조약, 국가나 국민에게 중대한 재정적 부담을 지우는 조약 또는 입법사항에 관한 조약의 체결 · 비준에 대한 동의권을 가진다.

국회의 사회보장협정에 대한 비준동의권

제66조 ① 대통령은 국가의 원수이며, 외국에 대하여 국가를 대표한다.

② 대통령은 국가의 독립 · 영토의 보전 · 국가의 계속성과 헌법을 수호할 책무를 진다.

③ 대통령은 조국의 평화적 통일을 위한 성실한 의무를 진다.

④ 행정권은 대통령을 수반으로 하는 정부에 속한다.

복지행정권

제69조 대통령은 취임에 즈음하여 다음의 선서를 한다.

"나는 헌법을 준수하고 국가를 보위하며 조국의 평화적 통일과 국민의 자유와 복리의 증진 및 민족문화의 창달에 노력하여 대통령으로서의 직책을 성실히 수행할 것을 국민 앞에 엄숙히 선서합니다."

대통령 취임선서문에 국민의 복리증진 포함됨

제73조 대통령은 조약을 체결 · 비준하고, 외교사절을 신임 · 접수 또는 파견하며, 선전포고와 강화를 한다.

사회보장협정의 체결 · 비준

제75조 대통령은 법률에서 구체적으로 범위를 정하여 위임받은 사항과 법률을 집행하기 위하여 필요한 사항에 관하여 대통령령을 발할 수 있다.

위임명령: 대통령령(시행령), 보건복지부령(시행규칙)

제76조 ① 대통령은 내우 · 외환 · 천재 · 지변 또는 중대한 재정 · 경제상의 위기에 있어서 국가의 안전보장 또는 공공의 안녕질서를 유지하기 위하여 긴급한 조치가 필요하고 국회의 집회를 기다릴 여유가 없을 때에 한하여 최소한으로 필요한 재정 · 경제상의 처분을 하거나 이에 관하여 법률의 효력을 가지는 명령을 발할 수 있다.

긴급명령 예: 제2차 석유파동의 여파로, 1974년 1월 14일 대통령긴급조치 제3호(국민생활의안정을위한대통령긴급조치)를 제정해 국민복지연금법과 사학연금법 시행 중지

제88조 ① 국무회의는 정부의 권한에 속하는 중요한 정책을 심의한다.

② 국무회의는 대통령 · 국무총리와 15인 이상 30인 이하의 국무위원으로 구성한다.

③ 대통령은 국무회의의 의장이 되고, 국무총리는 부의장이 된다.

제89조 다음 사항은 국무회의의 심의를 거쳐야 한다.

1. 국정의 기본계획과 정부의 일반정책

사회보장기본계획 국무회의 심의

3. 헌법개정안 · 국민투표안 · 조약안 · 법률안 및 대통령령안

사회보장협정안, 사회복지법률안, 사회복지시행령 안 심의

10. 행정각부간의 권한의 획정
13. 행정각부의 중요한 정책의 수립과 조정
15. 정부에 제출 또는 회부된 정부의 정책에 관계되는 청원의 심사

제95조 국무총리 또는 행정각부의 장은 소관사무에 관하여 법률이나 대통령령의 위임 또는 직권으로 총리령 또는 부령을 발할 수 있다.

위임명령: 총리령, 보건복지부령(시행규칙) cf. 대통령령(시행령)

제101조 ① 사법권은 법관으로 구성된 법원에 속한다.

② 법원은 최고법원인 대법원과 각급법원으로 조직된다.

심급제도, 불문법으로서 판례법, 대법원 판례

제107조 ③ 재판의 전심절차로서 행정심판을 할 수 있다. 행정심판의 절차는 법률로 정하되, 사법절차가 준용되어야 한다.

사회보험분야에서의 행정심판전치주의: 행정심판 필요적 전치주의와 행정심판임의전치주의가 혼재

제117조 ① 지방자치단체는 주민의 복리에 관한 사무를 처리하고 재산을 관리하며, 법령의 범위안에서 자치에 관한 규정을 제정할 수 있다.

지방의회의 조례제정권, 지방자치단체장의 규칙제정권

제118조 ① 지방자치단체에 의회를 둔다.

제119조 ② 국가는 균형 있는 국민경제의 성장 및 안정과 적정한 소득의 분배를 유지하고, 시장의 지배와 경제력의 남용을 방지하며, 경제주체 간의 조화를 통한 경제의 민주화를 위하여 경제에 관한 규제와 조정을 할 수 있다.

성장과 분배, 배분적 정의: 적정한 소득분배, 경제민주화

미주

1) 김철수(2004). 『헌법학개론』. 서울: 박영사, p. 3.

2) 상게서, pp. 13-16.

3) 법제처, www.moleg.go.kr

제12장 사회복지기본법

사회복지기본법에는 「사회보장기본법」 「사회복지사업법」 「사회보장급여의 이용 · 제공 및 수급권자 발굴에 관한 법률(약칭 사회보장급여법)」 등이 있다.[1][2][3]

Ⅰ. 사회보장기본법

[시행 2017. 7. 26.] [법률 제14839호, 2017. 7. 26., 타법개정]

1. 법 제정 의의 및 연혁

우리나라의 「사회보장기본법」의 역사적 발전과정을 살펴보면, 1963년 사회보장에 관한 법률이 제정된 이후, 1995년 「사회보장기본법」의 제정으로 대체되었으며, 2012년 다시 개정하여 사회보장의 패러다임을 바꾸었다.

[그림 12-1] 우리나라 사회보장 패러다임의 변천

1961년 5·16 군사쿠데타로 정권을 장악한 군사정부는 1962년 제5차 개정 헌법을 통해 「헌법」 제34조에 인간다운 생활을 할 권리와 국가의 사회보장 · 사회복지의 증진의무를 명시하고, 1963년 「사회보장에 관한 법률」을 제정하였다.

1963년 제정 당시의 「사회보장에 관한 법률」은 총 7개의 법조항을 포함하는 완결성이 매우 부족하여 실질적 효력을 발휘하기에 부족한 법이었으며, 사회보장의 영역에 사회보험과 공적부조만을 포함시키고 있었다.

사회보장에 관한 법률(1963년, 법률 제1437호)

제1조(목적) 이 법은 국민의 인간다운 생활을 도모하기 위한 사회보장제도의 확립과 그 효율적인 발전을 기함을 목적으로 한다.

제2조(사회보장의 정의) 이 법에서 "사회보장"이라 함은 사회보험에 의한 제급여와 무상으로 행하는 공적부조를 말한다.

제3조(사회보장사업의 관장 및 그 내용) ① 정부는 사회보장사업을 행하며 필요하다고 인정할 때에는 그 일부를 지방자치단체 또는 기타의 법인으로 하여금 행하게 할 수 있다.

② 정부는 사회보장사업을 행함에 있어서 국민의 자립정신을 저해하지 아니하도록 하여야 한다.

③ 사회보장사업은 국가의 경제적실정을 참작하여 순차적으로 법률이 정하는 바에 의하여 행한다.

④ 제1항의 규정에 의하여 사회보장사업을 지방자치단체 또는 법인으로 하여금 행하게 할 경우에는 그 비용은 국고가 부담한다.

제4조(사회보장심의위원회) ① 사회보장에 관한 중요사항에 대한 자문에 응하게 하기 위하여 보건사회부장관 소속하에 사회보장심의위원회(이하 "위원회"라 한다)를 둔다.

② 보건사회부장관은 사회보장에 관한 계획을 수립하고자 할 때에는 미리 위원회의 자문을 거쳐야 한다.

제5조(위원회의구성) ① 위원회는 위원장 1인과 부위원장 2인을 포함한 위원 11인 이내로 구성한다.

② 위원장은 보건사회부차관이 되고, 부위원장은 위원 중에서 호선한다.

③ 위원은 다음 각 호의 자 중에서 보건사회부장관이 위촉한다.

1. 관계행정부처의 2급공무원 이상의 자
2. 근로자를 대표하는 자 및 사용자를 대표하는 자
3. 사회보장에 관한 학식과 경험이 있는 자

④ 위원의 임기는 2년으로 한다. 다만, 공무원인 위원의 임기는 그 재직기간으로 한다.

⑤ 보결위원의 임기는 전임자의 잔임기간으로 한다.

⑥ 위원회의 운영에 관하여 필요한 사항은 각령으로 정한다.
제6조(관계행정기관의 협력) ① 위원회는 관계행정기관에 대하여 사회보장에 관한 자료의 제출과 위원회의 업무에 관하여 필요한 협력을 요청할 수 있다.
② 관계행정기관은 위원회로부터 전항의 요청을 받은 때에는 이에 응하여야 한다.
제7조(시행령) 이 법 시행에 관하여 필요한 사항은 각령으로 정한다.
이 법은 공포한 날로부터 시행한다.

이러한 문제점을 해결하고, 우리나라의 경제 · 사회의 발전수준과 국민의 복지욕구에 부합하는 사회보장제도를 확립하여 국민복지의 증진을 도모하기 위하여 '1995. 12. 30., 법률 제5134호'로 사회보장기본법을 제정하고, 1996년 7월 1일부터 시행해 오고 있다. 1995년 제정 당시의 「사회보장기본법」에서는 사회보장을 사회보험, 공공부조, 사회복지서비스 및 관련복지제도로 구성하였다. 「사회보장기본법」의 제정으로 1963년 제정된 「사회보장에 관한 법률」은 폐지되었다.

「사회보장기본법」은 개정 당시 여러 부처에서 사회보장정책을 관장함에 따라 일관성 있고 효과적인 정책 수립 및 집행에 한계가 있다는 지적에 따라 모든 국민이 평생 동안 겪는 다양한 사회적 위험에 대하여 사회정책과 경제정책을 통합적으로 고려하여 국민의 보편적 · 생애주기적인 특성에 맞게 소득과 사회서비스를 함께 보장하는 방향으로 사회보장제도를 확대 · 재정립함으로써 한국의 상황에 맞는 새로운 중장기 사회보장정책의 비전과 미래지향적인 발전방향을 제시하여 건강한 복지국가를 설립할 수 있는 토대를 마련하기 위하여 '2012. 1. 26., 법률 제11238호'로 개정하였다. 개정된 이 법은 기본이념을 사회보장은 모든 국민이 다양한 사회적 위험으로부터 벗어나 행복하고 인간다운 생활을 향유할 수 있도록 자립을 지원하며 사회참여 · 자아실현에 필요한 제도와 여건을 조성하여 사회통합과 행복한 복지사회를 실현하는 것으로 설정하였으며, 사회보장의 정의에서 출산, 양육을 사회적 위험으로 포함하여 보호하고, 사회복지서비스와 관련 복지제도를 사회서비스로 포괄하고 확대하여, 사회보장의 영역이 사회보험, 공공부조, 사회서비스로 재구성되었다.[5)6)7)]

2. 사회보장기본법의 의의

첫째, 「사회보장기본법」은 「헌법」 제34조에 명시된 주된 생존권인 인간다운 생활을 할 권리를 구체화한 법이다.

둘째, 「사회보장기본법」은 사회보장에 관한 국민의 권리, 즉 사회보장수급권을 명시한

법으로 사회보장에 관한 국민의 권리의 법적 근거를 명시한 법이다.

셋째, 「사회보장기본법」은 사회보장제도와 운영에 관한 기본적인 사항을 규정함으로써 사회복지법 가운데 가장 기본이 되는 기본법이다. 따라서 모든 사회복지에 관한 실정법들은 사회보장기본법의 기초 위에 자리 잡고 있다.

넷째, 「사회보장기본법」은 법적 위계상 사회복지에 관한 법들 가운데 최상위의 법으로, 사회보장에 관한 다른 법률을 제정하거나 개정하는 경우에는 이 법에 부합되도록 하여야 한다.

마지막으로, 사회보장기본법은 「헌법」과 사회복지법들을 연계하는 역할을 수행하고 있다. 사회보장기본법은 우리나라의 최고법인 「헌법」의 이념과 사상을 개별적인 사회복지법에 적용하는 중간자의 역할을 수행한다.

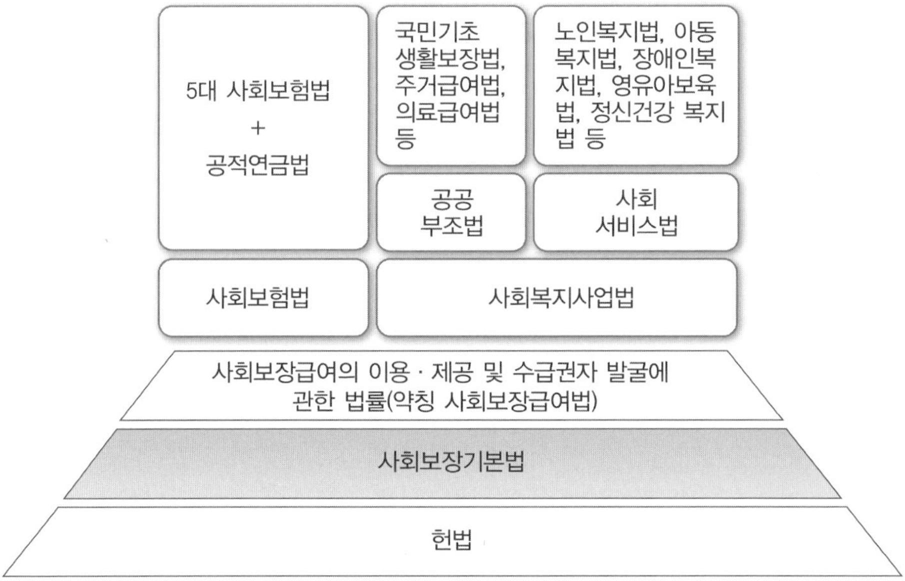

[그림 12-2] 우리나라 사회복지법체계

3. 법의 내용

사회보장의 기본 패러다임을 바꾼 개정된 「사회보장기본법」(2017. 7. 26.)의 전체 내용과 이 법에서 위임된 사항과 그 시행에 필요한 사항을 규정한 「사회보장기본법 시행령」의 주요 내용은 다음과 같다.[8)]

제1장 총칙

제1조(목적) 이 법은 사회보장에 관한 국민의 권리와 국가 및 지방자치단체의 책임을 정하고 사회보장정책의 수립 · 추진과 관련 제도에 관한 기본적인 사항을 규정함으로써 국민의 복지증진에 이바지하는 것을 목적으로 한다.

제2조(기본 이념) 사회보장은 모든 국민이 다양한 사회적 위험으로부터 벗어나 행복하고 인간다운 생활을 향유할 수 있도록 자립을 지원하며, 사회참여 · 자아실현에 필요한 제도와 여건을 조성하여 사회통합과 행복한 복지사회를 실현하는 것을 기본 이념으로 한다.

제3조(정의) 이 법에서 사용하는 용어의 뜻은 다음과 같다.

1. "사회보장"이란 출산, 양육, 실업, 노령, 장애, 질병, 빈곤 및 사망 등의 사회적 위험으로부터 모든 국민을 보호하고 국민 삶의 질을 향상시키는 데 필요한 소득 · 서비스를 보장하는 사회보험, 공공부조, 사회서비스를 말한다.
2. "사회보험"이란 국민에게 발생하는 사회적 위험을 보험의 방식으로 대처함으로써 국민의 건강과 소득을 보장하는 제도를 말한다.
3. "공공부조(公共扶助)"란 국가와 지방자치단체의 책임 하에 생활 유지 능력이 없거나 생활이 어려운 국민의 최저생활을 보장하고 자립을 지원하는 제도를 말한다.
4. "사회서비스"란 국가 · 지방자치단체 및 민간부문의 도움이 필요한 모든 국민에게 복지, 보건의료, 교육, 고용, 주거, 문화, 환경 등의 분야에서 인간다운 생활을 보장하고 상담, 재활, 돌봄, 정보의 제공, 관련 시설의 이용, 역량 개발, 사회참여 지원 등을 통하여 국민의 삶의 질이 향상되도록 지원하는 제도를 말한다.
5. "평생사회안전망"이란 생애주기에 걸쳐 보편적으로 충족되어야 하는 기본욕구와 특정한 사회위험에 의하여 발생하는 특수욕구를 동시에 고려하여 소득 · 서비스를 보장하는 맞춤형 사회보장제도를 말한다.

제4조(다른 법률과의 관계) 사회보장에 관한 다른 법률을 제정하거나 개정하는 경우에는 이 법에 부합되도록 하여야 한다.

제5조(국가와 지방자치단체의 책임) ① 국가와 지방자치단체는 모든 국민의 인간다운 생활을 유지 · 증진하는 책임을 가진다.

② 국가와 지방자치단체는 사회보장에 관한 책임과 역할을 합리적으로 분담하여야 한다.

③ 국가와 지방자치단체는 국가 발전수준에 부응하고 사회환경의 변화에 선제적으로

대응하며 지속가능한 사회보장제도를 확립하고 매년 이에 필요한 재원을 조달하여야 한다.
④ 국가는 사회보장제도의 안정적인 운영을 위하여 중장기 사회보장 재정추계를 격년으로 실시하고 이를 공표하여야 한다.

> **동법 시행령 제2조**(사회보장 재정추계 등) ① 보건복지부장관은 「사회보장기본법」(이하 "법"이라 한다) 제5조제4항에 따른 사회보장 재정추계(財政推計)를 위하여 재정추계를 실시하는 해의 3월 31일까지 법 제20조에 따른 사회보장위원회(이하 "위원회"라 한다)의 심의를 거쳐 재정추계 세부지침을 마련하여야 한다. 이 경우 재정추계세부지침에는 재정의 세부범위, 추계방법, 추진체계, 공표방법 · 절차 등이 포함되어야 한다.
> ② 보건복지부장관은 제1항의 재정추계 세부지침에 따라 추계를 실시하는 해의 9월 30일까지 재정추계를 하고, 그 결과를 위원회의 심의를 거쳐 같은 해 10월 31일까지 관계 중앙행정기관의 장에게 통보하여야 한다.
> ③ 관계 중앙행정기관의 장은 제2항에 따른 재정추계 결과를 바탕으로 정책개선안을 마련하여 같은 해 12월 31일까지 보건복지부장관에게 제출하여야 한다.
> ④ 보건복지부장관은 제3항에 따라 제출받은 정책개선안을 종합하여 이를 추계 실시 해의 다음 해 3월 31일까지 위원회에 보고하여야 한다.

제6조(국가 등과 가정) ① 국가와 지방자치단체는 가정이 건전하게 유지되고 그 기능이 향상되도록 노력하여야 한다.
② 국가와 지방자치단체는 사회보장제도를 시행할 때에 가정과 지역공동체의 자발적인 복지활동을 촉진하여야 한다.

제7조(국민의 책임) ① 모든 국민은 자신의 능력을 최대한 발휘하여 자립 · 자활(自活)할 수 있도록 노력하여야 한다.
② 모든 국민은 경제적 · 사회적 · 문화적 · 정신적 · 신체적으로 보호가 필요하다고 인정되는 사람에게 지속적인 관심을 가지고 이들이 보다 나은 삶을 누릴 수 있는 사회환경 조성에 서로 협력하고 노력하여야 한다.
③ 모든 국민은 관계 법령에서 정하는 바에 따라 사회보장급여에 필요한 비용의 부담, 정보의 제공 등 국가의 사회보장정책에 협력하여야 한다.

제8조(외국인에 대한 적용) 국내에 거주하는 외국인에게 사회보장제도를 적용할 때에는 상호주의의 원칙에 따르되, 관계 법령에서 정하는 바에 따른다.

제2장 사회보장에 관한 국민의 권리

제9조(사회보장을 받을 권리) 모든 국민은 사회보장 관계 법령에서 정하는 바에 따라 사회보장급여를 받을 권리(이하 "사회보장수급권"이라 한다)를 가진다.

제10조(사회보장급여의 수준) ① 국가와 지방자치단체는 모든 국민이 건강하고 문화적인 생활을 유지할 수 있도록 사회보장급여의 수준 향상을 위하여 노력하여야 한다.

② 국가는 관계 법령에서 정하는 바에 따라 최저보장수준과 최저임금을 매년 공표하여야 한다.

③ 국가와 지방자치단체는 제2항에 따른 최저보장수준과 최저임금 등을 고려하여 사회보장급여의 수준을 결정하여야 한다.

제11조(사회보장급여의 신청) ① 사회보장급여를 받으려는 사람은 관계 법령에서 정하는 바에 따라 국가나 지방자치단체에 신청하여야 한다. 다만, 관계 법령에서 따로 정하는 경우에는 국가나 지방자치단체가 신청을 대신할 수 있다.

② 사회보장급여를 신청하는 사람이 다른 기관에 신청한 경우에는 그 기관은 지체 없이 이를 정당한 권한이 있는 기관에 이송하여야 한다. 이 경우 정당한 권한이 있는 기관에 이송된 날을 사회보장급여의 신청일로 본다.

제12조(사회보장수급권의 보호) 사회보장수급권은 관계 법령에서 정하는 바에 따라 다른 사람에게 양도하거나 담보로 제공할 수 없으며, 이를 압류할 수 없다.

제13조(사회보장수급권의 제한 등) ① 사회보장수급권은 제한되거나 정지될 수 없다. 다만, 관계 법령에서 따로 정하고 있는 경우에는 그러하지 아니하다.

② 제1항 단서에 따라 사회보장수급권이 제한되거나 정지되는 경우에는 제한 또는 정지하는 목적에 필요한 최소한의 범위에 그쳐야 한다.

제14조(사회보장수급권의 포기) ① 사회보장수급권은 정당한 권한이 있는 기관에 서면으로 통지하여 포기할 수 있다.

② 사회보장수급권의 포기는 취소할 수 있다.

③ 제1항에도 불구하고 사회보장수급권을 포기하는 것이 다른 사람에게 피해를 주거나 사회보장에 관한 관계 법령에 위반되는 경우에는 사회보장수급권을 포기할 수 없다.

제15조(불법행위에 대한 구상) 제3자의 불법행위로 피해를 입은 국민이 그로 인하여 사회보장수급권을 가지게 된 경우 사회보장제도를 운영하는 자는 그 불법행위의 책임이 있는 자에 대하여 관계 법령에서 정하는 바에 따라 구상권(求償權)을 행사할 수 있다.

제3장 사회보장 기본계획과 사회보장위원회

제16조(사회보장 기본계획의 수립) ① 보건복지부장관은 관계 중앙행정기관의 장과 협의하여 사회보장 증진을 위하여 사회보장에 관한 기본계획(이하 "기본계획"이라 한다)을 5년마다 수립하여야 한다.

> **동법 시행령 제3조**(사회보장 기본계획의 수립) ① 보건복지부장관은 법 제16조 제1항에 따른 사회보장에 관한 기본계획(이하 "기본계획"이라 한다)의 효율적 수립을 위하여 기본계획 작성지침을 작성하여 이를 관계 중앙행정기관의 장에게 통보하여야 한다.
> ② 관계 중앙행정기관의 장은 제1항에 따라 통보받은 기본계획 작성지침에 따라 소관별 기본계획안을 작성하여 보건복지부장관에게 제출하여야 하고, 보건복지부장관은 이를 종합한 기본계획안을 작성하여 법 제16조제3항에 따른 절차에 따라 기본계획을 확정하여야 한다.
> ③ 법 제16조제3항에서 "대통령령으로 정하는 중요사항"이란 다음 각 호의 사항을 말한다.
> 1. 사회보장의 기본목표 및 중장기 추진방향
> 2. 주요 추진과제 및 추진방법
> 3. 필요한 재원의 규모와 조달방안
> 4. 그 밖에 사회보장 전달체계 관련 사항 등 위원회에서 심의가 필요하다고 인정하는 사항
>
> **시행령 제4조**(다른 계획과의 관계) ① 다른 법령에 따라 수립되는 사회보장에 관한 계획은 기본계획의 주요 내용을 반영하여야 한다.
> ② 관계 중앙행정기관의 장은 소관 사회보장에 관한 계획을 수립 · 변경하는 경우 그 내용을 보건복지부장관에게 통보하여야 한다.
> ③ 보건복지부장관은 제2항에 따라 관계 중앙행정기관의 장이 통보한 내용을 종합하여 위원회에 보고하여야 한다.

② 기본계획에는 다음 각 호의 사항이 포함되어야 한다.

> 1. 국내외 사회보장환경의 변화와 전망
> 2. 사회보장의 기본목표 및 중장기 추진방향
> 3. 주요 추진과제 및 추진방법
> 4. 필요한 재원의 규모와 조달방안

5. 사회보장 관련 기금 운용방안　　6. 사회보장 전달체계
7. 그 밖에 사회보장정책의 추진에 필요한 사항

③ 기본계획은 제20조에 따른 사회보장위원회와 국무회의의 심의를 거쳐 확정한다. 기본계획 중 대통령령으로 정하는 중요한 사항을 변경하려는 경우에도 같다.

제17조(다른 계획과의 관계) 기본계획은 다른 법령에 따라 수립되는 사회보장에 관한 계획에 우선하며 그 계획의 기본이 된다.

제18조(연도별 시행계획의 수립·시행 등) ① 보건복지부장관 및 관계 중앙행정기관의 장은 기본계획에 따라 사회보장과 관련된 소관 주요 시책의 시행계획(이하 "시행계획"이라 한다)을 매년 수립·시행하여야 한다.

동법 시행령 제5조(연도별 시행계획의 수립·제출) ① 보건복지부장관은 법 제18조제1항에 따른 사회보장과 관련된 소관 주요 시책의 시행계획(이하 "시행계획"이라 한다)의 효율적 수립·시행을 위하여 다음 해의 시행계획 수립을 위한 지침을 작성하여 이를 매년 12월 31일까지 관계 중앙행정기관의 장에게 통보하여야 한다.
② 법 제18조제2항에 따라 관계 중앙행정기관의 장은 제1항에 따른 지침에 따라 소관별 시행계획을 작성하여 매년 1월 31일까지 보건복지부장관에게 제출하여야 하고, 보건복지부장관은 이를 종합·검토하여 위원회에서 심의할 수 있도록 하여야 한다.
③ 보건복지부장관은 시행계획이 위원회 심의를 거쳐 확정된 경우에는 이를 지체 없이 관계 중앙행정기관의 장에게 통보하여야 한다.

② 관계 중앙행정기관의 장은 제1항에 따라 수립한 소관 시행계획 및 전년도의 시행계획에 따른 추진실적을 대통령령으로 정하는 바에 따라 매년 보건복지부장관에게 제출하여야 한다.
③ 보건복지부장관은 제2항에 따라 받은 관계 중앙행정기관 및 보건복지부 소관의 추진실적을 종합하여 성과를 평가하고, 그 결과를 제20조에 따른 사회보장위원회에 보고하여야 한다.
④ 보건복지부장관은 제3항에 따른 평가를 효율적으로 하기 위하여 이에 필요한 조사·분석 등을 전문기관에 의뢰할 수 있다.
⑤ 시행계획의 수립·시행 및 추진실적의 평가 등에 필요한 사항은 대통령령으로 정한다.

동법 시행령 제6조(시행계획의 평가) ① 법 제18조제5항에 따라 보건복지부장관은 시행계획에 따른 추진실적의 평가를 위한 지침을 작성하여 매년 1월 31일까지 관계 중앙행정기관의 장에게 통보하고, 관계 중앙행정기관의 장은 통보받은 평가지침에 따라 전년도 시행계획의 추진실적을 평가한 후 그 결과를 매년 3월 31일까지 보건복지부장관에게 제출하여야 한다.
② 보건복지부장관은 제1항에 따라 관계 중앙행정기관의 장이 제출한 평가결과를 종합 · 검토하여 위원회의 심의를 거친 후 그 결과를 매년 9월 30일까지 관계 중앙행정기관의 장에게 통보하여야 한다.
③ 관계 중앙행정기관의 장은 제2항에 따라 통보받은 평가결과를 다음 연도 시행계획에 반영하여야 한다.

제19조(사회보장에 관한 지역계획의 수립 · 시행 등) ① 특별시장 · 광역시장 · 특별자치시장 · 도지사 또는 특별자치도지사 · 시장(「제주특별자치도 설치 및 국제자유도시 조성을 위한 특별법」 제11조제1항에 따른 행정시장을 포함한다) · 군수 · 구청장(자치구의 구청장을 말한다. 이하 같다)은 관계 법령으로 정하는 바에 따라 사회보장에 관한 지역계획(이하 "지역계획"이라 한다)을 수립 · 시행하여야 한다.
② 지역계획은 기본계획과 연계되어야 한다.
③ 지역계획의 수립 · 시행 및 추진실적의 평가 등에 필요한 사항은 대통령령으로 정한다.

동법 시행령 제7조(사회보장에 관한 지역계획의 수립 · 시행 등) ① 법 제19조제1항에 따라 특별시장 · 광역시장 · 특별자치시장 · 도지사 · 특별자치도지사(이하 "시 · 도지사"라 한다) 및 시장(「제주특별자치도 설치 및 국제자유도시 조성을 위한 특별법」 제11조제1항에 따른 행정시장을 포함한다) · 군수 · 구청장(자치구의 구청장을 말한다. 이하 같다)은 사회보장에 관한 지역계획(이하 "지역계획"이라 한다)을 수립한 경우 그 계획을 소관 중앙행정기관의 장에게 제출하여야 한다.
② 소관 중앙행정기관의 장은 제1항에 따라 제출받은 지역계획을 보건복지부장관에게 제출하여야 한다.
③ 시 · 도지사 또는 시장 · 군수 · 구청장은 법 제19조제2항에 따라 지역계획과 기본계획이 연계되도록 하기 위하여 기본계획의 수립 또는 변경이 있는 경우 소관 지역계획에 관련 내용을 반영하여야 한다.
④ 관계 중앙행정기관의 장은 소관 지역계획의 내용이 기본계획과 부합하지 않는

등 필요한 경우 해당 시 · 도지사 또는 시장 · 군수 · 구청장에게 그 조정을 권고할 수 있다.
⑤ 관계 중앙행정기관의 장은 필요시 관계 법령에서 정하는 바에 따라 소관 지역계획의 추진실적을 평가할 수 있고, 평가한 경우 그 결과를 보건복지부장관에게 제출하여야 한다.
⑥ 보건복지부장관은 제5항에 따라 관계 중앙행정기관의 장이 제출한 평가결과를 종합 · 검토하여 위원회에 보고하여야 한다.

제20조(사회보장위원회) ① 사회보장에 관한 주요 시책을 심의 · 조정하기 위하여 국무총리 소속으로 사회보장위원회(이하 "위원회"라 한다)를 둔다.
② 위원회는 다음 각 호의 사항을 심의 · 조정한다.

1. 사회보장 증진을 위한 기본계획 2. 사회보장 관련 주요 계획
3. 사회보장제도의 평가 및 개선 4. 사회보장제도의 신설 또는 변경에 따른 우선순위
5. 둘 이상의 중앙행정기관이 관련된 주요 사회보장정책
6. 사회보장급여 및 비용 부담 7. 국가와 지방자치단체의 역할 및 비용 분담
8. 사회보장의 재정추계 및 재원조달 방안
9. 사회보장 전달체계 운영 및 개선 10. 제32조 제1항에 따른 사회보장통계
11. 사회보장정보의 보호 및 관리 12. 그 밖에 위원장이 심의에 부치는 사항

③ 위원장은 다음 각 호의 사항을 관계 중앙행정기관의 장과 지방자치단체의 장에게 통지하여야 한다.
1. 제16조제3항에 따라 확정된 기본계획
2. 제2항의 사항에 관하여 심의 · 조정한 결과
④ 관계 중앙행정기관의 장과 지방자치단체의 장은 위원회의 심의 · 조정 사항을 반영하여 사회보장제도를 운영 또는 개선하여야 한다.

제21조(위원회의 구성 등) ① 위원회는 위원장 1명, 부위원장 3명과 행정안전부장관, 고용노동부장관, 여성가족부장관, 국토교통부장관을 포함한 30명 이내의 위원으로 구성한다.
② 위원장은 국무총리가 되고 부위원장은 기획재정부장관, 교육부장관 및 보건복지부장관이 된다.
③ 위원회의 위원은 다음 각 호의 어느 하나에 해당하는 사람으로 한다.

1. 대통령령으로 정하는 관계 중앙행정기관의 장

> **동법 시행령 제9조**(위원회의 위원 등) ① 법 제21조제3항제1호에서 "대통령령으로 정하는 관계 중앙행정기관의 장"이란 법무부장관, 문화체육관광부장관, 농림축산식품부장관, 산업통상자원부장관, 환경부장관, 국무조정실장 및 국가보훈처장을 말한다.
> ② 위원회에 간사 2명을 두고, 간사는 국무조정실 사회조정실장과 보건복지부 사회복지정책실장으로 한다.

2. 다음 각 목의 사람 중에서 대통령이 위촉하는 사람
가. 근로자를 대표하는 사람
나. 사용자를 대표하는 사람
다. 사회보장에 관한 학식과 경험이 풍부한 사람
라. 변호사 자격이 있는 사람

④ 위원의 임기는 2년으로 한다. 다만, 공무원인 위원의 임기는 그 재임 기간으로 하고, 제3항제2호 각 목의 위원이 기관 · 단체의 대표자 자격으로 위촉된 경우에는 그 임기는 대표의 지위를 유지하는 기간으로 한다.

> **동법 시행령 제9조의2**(위원회 위원의 해촉) 대통령은 법 제21조제3항제2호에 따른 위원이 다음 각 호의 어느 하나에 해당하는 경우에는 해당 위원을 해촉(解囑)할 수 있다.
> 1. 심신장애로 인하여 직무를 수행할 수 없게 된 경우
> 2. 직무와 관련된 비위사실이 있는 경우
> 3. 직무태만, 품위손상이나 그 밖의 사유로 인하여 위원으로 적합하지 아니하다고 인정되는 경우
> 4. 위원 스스로 직무를 수행하는 것이 곤란하다고 의사를 밝히는 경우

⑤ 보궐위원의 임기는 전임자 임기의 남은 기간으로 한다.
⑥ 위원회를 효율적으로 운영하고 위원회의 심의사항을 전문적으로 검토하기 위하여 위원회에 실무위원회를 두며, 실무위원회에 분야별 전문위원회를 둘 수 있다.
⑦ 실무위원회에서 의결한 사항은 위원장에게 보고하고 위원회의 심의를 거쳐야 한다. 다만, 대통령령으로 정하는 경미한 사항에 대하여는 실무위원회의 의결로써 위원회의 의결을 갈음할 수 있다.

⑧ 위원회의 사무를 효율적으로 처리하기 위하여 보건복지부에 사무국을 둔다.
⑨ 이 법에서 규정한 사항 외에 위원회, 실무위원회, 분야별 전문위원회, 사무국의 구성 · 조직 및 운영 등에 필요한 사항은 대통령령으로 정한다.

제4장 사회보장정책의 기본방향

第22조(평생사회안전망의 구축 · 운영) ① 국가와 지방자치단체는 모든 국민이 생애 동안 삶의 질을 유지 · 증진할 수 있도록 평생사회안전망을 구축하여야 한다.
② 국가와 지방자치단체는 평생사회안전망을 구축 · 운영함에 있어 사회적 취약계층을 위한 공공부조를 마련하여 최저생활을 보장하여야 한다.

第23조(사회서비스 보장) ① 국가와 지방자치단체는 모든 국민의 인간다운 생활과 자립, 사회참여, 자아실현 등을 지원하여 삶의 질이 향상될 수 있도록 사회서비스에 관한 시책을 마련하여야 한다.
② 국가와 지방자치단체는 사회서비스 보장과 제24조에 따른 소득보장이 효과적이고 균형적으로 연계되도록 하여야 한다.

第24조(소득 보장) ① 국가와 지방자치단체는 다양한 사회적 위험 하에서도 모든 국민들이 인간다운 생활을 할 수 있도록 소득을 보장하는 제도를 마련하여야 한다.
② 국가와 지방자치단체는 공공부문과 민간부문의 소득보장제도가 효과적으로 연계되도록 하여야 한다.

제5장 사회보장제도의 운영

第25조(운영원칙) ① 국가와 지방자치단체가 사회보장제도를 운영할 때에는 이 제도를 필요로 하는 모든 국민에게 적용하여야 한다.
② 국가와 지방자치단체는 사회보장제도의 급여 수준과 비용 부담 등에서 형평성을 유지하여야 한다.
③ 국가와 지방자치단체는 사회보장제도의 정책 결정 및 시행 과정에 공익의 대표자 및 이해관계인 등을 참여시켜 이를 민주적으로 결정하고 시행하여야 한다.
④ 국가와 지방자치단체가 사회보장제도를 운영할 때에는 국민의 다양한 복지 욕구를 효율적으로 충족시키기 위하여 연계성과 전문성을 높여야 한다.
⑤ 사회보험은 국가의 책임으로 시행하고, 공공부조와 사회서비스는 국가와 지방자치단체의 책임으로 시행하는 것을 원칙으로 한다. 다만, 국가와 지방자치단체의 재정 형편 등을 고려하여 이를 협의 · 조정할 수 있다.

第26조(협의 및 조정) ① 국가와 지방자치단체는 사회보장제도를 신설하거나 변경할 경우 기존 제도와의 관계, 사회보장 전달체계와 재정 등에 미치는 영향 등을 사전에 충분히 검토하고 상호협력하여 사회보장급여가 중복 또는 누락되지 아니하도록 하여야 한다.
② 중앙행정기관의 장과 지방자치단체의 장은 사회보장제도를 신설하거나 변경할 경우 신설 또는 변경의 타당성, 기존 제도와의 관계, 사회보장 전달체계에 미치는 영향 및 운영방안 등에 대하여 대통령령으로 정하는 바에 따라 보건복지부장관과 협의하여야 한다.

동법 시행령 제15조(사회보장제도의 신설 또는 변경에 대한 협의) ① 법 제26조제2항에 따라 중앙행정기관의 장과 지방자치단체의 장은 사회보장제도를 신설하려는 경우 매년 4월 30일까지 다음 각 호의 사항을 포함한 협의요청서를 보건복지부장관에게 제출하여야 한다.
1. 사업 대상, 지원 내용, 전달체계 등 사회보장제도 신설과 관련된 세부사업계획
2. 사회보장제도 신설의 근거에 관한 사항
3. 사회보장제도 신설에 따라 예상되는 사업의 성과
4. 사회보장제도의 신설에 필요한 예산규모에 관한 사항
5. 그 밖에 사회보장제도의 신설에 따른 협의에 필요한 서류
② 법 제26조제2항에 따라 중앙행정기관의 장과 지방자치단체의 장은 사회보장제도의 변경으로 다음 각 호의 사항이 변경되는 경우(물가상승률, 최저보장수준, 최저임금 등 관계 법령에서 정하는 사항으로 변경되는 경우는 제외한다) 매년 4월 30일까지 제1항 각 호의 사항을 포함하는 협의요청서를 보건복지부장관에게 제출하여야 한다. 이 경우 제1항 각 호의 사항 중 "신설"은 "변경"으로 본다. 〈개정 2015. 11. 30.〉
1. 소득, 재산, 연령, 자격 등 대상자 선정기준
2. 국고보조율 등 지방자치단체의 재정부담 수준
3. 그 밖에 급여 내용, 전달체계 등 보건복지부장관이 정하는 사항

③ 제2항에 따른 협의가 이루어지지 아니할 경우 위원회가 이를 조정한다.
④ 보건복지부장관은 사회보장급여 관련 업무에 공통적으로 적용되는 기준을 마련할 수 있다.

제27조(민간의 참여) ① 국가와 지방자치단체는 사회보장에 대한 민간부문의 참여를 유도할 수 있도록 정책을 개발 · 시행하고 그 여건을 조성하여야 한다.
② 국가와 지방자치단체는 사회보장에 대한 민간부문의 참여를 유도하기 위하여 다음 각 호의 사업이 포함된 시책을 수립 · 시행할 수 있다.

1. 자원봉사, 기부 등 나눔의 활성화를 위한 각종 지원 사업
2. 사회보장정책의 시행에 있어 민간 부문과의 상호협력체계 구축을 위한 지원사업
3. 그 밖에 사회보장에 관련된 민간의 참여를 유도하는 데에 필요한 사업

③ 국가와 지방자치단체는 개인 · 법인 또는 단체가 사회보장에 참여하는 데에 드는 경비의 전부 또는 일부를 지원하거나 그 업무를 수행하기 위하여 필요한 지원을 할 수 있다.

제28조(비용의 부담) ① 사회보장비용의 부담은 각각의 사회보장제도의 목적에 따라 국가, 지방자치단체 및 민간부문 간에 합리적으로 조정되어야 한다.

② 사회보험에 드는 비용은 사용자, 피용자(被傭者) 및 자영업자가 부담하는 것을 원칙으로 하되, 관계 법령에서 정하는 바에 따라 국가가 그 비용의 일부를 부담할 수 있다.

③ 공공부조 및 관계 법령에서 정하는 일정 소득 수준 이하의 국민에 대한 사회서비스에 드는 비용의 전부 또는 일부는 국가와 지방자치단체가 부담한다.

④ 부담 능력이 있는 국민에 대한 사회서비스에 드는 비용은 그 수익자가 부담함을 원칙으로 하되, 관계 법령에서 정하는 바에 따라 국가와 지방자치단체가 그 비용의 일부를 부담할 수 있다.

제29조(사회보장 전달체계) ① 국가와 지방자치단체는 모든 국민이 쉽게 이용할 수 있고 사회보장급여가 적시에 제공되도록 지역적 · 기능적으로 균형잡힌 사회보장 전달체계를 구축하여야 한다.

② 국가와 지방자치단체는 사회보장 전달체계의 효율적 운영에 필요한 조직, 인력, 예산 등을 갖추어야 한다.

③ 국가와 지방자치단체는 공공부문과 민간부문의 사회보장 전달체계가 효율적으로 연계되도록 노력하여야 한다.

제30조(사회보장급여의 관리) ① 국가와 지방자치단체는 국민의 사회보장수급권의 보장 및 재정의 효율적 운용을 위하여 다음 각 호에 관한 사회보장급여의 관리체계를 구축 · 운영하여야 한다.

1. 사회보장수급권자 권리구제
2. 사회보장급여의 사각지대 발굴
3. 사회보장급여의 부정 · 오류 관리
4. 사회보장급여의 과오지급액의 환수 등 관리

② 보건복지부장관은 사회서비스의 품질기준 마련, 평가 및 개선 등의 업무를 수행하기 위하여 필요한 전담기구를 설치할 수 있다.

③ 제2항의 전담기구 설치 · 운영 등에 필요한 사항은 대통령령으로 정한다.

제31조(전문인력의 양성 등) 국가와 지방자치단체는 사회보장제도의 발전을 위하여 전문인

력의 양성, 학술 조사 및 연구, 국제 교류의 증진 등에 노력하여야 한다.

> **동법 시행령 제17조**(사회보장에 관한 교육실시) ① 보건복지부장관은 법 제31조에 따라 사회보장 분야 전문 인력 양성을 위하여 관계 중앙행정기관, 지방자치단체, 공공기관 및 법인 · 단체 등의 직원을 대상으로 사회보장에 관한 교육을 매년 1회 이상 실시할 수 있다.
> ② 관계 중앙행정기관의 장과 지방자치단체의 장은 필요한 경우 제1항에 따른 교육을 보건복지부장관에게 요청할 수 있다.

제32조(사회보장통계) ① 국가와 지방자치단체는 효과적인 사회보장정책의 수립 · 시행을 위하여 사회보장에 관한 통계(이하 "사회보장통계"라 한다)를 작성 · 관리하여야 한다.
② 관계 중앙행정기관의 장과 지방자치단체의 장은 소관 사회보장통계를 대통령령으로 정하는 바에 따라 보건복지부장관에게 제출하여야 한다.
③ 보건복지부장관은 제2항에 따라 제출된 사회보장통계를 종합하여 위원회에 제출하여야 한다.
④ 사회보장통계의 작성 · 관리에 필요한 사항은 대통령령으로 정한다.

> **동법 시행령 제18조**(사회보장통계의 제출 등) ① 보건복지부장관은 법 제32조에 따른 사회보장통계의 작성 · 제출과 관련하여 작성 대상 범위, 절차 등의 내용을 포함한 사회보장통계 운용지침을 마련하여 매년 12월 31일까지 관계 중앙행정기관의 장과 지방자치단체의 장에게 통보하여야 한다.
> ② 관계 중앙행정기관의 장과 지방자치단체의 장은 제1항에 따른 사회보장통계 운용지침에 따라 소관 사회보장 통계목록을 작성한 후 매년 1월 31일까지 보건복지부장관에게 제출하여야 하고, 소관 사회보장통계목록이 변경된 경우에는 변경일로부터 30일 이내에 보건복지부장관에게 통보하여야 한다.
> ③ 보건복지부장관은 제2항에 따라 제출받은 사회보장통계 목록에 누락된 것이 있는 경우 보완을 요청할 수 있으며, 해당 중앙행정기관의 장 또는 지방자치단체의 장은 특별한 사유가 없으면 이에 따라야 한다.
> ④ 관계 중앙행정기관의 장과 지방자치단체의 장은 제2항에 따른 사회보장통계 목록에 따른 소관 사회보장통계를 매년 2월 말일까지 보건복지부장관에게 제출하여야 한다.

⑤ 보건복지부장관은 사회보장통계의 작성이 필요한 경우 관계 중앙행정기관의 장과 지방자치단체의 장에게 통계자료의 제출을 요청할 수 있다. 이 경우 요청을 받은 관련 기관의 장은 특별한 사유가 없으면 이에 따라야 한다.
⑥ 보건복지부장관은 경제 · 사회적 환경 변화에 따라 새로운 사회보장통계 작성이 필요한 경우 「통계법」 제3조제5호 각 목에 따른 공공기관의 장에게 이에 필요한 통계 작성 또는 통계자료의 제출을 요청할 수 있다.

제33조(정보의 공개) 국가와 지방자치단체는 사회보장제도에 관하여 국민이 필요한 정보를 관계 법령에서 정하는 바에 따라 공개하고, 이를 홍보하여야 한다.
제34조(사회보장에 관한 설명) 국가와 지방자치단체는 사회보장 관계 법령에서 규정한 권리나 의무를 해당 국민에게 설명하도록 노력하여야 한다.
제35조(사회보장에 관한 상담) 국가와 지방자치단체는 사회보장 관계 법령에서 정하는 바에 따라 사회보장에 관한 상담에 응하여야 한다.
제36조(사회보장에 관한 통지) 국가와 지방자치단체는 사회보장 관계 법령에서 정하는 바에 따라 사회보장에 관한 사항을 해당 국민에게 알려야 한다.

제6장 사회보장정보의 관리

제37조(사회보장정보시스템의 구축 · 운영 등) ① 국가와 지방자치단체는 국민편익의 증진과 사회보장업무의 효율성 향상을 위하여 사회보장업무를 전자적으로 관리하도록 노력하여야 한다.
② 국가는 관계 중앙행정기관과 지방자치단체에서 시행하는 사회보장수급권자 선정 및 급여 관리 등에 관한 정보를 통합 · 연계하여 처리 · 기록 및 관리하는 시스템(이하 "사회보장정보시스템"이라 한다)을 구축 · 운영할 수 있다.

동법 시행령 제19조(사회보장정보시스템의 구축 및 운영) ① 보건복지부장관은 법 제37조제2항에 따른 사회보장정보시스템을 통해 다음 각 호의 업무를 수행할 수 있다.
1. 사회보장수급자 및 사회보장급여 현황관리
2. 사회보장 관련통계의 생성 및 관리
3. 사회보장급여의 신청, 수급자격의 조사업무 및 급여의 적정성 확인, 환수(還收) 등 사후관리 업무의 전자화 및 처리지원
4. 사회보장수급자격의 취득 · 상실 · 정지 · 변경 등 변동관리

5. 사회보장급여 및 보조금의 부정 · 중복수급 모니터링
6. 다른 법령에 따라 국가 및 지방자치단체로부터 위탁받은 사회보장에 관한 업무

② 보건복지부장관이 법 제37조제5항 및 제6항에 따라 사회보장정보시스템의 운영을 위하여 수집 · 보유 · 이용 · 제공할 수 있는 정보의 범위는 다음 각 호와 같다.

1. 사회보장수급자 수, 선정기준, 보장내용, 예산, 전달체계 등 사회보장제도 및 사회보장수급자 현황에 관한 자료
2. 사회보장급여의 신청, 수급자격의 조사 및 사후관리에 필요한 자료로서 신청인 및 그 부양의무자에 대한 다음 각 목의 어느 하나에 해당하는 자료. 다만, 부양의무자의 부양을 필요로 하지 않거나 근로능력, 소득 · 재산 상태 등에 관한 조사가 필요하지 않은 경우는 제외한다.

가. 주민등록전산정보 등 인적사항 및 기본증명서 · 가족관계증명서 등 가족관계등록사항

나. 토지 · 건물 · 선박 · 차량 · 주택분양권, 국민건강보험 · 국민연금 · 고용보험 · 산업재해보상보험 · 퇴직금 · 보훈급여 · 공무원연금 · 군인연금 · 사립학교교직원연금 · 별정우체국연금, 근로장려금, 농업소득보전직접지불금 등 소득 · 재산에 관한 자료

다. 출입국 · 병무 · 교정 · 사업자등록증 · 고용정보 · 보건의료정보 등 근로능력 및 취업상태에 관한 자료

3. 사회보장급여 수급이력 및 사회보장급여와 관련된 신청, 제공 및 환수 등의 업무처리 내역에 관한 자료
4. 사회복지법인 및 사회복지시설, 관련 기관 및 단체의 보조금 수급이력에 관한 자료
5. 그 밖에 사회보장급여의 제공 및 관리 또는 위탁받은 업무의 처리에 필요한 정보로서 보건복지부장관이 정하는 자료

③ 보건복지부장관은 사회보장정보시스템의 구축 · 운영을 총괄한다.

④ 보건복지부장관은 사회보장정보시스템 구축 · 운영의 전 과정에서 개인정보 보호를 위하여 필요한 시책을 마련하여야 한다.

⑤ 보건복지부장관은 관계 중앙행정기관, 지방자치단체 및 관련 기관 · 단체에 사회보장정보시스템의 운영에 필요한 정보의 제공을 요청하고 제공받은 목적의 범위에서 보유 · 이용할 수 있다. 이 경우 자료의 제공을 요청받은 자는 정당한 사유가 없으면 이에 따라야 한다.

⑥ 관계 중앙행정기관 및 지방자치단체의 장은 제2항의 사회보장정보와 관련하여 사회보장정보시스템의 활용이 필요한 경우 사전에 보건복지부장관과 협의하여야 한다. 이 경우 보건복지부장관은 관련 업무에 필요한 범위에서 정보를 제공할 수 있고 정보를 제공받은 관계 중앙행정기관 및 지방자치단체의 장은 제공받은 목적의 범위에서 보유 · 이용할 수 있다.

⑦ 보건복지부장관은 사회보장정보시스템의 운영 · 지원을 위하여 전담기구를 설치할 수 있다.

제38조(개인정보 등의 보호) ① 사회보장 업무에 종사하거나 종사하였던 자는 사회보장업무 수행과 관련하여 알게 된 개인 · 법인 또는 단체의 정보를 관계 법령에서 정하는 바에 따라 보호하여야 한다.

② 국가와 지방자치단체, 공공기관, 법인 · 단체, 개인이 조사하거나 제공받은 개인 · 법인 또는 단체의 정보는 이 법과 관련 법률에 근거하지 아니하고 보유, 이용, 제공되어서는 아니 된다.

제7장 보칙

제39조(권리구제) 위법 또는 부당한 처분을 받거나 필요한 처분을 받지 못함으로써 권리 또는 이익을 침해받은 국민은 「행정심판법」에 따른 행정심판을 청구하거나 「행정소송법」에 따른 행정소송을 제기하여 그 처분의 취소 또는 변경 등을 청구할 수 있다.

제40조(국민 등의 의견수렴) 국가와 지방자치단체는 국민생활에 중대한 영향을 미치는 사회보장 계획 및 정책을 수립하려는 경우 공청회 및 정보통신망 등을 통하여 국민과 관계 전문가의 의견을 충분히 수렴하여야 한다.

제41조(관계 행정기관 등의 협조) ① 국가와 지방자치단체는 사회보장 관련 계획 및 정책의 수립 · 시행, 사회보장통계의 작성 등을 위하여 관련 공공기관, 법인, 단체 및 개인에게 자료제출 등 필요한 협조를 요청할 수 있다.

② 위원회는 사회보장에 관한 자료 제출 등 위원회 업무에 필요한 경우 관계 행정기관의 장에게 협조를 요청할 수 있다.

③ 제1항 및 제2항에 따라 협조요청을 받은 자는 정당한 사유가 없으면 이에 따라야 한다.

Ⅱ. 사회복지사업법

[시행 2018. 10. 25.] [법률 제14923호, 2017. 10. 24., 일부개정]

1. 법 제정 의의 및 연혁

「사회복지사업법」은 사회복지사업분야의 기본법이다. 「사회복지사업법」은 사회복지사업에 관한 기본적인 사항을 규정하여 그 공정한 운영을 기함으로써 사회복지의 증진을 도모하기 위하여 '1970. 1. 1. 법률 제2191호'로 제정되었다.[9][10]

「사회복지사업법」은 각종의 사회복지사업 혹은 사회복지서비스에 대한 모법으로서 중요한 기능과 내용을 담고 있다. 1961년 이래 「생활보호법」 「아동복리법」 「윤락행위 등 방지법」 등 몇 가지 사회복지에 관한 법률이 제정되었었다. 그러나 사회복지관계법률의 기본이 되는 법률이 없어 각 입법마다 개별적으로 실시될 수밖에 없었다. 이런 실정을 감안하여 사회복지사업의 각 분야에 걸친 공통적인 기본사항을 체계적으로 정비하고 조직화하여 사회복지사업을 보다 효과 있게 실현해 가려는 취지에서 법적 근거가 필요하게 되었다.[11]

「사회복지사업법」은 사회복지사업의 전체적 통일성, 효과성 효율성을 기하고, 사회복지사업에 관한 기본적 공통사항을 총괄적으로 규정하며, 종합적으로 체계화하기 위한 법으로, 사회복지사업의 조직과 운영에 관한 기본적인 내용을 규정하는 기본법으로 역할을 수행하고, 개별적인 사회복지사업에 관한 개별법들에 대한 일반법적 성격을 갖고 있으며, 사회복지사업과 관련된 법률을 제정할 때 입법지침을 제공하고, 「헌법」과 개별적인 사회복지법 간의 중간자적 역할을 수행한다.

2. 법의 내용

이 법의 전체 내용과 이 법에서 위임된 사항과 그 시행에 필요한 사항을 규정한 시행령과 시행규칙의 주요 관련 내용과 관련 법 규정은 다음과 같다.[12]

제1장 총칙

제1조(목적) 이 법은 사회복지사업에 관한 기본적 사항을 규정하여 사회복지를 필요로 하는 사람에 대하여 인간의 존엄성과 인간다운 생활을 할 권리를 보장하고 사회복지의 전문성을 높이며, 사회복지사업의 공정 · 투명 · 적정을 도모하고, 지역사회복지의 체계를 구축하고 사회복지서비스의 질을 높여 사회복지의 증진에 이바지함을 목적으로 한다.

제1조의2(기본이념) ① 사회복지를 필요로 하는 사람은 누구든지 자신의 의사에 따라 서비스를 신청하고 제공받을 수 있다.

② 사회복지법인 및 사회복지시설은 공공성을 가지며 사회복지사업을 시행하는 데 있어서 공공성(公共性, commonality, publicness)을 확보하여야 한다.

③ 사회복지사업을 시행하는 데 있어서 사회복지를 제공하는 자는 사회복지를 필요로 하는 사람의 인권을 보장하여야 한다.

④ 사회복지서비스를 제공하는 자는 필요한 정보를 제공하는 등 사회복지서비스를 이용하는 사람의 선택권을 보장하여야 한다.

제2조(정의) 이 법에서 사용하는 용어의 뜻은 다음과 같다.

1. "사회복지사업"이란 다음 각 목의 법률에 따른 보호 · 선도(善導) 또는 복지에 관한 사업과 사회복지상담, 직업지원, 무료 숙박, 지역사회복지, 의료복지, 재가복지(在家福祉), 사회복지관 운영, 정신질환자 및 한센병력자의 사회복귀에 관한 사업 등 각종 복지사업과 이와 관련된 자원봉사활동 및 복지시설의 운영 또는 지원을 목적으로 하는 사업을 말한다.

가. 「국민기초생활 보장법」 나. 「아동복지법」 다. 「노인복지법」 라. 「장애인복지법」 마. 「한부모가족지원법」 바. 「영유아보육법」 사. 「성매매방지 및 피해자보호 등에 관한 법률」 아. 「정신건강증진 및 정신질환자 복지서비스 지원에 관한 법률」 자. 「성폭력방지 및 피해자보호 등에 관한 법률」 차. 「입양특례법」 카. 「일제하 일본군위안부 피해자에 대한 생활안정지원 및 기념사업 등에 관한 법률」 타. 「사회복지공동모금회법」 파. 「장애인 · 노인 · 임산부 등의 편의증진 보장에 관한 법률」 하. 「가정폭력방지 및 피해자보호 등에 관한 법률」 거. 「농어촌주민의 보건복지증진을 위한 특별법」 너. 「식품등 기부 활성화에 관한 법률」 더. 「의료급여법」 러. 「기초연금법」 머. 「긴급복지지원법」 버. 「다문화가족지원법」 서. 「장애인연금법」 어. 「장애인활동 지원에 관한 법률」 저. 「노숙인 등의 복지 및 자립지원에 관한 법률」 처. 「보호관찰 등에 관한 법률」 커. 「장애아동 복지지원법」 터. 「발달장애인 권리보장 및 지원에 관한 법률」 퍼. 「청소년복지 지원법」 허. 그 밖에 대통령령으로 정하는 법률[여기서 '그밖에 대통령령으로 정하는 법률'이란 「북한이탈주민의 보호 및 정착지원에 관한 법률」을 말한다(동법 시행령 제1조의2).]

2. "지역사회복지"란 주민의 복지증진과 삶의 질 향상을 위하여 지역사회 차원에서 전

개하는 사회복지를 말한다.
3. “사회복지법인”이란 사회복지사업을 할 목적으로 설립된 법인을 말한다.
4. “사회복지시설”이란 사회복지사업을 할 목적으로 설치된 시설을 말한다.
5. “사회복지관”이란 지역사회를 기반으로 일정한 시설과 전문인력을 갖추고 지역주민의 참여와 협력을 통하여 지역사회의 복지문제를 예방하고 해결하기 위하여 종합적인 복지서비스를 제공하는 시설을 말한다.
6. “사회복지서비스”란 국가 · 지방자치단체 및 민간부문의 도움을 필요로 하는 모든 국민에게 「사회보장기본법」 제3조 제4호에 따른 사회서비스 중 사회복지사업을 통한 서비스를 제공하여 삶의 질이 향상되도록 제도적으로 지원하는 것을 말한다.
7. “보건의료서비스”란 국민의 건강을 보호 · 증진하기 위하여 보건의료인이 하는 모든 활동을 말한다.

1970년 「사회복지사업법」 제정 당시 ‘사회복지사업’ 정의
제2조 (정의) ① 이 법에서 “사회복지사업”이라 함은 다음 각호의 사업을 말한다.
1. 「생활보호법」에 의한 각종 보호사업 및 복지시설의 운영을 목적으로 하는 사업
2. 「아동복리법」에 의한 각종 복지사업 및 복지시설의 운영을 목적으로 하는 사업
3. 「윤락행위등방지법」에 의한 각종 선도사업 및 복지시설의 운영을 목적으로 하는 사업
4. 사회복지상담 · 재해구호 · 부랑인선도 · 직업보도 · 노인휴양 · 린보무료숙박 · 라완치자사회복귀사업 등 각종 복지사업 및 복지시설의 운영 등을 목적으로 하는 사업

제3조(다른 법률과의 관계) ① 사회복지사업의 내용 및 절차 등에 관하여 제2조제1호 각 목의 법률에 특별한 규정이 있는 경우를 제외하고는 이 법에서 정하는 바에 따른다.
② 제2조제1호 각 목의 법률을 개정하는 경우에는 이 법에 부합하도록 하여야 한다.
제4조(복지와 인권증진의 책임) ① 국가와 지방자치단체는 사회복지서비스를 증진하고, 서비스를 이용하는 사람에 대하여 인권침해를 예방하고 차별을 금지하며 인권을 옹호할 책임을 진다.
② 국가와 지방자치단체는 사회복지서비스와 보건의료서비스를 함께 필요로 하는 사람에게 이들 서비스가 연계되어 제공되도록 노력하여야 한다.
③ 국가와 지방자치단체, 그 밖에 사회복지사업을 하는 자는 사회복지를 필요로 하는 사람에 대하여 그 사업과 관련한 상담, 작업치료(作業治療), 직업훈련 등을 실시하고 필요한 경우에는 주민의 복지 욕구를 조사할 수 있다.

④ 국가와 지방자치단체는 도움을 필요로 하는 국민이 본인의 선호와 필요에 따라 적절한 사회복지서비스를 제공받을 수 있도록 사회복지서비스 수요자 등을 고려하여 사회복지시설이 균형 있게 설치되도록 노력하여야 한다.

⑤ 국가와 지방자치단체는 민간부문의 사회복지 증진활동이 활성화되고 국가 및 지방자치단체의 사회복지사업과 민간부문의 사회복지 증진활동이 원활하게 연계될 수 있도록 노력하여야 한다.

> **사회보장기본법 제28조**(사회보장 전달체계) ① 국가와 지방자치단체는 지역적으로 고루 분포되고 기능에 따라 균형이 이루어지도록 사회보장 전달체계를 마련하여야 한다.

⑥ 국가와 지방자치단체는 사회복지를 필요로 하는 사람의 인권이 충분히 존중되는 방식으로 사회복지서비스를 제공하고 사회복지와 관련된 인권교육을 강화하여야 한다.

⑦ 국가와 지방자치단체는 사회복지서비스를 이용하는 사람이 긴급한 인권침해 상황에 놓인 경우 신속히 대응할 체계를 갖추어야 한다.

⑧ 국가와 지방자치단체는 시설 거주자 또는 보호자의 희망을 반영하여 지역사회보호체계에서 서비스가 제공될 수 있도록 노력하여야 한다.

⑨ 국가와 지방자치단체는 사회복지서비스를 필요로 하는 사람들에게 사회복지서비스의 실시에 대한 정보를 제공하여야 한다.

⑩ 국가와 지방자치단체는 사회복지서비스를 제공하는 자로부터 위법 또는 부당한 처분을 받아 권리나 이익을 침해당한 사람을 위하여 간이하고 신속한 구제조치를 마련하여야 한다.

제5조(인권존중 및 최대 봉사의 원칙) ① 이 법에 따라 복지업무에 종사하는 사람은 그 업무를 수행할 때에 사회복지를 필요로 하는 사람을 위하여 인권을 존중하고 차별 없이 최대로 봉사하여야 한다.

② 국가와 지방자치단체는 복지업무에 종사하는 사람이 그 업무를 수행할 때에 사회복지를 필요로 하는 사람의 인권을 침해하는 행위를 한 경우에는 제2조제1호 각 목의 법률이 정하는 바에 따라 처분하고 그 사실을 공표하는 등의 조치를 하여야 한다.

제5조의2(사회복지서비스 제공의 원칙) ① 사회복지서비스를 필요로 하는 사람(이하 "보호대상자"라 한다)에 대한 사회복지서비스 제공(이하 "서비스 제공"이라 한다)은 현물(現物)로 제공하는 것을 원칙으로 한다.

② 시장(「제주특별자치도 설치 및 국제자유도시 조성을 위한 특별법」 제11조제2항에 따른 행정시장을 포함한다. 이하 같다) · 군수 · 구청장(자치구의 구청장을 말한다. 이하 같다)은 국가

또는 지방자치단체 외의 자로 하여금 제1항의 서비스 제공을 실시하게 하는 경우에는 보호대상자에게 사회복지서비스 이용권(이하 "이용권"이라 한다)을 지급하여 국가 또는 지방자치단체 외의 자로부터 그 이용권으로 서비스 제공을 받게 할 수 있다.

> 사회서비스 이용 및 이용권 관리에 관한 법률 "사회서비스이용권"이란 그 명칭 또는 형태와 상관없이 사회서비스 이용자가 사회서비스 제공자에게 제시하여 일정한 사회서비스를 제공받을 수 있도록 그 사회서비스의 수량 또는 그에 상응하는 금액이 기재(전자적 또는 자기적 방법에 의한 기록을 포함한다. 이하 같다)된 증표를 말한다.
> (이용권=voucher)

③ 국가와 지방자치단체는 사회복지서비스의 품질향상과 원활한 제공을 위하여 필요한 시책을 마련하여야 한다.

④ 국가와 지방자치단체는 사회복지서비스의 품질을 관리하기 위하여 사회복지서비스를 제공하는 기관 · 법인 · 시설 · 단체의 서비스 환경, 서비스 제공 인력의 전문성 등을 평가할 수 있다.

⑤ 보건복지부장관은 제4항에 따른 평가를 위하여 평가기관을 설치 · 운영하거나, 평가의 전부 또는 일부를 관계 기관 또는 단체에 위탁할 수 있다.

⑥ 보건복지부장관은 제5항에 따라 평가를 위탁한 기관 또는 단체에 대하여 그 운영에 필요한 비용을 지원할 수 있다.

제6조(시설 설치의 방해 금지) ① 누구든지 정당한 이유 없이 사회복지시설의 설치를 방해하여서는 아니 된다.

② 시장 · 군수 · 구청장은 정당한 이유 없이 사회복지시설의 설치를 지연시키거나 제한하는 조치를 하여서는 아니 된다.

제6조의2(사회복지시설 업무의 전자화) ① 보건복지부장관은 사회복지법인 및 사회복지시설의 종사자, 거주자 및 이용자에 관한 자료 등 운영에 필요한 정보의 효율적 처리와 기록 · 관리 업무의 전자화를 위하여 정보시스템을 구축 · 운영할 수 있다.

② 보건복지부장관은 제1항에 따른 정보시스템을 구축 · 운영하는 데 필요한 자료를 수집 · 관리 · 보유할 수 있으며 관련 기관 및 단체에 필요한 자료의 제공을 요청할 수 있다. 이 경우 요청을 받은 기관 및 단체는 정당한 사유가 없으면 그 요청에 따라야 한다.

③ 지방자치단체의 장은 사회복지사업을 수행할 때 관할 복지행정시스템과 제1항에 따른 정보시스템을 전자적으로 연계하여 활용하여야 한다.

④ 사회복지법인의 대표이사와 사회복지시설의 장은 국가와 지방자치단체가 실시하는

사회복지업무의 전자화 시책에 협력하여야 한다.

⑤ 보건복지부장관은 제1항에 따른 정보시스템을 효율적으로 운영하기 위하여 「사회보장기본법」 제37조제7항에 따른 전담기구에 그 운영에 관한 업무를 위탁할 수 있다.

제9조(사회복지 자원봉사활동의 지원 · 육성) ① 국가와 지방자치단체는 사회복지 자원봉사활동을 지원 · 육성하기 위하여 다음 각 호의 사항을 실시하여야 한다.

1. 자원봉사활동의 홍보 및 교육
2. 자원봉사활동 프로그램의 개발 · 보급
3. 자원봉사활동 중의 재해에 대비한 시책의 개발
4. 그 밖에 자원봉사활동의 지원에 필요한 사항

② 국가와 지방자치단체는 제1항 각 호의 사항을 효율적으로 수행하기 위하여 사회복지법인이나 그 밖의 비영리법인 단체에 이를 위탁할 수 있다.

제10조(지도 · 훈련) ① 보건복지부장관은 이 법이나 그 밖의 사회복지 관련 법률의 시행에 관한 사무에 종사하는 공무원과 사회복지사업에 종사하는 사람의 자질 향상을 위하여 인권교육 등 필요한 지도와 훈련을 할 수 있다.

② 제1항의 훈련에 필요한 사항은 보건복지부령으로 정한다.

제11조(사회복지사 자격증의 발급 등) ① 보건복지부장관은 사회복지에 관한 전문지식과 기술을 가진 사람에게 사회복지사 자격증을 발급할 수 있다.

② 제1항에 따른 사회복지사의 등급은 1급 · 2급으로 하고 등급별 자격기준 및 자격증의 발급절차 등은 대통령령으로 정한다. 〈개정 2017. 10. 24.〉

③ 사회복지사 1급 자격증을 받으려는 사람은 국가시험에 합격하여야 한다.

④ 보건복지부장관은 제2항에 따른 사회복지사 자격증을 발급받거나 재발급받으려는 사람에게 보건복지부령으로 정하는 바에 따라 수수료를 내게 할 수 있다.

제11조의2(사회복지사의 결격사유) 다음 각 호의 어느 하나에 해당하는 사람은 사회복지사가 될 수 없다.

1. 피성년후견인 또는 피한정후견인
2. 금고 이상의 형을 선고받고 그 집행이 끝나지 아니하였거나 그 집행을 받지 아니하기로 확정되지 아니한 사람
3. 법원의 판결에 따라 자격이 상실되거나 정지된 사람
4. 마약 · 대마 또는 향정신성의약품의 중독자
5. 「정신건강증진 및 정신질환자 복지서비스 지원에 관한 법률」 제3조제1호에 따른 정신질환자. 다만, 전문의가 사회복지사로서 적합하다고 인정하는 사람은 그러하

지 아니하다.

제11조의3(사회복지사의 자격취소 등) ① 보건복지부장관은 사회복지사가 다음 각 호의 어느 하나에 해당하는 경우 그 자격을 취소하거나 1년의 범위에서 정지시킬 수 있다. 다만, 제1호부터 제3호까지에 해당하면 그 자격을 취소하여야 한다.

1. 거짓이나 그 밖의 부정한 방법으로 자격을 취득한 경우
2. 제11조의2 각 호의 어느 하나에 해당하게 된 경우
3. 자격증을 대여 · 양도 또는 위조 · 변조한 경우
4. 사회복지사의 업무수행 중 그 자격과 관련하여 고의나 중대한 과실로 다른 사람에게 손해를 입힌 경우
5. 자격정지 처분을 3회 이상 받았거나, 정지 기간 종료 후 3년 이내에 다시 자격정지 처분에 해당하는 행위를 한 경우
6. 자격정지 처분 기간에 자격증을 사용하여 자격 관련 업무를 수행한 경우

② 제1항에 따라 자격이 취소된 사람은 취소된 날부터 15일 내에 자격증을 보건복지부장관에게 반납하여야 한다.

③ 보건복지부장관은 제1항에 따라 자격이 취소된 사람에게는 그 취소된 날부터 2년 이내에 자격증을 재교부하지 못한다.

제11조의4(유사명칭의 사용금지) 이 법에 따른 사회복지사가 아니면 사회복지사 또는 이와 유사한 명칭을 사용하지 못한다.

제12조(국가시험) ① 제11조제3항에 따른 국가시험은 보건복지부장관이 시행하되, 시험의 관리는 대통령령으로 정하는 바에 따라 시험관리능력이 있다고 인정되는 관계 전문기관에 위탁할 수 있다.

② 보건복지부장관은 제1항에 따라 국가시험의 관리를 위탁하였을 때에는 그에 드는 비용을 예산의 범위에서 보조할 수 있다.

③ 제1항에 따라 시험의 관리를 위탁받은 기관은 보건복지부장관의 승인을 받아 정한 금액을 응시수수료로 받을 수 있다.

④ 시험 과목, 응시자격 등 시험의 실시에 필요한 사항은 대통령령으로 정한다.

제13조(사회복지사의 채용 및 교육 등) ① 사회복지법인 및 사회복지시설을 설치 · 운영하는 자는 대통령령으로 정하는 바에 따라 사회복지사를 그 종사자로 채용하고, 보고방

법 · 보고주기 등 보건복지부령으로 정하는 바에 따라 특별시장 · 광역시장 · 특별자치시장 · 도지사 · 특별자치도지사(이하 "시 · 도지사"라 한다) 또는 시장 · 군수 · 구청장에게 사회복지사의 임면에 관한 사항을 보고하여야 한다. 다만, 대통령령으로 정하는 사회복지시설은 그러하지 아니하다.

동법 시행령 제6조(사회복지사의 채용) ① 법 제13조제1항 본문에 따라 사회복지법인 또는 사회복지시설을 설치 · 운영하는 자는 해당 법인 또는 시설에서 다음 각 호에 해당하는 업무에 종사하는 자를 사회복지사로 채용하여야 한다. 다만, 법 제2조제1호 각 목의 법률에서 따로 정하고 있는 경우에는 그에 의한다.

1. 사회복지프로그램의 개발 및 운영업무
2. 시설거주자의 생활지도업무
3. 사회복지를 필요로 하는 사람에 대한 상담업무

② 법 제13조제1항 단서에서 "대통령령이 정하는 사회복지시설"이란 다음 각 호의 시설을 말한다. 〈개정 2008. 10. 28.〉(사회복지사 의무채용 제외 시설)

1. 「노인복지법」에 따른 노인여가복지시설(노인복지관은 제외한다)
2. 「장애인복지법」에 따른 점자도서관과 점자도서 및 음성도서 출판시설
3. 「영유아보육법」에 따른 보육시설
4. 「성매매방지 및 피해자보호 등에 관한 법률」 제5조에 따른 성매매피해자 등을 위한 지원시설 및 같은 법 제10조에 따른 성매매피해상담소
5. 「정신보건법」에 따른 정신질환자사회복귀시설 및 정신요양시설
6. 「성폭력범죄의 처벌 및 피해자보호 등에 관한 법률」에 따른 성폭력피해상담소

② 보건복지부장관은 사회복지사의 자질 향상을 위하여 필요하다고 인정하면 사회복지사에게 교육을 받도록 명할 수 있다. 다만, 사회복지법인 또는 사회복지시설에 종사하는 사회복지사는 정기적으로 인권에 관한 내용이 포함된 보수교육(補修敎育)을 받아야 한다.
③ 사회복지법인 또는 사회복지시설을 운영하는 자는 그 법인 또는 시설에 종사하는 사회복지사에 대하여 제2항 단서에 따른 교육을 이유로 불리한 처분을 하여서는 아니 된다.
④ 보건복지부장관은 제2항에 따른 교육을 보건복지부령으로 정하는 기관 또는 단체에 위탁할 수 있다.
⑤ 제2항에 따른 교육의 기간 · 방법 및 내용과 제4항에 따른 위탁 등에 관하여 필요한 사항은 보건복지부령으로 정한다.

제15조의2(사회복지의 날) ① 국가는 국민의 사회복지에 대한 이해를 증진하고 사회복지 사업 종사자의 활동을 장려하기 위하여 매년 9월 7일을 사회복지의 날로 하고, 사회복지의 날부터 1주간을 사회복지주간으로 한다.

② 국가와 지방자치단체는 사회복지의 날의 취지에 적합한 행사 등 사업을 하도록 노력하여야 한다.

제16조(법인의 설립허가) ① 사회복지법인(이하 이 장에서 "법인"이라 한다)을 설립하려는 자는 대통령령으로 정하는 바에 따라 시 · 도지사의 허가를 받아야 한다.

② 제1항에 따라 허가를 받은 자는 법인의 주된 사무소의 소재지에서 설립등기를 하여야 한다.

제17조(정관) ① 법인의 정관에는 다음 각 호의 사항이 포함되어야 한다.

1. 목적 2. 명칭 3. 주된 사무소의 소재지 4. 사업의 종류 5. 자산 및 회계에 관한 사항 6. 임원의 임면(任免) 등에 관한 사항 7. 회의에 관한 사항
8. 수익(收益)을 목적으로 하는 사업이 있는 경우 그에 관한 사항
9. 정관의 변경에 관한 사항
10. 존립시기와 해산 사유를 정한 경우에는 그 시기와 사유 및 남은 재산의 처리방법
11. 공고 및 공고방법에 관한 사항

② 법인이 정관을 변경하려는 경우에는 시 · 도지사의 인가를 받아야 한다. 다만, 보건복지부령으로 정하는 경미한 사항의 경우에는 그러하지 아니하다.

제18조(임원) ① 법인은 대표이사를 포함한 이사 7명 이상과 감사 2명 이상을 두어야 한다.

② 법인은 제1항에 따른 이사 정수의 3분의 1(소수점 이하는 버린다) 이상을 다음 각 호의 어느 하나에 해당하는 기관이 3배수로 추천한 사람 중에서 선임하여야 한다.

1. 「사회보장급여의 이용 · 제공 및 수급권자 발굴에 관한 법률」 제40조제1항에 따른 시 · 도사회보장위원회
2. 「사회보장급여의 이용 · 제공 및 수급권자 발굴에 관한 법률」 제41조제1항에 따른 지역사회보장협의체

③ 이사회의 구성에 있어서 대통령령으로 정하는 특별한 관계에 있는 사람이 이사 현원(現員)의 5분의 1을 초과할 수 없다.

④ 이사의 임기는 3년으로 하고 감사의 임기는 2년으로 하며, 각각 연임할 수 있다.
⑤ 외국인인 이사는 이사 현원의 2분의 1 미만이어야 한다.
⑥ 법인은 임원을 임면하는 경우에는 보건복지부령으로 정하는 바에 따라 지체 없이 시 · 도지사에게 보고하여야 한다.
⑦ 감사는 이사와 제3항에 따른 특별한 관계에 있는 사람이 아니어야 하며, 감사 중 1명은 법률 또는 회계에 관한 지식이 있는 사람 중에서 선임하여야 한다. 다만, 대통령령으로 정하는 일정 규모 이상의 법인은 시 · 도지사의 추천을 받아 「주식회사 등의 외부감사에 관한 법률」 제2조제7호에 따른 감사인에 속한 사람을 감사로 선임하여야 한다.

동법 시행령 제10조(감사인 선임 대상 사회복지법인의 규모) 법 제18조제7항 단서에서 "대통령령으로 정하는 일정 규모 이상의 법인"이란 감사 선임 당시 법인(법인이 설치 · 운영하는 사회복지시설을 포함한다)의 직전 3회계연도의 세입결산서에 따른 세입의 평균이 30억원 이상인 사회복지법인을 말한다.

⑧ 제2항 각 호의 기관은 제2항에 따라 이사를 추천하기 위하여 매년 다음 각 호의 어느 하나에 해당하는 사람으로 이사 후보군을 구성하여 공고하여야 한다. 다만, 사회복지법인의 대표자, 사회복지사업을 하는 비영리법인 또는 단체의 대표자, 「사회보장급여의 이용 · 제공 및 수급권자 발굴에 관한 법률」 제41조에 따른 지역사회보장협의체의 대표자는 제외한다.

1. 사회복지 또는 보건의료에 관한 학식과 경험이 풍부한 사람
2. 사회복지를 필요로 하는 사람의 이익 등을 대표하는 사람
3. 「비영리민간단체 지원법」 제2조에 따른 비영리민간단체에서 추천한 사람
4. 「사회복지공동모금회법」 제14조에 따른 사회복지공동모금지회에서 추천한 사람

제18조의2(임원선임 관련 금품 등 수수 금지) 누구든지 임원의 선임과 관련하여 금품, 향응 또는 그 밖의 재산상 이익을 주고받거나 주고받을 것을 약속하여서는 아니 된다.
제19조(임원의 결격사유) ① 다음 각 호의 어느 하나에 해당하는 사람은 임원이 될 수 없다.

1. 미성년자

(미성년자:19세 미만)
「민법」 제4조(성년) 사람은 19세로 성년에 이르게 된다.

1의2. 피성년후견인 또는 피한정후견인

피성년후견인(被成年後見人)은 질병, 장애, 노령, 그 밖의 사유로 인한 정신적 제약으로 사무를 처리할 능력이 지속적으로 결여되어 가정법원이 성년후견개시의 심판을 받은 사람을 말한다(「민법」 제9조).
피한정후견인(被限定後見人)은 질병, 장애, 노령, 그 밖의 사유로 인한 정신적 제약으로 사무를 처리할 능력이 부족하여 가정법원이 한정후견개시의 심판을 한 사람을 말한다(「민법」 제12조).

1의3. 파산선고를 받고 복권되지 아니한 사람
1의4. 법원의 판결에 따라 자격이 상실되거나 정지된 사람
1의5. 금고 이상의 실형을 선고받고 그 집행이 끝나거나(집행이 끝난 것으로 보는 경우를 포함한다) 집행이 면제된 날부터 3년이 지나지 아니한 사람
1의6. 금고 이상의 형의 집행유예를 선고받고 그 유예기간 중에 있는 사람
1의7. 제1호의5 및 제1호의6에도 불구하고 사회복지사업 또는 그 직무와 관련하여 「아동복지법」 제71조, 「보조금 관리에 관한 법률」 제40조부터 제42조까지 또는 「형법」 제28장 · 제40장(제360조는 제외한다)의 죄를 범하거나 이 법을 위반하여 다음 각 목의 어느 하나에 해당하는 사람
  가. 100만원 이상의 벌금형을 선고받고 그 형이 확정된 후 5년이 지나지 아니한 사람
  나. 형의 집행유예를 선고받고 그 형이 확정된 후 7년이 지나지 아니한 사람
  다. 징역형을 선고받고 그 집행이 끝나거나(집행이 끝난 것으로 보는 경우를 포함한다) 집행이 면제된 날부터 7년이 지나지 아니한 사람
1의8. 제1호의5부터 제1호의7까지의 규정에도 불구하고 「성폭력범죄의 처벌 등에 관한 특례법」 제2조의 성폭력범죄(「성폭력범죄의 처벌 등에 관한 특례법」 제2조제1항제1호는 제외한다) 또는 「아동 · 청소년의 성보호에 관한 법률」 제2조제2호의 아동 · 청소년대상 성범죄를 저지른 사람으로서 형 또는 치료감호를 선고받고 확정된 후 그 형 또는 치료감호의 전부 또는 일부의 집행이 끝나거나(집행이 끝난 것으로 보는 경우를 포함한다) 집행이 유예 · 면제된 날부터 10년이 지나지 아니한 사람
2. 제22조에 따른 해임명령에 따라 해임된 날부터 5년이 지나지 아니한 사람

2의2. 제26조에 따라 설립허가가 취소된 사회복지법인의 임원이었던 사람(그 허가의 취소사유 발생에 관하여 직접적인 또는 이에 상응하는 책임이 있는 자로서 대통령령으로 정하는 사람으로 한정한다)으로서 그 설립허가가 취소된 날부터 5년이 지나지 아니한 사람
2의3. 제40조에 따라 시설의 장에서 해임된 사람으로서 해임된 날부터 5년이 지나지 아니한 사람
2의4. 제40조에 따라 폐쇄명령을 받고 3년이 지나지 아니한 사람
3. 사회복지분야의 6급 이상 공무원으로 재직하다 퇴직한 지 3년이 경과하지 아니한 사람 중에서 퇴직 전 5년 동안 소속하였던 기초자치단체가 관할하는 법인의 임원이 되고자 하는 사람

② 임원이 제1항 각 호의 어느 하나에 해당하게 되었을 때에는 그 자격을 상실한다.

제20조(임원의 보충) 이사 또는 감사 중에 결원이 생겼을 때에는 2개월 이내에 보충하여야 한다.

제21조(임원의 겸직 금지) ① 이사는 법인이 설치한 사회복지시설의 장을 제외한 그 시설의 직원을 겸할 수 없다.

② 감사는 법인의 이사, 법인이 설치한 사회복지시설의 장 또는 그 직원을 겸할 수 없다.

제22조(임원의 해임명령) ① 시 · 도지사는 임원이 다음 각 호의 어느 하나에 해당할 때에는 법인에 그 임원의 해임을 명할 수 있다.

1. 시 · 도지사의 명령을 정당한 이유 없이 이행하지 아니하였을 때
2. 회계부정이나 인권침해 등 현저한 불법행위 또는 그 밖의 부당행위 등이 발견되었을 때
3. 법인의 업무에 관하여 시 · 도지사에게 보고할 사항에 대하여 고의로 보고를 지연하거나 거짓으로 보고를 하였을 때
4. 제18조제2항 제3항 또는 제7항을 위반하여 선임된 사람
5. 제21조를 위반한 사람
6. 제22조의2에 따른 직무집행 정지명령을 이행하지 아니한 사람
7. 그 밖에 이 법 또는 이 법에 따른 명령을 위반하였을 때

② 제1항에 따른 해임명령은 시 · 도지사가 해당 법인에게 그 사유를 들어 시정을 요구

한 날부터 15일이 경과하여도 이에 응하지 아니한 경우에 한한다. 다만, 시정을 요구하여도 시정할 수 없는 것이 명백하거나 회계부정, 횡령, 뇌물수수 등 비리의 정도가 중대한 경우에는 시정요구 없이 임원의 해임을 명할 수 있으며, 그 세부적 기준은 대통령령으로 정한다.

제22조의2(임원의 직무집행 정지) ① 시 · 도지사는 제22조에 따른 해임명령을 하기 위하여 같은 조 제1항 각 호의 사실 여부에 대한 조사나 감사가 진행 중인 경우 및 해임명령 기간 중인 경우에는 해당 임원의 직무집행을 정지시킬 수 있다.

② 시 · 도지사는 제1항에 따른 임원의 직무집행 정지사유가 소멸되면 즉시 직무집행 정지명령을 해제하여야 한다.

제22조의3(임시이사의 선임) ① 법인이 제20조에 따른 기간 내에 결원된 이사를 보충하지 아니하여 법인의 정상적인 운영이 어렵다고 판단되는 경우 시 · 도지사는 지체 없이 이해관계인의 청구 또는 직권으로 임시이사를 선임하여야 한다.

② 임시이사는 제1항에 따른 사유가 해소될 때까지 재임한다.

③ 시 · 도지사는 임시이사가 선임되었음에도 불구하고 해당 법인이 정당한 사유 없이 이사회 소집을 기피할 경우 이사회 소집을 권고할 수 있다.

④ 제1항에 따른 임시이사의 선임 등에 필요한 사항은 보건복지부령으로 정한다.

제22조의4(임시이사의 해임) ① 시 · 도지사는 다음 각 호의 어느 하나에 해당하는 경우 이해관계인의 청구 또는 직권으로 임시이사를 해임할 수 있다. 이 경우 제2호부터 제4호까지의 규정에 따라 임시이사를 해임하는 때에는 지체 없이 그 후임자를 선임하여야 한다.

1. 임시이사 선임사유가 해소된 경우
2. 임시이사가 제19조제1항제1호 및 제1호의2부터 제1호의8까지의 어느 하나에 해당하는 경우
3. 임시이사가 직무를 태만히 하여 법인의 정상화가 어려운 경우
4. 임시이사가 제22조제1항 각 호의 어느 하나에 해당하는 경우

② 법인은 제1항에 따라 해임된 임시이사를 이사로 선임할 수 없다.

제23조(재산 등) ① 법인은 사회복지사업의 운영에 필요한 재산을 소유하여야 한다.

② 법인의 재산은 보건복지부령으로 정하는 바에 따라 기본재산과 보통재산으로 구분하며, 기본재산은 그 목록과 가액(價額)을 정관에 적어야 한다.

동법 시행규칙 제12조(재산의 구분 및 범위) ① 법 제23조의 규정에 의한 법인의 기본재산은 다음 각호에 해당하는 재산으로 하고, 그 밖의 재산은 보통재산으로 한다.
1. 부동산
2. 정관에서 기본재산으로 정한 재산
3. 이사회의 결의에 의하여 기본재산으로 편입된 재산

② 제1항의 규정에 의한 기본재산은 다음 각호와 같이 목적사업용 기본재산과 수익용 기본재산으로 구분한다. 다만, 제13조제2항의 규정에 해당하는 법인에 있어서는 이를 구분하지 아니할 수 있다.
1. 목적사업용 기본재산: 법인이 사회복지시설(이하 "시설"이라 한다)등을 설치하는데 직접 사용하는 기본재산
2. 수익용 기본재산: 법인이 그 수익으로 목적사업의 수행에 필요한 경비를 충당하기 위한 기본재산

동법 시행규칙 제13조(기본재산의 기준) ① 법 제23조에 따라 시설의 설치 · 운영을 목적으로 하는 법인은 다음 각 호의 구분에 따라 기본재산을 갖추어야 한다.
1. 시설거주자를 보호하기 위한 시설: 다음 각 목의 구분에 따라 상시 10명 이상의 시설거주자를 보호할 수 있는 목적사업용 기본재산을 갖추어야 한다. 다만, 법 제2조제1호 각 목의 법률에서 10명 미만의 소규모시설을 따로 정하고 있는 경우에는 해당 법률에 의한 시설의 설치기준에 해당하는 목적사업용 기본재산을 갖추어야 한다.

가. 법 제2조제1호 각 목의 법률에 따른 시설 및 사회복지관: 법 제2조제1호 각 목의 법률에 따른 시설 및 사회복지관의 설치기준에 해당하는 목적사업용 기본재산

나. 결핵 및 한센병 요양시설: 입소정원에 13.2제곱미터를 곱한 시설면적 이상에 해당하는 목적사업용 기본재산

2. 제1호외의 시설: 해당 법인이 설치 · 운영하고자 하는 시설을 갖출 수 있는 목적사업용 기본재산

② 법 제23조에 따라 시설의 설치 · 운영을 목적으로 하지 아니하고 사회복지사업을 지원하는 것을 목적으로 하는 법인은 법인의 운영경비의 전액을 충당할 수 있는 기본재산을 갖추어야 한다.

③ 법인은 기본재산에 관하여 다음 각 호의 어느 하나에 해당하는 경우에는 시 · 도지사의 허가를 받아야 한다. 다만, 보건복지부령으로 정하는 사항에 대하여는 그러하지 아니하다.

1. 매도 · 증여 · 교환 · 임대 · 담보제공 또는 용도변경을 하려는 경우
2. 보건복지부령으로 정하는 금액 이상을 1년 이상 장기차입(長期借入)하려는 경우

> 동법 시행규칙 제15조(장기차입금액의 허가) ① 법 제23조제3항제2호에서 "보건복지부령이 정하는 금액이상"이라 함은 장기차입하고자 하는 금액을 포함한 장기차입금의 총액이 기본재산 총액에서 차입당시의 부채총액을 공제한 금액의 100분의 5에 상당하는 금액이상을 말한다.

④ 제1항에 따른 재산과 그 회계에 관하여 필요한 사항은 보건복지부령으로 정한다.

제24조(재산 취득 보고) 법인이 매수 · 기부채납(寄附採納), 후원 등의 방법으로 재산을 취득하였을 때에는 지체 없이 이를 법인의 재산으로 편입조치하여야 한다. 이 경우 법인은 그 취득 사유, 취득재산의 종류 · 수량 및 가액을 매년 시 · 도지사에게 보고하여야 한다.

제25조(회의록의 작성 및 공개 등) ① 이사회는 다음 각 호의 사항을 기재한 회의록을 작성하여야 한다. 다만, 이사회 개최 당일에 회의록 작성이 어려운 사정이 있는 경우에는 안건별로 심의 · 의결 결과를 기록한 회의조서를 작성한 후 회의록을 작성할 수 있다.

> 1. 개의, 회의 중지 및 산회 일시 2. 안건 3. 의사 4. 출석한 임원의 성명
> 5. 표결수 6. 그 밖에 대표이사가 작성할 필요가 있다고 인정하는 사항

② 회의록 및 회의조서에는 출석임원 전원이 날인하되 그 회의록 또는 회의조서가 2매 이상인 경우에는 간인(間印)하여야 한다.

③ 제1항 단서에 따라 회의조서를 작성한 경우에는 조속한 시일 내에 회의록을 작성하여야 한다.

④ 법인은 회의록을 공개하여야 한다. 다만, 대통령령으로 정하는 사항에 대하여는 이사회의 의결로 공개하지 아니할 수 있다.

⑤ 회의록의 공개에 관한 기간 · 절차, 그 밖에 필요한 사항은 대통령령으로 정한다.

제26조(설립허가 취소 등) ① 시 · 도지사는 법인이 다음 각 호의 어느 하나에 해당할 때에는 기간을 정하여 시정명령을 하거나 설립허가를 취소할 수 있다. 다만, 제1호 또는 제7호에 해당할 때에는 설립허가를 취소하여야 한다.

1. 거짓이나 그 밖의 부정한 방법으로 설립허가를 받았을 때
2. 설립허가 조건을 위반하였을 때
3. 목적 달성이 불가능하게 되었을 때
4. 목적사업 외의 사업을 하였을 때
5. 정당한 사유 없이 설립허가를 받은 날부터 6개월 이내에 목적사업을 시작하지 아니하거나 1년 이상 사업실적이 없을 때
6. 법인이 운영하는 시설에서 반복적 또는 집단적 성폭력범죄가 발생한 때
7. 법인 설립 후 기본재산을 출연하지 아니한 때
8. 제18조제1항의 임원정수를 위반한 때
9. 제18조제2항을 위반하여 이사를 선임한 때
10. 제22조에 따른 임원의 해임명령을 이행하지 아니한 때
11. 그 밖에 이 법 또는 이 법에 따른 명령이나 정관을 위반하였을 때

② 법인이 제1항 각 호(제1호 및 제7호는 제외한다)의 어느 하나에 해당하여 설립허가를 취소하는 경우는 다른 방법으로 감독 목적을 달성할 수 없거나 시정을 명한 후 6개월 이내에 법인이 이를 이행하지 아니한 경우로 한정한다.

제27조(남은 재산의 처리) ① 해산한 법인의 남은 재산은 정관으로 정하는 바에 따라 국가 또는 지방자치단체에 귀속된다.

② 제1항에 따라 국가 또는 지방자치단체에 귀속된 재산은 사회복지사업에 사용하거나 유사한 목적을 가진 법인에 무상으로 대여하거나 무상으로 사용 수익하게 할 수 있다. 다만, 해산한 법인의 이사 본인 및 그와 대통령령으로 정하는 특별한 관계에 있는 사람이 이사로 있는 법인에 대하여는 그러하지 아니하다.

제28조(수익사업) ① 법인은 목적사업의 경비에 충당하기 위하여 필요할 때에는 법인의 설립 목적 수행에 지장이 없는 범위에서 수익사업을 할 수 있다.

② 법인은 제1항에 따른 수익사업에서 생긴 수익을 법인 또는 법인이 설치한 사회복지시설의 운영 외의 목적에 사용할 수 없다.

③ 제1항에 따른 수익사업에 관한 회계는 법인의 다른 회계와 구분하여 회계처리하여야 한다.

제30조(합병) ① 법인은 시 · 도지사의 허가를 받아 이 법에 따른 다른 법인과 합병할 수 있다. 다만, 주된 사무소가 서로 다른 특별시 · 광역시 · 특별자치시 · 도 · 특별자치도(이하 "시 · 도"라 한다)에 소재한 법인 간의 합병의 경우에는 보건복지부장관의 허가를

받아야 한다.

② 제1항에 따라 법인이 합병하는 경우 합병 후 존속하는 법인이나 합병으로 설립된 법인은 합병으로 소멸된 법인의 지위를 승계한다.

제31조(동일명칭 사용 금지) 이 법에 따른 사회복지법인이 아닌 자는 사회복지법인이라는 명칭을 사용하지 못한다.

제32조(다른 법률의 준용) 법인에 관하여 이 법에서 규정한 사항을 제외하고는 「민법」과 「공익법인의 설립 · 운영에 관한 법률」을 준용한다.

제33조(사회복지협의회) ① 사회복지에 관한 다음 각 호의 업무를 수행하기 위하여 전국 단위의 한국사회복지협의회(이하 "중앙협의회"라 한다)와 시 · 도 단위의 시 · 도 사회복지협의회(이하 "시 · 도협의회"라 한다)를 두며, 필요한 경우에는 시(「제주특별자치도 설치 및 국제자유도시 조성을 위한 특별법」 제10조제2항에 따른 행정시를 포함한다. 이하 같다) · 군 · 구(자치구를 말한다. 이하 같다) 단위의 시 · 군 · 구 사회복지협의회(이하 "시 · 군 · 구협의회"라 한다)를 둘 수 있다.

1. 사회복지에 관한 조사 · 연구 및 정책 건의
2. 사회복지 관련 기관 · 단체 간의 연계 · 협력 · 조정
3. 사회복지 소외계층 발굴 및 민간사회복지자원과의 연계 · 협력
4. 대통령령으로 정하는 사회복지사업의 조성 등

② 중앙협의회, 시 · 도협의회 및 시 · 군 · 구협의회는 이 법에 따른 사회복지법인으로 하되, 제23조제1항은 적용하지 아니한다.

③ 중앙협의회의 설립 및 운영 등에 관한 허가, 인가, 보고 등에 관하여 제16조제1항, 제17조제2항, 제18조제6항 제7항, 제22조, 제23조제3항, 제24조, 제26조제1항 및 제30조제1항을 적용할 때에는 "시 · 도지사"는 "보건복지부장관"으로 본다.〈개정 2012. 1. 26.〉

④ 중앙협의회, 시 · 도협의회 및 시 · 군 · 구협의회의 조직과 운영 등에 필요한 사항은 대통령령으로 정한다.

제3장 사회복지시설

제34조(사회복지시설의 설치) ① 국가나 지방자치단체는 사회복지시설(이하 "시설"이라 한다)을 설치 · 운영할 수 있다.

② 국가 또는 지방자치단체 외의 자가 시설을 설치 · 운영하려는 경우에는 보건복지부령으로 정하는 바에 따라 시장 · 군수 · 구청장에게 신고하여야 한다. 다만, 다음 각 호의 어느 하나에 해당하는 자는 시설의 설치 · 운영 신고를 할 수 없다.

1. 제40조에 따라 폐쇄명령을 받고 3년이 지나지 아니한 자
2. 제19조제1항제1호 및 제1호의2부터 제1호의8까지의 어느 하나에 해당하는 개인 또는 그 개인이 임원인 법인

③ 시설을 설치 · 운영하는 자는 보건복지부령으로 정하는 재무 · 회계에 관한 기준에 따라 시설을 투명하게 운영하여야 한다.

④ 제1항에 따라 국가나 지방자치단체가 설치한 시설은 필요한 경우 사회복지법인이나 비영리법인에 위탁하여 운영하게 할 수 있다.

⑤ 제4항에 따른 위탁운영의 기준 · 기간 및 방법 등에 관하여 필요한 사항은 보건복지부령으로 정한다.

제34조의2(시설의 통합 설치 · 운영 등에 관한 특례) ① 이 법 또는 제2조제1호 각 목의 법률에 따른 시설을 설치 · 운영하려는 경우에는 지역특성과 시설분포의 실태를 고려하여 이 법 또는 제2조제1호 각 목의 법률에 따른 시설을 통합하여 하나의 시설로 설치 · 운영하거나 하나의 시설에서 둘 이상의 사회복지사업을 통합하여 수행할 수 있다. 이 경우 국가 또는 지방자치단체 외의 자는 통합하여 설치 · 운영하려는 각각의 시설이나 사회복지사업에 관하여 해당 관계 법령에 따라 신고하거나 허가 등을 받아야 한다.

② 제1항에 따라 둘 이상의 시설을 통합하여 하나의 시설로 설치 · 운영하거나 하나의 시설에서 둘 이상의 사회복지사업을 통합하여 수행하는 경우 해당 시설에서 공동으로 이용하거나 배치할 수 있는 시설 및 인력 기준 등은 보건복지부령으로 정한다.

제34조의3(보험가입 의무) ① 시설의 운영자는 다음 각 호의 손해배상책임을 이행하기 위하여 손해보험회사의 책임보험에 가입하거나 「사회복지사 등의 처우 및 지위 향상을 위한 법률」 제4조에 따른 한국사회복지공제회의 책임공제에 가입하여야 한다.

1. 화재로 인한 손해배상책임
2. 화재 외의 안전사고로 인하여 생명 · 신체에 피해를 입은 보호대상자에 대한 손해배상책임

② 국가나 지방자치단체는 예산의 범위에서 제1항에 따른 책임보험 또는 책임공제의

가입에 드는 비용의 전부 또는 일부를 보조할 수 있다.

③ 제1항에 따라 책임보험이나 책임공제에 가입하여야 할 시설의 범위는 대통령령으로 정한다.

제34조의4(시설의 안전점검 등) ① 시설의 장은 시설에 대하여 정기 및 수시 안전점검을 실시하여야 한다.

② 시설의 장은 제1항에 따라 정기 또는 수시 안전점검을 한 후 그 결과를 시장 · 군수 · 구청장에게 제출하여야 한다.

③ 시장 · 군수 · 구청장은 제2항에 따른 결과를 받은 후 필요한 경우에는 시설의 운영자에게 시설의 보완 또는 개수(改修) · 보수를 요구할 수 있으며, 이 경우 시설의 운영자는 요구에 따라야 한다.

④ 국가나 지방자치단체는 예산의 범위에서 제1항부터 제3항까지의 규정에 따른 안전점검, 시설의 보완 및 개수 · 보수에 드는 비용의 전부 또는 일부를 보조할 수 있다.

⑤ 제1항부터 제4항까지의 규정에 따른 정기 또는 수시 안전점검을 받아야 하는 시설의 범위, 안전점검 시기, 안전점검기관 및 그 절차는 대통령령으로 정한다.

제34조의5(사회복지관의 설치 등) ① 제34조제1항과 제2항에 따른 시설 중 사회복지관은 지역사회의 특성과 지역주민의 복지욕구를 고려하여 서비스 제공 등 지역복지증진을 위한 사업을 실시할 수 있다.

② 사회복지관은 모든 지역주민을 대상으로 사회복지서비스를 실시하되, 다음 각 호의 지역주민에게 우선 제공하여야 한다.

1. 「국민기초생활 보장법」에 따른 수급자 및 차상위계층
2. 장애인, 노인, 한부모가족 및 다문화가족
3. 직업 및 취업 알선이 필요한 사람
4. 보호와 교육이 필요한 유아 · 아동 및 청소년
5. 그 밖에 사회복지관의 사회복지서비스를 우선 제공할 필요가 있다고 인정되는 사람

③ 그 밖에 사회복지관의 설치 · 운영 · 사업 등에 필요한 사항은 보건복지부령으로 정한다.

제35조(시설의 장) ① 시설의 장은 상근(常勤)하여야 한다.

② 다음 각 호의 어느 하나에 해당하는 사람은 시설의 장이 될 수 없다.

1. 제19조제1항제1호, 제1호의2부터 제1호의8까지 및 제2호의2부터 제2호의4까지의 어

느 하나에 해당하는 사람
2. 제22조에 따른 해임명령에 따라 해임된 날부터 5년이 지나지 아니한 사람
3. 사회복지분야의 6급 이상 공무원으로 재직하다 퇴직한 지 3년이 경과하지 아니한 사람 중에서 퇴직 전 5년 동안 소속하였던 기초자치단체가 관할하는 시설의 장이 되고자 하는 사람

제35조의2(종사자) ① 사회복지법인과 사회복지시설을 설치 · 운영하는 자는 시설에 근무할 종사자를 채용할 수 있다.
② 다음 각 호의 어느 하나에 해당하는 사람은 사회복지법인 또는 사회복지시설의 종사자가 될 수 없다(결격사유).

1. 제19조제1항제1호의7 또는 제1호의8에 해당하는 사람
2. 제1호에도 불구하고 종사자로 재직하는 동안 시설이용자를 대상으로 「성폭력범죄의 처벌 등에 관한 특례법」 제2조에 따른 성폭력범죄 및 「아동 · 청소년의 성보호에 관한 법률」 제2조제2호에 따른 아동 · 청소년대상 성범죄를 저질러 금고 이상의 형 또는 치료감호를 선고받고 그 형이 확정된 사람

제36조(운영위원회) ① 시설의 장은 시설의 운영에 관한 다음 각 호의 사항을 심의하기 위하여 시설에 운영위원회를 두어야 한다. 다만, 보건복지부령으로 정하는 경우에는 복수의 시설에 공동으로 운영위원회를 둘 수 있다.

1. 시설운영계획의 수립 · 평가에 관한 사항
2. 사회복지 프로그램의 개발 · 평가에 관한 사항
3. 시설 종사자의 근무환경 개선에 관한 사항
4. 시설 거주자의 생활환경 개선 및 고충 처리 등에 관한 사항
5. 시설 종사자와 거주자의 인권보호 및 권익증진에 관한 사항
6. 시설과 지역사회의 협력에 관한 사항
7. 그 밖에 시설의 장이 운영위원회의 회의에 부치는 사항

② 운영위원회의 위원은 다음 각 호의 어느 하나에 해당하는 사람 중에서 관할 시장 · 군수 · 구청장이 임명하거나 위촉한다.

1. 시설의 장 2. 시설 거주자 대표 3. 시설 거주자의 보호자 대표 4. 시설 종사자의 대표 5. 해당 시 · 군 · 구 소속의 사회복지업무를 담당하는 공무원 6. 후원자 대표 또는 지역주민 7. 공익단체에서 추천한 사람 8. 그 밖에 시설의 운영 또는 사회복지에 관하여 전문적인 지식과 경험이 풍부한 사람

③ 시설의 장은 다음 각 호의 사항을 제1항에 따른 운영위원회에 보고하여야 한다.

1. 시설의 회계 및 예산 · 결산에 관한 사항 2. 후원금 조성 및 집행에 관한 사항 3. 그 밖에 시설운영과 관련된 사건 · 사고에 관한 사항

④ 그 밖에 운영위원회의 조직 및 운영에 관한 사항은 보건복지부령으로 정한다.

제37조(시설의 서류 비치) 시설의 장은 후원금품대장 등 보건복지부령으로 정하는 서류를 시설에 갖추어 두어야 한다.

제38조(시설의 휴지 · 재개 · 폐지 신고 등) ① 제34조제2항에 따른 신고를 한 자는 지체 없이 시설의 운영을 시작하여야 한다.

② 시설의 운영자는 그 운영을 일정 기간 중단하거나 다시 시작하거나 시설을 폐지하려는 경우에는 보건복지부령으로 정하는 바에 따라 시장 · 군수 · 구청장에게 신고하여야 한다.

③ 시장 · 군수 · 구청장은 제2항에 따라 시설 운영이 중단되거나 시설이 폐지되는 경우에는 보건복지부령으로 정하는 바에 따라 시설 거주자의 권익을 보호하기 위하여 다음 각 호의 조치를 하여야 한다.

1. 시설 거주자가 다른 시설을 선택할 수 있도록 하고 그 이행을 확인하는 조치 2. 시설 거주자가 이용료 · 사용료 등의 비용을 부담하는 경우 납부한 비용 중 사용하지 아니한 금액을 반환하게 하고 그 이행을 확인하는 조치 3. 보조금 · 후원금 등의 사용 실태 확인과 이를 재원으로 조성한 재산 중 남은 재산의 회수조치 4. 그 밖에 시설 거주자의 권익 보호를 위하여 필요하다고 인정되는 조치

④ 시설 운영자가 제2항에 따라 시설운영을 재개하려고 할 때에는 보건복지부령으로

정하는 바에 따라 시설 거주자의 권익을 보호하기 위하여 다음 각 호의 조치를 하여야 한다.

1. 운영 중단 사유의 해소
2. 향후 안정적 운영계획의 수립
3. 그 밖에 시설 거주자의 권익 보호를 위하여 보건복지부장관이 필요하다고 인정하는 조치

⑤ 제1항과 제2항에 따른 시설 운영의 개시 · 중단 · 재개 및 시설 폐지의 신고 등에 관하여 필요한 사항은 보건복지부령으로 정한다.

第40조(시설의 개선, 사업의 정지, 시설의 폐쇄 등) ① 보건복지부장관, 시 · 도지사 또는 시장 · 군수 · 구청장은 시설이 다음 각 호의 어느 하나에 해당할 때에는 그 시설의 개선, 사업의 정지, 시설의 장의 교체를 명하거나 시설의 폐쇄를 명할 수 있다.

1. 시설이 설치기준에 미달하게 되었을 때
2. 사회복지법인 또는 비영리법인이 설치 · 운영하는 시설의 경우 그 사회복지법인 또는 비영리법인의 설립허가가 취소되었을 때
3. 설치 목적이 달성되었거나 그 밖의 사유로 계속하여 운영될 필요가 없다고 인정할 때
4. 회계부정이나 불법행위 또는 그 밖의 부당행위 등이 발견되었을 때
5. 제34조제2항에 따른 신고를 하지 아니하고 시설을 설치 · 운영하였을 때
6. 제36조제1항에 따른 운영위원회를 설치하지 아니하거나 운영하지 아니하였을 때
7. 정당한 이유 없이 제51조제1항에 따른 보고 또는 자료 제출을 하지 아니하거나 거짓으로 하였을 때
8. 정당한 이유 없이 제51조제1항에 따른 검사 · 질문을 거부 · 방해하거나 기피하였을 때
9. 시설에서 「성폭력범죄의 처벌 등에 관한 특례법」 제2조제1항 제3호부터 제5호까지의 성폭력범죄 또는 「아동 · 청소년의 성보호에 관한 법률」 제2조제3호의 아동 · 청소년대상 성폭력범죄가 발생한 때
10. 1년 이상 시설이 휴지상태에 있어 시장 · 군수 · 구청장이 재개를 권고하였음에도 불구하고 재개하지 아니한 때

② 제1항에 따른 사업의 정지 및 시설의 폐쇄 명령을 받은 경우에는 제38조제3항을 준용한다.

③ 제1항에 따른 행정처분의 세부적인 기준은 그 위반행위의 유형과 위반 정도 등을 고려하여 보건복지부령으로 정한다.

제41조(시설 수용인원의 제한) 각 시설의 수용인원은 300명을 초과할 수 없다. 다만, 대통령령으로 정하는 경우에는 그러하지 아니하다.

> **동법 시행령 제19조**(수용인원 300명 초과시설) 법 제41조 단서에 따라 수용인원 300명을 초과할 수 있는 사회복지시설은 다음 각 호의 어느 하나에 해당하는 시설로 한다.
> 1. 「노인복지법」 제32조에 따른 노인주거복지시설 중 양로시설과 노인복지주택
> 2. 「노인복지법」 제34조에 따른 노인의료복지시설 중 노인요양시설
> 3. 보건복지부장관이 사회복지시설의 종류, 지역별 사회복지시설의 수, 지역별 · 종류별 사회복지서비스 수요 및 사회복지사업 관련 종사자의 수 등을 고려하여 정하여 고시하는 기준에 적합하다고 시장 · 군수 · 구청장이 인정하는 사회복지시설

제3장의2 재가복지

제41조의2(재가복지서비스) ① 국가나 지방자치단체는 보호대상자가 다음 각 호의 어느 하나에 해당하는 재가복지서비스를 제공받도록 할 수 있다.

1. 가정봉사서비스: 가사 및 개인활동을 지원하거나 정서활동을 지원하는 서비스
2. 주간 · 단기 보호서비스: 주간 · 단기 보호시설에서 급식 및 치료 등 일상생활의 편의를 낮 동안 또는 단기간 동안 제공하거나 가족에 대한 교육 및 상담을 지원하는 서비스

② 시장 · 군수 · 구청장은 「사회보장급여의 이용 · 제공 및 수급권자 발굴에 관한 법률」 제15조에 따른 보호대상자별 서비스 제공 계획에 따라 보호대상자에게 사회복지서비스를 제공하는 경우 시설 입소에 우선하여 제1항 각 호의 재가복지서비스를 제공하도록 하여야 한다.

제41조의4(가정봉사원의 양성) 국가나 지방자치단체는 재가복지서비스를 필요로 하는 가정 또는 시설에서 보호대상자가 일상생활을 하기 위하여 필요한 각종 편의를 제공하는 가정봉사원을 양성하도록 노력하여야 한다.

제4장 보칙

제42조(보조금 등) ① 국가나 지방자치단체는 사회복지사업을 하는 자 중 대통령령으로 정하는 자에게 운영비 등 필요한 비용의 전부 또는 일부를 보조할 수 있다. 〈개정 2016. 2. 3.〉

② 제1항에 따른 보조금은 그 목적 외의 용도에 사용할 수 없다.

> 동법 시행령 제26조의3(지원금의 지급기준 등) ① 법 제42조의3에 따른 지원금의 지급기준은 다음 각 호의 어느 하나에 해당하는지 여부로 한다.
> 1. 지방자치단체에서 수행하는 복지사업의 평가결과 평가점수가 높거나 현저히 향상된 경우
> 2. 지방자치단체가 실시한 사회복지사업이 복지행정 발전 및 주민의 복지증진에 기여한 경우
> 3. 그 밖에 보건복지부장관이 정하는 기준에 해당하는 경우

③ 국가나 지방자치단체는 제1항에 따라 보조금을 받은 자가 다음 각 호의 어느 하나에 해당할 때에는 이미 지급한 보조금의 전부 또는 일부의 반환을 명할 수 있다. 다만, 제1호 및 제2호의 경우에는 반환을 명하여야 한다. 〈개정 2016. 2. 3.〉

1. 거짓이나 그 밖의 부정한 방법으로 보조금을 받았을 때
2. 사업 목적 외의 용도에 보조금을 사용하였을 때
3. 이 법 또는 이 법에 따른 명령을 위반하였을 때

④ 제1항에 따른 보조금과 관련하여 이 법에서 규정한 사항 외에는 「보조금 관리에 관한 법률」 및 「지방재정법」을 따른다.

제42조의2(국유 · 공유 재산의 우선매각) 국가나 지방자치단체는 사회복지사업과 관련한 시설을 설치하거나 사업을 육성하기 위하여 필요하다고 인정하면 「국유재산법」과 「공유재산 및 물품 관리법」에도 불구하고 사회복지법인 또는 사회복지시설에 국유 · 공유 재산을 우선매각하거나 임대할 수 있다.

제42조의3(지방자치단체에 대한 지원금) ① 보건복지부장관은 시 · 도지사 및 시장 · 군수 · 구청장에게 사회복지사업의 수행에 필요한 비용을 지원할 수 있다.

② 보건복지부장관은 「사회보장급여의 이용 · 제공 및 수급권자 발굴에 관한 법률」 제39조에 따른 평가결과를 반영하여 제1항에 따른 지원을 할 수 있다.

③ 제1항에 따른 지원금의 지급기준 · 지급방법 등에 관하여 필요한 사항은 보건복지부

령으로 정한다.

제43조(시설의 서비스 최저기준) ① 보건복지부장관은 시설에서 제공하는 서비스의 최저기준을 마련하여야 한다.

② 시설 운영자는 제1항의 서비스 최저기준 이상으로 서비스 수준을 유지하여야 한다.

③ 제1항의 서비스 기준 대상시설과 서비스 내용 등에 관하여 필요한 사항은 보건복지부령으로 정한다.

동법 시행령 제27조(시설의 서비스 최저기준) ① 법 제43조제1항에 따른 서비스 최저기준에는 다음 각 호의 사항이 포함되어야 한다.

1. 시설 이용자의 인권 2. 시설의 환경 3. 시설의 운영 4. 시설의 안전관리 5. 시설의 인력관리 6. 지역사회 연계 7. 서비스의 과정 및 결과 8. 그 밖에 서비스 최저기준 유지에 필요한 사항

② 제1항에 따른 서비스 최저기준 대상시설의 범위는 다음 각 호와 같다. 다만, 시설의 규모, 제공하는 서비스의 특성, 이용자 수 등을 고려하여 보건복지부장관이 정하는 시설은 제외한다.

1. 법 제2조제1호 각 목의 법률에 따른 사회복지시설
2. 사회복지관

제43조의2(시설의 평가) ① 보건복지부장관과 시·도지사는 보건복지부령으로 정하는 바에 따라 시설을 정기적으로 평가하고, 그 결과를 공표하거나 시설의 감독·지원 등에 반영할 수 있으며 시설 거주자를 다른 시설로 보내는 등의 조치를 할 수 있다.

② 보건복지부장관이나 시·도지사는 제1항의 평가 결과에 따라 시설 거주자를 다른 시설로 보내는 경우에는 제38조제3항의 조치를 하여야 한다.

제44조(비용의 징수) 이 법에 따른 복지조치에 필요한 비용을 부담한 지방자치단체의 장이나 그 밖에 시설을 운영하는 자는 그 혜택을 받은 본인 또는 그 부양의무자로부터 대통령령으로 정하는 바에 따라 그가 부담한 비용의 전부 또는 일부를 징수할 수 있다.

제45조(후원금의 관리) ① 사회복지법인의 대표이사와 시설의 장은 아무런 대가 없이 무상으로 받은 금품이나 그 밖의 자산(이하 "후원금"이라 한다)의 수입·지출 내용을 공개하여

야 하며 그 관리에 명확성이 확보되도록 하여야 한다.

② 후원금에 관한 영수증 발급, 수입 및 사용결과 보고, 그 밖에 후원금 관리 및 공개 절차 등 구체적인 사항은 보건복지부령으로 정한다.

第46조(한국사회복지사협회) ① 사회복지사는 사회복지에 관한 전문지식과 기술을 개발·보급하고, 사회복지사의 자질 향상을 위한 교육훈련을 실시하며, 사회복지사의 복지증진을 도모하기 위하여 한국사회복지사협회(이하 "협회"라 한다)를 설립한다.

② 제1항에 따른 협회는 법인으로 하되, 협회의 조직과 운영 등에 필요한 사항은 대통령령으로 정한다.

③ 협회에 관하여 이 법에서 규정한 사항을 제외하고는 「민법」 중 사단법인에 관한 규정을 준용한다.

第47조(비밀누설의 금지) 사회복지사업 또는 사회복지업무에 종사하였거나 종사하고 있는 사람은 그 업무 수행 과정에서 알게 된 다른 사람의 비밀을 누설하여서는 아니 된다.

第48조(압류 금지) 이 법 및 제2조제1호 각 목의 법률에 따라 지급된 금품과 이를 받을 권리는 압류하지 못한다.

第49조(청문) 보건복지부장관, 시·도지사 또는 시장·군수·구청장은 다음 각 호의 어느 하나에 해당하는 처분을 하려면 청문을 실시하여야 한다. 〈개정 2016. 2. 3.〉

1. 제11조의3에 따른 사회복지사의 자격취소 2. 제26조에 따른 설립허가 취소
3. 제40조에 따른 시설의 폐쇄

第50조(포상) 정부는 사회복지사업에 관하여 공로가 현저하거나 모범이 되는 자에게 포상(褒賞)을 할 수 있다.

第51조(지도·감독 등) ① 보건복지부장관, 시·도지사 또는 시장·군수·구청장은 사회복지사업을 운영하는 자의 소관 업무에 관하여 지도·감독을 하며, 필요한 경우 그 업무에 관하여 보고 또는 관계 서류의 제출을 명하거나, 소속 공무원으로 하여금 사회복지법인의 사무소 또는 시설에 출입하여 검사 또는 질문을 하게 할 수 있다.

② 사회복지법인의 주된 사무소의 소재지와 시설의 소재지가 같은 시·도 또는 시·군·구에 있지 아니한 경우 그 시설의 업무에 관하여는 시설 소재지의 시·도지사 또는 시장·군수·구청장이 지도·감독 등을 한다. 이 경우 지도·감독 등을 위하여 필요할 때에는 사회복지법인의 업무에 대하여 사회복지법인의 주된 사무소 소재지의 시·도지사 또는 시장·군수·구청장에게 협조를 요청할 수 있다.

③ 제2항에 따른 지도 · 감독 등에 관하여 따로 지방자치단체 간에 협약을 체결한 경우에는 제2항에도 불구하고 협약에서 정한 시 · 도지사 또는 시장 · 군수 · 구청장이 지도 · 감독 등의 업무를 수행한다.

④ 제1항에 따라 검사 또는 질문을 하는 관계 공무원은 그 권한을 표시하는 증표를 지니고 이를 관계인에게 보여주어야 한다.

⑤ 보건복지부장관, 시 · 도지사 또는 시장 · 군수 · 구청장은 지도 · 감독을 실시한 후 제26조 및 제40조에 따른 행정처분 등을 한 경우에는 처분 대상인 법인 또는 시설의 명칭, 처분사유, 처분내용 등 처분과 관련된 정보를 대통령령으로 정하는 바에 따라 공표할 수 있다.

⑥ 지도 · 감독 기관은 사회복지 사업을 운영하는 자의 소관 업무에 대한 지도 · 감독에 있어 필요한 경우 촉탁할 수 있으며 촉탁받은 자의 업무범위와 권한은 대통령령으로 정한다.

제52조(권한의 위임 또는 위탁) ① 이 법에 따른 보건복지부장관 또는 시 · 도지사의 권한은 대통령령으로 정하는 바에 따라 그 일부를 시 · 도지사 또는 시장 · 군수 · 구청장에게 위임할 수 있다.

② 보건복지부장관은 이 법에 따른 업무의 일부를 대통령령으로 정하는 바에 따라 제6조의2제5항에 따른 전담기구, 사회복지 관련 기관 또는 단체에 위탁할 수 있다.

제5장 벌칙

제53조(벌칙) 다음 각 호의 어느 하나에 해당하는 자는 5년 이하의 징역 또는 5천만원 이하의 벌금에 처한다.

1. 제23조제3항을 위반한 자
2. 제42조제2항을 위반한 자

제54조(벌칙) 다음 각 호의 어느 하나에 해당하는 자는 1년 이하의 징역 또는 1천만원 이하의 벌금에 처한다.

1. 제6조제1항을 위반한 자

1의2. 제18조의2를 위반하여 금품, 향응 또는 재산상의 이익을 주고받거나 주고받을 것을 약속한 사람

2. 제28조제2항을 위반한 자
3. 제34조제2항에 따른 신고를 하지 아니하고 시설을 설치 · 운영한 자
4. 정당한 이유 없이 제38조제3항(제40조제2항에서 준용하는 경우를 포함한다)에 따른 시설 거주자 권익 보호조치를 기피하거나 거부한 자
5. 정당한 이유 없이 제40조제1항에 따른 명령을 이행하지 아니한 자
6. 제47조를 위반한 자
7. 정당한 이유 없이 제51조제1항에 따른 보고를 하지 아니하거나 거짓으로 보고한 자, 자료를 제출하지 아니하거나 거짓 자료를 제출한 자, 검사 · 질문을 거부 · 방해 또는 기피한 자

제55조(벌칙) 제13조를 위반한 자는 300만원 이하의 벌금에 처한다.

제56조(양벌규정) 법인의 대표자나 법인 또는 개인의 대리인 · 사용인, 그 밖의 종업원이 그 법인 또는 개인의 업무에 관하여 제53조, 제54조 및 제55조의 위반행위를 하면 그 행위자를 벌하는 외에 그 법인 또는 개인에게도 해당 조문의 벌금형을 과(科)한다. 다만, 법인 또는 개인이 그 위반행위를 방지하기 위하여 해당 업무에 관하여 상당한 주의와 감독을 게을리하지 아니한 경우에는 그러하지 아니하다.

제57조(벌칙 적용 시의 공무원 의제) 제12조제1항 또는 제52조제2항에 따라 위탁받은 업무를 수행하는 제6조의2제5항에 따른 전담기구, 사회복지 관련 기관 또는 단체 임직원은 「형법」 제129조부터 제132조까지의 규정을 적용할 때에는 공무원으로 본다.

Ⅲ. 사회보장급여의 이용 · 제공 및 수급권자 발굴에 관한 법률 (약칭: 사회보장급여법)

[시행 2017. 9. 22.] [법률 제14696호, 2017. 3. 21., 일부개정]

1. 법 제정 의의 및 연혁

「사회보장급여의 이용 · 제공 및 수급권자 발굴에 관한 법률」(이하 사회보장급여법)은 「헌법」과 개별적인 사회복지법의 중간자의 역할을 하는 「사회보장기본법」에 명시된 사회보장급여의 사회보장급여의 이용 및 제공에 필요한 기준, 방법, 절차와 지원대상자의 발굴 및 지원 등에 관하여 기본법의 역할을 수행한다. 따라서 특별법 우선적용의 원칙에 따라 이에 관하여 다른 법률에 특별한 규정이 있는 경우를 제외하고는 이 법에 따른다.

이 법의 제정 배경은 다음과 같다.[13)]첫째, 늘어나는 복지예산과 서비스의 다양화에도 불구하고 현행 복지전달체계가 중앙행정기관별 · 지방자치단체별로 분절 운영되어 서비스의 효율적 연계를 기대하기 어렵고, 같은 대상자에게 복지혜택이 중복하여 제공되거나 송파 세모녀 자살사건이 발생하는 등 도움이 절실한 계층이 복지의 사각지대에 놓이는 사례가 동시에 발생하고 있다.

둘째, 개정된 「사회보장기본법」은 보건의료, 교육, 고용, 주거 등 다양한 복지서비스를 포괄하는 사회서비스 개념을 도입하여 국민의 보편적 · 생애주기적인 특성에 맞게 소득과 사회서비스를 함께 보장하는 맞춤형 사회보장제도의 운영을 지향하고 있으나, 이를 실현하기 위한 세부적인 실행방안과 절차가 미비하여 적절한 조사와 지급 이후의 사후관리의 미흡으로 국민의 예측가능성을 담보하지 못한다는 문제가 제기되어 왔다.

셋째, 기존 「사회복지사업법」이 사회복지사업 중심의 서비스 이용 절차와 운영에 한정되어 있어 중앙행정기관과 지방자치단체의 유기적인 연계를 통한 지역단위 사회보장을 제대로 이루어 내지 못하는 한계가 있어 이를 보완할 후속조치가 절실히 요구되었다.

이에 따라 사회보장급여의 신청, 조사, 결정 · 지급, 사후관리에 이르는 복지대상자 선정과 지원에 필요한 일련의 절차 및 방법 등에 관한 사항을 구체적으로 규정하고, 소외계층을 발굴하기 위한 신고의무, 보호대상자에게 필요한 급여의 직권신청, 보호계획 수립 · 지원, 상담 · 안내 · 의뢰 등 수급권자 보호를 강화하고 복지사각지대를 해소하기 위한 방안을 제도적으로 보완하고, 또한 중앙행정기관 · 지방자치단체 및 관련 공공기관 간 정보의 연계를 통하여 복지행정 업무를 전자적으로 지원하는 사회보장정보시스템의 원활한 운영을 뒷받침함으로써 복지사업의 효과성을 제고하는 한편, 중앙행정기관과 지방자치단체 간의 유기적인 연계와 통일성을 기하여 지역 단위의 종합적 사회보장과 지역 간 균형

발전을 실현하기 위한 방안 및 지원체계를 정립하여 궁극적으로는 국민이 자신에게 적합한 복지혜택을 선택할 수 있도록 하는 맞춤형 서비스를 제공함으로써 국민의 복지체감도를 향상시키기 위하여 이 법이 제정되었다.

사회복지법의 총괄적인 법 체계상 이 법이 갖고 있는 위상과 위치는 다음과 같다.

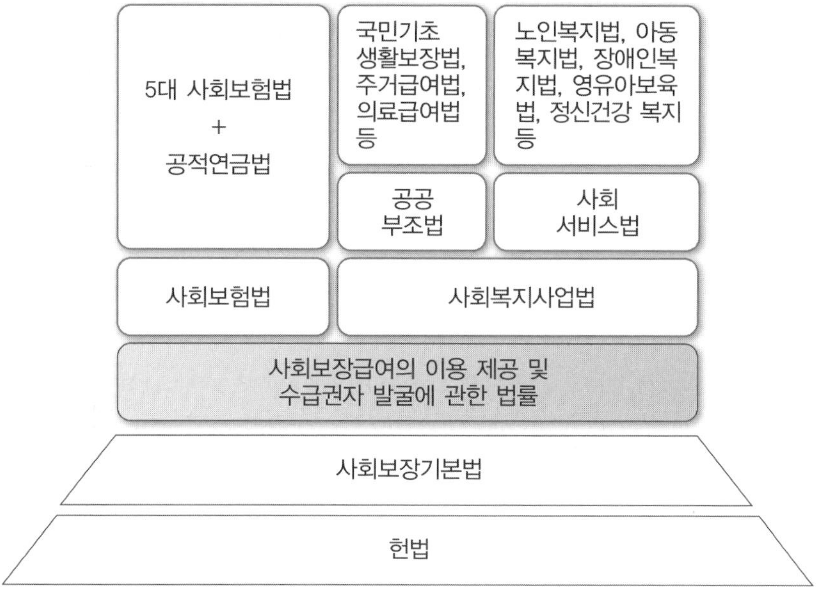

[그림 12-3] 우리나라 사회복지법체계

이 법은 '2014. 12. 30., 법률 제12935호'로 제정되어 2015년 7월 1일부터 시행되고 있다.[14]

2. 법의 내용

이 법의 주요 내용과 관련된 시행령과 시행규칙의 내용은 다음과 같다.[15]

제1장 총칙

제1조(목적) 이 법은 「사회보장기본법」에 따른 사회보장급여의 이용 및 제공에 관한 기준과 절차 등 기본적 사항을 규정하고 지원을 받지 못하는 지원대상자를 발굴하여 지원함으로써 사회보장급여를 필요로 하는 사람의 인간다운 생활을 할 권리를 최대한 보장하고, 사회보장급여가 공정하고 효과적으로 제공되도록 하며, 사회보장제도가 지역사회에서 통합적으로 시행될 수 있도록 그 기반을 구축하는 것을 목적으로 한다.

제2조(정의) 이 법에서 사용하는 용어의 뜻은 다음과 같다.

1. "사회보장급여"란 제5호의 보장기관이 「사회보장기본법」 제3조제1호에 따라 제공하는 현금, 현물, 서비스 및 그 이용권을 말한다.
2. "수급권자"란 「사회보장기본법」 제9조에 따른 사회보장급여를 제공받을 권리를 가진 사람을 말한다.
3. "수급자"란 사회보장급여를 받고 있는 사람을 말한다.
4. "지원대상자"란 사회보장급여를 필요로 하는 사람을 말한다.
5. "보장기관"이란 관계 법령 등에 따라 사회보장급여를 제공하는 국가기관과 지방자치단체를 말한다.

제3조(다른 법률과의 관계) 사회보장급여의 이용 및 제공에 필요한 기준, 방법, 절차와 지원대상자의 발굴 및 지원 등에 관하여는 다른 법률에 특별한 규정이 있는 경우를 제외하고는 이 법에 따른다.

사회보장급여법=사회보장급여의 이용 · 제공 · 발굴 및 지원 등에 관한 일반법
다른 법률=특별법/ 특별법 우선 적용의 원칙

제4조(기본원칙)

① 사회보장급여가 필요한 사람은 누구든지 자신의 의사에 따라 사회보장급여를 신청할 수 있으며, 보장기관은 이에 필요한 안내와 상담 등의 지원을 충분히 제공하여야 한다.
② 보장기관은 지원이 필요한 국민이 급여대상에서 누락되지 아니하도록 지원대상자를 적극 발굴하여 이들이 필요로 하는 사회보장급여를 적절하게 제공받을 수 있도록 노력하여야 한다.
③ 보장기관은 국민의 다양한 복지욕구를 충족시키고 생애주기별 필요에 맞는 사회보장급여가 공정 · 투명 · 적정하게 제공될 수 있도록 노력하여야 한다.
④ 보장기관은 사회보장급여와 「사회복지사업법」 제2조제3호 및 제4호의 사회복지법인, 사회복지시설 등 사회보장 관련 민간 법인 · 단체 · 시설이 제공하는 복지혜택 또는 서비스를 효과적으로 연계하여 제공할 수 있도록 노력하여야 한다.
⑤ 보장기관은 국민이 사회보장급여를 편리하게 이용할 수 있도록 사회보장 정책 및 관련 제도를 수립 · 시행하기 위하여 노력하여야 한다.
⑥ 보장기관은 지역의 사회보장 수준이 균등하게 실현될 수 있도록 노력하여야 한다.

제2장 사회보장급여

제1절 사회보장급여의 이용

제5조(사회보장급여의 신청) ① 지원대상자와 그 친족, 「민법」에 따른 후견인, 「청소년 기본법」에 따른 청소년상담사 · 청소년지도사, 지원대상자를 사실상 보호하고 있는 자(관련 기관 및 단체의 장을 포함한다) 등은 지원대상자의 주소지 관할 보장기관에 사회보장급여를 신청할 수 있다.

신청주의 원칙과 직권신청보장 병행

② 보장기관의 업무담당자는 지원대상자가 누락되지 아니하도록 하기 위하여 관할 지역에 거주하는 지원대상자에 대한 사회보장급여의 제공을 직권으로 신청할 수 있다. 이 경우 지원대상자의 동의를 받아야 하며, 동의를 받은 경우에는 지원대상자가 신청한 것으로 본다.

③ 보장기관의 업무담당자는 제1항 및 제2항에 따른 신청 시 신청인 또는 지원대상자에 대하여 다음 각 호의 사항을 고지하여야 한다.

1. 근거 법령, 제7조에 따른 조사의 목적, 조사 정보의 범위 및 이용방법
2. 제20조에 따른 신고의무
3. 제34조에 따른 정보의 보유기간 및 파기

④ 제1항부터 제3항까지에 따른 사회보장급여의 신청 및 고지 방법 등에 필요한 사항은 대통령령으로 정한다.

제6조(사회보장 요구의 조사) 보장기관의 장은 제5조에 따른 사회보장급여의 신청을 받으면 다음 각 호의 사항을 조사하여야 한다.

1. 지원대상자의 사회보장 요구와 관련된 사항
2. 지원대상자의 건강상태, 가구 구성 등 생활 실태에 관한 사항
3. 그 밖에 지원대상자에게 필요하다고 인정되는 사회보장급여에 관한 사항

제7조(수급자격의 조사) ① 보장기관의 장은 제5조에 따른 사회보장급여의 신청을 받으면 지원대상자와 그 부양의무자(배우자와 1촌의 직계혈족 및 그 배우자를 말한다. 이하 같다)에 대하여 사회보장급여의 수급자격 확인을 위하여 다음 각 호의 어느 하나에 해당하는 자료 또는 정보를 제공받아 조사하고 처리(「개인정보 보호법」 제2조제2호의 처리를 말한다. 이

하 같다)할 수 있다. 다만, 부양의무자에 대한 조사가 필요하지 아니하거나 그 밖에 대통령령으로 정하는 사유에 해당하는 경우는 제외한다.

1. 인적사항 및 가족관계 확인에 관한 사항
2. 소득 · 재산 · 근로능력 및 취업상태에 관한 사항
3. 사회보장급여 수급이력에 관한 사항
4. 그 밖에 수급권자를 선정하기 위하여 보장기관의 장이 필요하다고 인정하는 사항

동법 시행령 제3조(수급자격의 조사) ① 법 제7조제1항 각 호 외의 부분 단서에 따라 다음 각 호의 어느 하나에 해당하는 경우에는 같은 항 제2호에 따른 소득 · 재산 · 근로능력 및 취업상태에 관한 사항을 조사하지 아니한다.

1. 다른 법령에 따라 지원대상자가 사회보장급여를 받고 있는 경우로서 수급자격의 증명만으로 사회보장급여 제공을 결정할 수 있는 경우
2. 진단서 등에 의한 지원대상자의 건강상태 확인만으로 사회보장급여 제공을 결정할 수 있는 경우
3. 그 밖에 보장기관의 장이 소득 · 재산 · 근로능력 및 취업상태에 관한 조사가 필요하지 아니하다고 인정하는 경우

제8조(금융정보 등의 제공 등) ① 중앙행정기관의 장 또는 지방자치단체의 장은 지원대상자와 그 부양의무자에 대하여 제7조제1항에 따라 금융정보 등에 대한 조사가 필요한 경우 금융정보, 신용정보. 보험정보의 제공에 대하여 동의한다는 서면을 받아야 한다.

제9조(사회보장급여 제공의 결정) ① 보장기관의 장이 제6조 및 제7조에 따른 조사를 실시한 경우에는 사회보장급여의 제공 여부 및 제공 유형을 결정하되, 제공하고자 하는 사회보장급여는 지원대상자가 현재 제공받고 있는 사회보장급여와 보장내용이 중복되도록 하여서는 아니 된다.

제2절 지원대상자의 발굴

제10조(자료 또는 정보의 제공과 홍보) 보장기관의 장은 지원대상자를 발굴하기 위하여 다음 각 호의 사항에 대한 자료 또는 정보의 제공과 홍보에 노력하여야 한다.

1. 사회보장급여의 내용 및 제공규모
2. 수급자가 되기 위한 요건과 절차
3. 그 밖에 사회보장급여 수급을 위하여 필요한 정보

제11조(정보공유 등의 협조 요청) 보장기관의 장은 관할 지역에 거주하는 지원대상자를 발굴하기 위하여 다음 각 호에 해당하는 관계 기관 · 법인 · 단체 · 시설의 장에게 소관 업무의 수행과 관련하여 취득한 정보의 공유, 지원대상자의 거주지 등 현장조사 시 소속 직원의 동행 등 필요한 사항에 대한 협조를 요청할 수 있다. 이 경우 관계 기관 · 법인 · 단체 · 시설의 장은 정당한 사유가 없으면 이에 따라야 한다.

1. 「사회복지사업법」 제2조 제3호와 제4호에 따른 사회복지법인 및 사회복지시설
2. 「국민연금법」 제24조에 따른 국민연금공단
3. 「국민건강보험법」 제13조에 따른 국민건강보험공단
4. 「지역보건법」 제10조에 따른 보건소
5. 「초 · 중등교육법」 제2조 각 호의 학교
6. 「경찰법」 제2조에 따른 경찰서
7. 「소방기본법」 제2조제5호의 소방대
8. 그 밖에 대통령령으로 정하는 기관 · 법인 · 단체 · 시설

동법 시행령 제7조(지원대상자 발굴을 위한 정보공유 등의 협조기관 등) 법 제11조제8호에서 "대통령령으로 정하는 기관 · 법인 · 단체 · 시설"이란 다음 각 호의 기관 · 법인 · 단체 · 시설을 말한다.

1. 「도시가스사업법」 제2조제2호에 따른 도시가스사업자
2. 「수도법」 제3조제21호에 따른 수도사업자
3. 「한국가스공사법」 제2조에 따른 한국가스공사
4. 「한국전력공사법」 제2조에 따른 한국전력공사

제12조(자료 또는 정보의 처리 등) ① 보건복지부장관은 보장기관이 제10조에 따른 업무를 효율적으로 수행할 수 있도록 지원하기 위하여 「사회보장기본법」 제37조에 따른 사회보장정보시스템(이하 "사회보장정보시스템"이라 한다)을 통하여 다음 각 호의 자료 또는 정보를 처리할 수 있다.

1. 「전기사업법」 제14조에 따른 단전(전류제한을 포함한다), 「수도법」 제39조에 따른 단수, 「도시가스사업법」 제19조에 따른 단가스 가구정보(가구정보는 주민등록전산

정보 · 가족관계등록전산정보를 포함한다. 이하 같다)
2. 「초 · 중등교육법」 제25조에 따른 학교생활기록 정보 중 담당교원이 위기상황에 처하여 있다고 판단한 학생의 가구정보
3. 「국민건강보험법」 제69조에 따른 보험료를 6개월 이상 체납한 사람의 가구정보
4. 「국민기초생활 보장법」 또는 「긴급복지지원법」에 따른 신청 또는 지원 중 탈락가구의 가구정보
5. 「사회복지사업법」 제35조에 따른 시설의 장이 입소 탈락자나 퇴소자 중 위기상황에 처하여 있다고 판단한 사람의 가구정보
6. 「신용정보의 이용 및 보호에 관한 법률」 제25조 제2항 제1호에 따른 종합신용정보집중기관이 보유하고 있는 개인신용정보 중 보건복지부장관이 위기상황에 처하여 있다고 판단한 사람의 대통령령으로 정하는 기준에 해당하는 연체정보(대출금 · 신용카드대금을 말한다)로서 금융위원회 위원장과 협의하여 정하는 개인신용정보
7. 그 밖에 지원대상자의 발굴을 위하여 필요한 정보로서 대통령령으로 정하는 정보

제13조(지원대상자 발견 시 신고의무) ① 누구든지 출산, 양육, 실업, 노령, 장애, 질병, 빈곤 및 사망 등의 사회적 위험으로 인하여 사회보장급여를 필요로 하는 지원대상자를 발견하였을 때에는 보장기관에 알려야 한다.

② 다음 각 호의 어느 하나에 해당하는 사람은 그 직무상 제1항과 같은 사회적 위험으로 인하여 사망 또는 중대한 정신적 · 신체적 장애를 입을 위기에 처한 지원대상자를 발견한 경우 지체 없이 보장기관에 알리고, 지원대상자가 신속하게 지원을 받을 수 있도록 노력하여야 한다.

1. 「사회복지사업법」 제35조 및 제35조의2에 따른 사회복지시설의 장과 그 종사자
2. 「장애인활동 지원에 관한 법률」 제20조에 따른 활동지원기관의 장 및 그 종사자와 같은 법 제16조에 따른 활동지원인력
3. 「의료법」 제2조 및 제3조의 의료인과 의료기관의 장
4. 「의료기사 등에 관한 법률」 제1조의2의 의료기사
5. 「응급의료에 관한 법률」 제36조의 응급구조사
6. 「소방기본법」 제34조에 따른 구조대 및 구급대의 대원
7. 「국가공무원법」 제2조제2항제2호에 따른 경찰공무원
8. 「지방공무원법」 제2조제2항제2호에 따른 자치경찰공무원

9. 「정신건강증진 및 정신질환자 복지서비스 지원에 관한 법률」 제3조제3호에 따른 정신건강복지센터의 장과 그 종사자
10. 「영유아보육법」 제10조에 따른 어린이집의 원장 등 보육교직원
11. 「유아교육법」 제20조에 따른 교직원 및 같은 법 제23조에 따른 강사 등
12. 「초 · 중등교육법」 제19조에 따른 교직원, 같은 법 제19조의2에 따른 전문상담교사 등 및 같은 법 제22조에 따른 산학겸임교사 등
13. 「학원의 설립 · 운영 및 과외교습에 관한 법률」 제6조에 따른 학원의 운영자 · 강사 · 직원 및 같은 법 제14조에 따른 교습소의 교습자 · 직원
14. 「성폭력방지 및 피해자보호 등에 관한 법률」 제10조에 따른 성폭력피해상담소의 장과 그 종사자 및 같은 법 제12조에 따른 성폭력피해자보호시설의 장과 그 종사자
15. 「성매매방지 및 피해자보호 등에 관한 법률」 제10조에 따른 지원시설의 장과 그 종사자 및 같은 법 제17조에 따른 성매매피해상담소의 장과 그 종사자
16. 「가정폭력방지 및 피해자보호 등에 관한 법률」 제5조에 따른 가정폭력 관련 상담소의 장과 그 종사자 및 같은 법 제7조에 따른 가정폭력피해자 보호시설의 장과 그 종사자
17. 「건강가정기본법」 제35조에 따른 건강가정지원센터의 장과 그 종사자
18. 「노인장기요양보험법」 제31조에 따른 장기요양기관의 장과 그 종사자 및 같은 법 제32조에 따른 재가장기요양기관의 장과 종사자
19. 「지역보건법」 제11조제1항제5호 사목에 따른 보건소의 방문간호 업무 종사자
20. 「다문화가족지원법」 제12조에 따른 다문화가족지원센터의 장과 그 종사자
21. 「지방자치법」 제4조의2 제4항에 따른 행정리의 이장 및 같은 조 제5항에 따른 행정동의 하부조직으로 두는 통의 통장

제14조(민관협력) ① 보장기관과 관계 기관 · 법인 · 단체 · 시설은 지역사회 내 사회보장이 필요한 지원대상자를 발굴하고, 가정과 지역공동체의 자발적인 협조가 이루어질 수 있도록 노력하여야 한다.

③ 특별자치시장 및 시장 · 군수 · 구청장은 제1항에 따른 지역사회 내 지원대상자를 발굴하는 활동을 촉진하기 위하여 예산의 범위에서 필요한 비용을 지원할 수 있다. 〈개정 2017. 3. 21.〉

제3절 수급권자 등의 지원

제15조(지원계획의 수립 및 시행) ① 보장기관의 장은 제9조제1항에 따라 사회보장급여의 제공을 결정한 때에는 필요한 경우 다음 각 호의 사항이 포함된 수급권자별 사회보장급여 제공계획(이하 이 조에서 "지원계획"이라 한다)을 수립하여야 한다. 이 경우 수급권자 또는 그 친족이나 그 밖의 관계인의 의견을 고려하여야 한다.

1. 사회보장급여의 유형 · 방법 · 수량 및 제공기간
2. 사회보장급여를 제공할 기관 및 단체
3. 동일한 수급권자에 대하여 사회보장급여를 제공할 보장기관 또는 관계 기관 · 법인 · 단체 · 시설이 둘 이상인 경우 상호간 연계방법
4. 사회보장 관련 민간 법인 · 단체 · 시설이 제공하는 복지혜택과 연계가 필요한 경우 그 연계방법

동법 시행령 제9조(지원계획의 수립 및 시행 등) ① 보장기관의 장은 법 제15조제1항에 따라 수급권자별 사회보장급여 제공계획(이하 "지원계획"이라 한다)을 수립하는 경우에는 수급권자의 경제상황, 가정상황 및 건강상태 등을 종합적으로 고려하여야 한다.
② 보장기관의 장은 지원계획을 수립하는 경우에 보건복지부령으로 정하는 서식에 따르되, 수급권자의 특성, 복지욕구, 사회보장급여 및 제공기관의 특성에 따라 필요한 내용을 추가할 수 있다.

제16조(수급권자 등에 대한 상담 · 안내, 의뢰 등) ① 보장기관의 업무담당자는 수급권자 또는 지원대상자(이하 "수급권자 등"이라 한다)가 필요한 사회보장급여를 편리하게 이용할 수 있도록 사회보장급여의 명칭, 수급권자의 선정기준, 보장내용 및 신청방법 등에 관한 사항을 상담하고 안내하여야 하며, 이를 위하여 사회보장정보시스템에서 지원하는 정보를 최대한 활용하여야 한다.
② 보장기관의 업무담당자는 수급권자 등이 필요로 하는 사회보장급여의 이용이 다른 보장기관의 권한에 속한다고 판단되는 경우 신청인 또는 수급권자등에게 제1항에 따른 사항과 해당 보장기관을 안내하고, 필요한 경우 해당 보장기관 또는 관계 기관 · 법인 · 단체 · 시설에 사회보장급여 또는 복지혜택 · 서비스의 제공을 의뢰하여야 한다.

③ 보건복지부장관은 제1항 및 제2항에 따른 상담 · 안내 · 의뢰가 사회보장정보시스템을 통하여 효율적으로 이루어질 수 있도록 하여야 한다.

④ 보장기관의 장은 수급권자등에게 사회보장급여의 이용 및 제공에 필요한 사항을 종합적으로 상담 · 안내 · 의뢰하는 등의 업무를 수행하기 위하여 전화상담센터 등을 설치 · 운영할 수 있다.

제17조(이의신청) ① 이 법에 따른 처분에 이의가 있는 수급권자등은 그 처분을 받은 날로부터 90일 이내에 처분을 결정한 보장기관의 장에게 이의신청을 할 수 있다. 다만, 정당한 사유로 인하여 그 기간 내에 이의신청을 할 수 없음을 증명한 때에는 그 사유가 소멸한 때부터 60일 이내에 이의신청을 할 수 있다.

② 보장기관의 장은 이의신청을 받은 날부터 10일 이내에 그 이의신청에 대하여 결정하고 그 결과를 신청인에게 지체 없이 통지하여야 한다. 다만, 부득이한 사유로 정하여진 기간 이내에 결정할 수 없을 때에는 그 기간의 만료일 다음 날부터 기산하여 10일 이내의 범위에서 연장할 수 있으며, 연장 사유를 신청인에게 통지하여야 한다.

제18조(수급권자의 보호자에 대한 지원) 보장기관의 장은 제9조에 따라 급여 제공이 결정된 수급권자를 자신의 가정에서 돌보는 사람의 부담을 줄이기 위하여 상담을 실시하거나 금전적 지원 등을 할 수 있다.

제4절 사회보장급여의 관리

제19조(사회보장급여의 적정성 확인조사) ① 보장기관의 장은 수급자에 대한 사회보장급여의 적정성을 확인하기 위하여 제7조제1항 각 호에 해당하는 정보를 조사할 수 있다.

② 제1항에 따른 조사의 방법 및 절차에 관하여는 제7조제2항부터 제5항까지 및 제8조를 준용한다.

제20조(수급자의 변동신고) 주기적으로 또는 기간을 정하여 사회보장급여를 제공받는 수급자는 거주지, 세대원, 소득 · 재산 상태, 근로능력, 다른 급여의 수급이력 등 제7조 제1항 각 호의 사항이 변동되었을 때에는 지체 없이 관할 보장기관의 장에게 신고하여야 한다.

제22조(사회보장급여의 환수) ① 수급자가 제20조에 따른 신고를 고의로 회피하거나 속임수 등의 부정한 방법으로 사회보장급여를 받거나 타인으로 하여금 사회보장급여를 받게 한 경우에는 사회보장급여를 제공한 보장기관의 장은 그 사회보장급여의 전부 또는 일부를 그 사회보장급여를 받거나 받게 한 자(이하 "부정수급자"라 한다)로부터 환수할 수 있다.

제3장 사회보장정보

제1절 사회보장정보 및 사회보장정보시스템의 이용 등

제23조(사회보장정보의 처리 등) ① 보건복지부장관은 보장기관이 수급권자의 선정 및 급여관리 등에 관한 업무를 효율적으로 수행할 수 있도록 사회보장정보시스템을 통하여 다음 각 호에 해당하는 자료 또는 정보(이하 "사회보장정보"라 한다)를 처리할 수 있다.

1. 근거 법령, 보장대상 및 내용, 예산 등 사회보장급여 현황에 관한 자료 또는 정보
2. 제5조부터 제22조까지에 따른 상담, 신청, 조사 및 자격의 변동관리에 필요한 인적사항 · 소득 · 재산 등에 관한 자료 또는 정보
3. 사회보장급여 수급이력에 관한 자료 또는 정보
4. 제51조에 따라 보건복지부장관이 위임 · 위탁받은 업무를 수행하는 데 필요한 자료 또는 정보
5. 사회보장정보와 관련된 법령 등에 따른 상담, 신청(제25조제3항에 따른 신청을 포함한다), 조사, 결정, 제공, 환수 등의 업무처리내역에 관한 자료 또는 정보
6. 사회보장 관련 민간 법인 · 단체 · 시설의 사회보장급여 제공 현황 및 보조금 수급이력에 관한 자료 또는 정보
7. 그 밖에 사회보장급여의 제공 · 관리 및 사회보장정보시스템 구축 · 운영에 필요한 정보로서 대통령령으로 정하는 자료 또는 정보

동법 시행령 제12조(사회보장정보) 법 제23조제1항제7호에서 "대통령령으로 정하는 자료 또는 정보"란 다음 각 호의 자료 또는 정보를 말한다.

1. 법 제12조 및 이 영 제8조제2항에 따른 지원대상자의 발굴을 위하여 필요한 전화번호, 전자우편 주소 등 연락처 등에 관한 정보
2. 법 제24조에 따른 사회보장정보시스템(「사회보장기본법」 제37조에 따른 사회보장정보시스템을 말한다. 이하 같다)의 이용기관 및 이용자에 관한 정보
3. 법 제47조에 따른 지방자치단체에 대한 지원금에 관한 정보
4. 「노인장기요양보험법」 제15조제2항에 따른 등급판정의 결과에 관한 자료
5. 「노인장기요양보험법」 제37조에 따른 장기요양기관 지정의 취소 등에 관한 정보
6. 「사회복지사업법」 제45조에 따른 후원금 관리에 관한 정보
7. 「사회복지사업법」 제51조에 따른 지도 · 감독 등에 관한 정보
8. 그 밖에 보건복지부장관이 사회보장급여의 제공 · 관리 및 사회보장정보시스템의 구축 · 운영에 필요하다고 인정하여 고시하는 정보

② 보건복지부장관은 사회보장정보를 처리하기 위하여 관계 중앙행정기관, 지방자치단체, 관계 기관 · 법인 · 단체 · 시설의 장에게 필요한 자료 또는 정보를 요청할 수 있다. 이 경우 관계 중앙행정기관의 장 등은 정당한 사유가 없으면 그 요청에 따라야 한다.

③ 사회보장 관련 민간 법인 · 단체 · 시설의 장은 사회보장정보시스템이 원활히 운영될 수 있도록 적극 협력하여야 한다.

제24조(사회보장정보시스템의 이용 등) ① 보장기관의 장은 제5조부터 제22조까지에 따른 업무를 효율적으로 수행하기 위하여 사회보장정보시스템을 이용하거나 관할 업무시스템과 사회보장정보시스템을 연계하여 이용할 수 있다. 이 경우 보장기관의 장은 사회보장정보시스템을 이용하여 처리하고자 하는 자료 또는 정보와 그 범위, 처리 목적 · 방식, 해당 자료 또는 정보의 보유기관(이하 "정보보유기관"이라 한다) 등을 특정하여 보건복지부장관과 협의하여야 한다.

④ 제2항에 따라 보건복지부장관이 사회보장정보를 제공하는 경우에는 이용 목적을 고려하여 필요 최소한의 사회보장정보를 제공하여야 한다.

제25조(대국민 포털 구축 등) ① 보건복지부장관은 사회보장급여가 필요한 국민에게 사회보장 관련 자료 또는 정보의 검색, 조회 등 온라인 서비스를 제공하는 인터넷 기반의 대국민 포털을 구축 · 관리하고 그 활용을 촉진하여야 한다.

제29조(사회보장정보원) ① 사회보장정보시스템의 운영 · 지원을 위하여 사회보장정보원(이하 "사회보장정보원"이라 한다)을 설립한다.

② 사회보장정보원은 법인으로 한다.

③ 사회보장정보원은 제51조제2항에 따른 위탁 등을 받아 다음 각 호의 업무를 수행한다.

1. 사회보장정보시스템의 구축 및 유지 · 기능개선 · 관리 등 운영에 관한 사항
2. 제12조제1항에 따른 자료 또는 정보의 처리 및 사회보장정보의 처리
3. 사회보장급여의 수급과 관련된 법령 등에 따른 신청, 접수, 조사, 결정, 환수 등 업무의 전자적 처리지원
4. 「사회서비스 이용 및 이용권 관리에 관한 법률」 등 관계 법령 등에 따른 사회서비스이용권의 이용 · 지급 및 정산 등에 필요한 정보시스템의 운영, 사회서비스이용권을 통하여 사회서비스를 제공하는 사업의 관리에 관한 사항
5. 사회보장 관련 민간 법인 · 단체 · 시설에 대한 전자화 지원
6. 사회보장제도의 운영에 필요한 정책정보 및 통계정보의 생산 · 분석, 제공과 사회보장정책 지원을 위한 조사 · 연구

7. 제25조에 따른 대국민 포털의 운영에 관한 사항
8. 그 밖에 이 법 또는 다른 법령에 따라 보건복지부장관, 국가 또는 지방자치단체로부터 위탁받은 업무

④ 정부는 사회보장급여의 이용 및 제공이 원활히 이루어질 수 있도록 사회보장정보원의 설립 · 운영에 필요한 비용을 출연하거나 지원할 수 있다.
⑤ 사회보장정보원에 관하여 이 법에서 규정한 사항 외에는 「민법」 중 재단법인에 관한 규정을 준용한다.
⑥ 사회보장정보원의 설립 및 운영 등에 필요한 사항은 대통령령으로 정한다.
⑦ 사회보장정보원의 임직원은 「형법」 제129조부터 제132조까지의 규정을 적용할 때에는 공무원으로 본다.
⑧ 사회보장정보원의 임직원이나 임직원으로 재직하였던 사람은 그 직무상 알게 된 비밀을 누설하거나 다른 용도로 사용하여서는 아니 된다.

제2절 사회보장정보의 보호

제30조(사회보장정보의 보호대책 수립 · 시행) ① 보건복지부장관은 사회보장정보시스템의 사회보장정보를 안전하게 보호하기 위하여 물리적 · 기술적 대책을 포함한 보호대책을 수립 · 시행하여야 한다.
② 사회보장정보원의 장은 제1항에 따른 보호대책을 시행하기 위한 실행계획을 매년 수립하여 보건복지부장관에게 제출하여야 한다.
③ 사회보장정보시스템을 이용하는 보장기관의 장은 보안에 관한 업무를 총괄하는 자(이하 이 항에서 "정보보호책임자"라 한다)를 지정하여 보건복지부장관에게 통보하여야 하며, 정보보호책임자의 지정 및 업무 등에 필요한 사항은 대통령령으로 정한다.

제34조(사회보장정보의 파기) 보장기관의 장 및 사회보장정보원의 장은 사회보장정보를 5년이 지나면 파기하여야 한다. 다만, 대통령령으로 정하는 지원대상자의 보호에 필요한 사회보장정보는 5년을 초과하여 보유할 수 있다.

제4장 사회보장에 관한 지역계획 및 운영체계 등

제1절 지역사회보장에 관한 계획

사회보장기본계획(5년), 시 · 도 지역사회보장계획(4년), 시 · 군 · 구 연차별시행계획

제35조(지역사회보장에 관한 계획의 수립) ① 특별시장 · 광역시장 · 특별자치시장 · 도지사 · 특별자치도지사(이하 "시 · 도지사"라 한다) 및 시장 · 군수 · 구청장은 지역사회보장에 관한 계획(이하 "지역사회보장계획"이라 한다)을 4년마다 수립하고, 매년 지역사회보장계획에 따라 연차별 시행계획을 수립하여야 한다. 이 경우 「사회보장기본법」 제16조에 따른 사회보장에 관한 기본계획과 연계되도록 하여야 한다. 〈개정 2017. 3. 21.〉

제2절 지역사회보장 운영체계

사회보장위원회(국무총리) – 시 · 도사회보장위원회 – 시 · 군 · 구지역사회보장협의체

제40조(시 · 도사회보장위원회) ① 시 · 도지사는 시 · 도의 사회보장 증진을 위하여 시 · 도사회보장위원회를 둔다.

② 시 · 도사회보장위원회는 다음 각 호의 업무를 심의 · 자문한다.

1. 시 · 도의 지역사회보장계획 수립 · 시행 및 평가에 관한 사항
2. 시 · 도의 지역사회보장조사 및 지역사회보장지표에 관한 사항
3. 시 · 도의 사회보장급여 제공에 관한 사항
4. 시 · 도의 사회보장 추진과 관련한 중요 사항
5. 제41조제7항에 따른 읍 · 면 · 동 단위 지역사회보장협의체의 구성 및 운영에 관한 사항(특별자치시에 한정한다)
6. 사회보장과 관련된 서비스를 제공하는 관계 기관 · 법인 · 단체 · 시설과의 연계 · 협력 강화에 관한 사항(특별자치시에 한정한다)
7. 그 밖에 위원장이 필요하다고 인정되는 사항

③ 시 · 도사회보장위원회는 다음 각 호의 사람 중 시 · 도지사가 임명 또는 위촉한 사람으로 구성한다.

1. 사회보장에 관한 전문적 지식이나 경험을 가진 사람
2. 사회보장 관련 기관 및 단체의 대표자
3. 사회보장을 필요로 하는 사람의 이익 등을 대표하는 사람
4. 제41조제3항에 따른 지역사회보장협의체의 대표자
5. 「비영리민간단체지원법」 제2조의 비영리민간단체에서 추천한 사람
6. 「사회복지공동모금회법」 제14조에 따른 사회복지공동모금지회에서 추천한 사람

7. 제41조제7항에 따른 읍 · 면 · 동 단위 지역사회보장협의체의 위원장(특별자치시에 한정하며, 공동위원장이 있는 경우에는 민간위원 중에서 선출된 공동위원장을 말한다)
8. 사회보장에 관한 업무를 담당하는 공무원

④ 다음 각 호의 어느 하나에 해당하는 사람은 시 · 도사회보장위원회의 위원이 될 수 없다.

1. 미성년자
2. 피성년후견인, 피한정후견인
3. 파산선고를 받고 복권되지 아니한 사람
4. 법원의 판결에 따라 자격이 상실되거나 정지된 사람
5. 금고 이상의 실형을 선고받고 그 집행이 끝나거나(집행이 끝난 것으로 보는 경우를 포함한다) 집행이 면제된 날부터 3년이 지나지 아니한 사람
6. 금고 이상의 형의 집행유예를 선고받고 그 유예기간 중에 있는 사람
7. 제5호 및 제6호에도 불구하고 「사회복지사업법」 제2조제1호의 사회복지사업(이하 "사회복지사업"이라 한다) 또는 그 직무와 관련하여 「아동복지법」 제71조, 「보조금 관리에 관한 법률」 제40조부터 제42조까지 또는 「형법」 제28장 · 제40장(제360조는 제외한다)의 죄를 범하거나 이 법을 위반하여 다음 각 목의 어느 하나에 해당하는 사람
   가. 100만원 이상의 벌금형을 선고받고 그 형이 확정된 후 5년이 지나지 아니한 사람
   나. 금고 이상의 형의 집행유예를 선고받고 그 유예기간이 끝난 날부터 7년이 지나지 아니한 사람
   다. 금고 이상의 실형을 선고받고 그 집행이 끝나거나(집행이 끝난 것으로 보는 경우를 포함한다) 집행이 면제된 날부터 7년이 지나지 아니한 사람
8. 제5호부터 제7호까지에도 불구하고 「성폭력범죄의 처벌 등에 관한 특례법」 제2조의 성폭력범죄(「성폭력범죄의 처벌 등에 관한 특례법」 제2조제1항제1호는 제외한다) 또는 「아동 · 청소년의 성보호에 관한 법률」 제2조제2호의 아동 · 청소년대상 성범죄를 저지른 사람으로서 형 또는 치료감호를 선고받고 확정된 후 그 형 또는 치료감호의 전부 또는 일부의 집행이 끝나거나(집행이 끝난 것으로 보는 경우를 포함한다) 집행이 면제되거나 집행의 유예기간이 끝난 날부터 10년이 지나지 아니한 사람

⑤ 시 · 도사회보장위원회의 조직 · 운영에 필요한 사항은 보건복지부령으로 정하는 바에 따라 해당 시 · 도의 조례로 정한다.

제41조(지역사회보장협의체) ① 시장 · 군수 · 구청장은 지역의 사회보장을 증진하고, 사회보장과 관련된 서비스를 제공하는 관계 기관 · 법인 · 단체 · 시설과 연계 · 협력을 강화하기 위하여 해당 시 · 군 · 구에 지역사회보장협의체를 둔다.

② 지역사회보장협의체는 다음 각 호의 업무를 심의 · 자문한다.

1. 시 · 군 · 구의 지역사회보장계획 수립 · 시행 및 평가에 관한 사항
2. 시 · 군 · 구의 지역사회보장조사 및 지역사회보장지표에 관한 사항
3. 시 · 군 · 구의 사회보장급여 제공에 관한 사항
4. 시 · 군 · 구의 사회보장 추진에 관한 사항
5. 읍 · 면 · 동 단위 지역사회보장협의체의 구성 및 운영에 관한 사항
6. 그 밖에 위원장이 필요하다고 인정하는 사항

③ 지역사회보장협의체의 위원은 다음 각 호의 사람 중 시장 · 군수 · 구청장이 임명 또는 위촉한다. 다만, 제40조 제4항에 해당되는 사람은 위원이 될 수 없다.

1. 사회보장에 관한 학식과 경험이 풍부한 사람
2. 지역의 사회보장 활동을 수행하거나 서비스를 제공하는 기관 · 법인 · 단체 · 시설의 대표자
3. 「비영리민간단체지원법」 제2조의 비영리민간단체에서 추천한 사람
4. 제7항에 따른 읍 · 면 · 동 단위 지역사회보장협의체의 위원장(공동위원장이 있는 경우에는 민간위원 중에서 선출된 공동위원장을 말한다)
5. 사회보장에 관한 업무를 담당하는 공무원

④ 지역사회보장협의체의 업무를 효율적으로 수행하기 위하여 지역사회보장협의체에 실무협의체를 둔다.

제42조(사회보장사무 전담기구) ① 특별자치시장 및 시장 · 군수 · 구청장은 사회보장에 관한 업무를 효율적으로 수행하기 위하여 관련 조직, 인력, 관계 기관 간 협력체계 등을 마련하여야 하며, 필요한 경우에는 사회보장에 관한 사무를 전담하는 기구(이하 "사회보장사무 전담기구"라 한다)를 별도로 설치할 수 있다.

② 사회보장사무 전담기구는 사회보장정보시스템을 활용하여 수급권자에게 필요한 정보를 종합 안내하고, 사회보장급여에 대한 신청 등이 편리하게 이루어질 수 있도록 운영되어야 한다.

③ 사회보장사무 전담기구의 사무 범위, 조직 및 운영 등에 필요한 사항은 해당 특별자치시 및 시 · 군 · 구의 조례로 정한다.

第42조의2(통합사례관리) ① 보건복지부장관, 시 · 도지사 및 시장 · 군수 · 구청장은 지원대상자의 사회보장 수준을 높이기 위하여 지원대상자의 다양하고 복합적인 특성에 따른 상담과 지도, 사회보장에 대한 욕구조사, 서비스 제공 계획의 수립을 실시하고, 그 계획에 따라 지원대상자에게 보건 · 복지 · 고용 · 교육 등에 대한 사회보장급여 및 민간법인 · 단체 · 시설 등이 제공하는 서비스를 종합적으로 연계 · 제공하는 통합사례관리를 실시할 수 있다.

② 제1항에 따른 통합사례관리를 실시하기 위하여 필요한 경우에는 특별자치시 및 시 · 군 · 구에 통합사례관리사를 둘 수 있다.

사회복지전담공무원 설치 법적근거

第43조(사회복지전담공무원) ① 사회복지사업에 관한 업무를 담당하게 하기 위하여 시 · 도, 시 · 군 · 구, 읍 · 면 · 동 또는 사회보장사무 전담기구에 사회복지전담공무원을 둘 수 있다.

② 사회복지전담공무원은 「사회복지사업법」 제11조에 따른 사회복지사의 자격을 가진 사람으로 하며, 그 임용 등에 필요한 사항은 대통령령으로 정한다.

③ 사회복지전담공무원은 사회보장급여에 관한 업무 중 취약계층에 대한 상담과 지도, 생활실태의 조사 등 보건복지부령으로 정하는 사회복지에 관한 전문적 업무를 담당한다.

④ 국가는 사회복지전담공무원의 보수 등에 드는 비용의 전부 또는 일부를 보조할 수 있다.

⑤ 시 · 도지사 및 시장 · 군수 · 구청장은 「지방공무원 교육훈련법」 제3조에 따라 사회복지전담공무원의 교육훈련에 필요한 시책을 수립 · 시행하여야 한다.

제3절 지역사회보장 지원 및 균형발전

第45조(지역사회보장의 균형발전) 중앙행정기관의 장 및 시 · 도지사는 시 · 도 및 시 · 군 · 구 간 사회보장 수준의 차이를 최소화하기 위하여 예산 배분, 사회보장급여의 제공 기관 등의 배치 등에 필요한 조치를 하여야 한다.

제46조(지역사회보장균형발전지원센터) ① 보건복지부장관은 시 · 도 및 시 · 군 · 구의 사회보장 추진 현황 분석, 지역사회보장계획의 평가, 지역 간 사회보장의 균형발전 지원 등의 업무를 효과적으로 수행하기 위하여 지역사회보장균형발전지원센터를 설치 · 운영할 수 있다.

제47조(지방자치단체에 대한 지원) 중앙행정기관의 장은 시 · 도지사 및 시장 · 군수 · 구청장에게 사회보장 사업의 수행에 필요한 비용을 지원할 수 있으며, 이 경우 제39조에 따른 평가결과를 반영할 수 있다.

제48조(사회보장 특별지원구역 운영) ① 중앙행정기관의 장 또는 시 · 도지사는 「공공주택 특별법」에 따른 영구임대주택단지, 저소득층 밀집 거주지, 그 밖에 보건, 복지, 고용, 주거, 문화 등 특정 분야의 서비스가 취약한 지역을 사회보장 특별지원구역으로 선정하여 지원할 수 있다. 이 경우 중앙행정기관의 장 또는 시 · 도지사는 사회보장 특별지원구역을 선정할 때 관계 행정기관의 장과 협의하여야 한다. 〈개정 2015.8.28.〉

② 제1항에 따른 사회보장 특별지원구역의 선정 및 지원 등에 필요한 사항은 대통령령으로 정한다.

제5장 보칙

제49조(비밀유지의무) 다음 각 호의 업무에 종사하거나 종사하였던 사람은 직무상 알게 된 비밀을 다른 사람에게 누설하거나 직무상 목적 외의 용도로 이용하여서는 아니 된다.

1. 제5조부터 제22조까지에 따른 신청, 조사, 결정, 확인조사, 환수 등 급여의 제공 및 관리 등에 관한 업무
2. 제23조에 따른 사회보장정보의 처리 등에 관한 업무

제50조(사회보장급여의 압류 금지) 사회보장급여로 지급된 금품과 이를 받을 권리는 압류하지 못한다.

제6장 벌칙

제54조(벌칙) ① 제31조제1호를 위반한 사람은 10년 이하의 징역 또는 1억원 이하의 벌금에 처한다.

② 다음 각 호의 어느 하나에 해당하는 사람은 5년 이하의 징역 또는 5천만원 이하의 벌금에 처한다.

1. 제29조제8항 또는 제49조를 위반한 사람　2. 제31조제2호를 위반한 사람
3. 제31조제3호를 위반한 사람　4. 제31조제4호를 위반한 사람

③ 제22조 제1항에 따른 부정수급자에 대하여는 1년 이하의 징역 또는 1천만원 이하의 벌금에 처한다.

제55조(과태료) ① 제7조 제1항에 따른 조사범위를 초과하여 개인정보를 수집한 자에게는 5천만원 이하의 과태료를 부과한다.

② 다음 각 호의 어느 하나에 해당하는 사람에게는 3천만원 이하의 과태료를 부과한다.

1. 제33조에 따른 시정요구에 따르지 아니한 사람
2. 제34조에 따른 파기를 하지 아니한 사람

미주

1) 김기원(2009). 『사회복지법제론』. 서울: 나눔의집, pp. 277-324.
2) 사회복지기본법들은 다른 사회복지법들의 기본사항을 규정하고 있으므로, 가장 최근 법의 내용을 원문 그대로 소개한다. 사회복지기본법의 범주에는 「건강가정기본법」과 「자원봉사활동 기본법」도 포함시킬 수 있다.
3) 사회복지기본법의 범위에 「건강가정기본법」과 「자원봉사기본법」도 사회복지기본법의 범주에 포함될 수 있다.
4) 향후 「사회보장기본법」상 사회보장의 영역에 2019년 1월부터 시행되는 보편적인 아동수당제도와 같은 사회수당이 포함될 것으로 예견된다.
5) 국가기록원, www.archives.go.kr
6) 법제처, www.moleg.go.kr
7) 김기원(2009). 전게서, pp. 277-290.
8) 법제처, www.moleg.go.kr
9) 상동.
10) 김기원(2009). 전게서, pp. 291-324.
11) 국가기록원, www.archives.go.kr
12) 법제처, www.moleg.go.kr
13) 상동.
14) 상동.
15) 상동.

제13장 사회보험법

“사회보험”이란 국민에게 발생하는 사회적 위험을 보험의 방식으로 대처함으로써 국민의 건강과 소득을 보장하는 제도를 말한다. 우리나라의 사회보험법에는 5대 사회보험법으로 「국민연금법」「국민건강보험법」「고용보험법」「산업재해보상보험법」「노인장기요양보험법」이 있다. 그 밖에 4대 공적연금으로는 국민연금 이외에 「공무원연금법」「군인연금법」「사립학교교직원 연금법」이 있으며, 「공무원 재해보상법」 등도 존재한다. 여기서는 가장 최근에 개정된 5대 사회보험법의 주요 내용을 정리하여 소개한다.[1]

Ⅰ. 국민연금법

[시행 2018. 9. 21.] [법률 제15522호, 2018. 3. 20., 타법개정]

국민복지연금법(1973) → 대통령 긴급조치로 효력 정지(1974) → 국민연금법(1986)

1. 법 제정 의의 및 연혁

「국민연금법」은 ‘1973. 12. 24., 법률 제2655호’로 제정된 「국민복지연금법」을 대체하여 제정되었다. 당초 「국민복지연금법」은 국민의 노령 · 폐질 또는 사망 등에 대하여 연금급여를 실시함으로써 국민의 생활안정과 복지증진에 기여할 목적으로 제정되어 1974년 1월 1일부터 시행될 예정이었으나, 중동의 석유위기로 인해 국가경제가 심각한 위기에 처하자, 정부는 ‘국민생활의 안정을 위한 대통령긴급조치 제3호’를 발표하고, 「국민복지연금법」의 효력을 1974년 12월 31일까지 정지하였다. 그 후 정부는 ‘1975. 12. 31. 법률 제2863호’로 「국민복지연금법」을 개정하여 1976년 1월 1일부터 시행하도록 되어 있는 국민복지연금사업의 제반여건으로 보아 실시가 어렵게 됨에 따라 그 시행일을 추후 대통령령이 정하는 날로 하였다. 그러나 「국민복지연금법」의 시행을 위한 대통령령은 정해지지 않았다.

「국민연금법」은 「국민복지연금법」의 대체입법으로 탄생하였다. 「국민복지연금법」이 1973년 12월 24일에 제정된 이래 그 시행일을 미루어 왔으나 그동안 평균수명이 연장되고 대부분의 가족구조가 핵가족화됨에 따라 절실하여진 국민의 노후대책을 마련하고 사업장에서의 각종 사고로 인하여 소득능력을 잃은 자등에 대한 생활보장을 위하여 1988년부터 국민연금제도를 실시하기 위하여 '1986. 12. 31. 법률 제3902호'로 「국민복지연금법」의 제명을 「국민연금법」으로 변경하여 「국민연금법」을 제정하고, 1988년 1월 1일부터 시행하였다. 그 후 수차례의 법 개정을 통하여 오늘에 이르고 있다.[2)]

2. 법의 주요 내용

이 법의 주요 내용과 시행령은 다음과 같다.[3)]

제1장 총칙

1) 목적·관장·정의

이 법은 국민의 노령, 장애 또는 사망에 대하여 연금급여를 실시함으로써 국민의 생활 안정과 복지 증진에 이바지하는 것을 목적으로 한다. 국민연금사업의 관장자는 보건복지부장관으로, 이 법에 따른 국민연금사업은 보건복지부장관이 맡아 주관한다.

이 법에서 사용하는 용어의 입법적 정의는 다음과 같다.

"근로자"란 직업의 종류가 무엇이든 사업장에서 노무를 제공하고 그 대가로 임금을 받아 생활하는 자(법인의 이사와 그 밖의 임원을 포함)를 말한다. 다만, 대통령령으로 정하는 자는 제외한다.

동법 시행령 제2조(근로자에서 제외되는 사람)

1. 일용근로자나 1개월 미만의 기한을 정하여 사용되는 근로자. 다만, 1개월 이상 계속 사용되는 경우는 그러하지 아니하다.
2. 소재지가 일정하지 아니한 사업장에 종사하는 근로자
3. 법인의 이사 중 제3조제1항제2호에 따른 소득이 없는 사람
4. 1개월 동안의 소정근로시간이 60시간 미만인 단시간근로자. 다만, 해당 단시간 근로자 중 다음 각 목의 어느 하나에 해당하는 사람은 제외한다.

가. 생업을 목적으로 3개월 이상 계속하여 근로를 제공하는 사람으로서 「고등교육법 시행령」 제7조제3호에 따른 시간강사

나. 생업을 목적으로 3개월 이상 계속하여 근로를 제공하는 사람으로서 사용자의 동의를 받아 근로자로 적용되기를 희망하는 사람

다. 둘 이상 사업장에 근로를 제공하면서 각 사업장의 1개월 소정근로시간의 합이 60시간 이상인 사람으로서 1개월 소정근로시간이 60시간 미만인 사업장에서 근로자로 적용되기를 희망하는 사람

"사용자(使用者)"란 해당 근로자가 소속되어 있는 사업장의 사업주를 말한다.

"소득"이란 일정한 기간 근로를 제공하여 얻은 수입에서 대통령령으로 정하는 비과세소득을 제외한 금액 또는 사업 및 자산을 운영하여 얻는 수입에서 필요경비를 제외한 금액을 말한다.

"평균소득월액"이란 매년 사업장가입자 및 지역가입자 전원(全員)의 기준소득월액을 평균한 금액을 말한다. "기준소득월액"이란 연금보험료와 급여를 산정하기 위하여 국민연금가입자의 소득월액을 기준으로 하여 정하는 금액을 말한다.

"연금보험료"란 국민연금사업에 필요한 비용으로서 가입자의 종류에 따라 구분된다.

사업장가입자의 연금보험료: 부담금 및 기여금의 합계액
지역가입자 · 임의가입자 및 임의계속가입자의 연금보험료: 본인이 내는 금액

"부담금"이란 사업장가입자의 사용자가 부담하는 금액을, "기여금"이란 사업장가입자가 부담하는 금액을 말한다.

"수급권"이란 이 법에 따른 급여를 받을 권리를 말하며, "수급권자"란 수급권을 가진 자를 말하고, "수급자"란 이 법에 따른 급여를 받고 있는 자를 말한다.

"가입대상기간"이란 18세부터 초진일 혹은 사망일까지의 기간으로서, 가입 대상에서 제외되는 기간, 18세 이상 27세 미만인 기간 중 지역가입자에서 제외되는 기간 그리고 18세 이상 27세 미만인 기간 중 연금보험료를 내지 아니한 기간을 제외한 기간을 말한다.

수급권을 취득할 당시 가입자 또는 가입자였던 자의 태아가 출생하면 그 자녀는 가입자 또는 가입자였던 자에 의하여 생계를 유지하고 있던 자녀로 본다(동법 제1조부터 제3조 및 시행령 제2조).

2) 국가의 책무·국민연금 재정 계산·장기재정균형 유지

국가는 이 법에 따른 연금급여가 안정적 · 지속적으로 지급되도록 필요한 시책을 수립 · 시행하여야 한다. 이 법에 따른 급여 수준과 연금보험료는 국민연금 재정이 장기적으로 균형을 유지할 수 있도록 조정(調整)되어야 한다.

보건복지부장관은 5년마다 국민연금 재정 수지를 계산하고, 국민연금의 재정 전망과 연금보험료의 조정 및 국민연금기금의 운용 계획 등이 포함된 국민연금 운영 전반에 관한 계획을 수립하여 국무회의의 심의를 거쳐 대통령의 승인을 받아야 하며, 승인받은 계획을 국회에 제출하고 공시하여야 한다. 연금보험료, 급여액, 급여의 수급 요건 등은 국민연금의 장기재정 균형 유지, 인구구조의 변화, 국민의 생활수준, 임금, 물가, 그 밖에 경제 사정에 뚜렷한 변동이 생기면 그 사정에 맞게 조정되어야 한다(동법 제3조의2 및 제4조).

3) 국민연금심의위원회

국민연금사업에 관한 다음 사항을 심의하기 위하여 보건복지부에 국민연금심의위원회를 둔다.

1. 사용자를 대표하는 위원으로서 사용자 단체가 추천하는 자 4명
2. 근로자를 대표하는 위원으로서 근로자 단체가 추천하는 자 4명
3. 지역가입자를 대표하는 위원으로서 다음의 자
   가. 농어업인 단체가 추천하는 자 2명
   나. 농어업인 단체 외의 자영자(自營者) 관련 단체가 추천하는 자 2명
   다. 소비자단체와 시민단체가 추천하는 자 2명
4. 공익을 대표하는 위원으로서 국민연금에 관한 전문가 5명

국민연금심의위원회는 위원장 · 부위원장 및 위원으로 구성하되, 위원장은 보건복지부차관이 되고, 위원은 다음 구분에 따라 보건복지부장관이 지명하거나 위촉한다(동법 제5조).

제2장 국민연금가입자

1) 가입 대상

국내에 거주하는 국민으로서 18세 이상 60세 미만인 자는 국민연금 가입 대상이 된다. 다만, 「공무원연금법」「군인연금법」「사립학교교직원 연금법」「별정우체국법」을 적용받는

공무원, 군인, 교직원 및 별정우체국 직원, 그 밖에 대통령령으로 정하는 자(노령연금의 수급권을 취득한 자 중 60세 미만의 특수 직종 근로자 및 조기노령연금의 수급권을 취득한 자)는 제외한다(동법 제6조 및 시행령 제18조).

2) 가입자의 종류

국민연금 가입자의 구분: 사업장가입자, 지역가입자, 임의가입자 및 임의계속가입자

국민연금 가입자의 종류는 다음과 같다(동법 제8조부터 제10조 및 제13조).

(1) 사업장가입자

사업의 종류, 근로자의 수 등을 고려하여 대통령령으로 정하는 사업장(당연적용사업장)의 18세 이상 60세 미만인 근로자와 사용자는 당연히 사업장가입자가 된다. 다만, 퇴직연금등수급권자가 「국민연금과 직역연금의 연계에 관한 법률」에 따라 연계 신청을 아니한 「공무원연금법」 「사립학교교직원 연금법」 또는 「별정우체국법」에 따른 퇴직연금, 장해연금 또는 퇴직연금일시금이나 「군인연금법」에 따른 퇴역연금, 상이연금, 퇴역연금일시금을 받을 권리를 얻은 자는 제외한다.

상기 연령기준에 불구하고, 국민연금에 가입된 사업장에 종사하는 18세 미만 근로자는 사업장가입자가 되는 것으로 본다. 다만, 본인이 원하지 아니하면 사업장가입자가 되지 아니할 수 있다.

「국민기초생활 보장법」에 따른 생계급여 수급자 또는 의료급여 수급자는 본인의 희망에 따라 사업장가입자가 되지 아니할 수 있다.

(2) 지역가입자

사업장가입자가 아닌 자로서 18세 이상 60세 미만인 자는 당연히 지역가입자가 된다. 다만, 다음 각 호의 어느 하나에 해당하는 자는 제외한다.

1. 다음 각 목의 어느 하나에 해당하는 자의 배우자로서 별도의 소득이 없는 자
   가. 국민연금 가입 대상에서 제외되는 자
   나. 사업장가입자, 지역가입자 및 임의계속가입자
   다. 삭제 〈별정우체국 직원, 2016. 5. 29〉
   라. 노령연금 수급권자 및 퇴직연금등수급권자
2. 「국민연금과 직역연금의 연계에 관한 법률」에 따라 연계 신청을 아니한 퇴직연금등수급권자

3. 18세 이상 27세 미만인 자로서 학생이거나 군 복무 등의 이유로 소득이 없는 자(연금보험료를 납부한 사실이 있는 자는 제외)
4. 「국민기초생활 보장법」에 따른 생계급여 수급자 또는 의료급여 수급자
5. 1년 이상 행방불명된 자. 이 경우 행방불명된 자에 대한 인정 기준 및 방법은 대통령령으로 정한다.

(3) 임의가입자

사업장가입자나 지역가입자에 해당하는 자 외의 자로서 18세 이상 60세 미만인 자는 국민연금공단에 가입을 신청하면 임의가입자가 될 수 있다. 임의가입자는 국민연금공단에 신청하여 탈퇴할 수 있다.

(4) 임의계속가입자

다음 각 호의 어느 하나에 해당하는 자는 65세가 될 때까지 국민연금공단에 가입을 신청하면 임의계속가입자가 될 수 있다. 이 경우 가입 신청이 수리된 날에 그 자격을 취득한다.

1. 국민연금 가입자 또는 가입자였던 자로서 60세가 된 자. 다만, 다음 각 목의 어느 하나에 해당하는 자는 제외한다.
   가. 연금보험료를 납부한 사실이 없는 자
   나. 노령연금 수급권자로서 급여를 지급받고 있는 자
   다. 반환일시금을 지급받은 자
2. 전체 국민연금 가입기간의 5분의 3 이상을 대통령령으로 정하는 직종의 근로자로 국민연금에 가입하거나 가입하였던 사람(이하 "특수직종근로자")으로서 다음 각 목의 어느 하나에 해당하는 사람 중 노령연금 급여를 지급받지 않는 사람
   가. 노령연금 수급권을 취득한 사람
   나. 국민복지연금법개정법률에 따라 특례노령연금 수급권을 취득한 사람

임의계속가입자는 국민연금공단에 신청하면 탈퇴할 수 있다.

3) 가입자 자격의 취득·상실 시기 및 가입기간

(1) 가입자 자격의 취득 시기

사업장가입자는 다음 각 호의 어느 하나에 해당하게 된 날에 그 자격을 취득한다.

1. 사업장에 고용된 때 또는 그 사업장의 사용자가 된 때 2. 당연적용사업장으로 된 때

지역가입자는 다음 각 호의 어느 하나에 해당하게 된 날에 그 자격을 취득한다.

1. 사업장가입자의 자격을 상실한 때 2. 제6조 단서에 따른 국민연금 가입 대상 제외자에 해당하지 아니하게 된 때 3. 제9조제1호에 따른 배우자가 별도의 소득이 있게 된 때 4. 18세 이상 27세 미만인 자가 소득이 있게 된 때

임의가입자는 가입 신청이 수리된 날에 자격을 취득한다.

(2) 가입자 자격의 상실 시기

사업장가입자는 다음 각 호의 어느 하나에 해당하게 된 날의 다음 날에 자격을 상실한다.

1. 사망한 때 2. 국적을 상실하거나 국외로 이주한 때 3. 사용관계가 끝난 때 4. 60세가 된 때 5. 국민연금 가입 대상 제외자에 해당하게 된 때

지역가입자는 다음 각 호의 어느 하나에 해당하게 된 날의 다음 날에 자격을 상실한다.

1. 사망한 때 2. 국적을 상실하거나 국외로 이주한 때 3. 국민연금 가입 대상 제외자에 해당하게 된 때 4. 사업장가입자의 자격을 취득한 때 5. 가입자의 배우자로서 별도의 소득이 없게 된 때 6. 60세가 된 때

임의가입자는 다음 각 호의 어느 하나에 해당하게 된 날의 다음 날에 자격을 상실한다.

1. 사망한 때 2. 국적을 상실하거나 국외로 이주한 때 3. 탈퇴 신청이 수리된 때 4. 60세가 된 때 5. 대통령령으로 정하는 기간 이상 계속하여 연금보험료를 체납한 때 6. 사업장가입자 또는 지역가입자의 자격을 취득한 때 7. 국민연금 가입 대상 제외자에 해당하게 된 때

임의계속가입자는 다음 각 호의 어느 하나에 해당하게 된 날의 다음 날에 그 자격을 상실한다.

1. 사망한 때 2. 국적을 상실하거나 국외로 이주한 때 3. 제2항에 따른 탈퇴 신청이 수리된 때 4. 대통령령으로 정하는 기간 이상 계속하여 연금보험료를 체납한 때

(동법 제11조부터 제13조)

(3) credit 제도

「국민연금법」에서 credit 제도는 국민연금가입기간을 추가로 산입하는 제도로 군복무 credit 제도, 출산 credit 제도 그리고 실업 credit 제도가 있다.

① 군 복무기간에 대한 가입기간 추가 산입(군복무 credit 제도)

「병역법」에 따른 현역병, 전환복무를 한 사람, 상근예비역, 사회복무요원의 어느 하나에 해당하는 자가 노령연금 수급권을 취득한 때에는 6개월을 가입기간에 추가로 산입한다. 다만, 「병역법」에 따른 병역의무를 수행한 기간이 6개월 미만인 경우에는 그러하지 아니한다. 다만 「병역법」에 따른 병역의무를 수행한 기간의 전부 또는 일부가 「공무원연금법」 「사립학교교직원 연금법」 또는 「별정우체국법」에 따른 재직기간이나 「군인연금법」에 따른 복무기간에 해당하는 기간에 산입된 경우에는 제1항을 적용하지 아니한다.

② 출산에 대한 가입기간 추가 산입(출산 credit 제도)

2 이상의 자녀가 있는 가입자 또는 가입자였던 자가 노령연금수급권을 취득한 때에는 다음 각 호에 따른 기간을 가입기간에 추가로 산입한다. 다만, 추가로 산입하는 기간은 50개월을 초과할 수 없다.

1. 자녀가 2명인 경우: 12개월 2. 자녀가 3명 이상인 경우: 둘째 자녀에 대하여 인정되는 12개월에 2자녀를 초과하는 자녀 1명마다 18개월을 더한 개월 수

추가 가입기간은 부모가 모두 가입자 또는 가입자였던 자인 경우에는 부와 모의 합의에 따라 2명 중 1명의 가입기간에만 산입하되, 합의하지 아니한 경우에는 균등 배분하여 각각의 가입기간에 산입한다. 추가로 산입하는데 필요한 재원은 국가가 전부 또는 일부를 부담한다.

③ 실업에 대한 가입기간 추가 산입(실업 credit 제도)

다음 각 호의 요건을 모두 갖춘 사람이 「고용보험법」에 따른 구직급여를 받는 경우로서 구직급여를 받는 기간을 가입기간으로 산입하기 위하여 국민연금공단에 신청하는 때에는 그 기간을 가입기간에 추가로 산입한다. 다만, 추가로 산입하는 기간은 1년을 초과할 수 없다.

1. 18세 이상 60세 미만인 사람 중 가입자 또는 가입자였을 것 2. 시행령에 정하는 재산 또는 소득이 시행규칙에이 정하여 고시하는 기준 이하일 것

(동법 제18조부터 제19조의2)

제3장 국민연금공단

1) 국민연금공단의 설립 및 업무

보건복지부장관의 위탁을 받아 제1조의 목적을 달성하기 위한 사업을 효율적으로 수행하기 위하여 국민연금공단을 설립한다. 공단은 법인으로 한다. 공단에 관하여 이 법에서 정한 것 외에는 「민법」 중 재단법인에 관한 규정을 준용한다(동법 제24조부터 제27조, 제33조 및 제48조).

2) 공단의 회계 및 수입 지출

공단의 회계연도는 정부의 회계연도에 따른다. 공단의 수입은 국민연금기금으로부터의 전입금, 국가 보조금, 차입금, 그 밖의 수입금으로 하고, 지출은 이 법에 따른 각종 급여 · 적립금 · 환부금 · 차입금의 상환금과 이자, 그 밖에 공단의 운영과 사업을 위한 각종 경비로 한다(동법 제42조부터 제45조).

3) 복지사업·대여사업·노후준비서비스사업

공단은 가입자, 가입자였던 자 및 수급권자의 복지를 증진하기 위하여 대통령령으로 정하는 바에 따라 다음 각 호의 복지사업을 할 수 있다.

1. 자금의 대여　2. 노인복지시설의 설치 · 공급 · 임대와 운영 3. 노인복지시설의 부대시설로서 「체육시설의 설치 · 이용에 관한 법률」에 따른 체육시설의 설치 및 운영　4. 그 밖에 대통령령으로 정하는 복지사업

복지사업을 실시하기 위하여 국민연금기금으로부터 노인복지시설과 그 부대시설로서의 체육시설의 설치 · 공급 · 임대 또는 운영을 목적으로 하는 「상법」에 따른 주식회사에 출자할 수 있다.

공단은 가입자와 가입자였던 자에 대하여 국민연금기금의 증식을 위한 대여사업을 할 수 있다.

공단은 가입대상 및 수급권자를 포함한 국민의 안정된 노후생활 보장을 위하여 「노후준비 지원법」의 노후준비서비스와 관련된 사업을 실시할 수 있다(동법 제46조부터 제46조의 2).

제4장 급여

1. 급여의 지급 및 연금액

급여는 수급권자의 청구에 따라 공단이 지급한다.

연금액은 지급사유에 따라 기본연금액과 부양가족연금액을 기초로 산정한다.

연금액 = 기본연금액 + 부양가족연금액

1) 기본연금액

수급권자의 기본연금액은 다음 각 호의 금액을 합한 금액에 1천분의 1천200을 곱한 금액으로 한다. 다만, 가입기간이 20년을 초과하면 그 초과하는 1년(1년 미만이면 매 1개월을 12분의 1년으로 계산)마다 본문에 따라 계산한 금액에 1천분의 50을 곱한 금액을 더한다.

1. 다음 각 목에 따라 산정한 금액을 합산하여 3으로 나눈 금액
   가. 연금 수급 3년 전 연도의 평균소득월액을 연금 수급 3년 전 연도와 대비한 연금 수급 전년도의 전국소비자물가변동률에 따라 환산한 금액
   나. 연금 수급 2년 전 연도의 평균소득월액을 연금 수급 2년 전 연도와 대비한 연금 수급 전년도의 전국소비자물가변동률에 따라 환산한 금액
   다. 연금 수급 전년도의 평균소득월액
2. 가입자 개인의 가입기간 중 매년 기준소득월액을 대통령령으로 정하는 바에 따라 보건복지부장관이 고시하는 연도별 재평가율에 의하여 연금 수급 전년도의 현재 가치로 환산한 후 이를 합산한 금액을 총 가입기간으로 나눈 금액. 다만, 다음 각 목에 따라 산정하여야 하는 금액은 그 금액으로 한다.
   가. 제18조에 따라 추가로 산입되는 가입기간의 기준소득월액은 제1호에 따라 산

정한 금액의 2분의 1에 해당하는 금액
나. 제19조에 따라 추가로 산입되는 가입기간의 기준소득월액은 제1호에 따라 산정한 금액

상기의 금액을 수급권자에게 적용할 때에는 연금 수급 2년 전 연도와 대비한 전년도의 전국소비자물가변동률을 기준으로 매년 3월 말까지 그 변동률에 해당하는 금액을 더하거나 빼되, 미리 국민연금심의위원회의 심의를 거쳐야 한다(동법 제51조).

2) 부양가족연금액

부양가족연금액은 수급권자(유족연금의 경우에는 사망한 가입자 또는 가입자였던 자)를 기준으로 하는 다음 각 호의 자로서 수급권자에 의하여 생계를 유지하고 있는 자에 대하여 해당 호에 규정된 각각의 금액으로 한다.

1. 배우자: 연 15만원
2. 19세 미만이거나 장애등급 2급 이상인 자녀(배우자가 혼인 전에 얻은 자녀를 포함): 연 10만원
3. 60세 이상이거나 장애등급 2급 이상인 부모(부 또는 모의 배우자, 배우자의 부모를 포함): 연 10만원

수급권자에 의하여 생계를 유지하고 있는 자가 다음의 어느 하나에 해당하면 부양가족연금액 계산에서 제외한다.

1. 연금 수급권자 2. 퇴직연금 등 수급권자
3. 「공무원연금법」「공무원 재해보상법」「사립학교교직원 연금법」「별정우체국법」 또는 「군인연금법」에 따른 퇴직유족연금, 장해유족연금, 순직유족연금, 직무상유족연금, 위험직무순직유족연금 또는 유족연금 수급권자

부양가족연금액을 계산할 때 2명 이상의 연금 수급권자의 부양가족연금 계산 대상이 될 수 없다(동법 제50부터 제52조).

3) 연금액의 최고한도

연금의 월별 지급액은 다음 각 호의 금액 중에서 많은 금액을 넘지 못한다(동법 제53조).

1. 가입자였던 최종 5년 동안의 기준소득월액을 평균한 금액을 전국소비자물가변동률을 반영하여 조정한 금액
2. 가입기간 동안의 기준소득월액을 평균한 금액을 전국소비자물가변동률을 반영하여 조정한 금액

4) 연금 지급 기간 및 지급 시기

연금은 지급하여야 할 사유가 생긴 날이 속하는 달의 다음 달부터 수급권이 소멸한 날이 속하는 달까지 지급한다. 연금은 매월 25일에 그 달의 금액을 지급하되, 지급일이 토요일이나 공휴일이면 그 전날에 지급한다(동법 제53조 및 제54조).

5) 중복급여의 조정 및 환수

수급권자에게 이 법에 따른 2 이상의 급여 수급권이 생기면 수급권자의 선택에 따라 그 중 하나만 지급하고 다른 급여의 지급은 정지된다. 다만 선택하지 아니한 급여가 다음 각 호의 어느 하나에 해당하는 경우에는 해당 호에 규정된 금액을 선택한 급여에 추가하여 지급한다.

1. 선택하지 아니한 급여가 유족연금일 때(선택한 급여가 반환일시금일 때를 제외한다): 유족연금액의 100분의 30에 해당하는 금액
2. 선택하지 아니한 급여가 반환일시금일 때(선택한 급여가 장애연금이고, 선택하지 아니한 급여가 본인의 연금보험료 납부로 인한 반환일시금일 때를 제외한다): 제80조제2항에 상당하는 금액

6) 수급권 보호 및 조세·공과금 감면

국민연금수급권 = 일신전속적 권리

수급권은 양도 · 압류하거나 담보로 제공할 수 없다.
수급권자에게 지급된 급여로서 대통령령으로 정하는 금액 이하의 급여는 압류할 수 없다.

동법 시행령 제44조 법 제58조제2항에 따라 수급권자에게 지급된 급여로서 압류할 수 없는 금액은 「민사집행법 시행령」 제2조 본문에서 정하는 금액(150만원)으로 한다.

급여수급전용계좌에 입금된 급여와 이에 관한 채권은 압류할 수 없다(동법 제58조).

이 법에 따른 급여로 지급된 금액에 대하여는 조세, 그 밖에 국가 또는 지방자치단체의 공과금을 감면한다(동법 제59조 및 제60조).

2. 급여의 종류

이 법에 따른 급여의 종류는 다음과 같다(동법 제49조).

1. 노령연금 2. 장애연금 3. 유족연금 4. 반환일시금

1) 노령연금

(1) 노령연금 수급권자

가입기간이 10년 이상인 가입자 또는 가입자였던 자에 대하여는 60세(특수직종근로자는 55세)가 된 때부터 그가 생존하는 동안 노령연금을 지급한다.

① 조기노령연금

가입기간이 10년 이상인 가입자 또는 가입자였던 자로서 55세 이상인 자가 대통령령으로 정하는 소득이 있는 업무에 종사하지 아니하는 경우 본인이 희망하면 60세가 되기 전이라도 본인이 청구한 때부터 그가 생존하는 동안 일정한 금액의 연금을 받을 수 있다.

조기노령연금을 받고 있는 60세 미만인 자가 다음 각 호의 어느 하나에 해당되는 경우에는 그 기간에 해당하는 조기노령연금은 지급을 정지한다.

1. 소득이 있는 업무에 종사하는 경우 2. 조기노령연금을 받고 있는 본인이 조기노령연금 지급 정지를 신청하는 경우

(동법 제61조 및 제66조)

② 지급의 연기에 따른 가산

노령연금의 수급권자로서 60세 이상 65세 미만인 사람(특수직종근로자는 55세 이상 60세 미만인 사람)이 연금지급의 연기를 희망하는 경우에는 1회에 한정하여 65세(특수직종근로자는 60세) 전까지의 기간에 대하여 그 연금의 전부 또는 일부의 지급을 연기할 수 있다. 연금 전부의 지급 연기를 신청한 수급권자가 연금의 지급을 희망하거나 65세(특수직종근로자는 60세)가 된 경우의 연금액은 지급의 연기를 신청한 때의 노령연금액(부양가족연금액은 제외)을 전국소비자물가변동률을 반영하여 조정한 금액에 연기되는 매 1개월마다 그 금액의 1천분의 6을 더한 액으로 한다. 이 경우 1천분의 6에 해당하는 금액도 전국소비자물가변동률을 반영하여 조정한다(동법 제62조).

③ 노령연금액

노령연금액은 다음 각 호의 구분에 따른 금액에 부양가족연금액을 더한 금액으로 한다.

1. 가입기간이 20년 이상인 경우: 기본연금액
2. 가입기간이 10년 이상 20년 미만인 경우: 기본연금액의 1천분의 500에 해당하는 금액에 가입기간 10년을 초과하는 1년(1년 미만이면 매 1개월을 12분의 1년으로 계산한다)마다 기본연금액의 1천분의 50에 해당하는 금액을 더한 금액

조기노령연금액은 가입기간에 따라 노령연금액 중 부양가족연금액을 제외한 금액에 수급연령별로 다음 각 호의 구분에 따른 비율(청구일이 연령도달일이 속한 달의 다음 달 이후인 경우에는 1개월마다 1천분의 5를 더한다)을 곱한 금액에 부양가족연금액을 더한 금액으로 한다.

1. 55세부터 지급받는 경우에는 1천분의 700
2. 56세부터 지급받는 경우에는 1천분의 760
3. 57세부터 지급받는 경우에는 1천분의 820
4. 58세부터 지급받는 경우에는 1천분의 880
5. 59세부터 지급받는 경우에는 1천분의 940

④ 소득활동에 따른 노령연금액: 재직자노령연금

노령연금 수급권자가 대통령령으로 정하는 소득이 있는 업무에 종사하면 60세 이상 65세 미만(특수직종근로자는 55세 이상 60세 미만)인 기간에는 노령연금액(부양가족연금액은 제외)에서 다음 각 호의 구분에 따른 금액을 뺀 금액을 지급한다. 이 경우 빼는 금액은 노령연금액의 2분의 1을 초과할 수 없다.

1. 초과소득월액(노령연금 수급권자의 소득월액에서 제51조제1항제1호에 따라 산정한 금액을 뺀 금액을 말한다. 이하 이 조에서 같다)이 100만원 미만인 사람: 초과소득월액의 1천분의 50

2. 초과소득월액이 100만원 이상 200만원 미만인 사람: 5만원 + (초과소득월액 − 100만원) × 1천분의 100
3. 초과소득월액이 200만원 이상 300만원 미만인 사람: 15만원 + (초과소득월액 − 200만원) × 1천분의 150
4. 초과소득월액이 300만원 이상 400만원 미만인 사람: 30만원 + (초과소득월액 − 300만원) × 1천분의 200
5. 초과소득월액이 400만원 이상인 사람: 50만원 + (초과소득월액 − 400만원) × 1천분의 250

(동법 제63조)

⑤ 분할연금 및 분할연금수급권자 등

혼인 기간(배우자의 가입기간 중의 혼인 기간으로서 별거, 가출 등의 사유로 인하여 실질적인 혼인관계가 존재하지 아니하였던 기간을 제외한 기간)이 5년 이상인 자가 다음 각 호의 요건을 모두 갖추면 그때부터 그가 생존하는 동안 배우자였던 자의 노령연금을 분할한 일정한 금액의 연금(분할연금)을 받을 수 있다.[4)]

1. 배우자와 이혼하였을 것 2. 배우자였던 사람이 노령연금 수급권자일 것
3. 60세가 되었을 것

분할연금액은 배우자였던 자의 노령연금액(부양가족연금액은 제외) 중 혼인 기간에 해당하는 연금액을 균등하게 나눈 금액으로 한다. 분할연금은 요건을 모두 갖추게 된 때부터 5년 이내에 청구하여야 한다(동법 제64조부터 제65조).

2) 장애연금

(1) 장애연금의 수급권자

가입자 또는 가입자였던 자가 질병이나 부상으로 신체상 또는 정신상의 장애가 있고 다음 각 호의 요건을 모두 충족하는 경우에는 장애 정도를 결정하는 기준이 되는 장애결정 기준일부터 그 장애가 계속되는 기간 동안 장애 정도에 따라 장애연금을 지급한다.

1. 해당 질병 또는 부상의 초진일 당시 연령이 18세(다만, 18세 전에 가입한 경우에는 가입자가 된 날을 말한다) 이상이고 노령연금의 지급 연령 미만일 것

2. 다음 각 목의 어느 하나에 해당할 것
   가. 해당 질병 또는 부상의 초진일 당시 연금보험료를 낸 기간이 가입대상기간의 3분의 1 이상일 것
   나. 해당 질병 또는 부상의 초진일 5년 전부터 초진일까지의 기간 중 연금보험료를 낸 기간이 3년 이상일 것. 다만, 가입대상기간 중 체납기간이 3년 이상인 경우는 제외한다.
   다. 해당 질병 또는 부상의 초진일 당시 가입기간이 10년 이상일 것

장애연금액은 장애 등급에 따라 정한 금액으로 한다(동법 제67조 및 제68조).

3) 유족연금

(1) 유족연금의 수급권자

다음 각 호의 어느 하나에 해당하는 사람이 사망하면 그 유족에게 유족연금을 지급한다.

1. 노령연금 수급권자
2. 가입기간이 10년 이상인 가입자 또는 가입자였던 자
3. 연금보험료를 낸 기간이 가입대상기간의 3분의 1 이상인 가입자 또는 가입자였던 자
4. 사망일 5년 전부터 사망일까지의 기간 중 연금보험료를 낸 기간이 3년 이상인 가입자 또는 가입자였던 자. 다만, 가입대상기간 중 체납기간이 3년 이상인 사람은 제외한다.
5. 장애등급이 2급 이상인 장애연금 수급권자

유족연금을 지급받을 수 있는 유족은 사망할 당시 그에 의하여 생계를 유지하고 있던 다음 각 호의 자로 한다.

1. 배우자
2. 자녀. 다만, 25세 미만이거나 장애등급 2급 이상인 자만 해당한다.
3. 부모(배우자의 부모를 포함). 다만, 60세 이상이거나 장애등급 2급 이상인 자만 해당한다.
4. 손자녀. 다만, 19세 미만이거나 장애등급 2급 이상인 자만 해당한다.

5. 조부모(배우자의 조부모를 포함). 다만, 60세 이상이거나 장애등급 2급 이상인 자만 해당한다.

유족연금은 상기 각 호의 순위에 따라 최우선 순위자에게만 지급한다. 같은 순위의 유족이 2명 이상이면 그 유족연금액을 똑같이 나누어 지급한다(동법 제73조).

유족연금액은 가입기간에 따라 다음 각 호의 금액에 부양가족연금액을 더한 금액으로 한다.

1. 가입기간이 10년 미만이면 기본연금액의 1천분의 400에 해당하는 금액
2. 가입기간이 10년 이상 20년 미만이면 기본연금액의 1천분의 500에 해당하는 금액
3. 가입기간이 20년 이상이면 기본연금액의 1천분의 600에 해당하는 금액

유족연금의 수급권자인 배우자에 대하여는 수급권이 발생한 때부터 3년 동안 유족연금을 지급한 후 55세가 될 때까지 지급을 정지한다(동법 제74조부터 제76조).

4) 반환일시금

(1) 반환일시금

가입자 또는 가입자였던 자가 다음 각 호의 어느 하나에 해당하게 되면 본인이나 그 유족의 청구에 의하여 반환일시금을 지급받을 수 있다.

1. 가입기간이 10년 미만인 자가 60세가 된 때
2. 가입자 또는 가입자였던 자가 사망한 때. 다만, 제72조에 따라 유족연금이 지급되는 경우에는 그러하지 아니하다.
3. 국적을 상실하거나 국외로 이주한 때

반환일시금의 액수는 가입자 또는 가입자였던 자가 납부한 연금보험료에 대통령령으로 정하는 이자를 더한 금액으로 한다(동법 제77조부터 제79조).

5) 사망일시금

(1) 사망일시금

가입자 또는 가입자였던 자가 사망한 때에 유족이 없으면 그 배우자 · 자녀 · 부모 · 손

자녀 · 조부모 · 형제자매 또는 4촌 이내 방계혈족에게 사망일시금을 지급한다. 사망일시금은 가입자 또는 가입자였던 자의 반환일시금에 상당하는 금액으로 한다. 사망일시금을 받을 자의 순위는 배우자 · 자녀 · 부모 · 손자녀 · 조부모 · 형제자매 및 4촌 이내의 방계혈족 순으로 한다.

(2) 유족연금과 사망일시금의 관계

유족연금 수급권자에 대하여는 유족연금수급권이 소멸할 때까지 지급받은 유족연금액이 사망일시금액보다 적을 때에는 그 차액을 일시금으로 지급한다(동법 제80조 및 제81조).

제5장 비용 부담 및 연금보험료의 징수 등

1) 국고 부담

국가는 매년 공단 및 건강보험공단이 국민연금사업을 관리 · 운영하는 데에 필요한 비용의 전부 또는 일부를 부담한다(동법 제87조).

2) 연금보험료의 부과·징수 등

(1) 징수사무 위탁

보건복지부장관은 국민연금사업 중 연금보험료의 징수에 관하여 이 법에서 정하는 사항을 건강보험공단에 위탁한다.

(2) 연금보험료 부과 및 징수

공단은 국민연금사업에 드는 비용에 충당하기 위하여 가입자와 사용자에게 가입기간 동안 매월 연금보험료를 부과하고, 건강보험공단이 이를 징수한다.

사업장가입자의 연금보험료 중 기여금은 사업장가입자 본인이, 부담금은 사용자가 각각 부담하되, 그 금액은 각각 기준소득월액의 1천분의 45에 해당하는 금액으로 한다.

지역가입자, 임의가입자 및 임의계속가입자의 연금보험료는 지역가입자, 임의가입자 또는 임의계속가입자 본인이 부담하되, 그 금액은 기준소득월액의 1천분의 90으로 한다(동법 제87조).

사용자는 사업장가입자가 부담할 기여금을 그에게 지급할 매달의 임금에서 공제하여 내야 한다. 납부 의무자는 연금보험료, 연체금, 체납처분비, 그 밖의 징수금을 그 납부를 대행할 수 있도록 연금보험료 등 납부대행기관을 통하여 신용카드, 직불카드 등으로 납부할 수 있다(동법 제90조 및 제90조의2).

(3) 연금보험료 납부의 예외

납부 의무자는 사업장가입자 또는 지역가입자가 다음 각 호의 어느 하나에 해당하는 사유로 연금보험료를 낼 수 없으면 대통령령으로 정하는 바에 따라 그 사유가 계속되는 기간에는 연금보험료를 내지 아니할 수 있다.

1. 사업 중단, 실직 또는 휴직 중인 경우
2. 「병역법」 제3조에 따른 병역의무를 수행하는 경우
3. 「초 · 중등교육법」 제2조나 「고등교육법」 제2조에 따른 학교에 재학 중인 경우
4. 「형의 집행 및 수용자의 처우에 관한 법률」 제11조에 따라 교정시설에 수용 중인 경우
5. 종전의 「사회보호법」에 따른 보호감호시설이나 「치료감호법」에 따른 치료감호시설에 수용 중인 경우
6. 1년 미만 행방불명된 경우
7. 재해 · 사고 등으로 소득이 감소되거나 그 밖에 소득이 있는 업무에 종사하지 아니하는 경우로서 대통령령으로 정하는 경우

연금보험료를 내지 아니한 기간은 가입기간에 산입하지 아니한다(동법 제91조).

(4) 연금보험료의 추후 납부: 추납보험료

가입자는 사업 중단, 실직, 휴직, 교정시설 수감 등과 같이 이 법이 인정한 사유로 인해 보험료를 내지 못한 경우 해당하는 기간의 전부 또는 일부에 상응하는 연금보험료(추납보험료)의 추후 납부를 신청할 수 있다(동법 제92조).

(5) 연금보험료 등의 독촉 · 체납처분 · 연체금 · 징수우선순위

건강보험공단은 사업장가입자와 지역가입자가 연금보험료와 그에 따른 징수금을 기한까지 내지 아니하거나 제2차 납부의무자가 연금보험료, 연체금, 체납처분비를 기한까지 내지 아니하면 기한을 정하여 독촉하여야 한다. 건강보험공단은 연금보험료의 납부 의무자가 납부기한까지 연금보험료를 내지 아니하면 그 납부기한이 경과한 날부터 매 1일이 경과할 때마다 체납된 연금보험료의 1천분의 1에 해당하는 금액을 가산한 연체금을 징수한다. 이 경우 연체금은 체납된 연금보험료의 1천분의 30을 초과하지 못한다(동법 제94조부터 제98조).

(6) 연금보험료 등의 징수권 소멸

지역가입자, 임의가입자 및 임의계속가입자의 연금보험료 및 연체금을 징수할 권리는 다음 각 호의 어느 하나에 해당하는 때에 소멸한다.

1. 가입자 또는 가입자였던 자가 사망한 때
2. 본인이 노령연금을 받거나 반환일시금을 받은 때
3. 소멸시효가 완성된 때

(7) 연금보험료의 지원

국가는 사업장가입자로서 국민인 근로자가 다음 각 호의 요건을 모두 충족하는 경우에는 연금보험료 중 기여금 및 부담금의 일부를 예산의 범위에서 지원할 수 있다.

1. 대통령령으로 정하는 규모의 사업장에 고용되어 대통령령으로 정하는 금액 미만의 소득을 얻을 것
2. 근로자의 재산 및 종합소득이 대통령령으로 정하는 기준 미만일 것

(동법 제100조의3)

제6장 국민연금기금

국민연금: 부과방식(PAYG)이 아닌 적립방식

1) 기금의 설치 및 조성

보건복지부장관은 국민연금사업에 필요한 재원을 원활하게 확보하고, 이 법에 따른 급여에 충당하기 위한 책임준비금으로서 국민연금기금을 설치한다. 기금은 다음 각 호의 재원으로 조성한다(동법 제101조).

1. 연금보험료 2. 기금 운용 수익금 3. 적립금 4. 공단의 수입지출 결산상의 잉여금

2) 기금의 관리 및 운용

기금은 보건복지부장관이 관리 · 운용한다. 보건복지부장관은 국민연금 재정의 장기적인 안정을 유지하기 위하여 그 수익을 최대로 증대시킬 수 있도록 국민연금기금운용위원

회에서 의결한 바에 따라 다음의 방법으로 기금을 관리 · 운용하되, 가입자, 가입자였던 자 및 수급권자의 복지증진을 위한 사업에 대한 투자는 국민연금재정의 안정을 해치지 아니하는 범위에서 하여야 한다. 다만, 공공사업을 위한 공공부문에 대한 투자의 경우에는 기획재정부장관과 협의하여 국채를 매입한다.

1. 대통령령으로 정하는 금융기관에 대한 예입 또는 신탁
2. 공공사업을 위한 공공부문에 대한 투자
3. 「자본시장과 금융투자업에 관한 법률」 제4조에 따른 증권의 매매 및 대여
4. 「자본시장과 금융투자업에 관한 법률」 제5조제1항 각 호에 따른 지수 중 금융투자상품지수에 관한 파생상품시장에서의 거래
5. 복지사업 및 대여사업
6. 기금의 본래 사업 목적을 수행하기 위한 재산의 취득 및 처분
7. 그 밖에 기금의 증식을 위하여 대통령령으로 정하는 사업

복지사업, 대여사업 및 기금의 본래 사업 목적을 수행하기 위한 재산의 취득 및 처분에 따른 사업 외의 사업으로 기금을 관리 · 운용하는 경우에는 자산 종류별 시장수익률을 넘는 수익을 낼 수 있도록 신의를 지켜 성실하게 하여야 한다. 다만, 공공사업을 위한 공공부문에 대한 투자에 따라 기금을 「공공자금관리기금법」에 따른 공공자금관리기금에 예탁할 경우 그 수익률은 공공자금관리기금운용위원회가 5년 만기 국채 수익률 이상의 수준에서 국민연금기금운용위원회와 협의하여 정한다(동법 제102조 및 제102조의2).

3) 국민연금기금운용위원회 및 국민연금기금운용실무평가위원회

(1) 국민연금기금운용위원회

기금의 운용에 관한 다음 각 호의 사항을 심의 · 의결하기 위하여 보건복지부에 국민연금기금운용위원회를 둔다.

1. 기금운용지침에 관한 사항
2. 기금을 관리기금에 위탁할 경우 예탁 이자율의 협의에 관한 사항
3. 기금 운용 계획에 관한 사항
4. 기금의 운용 내용과 사용 내용에 관한 사항
5. 그 밖에 기금의 운용에 관하여 중요한 사항으로서 운용위원회 위원장이 회의에 부치는 사항

운용위원회는 위원장인 보건복지부장관, 당연직 위원인 기획재정부차관 · 농림축산식품부차관 · 산업통상자원부차관 · 고용노동부차관과 공단 이사장 및 위원장이 위촉하는 다음 각 호의 위원으로 구성한다.

1. 사용자를 대표하는 위원으로서 사용자 단체가 추천하는 자 3명
2. 근로자를 대표하는 위원으로서 노동조합을 대표하는 연합단체가 추천하는 자 3명
3. 지역가입자를 대표하는 위원으로서 다음의 자
   가. 농어업인 단체가 추천하는 자 2명
   나. 농어업인 단체 외의 자영자 관련 단체가 추천하는 자 2명
   다. 소비자단체 및 시민단체가 추천하는 자 2명
4. 관계 전문가로서 국민연금에 관한 학식과 경험이 풍부한 자 2명

기금의 운용에 관한 사항을 심의 · 평가하기 위하여 운용위원회에 국민연금기금운용실무평가위원회를 둔다(동법 제103조 및 제104조).

4) 국민연금기금 운용지침

운용위원회는 가입자의 권익이 극대화되도록 매년 다음 사항에 관한 국민연금기금운용지침을 마련하여야 한다.

1. 공공사업에 사용할 기금 자산의 비율
2. 공공사업에 대한 기금 배분의 우선순위
3. 가입자, 가입자였던 자 및 수급권자의 복지 증진을 위한 사업비
4. 기금의 증식을 위한 가입자 및 가입자였던 자에 대한 대여사업비
5. 기금의 관리 · 운용 현황에 관한 공시 대상 및 방법

(동법 제105조)

5) 기금 운용계획 등

보건복지부장관은 매년 기금 운용계획을 세워서 운용위원회 및 국무회의의 심의를 거쳐 대통령의 승인을 받아야 한다. 정부는 기금 운용계획을 전년도 10월 말까지 국회에 보고하여야 한다. 보건복지부장관은 기금의 운용 내용을, 기획재정부장관은 관리기금에 예

탁된 기금의 사용 내용을 각각 다음 연도 6월 말까지 운용위원회에 제출하여야 한다(동법 제107조).

제7장 심사청구와 재심사청구

1) 심사청구

가입자의 자격, 기준소득월액, 연금보험료, 그 밖의 이 법에 따른 징수금과 급여에 관한 공단 또는 건강보험공단의 처분에 이의가 있는 자는 그 처분을 한 공단 또는 건강보험공단에 심사청구를 할 수 있다. 심사청구는 그 처분이 있음을 안 날부터 90일 이내에 문서(전자문서를 포함)로 하여야 하며, 처분이 있은 날부터 180일을 경과하면 이를 제기하지 못한다. 다만, 정당한 사유로 그 기간에 심사청구를 할 수 없었음을 증명하면 그 기간이 지난 후에도 심사청구를 할 수 있다. 심사청구 사항을 심사하기 위하여 공단에 국민연금심사위원회를 두고, 건강보험공단에 징수심사위원회를 둔다(동법 제108조 및 제109조).

2) 재심사청구 및 행정심판과의 관계

심사청구에 대한 결정에 불복하는 자는 그 결정통지를 받은 날부터 90일 이내에 재심사청구서에 따라 국민연금재심사위원회에 재심사를 청구할 수 있다. 재심사청구 사항을 심사하기 위하여 보건복지부에 국민연금재심사위원회를 둔다.

심사위원회의 재심사와 재결에 관한 절차에 관하여는 「행정심판법」을 준용한다. 재심사청구 사항에 대한 재심사위원회의 재심사는 행정심판으로 본다(동법 제111조 및 제112조).

제8장 보칙

1) 연금의 중복급여의 조정

장애연금 또는 유족연금의 수급권자가 이 법에 따른 장애연금 또는 유족연금의 지급사유와 같은 사유로 다음 각 호의 어느 하나에 해당하는 급여를 받을 수 있는 경우에는 장애연금액이나 유족연금액은 그 2분의 1에 해당하는 금액을 지급한다.

1. 「근로기준법」 제80조에 따른 장해보상, 같은 법 제82조에 따른 유족보상 또는 같은 법 제84조에 따른 일시보상
2. 「산업재해보상보험법」 제57조에 따른 장해급여, 같은 법 제62조에 따른 유족급여, 같은 법 제91조의3에 따른 진폐보상연금 또는 같은 법 제91조의4에 따른 진폐유족

연금
3. 「선원법」 제97조에 따른 장해보상, 같은 법 제98조에 따른 일시보상 또는 같은 법 제99조에 따른 유족보상
4. 「어선원 및 어선 재해보상보험법」 제25조에 따른 장해급여, 같은 법 제26조에 따른 일시보상급여 또는 같은 법 제27조에 따른 유족급여

(동법 제113조)

2) 대위권 등

공단은 제3자의 행위로 장애연금이나 유족연금의 지급 사유가 발생하여 장애연금이나 유족연금을 지급한 때에는 그 급여액의 범위에서 제3자에 대한 수급권자의 손해배상청구권에 관하여 수급권자를 대위(代位)한다. 제3자의 행위로 장애연금이나 유족연금의 지급 사유가 발생한 경우 그와 같은 사유로 제3자로부터 손해배상을 받았으면 공단은 그 배상액의 범위에서 장애연금이나 유족연금을 지급하지 아니한다(동법 제114조).

3) 시효

연금보험료, 환수금, 그 밖의 이 법에 따른 징수금을 징수하거나 환수할 권리는 3년간, 급여를 받거나 과오납금을 반환받을 수급권자 또는 가입자 등의 권리는 5년간, 반환일시금을 지급받을 권리는 10년간 행사하지 아니하면 각각 소멸시효가 완성된다. 급여를 지급받을 권리는 그 급여 전액에 대하여 지급이 정지되어 있는 동안은 시효가 진행되지 아니한다(동법 제115조 및 제116조).

4) 외국인에 대한 적용 및 외국과의 사회보장협정

이 법의 적용을 받는 사업장에 사용되고 있거나 국내에 거주하는 외국인으로서 대통령령으로 정하는 자 외의 외국인은 제6조에도 불구하고 당연히 사업장가입자 또는 지역가입자가 된다. 다만, 이 법에 따른 국민연금에 상응하는 연금에 관하여 그 외국인의 본국법이 대한민국 국민에게 적용되지 아니하면 그러하지 아니하다.

대한민국이 외국과 사회보장협정을 맺은 경우에는 이 법에도 불구하고 국민연금의 가입, 연금보험료의 납부, 급여의 수급 요건, 급여액의 산정, 급여의 지급 등에 관하여 그 사회보장협정에서 정하는 바에 따른다(동법 제126조 및 제127조).

사회보장협정: 상호주의

제9장 벌칙

1) 벌칙

거짓이나 그 밖의 부정한 방법으로 급여를 받은 자는 3년 이하의 징역이나 3천만원 이하의 벌금에 처한다.

다음 각 호의 어느 하나에 해당하는 자는 1년 이하의 징역이나 1천만원 이하의 벌금에 처한다.

1. 부담금의 전부 또는 일부를 사업장가입자에게 부담하게 하거나 임금에서 기여금을 공제할 때 기여금을 초과하는 금액을 사업장가입자의 임금에서 공제한 사용자
2. 납부 기한까지 정당한 사유 없이 연금보험료를 내지 아니한 사용자
3. 근로자가 가입자로 되는 것을 방해하거나 부담금의 증가를 기피할 목적으로 정당한 사유 없이 근로자의 승급 또는 임금 인상을 하지 아니하거나 해고나 그 밖의 불리한 대우를 한 사용자
4. 업무를 수행하면서 알게 된 비밀을 누설한 자

(동법 제129조)

2) 양벌규정

법인의 대표자나 법인 또는 개인의 대리인, 사용인, 그 밖의 종업원이 그 법인 또는 개인의 업무에 관하여 제128조의 위반행위를 하면 그 행위자를 벌하는 외에 그 법인 또는 개인에게도 해당 조문의 벌금형을 과(科)한다. 다만, 법인 또는 개인이 그 위반행위를 방지하기 위하여 해당 업무에 관하여 상당한 주의와 감독을 게을리하지 아니한 경우에는 그러하지 아니하다(동법 제130조).

Ⅱ. 국민건강보험법

[시행 2018. 9. 28.] [법률 제15535호, 2018. 3. 27., 일부개정]

1. 법 제정 의의 및 연혁

의료보험법(1963): 조합주의방식 → 국민의료보험법(1997): 과도기적 통합주의방식
→ 국민건강보험법(1999): 통합주의방식

「국민건강보험법」은 우리나라 의료보장제도가 조합주의에서 통합주의로 변경되는 과정에서 당초 조합주의방식의 「의료보험법」이 과도기적 통합방식인 「국민의료보험법」으로 대체되고, 다시 「국민의료보험법」이 완전한 통합주의방식인 「국민건강보험법」으로 대체되는 과정을 겪으면서 발전되어 왔다.

「의료보험법」은 국민의 의료복지 증진을 위하여 '1963. 12. 16. 법률 제1623호'로 제정되었다. 그러나 이 법하에서의 의료보장은 임의적용방식을 택하여 「의료보험법」이 사회보험법으로 간주되기 어려웠다. 사회보험제도로서 의료보험이 갖추어야 할 강제가입규정은 1976년에 법 개정을 통해 이루어졌다.[5] 「의료보험법」은 조합주의방식으로 직장조합·지역조합·공무원교원조합이 각각의 의료보험조별 독립채산제방식으로 운영되어, 사회보험의 기본이념인 사회연대성과 배분적 정의를 구현하기 어려우므로, 이러한 문제를 해결하기 위하여 '1999. 2. 8. 법률 제5854호'로 「국민의료보험법」이 제정되었다. 이 법은 지역의료보험조합과 공무원교원의료보험조합을 국민의료보험공단으로 합쳐서 과도기적 통합을 이루었다.

「국민건강보험법」은 과도기적 통합방식인 「국민의료보험법」을 대체하여 '1999. 2. 8. 법률 제5854호'로 제정되었다. 이로써 국민의료보험공단과 직장조합이 국민건강보험공단으로 통합됨으로써 우리나라의 의료보험제도가 조합방식에서 완전한 통합방식으로 전환되게 되었다. 「국민건강보험법」은 기존의 다보험자 방식으로 운영되고 있는 의료보험관리체계를 단일보험자로 통합운영함으로써, 운영의 효율성과 보험료 부담의 형평성을 높이고 질병의 치료 외에 예방·건강증진 등을 포함하는 포괄적인 의료서비스를 제공하여 국민건강의 향상을 도모하기 위하여 제정되었다.[6]

2. 법의 주요 내용

국민건강보험: NHS(National Health Service), CSM(Consumer Sovereignty Model), MSA(Medical Saving Account) 방식이 아닌 NHI(National Health Insurance) 방식

제1장 총칙

1) 목적·관장 및 정의

이 법은 국민의 질병 · 부상에 대한 예방 · 진단 · 치료 · 재활과 출산 · 사망 및 건강증진에 대하여 보험급여를 실시함으로써 국민보건 향상과 사회보장 증진에 이바지함을 목적으로 한다. 이 법에 따른 건강보험사업은 보건복지부장관이 맡아 주관한다.

이 법에서 사용하는 주요 용어에 관한 입법적 정의는 다음과 같다.

"근로자"란 직업의 종류와 관계없이 근로의 대가로 보수를 받아 생활하는 사람(법인의 이사와 그 밖의 임원을 포함)으로서 공무원 및 교직원을 제외한 사람을 말한다.

"사용자"란 다음 각 목의 어느 하나에 해당하는 자를 말한다.

가. 근로자가 소속되어 있는 사업장의 사업주
나. 공무원이 소속되어 있는 기관의 장으로서 대통령령으로 정하는 사람
다. 교직원이 소속되어 있는 사립학교를 설립 · 운영하는 자

(동법 제1조부터 제3조)

2) 국민건강보험종합계획의 수립 등

보건복지부장관은 이 법에 따른 건강보험의 건전한 운영을 위하여 건강보험정책심의위원회의 심의를 거쳐 5년마다 국민건강보험종합계획을 수립하여야 한다. 보건복지부장관은 종합계획에 따라 매년 연도별 시행계획을 건강보험정책심의위원회의 심의를 거쳐 수립 · 시행하여야 한다(동법 제3조의2).

3) 건강보험정책심의위원회

건강보험정책에 관한 다음 각 호의 사항을 심의 · 의결하기 위하여 보건복지부장관 소속으로 건강보험정책심의위원회를 둔다.

> 1. 종합계획 및 시행계획에 관한 사항 심의 2. 요양급여의 기준
> 3. 요양급여비용에 관한 사항 4. 직장가입자의 보험료율
> 5. 지역가입자의 보험료부과점수당 금액
> 6. 그 밖에 건강보험에 관한 주요 사항으로서 대통령령으로 정하는 사항

심의위원회는 위원장 1명과 부위원장 1명을 포함하여 25명의 위원으로 구성하며, 위원장은 보건복지부차관이 된다.

> 1. 근로자단체 및 사용자단체가 추천하는 각 2명
> 2. 시민단체, 소비자단체, 농어업인단체 및 자영업자단체가 추천하는 각 1명
> 3. 의료계를 대표하는 단체 및 약업계를 대표하는 단체가 추천하는 8명
> 4. 다음 각 목에 해당하는 8명
>   가. 대통령령으로 정하는 중앙행정기관 소속 공무원 2명
>   나. 국민건강보험공단의 이사장 및 건강보험심사평가원의 원장이 추천하는 각 1명
>   다. 건강보험에 관한 학식과 경험이 풍부한 4명

(동법 제4조)

제2장 가입자

1) 적용 대상 등

국내에 거주하는 국민은 건강보험의 가입자 또는 피부양자가 된다. 다만, 다음 각 호의 어느 하나에 해당하는 사람은 제외한다.

> 1. 「의료급여법」에 따라 의료급여를 받는 사람
> 2. 「독립유공자예우에 관한 법률」 및 「국가유공자 등 예우 및 지원에 관한 법률」에 따라 의료보호를 받는 사람. 다만, 다음 각 목의 어느 하나에 해당하는 사람은 가입자 또는 피부양자가 된다.
>   가. 유공자등 의료보호대상자 중 건강보험의 적용을 보험자에게 신청한 사람
>   나. 건강보험을 적용받고 있던 사람이 유공자등 의료보호대상자로 되었으나 건강보험의 적용배제신청을 보험자에게 하지 아니한 사람

피부양자는 다음 각 호의 어느 하나에 해당하는 사람 중 직장가입자에게 주로 생계를 의존하는 사람으로서 소득 및 재산이 보건복지부령으로 정하는 기준 이하에 해당하는 사람을 말한다(동법 제5조).

1. 직장가입자의 배우자　2. 직장가입자의 직계존속(배우자의 직계존속을 포함)
3. 직장가입자의 직계비속(배우자의 직계비속을 포함)과 그 배우자
4. 직장가입자의 형제 · 자매

2) 가입자의 종류

가입자 = 직장가입자 + 지역가입자

모든 사업장의 근로자 및 사용자와 공무원 및 교직원은 직장가입자가 된다. 다만, 다음 각 호의 어느 하나에 해당하는 사람은 제외한다.

1. 고용 기간이 1개월 미만인 일용근로자
2. 「병역법」에 따른 현역병(지원에 의하지 아니하고 임용된 하사를 포함한다), 전환복무된 사람 및 군간부후보생
3. 선거에 당선되어 취임하는 공무원으로서 매월 보수 또는 보수에 준하는 급료를 받지 아니하는 사람
4. 그 밖에 사업장의 특성, 고용 형태 및 사업의 종류 등을 고려하여 대통령령으로 정하는 사업장의 근로자 및 사용자와 공무원 및 교직원

지역가입자는 직장가입자와 그 피부양자를 제외한 가입자를 말한다(동법 제6조).

3) 자격의 상실 시기 등

가입자는 다음 각 호의 어느 하나에 해당하게 된 날에 그 자격을 잃는다.

1. 사망한 날의 다음 날　2. 국적을 잃은 날의 다음 날
3. 국내에 거주하지 아니하게 된 날의 다음 날　4. 직장가입자의 피부양자가 된 날
5. 수급권자가 된 날

6. 건강보험을 적용받고 있던 사람이 유공자등 의료보호대상자가 되어 건강보험의 적용배제신청을 한 날

자격을 잃은 경우 직장가입자의 사용자와 지역가입자의 세대주는 그 명세를 자격을 잃은 날부터 14일 이내에 보험자에게 신고하여야 한다(동법 제10조).

제3장 국민건강보험공단

1) 보험자

건강보험의 보험자는 국민건강보험공단으로 한다. 공단은 다음 각 호의 업무를 관장한다.

1. 가입자 및 피부양자의 자격 관리
2. 보험료와 그 밖에 이 법에 따른 징수금의 부과 · 징수
3. 보험급여의 관리
4. 가입자 및 피부양자의 질병의 조기발견 · 예방 및 건강관리를 위하여 요양급여 실시 현황과 건강검진 결과 등을 활용하여 실시하는 예방사업으로서 대통령령으로 정하는 사업
5. 보험급여 비용의 지급 6. 자산의 관리 · 운영 및 증식사업 7. 의료시설의 운영
8. 건강보험에 관한 교육훈련 및 홍보 9. 건강보험에 관한 조사연구 및 국제협력
10. 이 법에서 공단의 업무로 정하고 있는 사항
11. 「국민연금법」「고용보험 및 산업재해보상보험의 보험료징수 등에 관한 법률」「임금채권보장법」 및 「석면피해구제법」에 따라 위탁받은 업무
12. 그 밖에 이 법 또는 다른 법령에 따라 위탁받은 업무
13. 그 밖에 건강보험과 관련하여 보건복지부장관이 필요하다고 인정한 업무

자산의 관리 · 운영 및 증식사업은 안정성과 수익성을 고려하여 다음 각 호의 방법에 따라야 한다.

1. 체신관서 또는 「은행법」에 따른 은행에의 예입 또는 신탁
2. 국가 · 지방자치단체 또는 「은행법」에 따른 은행이 직접 발행하거나 채무이행을 보증하는 유가증권의 매입
3. 특별법에 따라 설립된 법인이 발행하는 유가증권의 매입

4. 「자본시장과 금융투자업에 관한 법률」에 따른 신탁업자가 발행하거나 같은 법에 따른 집합투자업자가 발행하는 수익증권의 매입
5. 공단의 업무에 사용되는 부동산의 취득 및 일부 임대
6. 그 밖에 공단 자산의 증식을 위하여 대통령령으로 정하는 사업

공단은 법인으로 한다. 공단의 주된 사무소의 소재지는 정관으로 정하며, 필요하면 정관으로 정하는 바에 따라 분사무소를 둘 수 있다. 공단에 관하여 이 법과 「공공기관의 운영에 관한 법률」에서 정한 사항 외에는 「민법」 중 재단법인에 관한 규정을 준용한다.

2) 임원

공단은 임원으로서 이사장 1명, 이사 14명 및 감사 1명을 둔다. 이 경우 이사장, 이사 중 5명 및 감사는 상임으로 한다. 이사장은 임원추천위원회가 복수로 추천한 사람 중에서 보건복지부장관의 제청으로 대통령이 임명한다(동법 제13조부터 제32조 및 제40조).

3) 재정운영위원회

요양급여비용의 계약 및 결손처분 등 보험재정에 관련된 사항을 심의 · 의결하기 위하여 공단에 재정운영위원회를 둔다. 재정운영위원회는 다음 각 호의 위원으로 구성한다.

1. 직장가입자를 대표하는 위원 10명　2. 지역가입자를 대표하는 위원 10명
3. 공익을 대표하는 위원 10명

(동법 제34조)

4) 회계 및 예산

공단의 회계연도는 정부의 회계연도에 따른다. 공단은 직장가입자와 지역가입자의 재정을 통합하여 운영한다. 공단은 건강보험사업 및 징수위탁근거법의 위탁에 따른 국민연금사업 · 고용보험사업 · 산업재해보상보험사업 · 임금채권보장사업에 관한 회계를 공단의 다른 회계와 구분하여 각각 회계처리하여야 한다(동법 제35조부터 제37조).

5) 준비금

공단은 회계연도마다 결산상의 잉여금 중에서 그 연도의 보험급여에 든 비용의 100분의 5 이상에 상당하는 금액을 그 연도에 든 비용의 100분의 50에 이를 때까지 준비금으로

적립하여야 한다(동법 제38조).

6) 재난적의료비 지원사업에 대한 출연

공단은 「재난적의료비 지원에 관한 법률」에 따른 재난적의료비 지원사업에 사용되는 비용에 충당하기 위하여 매년 예산의 범위에서 출연할 수 있다(동법 제39조의2).

제4장 보험급여

1) 요양급여

가입자와 피부양자의 질병, 부상, 출산 등에 대하여 다음 각 호의 요양급여를 실시한다.

1. 진찰 · 검사 2. 약제(藥劑) · 치료재료의 지급 3. 처치 · 수술 및 그 밖의 치료
4. 예방 · 재활 5. 입원 6. 간호 7. 이송(移送)

요양급여를 결정함에 있어 경제성 또는 치료효과성 등이 불확실하여 그 검증을 위하여 추가적인 근거가 필요하거나, 경제성이 낮아도 가입자와 피부양자의 건강회복에 잠재적 이득이 있는 등 대통령령으로 정하는 경우에는 예비적인 요양급여인 선별급여로 지정하여 실시할 수 있다(동법 제40조 및 제41조).

2) 요양기관

요양급여(간호와 이송은 제외)는 다음 각 호의 요양기관에서 실시한다.

1. 「의료법」에 따라 개설된 의료기관
2. 「약사법」에 따라 등록된 약국
3. 「약사법」 제91조에 따라 설립된 한국희귀 · 필수의약품센터
4. 「지역보건법」에 따른 보건소 · 보건의료원 및 보건지소
5. 「농어촌 등 보건의료를 위한 특별조치법」에 따라 설치된 보건진료소

선별급여 중 자료의 축적 또는 의료 이용의 관리가 필요한 경우에는 보건복지부장관이 해당 선별급여의 실시 조건을 사전에 정하여 이를 충족하는 요양기관만이 해당 선별급여를 실시할 수 있다(동법 제42조 및 제42조의2).

3) 비용의 일부부담

요양급여를 받는 자는 대통령령으로 정하는 바에 따라 비용의 일부(본인일부부담금)를 본인이 부담한다. 이 경우 선별급여에 대해서는 다른 요양급여에 비하여 본인일부부담금을 상향 조정할 수 있다. 본인이 연간 부담하는 본인일부부담금의 총액이 대통령령으로 정하는 금액(본인부담상한액)을 초과한 경우에는 공단이 그 초과 금액을 부담하여야 한다. 본인부담상한액은 가입자의 소득수준 등에 따라 정한다(동법 제44조).

4) 요양급여비용의 산정 등

요양급여비용은 공단의 이사장과 대통령령으로 정하는 의약계를 대표하는 사람들의 계약으로 정한다. 이 경우 계약기간은 1년으로 한다. 계약은 그 직전 계약기간 만료일이 속하는 연도의 5월 31일까지 체결하여야 하며, 그 기한까지 계약이 체결되지 아니하는 경우 보건복지부장관이 그 직전 계약기간 만료일이 속하는 연도의 6월 30일까지 심의위원회의 의결을 거쳐 요양급여비용을 정한다(동법 제45조).

5) 요양비

공단은 가입자나 피부양자가 보건복지부령으로 정하는 긴급하거나 그 밖의 부득이한 사유로 요양기관과 비슷한 기능을 하는 기관으로서 보건복지부령으로 정하는 기관에서 질병 · 부상 · 출산 등에 대하여 요양을 받거나 요양기관이 아닌 장소에서 출산한 경우에는 그 요양급여에 상당하는 금액을 보건복지부령으로 정하는 바에 따라 가입자나 피부양자에게 요양비로 지급한다(동법 제49조).

6) 부가급여·장애인에 대한 특례·건강검진

공단은 이 법에서 정한 요양급여 외에 임신 · 출산 진료비, 장제비, 상병수당, 그 밖의 급여를 실시할 수 있다. 공단은 「장애인복지법」에 따라 등록한 장애인인 가입자 및 피부양자에게는 보장구에 대하여 보험급여를 할 수 있다. 공단은 가입자와 피부양자에 대하여 질병의 조기 발견과 그에 따른 요양급여를 하기 위하여 건강검진을 실시한다(동법 제50조부터 제52조).

7) 급여의 제한

공단은 보험급여를 받을 수 있는 사람이 다음 각 호의 어느 하나에 해당하면 보험급여를 하지 아니한다.

1. 고의 또는 중대한 과실로 인한 범죄행위에 그 원인이 있거나 고의로 사고를 일으킨 경우
2. 고의 또는 중대한 과실로 공단이나 요양기관의 요양에 관한 지시에 따르지 아니한 경우
3. 고의 또는 중대한 과실로 제55조에 따른 문서와 그 밖의 물건의 제출을 거부하거나 질문 또는 진단을 기피한 경우
4. 업무 또는 공무로 생긴 질병 · 부상 · 재해로 다른 법령에 따른 보험급여나 보상(報償) 또는 보상(補償)을 받게 되는 경우

공단은 보험급여를 받을 수 있는 사람이 다른 법령에 따라 국가나 지방자치단체로부터 보험급여에 상당하는 급여를 받거나 보험급여에 상당하는 비용을 지급받게 되는 경우에는 그 한도에서 보험급여를 하지 아니한다.

공단은 가입자가 대통령령으로 정하는 기간 이상 소득월액보험료 또는 세대단위의 보험료를 체납한 경우 그 체납한 보험료를 완납할 때까지 그 가입자 및 피부양자에 대하여 보험급여를 실시하지 아니할 수 있다. 다만, 보험료의 체납기간에 관계없이 월별 보험료의 총체납횟수가 대통령령으로 정하는 횟수 미만인 경우에는 그러하지 아니하다(동법 제53조).

8) 급여의 정지

보험급여를 받을 수 있는 사람이 다음 각 호의 어느 하나에 해당하면 그 기간에는 보험급여를 하지 아니한다. 다만, 제3호 및 제4호의 경우에는 요양급여를 실시한다(동법 제54조).

1. 국외에 여행 중인 경우 2. 국외에서 업무에 종사하고 있는 경우
3. 「병역법」에 따른 현역병, 전환복무된 사람 및 군간부후보생
4. 교도소, 그 밖에 이에 준하는 시설에 수용되어 있는 경우

9) 구상권

공단은 제3자의 행위로 보험급여사유가 생겨 가입자 또는 피부양자에게 보험급여를 한 경우에는 그 급여에 들어간 비용 한도에서 그 제3자에게 손해배상을 청구할 권리(구상권)를 얻는다. 보험급여를 받은 사람이 제3자로부터 이미 손해배상을 받은 경우에는 공단은

그 배상액 한도에서 보험급여를 하지 아니한다(동법 제58조).

10) 수급권 보호

보험급여를 받을 권리는 양도하거나 압류할 수 없다. 요양비등수급계좌에 입금된 요양비등은 압류할 수 없다(동법 제59조).

11) 현역병 등에 대한 요양급여비용의 지급

공단은 「병역법」에 따른 현역병, 전환복무된 사람, 군간부후보생 및 교도소, 그 밖에 이에 준하는 시설에 수용되어 있는 경우에 해당하는 사람이 요양기관에서 치료 등 요양급여를 받은 경우 그에 따라 공단이 부담하는 비용(요양급여비용)을 법무부장관 · 국방부장관 · 경찰청장 · 소방청장 또는 해양경찰청장으로부터 예탁 받아 지급할 수 있다. 이 경우 법무부장관 · 국방부장관 · 경찰청장 · 소방청장 또는 해양경찰청장은 예산상 불가피한 경우 외에는 연간(年間) 들어갈 것으로 예상되는 요양급여비용을 미리 공단에 예탁하여야 한다(동법 제60조).

제5장 건강보험심사평가원

1) 설립 및 업무 등

요양급여비용을 심사하고 요양급여의 적정성을 평가하기 위하여 건강보험심사평가원을 설립한다. 심사평가원은 법인으로 한다. 심사평가원은 다음 각 호의 업무를 관장한다.

1. 요양급여비용의 심사 2. 요양급여의 적정성 평가
3. 심사기준 및 평가기준의 개발
4. 제1호부터 제3호까지의 규정에 따른 업무와 관련된 조사연구 및 국제협력
5. 다른 법률에 따라 지급되는 급여비용의 심사 또는 의료의 적정성 평가에 관하여 위탁받은 업무
6. 건강보험과 관련하여 보건복지부장관이 필요하다고 인정한 업무
7. 그 밖에 보험급여 비용의 심사와 보험급여의 적정성 평가와 관련하여 대통령령으로 정하는 업무

(동법 제61조부터 제64조)

제6장 보험료

1) 보험료

공단은 건강보험사업에 드는 비용에 충당하기 위하여 제77조에 따른 보험료의 납부의무자로부터 보험료를 징수한다. 보험료는 가입자의 자격을 취득한 날이 속하는 달의 다음 달부터 가입자의 자격을 잃은 날의 전날이 속하는 달까지 징수한다.

월별 보험료액은 가입자의 보험료 평균액의 일정비율에 해당하는 금액을 고려하여 상한 및 하한을 정한다.

(1) 직장가입자의 보험료

직장가입자의 월별 보험료액은 다음 각 호에 따라 산정한 금액으로 한다.

1. 보수월액보험료: 보수월액에 보험료율을 곱하여 얻은 금액
2. 소득월액보험료: 소득월액에 보험료율을 곱하여 얻은 금액

직장가입자의 보수월액은 직장가입자가 지급받는 보수를 기준으로 하여 산정한다. 휴직이나 그 밖의 사유로 보수의 전부 또는 일부가 지급되지 아니하는 가입자의 보수월액보험료는 해당 사유가 생기기 전 달의 보수월액을 기준으로 산정한다.

소득월액은 보수월액의 산정에 포함된 보수를 제외한 직장가입자의 소득(보수외소득)이 대통령령으로 정하는 금액을 초과하는 경우 다음의 계산식에 따라 산정한다.

(연간 보수외소득 − 대통령령으로 정하는 금액) × 1/12

직장가입자의 보험료율은 1천분의 80의 범위에서 심의위원회의 의결을 거쳐 대통령령으로 정한다. 국외에서 업무에 종사하고 있는 직장가입자에 대한 보험료율은 정해진 보험료율의 100분의 50으로 한다(동법 제69조부터 제71조 및 제73조).

(2) 지역가입자의 보험료

지역가입자의 월별 보험료액은 세대 단위로 산정하되, 지역가입자가 속한 세대의 월별 보험료액은 보험료부과점수에 보험료부과점수당 금액을 곱한 금액으로 한다.

보험료부과점수는 지역가입자의 소득 및 재산을 기준으로 산정한다. 보험료부과점수의

산정방법과 산정기준을 정할 때 재산권의 행사가 제한되는 재산에 대하여는 다른 재산과 달리 정할 수 있다. 지역가입자의 보험료부과점수당 금액은 심의위원회의 의결을 거쳐 대통령령으로 정한다(동법 제69조 및 제72조부터 제73조).

2) 보험료 부과제도에 대한 적정성 평가

보건복지부장관은 피부양자 인정기준과 보험료, 보수월액, 소득월액 및 보험료부과점수의 산정 기준 및 방법 등에 대하여 적정성을 평가하고, 이 법 시행일로부터 4년이 경과한 때 이를 조정하여야 한다(동법 제72조의3).

3) 보험료의 면제 및 경감

공단은 직장가입자가 다음의 어느 하나에 해당하면 그 가입자의 보험료를 면제한다.

1. 국외에서 업무에 종사하고 있는 경우
2. 「병역법」에 따른 현역병(지원에 의하지 아니하고 임용된 하사를 포함), 전환복무된 사람 및 군간부후보생
3. 교도소, 그 밖에 이에 준하는 시설에 수용되어 있는 경우

다만, 국외에서 업무에 종사하고 있는 경우에 해당하는 직장가입자의 경우에는 국내에 거주하는 피부양자가 없을 때에만 보험료를 면제한다.

지역가입자가 국외에서 업무에 종사하고 있는 경우, 「병역법」에 따른 현역병, 전환복무된 사람 및 군간부후보생, 교도소, 그 밖에 이에 준하는 시설에 수용되어 있는 경우의 어느 하나에 해당하면 그 가입자가 속한 세대의 보험료를 산정할 때 그 가입자의 보험료부과점수를 제외한다(동법 제74조).

다음 각 호의 어느 하나에 해당하는 가입자 또는 그 가입자가 속한 세대의 보험료의 일부를 경감할 수 있다(동법 제75조).

1. 섬 · 벽지(僻地) · 농어촌 등 대통령령으로 정하는 지역에 거주하는 사람
2. 65세 이상인 사람 3. 「장애인복지법」에 따라 등록한 장애인
4. 「국가유공자 등 예우 및 지원에 관한 법률」에 따른 국가유공자 5. 휴직자
6. 그 밖에 생활이 어렵거나 천재지변 등의 사유로 보험료를 경감할 필요가 있다고 보건복지부장관이 정하여 고시하는 사람

4) 보험료의 부담

직장가입자의 보수월액보험료는 직장가입자와 다음 각 호의 구분에 따른 자가 각각 보험료액의 100분의 50씩 부담한다. 다만, 직장가입자가 교직원으로서 사립학교에 근무하는 교원이면 보험료액은 그 직장가입자가 100분의 50을, 사용자가 100분의 30을, 국가가 100분의 20을 각각 부담한다.

1. 직장가입자가 근로자인 경우에는 제3조제2호가목에 해당하는 사업주
2. 직장가입자가 공무원인 경우에는 그 공무원이 소속되어 있는 국가 또는 지방자치단체
3. 직장가입자가 교직원(사립학교에 근무하는 교원은 제외한다)인 경우에는 제3조제2호다목에 해당하는 사용자

직장가입자의 소득월액보험료는 직장가입자가 부담한다.

지역가입자의 보험료는 그 가입자가 속한 세대의 지역가입자 전원이 연대하여 부담한다.

직장가입자가 교직원인 경우 사용자가 부담액 전부를 부담할 수 없으면 그 부족액을 학교에 속하는 회계에서 부담하게 할 수 있다(동법 제76조).

5) 보험료 납부의무

직장가입자의 보험료는 다음 각 호의 구분에 따라 그 각 호에서 정한 자가 납부한다.

1. 보수월액보험료: 사용자. 이 경우 사업장의 사용자가 2명 이상인 때에는 그 사업장의 사용자는 해당 직장가입자의 보험료를 연대하여 납부한다.
2. 소득월액보험료: 직장가입자

지역가입자의 보험료는 그 가입자가 속한 세대의 지역가입자 전원이 연대하여 납부한다. 다만, 소득 및 재산이 없는 미성년자와 소득 및 재산 등을 고려하여 대통령령으로 정하는 기준에 해당하는 미성년자는 납부의무를 부담하지 아니한다.

사용자는 보수월액보험료 중 직장가입자가 부담하여야 하는 그 달의 보험료액을 그 보수에서 공제하여 납부하여야 한다. 이 경우 직장가입자에게 공제액을 알려야 한다.

보험료 납부의무가 있는 자는 가입자에 대한 그 달의 보험료를 그 다음 달 10일까지 납부하여야 한다. 다만, 직장가입자의 소득월액보험료 및 지역가입자의 보험료는 분기별로 납부할 수 있다.

공단이 납입 고지한 보험료 등을 납부하는 자는 보험료 등 납부대행기관을 통하여 신용카드, 직불카드 등으로 납부할 수 있다(동법 제77조 및 제79조).

6) 보험료 등의 독촉, 체납처분 및 고액·상습체납자의 인적사항 공개

공단은 보험료 등을 내야 하는 자가 보험료 등을 내지 아니하면 기한을 정하여 독촉할 수 있다. 이 경우 직장가입자의 사용자가 2명 이상인 경우 또는 지역가입자의 세대가 2명 이상으로 구성된 경우에는 그 중 1명에게 한 독촉은 해당 사업장의 다른 사용자 또는 세대 구성원인 다른 지역가입자 모두에게 효력이 있는 것으로 본다. 독촉할 때에는 10일 이상 15일 이내의 납부기한을 정하여 독촉장을 발부하여야 한다. 공단은 독촉을 받은 자가 그 납부기한까지 보험료 등을 내지 아니하면 보건복지부장관의 승인을 받아 국세 체납처분의 예에 따라 이를 징수할 수 있다.

공단은 이 법에 따른 납부기한의 다음 날부터 2년이 경과한 보험료, 연체금과 체납처분비의 총액이 1천만원 이상인 체납자가 납부능력이 있음에도 불구하고 체납한 경우 그 인적사항 · 체납액 등을 공개할 수 있다(동법 제81조 및 제83조).

7) 결손처분

공단은 다음 각 호의 어느 하나에 해당하는 사유가 있으면 재정운영위원회의 의결을 받아 보험료 등을 결손처분할 수 있다(동법 제84조).

1. 체납처분이 끝나고 체납액에 충당될 배분금액이 그 체납액에 미치지 못하는 경우
2. 해당 권리에 대한 소멸시효가 완성된 경우
3. 그 밖에 징수할 가능성이 없다고 인정되는 경우로서 대통령령으로 정하는 경우

8) 보험료 등의 징수 순위

보험료 등은 국세와 지방세를 제외한 다른 채권에 우선하여 징수한다. 다만, 보험료 등의 납부기한 전에 전세권 · 질권 · 저당권 또는 담보권의 설정을 등기 또는 등록한 사실이 증명되는 재산을 매각할 때에 그 매각대금 중에서 보험료 등을 징수하는 경우 그 전세권 · 질권 · 저당권 또는 담보권으로 담보된 채권에 대하여는 그러하지 아니하다.

제7장 이의신청, 심판청구 및 행정소송 등

가입자 및 피부양자의 자격, 보험료 등, 보험급여, 보험급여 비용에 관한 공단의 처분에 이의가 있는 자는 공단에 이의신청을 할 수 있다. 요양급여비용 및 요양급여의 적정성 평

가 등에 관한 심사평가원의 처분에 이의가 있는 공단, 요양기관 또는 그 밖의 자는 심사평가원에 이의신청을 할 수 있다.

이의신청은 처분이 있음을 안 날부터 90일 이내에 문서(전자문서를 포함)로 하여야 하며 처분이 있은 날부터 180일을 지나면 제기하지 못한다. 다만, 정당한 사유로 그 기간에 이의신청을 할 수 없었음을 소명한 경우에는 그러하지 아니하다. 요양기관이 심사평가원의 확인에 대하여 이의신청을 하려면 통보받은 날부터 30일 이내에 하여야 한다. 이의신청에 대한 결정에 불복하는 자는 건강보험분쟁조정위원회에 심판청구를 할 수 있다.

심판청구를 심리 · 의결하기 위하여 보건복지부에 건강보험분쟁조정위원회를 둔다. 분쟁조정위원회는 위원장을 포함하여 60명 이내의 위원으로 구성하고, 위원장을 제외한 위원 중 1명은 당연직위원으로 한다.

공단 또는 심사평가원의 처분에 이의가 있는 자와 이의신청 또는 심판청구에 대한 결정에 불복하는 자는 「행정소송법」에서 정하는 바에 따라 행정소송을 제기할 수 있다(동법 제87조부터 제90조).

제8장 보칙

1) 소멸시효

다음 각 호의 권리는 3년 동안 행사하지 아니하면 소멸시효가 완성된다.

1. 보험료, 연체금 및 가산금을 징수할 권리
2. 보험료, 연체금 및 가산금으로 과오납부한 금액을 환급받을 권리
3. 보험급여를 받을 권리　4. 보험급여 비용을 받을 권리
5. 제47조제3항 후단에 따라 과다납부된 본인일부부담금을 돌려받을 권리
6. 제61조에 따른 근로복지공단의 권리

상기의 시효는 다음 각 호의 어느 하나의 사유로 중단된다.

1. 보험료의 고지 또는 독촉
2. 보험급여 또는 보험급여 비용의 청구

휴직자 등의 보수월액보험료를 징수할 권리의 소멸시효는 고지가 유예된 경우 휴직 등의 사유가 끝날 때까지 진행하지 아니한다(동법 제91조 및 제92조).

2) 보험재정에 대한 정부지원

국가는 매년 예산의 범위에서 해당 연도 보험료 예상 수입액의 100분의 14에 상당하는 금액을 국고에서 공단에 지원한다. 공단은 국가가 지원한 재원을 다음 각 호의 사업에 사용한다.

1. 가입자 및 피부양자에 대한 보험급여
2. 건강보험사업에 대한 운영비
3. 제75조 및 제110조제4항에 따른 보험료 경감에 대한 지원

(동법 제108조)

3) 특례

(1) 외국인 등에 대한 특례

정부는 외국 정부가 사용자인 사업장의 근로자의 건강보험에 관하여는 외국 정부와 한 합의에 따라 이를 따로 정할 수 있다. 국내에 체류하는 재외국민 또는 외국인이 적용대상사업장의 근로자, 공무원 또는 교직원이고 사업장가입자 제외대상에 해당하지 아니하면 직장가입자가 된다(제109조).

(2) 실업자에 대한 특례

사용관계가 끝난 사람 중 직장가입자로서의 자격을 유지한 기간이 보건복지부령으로 정하는 기간 동안 통산 1년 이상인 사람은 지역가입자가 된 이후 최초로 지역가입자 보험료를 고지받은 날부터 그 납부기한에서 2개월이 지나기 이전까지 공단에 직장가입자로서의 자격을 유지할 것을 신청할 수 있다. 공단에 신청한 가입자(임의계속가입자)는 대통령령으로 정하는 기간 동안 직장가입자의 자격을 유지한다. 임의계속가입자의 보수월액보험료는 그 임의계속가입자가 전액을 부담하고 납부한다(동법 제110조).

제9장 벌칙

가입자 및 피부양자의 개인정보를 직무상 목적 외의 용도로 이용하거나 정당한 사유 없이 제3자에게 제공하는 행위금지 규정을 위반하여 가입자 및 피부양자의 개인정보를 직무상 목적 외의 용도로 이용하거나 정당한 사유 없이 제3자에게 제공한 자는 5년 이하의 징역 또는 5천만원 이하의 벌금에 처한다.

Ⅲ. 고용보험법

[시행 2017. 6. 28.] [법률 제14496호, 2016. 12. 27., 일부개정]

1. 법 제정 의의 및 연혁

고용보험법 제정(1995) → IMF 외환위기(1997)

1990년대에 들어서면서 한국에서도 경제 및 기업의 구조조정, 노동시장의 유연화 등의 문제는 경영계와 노동계 간에 중요한 현안으로 등장하였다. 노동시장의 유연화가 필연적으로 노동의 희생을 수반할 것이라는 사실이 1993년에 「고용보험법」의 제정을 촉진한 배경이었다.[7]

「고용보험법」은 적극적 고용정책의 일환으로 근로자의 직업능력개발 · 실업예방 및 고용기회의 확대 등을 도모하고, 근로자의 실업으로 인한 경제 · 사회적인 어려움을 고용보험사업으로 고용안정사업, 직업능력개발사업 및 실업급여를 주된 내용으로 하는 고용보험제도를 시행함으로써 근로자의 생활의 안정 및 경제 · 사회발전에 이바지하기 위하여 '1993. 12. 27. 법률 제4644호'로 제정하여 1995년 7월 1일부터 시행하고 있다.[8]

대한민국 「헌법」은 제34조 제1항에서 "모든 국민은 인간다운 생활을 할 권리를 가진다."라고 규정하여 국민들에게 일반적인 생존권 내지 생활권을 보장하고 있으며, 나아가 제2항에서는 국가의 사회보장 · 사회복지증진 의무에 관하여 규정하고 있고, 제5항에서는 생활능력 없는 국민에 대한 국가의 보호에 관하여 규정하고 있다. 「고용보험법」은 실업의 예방, 고용의 촉진 및 근로자의 직업능력의 개발 · 향상을 도모하고, 국가의 직업지도 · 직업소개기능을 강화하며, 근로자가 실업한 경우에 생활에 필요한 급여를 실시하는 실업이라는 사회적 위험을 대처하는 사회보험법의 하나이다.

2. 법의 주요 내용

「고용보험법」의 주요 내용과 관련 시행령은 다음과 같다.[9]

제1장 총칙

1) 목적, 관장 및 정의

이 법은 고용보험의 시행을 통하여 실업의 예방, 고용의 촉진 및 근로자의직업능력의 개발과 향상을 꾀하고, 국가의 직업지도와 직업소개 기능을 강화하며, 근로자가 실업한 경우에 생활에 필요한 급여를 실시하여 근로자의 생활안정과 구직 활동을 촉진함으로써 경제 · 사회 발전에 이바지하는 것을 목적으로 한다. 고용보험은 고용노동부장관이 관장한다.

이 법에서 사용하는 용어의 뜻은 다음과 같다(동법 제1조부터 제3조).

> "피보험자"란 「고용보험 및 산업재해보상보험의 보험료징수 등에 관한 법률」(이하 보험료징수법)에 따라 보험에 가입되거나 가입된 것으로 보는 근로자와 자영업자를 말한다.
>
> "실업"이란 근로의 의사와 능력이 있음에도 불구하고 취업하지 못한 상태에 있는 것을 말한다.
>
> "실업의 인정"이란 직업안정기관의 장이 수급자격자가 실업한 상태에서 적극적으로 직업을 구하기 위하여 노력하고 있다고 인정하는 것을 말한다.
>
> "일용근로자"란 1개월 미만 동안 고용되는 자를 말한다.

2) 고용보험사업 및 국고지원

보험은 이 법의 목적을 이루기 위하여 고용보험사업으로 고용안정 · 직업능력개발 사업, 실업급여, 육아휴직 급여 및 출산전후휴가 급여 등을 실시한다.

국가는 매년 보험사업에 드는 비용의 일부를 일반회계에서 부담하여야 한다. 국가는 매년 예산의 범위에서 보험사업의 관리 · 운영에 드는 비용을 부담할 수 있다(동법 제4조 및 제5조).

3) 보험료

이 법에 따른 보험사업에 드는 비용을 충당하기 위하여 징수하는 보험료와 그 밖의 징수금에 대하여는 보험료징수법으로 정하는 바에 따른다. 보험료징수법에 따라 징수된 고용안정 · 직업능력개발 사업의 보험료 및 실업급여의 보험료는 각각 그 사업에 드는 비용에 충당한다. 다만, 실업급여의 보험료는 육아휴직 급여 및 출산전후휴가 급여 등에 드는 비용에 충당할 수 있다.

자영업자인 피보험자로부터 보험료징수법에 따라 징수된 고용안정 · 직업능력개발 사업의 보험료 및 실업급여의 보험료는 각각 자영업자인 피보험자를 위한 그 사업에 드는 비용에 충당한다(동법 제6조).

4) 고용보험위원회

이 법 및 보험료징수법의 보험에 관한 사항의 시행에 관한 주요 사항을 심의하기 위하여 고용노동부에 고용보험위원회를 둔다. 위원회는 다음 각 호의 사항을 심의한다.

1. 보험제도 및 보험사업의 개선에 관한 사항
2. 보험료징수법에 따른 보험료율의 결정에 관한 사항
3. 보험사업의 평가에 관한 사항
4. 기금운용 계획의 수립 및 기금의 운용 결과에 관한 사항
5. 그 밖에 위원장이 보험제도 및 보험사업과 관련하여 위원회의 심의가 필요하다고 인정하는 사항

위원회는 위원장 1명을 포함한 20명 이내의 위원으로 구성하며, 위원장은 고용노동부 차관이 되고, 위원은 다음 각 호의 사람 중에서 각각 같은 수로 고용노동부장관이 임명하거나 위촉하는 사람이 된다.

1. 근로자를 대표하는 사람 2. 사용자를 대표하는 사람
3. 공익을 대표하는 사람 4. 정부를 대표하는 사람

위원회는 심의 사항을 사전에 검토 · 조정하기 위하여 위원회에 전문위원회를 둘 수 있다(동법 제7조).

5) 적용 범위

이 법은 근로자를 사용하는 모든 사업 또는 사업장에 적용한다. 다만, 산업별 특성 및 규모 등을 고려하여 대통령령으로 정하는 사업에 대하여는 적용하지 아니한다.

다음 각 호의 어느 하나에 해당하는 자에게는 이 법을 적용하지 아니한다. 다만, 제1호의 근로자 또는 자영업자에 대한 고용안정 · 직업능력개발 사업에 관하여는 그러하지 아니하다.

1. 65세 이후에 고용되거나 자영업을 개시한 자 2. 소정(所定)근로시간이 대통령령으로 정하는 시간 미만인 자 3. 「국가공무원법」과 「지방공무원법」에 따른 공무원. 다만, 임기제공무원의 경우는 본인의 의사에 따라 고용보험에 가입할 수 있다. 4. 「사립학교교직원 연금법」의 적용을 받는 자 5. 그 밖에 대통령령으로 정하는 자

(동법 제8조부터 제10조)

제2장 피보험자의 관리

1) 피보험자격의 취득일 및 상실일

피보험자는 이 법이 적용되는 사업에 고용된 날에 피보험자격을 취득한다. 다만, 다음 각 호의 경우에는 각각 그 해당되는 날에 피보험자격을 취득한 것으로 본다.

1. 적용 제외 근로자였던 자가 이 법의 적용을 받게 된 경우에는 그 적용을 받게 된 날 2. 보험관계 성립일 전에 고용된 근로자의 경우에는 그 보험관계가 성립한 날

자영업자인 피보험자는 보험료징수법에 따라 보험관계가 성립한 날에 피보험자격을 취득한다(동법 제13조 및 제15조).

제3장 고용안정·직업능력개발 사업

1) 고용안정·직업능력개발 사업의 실시

고용노동부장관은 피보험자 및 피보험자였던 자, 그 밖에 취업할 의사를 가진 자에 대한 실업의 예방, 취업의 촉진, 고용기회의 확대, 직업능력개발 · 향상의 기회 제공 및 지원, 그 밖에 고용안정과 사업주에 대한 인력 확보를 지원하기 위하여 고용안정 · 직업능력개발 사업을 실시한다.

고용노동부장관은 제1항에 따른 고용안정 · 직업능력개발 사업을 실시할 때에는 근로자의 수, 고용안정 · 직업능력개발을 위하여 취한 조치 및 실적 등 아래 대통령령으로 정하는 기준에 해당하는 기업을 우선적으로 고려하여야 한다(동법 제19조 및 시행령 제12조).

우선지원 대상기업의 상시 사용하는 근로자 기준(동법 시행령 제12조)

산업분류	상시 사용하는 근로자 수
1. 제조업	500명 이하
2. 광업 3. 건설업 4. 운수 및 창고업 5. 정보통신업 6. 사업시설 관리, 사업 지원 및 임대 서비스업 7. 전문, 과학 및 기술 서비스업 8. 보건업 및 사회복지 서비스업	300명 이하
9. 도매 및 소매업 10. 숙박 및 음식점업 11. 금융 및 보험업 12. 예술, 스포츠 및 여가관련 서비스업	200명 이하
13. 그 밖의 업종	100명 이하

2) 고용창출의 지원

고용노동부장관은 고용환경 개선, 근무형태 변경 등으로 고용의 기회를 확대한 사업주에게 대통령령으로 정하는 바에 따라 필요한 지원을 할 수 있다(동법 제20조).

3) 고용조정의 지원

고용노동부장관은 경기의 변동, 산업구조의 변화 등에 따른 사업 규모의 축소, 사업의 폐업 또는 전환으로 고용조정이 불가피하게 된 사업주가 근로자에 대한 휴업, 휴직, 직업전환에 필요한 직업능력개발 훈련, 인력의 재배치 등을 실시하거나 그 밖에 근로자의 고용안정을 위한 조치를 하면 그 사업주에게 필요한 지원을 할 수 있다. 고용노동부장관은 고용조정으로 이직된 근로자를 고용하는 등 고용이 불안정하게 된 근로자의 고용안정을 위한 조치를 하는 사업주에게 필요한 지원을 할 수 있다. 고용노동부장관은 지원을 할 때에는 고용재난지역 업종에 해당하거나 지역에 있는 사업주 또는 근로자에게 우선적으로 지원할 수 있다(동법 제21조 및 「고용정책 기본법」 제32조).

4) 지역 고용의 촉진

고용노동부장관은 고용기회가 뚜렷이 부족하거나 산업구조의 변화 등으로 고용사정이 급속하게 악화되고 있는 지역으로 사업을 이전하거나 그러한 지역에서 사업을 신설 또는 증설하여 그 지역의 실업 예방과 재취업 촉진에 기여한 사업주, 그 밖에 그 지역의 고용기회 확대에 필요한 조치를 한 사업주에게 필요한 지원을 할 수 있다(동법 제22조).

5) 고령자등 고용촉진의 지원

고용노동부장관은 고령자 등 노동시장의 통상적인 조건에서는 취업이 특히 곤란한 자의 고용을 촉진하기 위하여 고령자 등을 새로 고용하거나 이들의 고용안정에 필요한 조치를 하는 사업주 또는 사업주가 실시하는 고용안정 조치에 해당된 근로자에게 대통령령으로 정하는 바에 따라 필요한 지원을 할 수 있다(동법 제23조).

6) 건설근로자 등의 고용안정 지원

고용노동부장관은 건설근로자 등 고용상태가 불안정한 근로자를 위하여 고용안정지원사업을 실시하는 사업주에게 필요한 지원을 할 수 있다(동법 제24조).

7) 고용안정 및 취업 촉진

고용노동부장관은 피보험자 등의 고용안정 및 취업을 촉진하기 위하여 다음 각 호의 사업을 실시하는 자에게 필요한 비용을 지원 또는 대부할 수 있다(동법 제25조).

1. 고용관리 진단 등 고용개선 지원 사업
2. 피보험자 등의 창업을 촉진하기 위한 지원 사업
3. 그 밖에 피보험자 등의 고용안정 및 취업을 촉진하기 위한 사업으로서 대통령령으로 정하는 사업

8) 고용촉진 시설에 대한 지원

고용노동부장관은 피보험자 등의 고용안정 · 고용촉진 및 사업주의 인력 확보를 지원하기 위하여 대통령령으로 정하는 바에 따라 상담 시설, 어린이집, 그 밖에 대통령령으로 정하는 고용촉진 시설을 설치 · 운영하는 자에게 필요한 지원을 할 수 있다(동법 제26조).

9) 사업주에 대한 직업능력개발 훈련의 지원

고용노동부장관은 피보험자 등의 직업능력을 개발 · 향상시키기 위하여 대통령령으로 정하는 직업능력개발 훈련을 실시하는 사업주에게 대통령령으로 정하는 바에 따라 그 훈련에 필요한 비용을 지원할 수 있다. 고용노동부장관은 사업주가 다음 각 호의 어느 하나에 해당하는 사람에게 직업능력개발 훈련을 실시하는 경우에는 우대 지원할 수 있다(동법 제27조).

1. 「기간제 및 단시간근로자 보호 등에 관한 법률」의 기간제근로자
2. 「근로기준법」의 단시간근로자 3. 「파견근로자보호 등에 관한 법률」의 파견근로자
4. 일용근로자
5. 「고용상 연령차별금지 및 고령자고용촉진에 관한 법률」의 고령자 또는 준고령자
6. 그 밖에 대통령령으로 정하는 사람

10) 피보험자 등에 대한 직업능력개발 지원

고용노동부장관은 피보험자 등이 직업능력개발 훈련을 받거나 그 밖에 직업능력 개발 · 향상을 위하여 노력하는 경우에는 필요한 비용을 지원할 수 있으며, 필요하다고 인정하면 피보험자 등의 취업을 촉진하기 위한 직업능력개발 훈련을 실시할 수 있다. 고용노동부장관은 저소득 피보험자 등이 직업능력개발 훈련을 받는 경우 생계비를 대부할 수 있다(동법 제29조).

11) 직업능력개발 훈련 시설에 대한 지원 등

고용노동부장관은 피보험자 등의 직업능력 개발 · 향상을 위하여 필요하다고 인정하면 직업능력개발 훈련 시설의 설치 및 장비 구입에 필요한 비용의 대부, 그 밖에 고용노동부장관이 정하는 직업능력개발 훈련 시설의 설치 및 장비 구입 · 운영에 필요한 비용을 지원할 수 있다(동법 제30조).

12) 직업능력개발의 촉진

고용노동부장관은 피보험자 등의 직업능력 개발 · 향상을 촉진하기 위하여 다음 각 호의 사업을 실시하거나 이를 실시하는 자에게 그 사업의 실시에 필요한 비용을 지원할 수 있다.

1. 직업능력개발 사업에 대한 기술지원 및 평가 사업
2. 자격검정 사업 및 「숙련기술장려법」에 따른 숙련기술 장려 사업
3. 그 밖에 대통령령으로 정하는 사업

고용노동부장관은 직업능력 개발 · 향상과 인력의 원활한 수급(需給)을 위하여 필요하다고 인정하면 고용노동부장관이 정하는 직종에 대한 직업능력개발 훈련 사업을 위탁하

여 실시할 수 있다(동법 제31조).

13) 건설근로자 등의 직업능력개발 지원

고용노동부장관은 건설근로자 등 고용상태가 불안정한 근로자를 위하여 직업능력 개발 · 향상사업을 실시하는 사업주에게 그 사업의 실시에 필요한 비용을 지원할 수 있다(동법 제32조).

14) 고용정보의 제공 및 고용 지원 기반의 구축 등

고용노동부장관은 사업주 및 피보험자 등에 대한 구인 · 구직 · 훈련 등 고용정보의 제공, 직업 · 훈련 상담 등 직업지도, 직업소개, 고용안정 · 직업능력개발에 관한 기반의 구축 및 그에 필요한 전문 인력의 배치 등의 사업을 할 수 있다(동법 제33조).

15) 지방자치단체 등에 대한 지원

고용노동부장관은 지방자치단체 또는 대통령령으로 정하는 비영리법인 · 단체가 그 지역에서 피보험자 등의 고용안정 · 고용촉진 및 직업능력개발을 위한 사업을 실시하는 경우에는 필요한 지원을 할 수 있다(동법 제34조).

제4장 실업급여

1) 실업급여의 종류

실업급여는 구직급여와 취업촉진 수당으로 구분한다.
취업촉진 수당의 종류는 다음 각 호와 같다(동법 제37조).

1. 조기(早期)재취업 수당　2. 직업능력개발 수당　3. 광역 구직활동비　4. 이주비

2) 실업급여수급계좌

직업안정기관의 장은 제43조에 따른 수급자격자의 신청이 있는 경우에는 실업급여를 수급자격자 명의의 지정된 계좌(실업급여수급계좌)로 입금하여야 한다. 다만, 정보통신장애나 그 밖에 대통령령으로 정하는 불가피한 사유로 실업급여를 실업급여수급계좌로 이체할 수 없을 때에는 현금 지급 등 대통령령으로 정하는 바에 따라 실업급여를 지급할 수 있다(동법 제37조의2).

3) 실업급여 수급권의 보호 및 공과금 면제

실업급여를 받을 권리는 양도 또는 압류하거나 담보로 제공할 수 없다. 지정된 실업급여수급계좌의 예금 중 대통령령으로 정하는 액수 이하의 금액에 관한 채권은 압류할 수 없다.

실업급여로서 지급된 금품에 대하여는 국가나 지방자치단체의 공과금을 부과하지 아니한다(동법 제38조 및 제38조의2).

제5장 구직급여

1) 구직급여의 수급 요건

구직급여는 이직한 피보험자가 다음 각 호의 요건을 모두 갖춘 경우에 지급한다. 다만, 제5호와 제6호는 최종 이직 당시 일용근로자였던 자만 해당한다.

1. 이직일 이전 18개월간(이하 "기준기간") 피보험 단위기간이 통산하여 180일 이상일 것
2. 근로의 의사와 능력이 있음에도 불구하고 취업(영리를 목적으로 사업을 영위하는 경우를 포함한다. 이하 이 장에서 같다)하지 못한 상태에 있을 것
3. 이직사유가 제58조에 따른 수급자격의 제한 사유에 해당하지 아니할 것
4. 재취업을 위한 노력을 적극적으로 할 것
5. 수급자격 인정신청일 이전 1개월 동안의 근로일수가 10일 미만일 것
6. 최종 이직일 이전 기준기간의 피보험 단위기간 180일 중 다른 사업에서 수급자격의 제한 사유에 해당하는 사유로 이직한 사실이 있는 경우에는 그 피보험 단위기간 중 90일 이상을 일용근로자로 근로하였을 것

피보험자가 이직일 이전 18개월 동안에 질병 · 부상, 그 밖에 대통령령으로 정하는 사유로 계속하여 30일 이상 보수의 지급을 받을 수 없었던 경우에는 18개월에 그 사유로 보수를 지급 받을 수 없었던 일수를 가산한 기간을 기준기간(3년을 초과할 때에는 3년)으로 한다. 여기서 피보험 단위기간은 피보험기간 중 보수 지급의 기초가 된 날을 합하여 계산한다(동법 제40조 및 제41조).

2) 실업의 신고 및 수급자격의 인정

구직급여를 지급받으려는 자는 이직 후 지체 없이 직업안정기관에 출석하여 실업을 신

고하여야 한다. 실업의 신고에는 구직 신청과 수급자격의 인정신청을 포함하여야 한다.

구직급여를 지급받으려는 자는 직업안정기관의 장으로부터 구직급여의 수급 요건을 갖추었다는 사실(이하 "수급자격")의 인정을 받아야 한다(동법 제42조 및 제43조).

3) 실업의 인정

구직급여는 수급자격자가 실업한 상태에 있는 날 중에서 직업안정기관의 장으로부터 실업의 인정을 받은 날에 대하여 지급한다. 실업의 인정을 받으려는 수급자격자는 실업의 신고를 한 날부터 계산하기 시작하여 1주부터 4주의 범위에서 직업안정기관의 장이 지정한 날(실업인정일)에 출석하여 재취업을 위한 노력을 하였음을 신고하여야 하고, 직업안정기관의 장은 직전 실업인정일의 다음 날부터 그 실업인정일까지의 각각의 날에 대하여 실업의 인정을 한다. 다만, 다음 각 호에 해당하는 자에 대한 실업의 인정 방법은 고용노동부령으로 정하는 기준에 따른다.

1. 직업능력개발 훈련 등을 받는 수급자격자
2. 천재지변, 대량 실업의 발생 등 대통령령으로 정하는 사유가 발생한 경우의 수급자격자
3. 그 밖에 대통령령으로 정하는 수급자격자

수급자격자가 다음 각 호의 어느 하나에 해당하면 직업안정기관에 출석할 수 없었던 사유를 적은 증명서를 제출하여 실업의 인정을 받을 수 있다.

1. 질병이나 부상으로 직업안정기관에 출석할 수 없었던 경우로서 그 기간이 계속하여 7일 미만인 경우
2. 직업안정기관의 직업소개에 따른 구인자와의 면접 등으로 직업안정기관에 출석할 수 없었던 경우
3. 직업안정기관의 장이 지시한 직업능력개발 훈련 등을 받기 위하여 직업안정기관에 출석할 수 없었던 경우
4. 천재지변이나 그 밖의 부득이한 사유로 직업안정기관에 출석할 수 없었던 경우

직업안정기관의 장은 실업을 인정할 때에는 수급자격자의 취업을 촉진하기 위하여 재취업 활동에 관한 계획의 수립 지원, 직업소개 등 조치를 하여야 한다. 이 경우 수급자격

자는 정당한 사유가 없으면 직업안정기관의 장의 조치에 따라야 한다(동법 제44조).

4) 급여의 기초가 되는 임금일액 및 구직급여일액

구직급여의 산정 기초가 되는 임금일액(기초일액)은 수급자격의 인정과 관련된 마지막 이직 당시 「근로기준법」에 따라 산정된 평균임금으로 한다(동법 제45조).

기초일액을 산정하는 것이 곤란한 경우와 보험료를 기준보수를 기준으로 낸 경우에는 기준보수를 기초일액으로 한다.

산정된 기초일액이 그 수급자격자의 이직 전 1일 소정근로시간에 이직일 당시 적용되던 「최저임금법」에 따른 시간 단위에 해당하는 최저임금액을 곱한 금액인 최저기초일액보다 낮은 경우에는 최저기초일액을 기초일액으로 한다.

구직급여일액은 수급자격자의 기초일액에 100분의 50을 곱한 금액으로 한다. 다만 최저기초일액을 기초일액으로 하는 경우에는 그 수급자격자의 기초일액에 100분의 90을 곱한 금액인 최저구직급여일액으로 한다. 산정된 구직급여일액이 최저구직급여일액보다 낮은 경우에는 최저구직급여일액을 그 수급자격자의 구직급여일액으로 한다(동법 제46조 및 제47조).

5) 구직급여 지급일, 수급기간, 수급일수 및 대기기간

구직급여는 실업의 인정을 받은 일수분(日數分)을 지급한다. 직업안정기관의 장은 각 수급자격자에 대한 구직급여를 지급할 날짜를 정하여 당사자에게 알려야 한다.

구직급여는 이 법에 따로 규정이 있는 경우 외에는 그 구직급여의 수급자격과 관련된 이직일의 다음 날부터 계산하기 시작하여 12개월 내에 소정급여일수를 한도로 하여 지급한다.

12개월의 기간 중 임신 · 출산 · 육아, 그 밖에 대통령령으로 정하는 사유로 취업할 수 없는 자가 그 사실을 수급기간에 직업안정기관에 신고한 경우에는 12개월의 기간에 그 취업할 수 없는 기간을 가산한 기간(4년을 넘을 때에는 4년)에 소정급여일수를 한도로 하여 구직급여를 지급한다. 실업의 신고일부터 계산하기 시작하여 7일간은 대기기간으로 보아 구직급여를 지급하지 아니한다(동법 제48조부터 제49조 및 제56조).

6) 소정급여일수 및 피보험기간

하나의 수급자격에 따라 구직급여를 지급받을 수 있는 날(이하 "소정급여일수")은 대기기간이 끝난 다음 날부터 계산하기 시작하여 피보험기간과 연령에 따라 다음 표에서 정한 일수가 되는 날까지로 한다.

구직급여의 소정급여일수						
구분		피보험기간				
		1년 미만	1년 이상 3년 미만	3년 이상 5년 미만	5년 이상 10년 미만	10년 이상
이직일 현재 연령	30세 미만	90일	90일	120일	150일	180일
	30세 이상 50세 미만	90일	120일	150일	180일	210일
	50세 이상 및 장애인	90일	150일	180일	210일	240일

자영업자의 구직급여의 소정급여일수				
구분	피보험기간			
	1년 이상 3년 미만	3년 이상 5년 미만	5년 이상 10년 미만	10년 이상
소정급여일수	90일	120일	150일	180일

수급자격자가 소정급여일수 내에 임신 · 출산 · 육아, 그 밖에 대통령령으로 정하는 사유로 수급기간을 연장한 경우에는 그 기간만큼 구직급여를 유예하여 지급한다(동법 제50조).

7) 연장급여

연장급여를 지급하는 경우에 그 수급자격자의 수급기간은 그 수급자격자의 수급기간에 연장되는 구직급여일수를 더하여 산정한 기간으로 한다. 훈련연장급여를 지급하는 경우에 그 일액은 해당 수급자격자의 구직급여일액의 100분의 100으로 하고, 개별연장급여 또는 특별연장급여를 지급하는 경우에 그 일액은 해당 수급자격자의 구직급여일액의 100분의 70을 곱한 금액으로 한다. 산정된 구직급여일액이 최저구직급여일액보다 낮은 경우에는 최저구직급여일액을 그 수급자격자의 구직급여일액으로 한다(동법 제54조 및 제55조).

(1) 훈련연장급여

직업안정기관의 장은 직업능력개발 훈련 등을 받도록 지시한 경우에는 수급자격자가 그 직업능력개발 훈련 등을 받는 기간 중 실업의 인정을 받은 날에 대하여는 소정급여일수를 초과하여 구직급여를 연장(훈련연장급여)하여 지급할 수 있다(동법 제51조).

(2) 개별연장급여

직업안정기관의 장은 취업이 특히 곤란하고 생활이 어려운 수급자격자에게는 그가 실업의 인정을 받은 날에 대하여 소정급여일수를 초과하여 구직급여를 연장하여 지급할 수 있다. 이 경우 연장하여 지급하는 구직급여를 개별연장급여라 하며, 60일의 범위 기간 동안 지급한다(동법 제52조).

(3) 특별연장급여

고용노동부장관은 실업의 급증 등 사유가 발생한 경우에는 60일의 범위에서 수급자격자가 실업의 인정을 받은 날에 대하여 소정급여일수를 초과하여 구직급여를 연장하여 지급할 수 있다. 이 경우 연장하여 지급하는 구직급여를 특별연장급여라 하며, 특별연장급여를 지급하려면 기간을 정하여 실시하여야 한다(동법 제53조).

8) 국민연금 보험료의 지원

고용노동부장관은 구직급여를 받는 기간을 국민연금 가입기간으로 추가 산입하려는 수급자격자에게 국민연금 보험료의 일부를 지원할 수 있다. 지원금액은 연금보험료의 100분의 25의 범위로 한다(동법 제55조의2).

9) 수급자격 제한, 지급제한 및 반환 등

(1) 이직 사유에 따른 수급자격의 제한

피보험자가 다음 각 호의 어느 하나에 해당한다고 직업안정기관의 장이 인정하는 경우에는 수급자격이 없는 것으로 본다.

1. 중대한 귀책사유로 해고된 피보험자로서 다음 각 목의 어느 하나에 해당하는 경우
   가. 「형법」 또는 직무와 관련된 법률을 위반하여 금고 이상의 형을 선고받은 경우
   나. 사업에 막대한 지장을 초래하거나 재산상 손해를 끼친 경우로서 고용노동부령으로 정하는 기준에 해당하는 경우
   다. 정당한 사유 없이 근로계약 또는 취업규칙 등을 위반하여 장기간 무단결근한 경우
2. 자기 사정으로 이직한 피보험자로서 다음 각 목의 어느 하나에 해당하는 경우
   가. 전직 또는 자영업을 하기 위하여 이직한 경우
   나. 중대한 귀책사유가 있는 자가 해고되지 아니하고 사업주의 권고로 이직한 경우

다. 그 밖에 고용노동부령으로 정하는 정당한 사유에 해당하지 아니하는 사유로 이직한 경우

(동법 제58조)

(2) 훈련 거부 등에 따른 급여의 지급 제한

수급자격자가 직업안정기관의 장이 소개하는 직업에 취직하는 것을 거부하거나 직업안정기관의 장이 지시한 직업능력개발 훈련 등을 거부하면 구직급여의 지급을 정지한다.

수급자격자가 정당한 사유 없이 고용노동부장관이 정하는 기준에 따라 직업안정기관의 장이 실시하는 재취업 촉진을 위한 직업 지도를 거부하면 구직급여의 지급을 정지한다. 구직급여의 지급을 정지하는 기간은 1개월의 범위에서 고용노동부장관이 정하여 고시한다(동법 제60조).

10) 상병급여(질병 등의 특례)

수급자격자가 실업의 신고를 한 이후에 질병 · 부상 또는 출산으로 취업이 불가능하여 실업의 인정을 받지 못한 날에 대하여는 그 수급자격자의 청구에 의하여 구직급여일액에 해당하는 금액(상병급여)을 구직급여에 갈음하여 지급할 수 있다(동법 제63조).

제6장 취업촉진 수당

1) 조기재취업 수당

조기재취업 수당은 수급자격자가 안정된 직업에 재취직하거나 스스로 영리를 목적으로 하는 사업을 영위하는 경우로서 대통령령으로 정하는 기준에 해당하면 지급한다(동법 제64조).

2) 직업능력개발 수당

직업능력개발 수당은 수급자격자가 직업안정기관의 장이 지시한 직업능력개발 훈련 등을 받는 경우에 그 직업능력개발 훈련 등을 받는 기간에 대하여 지급한다(동법 제65조).

3) 광역 구직활동비

광역 구직활동비는 수급자격자가 직업안정기관의 소개에 따라 광범위한 지역에 걸쳐 구직 활동을 하는 경우로서 대통령령으로 정하는 기준에 따라 직업안정기관의 장이 필요하다고 인정하면 지급할 수 있다(동법 제66조).

4) 이주비

이주비는 수급자격자가 취업하거나 직업안정기관의 장이 지시한 직업능력개발 훈련 등을 받기 위하여 그 주거를 이전하는 경우 필요하다고 인정하면 지급할 수 있다(동법 제67조).

5) 취업촉진 수당의 지급 제한

거짓이나 그 밖의 부정한 방법으로 실업급여를 받았거나 받으려 한 자에게는 그 급여를 받은 날 또는 받으려 한 날부터의 취업촉진 수당을 지급하지 아니한다(동법 제67조).

제7장 자영업자인 피보험자에 대한 실업급여 적용의 특례

1) 자영업자인 피보험자의 실업급여의 종류

자영업자인 피보험자의 실업급여의 종류는 동일하다.

자영업자 실업급여
1. 구직급여
2. 취업촉진 수당(조기재취업 수당, 직업능력개발 수당, 광역 구직활동비, 이주비)

다만, 연장급여와 조기재취업 수당은 제외한다(동법 제69조의2).

2) 구직급여의 수급 요건

구직급여는 폐업한 자영업자인 피보험자가 다음 각 호의 요건을 모두 갖춘 경우에 지급한다.

1. 폐업일 이전 24개월간 자영업자인 피보험자로서 갖춘 피보험 단위기간이 통산(通算)하여 1년 이상일 것
2. 근로의 의사와 능력이 있음에도 불구하고 취업을 하지 못한 상태에 있을 것
3. 폐업사유가 수급자격의 제한 사유에 해당하지 아니할 것
4. 재취업을 위한 노력을 적극적으로 할 것

(동법 제69조의3)

3) 기초일액

자영업자인 피보험자이었던 수급자격자에 대한 기초일액은 다음 각 호의 구분에 따른 기간 동안 본인이 납부한 보험료의 산정기초가 되는 보수액을 전부 합산한 후에 그 기간의 총일수로 나눈 금액으로 한다.

1. 수급자격과 관련된 피보험기간이 3년 이상인 경우: 마지막 폐업일 이전 3년의 피보험기간
2. 수급자격과 관련된 피보험기간이 3년 미만인 경우: 수급자격과 관련된 그 피보험기간

산정된 기초일액이 다음 각 호에 해당하는 경우에는 각각 해당 호에 따른 금액으로 한다.

1. 기초일액이 최저기초일액에 미치지 못하는 경우에는 최저기초일액
2. 기초일액이 대통령령으로 정하는 금액을 초과하는 경우에는 그 대통령령으로 정하는 금액

(동법 제69조의3)

제8장 육아휴직 급여 등

1) 육아휴직 급여 및 육아기 근로시간 단축 급여

(1) 육아휴직 급여

고용노동부장관은 육아휴직을 30일 이상 부여받은 피보험자 중 다음 각 호의 요건을 모두 갖춘 피보험자에게 육아휴직 급여를 지급한다.

1. 육아휴직을 시작한 날 이전에 제41조에 따른 피보험 단위기간이 통산하여 180일 이상일 것
2. 같은 자녀에 대하여 피보험자인 배우자가 30일 이상의 육아휴직을 부여받지 아니하거나 「남녀고용평등과 일 · 가정 양립지원에 관한 법률」 제19조의2에 따른 육아기 근로시간 단축(이하 "육아기 근로시간 단축")을 30일 이상 실시하지 아니하고 있을 것

육아휴직 급여를 지급받으려는 사람은 육아휴직을 시작한 날 이후 1개월부터 육아휴직이 끝난 날 이후 12개월 이내에 신청하여야 한다(동법 제70조부터 제72조).

(2) 육아기 근로시간 단축 급여

고용노동부장관은 육아기 근로시간 단축을 30일 이상 실시한 피보험자 중 다음 각 호의 요건을 모두 갖춘 피보험자에게 육아기 근로시간 단축 급여를 지급한다.

1. 육아기 근로시간 단축을 시작한 날 이전에 제41조에 따른 피보험 단위기간이 통산하여 180일 이상일 것
2. 같은 자녀에 대하여 피보험자인 배우자가 30일 이상의 육아휴직을 부여받지 아니하거나 육아기 근로시간 단축을 30일 이상 실시하지 아니하고 있을 것

육아기 근로시간 단축 급여를 지급받으려는 사람은 육아기 근로시간 단축을 시작한 날 이후 1개월부터 끝난 날 이후 12개월 이내에 신청하여야 한다(동법 제74조).

제9장 출산전후휴가 급여 등

1) 출산전후휴가 급여 등

고용노동부장관은 피보험자가 출산전후휴가 또는 유산 · 사산휴가를 받은 경우로서 다음 각 호의 요건을 모두 갖춘 경우에 출산전후휴가 급여 등을 통상임금에 해당하는 금액으로 지급한다(동법 제75조부터 제76조).

1. 휴가가 끝난 날 이전에 제41조에 따른 피보험 단위기간이 통산하여 180일 이상일 것
2. 휴가를 시작한 날 이후 1개월부터 휴가가 끝난 날 이후 12개월 이내에 신청할 것. 다만, 그 기간에 대통령령으로 정하는 사유로 출산전후휴가 급여 등을 신청할 수 없었던 자는 그 사유가 끝난 후 30일 이내에 신청하여야 한다.

제10장 고용보험기금

1) 기금의 설치, 조성 및 운영

고용노동부장관은 보험사업에 필요한 재원에 충당하기 위하여 고용보험기금을 설치한다. 기금은 다음 각 호의 용도에 사용하여야 한다(동법 제78조부터 제80조).

1. 고용안정 · 직업능력개발 사업에 필요한 경비 2. 실업급여의 지급
3. 육아휴직 급여 및 출산전후휴가 급여 등의 지급 4. 보험료의 반환
5. 일시 차입금의 상환금과 이자
6. 이 법과 보험료징수법에 따른 업무를 대행하거나 위탁받은 자에 대한 출연금
7. 그 밖에 이 법의 시행을 위하여 필요한 경비로서 대통령령으로 정하는 경비와 제1호 및 제2호에 따른 사업의 수행에 딸린 경비

2) 기금의 적립

고용노동부장관은 대량 실업의 발생이나 그 밖의 고용상태 불안에 대비한 준비금으로 여유자금을 적립하여야 한다. 여유자금의 적정규모는 다음 각 호와 같다.

1. 고용안정 · 직업능력개발 사업 계정의 연말 적립금: 해당 연도 지출액의 1배 이상 1.5배 미만
2. 실업급여 계정의 연말 적립금: 해당 연도 지출액의 1.5배 이상 2배 미만

제11장 심사 및 재심사청구

1) 심사와 재심사 및 고용보험심사관

피보험자격의 취득 · 상실에 대한 확인, 실업급여 및 제5장에 따른 육아휴직 급여와 출산전후휴가 급여 등에 관한 처분[이하 "원처분(原處分)등"]에 이의가 있는 자는 심사관에게 심사를 청구할 수 있고, 그 결정에 이의가 있는 자는 심사위원회에 재심사를 청구할 수 있다. 심사의 청구는 같은 항의 확인 또는 처분이 있음을 안 날부터 90일 이내에, 재심사의 청구는 심사청구에 대한 결정이 있음을 안 날부터 90일 이내에 각각 제기하여야 한다. 심사 및 재심사의 청구는 시효중단에 관하여 재판상의 청구로 본다.

심사관은 심사청구를 받으면 30일 이내에 그 심사청구에 대한 결정을 하여야 한다. 다만, 부득이한 사정으로 그 기간에 결정할 수 없을 때에는 1차에 한하여 10일을 넘지 아니하는 범위에서 그 기간을 연장할 수 있다(동법 제88조, 제89조 및 제94조).

2) 심사의 청구 및 결정 등

심사의 청구는 원처분 등을 한 직업안정기관을 거쳐 심사관에게 문서로 하여야 한다. 직업안정기관은 심사청구서를 받은 날부터 5일 이내에 의견서를 첨부하여 심사청구서를 심사관에게 보내야 한다. 심사관은 심사의 청구에 대한 심리(審理)를 마쳤을 때에는 원처분 등의 전부 또는 일부를 취소하거나 심사청구의 전부 또는 일부를 기각한다(동법 제98조).

3) 재심사 및 고용보험심사위원회

재심사의 청구는 원처분 등을 행한 직업안정기관의 장을 상대방으로 한다. 재심사를 하게 하기 위하여 고용노동부에 고용보험심사위원회를 둔다.

심사위원회는 근로자를 대표하는 자 및 사용자를 대표하는 자 각 1명 이상을 포함한 15명 이내의 위원으로 구성한다. 재심사의 청구를 받으면 50일 이내에 재결(裁決)을 하여야 한다. 심사위원회는 재심사의 청구를 받으면 그 청구에 대한 심리 기일(審理期日) 및 장소를 정하여 심리 기일 3일 전까지 당사자 및 그 사건을 심사한 심사관에게 알려야 한다(동법 제99조부터 제101조).

4) 다른 법률과의 관계

재심사의 청구에 대한 재결은 「행정소송법」 제18조를 적용할 경우 행정심판에 대한 재결로 본다. 심사 및 재심사의 청구에 관하여 이 법에서 정하고 있지 아니한 사항은 「행정심판법」의 규정에 따른다(동법 제104조).

제12장 보칙

1) 소멸시효

지원금 · 실업급여 · 육아휴직 급여 또는 출산전후휴가 급여 등을 지급받거나 그 반환을 받을 권리는 3년간 행사하지 아니하면 시효로 소멸한다. 다만, 고용보험료를 면제받는 기간 중에 발생하는 사업주의 제3장에 따른 지원금을 지급받을 권리는 보험에 가입한 날이 속하는 그 보험연도의 직전 보험연도 첫날에 소멸한 것으로 본다(동법 제107조).

2) 시범사업의 실시

고용노동부장관은 보험사업을 효과적으로 시행하기 위하여 전면적인 시행에 어려움이 예상되거나 수행 방식 등을 미리 검증할 필요가 있는 경우 대통령령으로 정하는 보험사업은 시범사업을 할 수 있다(동법 제114조).

제13장 **벌칙**

1) 벌칙

근로자가 확인의 청구를 한 것을 이유로 그 근로자에게 해고나 그 밖의 불이익한 처우를 한 사업주는 3년 이하의 징역 또는 3천만원 이하의 벌금에 처한다. 거짓이나 그 밖의 부정한 방법으로 실업급여 · 육아휴직 급여 및 출산전후휴가 급여 등을 받은 자는 1년 이하의 징역 또는 1천만원 이하의 벌금에 처한다(동법 제116조).

2) 양벌규정

법인의 대표자나 법인 또는 개인의 대리인, 사용인, 그 밖의 종업원이 그 법인 또는 개인의 업무에 관하여 제116조의 위반행위를 하면 그 행위자를 벌하는 외에 그 법인 또는 개인에게도 해당 조문의 벌금형을 과(科)한다. 다만, 법인 또는 개인이 그 위반행위를 방지하기 위하여 해당 업무에 관하여 상당한 주의와 감독을 게을리하지 아니한 경우에는 그러하지 아니하다(동법 제117조).

Ⅳ. 산업재해보상보험법(약칭: 산재보험법)

[시행 2018. 9. 13.] [법률 제15665호, 2018. 6. 12., 일부개정]

1. 법 제정 의의 및 연혁

우리나라 「헌법」 제6항에서는 "국가는 재해를 예방하고 그 위험으로부터 국민을 보호하기 위하여 노력하여야 한다."고 하고 있다. 사회보장에 관한 이러한 헌법적 명령과 「사회보장에관한법률」에 의하여 산업재해보상보험사업을 행함으로써 근로자의 업무상의 재해를 신속하고 공정하게 보상할 수 있도록 '1963. 11. 5. 법률 제1438호'로 제정되어, 1964년 1월 1일부터 시행되고 있다. 「산업재해보상보험법」은 우리나라의 5대 사회보험법(「국민연금법」「국민건강보험법」「고용보험법」「산업재해보상보험법」「노인장기요양보험법」) 가운데 가장 먼저 제정된 법이다.[10)]

본래 산업재해에 대한 보상은 기본적으로는 민법적인 법률관계를 형성한다. 그러나 민법적인 해결방법은 산업재해의 발생에 대한 사용자의 고의 혹은 적어도 과실을 입증할 부담을 근로자에게 지우기 때문에 실제 산재피해자에 대한 보호장치로는 불충분하다. 이 점을 고려하여 1953년에 제정된 「근로기준법」에는 산재피해에 대한 사용자의 무과실책임을 규정하였다. 그러나 이러한 해결방법도 사용자가 보상능력이 없는 경우에는 도움이 되지 않는다. 따라서 확실하고, 신속하며, 공정한 재해보상제도의 확립을 도모하기 위하여 사업주를 보험가입자로 하여 고용노동부장관이 관장(사업은 근로복지공단이 수행)하도록 하였다.[11)] 최근에는 출퇴근 재해에 대한 헌법재판소의 헌법불일치 결정에 따라 법 개정이 이루어지기도 하였다.

산업재해보상보험과 성격이 유사한 보험제도에 근로자재해보험이 있다. 산재보험은 사회보험으로 강제가입인 반면 근로자재해보상보험은 민영보험으로 임의가입대상이며, 민법상 사용자가 추가적으로 부담하게 되는 배상책임손해를 보상해 주는 보험이다. 산재보험은 근로복지공단이, 근로자재해보상보험은 민간보험회사가 보상주체가 된다.

2. 법의 주요 내용

이 법의 주요 내용과 관련 시행령은 다음과 같다.[12)]

제1장 총칙

1) 목적, 관장, 정의 등

이 법은 산업재해보상보험 사업을 시행하여 근로자의 업무상의 재해를 신속하고 공정하게 보상하며, 재해근로자의 재활 및 사회 복귀를 촉진하기 위하여 이에 필요한 보험시설을 설치 · 운영하고, 재해 예방과 그 밖에 근로자의 복지 증진을 위한 사업을 시행하여 근로자 보호에 이바지하는 것을 목적으로 한다. 이 법에 따른 산업재해보상보험 사업은 고용노동부장관이 관장한다. 이 법에서 사용하는 용어의 뜻은 다음과 같다(동법 제1조 및 제2조).

> "업무상의 재해"란 업무상의 사유에 따른 근로자의 부상 · 질병 · 장해 또는 사망을 말한다.
> "치유"란 부상 또는 질병이 완치되거나 치료의 효과를 더 이상 기대할 수 없고 그 증상이 고정된 상태에 이르게 된 것을 말한다.
> "장해"란 부상 또는 질병이 치유되었으나 정신적 또는 육체적 훼손으로 인하여 노동능력이 상실되거나 감소된 상태를 말한다.
> "중증요양상태"란 업무상의 부상 또는 질병에 따른 정신적 또는 육체적 훼손으로 노동능력이 상실되거나 감소된 상태로서 그 부상 또는 질병이 치유되지 아니한 상태를 말한다.
> "진폐"(塵肺)란 분진을 흡입하여 폐에 생기는 섬유증식성(纖維增殖性) 변화를 주된 증상으로 하는 질병을 말한다.
> "출퇴근"이란 취업과 관련하여 주거와 취업장소 사이의 이동 또는 한 취업장소에서 다른 취업장소로의 이동을 말한다.

2) 국가의 부담 및 지원

국가는 회계연도마다 예산의 범위에서 보험사업의 사무 집행에 드는 비용을 일반회계에서 부담하여야 한다. 국가는 회계연도마다 예산의 범위에서 보험사업에 드는 비용의 일부를 지원할 수 있다(동법 제3조).

3) 보험료

「산업재해보상보험법」을 적용받는 사업의 사업주는 당연히 산업재해보상보험의 보험가입자가 된다. 산재보험의 보험사업에 드는 비용에 충당하기 위하여 보험가입자로부터 보험료를 징수한다(「고용보험 및 산업재해보상보험의 보험료징수 등에 관한 법률」 제5조 및 제13조).

4) 적용 범위

이 법은 근로자를 사용하는 모든 사업 또는 사업장에 적용한다. 다만, 위험률 · 규모 및 장소 등을 고려하여 대통령령으로 정하는 사업에 대하여는 이 법을 적용하지 아니한다. 이 법의 적용 제외 사업은 다음 각 호의 어느 하나에 해당하는 사업 또는 사업장을 말한다.

1. 「공무원연금법」 또는 「군인연금법」에 따라 재해보상이 되는 사업
2. 「선원법」 「어선원 및 어선 재해보상보험법」 또는 「사립학교교직원 연금법」에 따라 재해보상이 되는 사업
4. 가구내 고용활동
6. 농업, 임업(벌목업은 제외), 어업 및 수렵업 중 법인이 아닌 자의 사업으로서 상시근로자 수가 5명 미만인 사업

(동법 제6조 및 동법 시행령 제2조)

5) 산업재해보상보험및예방심의위원회

산업재해보상보험 및 예방에 관한 중요 사항을 심의하게 하기 위하여 고용노동부에 산업재해보상보험및예방심의위원회를 둔다. 위원회는 근로자를 대표하는 자, 사용자를 대표하는 자 및 공익을 대표하는 자로 구성하되, 그 수는 각각 같은 수로 한다(동법 제8조).

제2장 근로복지공단

1) 근로복지공단의 설립

고용노동부장관의 위탁을 받아 이 법의 목적을 달성하기 위한 사업을 효율적으로 수행하기 위하여 근로복지공단을 설립한다. 공단은 법인으로 한다. 공단은 회계연도마다 사업 운영계획과 예산에 관하여 고용노동부장관의 승인을 받아야 한다(동법 제10조부터 제35조).

제3장 보험급여

1) 보험급여의 종류와 산정 기준 등

보험급여의 종류는 다음 각 호와 같다.

> 1. 요양급여 2. 휴업급여 3. 장해급여 4. 간병급여 5. 유족급여
> 6. 상병(傷病)보상연금 7. 장의비(葬儀費) 8. 직업재활급여

다만, 진폐에 따른 보험급여의 종류는 요양급여, 간병급여, 장의비, 직업재활급여, 진폐보상연금 및 진폐유족연금으로 한다.

보험급여는 보험급여를 받을 수 있는 자(수급권자)의 청구에 따라 지급한다.

보험급여를 산정하는 경우 해당 근로자의 평균임금을 산정하여야 할 사유가 발생한 날부터 1년이 지난 이후에는 매년 전체 근로자의 임금 평균액의 증감률에 따라 평균임금을 증감하되, 그 근로자의 연령이 60세에 도달한 이후에는 소비자물가변동률에 따라 평균임금을 증감한다(동법 제36조).

2) 업무상의 재해의 인정 기준 및 업무상질병판정위원회

> 우리나라는 결과주의가 아닌 원인주의를 채택하고 있음.

근로자가 다음 각 호의 어느 하나에 해당하는 사유로 부상 · 질병 또는 장해가 발생하거나 사망하면 업무상의 재해로 본다. 다만, 업무와 재해 사이에 상당 인과관계가 없는 경우에는 그러하지 아니하다.

> 1. 업무상 사고
>   가. 근로자가 근로계약에 따른 업무나 그에 따르는 행위를 하던 중 발생한 사고
>   나. 사업주가 제공한 시설물 등을 이용하던 중 그 시설물 등의 결함이나 관리소홀로 발생한 사고
>   다. 삭제 〈2017. 10. 24.〉(헌재 판결에 따른 삭제 내용: 사업주가 제공한 교통수단이나 그에 준하는 교통수단을 이용하는 등 사업주의 지배관리하에서 출퇴근 중 발생한 사고)
>   라. 사업주가 주관하거나 사업주의 지시에 따라 참여한 행사나 행사준비 중에 발

생한 사고
마. 휴게시간 중 사업주의 지배관리하에 있다고 볼 수 있는 행위로 발생한 사고
바. 그 밖에 업무와 관련하여 발생한 사고
2. 업무상 질병
가. 업무수행 과정에서 물리적 인자(因子), 화학물질, 분진, 병원체, 신체에 부담을 주는 업무 등 근로자의 건강에 장해를 일으킬 수 있는 요인을 취급하거나 그에 노출되어 발생한 질병
나. 업무상 부상이 원인이 되어 발생한 질병
다. 그 밖에 업무와 관련하여 발생한 질병
3. 출퇴근 재해
가. 사업주가 제공한 교통수단이나 그에 준하는 교통수단을 이용하는 등 사업주의 지배관리하에서 출퇴근하는 중 발생한 사고
나. 그 밖에 통상적인 경로와 방법으로 출퇴근하는 중 발생한 사고
[2017. 10. 24. 법률 제14933호에 의하여 2016. 9. 29. 헌법재판소에서 헌법불합치 결정된 이 조 제1항제1호다목을 삭제함.]

근로자의 고의 · 자해행위나 범죄행위 또는 그것이 원인이 되어 발생한 부상 · 질병 · 장해 또는 사망은 업무상의 재해로 보지 아니한다. 다만, 그 부상 · 질병 · 장해 또는 사망이 정상적인 인식능력 등이 뚜렷하게 저하된 상태에서 한 행위로 발생한 경우로서 대통령령으로 정하는 사유가 있으면 업무상의 재해로 본다.

통상적인 경로와 방법으로 출퇴근하는 중 발생한 사고 중에서 출퇴근 경로 일탈 또는 중단이 있는 경우에는 해당 일탈 또는 중단 중의 사고 및 그 후의 이동 중의 사고에 대하여는 출퇴근 재해로 보지 아니한다. 업무상 질병의 인정 여부를 심의하기 위하여 공단 소속 기관에 업무상질병판정위원회를 둔다(동법 제37조 및 제38조).

3) 요양급여

(1) 요양급여 지급 및 범위

요양급여는 근로자가 업무상의 사유로 부상을 당하거나 질병에 걸린 경우에 그 근로자에게 지급한다. 다만, 부상 또는 질병이 3일 이내의 요양으로 치유될 수 있으면 요양급여를 지급하지 아니한다. 요양급여는 산재보험 의료기관에서 요양을 하게 한다. 다만, 부득이한 경우에는 요양을 갈음하여 요양비를 지급할 수 있다.

요양급여의 범위는 다음 각 호와 같다.

1. 진찰 및 검사 2. 약제 또는 진료재료와 의지(義肢) 그 밖의 보조기의 지급
3. 처치, 수술, 그 밖의 치료 4. 재활치료 5. 입원 6. 간호 및 간병 7. 이송
8. 그 밖에 고용노동부령으로 정하는 사항

(2) 요양급여 신청 및 건강보험의 우선적용

요양급여(진폐에 따른 요양급여는 제외)를 받으려는 자는 소속 사업장, 재해발생 경위, 그 재해에 대한 의학적 소견, 그 밖에 고용노동부령으로 정하는 사항을 적은 서류를 첨부하여 근로복지공단에 요양급여의 신청을 하여야 한다. 근로자를 진료한 산재보험 의료기관은 그 근로자의 재해가 업무상의 재해로 판단되면 그 근로자의 동의를 받아 요양급여의 신청을 대행할 수 있다. 요양급여의 신청을 한 자는 공단이 이 법에 따른 요양급여에 관한 결정을 하기 전에는 「국민건강보험법」에 따른 요양급여 또는 「의료급여법」에 따른 의료급여를 받을 수 있다(동법 제40조 및 제42조).

4) 추가상병 요양급여의 신청

업무상의 재해로 요양 중인 근로자는 다음 각 호의 어느 하나에 해당하는 경우에는 그 부상 또는 질병(이하 "추가상병")에 대한 요양급여를 신청할 수 있다(동법 제49조).

1. 그 업무상의 재해로 이미 발생한 부상이나 질병이 추가로 발견되어 요양이 필요한 경우
2. 그 업무상의 재해로 발생한 부상이나 질병이 원인이 되어 새로운 질병이 발생하여 요양이 필요한 경우

5) 재요양

요양급여를 받은 자가 치유 후 요양의 대상이 되었던 업무상의 부상 또는 질병이 재발하거나 치유 당시보다 상태가 악화되어 이를 치유하기 위한 적극적인 치료가 필요하다는 의학적 소견이 있으면 다시 요양급여(재요양)를 받을 수 있다(동법 제51조).

6) 휴업급여

(1) 휴업급여

휴업급여는 업무상 사유로 부상을 당하거나 질병에 걸린 근로자에게 요양으로 취업하지 못한 기간에 대하여 지급하되, 1일당 지급액은 평균임금의 100분의 70에 상당하는 금

액으로 한다. 다만, 취업하지 못한 기간이 3일 이내이면 지급하지 아니한다.

(2) 부분휴업급여

요양 또는 재요양을 받고 있는 근로자가 그 요양기간 중 일정기간 또는 단시간 취업을 하는 경우에는 그 취업한 날 또는 취업한 시간에 해당하는 그 근로자의 평균임금에서 그 취업한 날 또는 취업한 시간에 대한 임금을 뺀 금액의 100분의 90에 상당하는 금액을 지급할 수 있다.

(3) 저소득 근로자의 휴업급여

산정한 1일당 휴업급여 지급액이 최저 보상기준 금액의 100분의 80보다 적거나 같으면 그 근로자에 대하여는 평균임금의 100분의 90에 상당하는 금액을 1일당 휴업급여 지급액으로 한다. 다만, 그 근로자의 평균임금의 100분의 90에 상당하는 금액이 최저 보상기준 금액의 100분의 80보다 많은 경우에는 최저 보상기준 금액의 100분의 80에 상당하는 금액을 1일당 휴업급여 지급액으로 한다. 산정한 휴업급여 지급액이 최저임금액보다 적으면 그 최저임금액을 그 근로자의 1일당 휴업급여 지급액으로 한다.

(4) 고령자의 휴업급여

휴업급여를 받는 근로자가 61세가 되면 그 이후의 휴업급여는 아래의 금액을 지급한다.

연령	지급액
61세	1일당 휴업급여 지급액 × 66/70
62세	1일당 휴업급여 지급액 × 62/70
63세	1일당 휴업급여 지급액 × 58/70
64세	1일당 휴업급여 지급액 × 54/70
65세 이후	1일당 휴업급여 지급액 × 50/70

(5) 재요양 기간 중의 휴업급여

재요양을 받는 자에 대하여는 재요양 당시의 임금을 기준으로 산정한 평균임금의 100분의 70에 상당하는 금액을 1일당 휴업급여 지급액으로 한다(동법 제52조부터 제56조).

7) 장해급여

장해급여는 근로자가 업무상의 사유로 부상을 당하거나 질병에 걸려 치유된 후 신체 등에 장해가 있는 경우에 그 근로자에게 지급한다. 장해급여는 장해등급에 따라 아래 표에 따른 장해보상연금 또는 장해보상일시금으로 한다.

〈표 13-1〉 장해급여표(제57조제2항 관련) (평균임금기준)

장해등급	장해보상연금	장해보상일시금
제1급	329일분	1,474일분
제2급	291일분	1,309일분
제3급	257일분	1,155일분
제4급	224일분	1,012일분
제5급	193일분	869일분
제6급	164일분	737일분
제7급	138일분	616일분
제8급		495일분
제9급		385일분
제10급		297일분
제11급		220일분
제12급		154일분
제13급		99일분
제14급		55일분

장해보상연금 또는 장해보상일시금은 수급권자의 선택에 따라 지급한다. 다만, 대통령령으로 정하는 노동력을 완전히 상실한 장해등급의 근로자에게는 장해보상연금을 지급하고, 장해급여 청구사유 발생 당시 대한민국 국민이 아닌 자로서 외국에서 거주하고 있는 근로자에게는 장해보상일시금을 지급한다(동법 제57조).

8) 간병급여

간병급여는 요양급여를 받은 자 중 치유 후 의학적으로 상시 또는 수시로 간병이 필요하여 실제로 간병을 받는 자에게 지급한다(동법 제61조).

9) 유족급여

유족급여는 근로자가 업무상의 사유로 사망한 경우에 유족에게 지급한다.

유족급여는 아래 표에 따른 유족보상연금이나 유족보상일시금으로 하되, 유족보상일시금은 근로자가 사망할 유족보상연금을 받을 수 있는 자격이 있는 자가 없는 경우에 지급한다.

〈표 13-2〉 유족급여

유족급여의 종류	유족급여의 금액
유족보상연금	유족보상연금액은 다음의 기본금액과 가산금액을 합한 금액으로 한다. 1. 기본금액 급여기초연액(평균임금에 365를 곱하여 얻은 금액)의 100분의 47에 상당하는 금액
유족보상연금	2. 가산금액 유족보상연금수급권자 및 근로자가 사망할 당시 그 근로자와 생계를 같이 하고 있던 유족보상연금수급자격자 1인당 급여기초연액의 100분의 5에 상당하는 금액의 합산액. 다만, 그 합산금액이 급여기초연액의 100분의 20을 넘을 때에는 급여기초연액의 100분의 20에 상당하는 금액으로 한다.
유족보상일시금	평균임금의 1,300일분

유족보상연금을 받을 수 있는 자격이 있는 자가 원하면 별표 3의 100분의 50에 상당하는 금액을 일시금으로 지급하고 유족보상연금은 100분의 50을 감액하여 지급한다(동법 제62조).

장해급여와 유족급여의 수급권자가 「국민연금법」상 장애연금과 유족연금을 받을 경우, 장애연금과 유족연금은 50%씩만 지급함.

10) 상병보상연금

요양급여를 받는 근로자가 요양을 시작한 지 2년이 지난 날 이후에 다음 각 호의 요건 모두에 해당하는 상태가 계속되면 휴업급여 대신 상병보상연금을 그 근로자에게 지급한다.

1. 그 부상이나 질병이 치유되지 아니한 상태일 것
2. 그 부상이나 질병에 따른 중증요양상태의 정도가 대통령령으로 정하는 중증요양상태등급 기준에 해당할 것
3. 요양으로 인하여 취업하지 못하였을 것

상병보상연금은 〈표 13-3〉에 따른 중증요양상태등급에 따라 지급한다.

〈표 13-3〉 상병보상연금표

폐질등급	상병보상연금
제1급	평균임금의 329일분
제2급	평균임금의 291일분
제3급	평균임금의 257일분

상병보상연금을 산정할 때 그 근로자의 평균임금이 최저임금액에 70분의 100을 곱한 금액보다 적을 때에는 최저임금액의 70분의 100에 해당하는 금액을 그 근로자의 평균임금으로 보아 산정한다.

상병보상연금을 받는 근로자가 61세가 되면 그 이후의 고령자 상병보상연금은 아래 1일당 상병보상연금 지급기준에 따라 산정한 금액을 지급한다(동법 제66조부터 제69조).

〈표 13-4〉 고령자의 1일당 상병보상연금 지급기준

폐질등급 / 연령	제1급	제2급	제3급
61세	평균임금 ×(329/365 − 0.04)	평균임금 ×(291/365 − 0.04)	평균임금 ×(257/365 − 0.04)
62세	평균임금 ×(329/365 − 0.08)	평균임금 ×(291/365 − 0.08)	평균임금 ×(257/365 − 0.08)
63세	평균임금 ×(329/365 − 0.12)	평균임금 ×(291/365 − 0.12)	평균임금 ×(257/365 − 0.12)
64세	평균임금 ×(329/365 − 0.16)	평균임금 ×(291/365 − 0.16)	평균임금 ×(257/365 − 0.16)
65세 이후	평균임금 ×(329/365 − 0.20)	평균임금 ×(291/365 − 0.20)	평균임금 ×(257/365 − 0.20)

11) 장의비

장의비는 근로자가 업무상의 사유로 사망한 경우에 지급하되, 평균임금의 120일분에 상당하는 금액을 그 장제(葬祭)를 지낸 유족에게 지급한다(동법 제71조).

12) 직업재활급여

직업재활급여의 종류는 다음 각 호와 같다.

1. 장해급여 또는 진폐보상연금을 받은 자나 장해급여를 받을 것이 명백한 자로서 대통령령으로 정하는 장해급여자 중 취업을 위하여 직업훈련이 필요한 훈련대상자에 대하여 실시하는 직업훈련에 드는 비용 및 직업훈련수당

2. 업무상의 재해가 발생할 당시의 사업에 복귀한 장해급여자에 대하여 사업주가 고용을 유지하거나 직장적응훈련 또는 재활운동을 실시하는 경우에 각각 지급하는 직장복귀지원금, 직장적응훈련비 및 재활운동비

(동법 제70조부터 제75조)

13) 장해특별급여

보험가입자의 고의 또는 과실로 발생한 업무상의 재해로 근로자가 장해등급 또는 진폐장해등급에 해당하는 장해를 입은 경우에 수급권자가 「민법」에 따른 손해배상청구를 갈음하여 장해특별급여를 청구하면 장해급여 또는 진폐보상연금 외에 대통령령으로 정하는 장해특별급여를 지급할 수 있다(동법 제78조).

14) 유족특별급여

보험가입자의 고의 또는 과실로 발생한 업무상의 재해로 근로자가 사망한 경우에 수급권자가 「민법」에 따른 손해배상청구를 갈음하여 유족특별급여를 청구하면 유족급여 또는 진폐유족연금 외에 유족특별급여를 지급할 수 있다(동법 제79조).

15) 제3자에 대한 구상권

공단은 제3자의 행위에 따른 재해로 보험급여를 지급한 경우에는 그 급여액의 한도 안에서 급여를 받은 자의 제3자에 대한 손해배상청구권을 대위(代位)한다. 공단은 보험회사 등에게 구상권을 행사하는 경우 그 구상금 청구액을 협의 · 조정하기 위하여 보험회사 등과 구상금협의조정기구를 구성하여 운영할 수 있다(동법 제87조 및 제87조의2).

16) 수급권의 보호 및 대위

근로자의 보험급여를 받을 권리는 퇴직하여도 소멸되지 아니한다. 보험급여를 받을 권리는 양도 또는 압류하거나 담보로 제공할 수 없다. 지정된 보험급여수급계좌의 예금 중 대통령령으로 정하는 액수 이하의 금액에 관한 채권은 압류할 수 없다.

보험가입자가 소속 근로자의 업무상의 재해에 관하여 이 법에 따른 보험급여의 지급 사유와 동일한 사유로 「민법」이나 그 밖의 법령에 따라 보험급여에 상당하는 금품을 수급권자에게 미리 지급한 경우로서 그 금품이 보험급여에 대체하여 지급한 것으로 인정되는 경우에 보험가입자는 대통령령으로 정하는 바에 따라 그 수급권자의 보험급여를 받을 권리를 대위한다.

보험급여로서 지급된 금품에 대하여는 국가나 지방자치단체의 공과금을 부과하지 아니한다(동법 제88조부터 제90조).

17) 진폐에 따른 보험급여의 특례

(1) 진폐에 대한 업무상의 재해의 인정기준

근로자가 진폐에 걸릴 우려가 있는 작업으로서 암석, 금속이나 유리섬유 등을 취급하는 작업 등 고용노동부령으로 정하는 분진작업에 종사하여 진폐에 걸리면 업무상 질병으로 본다(동법 제91조의2).

(2) 진폐보상연금 및 진폐유족연금

진폐보상연금은 업무상 질병인 진폐에 걸린 근로자(진폐근로자)에게 지급한다. 진폐보상연금은 평균임금을 기준으로 하여 〈표 13-5〉에 따라 산정하는 진폐장해등급별 진폐장해연금과 기초연금을 합산한 금액으로 한다. 이 경우 기초연금은 최저임금액의 100분의 60에 365를 곱하여 산정한 금액으로 한다.

〈표 13-5〉 진폐장해연금표(평균임금 기준)

장해등급	진폐장해연금
제1급	132일분
제3급	132일분
제5급	72일분
제7급	72일분
제9급	24일분
제11급	24일분
제13급	24일분

진폐유족연금은 진폐근로자가 진폐로 사망한 경우에 유족에게 지급한다.

공단은 근로자가 요양급여 등을 청구하면 진폐근로자보호법에 따른 건강진단기관에 진폐판정에 필요한 진단을 의뢰하여야 한다. 공단은 진단결과를 받으면 진폐심사회의의 심사를 거쳐 해당 근로자의 진폐병형, 합병증의 유무 및 종류, 심폐기능의 정도 등을 판정(진폐판정)하여야 한다. 공단은 요양급여를 지급하기로 결정된 진폐근로자에 대하여는 산재보험 의료기관 중 진폐근로자의 요양을 담당하는 의료기관(진폐요양 의료기관)에서 요양을 하게 한다(동법 제91조의3부터 제91조의9).

제4장 근로복지 사업

1) 근로복지 사업

고용노동부장관은 근로자의 복지 증진을 위한 다음 각 호의 사업을 한다(동법 제92조).

1. 업무상의 재해를 입은 근로자의 원활한 사회 복귀를 촉진하기 위한 다음 각 목의 보험시설의 설치 · 운영
   가. 요양이나 외과 후 처치에 관한 시설
   나. 의료재활이나 직업재활에 관한 시설
2. 장학사업 등 재해근로자와 그 유족의 복지 증진을 위한 사업
3. 그 밖에 근로자의 복지 증진을 위한 시설의 설치 · 운영 사업

제5장 산업재해보상보험및예방기금

1) 산업재해보상보험및예방기금의 설치 및 용도

고용노동부장관은 보험사업, 산업재해 예방 사업에 필요한 재원을 확보하고, 보험급여에 충당하기 위하여 산업재해보상보험및예방기금을 설치한다. 기금은 보험료, 기금운용 수익금, 적립금, 기금의 결산상 잉여금, 정부 또는 정부 아닌 자의 출연금 및 기부금, 차입금, 그 밖의 수입금을 재원으로 하여 조성한다. 기금은 다음 각 호의 용도에 사용한다.

1. 보험급여의 지급 및 반환금의 반환 2. 차입금 및 이자의 상환
3. 공단에의 출연 4. 「산업안전보건법」 제61조의3에 따른 용도
5. 재해근로자의 복지 증진 6. 한국산업안전보건공단에 대한 출연
7. 보험료징수법 제4조에 따른 업무를 위탁받은 자에의 출연
8. 그 밖에 보험사업 및 기금의 관리와 운용

(동법 제95조부터 제98조)

2) 책임준비금의 적립

고용노동부장관은 보험급여에 충당하기 위하여 책임준비금을 적립하여야 한다. 고용노

동부장관은 회계연도마다 책임준비금을 산정하여 적립금 보유액이 책임준비금의 금액을 초과하면 그 초과액을 장래의 보험급여 지급 재원으로 사용하고, 부족하면 그 부족액을 보험료 수입에서 적립하여야 한다(동법 제99조).

제6장 심사청구 및 재심사청구

1) 심사청구의 제기

다음 각 호의 어느 하나에 해당하는 공단의 결정 등에 불복하는 자는 공단에 심사청구를 할 수 있다.

1. 보험급여에 관한 결정 2. 진료비에 관한 결정 3. 약제비에 관한 결정 4. 진료계획 변경 조치등 5. 보험급여의 일시지급에 관한 결정 5의2. 예방관리에 관한 조치 6. 부당이득의 징수에 관한 결정 7. 수급권의 대위에 관한 결정

심사청구는 그 보험급여 결정 등을 한 공단의 소속 기관을 거쳐 공단에 제기하여야 한다. 심사청구는 보험급여 결정 등이 있음을 안 날부터 90일 이내에 하여야 한다. 심사청구서를 받은 공단의 소속 기관은 5일 이내에 의견서를 첨부하여 공단에 보내야 한다.

보험급여 결정 등에 대하여는「행정심판법」에 따른 행정심판을 제기할 수 없다.

심사청구를 심의하기 위하여 공단에 관계 전문가 등으로 구성되는 산업재해보상보험심사위원회를 둔다. 심사청구서를 받은 날부터 60일 이내에 심사위원회의 심의를 거쳐 심사청구에 대한 결정을 하여야 한다(동법 제103조부터 제105조).

2) 재심사청구의 제기

심사청구에 대한 결정에 불복하는 자는 산업재해보상보험재심사위원회에 재심사청구를 할 수 있다. 다만, 판정위원회의 심의를 거친 보험급여에 관한 결정에 불복하는 자는 심사청구를 하지 아니하고 재심사청구를 할 수 있다. 재심사청구는 그 보험급여 결정등을 한 공단의 소속 기관을 거쳐 산업재해보상보험재심사위원회에 제기하여야 한다.

재심사청구는 심사청구에 대한 결정이 있음을 안 날부터 90일 이내에 제기하여야 한다. 다만, 심사청구를 거치지 아니하고 재심사청구를 하는 경우에는 보험급여에 관한 결정이 있음을 안 날부터 90일 이내에 제기하여야 한다.

재심사청구를 심리 · 재결하기 위하여 고용노동부에 산업재해보상보험재심사위원회를 둔다. 재심사위원회의 재결은 공단을 기속(羈束)한다(동법 제106조부터 제109조).

제7장 보칙

1) 시효

다음 각 호의 권리는 3년간 행사하지 아니하면 시효로 말미암아 소멸한다. 다만, 제1호의 보험급여 중 장해급여, 유족급여, 장의비, 진폐보상연금 및 진폐유족연금을 받을 권리는 5년간 행사하지 아니하면 시효의 완성으로 소멸한다.

1. 제36조제1항에 따른 보험급여를 받을 권리
2. 제45조에 따른 산재보험 의료기관의 권리
3. 제46조에 따른 약국의 권리
4. 제89조에 따른 보험가입자의 권리
5. 제90조제1항에 따른 국민건강보험공단 등의 권리

소멸시효는 보험급여수급권자의 청구로 중단된다(동법 제112조 및 제113조).

2) 특례

(1) 국외의 사업 및 해외파견자에 대한 특례

국외 근무 기간에 발생한 근로자의 재해를 보상하기 위하여 우리나라가 당사국이 된 사회 보장에 관한 조약이나 협정으로 정하는 국가나 지역에서의 사업에 대하여는 고용노동부장관이 금융위원회와 협의하여 지정하는 자에게 이 법에 따른 보험사업을 자기의 계산으로 영위하게 할 수 있다. 보험료징수법 보험가입자가 대한민국 밖의 지역에서 하는 사업에 근로시키기 위하여 파견하는 자에 대하여 공단에 보험 가입 신청을 하여 승인을 받으면 해외파견자를 그 가입자의 대한민국 영역 안의 사업에 사용하는 근로자로 보아 이 법을 적용할 수 있다(동법 제121조 및 제122조).

(2) 현장실습생에 대한 특례

이 법이 적용되는 사업에서 현장 실습을 하고 있는 학생 및 직업 훈련생(현장실습생) 중 고용노동부장관이 정하는 현장실습생은 이 법을 적용할 때는 그 사업에 사용되는 근로자로 본다. 현장실습생이 실습과 관련하여 입은 재해는 업무상의 재해로 보아 보험급여를 지급한다. 현장실습생에 대한 보험급여의 기초가 되는 임금액은 현장실습생이 지급받는 훈련수당 등 모든 금품으로 한다(동법 제123조).

(3) 중 · 소기업 사업주에 대한 특례

중 · 소기업 사업주는 공단의 승인을 받아 자기 또는 유족을 보험급여를 받을 수 있는 자로 하여 보험에 가입할 수 있다. 이 경우 그 사업주는 근로자로 본다(동법 제124조).

(4) 특수형태근로종사자에 대한 특례

계약의 형식에 관계없이 근로자와 유사하게 노무를 제공함에도 「근로기준법」 등이 적용되지 아니하여 업무상의 재해로부터 보호할 필요가 있는 자로서 다음 각 호의 모두에 해당하는 자 중 대통령령으로 정하는 직종에 종사하는 자(특수형태근로종사자)의 노무를 제공받는 사업은 이 법의 적용을 받는 사업으로 본다.

1. 주로 하나의 사업에 그 운영에 필요한 노무를 상시적으로 제공하고 보수를 받아 생활할 것
2. 노무를 제공함에 있어서 타인을 사용하지 아니할 것

특수형태근로종사자는 이 법을 적용할 때에는 그 사업의 근로자로 본다. 다만, 특수형태근로종사자가 이 법의 적용 제외를 신청한 경우에는 근로자로 보지 아니한다(동법 제125조).

(5) 「국민기초생활 보장법」상의 수급자에 대한 특례

「국민기초생활 보장법」에 따른 자활급여 수급자 중 고용노동부장관이 정하여 고시하는 사업에 종사하는 자는 이 법의 적용을 받는 근로자로 본다. 자활급여 수급자의 보험료 산정 및 보험급여의 기초가 되는 임금액은 자활사업에 참여하여 받는 자활급여로 한다(동법 제126조).

제8장 벌칙

1) 벌칙 및 양벌규정

산재보험 의료기관이나 약국의 종사자로서 거짓이나 그 밖의 부정한 방법으로 진료비나 약제비를 지급받은 자는 3년 이하의 징역 또는 3천만원 이하의 벌금에 처한다(동법 제127조).

다음 각 호의 어느 하나에 해당하는 자는 2년 이하의 징역 또는 2천만원 이하의 벌금에 처한다.

1. 거짓이나 그 밖의 부정한 방법으로 보험급여를 받은 자
2. 거짓이나 그 밖의 부정한 방법으로 보험급여를 받도록 시키거나 도와준 자
3. 제111조의2(시효)를 위반하여 근로자를 해고하거나 그 밖에 근로자에게 불이익한 처우를 한 사업주

법인의 대표자나 법인 또는 개인의 대리인, 사용인, 그 밖의 종업원이 그 법인 또는 개인의 업무에 관하여 제127조제1항의 위반행위를 하면 그 행위자를 벌하는 외에 그 법인 또는 개인에게도 해당 조문의 벌금형을 과(科)한다.

V. 노인장기요양보험법

[시행 2018. 9. 14.] [법률 제15443호, 2018. 3. 13., 일부개정]

노인장기요양보험은 제5의 사회보험이라고 불리움.

1. 법 제정 의의 및 연혁

우리나라 인구의 고령화가 세계에서 유례가 없을 정도로 빠르게 진행됨에 따라 치매, 중풍 등 일상생활이 어려운 노인들의 수도 날로 증가하고 있다. 그러나 핵가족화 여성의 사회참여 증가 등으로 장기요양이 필요한 노인을 가정에서 돌보는 것이 어렵고 그 가정의 비용부담이 과중하여 노인장기요양 문제는 우리 사회가 시급히 해결해야 할 심각한 사회적 문제로 대두되고 있는 실정이다. 이에 노인의 간병 장기요양 문제를 사회적 연대원리에 따라 정부와 사회가 공동으로 해결하는 노인장기요양보험제도를 도입하여 노인의 노후생활 안정을 도모하고 그 가족의 부양부담을 덜어 줌으로써 국민의 삶의 질을 향상시키기 위하여 '2007. 4. 27. 법률 제8403호'로 제정되어, 2007년 10월 1일부터 시행되어 오고 있다.[13)]

2. 법의 주요 내용

이 법의 주요 내용과 관련 시행령은 다음과 같다.[14)]

제1장 총칙

1) 목적 및 정의

이 법은 고령이나 노인성 질병 등의 사유로 일상생활을 혼자서 수행하기 어려운 노인등에게 제공하는 신체활동 또는 가사활동 지원 등의 장기요양급여에 관한 사항을 규정하여 노후의 건강증진 및 생활안정을 도모하고 그 가족의 부담을 덜어 줌으로써 국민의 삶의 질을 향상하도록 함을 목적으로 한다. 이 법에서 사용하는 용어의 정의는 다음과 같다(동법 제1조 및 제2조).

"노인 등"이란 65세 이상의 노인 또는 65세 미만의 자로서 치매 뇌혈관성질환 등 대통령령으로 정하는 노인성 질병을 가진 자를 말한다.

치매관리법 제2조 "치매"란 퇴행성 뇌질환 또는 뇌혈관계 질환 등으로 인하여 기억력, 언어능력, 지남력(指南力), 판단력 및 수행능력 등의 기능이 저하됨으로써 일상생활에서 지장을 초래하는 후천적인 다발성장애를 말한다.
"장기요양급여"란 6개월 이상 동안 혼자서 일상생활을 수행하기 어렵다고 인정되는 자에게 신체활동 가사활동의 지원 또는 간병 등의 서비스나 이에 갈음하여 지급하는 현금 등을 말한다.
"장기요양사업"이란 장기요양보험료, 국가 및 지방자치단체의 부담금 등을 재원으로 하여 노인 등에게 장기요양급여를 제공하는 사업을 말한다.
"장기요양기관"이란 소재지를 관할 구역으로 하는 특별자치시장 특별자치도지사 시장 군수 구청장으로부터 지정을 받은 기관 또는 지정의제된 재가장기요양기관으로서 장기요양급여를 제공하는 기관을 말한다.
"장기요양요원"이란 장기요양기관에 소속되어 노인 등의 신체활동 또는 가사활동 지원 등의 업무를 수행하는 자를 말한다.

2) 장기요양급여 제공의 기본원칙

장기요양급여는 다음 각호의 원칙에 따라 제공하여야 한다(동법 제3조).

1. 장기요양급여는 노인 등의 심신상태 생활환경과 노인 등 및 그 가족의 욕구 선택을 종합적으로 고려하여 필요한 범위 안에서 이를 적정하게 제공하여야 한다.
2. 장기요양급여는 노인 등이 가족과 함께 생활하면서 가정에서 장기요양을 받는 재가급여를 우선적으로 제공하여야 한다.
3. 장기요양급여는 노인 등의 심신상태나 건강 등이 악화되지 아니하도록 의료서비스와 연계하여 이를 제공하여야 한다.

3) 국가 및 지방자치단체의 책무 등

국가 및 지방자치단체는 노인이 일상생활을 혼자서 수행할 수 있는 온전한 심신상태를 유지하는 데 필요한 노인성질환예방사업을 실시하여야 한다. 국가는 노인성질환예방사업을 수행하는 지방자치단체 또는 국민건강보험공단에 대하여 이에 소요되는 비용을 지원할 수 있다. 국가 및 지방자치단체는 노인인구 및 지역특성 등을 고려하여 장기요양급여가 원활하게 제공될 수 있도록 충분한 수의 장기요양기관을 확충하고 장기요양기관의 설립을 지원하여야 한다(동법 제4조).

4) 장기요양급여 국가정책방향, 장기요양기본계획 및 실태조사

국가는 장기요양기본계획을 수립 시행함에 있어서 노인뿐만 아니라 장애인 등 일상생활을 혼자서 수행하기 어려운 모든 국민이 장기요양급여, 신체활동지원서비스 등을 제공받을 수 있도록 노력하고 나아가 이들의 생활안정과 자립을 지원할 수 있는 시책을 강구하여야 한다. 보건복지부장관은 노인 등에 대한 장기요양급여를 원활하게 제공하기 위하여 5년 단위로 다음 각 호의 사항이 포함된 장기요양기본계획을 수립 · 시행하여야 한다.

1. 연도별 장기요양급여 대상인원 및 재원조달 계획
2. 연도별 장기요양기관 및 장기요양전문인력 관리 방안
3. 장기요양요원의 처우에 관한 사항
4. 그 밖에 노인 등의 장기요양에 관한 사항으로서 대통령령으로 정하는 사항

보건복지부장관은 장기요양사업의 실태를 파악하기 위하여 3년마다 다음 조사를 정기적으로 실시하고 그 결과를 공표하여야 한다(동법 제5조부터 제6조의2).

제2장 장기요양보험

1) 장기요양보험 관장, 보험자 및 가입자

장기요양보험사업은 보건복지부장관이 관장한다. 장기요양보험사업의 보험자는 국민건강보험공단으로 한다. 장기요양보험의 가입자는 「국민건강보험법」에 따른 가입자로 한다. 공단은 「외국인근로자의 고용 등에 관한 법률」에 따른 외국인근로자 등이 신청하는 경우 장기요양보험가입자에서 제외할 수 있다(동법 제7조).

2) 장기요양보험료의 징수

공단은 장기요양사업에 사용되는 비용에 충당하기 위하여 장기요양보험료를 징수한다. 장기요양보험료는 건강보험료와 통합하여 징수한다. 이 경우 공단은 장기요양보험료와 건강보험료를 구분하여 고지하여야 한다. 공단은 통합 징수한 장기요양보험료와 건강보험료를 각각의 독립회계로 관리하여야 한다(동법 제8조).

3) 장기요양보험료의 산정 및 감면

장기요양보험료는 「국민건강보험법」 제69조제4항 및 제5항에 따라 산정한 보험료액에서 경감 또는 면제되는 비용을 공제한 금액에 장기요양보험료율을 곱하여 산정한 금액으

로 한다. 장기요양보험료율은 장기요양위원회의 심의를 거쳐 정한다. 공단은 「장애인복지법」에 따른 장애인 또는 이와 유사한 자로서 대통령령으로 정하는 자가 장기요양보험가입자 또는 그 피부양자인 경우 수급자로 결정되지 못한 때 장기요양보험료의 전부 또는 일부를 감면할 수 있다(동법 제9조 및 제10조).

제3장 장기요양인정

1) 장기요양인정의 신청자격 및 신청

장기요양인정을 신청할 수 있는 자는 노인 등으로서 다음 각 호의 어느 하나에 해당하는 자격을 갖추어야 한다.

1. 장기요양보험가입자 또는 그 피부양자
2. 의료급여수급권자

장기요양인정을 신청하는 자는 공단에 장기요양인정신청서에 의사 또는 한의사가 발급하는 의사소견서를 첨부하여 제출하여야 한다. 거동이 현저하게 불편하거나 도서 벽지 지역에 거주하여 의료기관을 방문하기 어려운 자 등 대통령령으로 정하는 자는 의사소견서를 제출하지 아니할 수 있다(동법 제12조 및 제13조).

2) 장기요양인정 신청의 조사

공단은 신청서를 접수한 때 소속 직원으로 하여금 다음 각 호의 사항을 조사하게 하여야 한다. 다만, 지리적 사정 등으로 직접 조사하기 어려운 경우 또는 조사에 필요하다고 인정하는 경우 특별자치시 · 특별자치도 시 · 군 · 구에 대하여 조사를 의뢰하거나 공동으로 조사할 것을 요청할 수 있다.

1. 신청인의 심신상태 2. 신청인에게 필요한 장기요양급여의 종류 및 내용
3. 그 밖에 장기요양에 관하여 필요한 사항으로서 보건복지부령으로 정하는 사항

(동법 제14조)

3) 등급판정 및 판정기간

공단은 조사가 완료된 때 조사결과서, 신청서, 의사소견서, 그 밖에 심의에 필요한 자료를 등급판정위원회에 제출하여야 한다. 등급판정위원회는 신청인이 제12조의 신청자격

요건을 충족하고 6개월 이상 동안 혼자서 일상생활을 수행하기 어렵다고 인정하는 경우 심신상태 및 장기요양이 필요한 정도 등 대통령령으로 정하는 등급판정기준에 따라 수급자로 판정한다.

등급판정위원회는 신청인이 신청서를 제출한 날부터 30일 이내에 장기요양등급판정을 완료하여야 한다. 다만, 신청인에 대한 정밀조사가 필요한 경우 등 기간 이내에 등급판정을 완료할 수 없는 부득이한 사유가 있는 경우 30일 이내의 범위에서 이를 연장할 수 있다(동법 제15조 및 제16조).

4) 장기요양인정서

공단은 등급판정위원회가 장기요양인정 및 등급판정의 심의를 완료한 경우 지체 없이 다음 각 호의 사항이 포함된 장기요양인정서를 작성하여 수급자에게 송부하여야 한다.

1. 장기요양등급 2. 장기요양급여의 종류 및 내용
3. 그 밖에 장기요양급여에 관한 사항으로서 보건복지부령으로 정하는 사항

장기요양인정의 유효기간은 최소 1년이상으로서 대통령령으로 정한다. 수급자는 장기요양인정의 유효기간이 만료된 후 장기요양급여를 계속하여 받고자 하는 경우 공단에 장기요양인정의 갱신을 유효기간이 만료되기 전 30일까지 신청하여야 한다(동법 제17조부터 제22조).

제4장 장기요양급여의 종류

1) 장기요양급여의 종류

이 법에 따른 장기요양급여의 종류는 다음 각 호와 같다.

1. 재가급여
   가. 방문요양: 장기요양요원이 수급자의 가정 등을 방문하여 신체활동 및 가사활동 등을 지원하는 장기요양급여
   나. 방문목욕: 장기요양요원이 목욕설비를 갖춘 장비를 이용하여 수급자의 가정 등을 방문하여 목욕을 제공하는 장기요양급여
   다. 방문간호: 장기요양요원인 간호사 등이 의사, 한의사 또는 치과의사의 지시서(이하 "방문간호지시서"라 한다)에 따라 수급자의 가정 등을 방문하여 간호, 진료

의 보조, 요양에 관한 상담 또는 구강위생 등을 제공하는 장기요양급여
라. 주 · 야간보호: 수급자를 하루 중 일정한 시간 동안 장기요양기관에 보호하여 신체활동 지원 및 심신기능의 유지 향상을 위한 교육 훈련 등을 제공하는 장기요양급여
마. 단기보호: 수급자를 보건복지부령으로 정하는 범위 안에서 일정 기간 동안 장기요양기관에 보호하여 신체활동 지원 및 심신기능의 유지 향상을 위한 교육 훈련 등을 제공하는 장기요양급여
바. 기타재가급여: 수급자의 일상생활 신체활동 지원 및 인지기능의 유지 향상에 필요한 용구를 제공하거나 가정을 방문하여 재활에 관한 지원 등을 제공하는 장기요양급여로서 대통령령으로 정하는 것
2. 시설급여: 장기요양기관이 운영하는 「노인복지법」 제34조에 따른 노인의료복지시설 등에 장기간 동안 입소하여 신체활동 지원 및 심신기능의 유지 향상을 위한 교육 훈련 등을 제공하는 장기요양급여
3. 특별현금급여
가. 가족요양비: 제24조에 따라 지급하는 가족장기요양급여
나. 특례요양비: 제25조에 따라 지급하는 특례장기요양급여
다. 요양병원간병비: 제26조에 따라 지급하는 요양병원장기요양급여

공단은 다음 각 호의 어느 하나에 해당하는 수급자가 가족 등으로부터 방문요양에 상당한 장기요양급여를 받은 때 당해 수급자에게 가족요양비를 지급할 수 있다.

1. 도서 벽지 등 장기요양기관이 현저히 부족한 지역으로서 보건복지부장관이 정하여 고시하는 지역에 거주하는 자
2. 천재지변이나 그 밖에 이와 유사한 사유로 인하여 장기요양기관이 제공하는 장기요양급여를 이용하기가 어렵다고 보건복지부장관이 인정하는 자
3. 신체 정신 또는 성격 등 대통령령으로 정하는 사유로 인하여 가족 등으로부터 장기요양을 받아야 하는 자

공단은 수급자가 장기요양기관이 아닌 노인요양시설 등의 기관 또는 시설에서 재가급여 또는 시설급여에 상당한 장기요양급여를 받은 경우 대통령령으로 정하는 기준에 따라 당해 장기요양급여비용의 일부를 당해 수급자에게 특례요양비로 지급할 수 있다.

공단은 수급자가 「의료법」 제3조제2항제3호라목에 따른 요양병원에 입원한 때 대통령령으로 정하는 기준에 따라 장기요양에 사용되는 비용의 일부를 요양병원간병비로 지급할 수 있다(동법 제23조부터 제26조).

제5장 장기요양급여의 제공

1) 장기요양급여의 제공 시기 및 월 한도액

수급자는 장기요양인정서가 도달한 날부터 장기요양급여를 받을 수 있다. 장기요양급여는 월 한도액 범위 안에서 제공한다. 이 경우 월 한도액은 장기요양등급 및 장기요양급여의 종류 등을 고려하여 산정한다(동법 제27조 및 제28조).

제6장 장기요양기관

1) 장기요양기관의 지정

장기요양기관을 설치 운영하고자 하는 자는 소재지를 관할 구역으로 하는 특별자치시장 · 특별자치도지사 · 시장 · 군수 · 구청장으로부터 지정을 받아야 한다(동법 제31조).

2) 재가장기요양기관의 설치

재가급여 중 어느 하나 이상에 해당하는 장기요양급여를 제공하고자 하는 자는 시설 및 인력을 갖추어 재가장기요양기관을 설치하고 특별자치시장 · 특별자치도지사 · 시장 · 군수 · 구청장에게 이를 신고하여야 한다. 의료기관이 아닌 자가 설치 운영하는 재가장기요양기관은 방문간호를 제공하는 경우 방문간호의 관리책임자로서 간호사를 둔다(동법 제32조).

3) 장기요양기관 결격사유

다음 각 호의 어느 하나에 해당하는 자는 장기요양기관의 지정을 받거나 재가장기요양기관의 설치 신고를 할 수 없다(동법 제32조의2).

1. 미성년자, 피성년후견인 또는 피한정후견인
2. 「정신건강증진 및 정신질환자 복지서비스 지원에 관한 법률」 제3조제1호의 정신질환자. 다만, 전문의가 장기요양기관 설립 운영 업무에 종사하는 것이 적합하다고 인정하는 사람은 그러하지 아니하다.

3. 「마약류 관리에 관한 법률」 제2조제1호의 마약류에 중독된 사람
4. 파산선고를 받고 복권되지 아니한 사람
5. 금고 이상의 실형을 선고받고 그 집행이 종료(집행이 종료된 것으로 보는 경우를 포함한다)되거나 집행이 면제된 날부터 5년이 경과되지 아니한 사람
6. 금고 이상의 형의 집행유예를 선고받고 그 유예기간 중에 있는 사람
7. 대표자가 제1호부터 제6호까지의 규정 중 어느 하나에 해당하는 법인

4) 장기요양기관 정보 안내 및 기관의 의무 등

장기요양기관은 수급자가 장기요양급여를 쉽게 선택하도록 하고 장기요양기관이 제공하는 급여의 질을 보장하기 위하여 장기요양기관별 급여의 내용, 시설 인력 등 현황자료 등을 공단이 운영하는 인터넷 홈페이지에 게시하여야 한다. 장기요양기관은 수급자로부터 장기요양급여신청을 받은 때 장기요양급여의 제공을 거부하여서는 아니 된다. 장기요양기관은 면제받거나 감경받는 금액 외에 영리를 목적으로 수급자가 부담하는 재가 및 시설 급여비용인 본인일부부담금을 면제하거나 감경하는 행위를 하여서는 아니 된다(동법 제33조 및 제34조).

5) 인권교육

장기요양기관 중 대통령령으로 정하는 기관을 설치 운영하는 자와 그 종사자는 인권에 관한 교육을 받아야 하며, 장기요양기관을 설치 운영하는 자는 해당 기관을 이용하고 있는 장기요양급여 수급자에게 인권교육을 실시할 수 있다(동법 제35조).

제7장 재가 및 시설 급여비용 등

1) 재가 및 시설 급여비용의 청구 및 지급 등

장기요양기관은 수급자에게 제23조에 따른 재가급여 또는 시설급여를 제공한 경우 공단에 장기요양급여비용을 청구하여야 한다. 공단은 제1항에 따라 장기요양기관으로부터 재가 또는 시설 급여비용의 청구를 받은 경우 이를 심사하여 장기요양에 사용된 비용 중 공단부담금을 당해 장기요양기관에 지급하여야 한다. 공단은 장기요양기관의 장기요양급여평가 결과에 따라 장기요양급여비용을 가산 또는 감액조정하여 지급할 수 있다. 장기요양기관은 지급받은 장기요양급여비용 중 보건복지부장관이 정하여 고시하는 비율에 따라 그 일부를 장기요양요원에 대한 인건비로 지출하여야 한다(동법 제38조).

2) 재가 및 시설 급여비용의 산정

재가 및 시설 급여비용은 급여종류 및 장기요양등급 등에 따라 장기요양위원회의 심의를 거쳐 보건복지부장관이 정하여 고시한다. 보건복지부장관은 재가 및 시설 급여비용을 정할 때 대통령령으로 정하는 바에 따라 국가 및 지방자치단체로부터 장기요양기관의 설립비용을 지원받았는지 여부 등을 고려할 수 있다(동법 제39조).

3) 본인일부부담금

재가 및 시설 급여비용은 다음 각 호와 같이 수급자가 부담한다. 다만, 수급자 중 의료급여수급자는 그러하지 아니하다.

1. 재가급여: 당해 장기요양급여비용의 100분의 15
2. 시설급여: 당해 장기요양급여비용의 100분의 20

다음 각 호의 장기요양급여에 대한 비용은 수급자 본인이 전부 부담한다.

1. 이 법의 규정에 따른 급여의 범위 및 대상에 포함되지 아니하는 장기요양급여
2. 수급자가 제17조제1항제2호에 따른 장기요양인정서에 기재된 장기요양급여의 종류 및 내용과 다르게 선택하여 장기요양급여를 받은 경우 그 차액
3. 제28조에 따른 장기요양급여의 월 한도액을 초과하는 장기요양급여

다음 각 호의 어느 하나에 해당하는 자에 대해서는 본인일부부담금의 100분의 60의 범위에서 보건복지부장관이 정하는 바에 따라 차등하여 감경할 수 있다.

1. 「의료급여법」 제3조제1항제2호부터 제9호까지의 규정에 따른 수급권자
2. 소득 재산 등이 보건복지부장관이 정하여 고시하는 일정 금액 이하인 자. 다만, 도서 벽지 농어촌 등의 지역에 거주하는 자에 대하여 따로 금액을 정할 수 있다.
3. 천재지변 등 보건복지부령으로 정하는 사유로 인하여 생계가 곤란한 자

(동법 제40조)

4) 가족 등의 장기요양에 대한 보상

공단은 장기요양급여를 받은 금액의 총액이 보건복지부장관이 정하여 고시하는 금액

이하에 해당하는 수급자가 가족 등으로부터 방문요양에 상당한 장기요양을 받은 경우 본인일부부담금의 일부를 감면하거나 이에 갈음하는 조치를 할 수 있다(동법 제41조).

5) 구상권

공단은 제3자의 행위로 인한 장기요양급여의 제공사유가 발생하여 수급자에게 장기요양급여를 행한 때 그 급여에 사용된 비용의 한도 안에서 그 제3자에 대한 손해배상의 권리를 얻는다. 공단은 장기요양급여를 받은 자가 제3자로부터 이미 손해배상을 받은 때 그 손해배상액의 한도 안에서 장기요양급여를 행하지 아니한다.

제8장 장기요양위원회

1) 장기요양위원회의 설치 및 기능

다음 각 호의 사항을 심의하기 위하여 보건복지부장관 소속으로 장기요양위원회를 둔다.

1. 장기요양보험료율 2. 가족요양비, 특례요양비 및 요양병원간병비의 지급기준
3. 재가 및 시설 급여비용 4. 그 밖에 대통령령으로 정하는 주요 사항

장기요양위원회는 위원장 1인, 부위원장 1인을 포함한 16인 이상 22인 이하의 위원으로 구성한다(동법 제45조 및 제46조).

제9장 장기요양요원지원센터

1) 장기요양요원지원센터의 설치 등

지방자치단체는 장기요양요원의 권리를 보호하기 위하여 장기요양요원지원센터를 설치 운영할 수 있다. 장기요양요원지원센터는 다음 각 호의 업무를 수행한다(동법 제47조).

1. 장기요양요원의 권리 침해에 관한 상담 및 지원
2. 장기요양요원의 역량강화를 위한 교육지원
3. 장기요양요원에 대한 건강검진 등 건강관리를 위한 사업
4. 그 밖에 장기요양요원의 업무 등에 필요하여 대통령령으로 정하는 사항

제10장 관리운영기관

1) 관리운영기관 등

장기요양사업의 관리운영기관은 국민건강보험공단으로 한다. 공단은 장기요양기관을 설치할 때 노인인구 및 지역특성 등을 고려한 지역 간 불균형 해소를 고려하여야 하고, 설치 목적에 필요한 최소한의 범위에서 이를 설치 운영하여야 한다(동법 제48조 및 제49조).

2) 등급판정위원회의 설치

장기요양인정 및 장기요양등급 판정 등을 심의하기 위하여 공단에 장기요양등급판정위원회를 둔다. 등급판정위원회는 특별자치시 · 특별자치도 · 시 · 군 · 구 단위로 설치한다. 등급판정위원회는 위원장 1인을 포함하여 15인의 위원으로 구성한다(동법 제52조 및 제53조).

3) 장기요양급여의 관리 평가

공단은 장기요양기관이 제공하는 장기요양급여 내용을 지속적으로 관리 평가하여 장기요양급여의 수준이 향상되도록 노력하여야 한다. 공단은 장기요양기관이 장기요양급여의 제공 기준 · 절차 · 방법 등에 따라 적정하게 장기요양급여를 제공하였는지 평가를 실시하고 그 결과를 공단의 홈페이지 등에 공표하는 등 필요한 조치를 할 수 있다(동법 제54조).

제11장 이의신청 및 심사청구

1) 이의신청, 심사청구 및 행정소송

장기요양인정 · 장기요양등급 · 장기요양급여 · 부당이득 · 장기요양급여비용 또는 장기요양보험료 등에 관한 공단의 처분에 이의가 있는 자는 공단에 이의신청을 할 수 있다. 이의신청은 처분이 있은 날부터 90일 이내에 문서로 하여야 한다. 공단은 장기요양심사위원회를 구성하여 이의신청사건을 심의하게 하여야 한다.

이의신청에 대한 결정에 불복하는 자는 결정처분을 받은 날부터 90일 이내에 장기요양심판위원회에 심사청구를 할 수 있다. 심판위원회는 보건복지부장관 소속으로 두고, 위원장 1인을 포함한 20인 이내의 위원으로 구성한다. 공단의 처분에 이의가 있는 자와 이의신청 또는 제56조에 따른 심사청구에 대한 결정에 불복하는 자는 행정소송을 제기할 수 있다(동법 제55조부터 제57조).

第12장 보칙

1) 국가의 부담

국가는 매년 예산의 범위 안에서 당해 연도 장기요양보험료 예상수입액의 100분의 20에 상당하는 금액을 공단에 지원한다. 국가와 지방자치단체는 의료급여수급권자의 장기요양급여비용, 의사소견서 발급비용, 방문간호지시서 발급비용 중 공단이 부담하여야 할 비용 및 관리운영비의 전액을 부담한다. 지방자치단체가 부담하는 금액은 특별시 · 광역시 · 특별자치시 · 도 · 특별자치도와 시 · 군 · 구가 분담한다(동법 제58조).

2) 전자문서의 사용

장기요양사업에 관련된 각종 서류의 기록, 관리 및 보관은 전자문서로 한다. 공단 및 장기요양기관은 장기요양기관의 지정신청, 재가 시설 급여비용의 청구 및 지급, 재무 회계정보 처리 등에 대하여 전산매체 또는 전자문서교환방식을 이용하여야 한다(동법 제59조).

3) 비밀누설금지

다음에 해당하는 자는 업무수행 중 알게 된 비밀을 누설하여서는 아니 된다(동법 제62조).

1. 특별자치시 · 특별자치도 시 · 군 · 구, 공단, 등급판정위원회 및 장기요양기관에 종사하고 있거나 종사한 자
2. 가족요양비 · 특례요양비 및 요양병원간병비와 관련된 급여를 제공한 자

4) 청문 및 수급권 보호

특별자치시장 · 특별자치도지사 · 시장 · 군수 · 구청장은 다음 각 호의 어느 하나에 해당하는 처분 또는 공표를 하려는 경우에는 청문을 하여야 한다.

1. 장기요양기관 지정취소 또는 업무정지명령
2. 재가장기요양기관 폐쇄명령 또는 업무정지명령
3. 위반사실 등의 공표 4. 장기요양급여 제공의 제한 처분

장기요양급여를 받을 권리는 양도 또는 압류하거나 담보로 제공할 수 없다. 특별현금급여수급계좌의 예금에 관한 채권은 압류할 수 없다. 장기요양급여로 지급된 현금 등은 「국민기초생활 보장법」의 소득인정액 산정 시 소득 또는 재산으로 보지 아니한다(동법 제63조부터 제66조).

제13장 벌칙

1) 벌칙

다음 각 호의 어느 하나에 해당하는 자는 2년 이하의 징역 또는 2천만원 이하의 벌금에 처한다.

1. 지정받지 아니하고 장기요양기관을 설치 운영하거나 거짓이나 그 밖의 부정한 방법으로 지정받은 자
2. 신고하지 아니하고 재가장기요양기관을 설치 · 운영하거나 거짓이나 그 밖의 부정한 방법으로 신고한 자
3. 본인일부부담금을 면제 또는 감경하는 행위를 한 자
4. 수급자를 소개, 알선 또는 유인하는 행위를 하거나 이를 조장한 자
5. 업무수행 중 알게 된 비밀을 누설한 자

2) 양벌규정

법인의 대표자, 법인이나 개인의 대리인 사용인 및 그 밖의 종사자가 그 법인 또는 개인의 업무에 관하여 제67조에 해당하는 위반행위를 한 때에는 그 행위자를 벌하는 외에 그 법인 또는 개인에 대하여도 해당 조의 벌금형을 과한다. 다만, 법인 또는 개인이 그 위반행위를 방지하기 위하여 해당 업무에 관하여 상당한 주의와 감독을 게을리하지 아니한 경우에는 그러하지 아니하다(동법 제68조).

미주

1) 김기원(2009). 『사회복지법제론』. 서울: 나눔의집, pp. 325-394.
2) 법제처, www.moleg.go.kr
3) 상동.
4) 분할연금 수급권자 관련 밑줄 친 부분은 헌법불합치 판결로 개정됨. [헌법불합치, 2015헌바182, 2016.12.29.,「국민연금법」(2011. 12. 31. 법률 제11143호로 개정된 것) 제64조 제1항은「헌법」에 합치되지 아니한다.] [2017. 12. 19. 법률 제15267호에 의하여 2016. 12. 29. 헌법재판소에서 헌법불합치 결정된 이 조 제1항을 개정함.]
5) 국가기록원, www.archives.go.kr
6) 법제처, www.moleg.go.kr
7) 국가기록원, www.archives.go.kr
8) 법제처, www.moleg.go.kr
9) 상동.
10) 상동.
11) 국가기록원, www.archives.go.kr
12) 법제처, www.moleg.go.kr
13) 상동.
14) 상동.

제14장 공공부조법

“공공부조”란 국가와 지방자치단체의 책임하에 생활 유지 능력이 없거나 생활이 어려운 국민의 최저생활을 보장하고 자립을 지원하는 제도를 말한다. 우리나라의 공공부조법은 다양하나 이 장에서는 가장 중시되는 공공부조법인「국민기초생활 보장법」「의료급여법」 그리고「긴급복지지원법」의 주요 내용을 정리한다.[1]

Ⅰ. 국민기초생활 보장법(약칭: 기초생활보장법)

[시행 2018. 3. 13.] [법률 제15185호, 2017. 12. 12., 일부개정]

1. 법 제정 의의 및 연혁

생활보호법(1961) → IMF 외환위기(1997) → 국민기초생활 보장법(1999)

「국민기초생활 보장법」은 저소득 국민, 영세 도시빈민, 실업자 등을 지원하여 빈곤문제에 대한 사회안전망의 기초를 튼튼히 하는 한편, 빈곤가구별로 자활지원계획을 수립하고 그에 맞는 자활급여를 실시함으로써 빈곤의 장기화를 방지하기 위하여 ‘1999. 9. 7. 법률 제6024호’로 제정되어, 2000년 10월 1일부터 시행되고 있다.[2]

「국민기초생활 보장법」은 과거의「생활보호법」의 대체입법으로 제정되었다.「생활보호법」은 1961년 12월 30일 노령, 질병, 기타 근로능력의 상실로 인해 생활유지의 능력이 없는 자 등에 대한 보호와 그 방법을 규정하여 사회복지의 향상에 기여함을 목적으로 제정되었다.

「국민기초생활 보장법」은 과거의「생활보호법」이 IMF 외환위기에 파생된 대량실업과 이에 따른 빈곤문제를 제대로 대처하지 못하자 이를 타개하기 위해 대체입법으로 제정되었다. 그동안 국민들의 최저생활을 보장해 온 기존의 생활보호제도는 외환위기에 따른 대량실업을 맞이하여 2차적 사회안전망(social safety net)으로서의 기능을 제대로 수행하지 못하였다는 비판을 받았다. 외환위기에 따른 경제불황과 사회 전반의 구조조정 움직

임에 따른 초유의 대량실업으로 인해 빈곤문제가 더욱 악화되고 있는 상황에서, 극빈층과 저소득층의 기본적인 생활을 보장하기 위해서는 생활보호제도를 대폭 확충하여야 함에도 불구하고, 기존의 「생활보호법」은 보호대상을 인구통계학적으로 특정 범주의 사람들만 제한적으로 편협하게 규정하고 있어, 사회안전망의 사각지대에 놓인 극빈층과 저소득층의 생존이 위기에 처했던 것이 사실이었다.

실업이나 빈곤의 문제는 극히 일부에 국한된 특정계층의 문제가 아니라 중간 소득층을 포함한 대규모 사업장의 장기실업자, 영세사업장의 실직자, 일용노동자, 기타 영세 도시빈민 등을 망라한 본격적이고도 일반적인 사회문제로 자리 잡게 되었다. 현 상황은 '특정 인구학적 범주에 국한된 예외적, 비현실적인 보호'인 '범주적 공공부조'에서 '빈곤'이라는 이유 하나만으로 생존을 보장하는 '일반적 공공부조'로의 전환을 절실히 요구하였다. 따라서 18세 이상 65세 미만 자들의 경우도 장기실업으로 인한 '절대적 빈곤'에 대하여 적극적으로 대응할 수 있도록 과거의 「생활보호법」의 대체입법으로서 「국민기초생활 보장법」이 제정되었다.[3)]

2. 법의 주요 내용

제1장 총칙

1) 목적 및 정의

이 법은 생활이 어려운 사람에게 필요한 급여를 실시하여 이들의 최저생활을 보장하고 자활을 돕는 것을 목적으로 한다.

이 법에서 사용하는 용어의 뜻은 다음과 같다(동법 제1조부터 제2조 및 시행령 제3조).

"수급권자"란 이 법에 따른 급여를 받을 수 있는 자격을 가진 사람을 말한다. "수급자"란 이 법에 따른 급여를 받는 사람을 말한다. "수급품"이란 이 법에 따라 수급자에게 지급하거나 대여하는 금전 또는 물품을 말한다.

"보장기관"이란 이 법에 따른 급여를 실시하는 국가 또는 지방자치단체를 말한다.

"부양의무자"란 수급권자를 부양할 책임이 있는 사람으로서 수급권자의 1촌의 직계혈족 및 그 배우자를 말한다. 다만, 사망한 1촌의 직계혈족의 배우자는 제외한다.

"최저보장수준"이란 국민의 소득 · 지출 수준과 수급권자의 가구 유형 등 생활실태, 물가상승률 등을 고려하여 급여의 종류별로 공표하는 금액이나 보장수준을 말한다.

"최저생계비"란 국민이 건강하고 문화적인 생활을 유지하기 위하여 필요한 최소한의 비용으로서 보건복지부장관이 계측하는 금액을 말한다.
"개별가구"란 이 법에 따른 급여를 받거나 이 법에 따른 자격요건에 부합하는지에 관한 조사를 받는 기본단위로서 수급자 또는 수급권자로 구성된 가구를 말한다.
"소득인정액"이란 보장기관이 급여의 결정 및 실시 등에 사용하기 위하여 산출한 개별가구의 소득평가액과 재산의 소득환산액을 합산한 금액을 말한다.
"차상위계층"이란 수급권자에 해당하지 아니하는 계층으로서 소득인정액이 대통령령으로 정하는 기준 이하인 계층(소득인정액이 기준 중위소득의 100분의 50 이하)을 말한다.
"기준 중위소득"이란 보건복지부장관이 급여의 기준 등에 활용하기 위하여 중앙생활보장위원회의 심의 · 의결을 거쳐 고시하는 국민 가구소득의 중위값을 말한다.

2) 급여의 기본원칙

보충성의 원리

이 법에 따른 급여는 수급자가 자신의 생활의 유지 · 향상을 위하여 그의 소득, 재산, 근로능력 등을 활용하여 최대한 노력하는 것을 전제로 이를 보충 · 발전시키는 것을 기본원칙으로 한다.

부양의무자의 부양과 다른 법령에 따른 보호는 이 법에 따른 급여에 우선하여 행하여지는 것으로 한다. 다만, 다른 법령에 따른 보호의 수준이 이 법에서 정하는 수준에 이르지 아니하는 경우에는 나머지 부분에 관하여 이 법에 따른 급여를 받을 권리를 잃지 아니한다(동법 제3조).

3) 급여의 기준 등

이 법에 따른 급여는 건강하고 문화적인 최저생활을 유지할 수 있는 것이어야 한다. 이 법에 따른 급여의 기준은 수급자의 연령, 가구 규모, 거주지역, 그 밖의 생활여건 등을 고려하여 급여의 종류별로 보건복지부장관이 정하거나 급여를 지급하는 중앙행정기관의 장이 보건복지부장관과 협의하여 정한다. 보장기관은 이 법에 따른 급여를 개별가구 단위로 실시하되, 특히 필요하다고 인정하는 경우에는 개인 단위로 실시할 수 있다.

지방자치단체인 보장기관은 해당 지방자치단체의 조례로 정하는 바에 따라 이 법에 따른 급여의 범위 및 수준을 초과하여 급여를 실시할 수 있다. 이 경우 해당 보장기관은 보건복지부장관 및 소관 중앙행정기관의 장에게 알려야 한다(동법 제4조).

예) 서울특별시 저소득주민의 생활안정 지원에 관한 조례

4) 다른 법률과의 관계

주거급여 및 의료급여에 따른 급여와 관련하여 다른 법률(주거급여법 및 의료급여법)에 특별한 규정이 있는 경우를 제외하고는 이 법이 정하는 바에 따른다(동법 제4조의2).

특별법 우선적용의 원칙, 일반법: 국민기초생활 보장법 / 특별법: 주거급여법, 의료급여법

5) 외국인에 대한 특례

국민기초생활 보장법은 속인주의가 원칙, 예외적으로 속지주의 적용

국내에 체류하고 있는 외국인 중 대한민국 국민과 혼인하여 본인 또는 배우자가 임신 중이거나 대한민국 국적의 미성년 자녀를 양육하고 있거나 배우자의 대한민국 국적인 직계존속과 생계나 주거를 같이하고 있는 사람으로서 대통령령으로 정하는 사람이 이 법에 따른 급여를 받을 수 있는 자격을 가진 경우에는 수급권자가 된다(동법 제5조의2).

6) 최저보장수준의 결정 등

보건복지부장관 또는 소관 중앙행정기관의 장은 급여의 종류별 수급자 선정기준 및 최저보장수준을 결정하여야 한다. 보건복지부장관 또는 소관 중앙행정기관의 장은 매년 8월 1일까지 중앙생활보장위원회의 심의 · 의결을 거쳐 다음 연도의 급여의 종류별 수급자 선정기준 및 최저보장수준을 공표하여야 한다(동법 제6조).

7) 기준 중위소득의 산정

기준 중위소득은 통계청이 공표하는 통계자료의 가구 경상소득(근로소득, 사업소득, 재산소득, 이전소득을 합산한 소득)의 중간값에 최근 가구소득 평균 증가율, 가구규모에 따른 소득수준의 차이 등을 반영하여 가구규모별로 산정한다. 그 밖에 가구규모별 소득수준 반영 방법 등 기준 중위소득의 산정에 필요한 사항은 중앙생활보장위원회에서 정한다(동법 제6조의2).

8) 소득인정액의 산정

개별가구의 소득평가액은 개별가구의 실제소득에도 불구하고 보장기관이 급여의 결정 및 실시 등에 사용하기 위하여 산출한 금액으로 다음 각 호의 소득을 합한 개별가구의 실제소득에서 장애 · 질병 · 양육 등 가구 특성에 따른 지출요인, 근로를 유인하기 위한 요인, 그 밖에 추가적인 지출요인에 해당하는 금액을 감하여 산정한다.

1. 근로소득 2. 사업소득 3. 재산소득 4. 이전소득

재산의 소득환산액은 개별가구의 재산가액에서 기본재산액(기초생활의 유지에 필요하다고 보건복지부장관이 정하여 고시하는 재산액을 말한다) 및 부채를 공제한 금액에 소득환산율을 곱하여 산정한다. 이 경우 소득으로 환산하는 재산의 범위는 다음 각 호와 같다.

1. 일반재산(금융재산 및 자동차를 제외한 재산) 2. 금융재산 3. 자동차

(동법 제6조의3)

제2장 급여의 종류와 방법

1) 급여의 종류

이 법에 따른 급여의 종류는 다음 각 호와 같다.

1. 생계급여 2. 주거급여 3. 의료급여 4. 교육급여 5. 해산급여(解産給與) 6. 장제급여(葬祭給與) 7. 자활급여

수급권자에 대한 급여는 수급자의 필요에 따라 제1호부터 제7호까지의 급여의 전부 또는 일부를 실시하는 것으로 한다.

차상위계층에 속하는 사람(차상위자)에 대한 급여는 보장기관이 차상위자의 가구별 생활여건을 고려하여 예산의 범위에서 제1항제2호부터 제4호까지, 제6호 및 제7호에 따른 급여(생계급여와 해산급여 제외)의 전부 또는 일부를 실시할 수 있다.

급여의 특례로서, 수급권자에 해당하지 아니하여도 생활이 어려운 사람으로서 일정 기간 동안 이 법에서 정하는 급여의 전부 또는 일부가 필요하다고 보건복지부장관 또는 소관 중앙행정기관의 장이 정하는 사람은 수급권자로 본다(동법 제7조 및 제14조의2).

2) 생계급여의 내용 등

(1) 생계급여

생계급여는 수급자에게 의복, 음식물 및 연료비와 그 밖에 일상생활에 기본적으로 필요한 금품을 지급하여 그 생계를 유지하게 하는 것으로 한다. 생계급여 수급권자는 부양의무자가 없거나, 부양의무자가 있어도 부양능력이 없거나 부양을 받을 수 없는 사람으로서 그 소득인정액이 중앙생활보장위원회의 심의 · 의결을 거쳐 결정하는 금액(생계급여 선정기준) 이하인 사람으로 한다. 이 경우 생계급여 선정기준은 기준 중위소득의 100분의 30 이상으로 한다.

생계급여 최저보장수준은 생계급여와 소득인정액을 포함하여 생계급여 선정기준 이상이 되도록 하여야 한다. 다만, 보장시설에 위탁하여 생계급여를 실시하는 경우에는 보건복지부장관이 정하는 고시에 따라 그 선정기준 등을 달리 정할 수 있다(동법 제8조).

(2) 부양능력이 없거나 부양을 받을 수 없는 경우

부양의무자가 다음 각 호의 어느 하나에 해당하는 경우에는 부양능력이 없는 것으로 본다.

1. 기준 중위소득 수준을 고려하여 대통령령으로 정하는 소득 · 재산 기준 미만인 경우
2. 직계존속 또는 「장애인연금법」 제2조 제1호의 중증장애인인 직계비속을 자신의 주거에서 부양하는 경우로서 보건복지부장관이 정하여 고시하는 경우
3. 그 밖에 질병, 교육, 가구 특성 등으로 부양능력이 없다고 보건복지부장관이 정하는 경우

부양의무자가 다음 각 호의 어느 하나에 해당하는 경우에는 부양을 받을 수 없는 것으로 본다.

1. 부양의무자가 「병역법」에 따라 징집되거나 소집된 경우
2. 부양의무자가 「해외이주법」 제2조의 해외이주자에 해당하는 경우
3. 부양의무자가 「형의 집행 및 수용자의 처우에 관한 법률」 및 「치료감호법」 등에 따른 교도소, 구치소, 치료감호시설 등에 수용 중인 경우
4. 부양의무자에 대하여 실종선고 절차가 진행 중인 경우
5. 부양의무자가 제32조의 보장시설에서 급여를 받고 있는 경우
6. 부양의무자의 가출 또는 행방불명으로 경찰서 등 행정관청에 신고된 후 1개월이 지났거나 가출 또는 행방불명 사실을 특별자치시장 · 특별자치도지사 · 시장 · 군수 · 구청장(자치구의 구청장을 말한다. 이하 "시장 · 군수 · 구청장"이라 한다)이 확인한 경우
7. 부양의무자가 부양을 기피하거나 거부하는 경우
8. 그 밖에 부양을 받을 수 없는 것으로 보건복지부장관이 정하는 경우

(동법 제8조의2)

(3) 생계급여의 방법

생계급여는 금전을 지급하는 것으로 한다. 다만, 금전으로 지급할 수 없거나 금전으로 지급하는 것이 적당하지 아니하다고 인정하는 경우에는 물품을 지급할 수 있다.

수급품은 매월 정기적으로 지급하여야 한다. 다만, 특별한 사정이 있는 경우에는 그 지급방법을 다르게 정하여 지급할 수 있다.

수급품은 수급자에게 직접 지급한다. 다만, 보장시설이나 타인의 가정에 위탁하여 생계급여를 실시하는 경우에는 그 위탁받은 사람에게 이를 지급할 수 있다. 이 생계급여는 보건복지부장관이 정하는 바에 따라 수급자의 소득인정액 등을 고려하여 차등지급할 수 있다.

보장기관은 근로능력이 있는 수급자에게 자활에 필요한 사업에 참가할 것을 조건으로 하여 생계급여를 실시할 수 있다. 이 경우 보장기관은 자활지원계획을 고려하여 조건을 제시하여야 한다(동법 제9조).

(4) 생계급여를 실시할 장소

생계급여는 수급자의 주거에서 실시한다. 다만, 수급자가 주거가 없거나 주거가 있어도 그곳에서는 급여의 목적을 달성할 수 없는 경우 또는 수급자가 희망하는 경우에는 수급자를 보장시설이나 타인의 가정에 위탁하여 급여를 실시할 수 있다.

수급자에 대한 생계급여를 타인의 가정에 위탁하여 실시하는 경우에는 거실의 임차료와 그 밖에 거실의 유지에 필요한 비용은 수급품에 가산하여 지급한다. 이 경우 주거급여가 실시된 것으로 본다(동법 제10조).

3) 주거급여

주거급여는 수급자에게 주거 안정에 필요한 임차료, 수선유지비, 그 밖의 수급품을 지급하는 것으로 한다. 주거급여에 관하여 필요한 사항은 따로 법률(「주거급여법」)에서 정한다(동법 제11조).

> **주거급여법 제5조**(수급권자의 범위) ① 수급권자는 소득인정액이 「국민기초생활 보장법」 제20조제2항에 따른 중앙생활보장위원회의 심의 · 의결을 거쳐 결정하는 금액(이하 이 항에서 "주거급여 선정기준"이라 한다) 이하인 사람으로 한다. 이 경우 주거급여 선정기준은 기준 중위소득의 100분의 43 이상으로 한다.
> 2018년 1월 "수급권자는 부양의무자가 없거나 부양의무자가 있어도 부양능력이 없거나 부양을 받을 수 없는 사람"이라는 부양의무자 관련 수급자격요건은 2018년 법 개정으로 삭제되었다.

4) 교육급여

교육급여는 수급자에게 입학금, 수업료, 학용품비, 그 밖의 수급품을 지급하는 것으로 하되, 학교의 종류 · 범위 등에 관하여 필요한 사항은 대통령령으로 정한다. 교육급여는 교육부장관의 소관으로 한다.

교육급여 수급권자는 부양의무자가 없거나, 부양의무자가 있어도 부양능력이 없거나 부양을 받을 수 없는 사람으로서 그 소득인정액이 중앙생활보장위원회의 심의 · 의결을 거쳐 결정하는 금액(교육급여 선정기준) 이하인 사람으로 한다. 이 경우 교육급여 선정기준은 기준 중위소득의 100분의 50 이상으로 한다.

교육급여 수급권자를 선정하는 경우에는 교육급여와 교육비 지원과의 연계 · 통합을 위하여 소득인정액이 교육급여 선정기준 이하인 사람을 수급권자로 본다(동법 제12조부터 제12조의2).

5) 의료급여

의료급여는 수급자에게 건강한 생활을 유지하는 데 필요한 각종 검사 및 치료 등을 지급하는 것으로 한다. 의료급여 수급권자는 부양의무자가 없거나, 부양의무자가 있어도 부양능력이 없거나 부양을 받을 수 없는 사람으로서 그 소득인정액이 중앙생활보장위원회의 심의 · 의결을 거쳐 결정하는 금액(이하 "의료급여 선정기준"이라 한다) 이하인 사람으로 한다. 이 경우 의료급여 선정기준은 기준 중위소득의 100분의 40 이상으로 한다. 의료급여에 필요한 사항은 따로 법률(의료급여법)에서 정한다(동법 제12조의3).

6) 해산급여

해산급여는 생계급여 · 주거급여 · 의료급여 중 하나 이상의 급여를 받는 수급자에게 다음 각 호의 급여를 실시하는 것으로 한다.

1. 조산(助産) 2. 분만 전과 분만 후에 필요한 조치와 보호

해산급여는 보장기관이 지정하는 의료기관에 위탁하여 실시할 수 있다. 해산급여에 필요한 수급품은 수급자나 그 세대주 또는 세대주에 준하는 사람에게 지급한다. 다만, 그 급여를 의료기관에 위탁하는 경우에는 수급품을 그 의료기관에 지급할 수 있다(동법 제13조).

7) 장제급여

장제급여는 생계급여 · 주거급여 · 의료급여 중 하나 이상의 급여를 받는 수급자가 사망한 경우 사체의 검안(檢案) · 운반 · 화장 또는 매장, 그 밖의 장제조치를 하는 것으로 한다. 장제급여는 실제로 장제를 실시하는 사람에게 장제에 필요한 비용을 지급하는 것으로 한다. 다만, 그 비용을 지급할 수 없거나 비용을 지급하는 것이 적당하지 아니하다고 인정하는 경우에는 물품을 지급할 수 있다(동법 제14조).

8) 자활급여

자활급여는 수급자의 자활을 돕기 위하여 다음 각 호의 급여를 실시하는 것으로 한다.

1. 자활에 필요한 금품의 지급 또는 대여
2. 자활에 필요한 근로능력의 향상 및 기능습득의 지원 3. 취업알선 등 정보의 제공
4. 자활을 위한 근로기회의 제공 5. 자활에 필요한 시설 및 장비의 대여
6. 창업교육, 기능훈련 및 기술 · 경영 지도 등 창업지원 7. 자활에 필요한 자산형성 지원
8. 그 밖에 대통령령으로 정하는 자활을 위한 각종 지원

(동법 제15조)

제3장 자활 지원

1) 중앙자활센터, 광역자활센터 및 지역자활센터

수급자 및 차상위자의 자활촉진에 필요한 다음 각 호의 사업을 수행하기 위하여 중앙자활센터를 둘 수 있다.

1. 자활 지원을 위한 조사 · 연구 · 교육 및 홍보 사업
2. 자활 지원을 위한 사업의 개발 및 평가
3. 광역자활센터, 지역자활센터 및 자활기업의 기술 · 경영 지도 및 평가
4. 자활 관련 기관 간의 협력체계 및 정보네트워크 구축 · 운영
5. 취업 · 창업을 위한 자활촉진 프로그램 개발 및 지원
6. 고용지원서비스 및 사회복지서비스의 대상자 관리
7. 그 밖에 자활촉진에 필요한 사업으로서 보건복지부장관이 정하는 사업

보장기관은 수급자 및 차상위자의 자활촉진에 필요한 다음 각 호의 사업을 수행하게 하기 위하여 사회복지법인, 사회적협동조합 등 비영리법인과 단체를 법인 등의 신청을 받아 특별시 · 광역시 · 특별자치시 · 도 · 특별자치도 단위의 광역자활센터로 지정할 수 있다.

1. 시 · 도 단위의 자활기업 창업지원
2. 시 · 도 단위의 수급자 및 차상위자에 대한 취업 · 창업 지원 및 알선
3. 지역자활센터 종사자 및 참여자에 대한 교육훈련 및 지원
4. 지역특화형 자활프로그램 개발 · 보급 및 사업개발 지원
5. 지역자활센터 및 제18조에 따른 자활기업에 대한 기술 · 경영 지도
6. 그 밖에 자활촉진에 필요한 사업으로서 보건복지부장관이 정하는 사업

보장기관은 수급자 및 차상위자의 자활 촉진에 필요한 다음 각 호의 사업을 수행하게 하기 위하여 사회복지법인, 사회적협동조합 등 비영리법인과 단체를 법인 등의 신청을 받아 지역자활센터로 지정할 수 있다(동법 제15조의2부터 제16조).

1. 자활의욕 고취를 위한 교육
2. 자활을 위한 정보제공, 상담, 직업교육 및 취업알선
3. 생업을 위한 자금융자 알선
4. 자영창업 지원 및 기술 · 경영 지도
5. 자활기업의 설립 · 운영 지원
6. 그 밖에 자활을 위한 각종 사업

2) 자활기관협의체 및 자활기업

시장 · 군수 · 구청장은 자활지원사업의 효율적인 추진을 위하여 지역자활센터, 직업안정기관, 사회복지시설의 장 등과 상시적인 협의체계(이하 "자활기관협의체")를 구축하여야 한다.

수급자 및 차상위자는 상호 협력하여 자활기업을 설립 · 운영할 수 있다. 자활기업은 조합 또는 「부가가치세법」상의 사업자로 한다(동법 제17조 및 제18조).

3) 고용촉진

보장기관은 수급자 및 차상위자의 고용을 촉진하기 위하여 상시근로자의 일정비율 이

상을 수급자 및 차상위자로 채용하는 기업에 대하여는 자활기업에 준하는 지원을 할 수 있다. 지원을 받을 수 있는 기업은 상시근로자의 100분의 20 이상을 수급자 또는 차상위자로 채용하는 기업으로 한다. 기업에 대한 지원기간은 5년의 범위에서 보장기관이 정한다. 시장 · 군수 · 구청장은 수급자 및 차상위자에게 가구별 특성을 감안하여 관련 기관의 고용지원서비스를 연계할 수 있으며, 수급자 및 차상위자의 취업활동으로 인하여 지원이 필요하게 된 해당 가구의 아동 · 노인 등에게 사회복지서비스를 지원할 수 있다(동법 제18조의2 및 시행령 제26조).

4) 자활기금의 적립

보장기관은 이 법에 따른 자활지원사업의 원활한 추진을 위하여 일정한 금액과 연한을 정하여 자활기금을 적립할 수 있다(동법 제18조의3).

5) 자산형성지원

보장기관은 수급자 및 차상위자가 자활에 필요한 자산을 형성할 수 있도록 재정적인 지원을 할 수 있다. 보장기관은 수급자 및 차상위자가 자활에 필요한 자산을 형성하는 데 필요한 교육을 실시할 수 있다. 지원으로 형성된 자산은수급자의 재산의 소득환산액 산정 시 이를 포함하지 아니한다(동법 제18조의4).

제4장 보장기관

1) 보장기관

이 법에 따른 급여는 수급권자 또는 수급자의 거주지를 관할하는 시 · 도지사와 시장 · 군수 · 구청장이, 교육급여인 경우에는 시 · 도교육감이 실시한다. 다만, 주거가 일정하지 아니한 경우에는 수급권자 또는 수급자가 실제 거주하는 지역을 관할하는 시장 · 군수 · 구청장이 실시한다. 보건복지부장관, 소관 중앙행정기관의 장과 시 · 도지사는 수급자를 각각 국가나 해당 지방자치단체가 경영하는 보장시설에 입소하게 하거나 다른 보장시설에 위탁하여 급여를 실시할 수 있다. 보장기관은 수급권자 · 수급자 · 차상위계층에 대한 조사와 수급자 결정 및 급여의 실시 등 이 법에 따른 보장업무를 수행하게 하기 위하여 사회복지 전담공무원을 배치하여야 한다. 이 경우 자활급여 업무를 수행하는 사회복지 전담공무원은 따로 배치하여야 한다(동법 제19조).

2) 생활보장위원회

생활보장위원회 = 의결기관

이 법에 따른 생활보장사업의 기획 · 조사 · 실시 등에 관한 사항을 심의 · 의결하기 위하여 보건복지부와 시 · 도 및 시 · 군 · 구에 각각 생활보장위원회를 둔다. 다만, 시 · 도 및 시 · 군 · 구에 두는 생활보장위원회는 그 기능을 담당하기에 적합한 다른 위원회가 있고 그 위원회의 위원이 제4항에 규정된 자격을 갖춘 경우에는 시 · 도 또는 시 · 군 · 구의 조례로 정하는 바에 따라 그 위원회가 생활보장위원회의 기능을 대신할 수 있다.

보건복지부에 두는 중앙생활보장위원회는 다음 각 호의 사항을 심의 · 의결한다.

1. 기초생활보장 종합계획의 수립
2. 소득인정액 산정방식과 기준 중위소득의 결정
3. 급여의 종류별 수급자 선정기준과 최저보장수준의 결정
4. 급여기준의 적정성 등 평가 및 실태조사에 관한 사항
5. 급여의 종류별 누락 · 중복, 차상위계층의 지원사업 등에 대한 조정
6. 자활기금의 적립 · 관리 및 사용에 관한 지침의 수립
7. 그 밖에 위원장이 회의에 부치는 사항

중앙생활보장위원회는 위원장을 포함하여 16명 이내의 위원으로 구성하고 위원은 보건복지부장관이 다음 각 호의 어느 하나에 해당하는 사람 중에서 위촉 · 지명하며 위원장은 보건복지부장관으로 한다.

1. 공공부조 또는 사회복지와 관련된 학문을 전공한 전문가로서 대학의 조교수 이상인 사람 또는 연구기관의 연구원으로 재직 중인 사람 5명 이내
2. 공익을 대표하는 사람 5명 이내
3. 관계 행정기관 소속 3급 이상 공무원 또는 고위공무원단에 속하는 일반직공무원 5명 이내

시 · 도 및 시 · 군 · 구 생활보장위원회의 위원은 시 · 도지사 또는 시장 · 군수 · 구청장이 다음 각 호의 어느 하나에 해당하는 사람 중에서 위촉 · 지명하며 위원장은 해당 시 · 도지사 또는 시장 · 군수 · 구청장으로 한다.

1. 사회보장에 관한 학식과 경험이 있는 사람
2. 공익을 대표하는 사람
3. 관계 행정기관 소속 공무원

(동법 제20조)

3) 기초생활보장 계획의 수립 및 평가

소관 중앙행정기관의 장은 수급자의 최저생활을 보장하기 위하여 3년마다 소관별로 기초생활보장 기본계획을 수립하여 보건복지부장관에게 제출하여야 한다. 보건복지부장관은 기초생활보장 기본계획 및 평가결과를 종합하여 기초생활보장 종합계획을 수립하여 중앙생활보장위원회의 심의를 받아야 한다.

보건복지부장관은 수급권자, 수급자 및 차상위계층 등의 규모 · 생활실태 파악, 최저생계비 계측 등을 위하여 3년마다 실태조사를 실시 · 공표하여야 한다(동법 제20조의2).

제5장 급여의 실시

1) 급여의 신청

수급권자와 그 친족, 그 밖의 관계인은 관할 시장 · 군수 · 구청장에게 수급권자에 대한 급여를 신청할 수 있다. 차상위자가 급여를 신청하려는 경우에도 같다. 사회복지 전담공무원은 이 법에 따른 급여를 필요로 하는 사람이 누락되지 아니하도록 하기 위하여 관할 지역에 거주하는 수급권자에 대한 급여를 직권으로 신청할 수 있다. 이 경우 수급권자의 동의를 구하여야 하며 수급권자의 동의는 수급권자의 신청으로 볼 수 있다.

급여신청을 할 때나 사회복지 전담공무원이 급여신청을 하는 것에 수급권자가 동의하였을 때에는 수급권자와 부양의무자는 금융정보, 신용정보, 보험정보의 자료 또는 정보의 제공에 대하여 동의한다는 서면을 제출하여야 한다.

수급권자 등이 급여를 신청할 경우 사회복지 전담공무원은 신청한 사람이 급여에 관한 정보의 부족 등으로 불리한 입장에 놓이지 아니하도록 수급권자의 선정기준, 급여의 내용 및 신청방법 등을 알기 쉽게 설명하여야 한다. 시장 · 군수 · 구청장은 신청자에게 급여 신청의 철회나 포기를 유도하는 행위를 하여서는 아니 된다(동법 제21조).

2) 신청에 의한 조사 및 확인조사

시장 · 군수 · 구청장은 급여신청이 있는 경우에는 사회복지 전담공무원으로 하여금 급여의 결정 및 실시 등에 필요한 다음 각 호의 사항을 조사하게 하거나 수급권자에게 보장기관이 지정하는 의료기관에서 검진을 받게 할 수 있다.

1. 부양의무자의 유무 및 부양능력 등 부양의무자와 관련된 사항
2. 수급권자 및 부양의무자의 소득 · 재산에 관한 사항
3. 수급권자의 근로능력, 취업상태, 자활욕구 등 자활지원계획 수립에 필요한 사항
4. 그 밖에 수급권자의 건강상태, 가구 특성 등 생활실태에 관한 사항

보장기관은 수급권자 또는 부양의무자가 조사 또는 자료제출 요구를 2회 이상 거부 · 방해 또는 기피하거나 검진 지시에 따르지 아니하면 급여신청을 각하(却下)할 수 있다.

시장 · 군수 · 구청장은 수급자 및 수급자에 대한 급여의 적정성을 확인하기 위하여 매년 연간조사계획을 수립하고 관할구역의 수급자를 대상으로 신청에 의한 조사 사항을 매년 1회 이상 정기적으로 조사하여야 하며, 특히 필요하다고 인정하는 경우에는 보장기관이 지정하는 의료기관에서 검진을 받게 할 수 있다(동법 제22조 및 제23조).

3) 차상위계층에 대한 조사

시장 · 군수 · 구청장은 급여의 종류별 수급자 선정기준의 변경 등에 의하여 수급권자의 범위가 변동함에 따라 다음 연도에 이 법에 따른 급여가 필요할 것으로 예측되는 수급권자의 규모를 조사하기 위하여 차상위계층에 대하여 조사할 수 있다. 시장 · 군수 · 구청장은 조사를 하려는 경우 조사대상자의 동의를 받아야 한다. 이 경우 조사대상자의 동의는 다음 연도의 급여신청으로 본다(동법 제24조).

4) 급여의 결정 등

시장 · 군수 · 구청장은 조사를 하였을 때에는 지체 없이 급여 실시 여부와 급여의 내용을 결정하여야 한다. 차상위계층을 조사한 시장 · 군수 · 구청장은 급여개시일이 속하는 달에 급여 실시 여부와 급여 내용을 결정하여야 한다. 시장 · 군수 · 구청장은 급여 실시 여부와 급여 내용을 결정하였을 때에는 그 결정의 요지, 급여의 종류 · 방법 및 급여의 개시 시기 등을 서면으로 수급권자 또는 신청인에게 통지하여야 한다(동법 제26조).

5) 급여의 실시 및 지급방법

급여 실시 및 급여 내용이 결정된 수급자에 대한 급여는 급여의 신청일부터 시작한다. 다만, 보건복지부장관 또는 소관중앙행정기관의 장이 매년 결정 · 공표하는 급여의 종류

별 수급자 선정기준의 변경으로 인하여 매년 1월에 새로 수급자로 결정되는 사람에 대한 급여는 해당 연도의 1월 1일을 그 급여개시일로 한다.

시장 · 군수 · 구청장은 급여 실시 여부의 결정을 하기 전이라도 수급권자에게 급여를 실시하여야 할 긴급한 필요가 있다고 인정할 때에는 급여의 일부를 실시할 수 있다.

보장기관이 급여를 금전으로 지급할 때에는 수급자의 신청에 따라 수급자 명의의 지정된 계좌(이하 "급여수급계좌")로 입금하여야 한다. 급여수급계좌의 해당 금융기관은 이 법에 따른 급여만이 급여수급계좌에 입금되도록 관리하여야 한다(동법 제27조 및 제27조의2).

6) 자활지원계획의 수립

시장 · 군수 · 구청장은 수급자의 자활을 체계적으로 지원하기 위하여 조사 결과를 고려하여 수급자 가구별로 자활지원계획을 수립하고 그에 따라 이 법에 따른 급여를 실시하여야 한다. 보장기관은 수급자의 자활을 위하여 필요한 경우에는 「사회복지사업법」 등 다른 법률에 따라 보장기관이 제공할 수 있는 급여가 있거나 민간기관 등이 후원을 제공하는 경우 자활지원계획에 따라 급여를 지급하거나 후원을 연계할 수 있다. 시장 · 군수 · 구청장은 수급자의 자활여건 변화와 급여 실시 결과를 정기적으로 평가하고 필요한 경우 자활지원계획을 변경할 수 있다(동법 제28조).

7) 급여의 변경

보장기관은 수급자의 소득 · 재산 · 근로능력 등이 변동된 경우에는 직권으로 또는 수급자나 그 친족, 그 밖의 관계인의 신청에 의하여 그에 대한 급여의 종류 · 방법 등을 변경할 수 있다. 급여의 변경은 서면으로 그 이유를 구체적으로 밝혀 수급자에게 통지하여야 한다(동법 제29조).

8) 급여의 중지 등

보장기관은 수급자가 다음 각 호의 어느 하나에 해당하는 경우에는 급여의 전부 또는 일부를 중지하여야 한다.

1. 수급자에 대한 급여의 전부 또는 일부가 필요 없게 된 경우
2. 수급자가 급여의 전부 또는 일부를 거부한 경우

근로능력이 있는 수급자가 자활에 필요한 사업에 참가해야 하는 조건을 이행하지 아니

하는 경우 조건을 이행할 때까지 근로능력이 있는 수급자 본인의 생계급여의 전부 또는 일부를 지급하지 아니할 수 있다(동법 제30조).

9) 청문

보장기관은 지역자활센터의 지정을 취소하려는 경우와 급여의 결정을 취소하려는 경우에는 청문을 하여야 한다(동법 제31조).

제6장 보장시설

1) 보장시설

이 법에서 "보장시설"이란 급여를 실시하는 「사회복지사업법」에 따른 사회복지시설로서 다음 각 호의 시설 중 보건복지부령으로 정하는 시설을 말한다(동법 제32조).

1. 장애인 거주시설 2. 노인주거복지시설 및 노인의료복지시설
3. 아동복지시설 및 통합 시설 4. 정신요양시설 및 정신재활시설
5. 노숙인재활시설 및 노숙인요양시설 6. 가정폭력피해자 보호시설
7. 성매매피해자 등을 위한 지원시설 8. 성폭력피해자보호시설
9. 한부모가족복지시설 10. 결핵 및 한센병요양시설
11. 그 밖에 보건복지부령으로 정하는 시설

2) 보장시설의 장의 의무

보장시설의 장은 보장기관으로부터 수급자에 대한 급여를 위탁받은 경우에는 정당한 사유 없이 이를 거부하여서는 아니 된다. 보장시설의 장은 위탁받은 수급자에게 보건복지부장관 및 소관 중앙행정기관의 장이 정하는 최저기준 이상의 급여를 실시하여야 한다.

보장시설의 장은 위탁받은 수급자에게 급여를 실시할 때 성별 · 신앙 또는 사회적 신분 등을 이유로 차별대우를 하여서는 아니 된다. 보장시설의 장은 위탁받은 수급자에게 급여를 실시할 때 수급자의 자유로운 생활을 보장하여야 한다.

보장시설의 장은 위탁받은 수급자에게 종교상의 행위를 강제하여서는 아니 된다(동법 제33조).

제7장 수급자의 권리와 의무

1) 급여 변경·압류·양도의 금지

수급자에 대한 급여는 정당한 사유 없이 수급자에게 불리하게 변경할 수 없다.

수급자에게 지급된 수급품과 이를 받을 권리는 압류할 수 없다.

지정된 급여수급계좌의 예금에 관한 채권은 압류할 수 없다.

수급자는 급여를 받을 권리를 타인에게 양도할 수 없다(동법 제34조부터 제36조).

2) 신고의 의무

수급자는 거주지역, 세대의 구성 또는 임대차 계약내용이 변동되거나 부양의무자의 유무 및 부양능력, 수급권자 및 부양의무자의 소득 · 재산, 수급권자의 근로능력, 취업상태, 자활욕구, 그 밖에 수급권자의 건강상태, 가구 특성 등의 사항이 현저하게 변동되었을 때에는 지체 없이 관할 보장기관에 신고하여야 한다(동법 제37조).

제8장 이의신청

1) 시·도지사 및 보건복지부장관에 대한 이의신청

수급자나 급여 또는 급여 변경을 신청한 사람은 시장 · 군수 · 구청장(교육급여인 경우에는 시 · 도교육감)의 처분에 대하여 이의가 있는 경우에는 그 결정의 통지를 받은 날부터 90일 이내에 해당 보장기관을 거쳐 시 · 도지사(특별자치시장 · 특별자치도지사 및 시 · 도교육감의 처분에 이의가 있는 경우에는 해당 특별자치시장 · 특별자치도지사 및 시 · 도교육감)에게 서면 또는 구두로 이의를 신청할 수 있다. 이 경우 구두로 이의신청을 접수한 보장기관의 공무원은 이의신청서를 작성할 수 있도록 협조하여야 한다. 이의신청을 받은 시장 · 군수 · 구청장은 10일 이내에 의견서와 관계 서류를 첨부하여 시 · 도지사에게 보내야 한다.

시 · 도지사가 시장 · 군수 · 구청장으로부터 이의신청서를 받았을 때(특별자치시장 · 특별자치도지사 및 시 · 도교육감의 경우에는 직접 이의신청을 받았을 때)에는 30일 이내에 필요한 심사를 하고 이의신청을 각하 또는 기각하거나 해당 처분을 변경 또는 취소하거나 그 밖에 필요한 급여를 명하여야 한다. 시 · 도지사는 처분 등을 하였을 때에는 지체 없이 신청인과 해당 시장 · 군수 · 구청장에게 각각 서면으로 통지하여야 한다.

시 · 도지사 처분 등에 대하여 이의가 있는 사람은 그 처분 등의 통지를 받은 날부터 90일 이내에 시 · 도지사를 거쳐 보건복지부장관(주거급여 또는 교육급여인 경우에는 소관 중앙행정기관의 장을 말하며, 보건복지부장관에게 한 이의신청은 소관 중앙행정기관의 장에게 한 것으로 본다)에게 서면 또는 구두로 이의를 신청할 수 있다. 이 경우 구두로 이의신청을 접수한 보장기관의 공무원은 이의신청서를 작성할 수 있도록 협조하여야 한다.

시 · 도지사는 이의신청을 받으면 10일 이내에 의견서와 관계 서류를 첨부하여 보건복지부장관 또는 소관 중앙행정기관의 장(주거급여 또는 교육급여인 경우에 한정)에게 보내야 한다.

보건복지부장관 또는 소관 중앙행정기관의 장은 이의신청서를 받았을 때에는 30일 이내에 필요한 심사를 하고 이의신청을 각하 또는 기각하거나 해당 처분의 변경 또는 취소의 결정을 하여야 한다.

보건복지부장관 또는 소관 중앙행정기관의 장은 결정을 하였을 때에는 지체 없이 시 · 도지사 및 신청인에게 각각 서면으로 결정 내용을 통지하여야 한다. 이 경우 소관 중앙행정기관의 장이 결정 내용을 통지하는 때에는 그 사실을 보건복지부장관에게 알려야 한다.

제9장 보장비용

1) 보장비용

이 법에서 "보장비용"이란 다음 각 호의 비용을 말한다(동법 제42조).

1. 보장업무에 드는 인건비와 사무비 2. 생활보장위원회의 운영에 드는 비용
3. 급여 실시 비용 4. 그 밖에 이 법에 따른 보장업무에 드는 비용

2) 보장비용의 부담 구분

보장비용의 부담은 다음 각 호의 구분에 따른다.

1. 국가 또는 시 · 도가 직접 수행하는 보장업무에 드는 비용은 국가 또는 해당 시 · 도가 부담한다.
2. 수급자를 각각 국가나 해당 지방자치단체가 경영하는 보장시설에 입소하게 하거나 다른 보장시설에 위탁하여 급여를 실시하는 데 드는 비용은 국가 또는 해당 시 · 도가 부담한다.
3. 시 · 군 · 구가 수행하는 보장업무에 드는 비용 중 보장업무에 드는 인건비와 사무비 및 생활보장위원회의 운영에 드는 비용은 해당 시 · 군 · 구가 부담한다.
4. 시 · 군 · 구가 수행하는 보장업무에 드는 비용 중 급여 실시 비용과 그 밖에 이 법에 따른 보장업무에 드는 비용(시 · 군 · 구 보장비용)은 시 · 군 · 구의 재정여건, 사

회보장비 지출 등을 고려하여 국가, 시ㆍ도 및 시ㆍ군ㆍ구가 다음 각 목에 따라 차등하여 분담한다.

가. 국가는 시ㆍ군ㆍ구 보장비용의 총액 중 100분의 40 이상 100분의 90 이하를 부담한다.

나. 시ㆍ도는 시ㆍ군ㆍ구 보장비용의 총액에서 가목의 국가부담분을 뺀 금액 중 100분의 30 이상 100분의 70 이하를 부담하고, 시ㆍ군ㆍ구는 시ㆍ군ㆍ구 보장비용의 총액 중에서 국가와 시ㆍ도가 부담하는 금액을 뺀 금액을 부담한다. 다만, 특별자치시ㆍ특별자치도는 시ㆍ군ㆍ구 보장비용의 총액 중에서 국가가 부담하는 금액을 뺀 금액을 부담한다.

국가는 매년 이 법에 따른 보장비용 중 국가부담 예정 합계액을 각각 보조금으로 지급하고, 그 과부족 금액은 정산하여 추가로 지급하거나 반납하게 한다.

시ㆍ도는 매년 시ㆍ군ㆍ구에 대하여 국가의 보조금에, 시ㆍ도의 부담예정액을 합하여 보조금으로 지급하고 그 과부족 금액은 정산하여 추가로 지급하거나 반납하게 한다.

지방자치단체의 조례에 따라 이 법에 따른 급여 범위 및 수준을 초과하여 급여를 실시하는 경우 그 초과 보장비용은 해당 지방자치단체가 부담한다(동법 제43조).

3) 교육급여 보장비용 부담의 특례

시ㆍ도교육감이 수행하는 보장업무에 드는 교육급여 비용은 다음 각 호에 따라 차등하여 분담한다.

1. 소득인정액이 기준 중위소득의 100분의 40 이상인 수급자에 대한 입학금 및 수업료의 지원은 「초ㆍ중등교육법」의 교육비지원규정에 따른다.
2. 소득인정액이 기준 중위소득의 100분의 40 이상인 수급자에 대한 학용품비와 그 밖의 수급품은 국가, 시ㆍ도, 시ㆍ군ㆍ구가 부담하며, 구체적인 부담비율에 관한 사항은 시ㆍ군ㆍ구 보장비용의 부담구분에 따른다.
3. 소득인정액이 기준 중위소득의 100분의 40 미만인 수급자에 대한 보장비용은 국가, 시ㆍ도, 시ㆍ군ㆍ구가 시ㆍ군ㆍ구 보장비용의 부담구분에 따라 부담하되, 교육급여의 적용특례에 따라 추가적으로 적용되는 기준에 따른 수급자에 대한 입학금 및 수업료의 지원은 「초ㆍ중등교육법」의 교육비지원규정에 따른다.

(동법 제43조의2)

4) 유류금품의 처분

장제급여를 실시하는 경우에 사망자에게 부양의무자가 없을 때에는 시장 · 군수 · 구청장은 사망자가 유류(遺留)한 금전 또는 유가증권으로 그 비용에 충당하고, 그 부족액은 유류물품의 매각대금으로 충당할 수 있다(동법 제45조).

5) 비용의 징수

수급자에게 부양능력을 가진 부양의무자가 있음이 확인된 경우에는 보장비용을 지급한 보장기관은 생활보장위원회의 심의 · 의결을 거쳐 그 비용의 전부 또는 일부를 그 부양의무자로부터 부양의무의 범위에서 징수할 수 있다.

속임수나 그 밖의 부정한 방법으로 급여를 받거나 타인으로 하여금 급여를 받게 한 경우에는 보장비용을 지급한 보장기관은 그 비용의 전부 또는 일부를 그 급여를 받은 사람 또는 급여를 받게 한 자(부정수급자)로부터 징수할 수 있다.

징수할 금액은 각각 부양의무자 또는 부정수급자에게 통지하여 징수하고, 부양의무자 또는 부정수급자가 이에 응하지 아니하는 경우 국세 또는 지방세 체납처분의 예에 따라 징수한다(동법 제46조).

6) 반환명령

보장기관은 급여의 변경 또는 급여의 정지 · 중지에 따라 수급자에게 이미 지급한 수급품 중 과잉지급분이 발생한 경우에는 즉시 수급자에 대하여 그 전부 또는 일부의 반환을 명하여야 한다. 다만, 이미 이를 소비하였거나 그 밖에 수급자에게 부득이한 사유가 있을 때에는 그 반환을 면제할 수 있다. 시장 · 군수 · 구청장이 긴급급여를 실시하였으나 조사결과에 따라 급여를 실시하지 아니하기로 결정한 경우 급여비용의 반환을 명할 수 있다(동법 제47조).

제10장 벌칙 및 양벌규정

1) 벌칙

금융정보 등을 사용 · 제공 또는 누설한 자는 5년 이하의 징역 또는 5천만원 이하의 벌금에 처한다.

기초생활보장업무수행과정에서 얻은 정보와 자료를 이 법에서 정한 보장목적 외에 다른 용도로 사용하거나 다른 사람 또는 기관에 제공한 보장기관의 공무원 또는 공무원이었던 자는 3년 이하의 징역 또는 3천만원 이하의 벌금에 처한다.

속임수나 그 밖의 부정한 방법으로 급여를 받거나 타인으로 하여금 급여를 받게 한 자는 1년 이하의 징역, 1천만원 이하의 벌금, 구류 또는 과료에 처한다.

수급자의 급여 위탁을 정당한 사유 없이 거부한 자나 종교상의 행위를 강제한 자는 300만원 이하의 벌금, 구류 또는 과료에 처한다(동법 제48조부터 제50조).

2) 양벌규정

법인의 대표자나 법인 또는 개인의 대리인, 사용인, 그 밖의 종업원이 그 법인 또는 개인의 업무에 관하여 상기의 벌칙(급여위탁거부나 종교상 행위 강제한 자 제외)을 받으면 그 행위자를 벌하는 외에 그 법인 또는 개인에게도 각 해당 조문의 벌금 또는 과료의 형을 과(科)한다. 다만, 법인 또는 개인이 그 위반행위를 방지하기 위하여 해당 업무에 관하여 상당한 주의와 감독을 게을리하지 아니한 경우에는 그러하지 아니하다(동법 제51조).

Ⅱ. 의료급여법

[시행 2017. 9. 22.] [법률 제14697호, 2017. 3. 21., 일부개정]

1. 법 제정 의의 및 연혁

의료보호법(1977) → 의료급여법(2001)

「의료보호법」은 당시 의료보호제도가 「생활보호법」에 근거하여 시행하고 있으나 동법의 규정은 현재 거국적으로 추진하고 있는 의료보호제도를 뒷받침하기에는 미흡한 점이 많으므로 의료보호에 관한 규정을 「생활보호법」에서 분리하여 생활능력이 없거나 생활이 어려운 국민에 대한 의료보호의 내용 및 그 방법 등을 명확히 규정함으로써 국민보건향상과 사회복지의 증진에 효율적으로 기여하게 하기 위하여 '1977. 12. 31. 법률 제3076호'로 제정되었다.

「의료급여법」은 「의료보호법」을 대체한 법으로, 생활이 어려운 저소득 국민의 건강을 증진하기 위하여 의료급여 수급기간의 제한을 폐지하여 연중 기간제한 없이 의료급여를 받을 수 있도록 하고, 예방 · 재활 등에 대하여도 의료급여를 행하도록 하며, 수급권자의 진료편의를 도모하기 위하여 의료급여기관에 대한 업무정지 처분에 갈음하여 과징금을 부과할 수 있도록 하는 등 현행 제도의 운영상 나타난 미비점을 전반적으로 개선 · 보완하기 위하여 '2001. 5. 24. 법률 제6474호'로 제정되었다.[4)]

2. 법의 주요 내용

1) 목적 및 정의

이 법은 생활이 어려운 사람에게 의료급여를 함으로써 국민보건의 향상과 사회복지의 증진에 이바지함을 목적으로 한다. 이 법에서 사용하는 용어의 뜻은 다음과 같다.

"수급권자"란 이 법에 따라 의료급여를 받을 수 있는 자격을 가진 사람을 말한다.

"의료급여기관"이란 수급권자에 대한 진료 · 조제 또는 투약 등을 담당하는 의료기관 및 약국 등을 말한다.

"부양의무자"란 수급권자를 부양할 책임이 있는 사람으로서 수급권자의 1촌 직계혈족 및 그 배우자를 말한다.

(동법 제1조 및 제2조)

2) 수급권자 등

(1) 수급권자

이 법에 따른 수급권자는 다음 각 호와 같다(동법 제3조).

1. 「국민기초생활 보장법」에 따른 의료급여 수급자
2. 「재해구호법」에 따른 이재민으로서 보건복지부장관이 의료급여가 필요하다고 인정한 사람
3. 「의사상자 등 예우 및 지원에 관한 법률」에 따라 의료급여를 받는 사람
4. 「입양특례법」에 따라 국내에 입양된 18세 미만의 아동
5. 「독립유공자예우에 관한 법률」「국가유공자 등 예우 및 지원에 관한 법률」 및 「보훈보상대상자 지원에 관한 법률」의 적용을 받고 있는 사람과 그 가족으로서 국가보훈처장이 의료급여가 필요하다고 추천한 사람 중에서 보건복지부장관이 의료급여가 필요하다고 인정한 사람
6. 「무형문화재 보전 및 진흥에 관한 법률」에 따라 지정된 국가무형문화재의 보유자(명예보유자를 포함한다)와 그 가족으로서 문화재청장이 의료급여가 필요하다고 추천한 사람 중에서 보건복지부장관이 의료급여가 필요하다고 인정한 사람
7. 「북한이탈주민의 보호 및 정착지원에 관한 법률」의 적용을 받고 있는 사람과 그 가족으로서 보건복지부장관이 의료급여가 필요하다고 인정한 사람
8. 「5 · 18민주화운동 관련자 보상 등에 관한 법률」 제8조에 따라 보상금 등을 받은 사람과 그 가족으로서 보건복지부장관이 의료급여가 필요하다고 인정한 사람
9. 「노숙인 등의 복지 및 자립지원에 관한 법률」에 따른 노숙인 등으로서 보건복지부장관이 의료급여가 필요하다고 인정한 사람
10. 그 밖에 생활유지 능력이 없거나 생활이 어려운 사람으로서 대통령령으로 정하는 사람

(2) 난민에 대한 특례

「난민법」에 따른 난민인정자로서 「국민기초생활 보장법」에 따른 의료급여 수급권자의 범위에 해당하는 사람은 수급권자로 본다.

(3) 적용 배제

수급권자가 업무 또는 공무로 생긴 질병 · 부상 · 재해로 다른 법령에 따른 급여나 보상

또는 보상을 받게 되는 경우에는 이 법에 따른 의료급여를 하지 아니한다. 수급권자가 다른 법령에 따라 국가나 지방자치단체 등으로부터 의료급여에 상당하는 급여 또는 비용을 받게 되는 경우에는 그 한도에서 이 법에 따른 의료급여를 하지 아니한다(동법 제3조의2 및 제4조).

(4) 수급권자의 인정 절차 등

의료급여 수급권자가 되려는 사람은 특별자치시장 · 특별자치도지사 · 시장 · 군수 · 구청장에게 수급권자 인정 신청을 하여야 한다. 시장 · 군수 · 구청장은 신청인을 수급권자로 인정하는 것이 타당한지를 확인하기 위하여 필요한 경우 그 신청인에게 보험정보 · 금융정보 · 신용정보 등에 관한 자료 또는 정보의 제공에 동의한다는 서면을 제출하게 할 수 있다. 시장 · 군수 · 구청장은 수급권자의 인정 기준에 따라 수급권자를 정하여야 한다(동법 제3조의3).

3) 보장기관 및 의료급여심의위원회

(1) 보장기관

이 법에 따른 의료급여에 관한 업무는 수급권자의 거주지를 관할하는 특별시장 · 광역시장 · 도지사와 시장 · 군수 · 구청장이 한다. 주거가 일정하지 아니한 수급권자에 대한 의료급여 업무는 그가 실제 거주하는 지역을 관할하는 시장 · 군수 · 구청장이 한다(동법 제5조).

(2) 의료급여심의위원회

이 법에 따른 의료급여사업의 실시에 관한 사항을 심의하기 위하여 보건복지부, 시 · 도 및 시 · 군 · 구에 각각 의료급여심의위원회를 둔다.

보건복지부에 두는 중앙의료급여심의위원회는 다음 각 호의 사항을 심의한다(동법 제6조).

1. 의료급여사업의 기본방향 및 대책 수립에 관한 사항
2. 의료급여의 기준 및 수가에 관한 사항
3. 그 밖에 보건복지부장관 또는 위원장이 부의하는 사항

4) 급여의 내용 등

(1) 의료급여 내용

수급권자의 질병 · 부상 · 출산 등에 대한 의료급여의 내용은 다음 각 호와 같다(동법 제7조).

1. 진찰 · 검사　2. 약제(藥劑) · 치료재료의 지급　3. 처치 · 수술과 그 밖의 치료 4. 예방 · 재활　5. 입원　6. 간호　7. 이송과 그 밖의 의료목적 달성을 위한 조치

(2) 장애인 및 임산부에 대한 특례

시장 · 군수 · 구청장은 「장애인복지법」에 따라 등록한 장애인인 수급권자에게 보장구에 대하여 급여를 실시할 수 있다. 시장 · 군수 · 구청장은 임신한 수급권자가 임신기간 중 의료급여기관에서 받는 진료에 드는 비용(출산비용을 포함)에 대하여 추가급여를 실시할 수 있다(동법 제13조).

(3) 건강검진

시장 · 군수 · 구청장은 이 법에 따른 수급권자에 대하여 질병의 조기발견과 그에 따른 의료급여를 하기 위하여 건강검진을 할 수 있다(동법 제14조).

(4) 의료급여의 제한, 변경, 중지 등

시장 · 군수 · 구청장은 수급권자가 다음 각 호의 어느 하나에 해당하면 이 법에 따른 의료급여를 하지 아니한다.

1. 수급권자가 자신의 고의 또는 중대한 과실로 인한 범죄행위에 그 원인이 있거나 고의로 사고를 일으켜 의료급여가 필요하게 된 경우 2. 수급권자가 정당한 이유 없이 이 법의 규정이나 의료급여기관의 진료에 관한 지시에 따르지 아니한 경우

시장 · 군수 · 구청장은 수급권자가 다음 각 호의 어느 하나에 해당하면 의료급여를 중지하여야 한다.

1. 수급권자에 대한 의료급여가 필요 없게 된 경우 2. 수급권자가 의료급여를 거부한 경우

(동법 제16조부터 제17조)

(5) 사례관리

보건복지부장관, 특별시장 · 광역시장 · 도지사 및 시장 · 군수 · 구청장은 수급권자의 건강관리 능력 향상 및 합리적 의료이용 유도 등을 위하여 사례관리를 실시할 수 있다. 사례관리를 실시하기 위하여 특별시 · 광역시 · 특별자치시 · 도 · 특별자치도 및 시 · 군 · 구에 의료급여 관리사를 둔다(동법 제5조의2).

5) 의료급여기관 등

(1) 의료급여기관

의료급여는 다음 각 호의 의료급여기관에서 실시한다.

1. 「의료법」에 따라 개설된 의료기관
2. 「지역보건법」에 따라 설치된 보건소 · 보건의료원 및 보건지소
3. 「농어촌 등 보건의료를 위한 특별조치법」에 따라 설치된 보건진료소
4. 「약사법」에 따라 개설등록된 약국 및 한국희귀의약품센터

의료급여기관은 다음 각 호와 같이 구분한다.

1. 제1차 의료급여기관
   가. 시장 · 군수 · 구청장에게 신고한 의원 · 치과의원 · 한의원 또는 조산원
   나. 환자나 환자 보호자의 요청에 따라 진료하는 경우, 국가나 지방자치단체의 장이 공익상 필요하다고 인정하여 요청하는 경우 및 보건복지부령으로 정하는 바에 따라 가정간호를 하는 경우의 규정에 따른 의료급여기관
2. 제2차 의료급여기관: 시 · 도지사의 허가를 받은 종합병원 · 병원 · 치과병원 · 한방병원 또는 요양병원
3. 제3차 의료급여기관: 제2차 의료급여기관 중에서 보건복지부장관이 지정하는 의료기관

6) 급여비용 등

(1) 급여비용의 부담, 청구 및 지급

급여비용은 그 전부 또는 일부를 제25조에 따른 의료급여기금에서 부담하되, 의료급여기금에서 일부를 부담하는 경우 그 나머지 비용은 본인이 부담한다. 의료급여기관은 의

료급여기금에서 부담하는 급여비용의 지급을 시장 · 군수 · 구청장에게 청구할 수 있다(동법 제10조 및 제11조).

(2) 요양비

시장 · 군수 · 구청장은 수급권자가 보건복지부령으로 정하는 긴급하거나 그 밖의 부득이한 사유로 의료급여기관과 같은 기능을 수행하는 기관에서 질병 · 부상 · 출산 등에 대하여 의료급여를 받거나 의료급여기관이 아닌 장소에서 출산을 하였을 때에는 그 의료급여에 상당하는 금액을 수급권자에게 요양비로 지급한다(동법 제12조).

(3) 의료급여기관의 비용 청구에 관한 금지행위 및 급여비용 지급 보류

의료급여기관은 의료급여를 하기 전에 수급권자에게 본인부담금을 청구하거나 수급권자가 이 법에 따라 부담하여야 하는 비용과 비급여비용 외에 입원보증금 등 다른 명목의 비용을 청구하여서는 아니 된다(동법 제11조의5).

7) 수급권의 보호 및 구상권

(1) 수급권 보호 및 구상권

의료급여를 받을 권리는 양도하거나 압류할 수 없다.

시장 · 군수 · 구청장은 제3자의 행위로 인하여 수급권자에게 의료급여를 한 경우에는 그 급여비용의 범위에서 제3자에게 손해배상을 청구할 권리를 얻는다. 의료급여를 받은 사람이 제3자로부터 이미 손해배상을 받은 경우에는 시장 · 군수 · 구청장은 그 배상액의 한도에서 의료급여를 하지 아니한다(동법 제18조 및 제19조).

8) 의료급여기금

(1) 의료급여기금의 설치 및 조성

이 법에 따른 급여비용의 재원에 충당하기 위하여 시 · 도에 의료급여기금을 설치한다.

기금은 다음 각 호의 재원으로 조성한다(동법 제25조).

1. 국고보조금	2. 지방자치단체의 출연금	3. 제21조에 따라 상환받은 대지급금
4. 징수한 부당이득금	5. 징수한 과징금	6. 기금의 결산상 잉여금 및 그 밖의 수입금

9) 이의신청, 심판청구, 소멸시효 등

(1) 이의신청 및 심판청구

수급권자의 자격, 의료급여 및 급여비용에 대한 시장 · 군수 · 구청장의 처분에 이의가 있는 자는 시장 · 군수 · 구청장에게 이의신청을 할 수 있다. 급여비용심사기관의 이의신청에 대한 결정에 불복이 있는 자는 건강보험분쟁조정위원회에 심판청구를 할 수 있다(동법 제29조 및 제30조).

(2) 소멸시효

다음 각 호의 권리는 3년간 행사하지 아니하면 소멸시효가 완성된다.

1. 의료급여를 받을 권리 2. 급여비용을 받을 권리 3. 대지급금을 상환받을 권리

소멸시효는 다음 각 호의 어느 하나에 해당하는 사유로 중단된다.

1. 급여비용의 청구 2. 대지급금에 대한 납입의 고지 및 독촉

(동법 제31조)

10) 벌칙 및 양벌규정

(1) 벌칙

의료급여업무에 종사하고 있거나 종사하였던 사람이 업무를 수행하면서 취득한 금융정보등을 이 법에서 정한 목적 외의 다른 용도로 사용하거나 다른 사람 또는 기관에 제공하거나 누설 한 경우 5년 이하의 징역 또는 5천만원 이하의 벌금에 처한다.

(2) 양벌규정

법인의 대표자나 법인 또는 개인의 대리인, 사용인, 그 밖의 종업원이 그 법인 또는 개인의 업무에 관하여 벌칙 규정의 위반행위를 하면 그 행위자를 벌하는 외에 그 법인 또는 개인에게도 해당 조문의 벌금형을 과(科)한다.

Ⅲ. 긴급복지지원법

[시행 2016. 12. 2.] [법률 제14319호, 2016. 12. 2., 일부개정]

한시법(시한부 입법)(법 제정 당시, 2005) → **영속적인 법**(일부 개정, 2009)
2005년 법 제정 당시: 한시법(시한부 입법)
동법 부칙 제2항 ②(유효기간) 이 법은 시행일부터 5년간 그 효력을 가진다.
2009. 5. 28., 동법 일부개정(영속적인 법)
법률 제7739호 긴급복지지원법 부칙 제2항을 삭제한다.

1. 법 제정 의의 및 연혁

「긴급복지지원법」은 갑작스러운 위기상황으로 생계유지가 곤란한 저소득층에게 생계 · 의료 · 주거지원 등 필요한 복지서비스를 신속하게 지원하여 위기상황에서 벗어날 수 있도록 돕기 위한 공공부조법으로, 선지원-후조사 원칙, 단기지원의 원칙, 타법률지원 우선의 원칙, 현물지원 우선의 원칙, 가구단위 지원의 원칙을 토대로 운영되고 있다.

2004년 12월 생활고와 질병의 어려움으로 타인에게 도움을 요청하지 않은 채 5세 남자 아이가 사망한 채 발견된 사건이 사회적 이슈가 되어 입법 어젠다가 형성되었고, 이후 긴급상황 시 복잡한 절차 없이 신속한 지원을 실시할 수 있는 선지원제도의 입법이 이루어지게 되었다.[5)]

「긴급복지지원법」은 경제 양극화 및 이혼 증가 등 사회변화 속에서 소득상실, 질병과 같이 갑작스러운 위기상황이 발생한 경우 누구든지 손쉽게 도움을 청하고 필요한 지원을 받을 수 있는 제도를 마련하기 위하여 지역사회의 각종 복지지원을 활용하여 위기상황에 처한 자를 조기에 찾을 수 있는 체계를 갖추고 이들에게 필요한 지원을 신속하게 실시하며 기존의 공공부조제도나 사회복지서비스와 연계되도록 하기 위하여 '2005. 12. 23. 법률 제7739호'로 제정되었다.[6)]

법 제정 당시 유효기간이 5년인 한시법(시한부 입법)이었으나 2009년 법 개정으로 영속적인 법이 되었다.

2. 법의 주요 내용

이 법의 주요 내용과 관련 시행령은 다음과 같다.[7)]

1) 목적 및 정의

이 법은 생계곤란 등의 위기상황에 처하여 도움이 필요한 사람을 신속하게 지원함으로써 이들이 위기상황에서 벗어나 건강하고 인간다운 생활을 하게 함을 목적으로 한다.

이 법에서 "위기상황"이란 본인 또는 본인과 생계 및 주거를 같이하고 있는 가구구성원이 다음 각 호의 어느 하나에 해당하는 사유로 인하여 생계유지 등이 어렵게 된 것을 말한다.

1. 주소득자가 사망, 가출, 행방불명, 구금시설에 수용되는 등의 사유로 소득을 상실한 경우
2. 중한 질병 또는 부상을 당한 경우
3. 가구구성원으로부터 방임 또는 유기되거나 학대 등을 당한 경우
4. 가정폭력을 당하여 가구구성원과 함께 원만한 가정생활을 하기 곤란하거나 가구구성원으로부터 성폭력을 당한 경우
5. 화재 등으로 인하여 거주하는 주택 또는 건물에서 생활하기 곤란하게 된 경우
6. 보건복지부령으로 정하는 기준에 따라 지방자치단체의 조례로 정한 사유가 발생한 경우
7. 그 밖에 보건복지부장관이 정하여 고시하는 사유가 발생한 경우

2) 기본원칙

이 법에 따른 지원은 위기상황에 처한 사람에게 일시적으로 신속하게 지원하는 것을 기본원칙으로 한다. 「재해구호법」「국민기초생활 보장법」「의료급여법」「사회복지사업법」「가정폭력방지 및 피해자보호 등에 관한 법률」「성폭력방지 및 피해자보호 등에 관한 법률」 등 다른 법률에 따라 이 법에 따른 지원 내용과 동일한 내용의 구호 · 보호 또는 지원을 받고 있는 경우에는 이 법에 따른 지원을 하지 아니한다(동법 제3조).

3) 국가 및 지방자치단체의 책무

국가 및 지방자치단체는 위기상황에 처한 사람을 찾아내어 최대한 신속하게 필요한 지원을 하도록 노력하여야 하며, 긴급지원의 지원대상 및 소득 또는 재산 기준, 지원 종류 · 내용 · 절차와 그 밖에 필요한 사항 등 긴급지원사업에 관하여 적극적으로 안내하여야 한다(동법 제4조).

4) 긴급지원대상자 및 외국인 특례

이 법에 따른 지원대상자는 위기상황에 처한 사람으로서 이 법에 따른 지원이 긴급하게 필요한 사람으로 한다. 국내에 체류하고 있는 외국인 중 대통령령으로 정하는 사람이 제5조에 해당하는 경우에는 긴급지원대상자가 된다(동법 제5조 및 제5조의2).

5) 긴급지원기관

이 법에 따른 지원은 긴급지원대상자의 거주지를 관할하는 시장이 한다. 다만, 긴급지원대상자의 거주지가 분명하지 아니한 경우에는 지원요청 또는 신고를 받은 시장 · 군수 · 구청장이 한다. 거주지가 분명하지 아니한 사람에게 지원요청 또는 신고가 특정지역에 집중되는 경우에는 긴급지원기관을 달리 정할 수 있다. 시장 · 군수 · 구청장은 이 법에 따른 긴급지원사업을 수행할 긴급지원담당공무원을 지정하여야 한다(동법 제6조).

6) 지원요청 및 신고

긴급지원대상자와 친족, 그 밖의 관계인은 구술 또는 서면 등으로 관할 시장 · 군수 · 구청장에게 이 법에 따른 지원을 요청할 수 있다. 누구든지 긴급지원대상자를 발견한 경우에는 관할 시장 · 군수 · 구청장에게 신고하여야 한다. 다음 각 호의 어느 하나에 해당하는 사람은 진료 · 상담 등 직무수행 과정에서 긴급지원대상자가 있음을 알게 된 경우에는 관할 시장 · 군수 · 구청장에게 이를 신고하고, 긴급지원대상자가 신속하게 지원을 받을 수 있도록 노력하여야 한다.

1. 「의료법」에 따른 의료기관의 종사자
2. 「유아교육법」「초 · 중등교육법」 및 「고등교육법」에 따른 교원
3. 사회복지시설의 종사자 및 같은 법 위촉된 복지위원
4. 공무원
5. 장애인활동지원기관의 장 및 그 종사자와 같은 법 제26조에 따른 활동지원인력
6. 그 밖에 긴급지원대상자를 발견할 수 있는 자로서 보건복지부령으로 정하는 자

(동법 제7조)

7) 위기상황의 발굴

국가 및 지방자치단체는 위기상황에 처한 사람에 대한 발굴조사를 연 1회 이상 정기적으로 실시하여야 한다. 국가 및 지방자치단체는 정기 발굴조사 또는 수시 발굴조사를 위

하여 필요한 경우 관계 기관 · 법인 · 단체 등의 장에게 자료의 제출, 위기상황에 처한 사람의 거주지 등 현장조사 시 소속 직원의 동행 등 협조를 요청할 수 있다. 이 경우 관계 기관 · 법인 · 단체 등의 장은 정당한 사유가 없으면 이에 따라야 한다(동법 제7조의2).

8) 현장 확인 및 지원

시장 · 군수 · 구청장은 지원요청 또는 신고를 받거나 위기상황에 처한 사람을 찾아낸 경우에는 지체 없이 긴급지원담당공무원으로 하여금 긴급지원대상자의 거주지 등을 방문하여 위기상황을 확인하여야 한다. 시장 · 군수 · 구청장은 위기상황을 확인하기 위하여 필요한 경우에는 관할 경찰관서, 소방관서 등 관계 행정기관의 장에게 협조를 요청할 수 있다. 시장 · 군수 · 구청장은 현장 확인 결과 위기상황의 발생이 확인된 사람에 대하여는 지체 없이 지원의 종류 및 내용을 결정하여 지원을 하여야 한다(동법 제8조).

9) 금융정보 등의 제공동의서 제출

지원을 요청할 때 또는 긴급지원담당공무원이 위기상황을 확인할 때에 그 긴급지원대상자 및 가구구성원은 금융정보, 신용정보, 보험정보의 제공에 대하여 동의한다는 서면을 제출하여야 한다(동법 제8조의2).

10) 긴급지원의 종류 및 내용

이 법에 따른 지원의 종류 및 내용은 다음과 같다.

1. 금전 또는 현물 등의 직접지원
   가. 생계지원: 식료품비 · 의복비 등 생계유지에 필요한 비용 또는 현물 지원
   나. 의료지원: 각종 검사 및 치료 등 의료서비스 지원
   다. 주거지원: 임시거소 제공 또는 이에 해당하는 비용 지원
   라. 사회복지시설 이용 지원: 「사회복지사업법」에 따른 사회복지시설 입소(入所) 또는 이용 서비스 제공이나 이에 필요한 비용 지원
   마. 교육지원: 초 · 중 · 고등학생의 수업료, 입학금, 학교운영지원비 및 학용품비 등 필요한 비용 지원
   바. 그 밖의 지원: 연료비나 그 밖에 위기상황의 극복에 필요한 비용 또는 현물 지원
2. 민간기관 · 단체와의 연계 등의 지원
   가. 「대한적십자사 조직법」에 따른 대한적십자사, 「사회복지공동모금회법」에 따른 사회복지공동모금회 등의 사회복지기관 · 단체와의 연계 지원

나. 상담 · 정보제공, 그 밖의 지원

상기 제1호가목 및 다목의 지원은 「국민기초생활 보장법」에 따른 기준 중위소득의 100분의 40을 각각 한도로 한다. 시장 · 군수 · 구청장은 사회복지시설 이용 지원을 하는 경우 관할 사회복지시설의 장에게 지원을 요청할 수 있다(동법 제9조).

11) 긴급지원의 기간 등

상기의 금전 또는 현물 등의 직접지원 가운데 생계지원, 주거지원, 사회복지시설 이용 지원 및 그 밖의 지원은 1개월간의 생계유지 등에 필요한 지원으로 한다. 다만, 시장 · 군수 · 구청장이 긴급지원대상자의 위기상황이 계속된다고 판단하는 경우에는 1개월씩 두 번의 범위에서 기간을 연장할 수 있다. 의료지원은 위기상황의 원인이 되는 질병 또는 부상을 검사 · 치료하기 위한 범위에서 한 번 실시하며, 교육지원도 한 번 실시한다.

시장 · 군수 · 구청장은 위기상황이 계속되는 경우에는 긴급지원심의위원회의 심의를 거쳐 지원을 연장할 수 있다. 이 경우 생계지원, 사회복지시설이용지원 및 그 밖의 지원은 지원기간을 합하여 총 6개월을 초과하여서는 아니 되고, 주거지원은 지원기간을 합하여 총 12개월을 초과하여서는 아니 되며, 의료지원은 지원횟수를 합하여 총 두 번, 교육지원은 지원횟수를 합하여 총 네 번을 초과하여서는 아니 된다(동법 제10조).

12) 담당기구 설치 등

보건복지부장관은 위기상황에 처한 사람에게 상담 · 정보제공 및 관련 기관 · 단체 등과의 연계서비스를 제공하기 위하여 담당기구를 설치 · 운영할 수 있다. 시장 · 군수 · 구청장은 긴급지원사업을 원활하게 수행하기 위하여 지역사회복지협의체를 통하여 사회복지 · 보건의료 관련 기관 · 단체 간의 연계 · 협력을 강화하여야 한다(동법 제11조).

13) 긴급지원심의위원회

다음 각 호의 사항을 심의 · 의결하기 위하여 시 · 군 · 구에 긴급지원심의위원회를 둔다.

1. 긴급지원연장 결정 2. 긴급지원의 적정성 심사
3. 긴급지원의 중단 또는 지원비용의 환수 결정
4. 그 밖에 긴급지원심의위원회의 위원장이 회의에 부치는 사항

시 · 군 · 구 생활보장위원회가 긴급지원심의위원회의 기능을 대신할 수 있다.

14) 사후조사

시장 · 군수 · 구청장은 지원을 받았거나 받고 있는 긴급지원대상자에 대하여 소득 또는 재산 등 대통령령으로 정하는 기준에 따라 긴급지원이 적정한지를 조사하여야 한다(동법 제13조).

15) 긴급지원의 적정성 심사 및 지원중단 또는 비용환수

긴급지원심의위원회는 시장 · 군수 · 구청장이 한 사후조사 결과를 참고하여 긴급지원의 적정성을 심사한다. 시장 · 군수 · 구청장은 심사결과 긴급지원대상자에 대한 지원이 적정하지 아니한 것으로 결정된 경우에도 긴급지원담당공무원의 고의 또는 중대한 과실이 없으면 이를 이유로 긴급지원담당공무원에 대하여 불리한 처분이나 대우를 하여서는 아니 된다.

시장 · 군수 · 구청장은 심사결과 거짓이나 그 밖의 부정한 방법으로 지원을 받은 것으로 결정된 사람에게는 긴급지원심의위원회의 결정에 따라 지체 없이 지원을 중단하고 지원한 비용의 전부 또는 일부를 반환하게 하여야 한다(동법 제14조 및 제15조).

16) 이의신청

시장 · 군수 · 구청장의 지원의 종류 및 내용에 관한 결정이나 반환명령에 이의가 있는 사람은 그 처분을 고지받은 날부터 30일 이내에 해당 시장 · 군수 · 구청장을 거쳐 특별시장 · 광역시장 · 도지사 · 특별자치도지사에게 서면으로 이의신청할 수 있다(동법 제16조).

17) 예산분담

국가 및 지방자치단체는 긴급지원 업무를 수행하기 위하여 필요한 비용을 분담하여야 한다(동법 제17조).

18) 압류 등의 금지

이 법에 따라 긴급지원대상자에게 지급되는 금전 또는 현물은 압류할 수 없다. 긴급지원수급계좌의 긴급지원금과 이에 관한 채권은 압류할 수 없다. 긴급지원대상자는 이 법에 따라 지급되는 금전 또는 현물을 생계유지 등의 목적 외의 다른 용도로 사용하기 위하여 양도하거나 담보로 제공할 수 없다(동법 제18조).

19) 벌칙

직무상 얻은 정보와 자료를 이 법에서 정한 지원 목적 외에 다른 용도로 사용하거나 다른 사람 또는 기관에 제공한 긴급지원담당공무원 또는 긴급지원담당공무원이었던 사람은 3년 이하의 징역 또는 3천만원 이하의 벌금에 처한다(동법 제19조).

미주

1) 김기원(2009). 『사회복지법제론』. 서울: 나눔의집, pp. 499-562.

2) 법제처, www.moleg.go.kr

3) 김기원(2000). 『공공부조론』. 서울: 학지사.

4) 법제처, www.moleg.go.kr

5) 국가기록원, www.archives.go.kr

6) 법제처, www.moleg.go.kr

7) 상동.

제15장 사회서비스법

"사회서비스"란 국가 · 지방자치단체 및 민간부문의 도움이 필요한 모든 국민에게 복지, 보건의료, 교육, 고용, 주거, 문화, 환경 등의 분야에서 인간다운 생활을 보장하고 상담, 재활, 돌봄, 정보의 제공, 관련 시설의 이용, 역량 개발, 사회참여 지원 등을 통하여 국민의 삶의 질이 향상되도록 지원하는 제도를 말한다. 본 장에서는 다양한 사회서비스법들 가운데 주된 사회서비스법을 정리하여 소개한다.[1)]

Ⅰ. 노인복지법

[시행 2018. 6. 14.] [법률 제15442호, 2018. 3. 13., 일부개정]

1. 법 제정 의의 및 연혁

1960년대 초에 사회보장제도의 기반이 마련되어지기 시작했으나, 노인복지분야에서는 거의 없었다. 다만, 「생활보호법」 제3조와 제25조에 근거하여 65세 이상 생활능력이 없는 노인을 대상으로 한 보호만 있었다. 이후 경제 · 사회적 발달과 함께, 핵가족으로의 가족구조 변화, 산업화, 도시화, 평균수명의 연장으로 인한 노인인구의 증가 그리고 부양의식의 감퇴 등은 노인문제를 점차 사회문제로 등장시켰다. 1962년 보건사회부 내에서 발족한 사회보장심의위원회가 1968년 7월 사회개발의 기본 구상을 펴냈으며, 사회복지 서비스 부분에서 노령자 복지를 다루었다. 1969년에 「노인복지법」이 국회보사위원회에 상정되었다가 노인문제가 사회문제로 간주되지 않아 폐기되었고, 1970년에는 분과위원회에 통과한 후 법사위원회에서 심의 도중 회기만료로 폐기되었다. 1976년, 1977년, 1978년에는 「노인복지법」 제정에 관한 국회청원이 잇따랐다.[2)]

「노인복지법」은 의약기술의 발달과 문화생활의 향상으로 평균수명이 연장되어 노인인구의 절대수가 크게 증가하는 한편 산업화, 도시화, 핵가족화의 진전에 따라 노인문제가 점차 큰 사회문제로 대두되고 있음에 대처하여 우리 사회의 전통적 가족제도에 연유하고 있는 경로효친의 미풍량속을 유지 · 발전시켜 나아가는 한편 노인을 위한 건강보호와 시설의 제공 등 노인복지시책을 효과적으로 추진함으로써 노인의 안락한 생활을 북돋우어 주며 나아가 사회복지의 증진에 기여하기 위하여 '1981. 6. 5. 법률 제3453호'로 제정되었다.[3)]

2. 법의 주요 내용

이 법의 주요 내용과 관련 시행령은 다음과 같다.[4)]

제1장 총칙

1) 목적 및 정의

이 법은 노인의 질환을 사전예방 또는 조기발견하고 질환상태에 따른 적절한 치료·요양으로 심신의 건강을 유지하고, 노후의 생활안정을 위하여 필요한 조치를 강구함으로써 노인의 보건복지증진에 기여함을 목적으로 한다.

이 법에서 사용하는 용어의 정의는 다음과 같다.

"부양의무자"라 함은 배우자(사실상의 혼인관계에 있는 자를 포함한다)와 직계비속 및 그 배우자(사실상의 혼인관계에 있는 자를 포함한다)를 말한다.

"보호자"라 함은 부양의무자 또는 업무·고용 등의 관계로 사실상 노인을 보호하는 자를 말한다.

"치매"란 「치매관리법」 제2조제1호에 따른 치매를 말한다.

> **치매관리법 제2조제1호** "치매"란 퇴행성 뇌질환 또는 뇌혈관계 질환 등으로 인하여 기억력, 언어능력, 지남력, 판단력 및 수행능력 등의 기능이 저하됨으로써 일상생활에서 지장을 초래하는 후천적인 다발성 장애를 말한다.

"노인학대"라 함은 노인에 대하여 신체적·정신적·정서적·성적 폭력 및 경제적 착취 또는 가혹행위를 하거나 유기 또는 방임을 하는 것을 말한다.

(동법 제1조, 제1조의2 및 「치매관리법」 제2조)

2) 기본이념

노인은 후손의 양육과 국가 및 사회의 발전에 기여하여 온 자로서 존경받으며 건전하고 안정된 생활을 보장받는다.

노인은 그 능력에 따라 적당한 일에 종사하고 사회적 활동에 참여할 기회를 보장받는다. 노인은 노령에 따르는 심신의 변화를 자각하여 항상 심신의 건강을 유지하고 그 지식과 경험을 활용하여 사회의 발전에 기여하도록 노력하여야 한다(동법 제2조).

3) 가족제도의 유지·발전 및 국가와 지방자치단체의 보건복지증진 책임

국가와 국민은 경로효친의 미풍양속에 따른 건전한 가족제도가 유지 · 발전되도록 노력하여야 한다. 국가와 지방자치단체는 노인의 보건 및 복지증진의 책임이 있으며, 이를 위한 시책을 강구하여 추진하여야 한다. 국가 또는 지방자치단체는 노인의 주거에 적합한 기능 및 설비를 갖춘 주거용시설(노인전용주거시설) 공급을 조장하여야 하며, 그 주거용 시설의 공급자에 대하여 적절한 지원을 할 수 있다(동법 제3조 및 제4조 및 제22조).

4) 노인실태조사

보건복지부장관은 노인의 보건 및 복지에 관한 실태조사를 3년마다 실시하고 그 결과를 공표하여야 한다(동법 제5조).

5) 노인의 날, 노인학대예방의 날 등

노인에 대한 사회적 관심과 공경의식을 높이기 위하여 매년 10월 2일을 노인의 날로, 매년 10월을 경로의 달로 한다. 부모에 대한 효사상을 앙양하기 위하여 매년 5월 8일을 어버이날로 한다. 범국민적으로 노인학대에 대한 인식을 높이고 관심을 유도하기 위하여 매년 6월 15일을 노인학대예방의 날로 지정한다(동법 제6조).

6) 인권교육

노인복지시설(경로당 · 노인교실을 제외)을 설치 · 운영하는 자와 그 종사자는 인권에 관한 교육을 받아야 하며, 해당 시설을 이용하고 있는 노인들에게 인권교육을 실시할 수 있다(동법 제6조의3 및 시행령 제11조의2).

제2장 보건 복지조치

1) 노인사회참여 지원 및 노인일자리전담기관의 설치·운영

국가 또는 지방자치단체는 노인의 사회참여 확대를 위하여 노인의 지역봉사 활동기회를 넓히고 노인에게 적합한 직종의 개발과 그 보급을 위한 시책을 강구하며 근로능력 있는 노인에게 일할 기회를 우선적으로 제공하도록 노력하여야 한다.

노인의 능력과 적성에 맞는 일자리지원사업을 전문적 · 체계적으로 수행하기 위한 전담기관(노인일자리전담기관)은 다음 각 호의 기관으로 한다.

1. 노인인력개발기관: 노인일자리개발 · 보급사업, 조사사업, 교육 · 홍보 및 협력사업, 프로그램인증 · 평가사업 등을 지원하는 기관
2. 노인일자리지원기관: 지역사회 등에서 노인일자리의 개발 · 지원, 창업 · 육성 및 노인에 의한 재화의 생산 · 판매 등을 직접 담당하는 기관
3. 노인취업알선기관: 노인에게 취업 상담 및 정보를 제공하거나 노인일자리를 알선하는 기관

(동법 제23조 및 제23조의2)

2) 노인복지상담원 및 지역봉사지도원

노인의 복지를 담당하게 하기 위하여 특별자치도와 시 · 군 · 구에 노인복지상담원을 둔다.

국가 또는 지방자치단체는 사회적 신망과 경험이 있는 노인으로서 지역봉사를 희망하는 경우에는 이를 지역봉사지도원으로 위촉할 수 있다. 지역봉사지도원의 업무는 다음 각호와 같다.

1. 국가 또는 지방자치단체가 행하는 업무중 민원인에 대한 상담 및 조언
2. 도로의 교통정리, 주 · 정차단속의 보조, 자연보호 및 환경침해 행위단속의 보조와 청소년 선도
3. 충효사상, 전통의례 등 전통문화의 전수교육
4. 문화재의 보호 및 안내

4의2. 노인에 대한 교통안전 및 교통사고예방 교육

5. 기타 대통령령이 정하는 업무

(동법 제7조 및 제25조)

3) 생업지원

국가, 지방자치단체, 그 밖의 공공단체 중 대통령령으로 정하는 기관은 소관 공공시설에 식료품 · 사무용품 · 신문 등 일상생활용품의 판매를 위한 매점이나 자동판매기의 설치를 허가 또는 위탁할 때에는 65세 이상 노인의 신청이 있는 경우 이를 우선적으로 반영

하여야 한다.

국가, 지방자치단체, 그 밖의 공공단체 중 대통령령으로 정하는 기관은 소관 공공시설에 청소, 주차관리, 매표 등의 사업을 위탁하는 경우에는 65세 이상 노인을 100분의 20 이상 채용한 사업체를 우선적으로 고려할 수 있다(동법 제25조).

4) 경로우대

국가 또는 지방자치단체는 65세 이상의 자에 대하여 국가 또는 지방자치단체의 수송시설 및 고궁 · 능원 · 박물관 · 공원 등의 공공시설을 무료로 또는 그 이용요금을 할인하여 이용하게 할 수 있다(동법 제26조).

5) 건강진단 등

국가 또는 지방자치단체는 대통령령이 정하는 바에 의하여 65세 이상의 자에 대하여 건강진단과 보건교육을 실시할 수 있다(동법 제27조).

6) 홀로 사는 노인에 대한 지원 및 독거노인종합지원센터

국가 또는 지방자치단체는 홀로 사는 노인에 대하여 방문요양과 돌봄 등의 서비스와 안전확인 등의 보호조치를 취하여야 한다. 보건복지부장관은 홀로 사는 노인에 대한 돌봄사업을 수행하기 위하여 독거노인종합지원센터를 설치 · 운영할 수 있다(동법 제27조의2 및 제27조의3).

7) 노인성 질환에 대한 의료지원

국가 또는 지방자치단체는 노인성 질환자의 경제적 부담능력 등을 고려하여 노인성 질환의 예방교육, 조기발견 및 치료 등에 필요한 비용의 전부 또는 일부를 지원할 수 있다(동법 제27조의4).

8) 상담 입소 등의 조치

보건복지부장관, 특별시장 · 광역시장 · 특별자치시장 · 도지사 · 특별자치도지사, 시장 · 군수 · 구청장은 노인에 대한 복지를 도모하기 위하여 필요하다고 인정한 때에는 다음 각 호의 조치를 하여야 한다(동법 제29조).

1. 65세 이상의 자 또는 그를 보호하고 있는 자를 관계공무원 또는 노인복지상담원으로 하여금 상담 · 지도하게 하는 것

2. 65세 이상의 자로서 신체적 · 정신적 · 경제적 이유 또는 환경상의 이유로 거택에서 보호받기가 곤란한 자를 노인주거복지시설 또는 재가노인복지시설에 입소시키거나 입소를 위탁하는 것
3. 65세 이상의 자로서 신체 또는 정신상의 현저한 결함으로 인하여 항상 보호를 필요로 하고 경제적 이유로 거택에서 보호받기가 곤란한 자를 노인의료복지시설에 입소시키거나 입소를 위탁하는 것

9) 노인재활요양사업

국가 또는 지방자치단체는 신체적 · 정신적으로 재활요양을 필요로 하는 노인을 위한 재활요양사업을 실시할 수 있다(동법 제30조).

제3장 노인복지시설의 설치·운영

1) 노인복지시설의 종류

노인복지시설의 종류는 다음 각 호와 같다(동법 제31조).

1. 노인주거복지시설 2. 노인의료복지시설 3. 노인여가복지시설
4. 재가노인복지시설 5. 노인보호전문기관 6. 노인일자리지원기관
7. 학대피해노인 전용쉼터

2) 노인주거복지시설의 종류, 설치

노인주거복지시설은 다음 각 호의 시설로 한다.

1. 양로시설: 노인을 입소시켜 급식과 그 밖에 일상생활에 필요한 편의를 제공함을 목적으로 하는 시설
2. 노인공동생활가정: 노인들에게 가정과 같은 주거여건과 급식, 그 밖에 일상생활에 필요한 편의를 제공함을 목적으로 하는 시설
3. 노인복지주택: 노인에게 주거시설을 임대하여 주거의 편의 · 생활지도 · 상담 및 안전관리 등 일상생활에 필요한 편의를 제공함을 목적으로 하는 시설

국가 또는 지방자치단체는 노인주거복지시설을 설치할 수 있다. 국가 또는 지방자치단

체외의 자가 노인주거복지시설을 설치하고자 하는 경우에는 특별자치시장 · 특별자치도지사 · 시장 · 군수 · 구청장에게 신고하여야 한다(동법 제32조 및 제33조).

3) 노인복지주택의 입소자격 등

노인복지주택에 입소할 수 있는 자(입소자격자)는 60세 이상의 노인으로 한다. 다만, 다음 각 호의 어느 하나에 해당하는 경우에는 입소자격자와 함께 입소할 수 있다.

1. 입소자격자의 배우자
2. 입소자격자가 부양을 책임지고 있는 19세 미만의 자녀 · 손자녀

노인복지주택을 설치하거나 설치하려는 자는 노인복지주택을 입소자격자에게 임대하여야 한다(동법 제33조의2).

4) 노인의료복지시설 종류 및 설치

노인의료복지시설은 다음 각 호의 시설로 한다.

1. 노인요양시설: 치매 · 중풍 등 노인성질환 등으로 심신에 상당한 장애가 발생하여 도움을 필요로 하는 노인을 입소시켜 급식 · 요양과 그 밖에 일상생활에 필요한 편의를 제공함을 목적으로 하는 시설
2. 노인요양공동생활가정: 치매 · 중풍 등 노인성질환 등으로 심신에 상당한 장애가 발생하여 도움을 필요로 하는 노인에게 가정과 같은 주거여건과 급식 · 요양, 그 밖에 일상생활에 필요한 편의를 제공함을 목적으로 하는 시설

국가 또는 지방자치단체는 노인의료복지시설을 설치할 수 있다. 국가 또는 지방자치단체외의 자가 노인의료복지시설을 설치하고자 하는 경우에는 시장 · 군수 · 구청장에게 신고하여야 한다(동법 제35조 및 제36조).

5) 노인여가복지시설의 종류 및 설치

노인여가복지시설은 다음 각 호의 시설로 한다.

1. 노인복지관: 노인의 교양 · 취미생활 및 사회참여활동 등에 대한 각종 정보와 서비스를 제공하고, 건강증진 및 질병예방과 소득보장 · 재가복지, 그 밖에 노인의 복

지증진에 필요한 서비스를 제공함을 목적으로 하는 시설
2. 경로당: 지역노인들이 자율적으로 친목도모 · 취미활동 · 공동작업장 운영 및 각종 정보교환과 기타 여가활동을 할 수 있도록 하는 장소를 제공함을 목적으로 하는 시설
3. 노인교실: 노인들에 대하여 사회활동 참여욕구를 충족시키기 위하여 건전한 취미생활 · 노인건강유지 · 소득보장 기타 일상생활과 관련한 학습프로그램을 제공함을 목적으로 하는 시설

국가 또는 지방자치단체는 노인여가복지시설을 설치할 수 있다. 국가 또는 지방자치단체외의 자가 노인여가복지시설을 설치하고자 하는 경우에는 시장 · 군수 · 구청장에게 신고하여야 한다. 국가 또는 지방자치단체는 경로당에 대하여 예산의 범위에서 정부관리양곡 구입비의 전부 또는 일부를 보조할 수 있으며, 예산의 범위에서 경로당의 냉난방 비용의 전부 또는 일부를 보조할 수 있다. 전기판매사업자, 전기통신사업자, 도시가스사업자 및 수도사업자는 경로당에 대하여 각각 전기요금 · 전기통신요금 · 도시가스요금 및 수도요금을 감면할 수 있다(동법 제37조부터 제37조의3).

6) 재가노인복지시설 종류 및 설치

재가노인복지시설은 다음 각 호의 어느 하나 이상의 서비스를 제공함을 목적으로 하는 시설을 말한다.

1. 방문요양서비스: 가정에서 일상생활을 영위하고 있는 노인(이하 "재가노인"이라 한다)으로서 신체적 · 정신적 장애로 어려움을 겪고 있는 노인에게 필요한 각종 편의를 제공하여 지역사회안에서 건전하고 안정된 노후를 영위하도록 하는 서비스
2. 주 · 야간보호서비스: 부득이한 사유로 가족의 보호를 받을 수 없는 심신이 허약한 노인과 장애노인을 주간 또는 야간 동안 보호시설에 입소시켜 필요한 각종 편의를 제공하여 이들의 생활안정과 심신기능의 유지 · 향상을 도모하고, 그 가족의 신체적 · 정신적 부담을 덜어 주기 위한 서비스
3. 단기보호서비스: 부득이한 사유로 가족의 보호를 받을 수 없어 일시적으로 보호가 필요한 심신이 허약한 노인과 장애노인을 보호시설에 단기간 입소시켜 보호함으로써 노인 및 노인가정의 복지증진을 도모하기 위한 서비스
4. 방문 목욕서비스: 목욕장비를 갖추고 재가노인을 방문하여 목욕을 제공하는 서비스
5. 그 밖의 서비스: 그 밖에 재가노인에게 제공하는 서비스로서 보건복지부령이 정하는 서비스

국가 또는 지방자치단체는 재가노인복지시설을 설치할 수 있다. 국가 또는 지방자치단체외의 자가 재가노인복지시설을 설치하고자 하는 경우에는 시장 · 군수 · 구청장에게 신고하여야 한다(동법 제38조 및 제39조).

제4장 요양보호사

1) 요양보호사의 직무·자격증의 교부

노인복지시설의 설치 · 운영자는 보건복지부령으로 정하는 바에 따라 노인 등의 신체활동 또는 가사활동 지원 등의 업무를 전문적으로 수행하는 요양보호사를 두어야 한다. 요양보호사가 되려는 사람은 요양보호사를 교육하는 기관(요양보호사교육기관)에서 교육과정을 마치고 시 · 도지사가 실시하는 요양보호사 자격시험에 합격하여야 한다. 시 · 도지사는 요양보호사 자격시험에 합격한 사람에게 요양보호사 자격증을 교부하여야 한다(동법 제39조의2).

2) 요양보호사의 결격사유 및 자격취소

다음 각 호의 어느 하나에 해당하는 사람은 요양보호사가 될 수 없다.

1. 정신질환자. 다만, 전문의가 요양보호사로서 적합하다고 인정하는 사람은 그러하지 아니하다.
2. 마약 · 대마 또는 향정신성의약품 중독자
3. 피성년후견인
4. 금고 이상의 형을 선고받고 그 형의 집행이 종료되지 아니하였거나 그 집행을 받지 아니하기로 확정되지 아니한 사람
5. 법원의 판결에 따라 자격이 정지 또는 상실된 사람
6. 요양보호사의 자격이 취소된 날부터 1년이 경과되지 아니한 사람

시 · 도지사는 요양보호사가 다음 각 호의 어느 하나에 해당하는 경우 그 자격을 취소할 수 있다. 다만, 제1호부터 제3호까지의 경우 자격을 취소하여야 한다.

1. 요양보호사 결격사유의 어느 하나에 해당하게 된 경우
2. 노인에 대한 금지행위를 위반하여 벌칙 규정에 따른 처벌을 받은 경우
3. 거짓이나 그 밖의 부정한 방법으로 자격증을 취득한 경우

4. 영리를 목적으로 노인 등에게 불필요한 요양서비스를 알선 · 유인하거나 이를 조장한 경우
5. 자격증을 대여 · 양도 또는 위조 · 변조한 경우

(동법 제39조의13 및 제39조의14)

제5장 노인학대

1) 긴급전화의 설치 등

국가 및 지방자치단체는 노인학대를 예방하고 수시로 신고를 받을 수 있도록 긴급전화를 설치하여야 한다(동법 제39조의4).

2) 노인보호전문기관의 설치 등

국가는 지역 간의 연계체계를 구축하고 노인학대를 예방하기 위하여 중앙노인보호전문기관을 설치 · 운영하여야 하며, 학대받는 노인의 발견 · 보호 · 치료 등을 신속히 처리하고 노인학대를 예방하기 위하여 지역노인보호전문기관을 특별시 · 광역시 · 도 · 특별자치도에 둔다(동법 제39조의5).

3) 노인학대 신고의무와 절차 등

누구든지 노인학대를 알게 된 때에는 노인보호전문기관 또는 수사기관에 신고할 수 있다.

다음 각 호의 어느 하나에 해당하는 자는 그 직무상 65세 이상의 사람에 대한 노인학대를 알게 된 때에는 즉시 노인보호전문기관 또는 수사기관에 신고하여야 한다.

1. 의료인 및 의료기관의 장
2. 방문요양과 돌봄이나 안전확인 등의 서비스 종사자, 노인복지시설의 장과 그 종사자 및 노인복지상담원
3. 장애인복지시설에서 장애노인에 대한 상담 · 치료 · 훈련 또는 요양업무를 수행하는 사람
4. 가정폭력 관련 상담소 및 가정폭력피해자 보호시설의 장과 그 종사자
5. 사회복지전담공무원 및 같은 법 사회복지관, 부랑인 및 노숙인보호를 위한 시설의 장과 그 종사자
6. 장기요양기관 및 제32조에 따른 재가장기요양기관의 장과 그 종사자
7. 119구급대의 구급대원 8. 건강가정지원센터의 장과 그 종사자

9. 다문화가족지원센터의 장과 그 종사자
10. 성폭력피해상담소 및 폭력피해자보호시설의 장과 그 종사자
11. 응급구조사 12. 의료기사 13. 국민건강보험공단 소속 요양직 직원
14. 지역보건의료기관의 장과 종사자 15. 노인복지시설 설치 및 관리 업무 담당 공무원

신고인의 신분은 보장되어야 하며 그 의사에 반하여 신분이 노출되어서는 아니 된다.

노인학대신고를 접수한 노인보호전문기관의 직원이나 사법경찰관리는 지체 없이 노인학대의 현장에 출동하여야 한다(동법 제39조의6 및 7).

4) 노인학대행위자에 대한 상담·교육 등의 권고

노인보호전문기관의 장은 노인학대행위자에 대하여 상담 · 교육 및 심리적 치료 등 필요한 지원을 받을 것을 권고할 수 있다(동법 제39조의16).

5) 학대피해노인 전용쉼터의 설치

국가와 지방자치단체는 노인학대로 인하여 피해를 입은 노인을 일정기간 보호하고 심신 치유 프로그램을 제공하기 위하여 학대피해노인 전용쉼터를 설치 · 운영할 수 있다. 쉼터의 업무는 다음 각 호와 같다.

1. 학대피해노인의 보호와 숙식제공 등의 쉼터생활 지원
2. 학대피해노인의 심리적 안정을 위한 전문심리상담 등 치유프로그램 제공
3. 학대피해노인에게 학대로 인한 신체적, 정신적 치료를 위한 기본적인 의료비 지원
4. 학대 재발 방지와 원가정 회복을 위하여 노인학대행위자 등에게 전문상담서비스 제공
5. 그 밖에 쉼터에 입소하거나 쉼터를 이용하는 학대피해노인을 위하여 보건복지부령으로 정하는 사항

(동법 제39조의19)

제6장 금지행위, 신고, 조사, 수탁의무, 사업정지 등

1) 금지행위

누구든지 65세 이상의 사람에 대하여 다음 각 호의 어느 하나에 해당하는 행위를 하여서는 아니 된다.

1. 노인의 신체에 폭행을 가하거나 상해를 입히는 행위 2. 노인에게 성적 수치심을 주는 성폭행 · 성희롱 등의 행위 3. 자신의 보호 · 감독을 받는 노인을 유기하거나 의식주를 포함한 기본적 보호 및 치료를 소홀히 하는 방임행위 4. 노인에게 구걸을 하게 하거나 노인을 이용하여 구걸하는 행위 5. 노인을 위하여 증여 또는 급여된 금품을 그 목적 외의 용도에 사용하는 행위 6. 폭언, 협박, 위협 등으로 노인의 정신건강에 해를 끼치는 정서적 학대행위

(동법 제39조의9)

2) 실종노인에 관한 신고의무 등

누구든지 정당한 사유 없이 사고 등의 사유로 인하여 보호자로부터 이탈된 노인(실종노인)을 경찰관서 또는 지방자치단체의 장에게 신고하지 아니하고 보호하여서는 아니 된다(동법 제39조의10).

3) 노인관련기관의 취업제한 및 위반사실 공표

노인학대관련범죄로 형 또는 치료감호를 선고받아 확정된 노인학대관련범죄전력자는 그 확정된 때부터 형 또는 치료감호의 전부 또는 일부의 집행이 종료되거나 집행을 받지 아니하기로 확정된 후 10년까지의 기간 동안 다음 각 호의 어느 하나에 해당하는 노인관련기관을 운영하거나 노인관련기관에 취업 또는 사실상 노무를 제공할 수 없다(동법 제39조의18).

1. 노인복지시설 2. 장기요양기관 및 재가장기요양기관 3. 긴급전화센터, 가정폭력 관련 상담소 및 가정폭력피해자 보호시설 4. 건강가정지원센터 5. 다문화가족지원센터 6. 성폭력피해상담소, 성폭력피해자보호시설 및 성폭력피해자통합지원센터 7. 의료기관 8. 장애인복지시설 9. 정신건강복지센터 및 정신건강증진시설

4) 사업의 정지

시 · 도지사 또는 시장 · 군수 · 구청장은 노인주거복지시설, 노인의료복지시설 또는 노인일자리지원기관이 다음 각 호의 어느 하나에 해당하는 때에는 1개월의 범위에서 사업의 정지 또는 폐지를 명할 수 있다.

1. 시설 등에 관한 기준에 미달하게 된 때 2. 수탁을 거부한 때
3. 정당한 이유 없이 보고 또는 자료제출을 하지 아니하거나 허위로 한 때 또는 조사 · 검사를 거부 · 방해하거나 기피한 때
4. 시설을 이용하는 자로부터 소요비용 수납하고자 할 때 시장 · 군수 · 구청장에게 신고해야 할 의무를 위반한 때

시장 · 군수 · 구청장은 노인여가복지시설 또는 재가노인복지시설이 다음 각 호의 어느 하나에 해당하는 때에는 1개월의 범위에서 사업의 정지 또는 폐지를 명할 수 있다.

1. 시설 등에 관한 기준에 미달하게 된 때
2. 수탁을 거부한 때(재가노인복지시설의 경우로 한정)
3. 정당한 이유 없이 보고 또는 자료제출을 하지 아니하거나 허위로 한 때 또는 조사 · 검사를 거부 · 방해하거나 기피한 때
4. 시설을 이용하는 자로부터 소요비용 수납하고자 할 때 시장 · 군수 · 구청장에게 신고해야 할 의무를 위반한 때

시 · 도지사 또는 시장 · 군수 · 구청장은 사업이 정지 또는 폐지되는 경우에는 해당 시설의 이용자를 다른 시설로 옮기도록 하는 등 시설 이용자의 권익을 보호하기 위하여 필요한 조치를 하여야 한다(동법 제43조).

제7장 비용

1) 비용의 부담

다음 각 호의 어느 하나에 해당하는 비용은 국가 또는 지방자치단체가 부담한다.

1. 노인일자리전담기관의 설치 · 운영 또는 위탁에 소요되는 비용
2. 건강진단 등과 상담 · 입소 등의 조치에 소요되는 비용
3. 노인복지시설의 설치 · 운영에 소요되는 비용

복지조치에 필요한 비용을 부담한 복지실시기관은 당해 노인 또는 그 부양의무자로부

터 대통령령이 정하는 바에 의하여 그 부담한 비용의 전부 또는 일부를 수납하거나 청구할 수 있다.

양로시설, 노인공동생활가정 및 노인복지주택, 노인요양시설 및 노인요양공동생활가정을 설치한 자는 그 시설에 입소하거나 그 시설을 이용하는 「국민기초생활 보장법」에 따른 생계급여 수급자 또는 의료급여 수급자외의 자로부터 그에 소요되는 비용을 수납하고자 할 때에는 시장 · 군수 · 구청장에게 신고하여야 한다. 다만, 보건복지부령이 정한 비용수납 한도액의 범위 안에서 수납할 때에는 그러하지 아니하다.

노인여가복지시설 또는 재가노인복지시설을 설치한 자 또는 편의를 제공하는 자가 그 시설을 이용하는 자로부터 그에 소요되는 비용을 수납하고자 할 때에는 미리 시장 · 군수 · 구청장에게 신고하여야 한다(동법 제46조).

제8장 보칙

1) 이의신청 등

노인 또는 그 부양의무자는 이 법에 따른 복지조치에 대하여 이의가 있을 때에는 해당 복지실시기관에 이의를 신청할 수 있다. 이의신청은 해당 복지조치가 있음을 안 날부터 90일 이내에 문서로 하여야 한다. 다만, 정당한 사유로 인하여 그 기간 이내에 이의신청을 할 수 없었음을 증명한 때에는 그 사유가 소멸한 날부터 60일 이내에 이의신청을 할 수 있다. 이의신청을 받은 복지실시기관은 그 신청을 받은 날부터 30일 이내에 이를 심사 · 결정하여 청구인에게 통보하여야 한다. 심사 · 결정에 이의가 있는 자는 그 통보를 받은 날부터 90일 이내에 행정심판을 제기할 수 있다(동법 제50조).

2) 노인복지명예지도원

복지실시기관은 양로시설, 노인공동생활가정, 노인복지주택, 노인요양시설 및 노인요양공동생활가정의 입소노인의 보호를 위하여 노인복지명예지도원을 둘 수 있다(동법 제51조).

3) 건축법에 대한 특례

이 법에 의한 재가노인복지시설, 노인공동생활가정, 노인요양공동생활가정 및 학대피해노인 전용쉼터는 「건축법」 규정에 불구하고 단독주택 또는 공동주택에 설치할 수 있다. 노인복지주택의 건축물의 용도는 건축관계법령에 불구하고 노유자시설로 본다(동법 제55조).

제9장 벌칙

1) 벌칙

노인의 신체에 상해를 입히는 행위를 한 자는 7년 이하의 징역 또는 7천만원 이하의 벌금에 처한다. 다음 각 호의 어느 하나에 해당하는 자는 5년 이하의 징역 또는 5천만원 이하의 벌금에 처한다.

1. 업무를 수행 중인 노인보호전문기관의 직원에 대하여 폭행 또는 협박하거나 위계 또는 위력으로써 그 업무를 방해한 자
2. 다음 각호의 행위를 한 자 제39조의9제1호(폭행에 한정한다)부터 제4호까지 또는 같은 조 제6호에 해당하는 행위를 한 자

> 1. 노인의 신체에 폭행을 가하는 행위
> 2. 노인에게 성적 수치심을 주는 성폭행 · 성희롱 등의 행위
> 3. 자신의 보호 · 감독을 받는 노인을 유기하거나 의식주를 포함한 기본적 보호 및 치료를 소홀히 하는 방임행위
> 4. 노인에게 구걸을 하게 하거나 노인을 이용하여 구걸하는 행위
> 5. 노인을 위하여 증여 또는 급여된 금품을 그 목적외의 용도에 사용하는 행위
> 6. 폭언, 협박, 위협 등으로 노인의 정신건강에 해를 끼치는 정서적 학대행위

2) 가중처벌

상습적으로 또는 노인복지시설 종사자가 노인의 신체에 폭행을 가하거나 상해를 입히는 행위 또는 노인을 위하여 증여 또는 급여된 금품을 그 목적외의 용도에 사용하는 행위의 죄를 범한 경우 각 그 죄에서 정한 형의 2분의 1까지 가중한다.

3) 양벌규정

법인의 대표자나 법인 또는 개인의 대리인, 사용인, 그 밖의 종업원이 그 법인 또는 개인의 업무에 관하여 벌금 이상의 벌칙에 해당하는 위반행위를 하면 그 행위자를 벌하는 외에 그 법인 또는 개인에게도 해당 조문의 벌금형을 과(科)한다. 다만, 법인 또는 개인이 그 위반행위를 방지하기 위하여 해당 업무에 관하여 상당한 주의와 감독을 게을리하지 아니한 경우에는 그러하지 아니하다(동법 제61조).

Ⅱ. 아동복지법

[시행 2018. 4. 25.] [법률 제14925호, 2017. 10. 24., 일부개정]

1. 법 제정 의의 및 연혁

조선감화령(1923) → 아동복리법(1961) → 아동복지법(1981)

「아동복지법」은 이 법의 전신인 「아동복리법」을 대체하여 제정된 대체입법이다. 「아동복리법」은 아동이 그 보호자로부터 유실, 유기 또는 이탈되었을 경우, 그 보호자가 아동을 양육하기에 부적당하거나 양육할 수 없는 경우 또는 아동의 건전한 출생을 기할 수 없는 경우에 아동이 건전하고 행복하게 육성되도록 그 복리를 보장하기 위하여 1961년 12월 30일에 제정되었다. 「아동복리법」은 요보호아동만을 대상으로 하는 적용범위가 제한된 법이었다. 「아동복리법」의 제정으로 일제하에서 '1923 · 9, 제령 제12호'로 제정된 조선감화령은 폐지되었다.[5)]

「아동복리법」이 제정 · 공포된 후, 사회구조의 변화에 따른 가정과 아동의 욕구에 부응하고자 법의 전문을 개정하여 「아동복지법」으로 개칭되었다. 종전의 「아동복리법」은 구호적 성격의 복지제공에 중점을 두고 있어 그동안의 경제 · 사회의 발전에 따라 발생한 사회적 복지요구에 부응하지 못하고 있으므로 요보호아동뿐만 아니라 일반아동을 포함한 전체아동의 복지를 보장하고 특히 유아기에 있어서의 기본적 인격 · 특성과 능력개발을 조장하기 위한 여건을 조성할 수 있도록 하기 위하여 '1981. 4. 13. 법률 제3438호'로 법의 제명을 「아동복지법」으로 개칭하여 제정되었다. 「아동복지법」은 보호대상범위를 요구호아동 위주로 되어 있던 것을 전체아동으로 확대한 보편적인 사회서비스법이다.[6)]

2. 법의 주요 내용

이 법의 주요 내용은 다음과 같다.[7)]

제1장 총칙

1) 목적 및 정의

이 법은 아동이 건강하게 출생하여 행복하고 안전하게 자랄 수 있도록 아동의 복지를 보장하는 것을 목적으로 한다. 이 법에서 사용하는 용어의 뜻은 다음과 같다.

"아동"이란 18세 미만인 사람을 말한다. "아동복지"란 아동이 행복한 삶을 누릴 수 있는 기본적인 여건을 조성하고 조화롭게 성장 · 발달할 수 있도록 하기 위한 경제적 · 사회적 · 정서적 지원을 말한다. "보호자"란 친권자, 후견인, 아동을 보호 · 양육 · 교육하거나 그러한 의무가 있는 자 또는 업무 · 고용 등의 관계로 사실상 아동을 보호 · 감독하는 자를 말한다. "보호대상아동"이란 보호자가 없거나 보호자로부터 이탈된 아동 또는 보호자가 아동을 학대하는 경우 등 그 보호자가 아동을 양육하기에 적당하지 아니하거나 양육할 능력이 없는 경우의 아동을 말한다. "지원대상아동"이란 아동이 조화롭고 건강하게 성장하는 데에 필요한 기초적인 조건이 갖추어지지 아니하여 사회적 · 경제적 · 정서적 지원이 필요한 아동을 말한다. "가정위탁"이란 보호대상아동의 보호를 위하여 성범죄, 가정폭력, 아동학대, 정신질환 등의 전력이 없는 보건복지부령으로 정하는 기준에 적합한 가정에 보호대상아동을 일정 기간 위탁하는 것을 말한다. "아동학대"란 보호자를 포함한 성인이 아동의 건강 또는 복지를 해치거나 정상적 발달을 저해할 수 있는 신체적 · 정신적 · 성적 폭력이나 가혹행위를 하는 것과 아동의 보호자가 아동을 유기하거나 방임하는 것을 말한다.

(동법 제1조 및 제3조)

2) 기본 이념

아동은 자신 또는 부모의 성별, 연령, 종교, 사회적 신분, 재산, 장애유무, 출생지역, 인종 등에 따른 어떠한 종류의 차별도 받지 아니하고 자라나야 한다.

아동은 완전하고 조화로운 인격발달을 위하여 안정된 가정환경에서 행복하게 자라나야 한다.

아동에 관한 모든 활동에 있어서 아동의 이익이 최우선적으로 고려되어야 한다.

아동은 아동의 권리보장과 복지증진을 위하여 이 법에 따른 보호와 지원을 받을 권리를 가진다(동법 제2조).

3) 국가와 지방자치단체 및 보호자의 책무

국가와 지방자치단체는 아동의 안전 · 건강 및 복지 증진을 위하여 아동과 그 보호자 및 가정을 지원하기 위한 정책을 수립 · 시행하여야 한다. 국가와 지방자치단체는 보호대상아동 및 지원대상아동의 권익을 증진하기 위한 정책을 수립 · 시행하여야 한다.

아동의 보호자는 아동을 가정에서 그의 성장시기에 맞추어 건강하고 안전하게 양육하여야 한다. 아동의 보호자는 아동에게 신체적 고통이나 폭언 등의 정신적 고통을 가하여서는 아니 된다. 모든 국민은 아동의 권익과 안전을 존중하여야 하며, 아동을 건강하게 양육하여야 한다(동법 제4조 및 제5조).

4) 어린이날 및 어린이주간

어린이에 대한 사랑과 보호의 정신을 높임으로써 이들을 옳고 아름답고 슬기로우며 씩씩하게 자라나도록 하기 위하여 매년 5월 5일을 어린이날로 하며, 5월 1일부터 5월 7일까지를 어린이주간으로 한다(동법 제6조).

제2장 아동복지정책의 수립 및 시행 등

1) 아동정책기본계획의 수립 및 아동정책조정위원회

보건복지부장관은 아동정책의 효율적인 추진을 위하여 5년마다 아동정책기본계획을 수립하여야 한다. 기본계획은 아동정책조정위원회의 심의를 거쳐 확정한다. 보건복지부장관, 관계 중앙행정기관의 장 및 시 · 도지사는 매년 기본계획에 따라 연도별 아동정책시행계획을 수립 · 시행하여야 한다.

아동의 권리증진과 건강한 출생 및 성장을 위하여 종합적인 아동정책을 수립하고 관계부처의 의견을 조정하며 그 정책의 이행을 감독하고 평가하기 위하여 국무총리 소속으로 아동정책조정위원회를 둔다. 위원장은 국무총리가 된다(동법 제7조부터 제10조).

2) 아동종합실태조사 및 아동정책영향평가

보건복지부장관은 5년마다 아동의 양육 및 생활환경, 언어 및 인지 발달, 정서적 · 신체적 건강, 아동안전, 아동학대 등 아동의 종합실태를 조사하여 그 결과를 공표하고, 이를 기본계획과 시행계획에 반영하여야 한다. 국가와 지방자치단체는 아동 관련 정책이 아동복지에 미치는 영향을 분석 · 평가(아동정책영향평가)하고, 그 결과를 아동 관련 정책의 수립 · 시행에 반영하여야 한다(동법 제10조 및 제11조).

3) 아동복지심의위원회, 아동복지전담공무원 및 아동위원

시 · 도지사, 시장 · 군수 · 구청장은 다음 각 호의 사항을 심의하기 위하여 그 소속으로 아동복지심의위원회를 각각 둔다.

1. 기본계획에 따른 연도별 시행계획 수립 및 시행에 관한 사항
2. 보호조치에 관한 사항
3. 퇴소조치에 관한 사항 4. 친권행사의 제한이나 친권상실 선고 청구에 관한 사항
5. 아동의 후견인의 선임이나 변경 청구에 관한 사항
6. 지원대상아동의 선정과 그 지원에 관한 사항
7. 그 밖에 아동의 보호 및 지원서비스를 위하여 시 · 도지사 또는 시장 · 군수 · 구청장이 필요하다고 인정하는 사항

아동복지에 관한 업무를 담당하기 위하여 특별시 · 광역시 · 도 · 특별자치도 및 시 · 군 · 구에 각각 아동복지전담공무원을 둘 수 있다. 전담공무원은 사회복지사의 자격을 가진 사람으로 하고 아동에 대한 상담 및 보호조치, 가정환경에 대한 조사, 아동복지시설에 대한 지도 · 감독, 아동범죄 예방을 위한 현장확인 및 지도 · 감독 등 지역 단위에서 아동의 복지증진을 위한 업무를 수행한다.

시 · 군 · 구에 아동위원을 둔다. 아동위원은 그 관할 구역의 아동에 대하여 항상 그 생활상태 및 가정환경을 상세히 파악하고 아동복지에 필요한 원조와 지도를 행하며 전담공무원 및 관계 행정기관과 협력하여야 한다(동법 제12조부터 제14조).

제3장 아동에 대한 보호서비스 및 아동학대의 예방 및 방지

1) 아동보호서비스

(1) 보호조치

시 · 도지사 또는 시장 · 군수 · 구청장은 그 관할 구역에서 보호대상아동을 발견하거나 보호자의 의뢰를 받은 때에는 아동의 최상의 이익을 위하여 대통령령으로 정하는 바에 따라 다음 각 호에 해당하는 보호조치를 하여야 한다(동법 제15조).

1. 전담공무원 또는 아동위원에게 보호대상아동 또는 그 보호자에 대한 상담 · 지도를 수행하게 하는 것
2. 보호자 또는 대리양육을 원하는 연고자에 대하여 그 가정에서 아동을 보호 · 양육할 수 있도록 필요한 조치를 하는 것
3. 아동의 보호를 희망하는 사람에게 가정위탁하는 것

4. 보호대상아동을 그 보호조치에 적합한 아동복지시설에 입소시키는 것
5. 약물 및 알코올 중독, 정서 · 행동 · 발달 장애, 성폭력 · 아동학대 피해 등으로 특수한 치료나 요양 등의 보호를 필요로 하는 아동을 전문치료기관 또는 요양소에 입원 또는 입소시키는 것
6. 「입양특례법」에 따른 입양과 관련하여 필요한 조치를 하는 것

(2) 보호대상아동의 퇴소조치 등

보호조치 중인 보호대상아동의 연령이 18세에 달하였거나, 보호 목적이 달성되었다고 인정되면 해당 시 · 도지사, 시장 · 군수 · 구청장은 그 보호 중인 아동의 보호조치를 종료하거나 해당 시설에서 퇴소시켜야 한다. 보호조치 중인 보호대상아동의 친권자, 후견인 등은 관할 시 · 도지사 또는 시장 · 군수 · 구청장에게 해당 보호대상아동의 가정 복귀를 신청할 수 있다.

보호조치 중인 아동이 다음 각 호의 어느 하나에 해당하면 시 · 도지사, 시장 · 군수 · 구청장은 해당 아동의 보호기간을 연장할 수 있다(동법 제16조).

1. 대학 이하의 학교(대학원은 제외한다)에 재학 중인 경우
2. 아동양육시설 또는 「근로자직업능력 개발법」 제2조제3호에 따른 직업능력개발훈련시설에서 직업 관련 교육 · 훈련을 받고 있는 경우
3. 그 밖에 위탁가정 및 각종 아동복지시설에서 해당 아동을 계속하여 보호 · 양육할 필요가 있다고 대통령령으로 정하는 경우

(3) 금지행위

누구든지 다음 각 호의 어느 하나에 해당하는 행위를 하여서는 아니 된다.

1. 아동을 매매하는 행위
2. 아동에게 음란한 행위를 시키거나 이를 매개하는 행위 또는 아동에게 성적 수치심을 주는 성희롱 등의 성적 학대행위
3. 아동의 신체에 손상을 주거나 신체의 건강 및 발달을 해치는 신체적 학대행위
4. 삭제 〈2014. 1. 28.〉
5. 아동의 정신건강 및 발달에 해를 끼치는 정서적 학대행위

6. 자신의 보호 · 감독을 받는 아동을 유기하거나 의식주를 포함한 기본적 보호 · 양육 · 치료 및 교육을 소홀히 하는 방임행위
7. 장애를 가진 아동을 공중에 관람시키는 행위
8. 아동에게 구걸을 시키거나 아동을 이용하여 구걸하는 행위
9. 공중의 오락 또는 흥행을 목적으로 아동의 건강 또는 안전에 유해한 곡예를 시키는 행위 또는 이를 위하여 아동을 제3자에게 인도하는 행위
10. 정당한 권한을 가진 알선기관 외의 자가 아동의 양육을 알선하고 금품을 취득하거나 금품을 요구 또는 약속하는 행위
11. 아동을 위하여 증여 또는 급여된 금품을 그 목적 외의 용도로 사용하는 행위

(동법 제17조)

(4) 친권상실 선고의 청구 및 후견인 · 보조인 선임

시 · 도지사, 시장 · 군수 · 구청장 또는 검사는 아동의 친권자가 그 친권을 남용하거나 현저한 비행이나 아동학대, 그 밖에 친권을 행사할 수 없는 중대한 사유가 있는 것을 발견한 경우 아동의 복지를 위하여 필요하다고 인정할 때에는 법원에 친권행사의 제한 또는 친권상실의 선고를 청구하여야 한다.

아동복지시설의 장 및 「초 · 중등교육법」에 따른 학교의 장은 제1항의 친권상실의 사유에 해당하는 경우 시 · 도지사, 시장 · 군수 · 구청장 또는 검사에게 법원에 친권행사의 제한 또는 친권상실의 선고를 청구하도록 요청할 수 있다. 시 · 도지사, 시장 · 군수 · 구청장 또는 검사는 친권상실의 선고 및 친권행사의 제한 또는 친권상실의 선고 청구를 할 경우 해당 아동의 의견을 존중하여야 한다(동법 제18조 및 제21조).

2) 아동학대의 예방 및 방지

(1) 아동학대의 예방과 방지 의무

국가와 지방자치단체는 아동학대의 예방과 방지를 위하여 다음 각 호의 조치를 취하여야 한다.

1. 아동학대의 예방과 방지를 위한 각종 정책의 수립 및 시행
2. 아동학대의 예방과 방지를 위한 연구 · 교육 · 홍보 및 아동학대 실태조사
3. 아동학대에 관한 신고체제의 구축 · 운영
4. 피해아동의 보호와 치료 및 피해아동의 가정에 대한 지원
5. 그 밖에 대통령령으로 정하는 아동학대의 예방과 방지를 위한 사항

지방자치단체는 아동학대를 예방하고 수시로 신고를 받을 수 있도록 긴급전화를 설치하여야 한다(동법 제22조).

(2) 학생 등에 대한 학대 예방 및 지원 및 아동학대예방의 날

국가와 지방자치단체는 「유아교육법」에 따른 유치원의 유아 및 「초 · 중등교육법」에 따른 학교의 학생에 대한 아동학대의 조기 발견 체계 및 지역아동보호전문기관 등 관련 기관과의 연계 체계를 구축하고, 학대피해 학생 등이 유치원 또는 학교에 안정적으로 적응할 수 있도록 지원하여야 한다.

아동의 건강한 성장을 도모하고, 범국민적으로 아동학대의 예방과 방지에 관한 관심을 높이기 위하여 매년 11월 19일을 아동학대예방의 날로 지정하고, 아동학대예방의 날부터 1주일을 아동학대예방주간으로 한다(동법 제23조부터 제25조).

(3) 아동학대범죄 신고의무자 및 교육

누구든지 아동학대범죄를 알게 된 경우나 그 의심이 있는 경우에는 아동보호전문기관 또는 수사기관에 신고할 수 있다. 다음 각 호의 어느 하나에 해당하는 사람이 직무를 수행하면서 아동학대범죄를 알게 된 경우나 그 의심이 있는 경우에는 아동보호전문기관 또는 수사기관에 즉시 신고하여야 한다.

> 가정위탁지원센터의 장과 그 종사자, 아동복지시설의 장과 그 종사자(아동보호전문기관의 장과 그 종사자는 제외), 아동복지전담공무원, 가정폭력 관련 상담소 및 가정폭력피해자 보호시설의 장과 그 종사자, 건강가정지원센터의 장과 그 종사자, 다문화가족지원센터의 장과 그 종사자, 사회복지 전담공무원 및 사회복지시설의 장과 그 종사자, 성매매피해자지원시설 및 성매매피해상담소의 장과 그 종사자, 성폭력피해상담소, 성폭력피해자보호시설의 장과 그 종사자 및성폭력피해자통합지원센터의 장과 그 종사자, 「소방기본법」에 따른 구급대의 대원응급의료기관등에 종사하는 응급구조사, 육아종합지원센터의 장과 그 종사자 및 어린이집의 원장 등 보육교직원, 「유아교육법」에 따른 교직원 및 강사 등, 의료기관의 장과 그 의료기관에 종사하는 의료인 및 의료기사, 장애인복지시설의 장과 그 종사자로서 시설에서 장애아동에 대한 상담 · 치료 · 훈련 또는 요양 업무를 수행하는 사람, 정신건강복지센터, 같은 조 제5호에 따른 정신의료기관, 정신요양시설 및 같은 조 제7호에 따른 정신재활시설의 장과 그 종사자, 청소년시설 및 청소년단체의 장과 그 종사자, 청소년 보호 · 재활센터의 장과 그 종사자, 초 · 중등학교의 교직원, 전문상담교사 및 산학겸임교사 등 한부모가족복지

시설의 장과 그 종사자, 학원의 운영자 · 강사 · 직원 및 교습소의 교습자 · 직원 아이돌보미, 취약계층 아동에 대한 통합서비스지원 수행인력, 입양기관의 장과 그 종사자

국가기관과 지방자치단체의 장, 공공기관과 공공단체의 장은 아동학대의 예방과 방지를 위하여 필요한 교육을 연 1회 이상 실시하고, 그 결과를 보건복지부장관에게 제출하여야 한다(동법 제26조 및 제26조의2 및 「아동학대범죄의 처벌 등에 관한 특례법」 제10조).

(4) 국가아동학대정보시스템

보건복지부장관은 아동학대 관련 정보를 공유하고 아동학대를 예방하기 위하여 국가아동학대정보시스템을 구축 · 운영하여야 한다(동법 제28조).

(5) 아동관련기관의 취업제한 등

아동학대관련범죄로 형 또는 치료감호를 선고받아 확정된 사람(아동학대관련범죄전력자)은 그 확정된 때부터 형 또는 치료감호의 전부 또는 일부의 집행이 종료되거나 집행을 받지 아니하기로 확정된 후 10년까지의 기간 동안 다음 각 호에 해당하는 시설 또는 기관(아동관련기관)을 운영하거나 아동관련기관에 취업 또는 사실상 노무를 제공할 수 없다.

1. 취약계층 아동 통합서비스 수행기관, 아동보호전문기관, 가정위탁지원센터 및 아동복지시설 2. 긴급전화센터, 가정폭력 관련 상담소 및 가정폭력피해자 보호시설 3. 건강가정지원센터 4. 다문화가족지원센터 5. 성매매피해자 등을 위한 지원시설 및 성매매피해상담소 6. 성폭력피해상담소 및 성폭력피해자보호시설 및 성폭력피해자통합지원센터 7. 어린이집 8. 유치원 9. 장애인복지시설 11. 정신건강복지센터, 정신건강증진시설, 정신요양시설 및 정신재활시설 12. 공동주택의 관리사무소(경비업무 종사자에 한정) 13. 청소년시설, 청소년단체 14. 청소년활동시설 15. 청소년상담복지센터, 이주배경청소년지원센터 및 청소년쉼터, 청소년자립지원관, 청소년치료재활센터 16. 청소년 보호 · 재활센터 17. 아동의 이용이 제한되지 아니하는 체육시설 18. 초 · 중등학교 및 학습부진아 등에 대한 교육을 실시하는 기관 19. 학원 및 교습소 20. 한부모가족복지시설 21. 아동보호전문기관 또는 학대피해아동쉼터를 운영하는 법인 22. 소년원 및 소년분류심사원

(동법 제29조의3부터 제29조의5)

(6) 아동학대에 대한 법률상담 등

국가는 피해아동을 위한 법률상담과 소송대리 등의 지원을 할 수 있다. 보건복지부장관과 아동보호전문기관의 장은 대한법률구조공단 또는 대통령령으로 정하는 그 밖의 기관에 법률상담 등을 요청할 수 있다(동법 제29조의6).

(7) 아동학대 전담의료기관의 지정

보건복지부장관, 시 · 도지사 및 시장 · 군수 · 구청장은 국 · 공립병원, 보건소 또는 민간의료기관을 피해아동의 치료를 위한 전담의료기관으로 지정할 수 있다(동법 제29조의7).

제4장 아동에 대한 지원서비스

1) 아동 안전 및 건강지원

국가는 아동복지시설과 아동용품에 대한 안전기준을 정하고 아동용품을 제작 · 설치 · 관리하는 자에게 이를 준수하도록 하여야 한다. 아동복지시설의 장, 어린이집의 원장, 유치원의 원장 및 초 · 중등학교의 장은 교육대상 아동의 연령을 고려하여 매년 다음 각 호의 사항에 관한 교육계획을 수립하여 교육을 실시하여야 한다.

> 1. 성폭력 및 아동학대 예방　2. 실종 · 유괴의 예방과 방지
> 3. 감염병 및 약물의 오남용 예방 등 보건위생관리　4. 재난대비 안전　5. 교통안전

(동법 제30조 및 제31조)

(1) 아동보호구역, 아동안전 보호인력 및 아동긴급보호소

국가와 지방자치단체는 유괴 등 범죄의 위험으로부터 아동을 보호하기 위하여 필요하다고 인정하는 경우에는 도시공원, 어린이집, 특수학교 및. 유치원 주변구역을 아동보호구역으로 지정하여 범죄의 예방을 위한 순찰 및 아동지도 업무 등 필요한 조치를 할 수 있으며, 지정된 아동보호구역에 영상정보처리기기를 설치하여야 한다(동법 제32조부터 제34조).

(2) 보건소

보건소는 이 법에 따라 다음 각 호의 업무를 행한다.

1. 아동의 전염병 예방조치 2. 아동의 건강상담, 신체검사와 보건위생에 관한 지도 3. 아동의 영양개선

2) 취약계층 아동 통합서비스지원 및 자립지원 등

(1) 취약계층 아동에 대한 통합서비스지원

국가와 지방자치단체는 아동의 건강한 성장과 발달을 도모하기 위하여 대통령령으로 정하는 바에 따라 아동의 성장 및 복지 여건이 취약한 가정을 선정하여 그 가정의 지원대상아동과 가족을 대상으로 보건, 복지, 보호, 교육, 치료 등을 종합적으로 지원하는 통합서비스를 실시한다(동법 제37조).

드림스타트(Dream Start)사업 법적근거

(2) 자립지원, 자립지원계획, 자립지원전담기관 및 아동자립지원추진협의회

국가와 지방자치단체는 보호대상아동의 위탁보호 종료 또는 아동복지시설 퇴소 이후의 자립을 지원하기 위하여 다음 각 호에 해당하는 조치를 시행하여야 한다.

1. 자립에 필요한 주거 · 생활 · 교육 · 취업 등의 지원 2. 자립에 필요한 자산의 형성 및 관리 지원(자산형성지원) 3. 자립에 관한 실태조사 및 연구 4. 사후관리체계 구축 및 운영 5. 그 밖에 자립지원에 필요하다고 대통령령으로 정하는 사항

가정위탁지원센터의 장 및 아동복지시설의 장은 보호하고 있는 15세 이상의 아동을 대상으로 매년 개별 아동에 대한 자립지원계획을 수립하고, 그 계획을 수행하는 종사자를 대상으로 자립지원에 관한 교육을 실시하여야 한다(동법 제39조부터 제41조).

(3) 자산형성지원사업 및 관련 업무

국가와 지방자치단체는 아동이 건전한 사회인으로 성장 · 발전할 수 있도록 자산형성지원사업을 실시할 수 있다. 보건복지부장관은 자산형성지원사업을 효율적으로 추진하기 위하여 자산형성지원사업 운영업무 및 금융자산관리업무를 하여야 한다(동법 제42조부터 제44조).

제5장 아동복지시설

1) 아동보호전문기관 및 아동학대사례전문위원회의 설치

국가는 아동학대예방사업을 활성화하고 지역 간 연계체계를 구축하기 위하여 중앙아동보호전문기관을 둔다. 지방자치단체는 학대받은 아동의 발견, 보호, 치료에 대한 신속처리 및 아동학대예방을 담당하는 지역아동보호전문기관을 시 · 도 및 시 · 군 · 구에 1개소 이상 두어야 한다(동법 제45조부터 제47조).

2) 가정위탁지원센터의 설치 등

국가는 가정위탁사업을 활성화하고 지역 간 연계체계를 구축하기 위하여 중앙가정위탁지원센터를 둔다. 지방자치단체는 보호대상아동에 대한 가정위탁사업을 활성화하기 위하여 시 · 도 및 시 · 군 · 구에 지역가정위탁지원센터를 둔다.

3) 아동복지시설의 설치, 종류 및 사업

국가 또는 지방자치단체는 아동복지시설을 설치할 수 있다. 국가 또는 지방자치단체 외의 자는 관할 시장 · 군수 · 구청장에게 신고하고 아동복지시설을 설치할 수 있다(동법 제50조부터 제54조). 아동복지시설의 종류는 다음과 같다.

1. 아동양육시설: 보호대상아동을 입소시켜 보호, 양육 및 취업훈련, 자립지원 서비스 등을 제공하는 것을 목적으로 하는 시설
2. 아동일시보호시설: 보호대상아동을 일시보호하고 아동에 대한 향후의 양육대책수립 및 보호조치를 행하는 것을 목적으로 하는 시설
3. 아동보호치료시설: 아동에게 보호 및 치료 서비스를 제공하는 다음 각 목의 시설
   가. 불량행위를 하거나 불량행위를 할 우려가 있는 아동으로서 보호자가 없거나 친권자나 후견인이 입소를 신청한 아동 또는 가정법원, 지방법원소년부지원에서 보호위탁된 19세 미만인 사람을 입소시켜 치료와 선도를 통하여 건전한 사회인으로 육성하는 것을 목적으로 하는 시설
   나. 정서적 · 행동적 장애로 인하여 어려움을 겪고 있는 아동 또는 학대로 인하여 부모로부터 일시 격리되어 치료받을 필요가 있는 아동을 보호 · 치료하는 시설
4. 공동생활가정: 보호대상아동에게 가정과 같은 주거여건과 보호, 양육, 자립지원 서비스를 제공하는 것을 목적으로 하는 시설

5. 자립지원시설: 아동복지시설에서 퇴소한 사람에게 취업준비기간 또는 취업 후 일정 기간 동안 보호함으로써 자립을 지원하는 것을 목적으로 하는 시설
6. 아동상담소: 아동과 그 가족의 문제에 관한 상담, 치료, 예방 및 연구 등을 목적으로 하는 시설
7. 아동전용시설: 어린이공원, 어린이놀이터, 아동회관, 체육 · 연극 · 영화 · 과학실험전시 시설, 아동휴게숙박시설, 야영장 등 아동에게 건전한 놀이 · 오락, 그 밖의 각종 편의를 제공하여 심신의 건강유지와 복지증진에 필요한 서비스를 제공하는 것을 목적으로 하는 시설
8. 지역아동센터: 지역사회 아동의 보호 · 교육, 건전한 놀이와 오락의 제공, 보호자와 지역사회의 연계 등 아동의 건전육성을 위하여 종합적인 아동복지서비스를 제공하는 시설
9. 아동보호전문기관
10. 가정위탁지원센터

아동복지시설은 통합하여 설치할 수 있다. 아동복지시설은 각 시설 고유의 목적 사업을 해치지 아니하고 각 시설별 설치기준 및 운영기준을 충족하는 경우 다음 각 호의 사업을 추가로 실시할 수 있다.

1. 아동가정지원사업: 지역사회아동의 건전한 발달을 위하여 아동, 가정, 지역주민에게 상담, 조언 및 정보를 제공하여 주는 사업
2. 아동주간보호사업: 부득이한 사유로 가정에서 낮 동안 보호를 받을 수 없는 아동을 대상으로 개별적인 보호와 교육을 통하여 아동의 건전한 성장을 도모하는 사업
3. 아동전문상담사업: 학교부적응아동 등을 대상으로 올바른 인격형성을 위한 상담, 치료 및 학교폭력예방을 실시하는 사업
4. 학대아동보호사업: 학대아동의 발견, 보호, 치료 및 아동학대의 예방 등을 전문적으로 실시하는 사업
5. 공동생활가정사업: 보호대상아동에게 가정과 같은 주거여건과 보호를 제공하는 것을 목적으로 하는 사업
6. 방과 후 아동지도사업: 저소득층 아동을 대상으로 방과 후 개별적인 보호와 교육을 통하여 건전한 인격형성을 목적으로 하는 사업

4) 아동전용시설의 설치 및 학대피해아동쉼터의 지정

국가와 지방자치단체는 아동이 항상 이용할 수 있는 아동전용시설을 설치하도록 노력하여야 한다. 시장 · 군수 · 구청장은 공동생활가정 중에서 피해아동에 대한 보호, 치료, 양육 서비스 등을 제공하는 학대피해아동쉼터를 지정할 수 있다(동법 제53조 및 제53조의2).

5) 시설의 개선, 사업의 정지, 시설의 폐쇄 등

보건복지부장관, 시 · 도지사 또는 시장 · 군수 · 구청장은 아동복지시설과 교육훈련시설이 다음 각 호의 어느 하나에 해당하는 경우에는 소관에 따라 그 시설의 개선, 6개월 이내의 사업의 정지, 위탁의 취소 또는 해당 시설의 장의 교체를 명하거나 시설의 폐쇄를 명할 수 있다.

1. 시설이 설치기준에 미달하게 된 경우
2. 사회복지법인 또는 비영리법인이 설치 · 운영하는 시설로서 그 사회복지법인이나 비영리법인의 설립허가가 취소된 경우
3. 설치목적의 달성이나 그 밖의 사유로 계속하여 운영될 필요가 없다고 인정할 때
4. 보호대상아동에 대한 아동학대행위가 확인된 경우
5. 거짓이나 그 밖의 부정한 방법으로 경비의 지원을 받은 경우
6. 아동복지시설의 사업정지기간 중에 사업을 한 경우
7. 그 밖에 이 법 또는 이 법에 따른 명령을 위반한 경우

(동법 제57조)

제6장 보칙

1) 압류 금지

이 법에 따라 지급된 금품과 이를 받을 권리는 압류하지 못한다(동법 제64조).

2) 비밀 유지의 의무

아동복지사업을 포함하여 아동복지업무에 종사하였거나 종사하는 자는 그 직무상 알게 된 비밀을 누설하여서는 아니된다(동법 제64조).

3) 연차보고서

보건복지부장관은 매년 정기국회 전까지 아동학대 예방 및 피해아동 보호 정책의 추진 현황과 평가결과에 대한 연차보고서를 작성하여 국회 소관 상임위원회에 제출하여야 한다(동법 제65조).

제7장 벌칙

1) 벌칙

이 법의 금지행위를 위반한 자는 다음 각 호의 구분에 따라 처벌한다.

1. 아동을 매매하는 행위를 한 자는 10년 이하의 징역에 처한다.
1의2. 아동에게 음란한 행위를 시키거나 이를 매개하는 행위 또는 아동에게 성적 수치심을 주는 성희롱 등의 성적 학대행위를 한 자는 10년 이하의 징역 또는 1억원 이하의 벌금에 처한다.

(동법 제71조)

2) 상습범, 미수범

상습적으로 「아동복지법」의 죄를 범한 자는 그 죄에 정한 형의 2분의 1까지 가중한다. 미수범은 처벌한다(동법 제72조 및 제73조).

3) 양벌규정

「노인복지법」 벌칙 중 양벌규정의 내용과 대동소이하므로 해당 부분 참고

Ⅲ. 장애인복지법

[시행 2019. 7. 1.] [법률 제15270호, 2017. 12. 19., 일부개정]

1. 법 제정 의의 및 연혁

심신장애자복지법(1981) → 장애인복지법(1989)

「장애인복지법」은 「심신장애자복지법」의 대체입법으로 제정되었다. 우리 정부가 장애인 문제에 본격적으로 개입한 것은 1961년 「생활보호법」제정부터로, 장애로 인한 빈곤자에게 국가의 보호가 제공되기 시작하였다. UN은 1981년을 '세계 장애인의 해'로 정하고, 모든 국가에 대하여 심신장애인를 위한 복지사업과 기념행사를 추진하도록 권고했다. UN의 권고와 장애인의 해 제정 등의 장애인복지에 대한국제적인관심과 함께 정부는 1981년에 법률 제3452호로 「심신장애자복지법」을 제정하였다. 이 법은 주로 시설에 관한 사항이 주를 이루었다.[8)]

1988년의 장애인올림픽을 앞두고 정부는 1985년부터 1987년까지를 '장애인복지시설 현대화사업 3개년 계획기간'으로 설정하고 시설의 현대화를 도모하였다. 1989년에는 장애인등록제도를 실시하였고, 같은 해 「심신장애자복지법」을 전문개정하여 「장애인복지법」으로 변경하였다. 「장애인복지법」은 이후 1999년의 전면개정을 포함한 수차례의 개정이 이루어져 현재의 법에 이르고 있다.[9)]

2. 법의 주요 내용

이 법의 주요 내용은 다음과 같다.[10)]

제1장 총칙

1) 목적 및 정의

이 법은 장애인의 인간다운 삶과 권리보장을 위한 국가와 지방자치단체 등의 책임을 명백히 하고, 장애발생 예방과 장애인의 의료 · 교육 · 직업재활 · 생활환경개선 등에 관한 사업을 정하여 장애인복지대책을 종합적으로 추진하며, 장애인의 자립생활 · 보호 및 수당지급 등에 관하여 필요한 사항을 정하여 장애인의 생활안정에 기여하는 등 장애인의 복지와 사회활동 참여증진을 통하여 사회통합에 이바지함을 목적으로 한다. 장애인 등의 정의는 다음과 같다.

> "장애인"이란 신체적 · 정신적 장애로 오랫동안 일상생활이나 사회생활에서 상당한 제약을 받는 자를 말한다. 이 법을 적용받는 장애인은 장애인 중 다음 각 호의 어느 하나에 해당하는 장애가 있는 자로서 대통령령으로 정하는 장애의 종류 및 기준에 해당하는 자를 말한다.
>
> 1. "신체적 장애"란 주요 외부 신체 기능의 장애, 내부기관의 장애 등을 말한다.
> 2. "정신적 장애"란 발달장애 또는 정신 질환으로 발생하는 장애를 말한다.
>
> "장애인학대"란 장애인에 대하여 신체적 · 정신적 · 정서적 · 언어적 · 성적 폭력이나 가혹행위, 경제적 착취, 유기 또는 방임을 하는 것을 말한다.
>
> 〈장애인의 종류〉
> 1. 지체장애인 2. 뇌병변장애인 3. 시각장애인 4. 청각장애인 5. 언어장애인 6. 지적장애인 7. 자폐성장애인 8. 정신장애인 9. 신장장애인 10. 심장장애인 11. 호흡기장애인 12. 간장애인 13. 안면장애인 14. 장루 · 요루장애인 15. 뇌전증장애인
>
> "장애인보조기구"란 장애인이 장애의 예방 · 보완과 기능 향상을 위하여 사용하는 의지(義肢) · 보조기 및 그 밖에 보건복지부장관이 정하는 보장구와 일상생활의 편의 증진을 위하여 사용하는 생활용품을 말한다.

(동법 제1조, 제2조, 시행령 별표1 및 제65조)

2) 기본이념

장애인복지의 기본이념은 장애인의 완전한 사회 참여와 평등을 통하여 사회통합을 이루는 데에 있다(동법 제3조).

3) 장애인의 권리, 의견수렴 및 권익보호

(1) 장애인의 권리 및 차별금지

장애인은 인간으로서 존엄과 가치를 존중받으며, 그에 걸맞은 대우를 받는다. 장애인은 국가 · 사회의 구성원으로서 정치 · 경제 · 사회 · 문화, 그 밖의 모든 분야의 활동에 참여할 권리를 가진다. 장애인은 장애인 관련 정책결정과정에 우선적으로 참여할 권리가 있다.

누구든지 장애를 이유로 정치 · 경제 · 사회 · 문화생활의 모든 영역에서 차별을 받지 아니하고, 누구든지 장애를 이유로 정치 · 경제 · 사회 · 문화생활의 모든 영역에서 장애인을 차별하여서는 아니 되며, 장애인을 비하 · 모욕하거나 장애인을 이용하여 부당한 영리행위를 하여서는 아니 되며, 장애인의 장애를 이해하기 위하여 노력하여야 한다(동법 제4조 및 제8조).

4) 국가와 지방자치단체 및 국민의 책임

국가와 지방자치단체는 장애 발생을 예방하고, 장애의 조기 발견에 대한 국민의 관심을 높이며, 장애인의 자립을 지원하고, 보호가 필요한 장애인을 보호하여 장애인의 복지를 향상시킬 책임을 진다. 모든 국민은 장애 발생의 예방과 장애의 조기 발견을 위하여 노력하여야 하며, 장애인의 인격을 존중하고 사회통합의 이념에 기초하여 장애인의 복지향상에 협력하여야 한다(동법 제9조 및 제10조).

5) 장애인정책종합계획 수립·시행 및 국회 보고

보건복지부장관은 장애인의 권익과 복지증진을 위하여 관계 중앙행정기관의 장과 협의하여 5년마다 장애인정책종합계획을 수립 · 시행하여야 한다. 보건복지부장관은 종합계획을 수립하거나 해당 연도의 사업계획, 전년도 사업계획의 추진실적, 추진성과의 평가를 확정한 때에는 이를 지체 없이 국회 소관 상임위원회에 보고하여야 한다(동법 제10조의2 및 제10조의3).

6) 장애인정책조정위원회, 장애인정책책임관 및 지방장애인복지위원회

장애인 종합정책을 수립하고 관계 부처 간의 의견을 조정하며 그 정책의 이행을 감독 · 평가하기 위하여 국무총리 소속하에 장애인정책조정위원회를 둔다. 중앙행정기관의 장은 해당 기관의 장애인정책을 효율적으로 수립 · 시행하기 위하여 소속공무원 중에서 장애인정책책임관을 지정할 수 있다. 장애인복지 관련 사업의 기획 · 조사 · 실시 등을 하는 데에 필요한 사항을 심의하기 위하여 지방자치단체에 지방장애인복지위원회를 둔다(동법 제11조부터 제13조).

7) 장애인의 날

장애인에 대한 국민의 이해를 깊게 하고 장애인의 재활의욕을 높이기 위하여 매년 4월 20일을 장애인의 날로 하며, 장애인의 날부터 1주간을 장애인 주간으로 한다(동법 제14조).

제2장 기본정책의 강구

1) 장애발생 예방

국가와 지방자치단체는 장애의 발생 원인과 예방에 관한 조사 연구를 촉진하여야 하며, 모자보건사업의 강화, 장애의 원인이 되는 질병의 조기 발견과 조기 치료, 그 밖에 필요한 정책을 강구하여야 한다(동법 제17조).

2) 의료와 재활치료 및 사회적응훈련

국가와 지방자치단체는 장애인이 생활기능을 익히거나 되찾을 수 있도록 필요한 기능치료와 심리치료 등 재활의료를 제공하고 장애인의 장애를 보완할 수 있는 장애인보조기구를 제공하는 등 필요한 정책을 강구하여야 하며, 장애인이 재활치료를 마치고 일상생활이나 사회생활을 원활히 할 수 있도록 사회적응 훈련을 실시하여야 한다(동법 제18조 및 제19조).

3) 교육 및 직업

국가와 지방자치단체는 사회통합의 이념에 따라 장애인이 연령 · 능력 · 장애의 종류 및 정도에 따라 충분히 교육받을 수 있도록 교육 내용과 방법을 개선하는 등 필요한 정책을 강구하여야 하며, 장애인에게 전문 진로교육을 실시하는 제도를 강구하여야 한다(동법 제20조 및 제22조).

4) 정보에의 접근

국가와 지방자치단체는 장애인이 정보에 원활하게 접근하고 자신의 의사를 표시할 수 있도록 전기통신 · 방송시설 등을 개선하기 위하여 노력하여야 하며, 방송국의 장 등 민간사업자에게 뉴스와 국가적 주요 사항의 중계 등 방송 프로그램에 청각장애인을 위한 한국수어 또는 폐쇄자막과 시각장애인을 위한 화면해설 또는 자막해설 등을 방영하도록 요청하여야 한다(동법 제22조).

5) 편의시설 및 안전대책 강구

국가와 지방자치단체는 장애인이 공공시설과 교통수단 등을 안전하고 편리하게 이용할 수 있도록 편의시설의 설치와 운영에 필요한 정책을 강구하여야 하며, 공공시설 등 이용편의를 위하여 한국수어 통역 · 안내보조 등 인적서비스 제공에 관하여 필요한 시책을 강구하여야 한다.

국가와 지방자치단체는 추락사고 등 장애로 인하여 일어날 수 있는 안전사고와 비상재해 등에 대비하여 시각 · 청각 장애인과 이동이 불편한 장애인을 위하여 피난용 통로를 확보하고, 점자 · 음성 · 문자 안내판을 설치하며, 긴급 통보체계를 마련하는 등 장애인의 특성을 배려한 안전대책 등 필요한 조치를 강구하여야 한다(동법 제23조, 제24조 및 제26조).

6) 사회적 인식개선

국가와 지방자치단체는 학생, 공무원, 근로자, 그 밖의 일반국민 등을 대상으로 장애인에 대한 인식개선을 위한 교육 및 공익광고 등 홍보사업을 실시하여야 한다. 국가기관 및 지방자치단체의 장, 어린이집, 각급 학교의 장, 그 밖에 대통령령으로 정하는 교육기관 및 공공단체의 장은 소속 직원 · 학생을 대상으로 장애인에 대한 인식개선을 위한 교육을 실시하고, 그 결과를 보건복지부장관에게 제출하여야 한다. 국가는 「초 · 중등교육법」에 따른 학교에서 사용하는 교과용도서에 장애인에 대한 인식개선을 위한 내용이 포함되도록 하여야 한다(동법 제25조).

7) 주택 보급

국가와 지방자치단체는 공공주택 등 주택을 건설할 경우에는 장애인에게 장애 정도를 고려하여 우선 분양 또는 임대할 수 있도록 노력하여야 하며, 주택의 구입자금 · 임차자금 또는 개 · 보수비용의 지원 등 장애인의 일상생활에 적합한 주택의 보급 · 개선에 필요한 시책을 강구하여야 한다(동법 제27조).

8) 문화환경 정비 등

국가와 지방자치단체는 장애인의 문화생활, 체육활동 및 관광활동에 대한 장애인의 접근을 보장하기 위하여 관련 시설 및 설비, 그 밖의 환경을 정비하고 문화생활, 체육활동 및 관광활동 등을 지원하도록 노력하여야 한다(동법 제28조).

9) 복지 연구 등의 진흥 및 한국장애인개발원의 설립

국가와 지방자치단체는 장애인복지의 종합적이고 체계적인 조사 · 연구 · 평가 및 장애인 체육활동 등 장애인정책개발 등을 위하여 필요한 정책을 강구하여야 한다. 장애인 관련 조사 · 연구 및 정책개발 · 복지진흥 등을 위하여 한국장애인개발원을 설립한다(동법 제29조 및 제29조의2).

10) 경제적 부담의 경감

국가와 지방자치단체, 공공기관, 지방공사 또는 지방공단은 장애인과 장애인을 부양하는 자의 경제적 부담을 줄이고 장애인의 자립을 촉진하기 위하여 세제상의 조치, 공공시설 이용료 감면, 그 밖에 필요한 정책을 강구하여야 하며, 국가와 지방자치단체, 공공기관, 지방공사 또는 지방공단이 운영하는 운송사업자는 장애인과 장애인을 부양하는 자의 경제적 부담을 줄이고 장애인의 자립을 돕기 위하여 장애인과 장애인을 보호하기 위하여 동행하는 자의 운임 등을 감면하는 정책을 강구하여야 한다(동법 제30조).

11) 장애인 가족 지원

국가와 지방자치단체는 장애인 가족의 삶의 질 향상 및 안정적인 가정생활 영위를 위하여 다음 각 호의 필요한 시책을 수립 · 시행하여야 한다.

1. 장애인 가족에 대한 인식개선 사업 2. 장애인 가족 돌봄 지원
3. 장애인 가족 휴식 지원 4. 장애인 가족 사례관리 지원
5. 장애인 가족 역량강화 지원 6. 장애인 가족 상담 지원
7. 그 밖에 보건복지부장관이 장애인 가족을 위하여 필요하다고 인정하는 지원

(동법 제30조의2)

제3장 **복지 조치**

1) 실태조사

보건복지부장관은 장애인 복지정책의 수립에 필요한 기초 자료로 활용하기 위하여 3년마다 장애실태조사를 실시하여야 한다(동법 제31조).

2) 장애인 등록

장애인, 그 법정대리인 또는 대통령령으로 정하는 보호자는 장애 상태와 그 밖에 보건복지부령이 정하는 사항을 특별자치시장 · 특별자치도지사 · 시장 · 군수 또는 구청장에게 등록하여야 한다. 재외동포 및 외국인 중 다음 각 호의 어느 하나에 해당하는 사람은 제32조에 따라 장애인 등록을 할 수 있으며, 등록한 장애인에 대하여는 예산 등을 고려하여 장애인복지사업의 지원을 제한할 수 있다.

1. 국내거소신고를 한 사람 2. 재외국민으로 주민등록을 한 사람 3. 외국인등록을 한 사람으로서 체류자격을 가진 사람 4. 결혼이민자 5. 난민인정자

(동법 제31조부터 제32조의3)

3) 서비스 지원 종합조사

보건복지부장관 또는 특별자치시장 · 특별자치도지사 · 시장 · 군수 · 구청장은 다음 각 호의 서비스 신청에 대하여 서비스의 수급자격, 양 및 내용 등의 결정에 필요한 서비스 지원 종합조사를 실시할 수 있다.

1. 장애인활동지원급여 신청 2. 장애인 보조기기 교부 신청 3. 장애인 거주시설 이용 신청 4. 그 밖에 대통령령으로 정하는 서비스의 신청

(동법 제32조의4)

4) 복지서비스에 관한 장애인 지원 사업

국가와 지방자치단체는 등록한 장애인에게 필요한 복지서비스가 적시에 제공될 수 있도록 다음 각 호의 장애인 지원 사업을 실시한다(동법 제32조의6).

1. 복지서비스에 관한 상담 및 정보 제공 2. 장애인학대 등 안전문제 또는 생계곤란 등 위기상황에 놓여 있을 가능성이 높은 장애인에 대한 방문 상담 3. 복지서비스 신청의 대행 4. 장애인 개인별로 필요한 욕구의 조사 및 복지서비스 제공 계획의 수립 지원 5. 장애인과 복지서비스 제공 기관 · 법인 · 단체 · 시설과의 연계 6. 복지서비스 등 복지자원의 발굴 및 데이터베이스 구축 7. 그 밖에 복지서비스의 제공에 필요한 사업

5) 민관협력을 통한 사례관리

특별자치시장 · 특별자치도지사 · 시장 · 군수 · 구청장은 복지서비스가 필요한 장애인을 발굴하고 공공 및 민간의 복지서비스를 연계 · 제공하기 위하여 민관협력을 통한 사례관리를 실시할 수 있다. 사례관리를 실시하기 위하여 민관협의체를 둘 수 있으며, 해당 지방자치단체에 통합사례관리를 수행하기 위한 민관협의체가 이미 설치되어 있는 경우 그 소속의 전문분과로 운영할 수 있다(동법 제32조의7).

6) 장애인복지상담원 및 재활상담 등

장애인 복지 향상을 위한 상담 및 지원 업무를 맡기기 위하여 시 · 군 · 구에 장애인복지상담원을 둔다. 장애인복지상담원은 그 업무를 할 때 개인의 인격을 존중하여야 한다. 보건복지부장관, 특별시장 · 광역시장 · 특별자치시장 · 도지사 · 특별자치도지사 또는 시장 · 군수 · 구청장(장애인복지실시기관)은 장애인에 대한 검진 및 재활상담을 하여야 한다(동법 제35조).

7) 산후조리도우미, 자녀교육비, 자동차 및 보조견 등에 대한 지원 등

국가 및 지방자치단체는 임산부인 여성장애인과 신생아의 건강관리를 위하여 경제적 부담능력 등을 감안하여 여성장애인의 가정을 방문하여 산전 · 산후 조리를 돕는 산후조리도우미를 지원할 수 있다. 장애인복지실시기관은 경제적 부담능력 등을 고려하여 장애인이 부양하는 자녀 또는 장애인인 자녀의 교육비를 지급할 수 있다. 국가와 지방자치단체, 그 밖의 공공단체는 장애인이 이동수단인 자동차 등을 편리하게 사용할 수 있도록 하고 경제적 부담을 줄여 주기 위하여 조세감면 등 필요한 지원정책을 강구하여야 한다. 국가와 지방자치단체는 장애인의 복지 향상을 위하여 장애인을 보조할 장애인 보조견(補助犬)의 훈련 · 보급을 지원하는 방안을 강구하여야 한다(동법 제37조부터 제40조).

8) 자금 대여, 생업지원 등

국가와 지방자치단체는 장애인이 사업을 시작하거나 필요한 지식과 기능을 익히는 것 등을 지원하기 위하여 자금을 대여할 수 있다. 국가와 지방자치단체, 그 밖의 공공단체는 소관 공공시설 안에 식료품 · 사무용품 · 신문 등 일상생활용품을 판매하는 매점이나 자동판매기의 설치를 허가하거나 위탁할 때에는 장애인이 신청하면 우선적으로 반영하도록 노력하여야 하며, 시장 · 군수 또는 구청장은 장애인이 담배소매인으로 지정받기 위하여 신청하면 그 장애인을 우선적으로 지정하도록 노력하여야 하고, 장애인이 국내 우표류 판매업 계약 신청을 하면 우편관서는 그 장애인이 우선적으로 계약할 수 있도록 노력하여야 한다(동법 제41조 및 제42조).

9) 자립훈련비 지급 및 생산품 구매

장애인복지실시기관은 장애인복지시설에서 주거편의 · 상담 · 치료 · 훈련 등을 받도록 하거나 위탁한 장애인에 대하여 그 시설에서 훈련을 효과적으로 받는 데 필요하다고 인정되면 자립훈련비를 지급할 수 있으며, 특별한 사정이 있으면 훈련비 지급을 대신하여 물건을 지급할 수 있다. 국가, 지방자치단체 및 그 밖의 공공단체는 장애인복지시설과 장애인복지단체에서 생산한 물품의 우선 구매에 필요한 조치를 마련하여야 한다(동법 제43조).

10) 고용촉진, 응시자 편의제공 및 공공시설 우선 이용

국가와 지방자치단체는 직접 경영하는 사업에 능력과 적성이 맞는 장애인을 고용하도록 노력하여야 하며, 장애인에게 적합한 사업을 경영하는 자에게 장애인의 능력과 적성에 따라 장애인을 고용하도록 권유할 수 있다.

장애인 의무고용제도[11)]

1. 근거법: 「장애인고용촉진 및 직업재활법」(약칭: 장애인고용법)
2. 의무고용대상: 국가 · 지방자치단체, 상시근로자 50명 이상을 고용하고 있는 사업주
3. 의무고용률

기준연도	2018년	2019년
국가 및 지자체(공무원) 공기업 및 준정부기관 기타공공기관 및 지방공기업	3.2%	3.4%
민간사업주	2.9%	3.1%
국가 및 지자체(공무원이 아닌 근로자)		3.4%

4. 미준수: 미준수 시 부담금(100명 이상 고용 사업주) 부과
   기준 초과 고용: 규모에 상관없이 초과인원에 대해 장려금 지급
   *국가 · 자치단체는 비공무원의 경우 부담금은 적용, 장려금은 미적용

국가 · 지방자치단체 및 대통령령으로 정하는 기관 · 단체의 장은 해당 기관 · 단체가 실시하는 자격시험 및 채용시험 등에 있어서 장애인 응시자가 비장애인 응시자와 동등한 조건에서 시험을 치를 수 있도록 편의를 제공하여야 한다(동법 제46조부터 제47조).

11) 장애수당, 장애아동수당 및 보호수당

국가와 지방자치단체는 장애인의 장애 정도와 경제적 수준을 고려하여 장애로 인한 추가적 비용을 보전하게 하기 위하여 장애수당을 지급할 수 있다. 다만, 「국민기초생활 보장법」에 따른 생계급여 또는 의료급여를 받는 장애인에게는 장애수당을 반드시 지급하여야 한다. 다만, 장애인연금 수급권자인 중증장애인에게는 제1항에 따른 장애수당을 지급하지 아니한다. 국가와 지방자치단체는 장애수당을 지급하려는 경우에는 장애수당을 받으려는 사람의 장애 정도에 대하여 심사할 수 있으며, 장애 정도의 심사를 거부 · 방해 또는 기피하는 경우에는 장애수당을 지급하지 아니할 수 있다.

국가와 지방자치단체는 장애아동에게 보호자의 경제적 생활수준 및 장애아동의 장애 정도를 고려하여 장애로 인한 추가적 비용을 보전하게 하기 위하여 장애아동수당을 지급할 수 있다.

국가와 지방자치단체는 장애인을 보호하는 보호자에게 그의 경제적 수준과 장애인의 장애 정도를 고려하여 장애로 인한 추가적 비용을 보전하게 하기 위하여 보호수당을 지급할 수 있다(동법 제48조부터 제50조의4).

제4장 자립생활의 지원

1) 자립생활지원 및 장애인자립생활지원센터

국가와 지방자치단체는 장애인의 자기결정에 의한 자립생활을 위하여 활동보조인의 파견 등 활동보조서비스 또는 장애인보조기구의 제공, 그 밖의 각종 편의 및 정보제공 등 필요한 시책을 강구하여야 한다. 국가와 지방자치단체는 장애인의 자립생활을 실현하기 위하여 장애인자립생활지원센터를 통하여 필요한 각종 지원서비스를 제공한다(동법 제53조 및 제54조).

2) 활동지원급여의 지원

국가와 지방자치단체는 장애인이 일상생활 또는 사회생활을 원활히 할 수 있도록 활동지원급여를 지원할 수 있다. 국가 및 지방자치단체는 임신 등으로 인하여 이동이 불편한 여성장애인에게 임신 및 출산과 관련한 진료 등을 위하여 경제적 부담능력 등을 감안하여 활동보조인의 파견 등 활동보조서비스를 지원할 수 있다(동법 제55조).

3) 장애동료 간 상담

국가와 지방자치단체는 장애인이 장애를 극복하는 데 도움이 되도록 장애동료 간 상호대화나 상담의 기회를 제공하도록 노력하여야 한다(동법 제56조).

제5장 복지시설과 단체

1) 장애인복지시설의 이용 등

국가와 지방자치단체는 장애인이 제58조에 따른 장애인복지시설의 이용을 통하여 기능회복과 사회적 향상을 도모할 수 있도록 필요한 정책을 강구하여야 하며, 장애인복지시설을 이용하는 장애인의 인권을 보호하기 위하여 필요한 정책을 마련하고 관련 프로그램을 실시할 수 있는 기반을 조성하여야 한다.

장애인복지실시기관은 장애인복지시설에 대한 장애인의 선택권을 최대한 보장하여야 하며, 장애인의 선택권을 보장하기 위하여 장애인복지시설을 이용하려는 장애인에게 시설의 선택에 필요한 정보를 충분히 제공하여야 한다(동법 제57조).

2) 장애인복지시설의 종류 및 설치

장애인복지시설의 종류는 다음 각 호와 같다.

1. 장애인 거주시설: 거주공간을 활용하여 일반가정에서 생활하기 어려운 장애인에게 일정 기간 동안 거주 · 요양 · 지원 등의 서비스를 제공하는 동시에 지역사회생활을 지원하는 시설
2. 장애인 지역사회재활시설: 장애인을 전문적으로 상담 · 치료 · 훈련하거나 장애인의 일상생활, 여가활동 및 사회참여활동 등을 지원하는 시설
3. 장애인 직업재활시설: 일반 작업환경에서는 일하기 어려운 장애인이 특별히 준비된 작업환경에서 직업훈련을 받거나 직업 생활을 할 수 있도록 하는 시설
4. 장애인 의료재활시설: 장애인을 입원 또는 통원하게 하여 상담, 진단 · 판정, 치료 등 의료재활서비스를 제공하는 시설
5. 그 밖에 대통령령으로 정하는 시설(장애인 생산품판매시설)

국가와 지방자치단체는 장애인복지시설을 설치할 수 있다. 국가와 지방자치단체 외의 자가 장애인복지시설을 설치 · 운영하려면 해당 시설 소재지 관할 시장 · 군수 · 구청장에게 신고하여야 한다. 다만, 폐쇄 명령을 받고 1년이 지나지 아니한 자는 시설의 설치 · 운영 신고를 할 수 없다.

장애인 거주시설의 정원은 30명을 초과할 수 없다. 다만, 특수한 서비스를 위하여 일정

규모 이상이 필요한 시설 등 대통령령으로 정하는 경우에는 그러하지 아니하다. 의료재활시설의 설치는 「의료법」에 따른다(동법 제59조의2).

3) 성범죄자의 취업제한 등

성범죄로 형 또는 치료감호를 선고받아 확정된 사람은 그 형 또는 치료감호의 전부 또는 일부의 집행을 종료하거나 집행이 유예 · 면제된 날부터 10년 동안 장애인복지시설을 운영하거나 장애인복지시설에 취업 또는 사실상 노무를 제공할 수 없다(동법 제59조의3).

4) 장애인학대 및 장애인 대상 성범죄 신고의무와 절차

누구든지 장애인학대 및 장애인 대상 성범죄를 알게 된 때에는 중앙장애인권익옹호기관 또는 지역장애인권익옹호기관이나 수사기관에 신고할 수 있다.

다음 각 호의 어느 하나에 해당하는 사람은 그 직무상 장애인학대 및 장애인 대상 성범죄를 알게 된 경우에는 지체 없이 장애인권익옹호기관 또는 수사기관에 신고하여야 한다.

1. 사회복지 전담공무원 및 사회복지시설의 장과 그 종사자
2. 장애인활동지원인력 및 활동지원기관의 장과 그 종사자 3. 의료인 및 의료기관의 장
4. 의료기사 5. 응급구조사 6. 「소방기본법」에 따른 구급대의 대원
7. 정신건강복지센터의 장과 그 종사자 8. 어린이집의 원장 등 보육교직원
9. 유치원의 교직원 및 강사 등
10. 초 · 중등학교의 교직원, 전문상담교사 및 산학겸임교사 등
11. 학원의 운영자 · 강사 · 직원 및 교습소의 교습자 · 직원
12. 성폭력피해상담소의 장과 그 종사자 및 성폭력피해자보호시설의 장과 그 종사자
13. 성매매피해자지원시설의 장과 그 종사자 및 성매매피해상담소의 장과 그 종사자
14. 가정폭력 관련 상담소의 장과 그 종사자 및 가정폭력피해자 보호시설의 장과 그 종사자
15. 건강가정지원센터의 장과 그 종사자 16. 다문화가족지원센터의 장과 그 종사자
17. 가정위탁지원센터의 장과 그 종사자 18. 한부모가족복지시설의 장과 그 종사자
19. 청소년시설의 장과 그 종사자 및 청소년단체의 장과 그 종사자
20. 청소년 보호 · 재활센터의 장과 그 종사자
21. 「노인장기요양보험법」의 장기요양요원

(동법 제59조의4)

5) 금지행위

누구든지 다음 각 호의 어느 하나에 해당하는 행위를 하여서는 아니 된다.

1. 장애인에게 성적 수치심을 주는 성희롱 · 성폭력 등의 행위
2. 장애인의 신체에 폭행을 가하거나 상해를 입히는 행위

2의2. 장애인을 폭행, 협박, 감금, 그 밖에 정신상 또는 신체상의 자유를 부당하게 구속하는 수단으로써 장애인의 자유의사에 어긋나는 노동을 강요하는 행위

3. 자신의 보호 · 감독을 받는 장애인을 유기하거나 의식주를 포함한 기본적 보호 및 치료를 소홀히 하는 방임행위
4. 장애인에게 구걸을 하게 하거나 장애인을 이용하여 구걸하는 행위
5. 장애인을 체포 또는 감금하는 행위
6. 장애인의 정신건강 및 발달에 해를 끼치는 정서적 학대행위
7. 장애인을 위하여 증여 또는 급여된 금품을 그 목적 외의 용도에 사용하는 행위
8. 공중의 오락 또는 흥행을 목적으로 장애인의 건강 또는 안전에 유해한 곡예를 시키는 행위

(동법 제59조의9)

6) 장애인학대의 예방과 방지 의무

국가와 지방자치단체는 장애인학대의 예방과 방지를 위한 조치를 취하여야 한다(동법 제59조의10).

7) 장애인권익옹호기관의 설치 등

국가는 지역 간의 연계체계를 구축하고 장애인학대를 예방하기 위하여 중앙장애인권익옹호기관을 설치 · 운영하여야 한다. 학대받은 장애인을 신속히 발견 · 보호 · 치료하고 장애인학대를 예방하기 위하여 지역장애인권익옹호기관을 특별시 · 광역시 · 특별자치시 · 도 · 특별자치도에 둔다(동법 제59조의11).

8) 피해장애인 쉼터

특별시장 · 광역시장 · 특별자치시장 · 도지사 · 특별자치도지사는 피해장애인의 임시보호 및 사회복귀 지원을 위하여 장애인 쉼터를 설치 · 운영할 수 있다(동법 제59조의13).

9) 장애인복지시설 운영의 개시 등

장애인복지시설의 설치를 신고한 자는 지체 없이 시설 운영을 시작하여야 한다. 시설 운영자가 시설 운영을 중단 또는 재개하거나 시설을 폐지하려는 때에는 미리 시장 · 군수 · 구청장에게 신고하여야 한다(동법 제60조).

10) 장애인 거주시설 이용절차

장애인 거주시설을 이용하려는 자와 그 친족, 그 밖의 관계인은 보건복지부령으로 정하는 서류를 갖추어 시장 · 군수 · 구청장에게 장애인의 시설 이용을 신청하여야 한다. 시설 이용을 신청받은 시장 · 군수 · 구청장은 서비스 지원 종합조사 결과 등을 활용하여 이용 신청자의 시설 이용 적격성 여부를 심사하고 그 결과에 따라 시설 이용 여부를 결정하여야 하며, 이용 신청자의 시설 이용 적격성 및 본인부담금을 결정하여 이용 신청자와 시설 운영자에게 통보한다. 시설 운영자는 이용 신청자와 서비스 이용조건, 본인부담금 등의 사항을 포함하여 계약을 체결하고, 그 결과를 시장 · 군수 · 구청장에게 보고하여야 한다(동법 제60조의2).

11) 장애인 거주시설의 서비스 최저기준 및 운영자의 의무

보건복지부장관은 장애인 거주시설에서 제공하여야 하는 서비스의 최저기준을 마련하여야 하며, 장애인복지실시기관은 그 기준이 충족될 수 있도록 필요한 조치를 취하여야 한다. 시설 운영자는 서비스의 최저기준 이상으로 서비스의 수준을 유지하여야 한다.

시설 운영자는 시설 이용자의 인권을 보호하고, 인권이 침해된 경우에는 즉각적인 회복조치를 취하여야 한다. 시설 운영자는 시설 이용자의 거주, 요양, 생활지원, 지역사회생활지원 등을 위하여 필요한 서비스를 제공하여야 한다. 시설 운영자는 시설 이용자의 사생활 및 자기결정권의 보장을 위하여 노력하여야 한다. 시설 운영자는 시설 이용자의 인권을 보호하기 위하여 장애인 거주시설에 시설 이용 장애인 인권지킴이단을 두어야 한다(동법 제60조의3).

12) 감독 및 시설의 개선, 사업의 정지, 폐쇄

장애인복지실시기관은 장애인복지시설을 설치 · 운영하는 자의 소관업무 및 시설이용자의 인권실태 등을 지도 · 감독하며, 필요한 경우 그 시설에 관한 보고 또는 관련 서류 제출을 명하거나 소속 공무원에게 그 시설의 운영상황 · 장부, 그 밖의 서류를 조사 · 검사하거나 질문하게 할 수 있다.

장애인복지실시기관은 장애인복지시설이 다음 각 호의 어느 하나에 해당하는 때에는 그 시설의 개선, 사업의 정지, 시설의 장의 교체를 명하거나 해당 시설의 폐쇄를 명할 수 있다.

1. 장애인복지시설의 시설기준에 미치지 못한 때
2. 정당한 사유 없이 제61조에 따른 보고를 하지 아니하거나 거짓으로 보고한 때 또는 조사 · 검사 및 질문을 거부 · 방해하거나 기피한 때
3. 사회복지법인이나 비영리법인이 설치 · 운영하는 시설인 경우 그 사회복지법인이나 비영리법인의 설립 허가가 취소된 때
4. 시설의 회계 부정이나 시설이용자에 대한 인권침해 등 불법행위, 그 밖의 부당행위 등이 발견된 때
5. 설치 목적을 이루었거나 그 밖의 사유로 계속하여 운영할 필요가 없다고 인정되는 때
6. 이 법 또는 이 법에 따른 명령이나 처분을 위반한 경우

장애인복지시실시기관은 장애인 거주시설이 서비스 최저기준을 유지하지 못할 때에는 그 시설의 개선, 사업의 정지, 시설의 장의 교체를 명하거나 해당 시설의 폐쇄를 명할 수 있다(동법 제62조).

제6장 장애인보조기구 및 장애인복지 전문인력

1) 장애인보조기구

보건복지부장관은 장애인의 일상생활의 편의증진 등을 위하여 장애인보조기구의 지원 및 활용촉진 등에 관한 사업을 실시할 수 있다. 의지 · 보조기를 제조 · 개조 · 수리하거나 신체에 장착하는 의지 · 보조기제조업을 하는 자는 그 제조업소를 개설한 후 7일 이내에 시장 · 군수 · 구청장에게 제조업소의 개설사실을 알려야 한다. 제조업자는 의지 · 보조기 기사를 1명 이상 두어야 한다(동법 제65조 및 제69조).

2) 장애인복지 전문인력 양성 및 자격증

국가와 지방자치단체 그 밖의 공공단체는 의지 · 보조기 기사, 언어재활사, 장애인재활상담사, 한국수어 통역사, 점역 · 교정사 등 장애인복지 전문인력, 그 밖에 장애인복지에 관한 업무에 종사하는 자를 양성 · 훈련하는 데에 노력해야 한다(동법 제70조).

제7장 보칙

1) 비용 부담, 수납 및 보조

자녀교육비 지급, 자립훈련비 지급, 장애수당, 장애아동수당과 보호수당, 장애인활동지원급여의 지원과 장애인복지시설의 설치 · 운영에 드는 비용은 예산의 범위 안에서 장애인복지실시기관이 부담하게 할 수 있다. 국가와 지방자치단체는 장애인이 장애인복지시설을 이용하는 데 드는 비용의 전부 또는 일부를 부담할 수 있으며, 시설 이용자의 자산과 소득을 고려하여 본인부담금을 부과할 수 있다. 재활상담 등의 조치에 필요한 비용을 부담한 장애인복지실시기관은 해당 장애인 또는 그 부양의무자로부터 장애인복지실시기관이 부담한 비용의 전부 또는 일부를 받을 수 있다. 국가와 지방자치단체는 장애인복지시설의 설치 · 운영에 필요한 비용의 전부 또는 일부를 보조할 수 있다(동법 제79조부터 제82조).

2) 청문 및 이의신청

장애인복지실시기관은 다음 각 호의 어느 하나에 해당하는 조치를 하려면 청문을 하여야 한다.

> 1. 수행기관의 지정 취소 2. 장애인 등록의 취소 3. 장애인복지시설의 폐쇄 명령
> 4. 의지 · 보조기 제조업소의 폐쇄 명령 5. 의지 · 보조기 기사 등의 자격취소
> (이의신청 부분은 노인복지법 보칙 이의신청 등의 내용과 대동소이하므로 해당 부분 참고)

(동법 제83조 및 제84조)

3) 비밀누설 등의 금지

보건복지부 및 특별자치시 · 특별자치도 · 시 · 군 · 구 소속 공무원과 소속 공무원이었던 사람, 정밀심사 의뢰기관의 종사자와 종사자였던 사람, 수탁기관의 종사자와 종사자였던 사람은 업무 수행 중 알게 된 정보 또는 비밀 등을 이 법에서 정한 목적 외에 다른 용도로 사용하거나 다른 사람 또는 기관에 제공 · 누설하여서는 아니 된다(동법 제85조).

제8장 벌칙 및 양벌규정

1) 벌칙

장애인에게 성적 수치심을 주는 성희롱 · 성폭력 등의 행위를 한 사람은 10년 이하의

징역 또는 1억원 이하의 벌금에 처한다.

장애인의 신체에 폭행을 가하거나 상해를 입히는 행위 또는 장애인을 폭행, 협박, 감금, 그 밖에 정신상 또는 신체상의 자유를 부당하게 구속하는 수단으로써 장애인의 자유의사에 어긋나는 노동을 강요하는 행위를 한 사람은 7년 이하의 징역 또는 7천만원 이하의 벌금에 처한다(동법 제86조부터 제87조).

2) 양벌규정

「노인복지법」 벌칙 중 양벌규정의 내용과 대동소이하므로 해당 부분 참고

Ⅳ. 영유아보육법

[시행 2017. 9. 15.] [법률 제14597호, 2017. 3. 14., 일부개정]

1. 법 제정 의의 및 연혁

현대사회의 산업화에 따른 여성의 사회참여 증가 및 가족구조의 핵가족화에 의한 보육수요의 급증에 따라 아동보호와 교육문제는 개인적인 차원을 넘어 사회적 · 국가적 차원에서 해결이 불가피하게 되었으며, 보육에 대한 사회의 요구가 계속 증가하자 여성단체를 중심으로 보육을 활성화시키기 위한 토론회 등을 활발하게 개최되어 보육사업의 제도적 시행이 정부의 어젠다에 오르게 되었다. 이에 따라 정부는 1989년 「아동복지법 시행령」에 보육시설의 법적근거를 부활하였다.[12] 그러나 「아동복지법」에 의한 보육사업은 시설 설립주체의 제한으로 인한 보육사업 확대곤란, 관장부처의 다원화로 체계적이고 효율적인 보육사업 추진 등에 문제점이 있으므로, 영유아의 보호와 교육에 관한 별도의 입법을 통하여 보육시설의 조속한 확대 및 체계화로 아동의 건전한 보호 · 교육 및 보육자의 경제적 · 사회적 활동의 지원을 통하여 가정복지증진을 도모하기 위하여 '1991. 1. 14. 법률 제4328호'로 「영유아보육법」이 제정되었다.[13]

「영유아보육법」은 영유아의 건전한 보호 및 교육과 보호자의 경제적 · 사회적 활동의 지원을 통하여 가정복지 증진을 도모하고 영유아 양육을 사회적으로 책임진다는 인식 아래 국가와 기업주가 보육비용을 부담하도록 의무화함으로써 영유아 보육제도의 정착을 위한 법적 기반이 마련되었다.

2. 법의 주요 내용

이 법의 주요 내용은 다음과 같다.[14]

제1장 총칙

1) 목적 및 정의

이 법은 영유아의 심신을 보호하고 건전하게 교육하여 건강한 사회 구성원으로 육성함과 아울러 보호자의 경제적 · 사회적 활동이 원활하게 이루어지도록 함으로써 영유아 및 가정의 복지 증진에 이바지함을 목적으로 한다. 이 법에서 사용하는 용어의 뜻은 다음과 같다.

“영유아”란 6세 미만의 취학 전 아동을 말한다. “보육”이란 영유아를 건강하고 안전하게 보호 · 양육하고 영유아의 발달 특성에 맞는 교육을 제공하는 어린이집 및 가정양육 지원에 관한 사회복지서비스를 말한다.
“어린이집”이란 보호자의 위탁을 받아 영유아를 보육하는 기관을 말한다. “보호자”란 친권자 · 후견인, 그 밖의 자로서 영유아를 사실상 보호하고 있는 자를 말한다.
“보육교직원”이란 어린이집 영유아의 보육, 건강관리 및 보호자와의 상담, 그 밖에 어린이집의 관리 · 운영 등의 업무를 담당하는 자로서 어린이집의 원장 및 보육교사와 그 밖의 직원을 말한다.

(동법 제1조 및 제2조)

2) 보육 이념

보육은 영유아의 이익을 최우선적으로 고려하여 제공되어야 한다.
보육은 영유아가 안전하고 쾌적한 환경에서 건강하게 성장할 수 있도록 하여야 한다.
영유아는 자신이나 보호자의 성, 연령, 종교, 사회적 신분, 재산, 장애, 인종 및 출생지역 등에 따른 어떠한 종류의 차별도 받지 아니하고 보육되어야 한다(동법 제3조).

3) 책임

모든 국민은 영유아를 건전하게 보육할 책임을 진다. 국가와 지방자치단체는 보호자와 더불어 영유아를 건전하게 보육할 책임을 지며, 이에 필요한 재원을 안정적으로 확보하도록 노력하여야 한다(동법 제4조).

4) 보육정책조정위원회 및 보육정책위원회

보육정책에 관한 관계 부처 간의 의견을 조정하기 위하여 국무총리 소속으로 보육정책조정위원회(위원장: 국무조정실장)를 둔다. 보육에 관한 각종 정책 · 사업 · 보육지도 및 어린이집 평가인증사항 등을 심의하기 위하여 보건복지부에 중앙보육정책위원회를, 특별시 · 광역시 · 도 · 특별자치도 및 시 · 군 · 구에 지방보육정책위원회를 둔다(동법 제5조 및 제6조).

5) 육아종합지원센터 및 보육개발원

영유아에게 일시보육 서비스를 제공하거나 보육에 관한 정보의 수집 · 제공 및 상담을 위하여 보건복지부장관은 중앙육아종합지원센터를, 특별시장 · 광역시장 · 특별자치시장 · 도지사 · 특별자치도지사 및 시장 · 군수 · 구청장은 지방육아종합지원센터를 설치 · 운영하여야 한다. 이 경우 필요하다고 인정하는 경우에는 영아 · 장애아 보육 등에 관한 육아종합지원센터를 별도로 설치 · 운영할 수 있다. 중앙육아종합지원센터와 지방육아종합지원센터에는 육아종합지원센터의 장과 보육에 관한 정보를 제공하는 보육전문요원 및 보육교직원의 정서적 · 심리적 상담 등의 업무를 하는 상담전문요원 등을 둔다(동법 제7조 및 제8조).

6) 보육 실태 조사

보건복지부장관은 보육 실태 조사를 3년마다 하여야 한다(동법 제9조).

제2장 어린이집의 설치

1) 어린이집의 종류

어린이집의 종류는 다음 각 호와 같다(동법 제10조).

1. 국공립어린이집: 국가나 지방자치단체가 설치 · 운영하는 어린이집
2. 사회복지법인어린이집: 「사회복지사업법」에 따른 사회복지법인(이하 "사회복지법인"이라 한다)이 설치 · 운영하는 어린이집
3. 법인 · 단체 등 어린이집: 각종 법인(사회복지법인을 제외한 비영리법인)이나 단체 등이 설치 · 운영하는 어린이집으로서 대통령령으로 정하는 어린이집
4. 직장어린이집: 사업주가 사업장의 근로자를 위하여 설치 · 운영하는 어린이집(국가나 지방자치단체의 장이 소속 공무원 및 국가나 지방자치단체의 장과 근로계약을 체결한 자로서 공무원이 아닌 자를 위하여 설치 · 운영하는 어린이집을 포함한다)
5. 가정어린이집: 개인이 가정이나 그에 준하는 곳에 설치 · 운영하는 어린이집
6. 협동어린이집: 보호자 또는 보호자와 보육교직원이 조합(영리를 목적으로 하지 아니하는 조합에 한정한다)을 결성하여 설치 · 운영하는 어린이집
7. 민간어린이집: 제1호부터 제6호까지의 규정에 해당하지 아니하는 어린이집

2) 어린이집의 설치 등

(1) 국공립어린이집의 설치 등

국가나 지방자치단체는 국공립어린이집을 설치 · 운영하여야 한다. 이 경우 국공립어린이집은 보육계획에 따라 다음 각 호의 지역에 우선적으로 설치하여야 한다(동법 제12조).

1. 도시 저소득주민 밀집 주거지역 및 농어촌지역 등 취약지역
2. 공동주택 중 일정 세대(500세대) 이상의 공동주택을 건설하는 주택단지 지역
3. 산업단지 지역

(2) 국공립어린이집 외의 어린이집의 설치

국공립어린이집 외의 어린이집을 설치 · 운영하려는 자는 특별자치도지사 · 시장 · 군수 · 구청장의 인가를 받아야 한다. 어린이집의 설치인가를 받은 자는 어린이집 방문자 등이 볼 수 있는 곳에 어린이집 인가증을 게시하여야 한다(동법 제13조).

(3) 직장어린이집의 설치 등

상시 여성근로자 300명 이상 또는 상시근로자 500명 이상을 고용하고 있는 사업장의 사업주는 직장어린이집을 설치하여야 한다. 다만, 사업장의 사업주가 직장어린이집을 단독으로 설치할 수 없을 때에는 사업주 공동으로 직장어린이집을 설치 · 운영하거나, 지역의 어린이집과 위탁계약을 맺어 근로자 자녀의 보육을 지원(위탁보육)하여야 한다.

사업장의 사업주가 위탁보육을 하는 경우에는 사업장 내 보육대상이 되는 근로자 자녀 중에서 위탁보육을 받는 근로자 자녀가 100분의 30 이상이 되도록 하여야 한다(동법14조 및 14조의2, 시행령 제20조 및 시행규칙 제7조).

(4) 어린이집 설치기준

어린이집을 설치 · 운영하려는 자는 보건복지부령으로 정하는 설치기준을 갖추어야 한다. 어린이집을 설치 · 운영하는 자는 놀이터를 설치하여야 한다. 다만, 다음 각 호의 어느 하나에 해당하는 어린이집은 그러하지 아니한다.

1. 보육 정원 50명 미만인 어린이집
2. 100미터 이내에 보건복지부령으로 정하는 기준을 충족하는 놀이터가 설치되어 있는 어린이집

어린이집을 설치 · 운영하는 자는 반드시 1층과 2층 이상 등 종류별 비상재해대비시설을 설치하여야 한다. 어린이집을 설치 · 운영하는 자는 아동학대 방지 등 영유아의 안전과 어린이집의 보안을 위하여 폐쇄회로 텔레비전을 설치 · 관리하여야 한다(동법 제15조부터 제15조의4).

3) 결격사유

다음 각 호의 어느 하나에 해당하는 자는 어린이집을 설치 · 운영할 수 없다.

1. 미성년자 · 피성년후견인 또는 피한정후견인
2. 「정신보건법」 제3조제1호의 정신질환자
3. 「마약류 관리에 관한 법률」 제2조제1호의 마약류에 중독된 자
4. 파산선고를 받고 복권되지 아니한 자
5. 금고 이상의 실형을 선고받고 그 집행이 종료(집행이 종료된 것으로 보는 경우를 포함한다)되거나 집행이 면제된 날부터 5년(「아동복지법」 제3조제7호의2에 따른 아동학대관련범죄를 저지른 경우에는 20년)이 경과되지 아니한 자
6. 금고 이상의 형의 집행유예를 선고받고 그 유예기간 중에 있는 사람. 다만, 「아동복지법」 제3조제7호의2에 따른 아동학대관련범죄로 금고 이상의 형의 집행유예를 선고받은 경우에는 그 집행유예가 확정된 날부터 20년이 지나지 아니한 사람
7. 제45조에 따라 어린이집의 폐쇄명령을 받고 5년이 경과되지 아니한 자
8. 제54조에 따라 300만원 이상의 벌금형이 확정된 날부터 2년이 지나지 아니한 사람 또는 「아동복지법」 제3조제7호의2에 따른 아동학대관련범죄로 벌금형이 확정된 날부터 10년이 지나지 아니한 사람
9. 제23조의3에 따른 교육명령을 이행하지 아니한 자

(동법 제16조)

제3장 보육교직원

1) 보육교직원의 배치, 직무 및 책무

어린이집에는 보육교직원을 두어야 한다. 어린이집에는 보육교사의 업무 부담을 경감할 수 있도록 보조교사 등을 둔다. 어린이집의 원장은 어린이집을 총괄하고 보육교사와 그 밖의 직원을 지도 · 감독하며 영유아를 보육한다. 보육교직원의 책무는 다음과 같다.

1. 보육교직원은 영유아를 보육함에 있어 영유아에게 신체적 고통이나 고성 · 폭언 등의 정신적 고통을 가하여서는 아니 된다.
2. 보육교직원은 업무를 수행함에 있어 영유아의 생명 · 안전보호 및 위험방지를 위하여 주의의무를 다하여야 한다.

(동법 제18조부터 제19조)

2) 결격사유

다음 각 호의 어느 하나에 해당하는 자는 어린이집에 근무할 수 없다(동법 제20조).

1. 결격사유의 어느 하나에 해당하는 자
2. 자격정지 중인 자
3. 자격이 취소된 후 자격 재교부 기한이 경과되지 아니한 자

3) 어린이집의 원장 또는 보육교사의 자격

보육교사는 다음 각 호의 어느 하나에 해당하는 자로서 보건복지부장관이 검정 · 수여하는 자격증을 받은 자이어야 한다.

1. 「고등교육법」 제2조에 따른 학교에서 보건복지부령으로 정하는 보육 관련 교과목과 학점을 이수하고 전문학사학위 이상을 취득한 사람

1의2. 법령에 따라 「고등교육법」 제2조에 따른 학교를 졸업한 사람과 같은 수준 이상의 학력이 있다고 인정된 사람으로서 보건복지부령으로 정하는 보육 관련 교과목과 학점을 이수하고 전문학사학위 이상을 취득한 사람

2. 고등학교 또는 이와 같은 수준 이상의 학교를 졸업한 자로서 시 · 도지사가 지정한 교육훈련시설에서 소정의 교육과정을 이수한 사람

보육교사의 등급은 1 · 2 · 3급으로 한다.

보건복지부장관은 어린이집 원장과 보육교사의 자질 향상을 위한 보수교육을 실시하여야 한다. 이 경우 보수교육은 집합교육을 원칙으로 한다. 어린이집 원장의 보수교육은 사전직무교육과 직무교육으로 구분하고, 보육교사의 보수교육은 직무교육과 승급교육으로 구분한다(동법 제21조부터 제23조의2).

제4장 어린이집의 운영

1) 어린이집의 운영기준 등

어린이집을 설치 · 운영하는 자는 보건복지부령으로 정하는 운영기준에 따라 어린이집을 운영하여야 한다. 국가나 지방자치단체는 국공립어린이집을 법인 · 단체 또는 개인에게 위탁하여 운영할 수 있다. 직장어린이집을 설치한 사업주는 이를 법인 · 단체 또는 개

인에게 위탁하여 운영할 수 있다(동법 제24조).

2) 어린이집운영위원회

어린이집의 원장은 어린이집 운영의 자율성과 투명성을 높이고 지역사회와의 연계를 강화하여 지역 실정과 특성에 맞는 보육을 실시하기 위하여 어린이집에 어린이집운영위원회를 설치 · 운영할 수 있다. 다만, 취약보육을 우선적으로 실시하여야 하는 어린이집과 대통령령으로 정하는 어린이집은 어린이집운영위원회를 설치 · 운영하여야 한다. 어린이집운영위원회는 연간 4회 이상 개최하여야 한다(동법 제25조).

3) 부모모니터링단

시 · 도지사 또는 시장 · 군수 · 구청장은 어린이집 보육환경을 모니터링하고 개선을 위한 컨설팅을 하기 위하여 부모, 보육 · 보건 전문가로 점검단(부모모니터링단)을 구성 · 운영할 수 있다. 부모모니터링단은 다음 각 호의 직무를 수행한다(동법 제25조의2).

1. 어린이집 급식, 위생, 건강 및 안전관리 등 운영상황 모니터링
2. 어린이집 보육환경 개선을 위한 컨설팅
3. 그 밖에 보육 관련 사항으로서 보건복지부령으로 정하는 사항

4) 보호자의 어린이집 참관

보호자는 영유아의 보육환경 · 보육내용 등 어린이집의 운영실태를 확인하기 위하여 어린이집 원장에게 어린이집 참관을 요구할 수 있다. 이 경우 어린이집 원장은 특별한 사유가 없으면 이에 따라야 한다(동법 제25조의3).

5) 취약보육의 우선 실시 등

국가나 지방자치단체, 사회복지법인, 그 밖의 비영리법인이 설치한 어린이집과 대통령령으로 정하는 어린이집의 원장은 영아 · 장애아 · 다문화가족의 아동 등에 대한 보육(취약보육)을 우선적으로 실시하여야 한다(동법 제26조).

6) 일시보육 서비스

국가 또는 지방자치단체는 제34조에 따른 무상보육 및 무상교육 지원을 받지 아니하는 영유아에 대하여 필요한 경우 일시보육 서비스를 지원할 수 있다. 특별자치시장 · 특별자

치도지사 · 시장 · 군수 · 구청장은 다음 각 호의 어느 하나에 해당하는 시설을 일시보육 서비스를 제공하는 기관(일시보육서비스지정기관)으로 지정할 수 있다.

1. 육아종합지원센터　2. 어린이집 3. 그 밖에 일시보육 서비스의 제공이 가능한 시설로서 보건복지부령으로 정하는 시설

(동법 제26조의2)

7) 어린이집 이용대상 및 보육의 우선 제공

어린이집의 이용대상은 보육이 필요한 영유아를 원칙으로 한다. 다만, 필요한 경우 어린이집의 원장은 만 12세까지 연장하여 보육할 수 있다.

국가나 지방자치단체, 사회복지법인, 그 밖의 비영리법인이 설치한 어린이집과 대통령령으로 정하는 어린이집의 원장은 다음 각 호의 어느 하나에 해당하는 자가 우선적으로 어린이집을 이용할 수 있도록 하여야 한다. 다만, 고용촉진시설의 설치 · 운영을 위탁받은 공공단체 또는 비영리법인이 설치 · 운영하는 어린이집의 원장은 근로자의 자녀가 우선적으로 어린이집을 이용하게 할 수 있다.

1. 「국민기초생활 보장법」에 따른 수급자
2. 「한부모가족지원법」 제5조에 따른 보호대상자의 자녀
3. 「국민기초생활 보장법」 제24조에 따른 차상위계층의 자녀
4. 「장애인복지법」 제2조에 따른 장애인 중 보건복지부령으로 정하는 장애 정도에 해당하는 자의 자녀
5. 「다문화가족지원법」 제2조제1호에 따른 다문화가족의 자녀
6. 「국가유공자 등 예우 및 지원에 관한 법률」 제4조제1항에 따른 국가유공자 중 제3호의 전몰군경, 제4호 · 제6호 · 제12호 · 제15호 · 제17호의 상이자로서 보건복지부령으로 정하는 자, 제5호 · 제14호 · 제16호의 순직자의 자녀
7. 제1형 당뇨를 가진 경우로서 의학적 조치가 용이하고 일상생활이 가능하여 보육에 지장이 없는 영유아
8. 그 밖에 소득수준 및 보육수요 등을 고려하여 보건복지부령으로 정하는 자의 자녀

사업주는 사업장 근로자의 자녀가 우선적으로 직장어린이집을 이용할 수 있도록 하여야 한다(동법 제27조 및 제28조).

8) 보육과정

보육과정은 영유아의 신체 · 정서 · 언어 · 사회성 및 인지적 발달을 도모할 수 있는 내용을 포함하여야 한다. 보건복지부장관은 표준보육과정을 개발 · 보급하여야 하며 필요하면 그 내용을 검토하여 수정 · 보완하여야 한다. 어린이집의 원장은 보호자의 동의를 받아 일정 연령 이상의 영유아에게 특정한 시간대에 한정하여 보육과정 외에 어린이집 내외에서 이루어지는 특별활동프로그램을 실시할 수 있다(동법 제29조).

9) 어린이집 평가인증

보건복지부장관은 보육서비스의 질적 수준을 향상시키기 위하여 어린이집 설치 · 운영자의 신청에 따라 어린이집의 보육환경, 보육과정 운영 및 보육인력의 전문성 등을 평가하여 해당 어린이집에 대한 평가인증을 실시할 수 있으며, 결과를 공표할 수 있다(동법 제30조의2).

제5장 건강·영양 및 안전

1) 건강관리 및 응급조치 및 어린이집 안전공제사업

어린이집의 원장은 영유아와 보육교직원에 대하여 정기적으로 건강진단을 실시하고, 영유아의 건강진단 실시여부를 어린이집 생활기록부에 기록하여 관리하는 등 건강관리를 하여야 한다. 어린이집의 원장은 영유아에게 질병 · 사고 또는 재해 등으로 인하여 위급 상태가 발생한 경우 즉시 응급의료기관에 이송하여야 한다. 어린이집 상호 간의 협동조직을 통하여 어린이집의 안전사고를 예방하고 어린이집 안전사고로 인하여 생명 · 신체 또는 재산상의 피해를 입은 영유아 및 보육교직원 등에 대한 보상을 하기 위하여 보건복지부장관의 허가를 받아 어린이집 안전공제사업을 할 수 있다(동법 제31조부터 제33조).

제6장 비용

1) 무상보육

국가와 지방자치단체는 영유아에 대한 보육을 무상으로 하되, 그 내용 및 범위는 대통령령으로 정한다. 국가와 지방자치단체는 장애아 및 다문화가족의 자녀의 무상보육에 대하여는 대통령령으로 정하는 바에 따라 그 대상의 여건과 특성을 고려하여 지원할 수 있다. 무상보육 실시에 드는 비용은 대통령령으로 정하는 바에 따라 국가나 지방자치단체가 부담하거나 보조하여야 한다.

보건복지부장관은 어린이집 표준보육비용 등을 조사하고 그 결과를 바탕으로 예산의 범위에서 관계 행정기관의 장과 협의하여 제3항에 따른 국가 및 지방자치단체가 부담하는 비용을 정할 수 있다. 국가와 지방자치단체는 자녀가 2명 이상인 경우에 대하여 추가적으로 지원할 수 있다. 국가와 지방자치단체는 무상보육을 받으려는 영유아와 장애아 및 다문화가족의 자녀를 보육하기 위하여 필요한 어린이집을 설치 · 운영하여야 한다(동법 제34조).

2) 양육수당

국가와 지방자치단체는 어린이집이나 유치원을 이용하지 아니하는 영유아에 대하여 영유아의 연령과 보호자의 경제적 수준을 고려하여 양육에 필요한 비용을 지원할 수 있다. 영유아가 일시보육 서비스를 이용하는 경우에도 그 영유아에 대하여는 양육에 필요한 비용을 지원할 수 있다(동법 제34조의2).

3) 보육서비스 이용권

국가와 지방자치단체는 무상보육 및 양육수당에 따른 비용 지원을 위하여 보육서비스 이용권을 영유아의 보호자에게 지급할 수 있다(동법 제34조의3, 이용권은 일종의 voucher임).

4) 비용 지원의 신청

영유아의 보호자는 무상보육 및 양육수당에 따른 비용의 지원을 신청할 수 있다. 신청을 할 때 금융정보 · 신용정보 · 보험정보의 자료 또는 정보 제공에 대한 보호자 및 그 가구원의 동의 서면을 제출하여야 한다(동법 제34조의4).

5) 비용의 보조·사업주의 비용부담·보육료 수납 등

국가나 지방자치단체는 대통령령으로 정하는 바에 따라 어린이집의 설치, 보육교사의 인건비, 초과보육에 드는 비용 등 운영 경비 또는 지방육아종합지원센터의 설치 · 운영, 보육교직원의 복지 증진, 취약보육의 실시 등 보육사업에 드는 비용, 폐쇄회로 텔레비전 설치비의 전부 또는 일부를 보조한다. 어린이집을 설치한 사업주는 그 어린이집의 운영과 보육에 필요한 비용의 전부 또는 일부를 부담하여야 한다.

어린이집을 설치 · 운영하는 자는 그 어린이집의 소재지를 관할하는 시 · 도지사가 정하는 범위에서 그 어린이집을 이용하는 자로부터 보육료와 그 밖의 필요경비 등을 받을 수 있다(동법 제36조부터 제38조).

제7장 지도 및 감독

1) 위법행위의 신고

누구든지 다음 각 호의 어느 하나에 해당하는 자를 관계 행정기관이나 수사기관에 신고 또는 고발할 수 있다.

1. 거짓이나 그 밖의 부정한 방법으로 보조금을 교부받거나 유용한 자 2. 어린이집 운영기준을 지키지 아니한 자 3. 급식관리기준을 지키지 아니한 자 4. 어린이집 차량안전관리 기준을 지키지 아니한 자 5. 아동학대 행위를 한 자 6. 그 밖에 보건복지부령으로 정하는 자

어린이집을 설치 · 운영하는 자는 보육교직원이 신고 또는 고발을 하였다는 이유로 불이익조치를 하여서는 아니 된다(동법 제41조부터 제43조).

2) 어린이집의 폐지·휴지 및 재개 등의 신고

인가된 어린이집을 폐지하거나 일정기간 운영을 중단하거나 운영을 재개하려는 자는 보건복지부령으로 정하는 바에 따라 미리 특별자치도지사 · 시장 · 군수 · 구청장에게 신고하여야 한다. 어린이집의 원장은 어린이집이 폐지되거나 일정기간 운영이 중단되는 경우에는 그 어린이집에서 보육 중인 영유아가 다른 어린이집으로 옮길 수 있도록 하는 등 영유아의 권익을 보호하기 위한 조치를 취하여야 한다(동법 제43조).

3) 어린이집에 대한 휴원명령

보건복지부장관, 시 · 도지사 또는 시장 · 군수 · 구청장은 천재지변이나 감염병 발생 등 긴급한 사유로 정상적인 보육이 어렵다고 인정하는 경우 어린이집의 원장에게 휴원을 명할 수 있다(동법 제43조의2).

4) 시정 또는 변경 명령

보건복지부장관, 시 · 도지사 또는 시장 · 군수 · 구청장은 어린이집이 다음 각 호의 어느 하나에 해당하면 어린이집의 원장 또는 그 설치 · 운영자에게 기간을 정하여 그 시정 또는 변경을 명할 수 있다.

1. 변경인가를 받지 아니하고 어린이집을 운영하는 경우
2. 어린이집의 설치기준을 위반한 경우
2의2. 폐쇄회로 텔레비전의 설치 · 관리 및 영상정보의 보관기준을 위반한 경우
3. 보육교직원의 배치기준을 위반한 경우
3의2. 보육교직원의 임면에 관한 사항을 보고하지 아니하거나 거짓으로 보고한 경우
4. 어린이집의 운영기준을 위반한 경우
4의2. 어린이집운영위원회를 설치 · 운영하지 아니한 경우
4의3. 규정을 위반하여 영유아에게 특별활동을 제공한 경우
4의4. 규정을 위반하여 특별활동에 참여하지 아니하는 영유아에게 특별활동을 대체할 수 있는 프로그램을 제공하지 아니한 경우
4의5. 생활기록부를 작성 · 관리하지 아니한 경우
4의6. 질병의 치료와 예방조치를 하지 아니한 경우
4의7. 균형 있고 위생적이며 안전한 급식을 하지 아니한 경우
5. 보육료 등을 한도액을 초과하여 받은 경우
6. 보고를 하지 아니하거나 거짓으로 보고한 경우 또는 조사 · 검사를 거부하거나 기피한 경우
7. 신고를 하지 아니하고 어린이집을 폐지하거나 일정기간 운영을 중단하거나 운영을 재개한 경우
7의2. 휴원명령을 위반하여 휴원하지 아니하거나 긴급보육수요에 대비한 조치를 하지 아니한 경우
8. 정보의 공시에 관한 사항을 위반한 경우

(동법 제44조)

5) 직장어린이집 설치의무 미이행 사업장에 대한 이행명령 및 이행강제금

시 · 도지사, 시장 · 군수 · 구청장은 사업장의 사업주가 직장어린이집의 설치 등 의무를 이행하지 아니하는 경우에는 상당한 기간을 정하여 그 의무를 이행할 것을 명할 수 있다. 시 · 도지사, 시장 · 군수 · 구청장은 제44조의2에 따른 명령을 이행하지 아니한 자에 대하여 그 명령의 이행에 필요한 상당한 기간을 정하여 그 기간 내에 이행할 것을 다시 명할 수 있으며, 이를 이행하지 아니한 경우에는 같은 조에 따른 명령이 있었던 날을 기준으로 하여 1년에 2회, 매회 1억원의 범위에서 이행강제금을 부과 · 징수할 수 있다(동법 제44조의2 및 제44조의3).

6) 어린이집의 폐쇄 등

보건복지부장관, 시 · 도지사 및 시장 · 군수 · 구청장은 어린이집을 설치 · 운영하는 자가 다음 각 호의 어느 하나에 해당하면 1년 이내의 어린이집 운영정지를 명하거나 어린이집의 폐쇄를 명할 수 있다.

1. 거짓이나 그 밖의 부정한 방법으로 보조금을 교부받거나 보조금을 유용(流用)한 경우
2. 비용 또는 보조금의 반환명령을 받고 반환하지 아니한 경우
3. 시정 또는 변경 명령을 위반한 경우
4. 아동학대 행위를 한 경우
5. 어린이통학버스에 보육교직원을 함께 태우지 아니한 채 어린이통학버스 운행 중 발생한 교통사고로 영유아가 사망하거나 신체에 보건복지부령으로 정하는 중상해를 입은 경우

(동법 제45조)

7) 행정제재처분효과의 승계

어린이집을 설치 · 운영하는 자가 그 어린이집을 양도하거나 사망한 때 또는 법인의 합병이 있는 때에는 종전의 어린이집을 설치 · 운영한 자에게 행한 행정제재처분의 효과는 그 행정처분일부터 1년간 그 양수인 · 상속인 또는 합병 후 신설되거나 존속하는 법인에 승계되며, 행정제재처분의 절차가 진행 중인 경우에는 양수인 · 상속인 또는 합병 후 신설되거나 존속하는 법인에 대하여 행정제재처분의 절차를 속행할 수 있다(동법 제45조의2).

8) 어린이집의 원장 및 보육교사의 자격정지

보건복지부장관은 어린이집의 원장이 다음 각 호의 어느 하나에 해당하면 1년(아동학대 행위에 해당하게 된 경우에는 2년) 이내의 범위에서 보건복지부령으로 정하는 바에 따라 그 자격을 정지시킬 수 있다.

1. 어린이집의 원장이 업무 수행 중 고의나 중대한 과실로 영유아에게 손해를 입힌 경우로서 다음 각 목의 어느 하나에 해당하는 경우
   가. 영유아의 생명을 해치거나 신체 또는 정신에 중대한 손해를 입힌 경우
   나. 제24조에 따른 운영기준을 위반하여 손해를 입힌 경우
   다. 제33조에 따라 보건복지부령으로 정한 급식기준을 위반하여 손해를 입힌 경우

라. 그 밖에 손해를 입힌 경우
2. 해당 업무 수행에 필요한 자격이 없는 자를 채용하여 보육교사 · 간호사 또는 영양사 등의 업무를 수행하게 한 경우
3. 제23조에 따른 보수교육을 연속하여 3회 이상 받지 아니한 경우
4. 거짓이나 그 밖의 부정한 방법으로 보조금을 교부받거나 보조금을 유용한 경우
5. 「공익신고자 보호법」 제2조제2호에 따른 공익신고를 한 보육교직원에게 같은 조 제6호에 따른 불이익조치를 한 경우

보건복지부장관은 보육교사가 다음 각 호의 어느 하나에 해당하면 1년(아동학대 행위에 해당하게 된 경우에는 2년) 이내의 범위에서 보건복지부령으로 정하는 바에 따라 그 자격을 정지시킬 수 있다.

1. 보육교사가 업무 수행 중 그 자격과 관련하여 고의나 중대한 과실로 손해를 입힌 경우
2. 보수교육을 연속하여 3회 이상 받지 아니한 경우

(동법 제46조 및 제47조)

9) 어린이집의 원장 또는 보육교사의 자격취소

보건복지부장관은 어린이집의 원장 또는 보육교사가 다음 각 호의 어느 하나에 해당하면 그 자격을 취소할 수 있다.

1. 거짓이나 그 밖의 부정한 방법으로 자격증을 취득한 경우
2. 자격 취득자가 업무 수행 중 그 자격과 관련하여 고의나 중대한 과실로 손해를 입히고 금고 이상의 형을 선고받은 경우
3. 아동학대관련범죄로 처벌을 받은 경우
4. 명의대여 금지 등의 의무를 위반한 경우
5. 자격정지처분기간 종료 후 3년 이내에 자격정지처분에 해당하는 행위를 한 경우
6. 자격정지처분을 받고도 자격정지처분기간 이내에 자격증을 사용하여 자격 관련 업무를 수행한 경우
7. 자격정지처분을 3회 이상 받은 경우
8. 제46조제4호에 해당하여 금고 이상의 형을 선고받은 경우

(동법 제48조)

10) 어린이집 정보의 공시 등

어린이집의 원장은 어린이집이 보유 · 관리하는 다음 각 호의 정보를 매년 1회 이상 공시하여야 한다.

1. 어린이집의 시설, 설치 · 운영자, 보육교직원 등 기본현황
2. 제29조에 따른 어린이집 보육과정에 관한 사항
3. 제38조에 따라 수납하는 보육료와 그 밖의 필요경비에 관한 사항
4. 어린이집 예산 · 결산 등 회계에 관한 사항
5. 영유아의 건강 · 영양 및 안전관리에 관한 사항
6. 그 밖에 보육여건 및 어린이집 운영에 관한 사항으로서 대통령령으로 정하는 사항

(동법 제49조의2)

제8장 벌칙

1) 벌칙

영유아보육업무에 종사하거나 종사하였던 자는 업무를 수행하면서 취득한 금융정보 등을 이 법으로 정한 목적 외의 다른 용도로 사용하거나 다른 사람 또는 기관에 제공하거나 누설한 자는 5년 이하의 징역 또는 5천만원 이하의 벌금에 처한다. 이 경우 징역형과 벌금형은 병과(倂科)할 수 있다.

다음 각 호의 어느 하나에 해당하는 자는 3년 이하의 징역 또는 3천만원 이하의 벌금에 처한다.

1. 거짓이나 그 밖의 부정한 방법으로 보조금을 교부받거나 보조금을 유용한 자
2. 제15조의5제2항제1호를 위반하여 폐쇄회로 텔레비전의 설치 목적과 다른 목적으로 폐쇄회로 텔레비전을 임의로 조작하거나 다른 곳을 비추는 행위를 한 자
3. 제15조의5제2항제2호를 위반하여 녹음기능을 사용하거나 보건복지부령으로 정하는 저장장치 이외의 장치 또는 기기에 영상정보를 저장한 자

(동법 제54조)

2) 양벌규정

「노인복지법」 벌칙 중 양벌규정의 내용과 대동소이하므로 해당 부분 참고

Ⅴ. 정신건강증진 및 정신질환자 복지서비스 지원에 관한 법률 (약칭: 정신건강복지법)

[시행 2018. 12. 13.] [법률 제15647호, 2018. 6. 12., 일부개정]

1. 법 제정 의의 및 연혁

「정신건강증진 및 정신질환자 복지서비스 지원에 관한 법률」(약칭: 정신건강복지법)은 정신보건법을 대체한 법이다. 정신보건법은 생활환경의 급격한 변화로 인하여 정신질환자가 증가함에 따라 정신질환을 예방하고 정신질환자에 대한 효율적인 의료 및 사회복귀를 위하여 필요한 사항을 정함으로써 국민의 정신건강증진에 이바지하기 위하여 '1995. 12. 30. 법률 제5133호'로 제정되었다.

정신보건법(1995) → 정신건강복지법(2016)

'2016. 5. 29. 법률 제14224호'로 제정된 「정신보건법」이 「정신건강증진 및 정신질환자 복지서비스 지원에 관한 법률」(약칭:정신건강복지법)로 대체되어 2017년 5월 30일부터 시행되고 있다. 정신건강복지법은 정신질환자의 범위를 중증정신질환자로 축소 정의하고, 전 국민 대상의 정신건강증진의 장을 신설하며, 비자의 입원 · 퇴원 제도를 개선하고, 정신질환자에 대한 복지서비스 제공을 추가하는 등 기존의 「정신보건법」의 법률상 미흡한 점을 개선 · 보완하기 위해 제정되었다.[15)]

2. 법의 주요 내용

이 법의 주요 내용은 다음과 같다.[16)]

제1장 총칙

1) 목적 및 정의

이 법은 정신질환의 예방 · 치료, 정신질환자의 재활 · 복지 · 권리보장과 정신건강 친화적인 환경 조성에 필요한 사항을 규정함으로써 국민의 정신건강증진 및 정신질환자의 인간다운 삶을 영위하는 데 이바지함을 목적으로 한다.

이 법에서 사용하는 용어의 뜻은 다음과 같다.

1. “정신질환자”란 망상, 환각, 사고(思考)나 기분의 장애 등으로 인하여 독립적으로 일상생활을 영위하는 데 중대한 제약이 있는 사람을 말한다.
2. “정신건강증진사업”이란 정신건강 관련 교육 · 상담, 정신질환의 예방 · 치료, 정신질환자의 재활, 정신건강에 영향을 미치는 사회복지 · 교육 · 주거 · 근로 환경의 개선 등을 통하여 국민의 정신건강을 증진시키는 사업을 말한다.
3. “정신건강복지센터”란 정신건강증진시설, 「사회복지사업법」에 따른 사회복지시설, 학교 및 사업장과 연계체계를 구축하여 지역사회에서의 정신건강증진사업 및 정신질환자 복지서비스 지원사업을 하는 국가 또는 지방자치단체가 설치 · 운영하는 기관 및 국가 또는 지방자치단체로부터 위탁받아 정신건강증진사업 등을 수행하는 기관 또는 단체를 말한다.
4. “정신건강증진시설”이란 정신의료기관, 정신요양시설 및 정신재활시설을 말한다.
5. “정신의료기관”이란 주로 정신질환자를 치료할 목적으로 설치된 다음 각 목의 어느 하나에 해당하는 기관을 말한다.

   가. 「의료법」에 따른 의료기관 중 제19조제1항 후단에 따른 기준에 적합하게 설치된 병원(정신병원) 또는 의원
   나. 「의료법」에 따른 병원급 의료기관에 설치된 정신건강의학과로서 제19조제1항 후단에 따른 기준에 적합한 기관

6. “정신요양시설”이란 정신질환자를 입소시켜 요양 서비스를 제공하는 시설을 말한다.
7. “정신재활시설”이란 제26조에 따라 설치된 시설로서 정신질환자 또는 정신건강상 문제가 있는 사람 중 대통령령으로 정하는 사람(정신질환자 등)의 사회적응을 위한 각종 훈련과 생활지도를 하는 시설을 말한다.

2) 기본이념

- 모든 국민은 정신질환으로부터 보호받을 권리를 가진다.
- 모든 정신질환자는 인간으로서의 존엄과 가치를 보장받고, 최적의 치료를 받을 권리를 가진다.
- 모든 정신질환자는 정신질환이 있다는 이유로 부당한 차별대우를 받지 아니한다.
- 미성년자인 정신질환자는 특별히 치료, 보호 및 교육을 받을 권리를 가진다.

-정신질환자에 대해서는 입원 또는 입소(이하 "입원 등"이라 한다)가 최소화되도록 지역 사회 중심의 치료가 우선적으로 고려되어야 하며, 정신건강증진시설에 자신의 의지에 따른 입원 또는 입소(이하 "자의입원 등"이라 한다)가 권장되어야 한다.
-정신건강증진시설에 입원 등을 하고 있는 모든 사람은 가능한 한 자유로운 환경을 누릴 권리와 다른 사람들과 자유로이 의견교환을 할 수 있는 권리를 가진다.
-정신질환자는 원칙적으로 자신의 신체와 재산에 관한 사항에 대하여 스스로 판단하고 결정할 권리를 가진다. 특히 주거지, 의료행위에 대한 동의나 거부, 타인과의 교류, 복지서비스의 이용 여부와 복지서비스 종류의 선택 등을 스스로 결정할 수 있도록 자기결정권을 존중받는다.
-정신질환자는 자신에게 법률적 · 사실적 영향을 미치는 사안에 대하여 스스로 이해하여 자신의 자유로운 의사를 표현할 수 있도록 필요한 도움을 받을 권리를 가진다.
-정신질환자는 자신과 관련된 정책의 결정과정에 참여할 권리를 가진다.

3) 국가와 지방자치단체의 책무 및 국민의 의무

국가와 지방자치단체는 국민의 정신건강을 증진시키고, 정신질환을 예방 · 치료하며, 정신질환자의 재활 및 장애극복과 사회적응 촉진을 위한 연구 · 조사와 지도 · 상담 등 필요한 조치를 하여야 한다.

모든 국민은 정신건강증진을 위하여 국가와 지방자치단체가 실시하는 조사 및 정신건강증진사업등에 협력하여야 한다(동법 제4조 및 제5조).

4) 정신건강증진시설의 장의 의무

정신건강증진시설의 장은 정신질환자 등이 입원 등을 하거나 사회적응을 위한 훈련을 받으려고 하는 때에는 지체 없이 정신질환자 등과 그 보호의무자에게 이 법 및 다른 법률에 따른 권리 및 권리행사 방법을 알리고, 그 권리행사에 필요한 각종 서류를 정신건강증진시설에 갖추어 두어야 한다. 정신건강증진시설의 장은 정신질환자 등의 치료, 보호 및 재활과정에서 정신질환자 등의 의견을 존중하여야 한다. 정신건강증진시설의 장은 입원 등 또는 거주 중인 정신질환자 등이 인간으로서의 존엄과 가치를 보장받으며 자유롭게 생활할 수 있도록 노력하여야 한다(동법 제6조).

제2장 정신건강증진 정책의 추진 등

1) 국가계획의 수립 등

보건복지부장관은 관계 행정기관의 장과 협의하여 5년마다 정신건강증진 및 정신질환자 복지서비스 지원에 관한 국가의 기본계획(국가계획)을 수립하여야 한다. 특별시장 · 광역시장 · 특별자치시장 · 도지사 · 특별자치도지사는 국가계획에 따라 지역계획을 수립하여야 한다. 이 경우 해당 지역계획은 지역보건의료계획과 연계되도록 하여야 한다. 국가계획 및 지역계획을 수립할 때에는 장애인정책종합계획과 연계되도록 하여야 한다.

보건복지부장관은 5년마다 정신질환자의 인권과 복지증진 추진사항에 관한 백서를 발간하여 공표하여야 한다. 보건복지부장관은 국가계획의 수립 및 정신건강증진 및 정신질환자 복지서비스 지원 체계와 제도의 발전의 사항에 관하여 「국민건강증진법」에 따른 국민건강증진정책심의위원회의 심의를 받아야 한다(동법 제7조부터 제9조).

2) 실태조사 및 정신건강상 문제의 조기발견

보건복지부장관은 5년마다 실태조사를 하여야 한다. 다만, 정신건강증진 정책을 수립하는 데 필요한 경우 수시로 실태조사를 할 수 있다. 보건복지부장관, 시 · 도지사 및 시장 · 군수 · 구청장은 정신질환의 원활한 치료와 만성화 방지를 위하여 정신건강복지센터, 정신건강증진시설 및 의료기관을 연계한 정신건강상 문제의 조기발견 체계를 구축하여야 한다(동법 제10조 및 제11조).

3) 정신건강증진사업 등의 추진 및 학교 등에서의 실시

보건복지부장관은 전국 단위의 정신건강증진사업 등을 수행하고, 지방자치단체의 지역별 정신건강증진사업 등을 총괄 · 지원한다. 시 · 도지사는 관할 구역에서의 정신건강증진사업 등, 시 · 군 · 구 간 연계체계 구축 및 응급 정신의료 서비스 제공 등 광역 단위의 정신건강증진사업 등을 수행하며, 시장 · 군수 · 구청장이 지역계획의 시행계획이나 같은 항 단서에 따른 지역보건의료계획의 시행계획에 따른 정신건강증진사업 등을 총괄 · 지원한다. 시장 · 군수 · 구청장은 관할 구역에서의 정신건강증진사업 등을 수행한다.

보건복지부장관, 시 · 도지사 및 시장 · 군수 · 구청장은 정신건강증진사업 등을 시행하는 경우에 정신건강복지센터, 정신건강증진시설, 사회복지시설, 학교 및 사업장의 관련 활동이 서로 연계되도록 하여야 한다. 정신건강증진사업 등에 관하여 자문 · 지원하기 위하여 보건복지부장관 소속으로 중앙정신건강복지사업지원단을 두고, 정신건강증진사업 등에 관하여 자문 · 지원하기 위하여 시 · 도지사 소속으로 지방정신건강복지사업지원단을 둔다.

다음 각 호에 해당하는 기관 · 단체 · 학교의 장 및 사업장의 사용자는 구성원의 정신건강에 관한 교육 · 상담과 정신질환 치료와의 연계 등의 정신건강증진사업을 실시하도록 노력하여야 한다.

1. 국가 및 지방자치단체의 기관 중 업무의 성질상 정신건강을 해칠 가능성이 높아 정신건강증진사업을 실시할 필요가 있는 기관으로서 대통령령으로 정하는 기관
2. 「초 · 중등교육법」 및 「고등교육법」에 따른 학교 중 대통령령으로 정하는 학교
3. 「근로기준법」에 따른 근로자 300명 이상을 사용하는 사업장
4. 그 밖에 업무의 성질이나 근무자 수 등을 고려하여 정신건강증진사업을 실시할 필요가 있는 기관 · 단체로서 대통령령으로 정하는 기관 · 단체

(동법 제12조 및 제13조)

4) 정신건강의 날

정신건강의 중요성을 환기하고 정신질환에 대한 편견을 해소하기 위하여 매년 10월 10일을 정신건강의 날로 하고, 정신건강의 날이 포함된 주를 정신건강주간으로 한다(동법 제14조).

5) 정신건강복지센터의 설치 및 운영

보건복지부장관은 필요한 지역에서의 소관 정신건강증진사업 등의 제공 및 연계 사업을 전문적으로 수행하게 하기 위하여 정신건강복지센터를 설치 · 운영할 수 있다. 시 · 도지사는 관할 구역에서의 소관 정신건강증진사업 등의 제공 및 연계 사업을 전문적으로 수행하게 하기 위하여 광역정신건강복지센터를 설치 · 운영할 수 있다. 시장 · 군수 · 구청장은 관할 구역에서의 소관 정신건강증진사업 등의 제공 및 연계 사업을 전문적으로 수행하게 하기 위하여 보건소에 기초정신건강복지센터를 설치 · 운영할 수 있다(동법 제15조).

6) 국가트라우마센터 및 정신건강연구기관의 설치·운영

보건복지부장관은 재난이나 그 밖의 사고로 정신적 충격을 받은 트라우마 환자의 심리적 안정과 사회 적응을 지원(심리지원)하기 위하여 국가트라우마센터를 설치 · 운영할 수 있다.

국가트라우마센터는 다음 각 호의 업무를 수행한다.

1. 심리지원을 위한 지침의 개발 · 보급 2. 트라우마 환자에 대한 심리상담, 심리치료 3. 트라우마에 관한 조사 · 연구 4. 심리지원 관련 기관 간 협력체계의 구축 5. 그 밖에 심리지원을 위하여 보건복지부장관이 정하는 업무

보건복지부장관은 뇌신경 과학에 관한 연구, 정신질환 치료 및 재활을 위한 중개 · 임상 연구 등의 업무 수행을 위하여 국립정신건강연구기관을 둘 수 있다(동법 제15조의2 및 제16조).

7) 정신건강전문요원의 자격 및 결격사유

보건복지부장관은 정신건강 분야에 관한 전문지식과 기술을 갖추고 수련기관에서 수련을 받은 사람에게 정신건강전문요원의 자격을 줄 수 있다. 정신건강전문요원은 그 전문분야에 따라 정신건강임상심리사, 정신건강간호사 및 정신건강사회복지사로 구분한다. 보건복지부장관은 정신건강전문요원의 자질을 향상시키기 위하여 보수교육을 실시할 수 있다.

보건복지부장관은 정신건강전문요원이 다음 각 호의 어느 하나에 해당하는 경우에는 그 자격을 취소하거나 6개월 이내의 기간을 정하여 자격의 정지를 명할 수 있다. 다만, 정신건강전문요원의 결격사유에 해당하면 그 자격을 취소하여야 한다.

1. 자격을 받은 후 정신건강전문요원의 결격사유에 해당하게 된 경우 2. 거짓이나 그 밖의 부정한 방법으로 자격을 받은 경우 3. 고의 또는 중대한 과실로 제6항에 따라 대통령령으로 정하는 업무의 수행에 중대한 지장이 발생하게 된 경우

다음 각 호의 어느 하나에 해당하는 사람은 정신건강전문요원이 될 수 없다.

1. 피성년후견인 2. 이 법이나 사회복지사업법 등의 어느 하나에 해당하는 법을 위반하여 금고 이상의 형을 선고받고 그 집행이 끝나지 아니하거나 집행을 받지 아니하기로 확정되지 아니한 사람

(동법 제 17조 및 제18조)

제3장 정신건강증진시설의 개설·설치 및 운영 등

1) 정신의료기관의 개설·운영, 과징금 등

정신의료기관의 개설은 「의료법」에 따른다. 이 경우 정신의료기관의 시설 · 장비의 기준과 의료인 등 종사자의 수 · 자격에 관하여 필요한 사항은 정신의료기관의 규모 등을 고려하여 보건복지부령으로 따로 정한다.

다음 각 호의 어느 하나에 해당하는 행위로 금고 이상의 형을 선고받고 그 형의 집행이 끝나거나 집행을 받지 아니하기로 확정된 후 5년이 지나지 아니한 사람 또는 그 사람이 대표자로 있는 법인은 정신의료기관을 개설하거나 설치할 수 없다.

1. 법 규정을 위반하여 정신질환자를 퇴원이나 임시 퇴원을 시키지 아니한 행위
2. 정신건강의학과전문의의 대면 진단에 의하지 아니하고 정신질환자를 정신의료기관에 입원을 시키거나 입원의 기간을 연장한 행위

보건복지부장관은 정신질환자에 대한 지역별 병상 수급 현황 등을 고려하여 정신의료기관이 다음 각 호의 어느 하나에 해당하는 경우에 그 정신의료기관의 규모를 제한할 수 있다.

1. 300병상 이상의 정신의료기관을 개설하려는 경우
2. 정신의료기관의 병상 수를 300병상 미만에서 기존의 병상 수를 포함하여 300병상 이상으로 증설하려는 경우
3. 300병상 이상의 정신의료기관을 운영하는 자가 병상 수를 증설하려는 경우

시 · 도지사 또는 시장 · 군수 · 구청장은 정신의료기관이 다음 각 호의 어느 하나에 해당하는 경우에는 1년의 범위에서 기간을 정하여 시정명령을 할 수 있다.

1. 정신의료기관의 시설 · 장비의 기준과 의료인 등 종사자의 수 · 자격에 미달하게 된 경우
2. 법 규정을 위반하여 정신질환자를 퇴원이나 임시 퇴원을 시키지 아니한 경우
3. 특별자치시장 · 특별자치도지사 · 시장 · 군수 · 구청장의 퇴원 명령 또는 처우개선 조치명령에 따르지 아니한 경우

4. 정당한 사유 없이 연 1회 이상 그 업무에 관하여 보고를 하지 아니하거나 거짓으로 보고를 하는 경우, 관계 서류를 제출하지 아니하거나 거짓의 서류를 제출하는 경우 또는 관계 공무원의 검사를 거부 · 방해 또는 기피하는 경우나 같은 조 제2항에 따른 관계 공무원과 정신건강심의위원회 위원의 심사를 거부 · 방해 또는 기피한 경우
5. 정신건강의학과전문의의 대면 진단에 의하지 아니하고 정신질환자를 입원시키거나 입원 기간을 연장한 경우

시 · 도지사 또는 시장 · 군수 · 구청장은 정신의료기관이 시정명령에 따르지 아니한 경우 1년의 범위에서 사업의 정지를 명령하거나 개설허가의 취소 또는 시설의 폐쇄를 명령할 수 있다.

시 · 도지사 또는 시장 · 군수 · 구청장은 정신의료기관이 사업의 정지를 명하여야 하는 경우로서 그 사업의 정지가 이용자에게 심한 불편을 주거나 그 밖에 공익을 해칠 우려가 있는 경우에는 사업의 정지 처분을 갈음하여 5천만원 이하의 과징금을 부과할 수 있다(동법 제19조 및 제20조).

2) 국립·공립 정신병원의 설치 등

국가와 지방자치단체는 국립 또는 공립의 정신의료기관으로서 정신병원을 설치 · 운영하여야 한다. 국가와 지방자치단체가 정신병원을 설치하는 경우 그 병원이 지역적으로 균형 있게 분포되도록 하여야 하며, 정신질환자가 지역사회 중심으로 관리되도록 하여야 한다(동법 제21조).

3) 정신요양시설의 설치·운영 및 자문

국가와 지방자치단체는 정신요양시설을 설치 · 운영할 수 있다. 사회복지법인과 그 밖의 비영리법인이 정신요양시설을 설치 · 운영하려는 경우에는 해당 정신요양시설 소재지 관할 특별자치시장 · 특별자치도지사 · 시장 · 군수 · 구청장의 허가를 받아야 한다.

다음 각 호의 어느 하나에 해당하는 행위로 금고 이상의 형을 선고받고 그 형의 집행이 끝나거나 집행을 받지 아니하기로 확정된 후 5년이 지나지 아니한 사람 또는 그 사람이 대표자로 있는 법인은 정신요양시설을 설치할 수 없다.

1. 법 규정을 위반하여 정신질환자를 퇴소나 임시 퇴소를 시키지 아니한 행위

2. 정신건강의학과전문의의 대면 진단에 의하지 아니하고 정신질환자를 정신요양시설에 입소시키거나 입소의 기간을 연장한 행위

보건복지부장관, 시 · 도지사 및 시장 · 군수 · 구청장은 정신요양시설의 장에게 정신질환자의 요양생활에 지장이 없는 범위에서 지역주민 · 사회단체 · 언론사 등이 정신요양시설의 운영상황을 파악할 수 있도록 그 시설의 개방을 요구할 수 있다. 정신요양시설의 장은 정신요양시설에서 요양 서비스를 제공할 때 의료와 관련된 부분은 정신건강의학과전문의에게 자문하여야 한다(동법 제22조 및 제23조).

4) 정신요양시설의 폐지·휴지·재개 신고, 사업의 정지, 설치허가 취소

정신요양시설을 설치 · 운영하는 자가 그 시설을 폐지 · 휴지하거나 재개하려는 경우에는 미리 특별자치시장 · 특별자치도지사 · 시장 · 군수 · 구청장에게 신고하여야 한다.

특별자치시장 · 특별자치도지사 · 시장 · 군수 · 구청장은 정신요양시설이 다음 각 호의 어느 하나에 해당하는 경우에는 1년의 범위에서 기간을 정하여 시정명령을 할 수 있다.

1. 정신요양시설의 허가를 받은 자가 신고하지 아니하고 허가받은 사항을 변경하거나 변경허가를 받지 아니한 경우
2. 설치기준, 수용인원, 종사자의 수 · 자격 또는 이용 · 운영에 관한 사항을 위반한 경우
3. 규정을 위반하여 정신질환자를 퇴소 또는 임시 퇴소를 시키지 아니한 경우
4. 특별자치시장 · 특별자치도지사 · 시장 · 군수 · 구청장의 퇴원 명령 또는 처우개선 조치명령에 따르지 아니한 경우
5. 정당한 사유 없이 연 1회 이상 그 업무에 관하여 보고를 하지 아니하거나 거짓으로 보고를 하는 경우, 관계 서류를 제출하지 아니하거나 거짓의 서류를 제출하는 경우 또는 관계 공무원의 검사를 거부 · 방해 또는 기피하는 경우나 같은 조 제2항에 따른 관계 공무원과 정신건강심의위원회 위원의 심사를 거부 · 방해 또는 기피한 경우
6. 제68조제1항을 위반하여 정신건강의학과전문의의 대면 진단에 의하지 아니하고 정신질환자를 입소시키거나 입소 기간을 연장한 경우

특별자치시장 · 특별자치도지사 · 시장 · 군수 · 구청장은 정신요양시설이 시정명령에 따르지 아니한 경우에는 1개월의 범위에서의 사업의 정지 또는 정신요양시설의 장의 교체를

명령하거나 설치허가를 취소할 수 있다(동법 제25조).

5) 정신재활시설의 설치·운영 및 종류

국가 또는 지방자치단체는 정신재활시설을 설치 · 운영할 수 있다. 국가나 지방자치단체 외의 자가 정신재활시설을 설치 · 운영하려면 해당 정신재활시설 소재지 관할 특별자치시장 · 특별자치도지사 · 시장 · 군수 · 구청장에게 신고하여야 한다.

정신재활시설의 종류는 다음 각 호와 같다.

1. 생활시설: 정신질환자 등이 생활할 수 있도록 주로 의식주 서비스를 제공하는 시설
2. 재활훈련시설: 정신질환자 등이 지역사회에서 직업활동과 사회생활을 할 수 있도록 주로 상담 · 교육 · 취업 · 여가 · 문화 · 사회참여 등 각종 재활활동을 지원하는 시설
3. 그 밖에 대통령령으로 정하는 시설

정신재활시설을 설치 · 운영하는 자가 그 시설을 폐지 · 휴지하거나 재개하려면 보건복지부령으로 정하는 바에 따라 미리 특별자치시장 · 특별자치도지사 · 시장 · 군수 · 구청장에게 신고하여야 한다.

특별자치시장 · 특별자치도지사 · 시장 · 군수 · 구청장은 정신재활시설이 다음 각 호의 어느 하나에 해당하는 경우에는 1년의 범위에서 기간을 정하여 시정명령을 할 수 있다.

1. 변경신고를 하지 아니한 경우
2. 정신재활시설의 시설기준, 수용인원, 종사자 수 · 자격, 설치 · 운영신고, 변경신고 또는 이용 · 운영에 관한 사항을 위반한 경우

특별자치시장 · 특별자치도지사 · 시장 · 군수 · 구청장은 정신재활시설이 시정명령에 따르지 아니한 경우에는 보건복지부령으로 정하는 바에 따라 1년의 범위에서의 사업의 정지 또는 정신재활시설의 폐쇄를 명령할 수 있다.

6) 기록보존

정신건강증진시설의 장은 다음 각 호의 사항에 관한 기록을 보건복지부령으로 정하는 바에 따라 진료기록부 등에 작성 · 보존하여야 한다.

1. 입원 등 당시의 대면 진단 내용
2. 퇴원 등의 의사 확인
3. 퇴원 등의 신청 일시 및 퇴원 등의 거부 사유
4. 입원 등의 기간 연장에 대한 심사청구 및 결과
5. 투약 등의 치료 내용을 적은 진료기록
6. 특수치료에 관한 협의체의 회의 내용
7. 통신과 면회의 자유 제한의 사유 및 내용
8. 격리시키거나 묶는 등의 신체적 제한의 사유 및 내용
9. 작업요법의 내용 및 결과
10. 그 밖에 보건복지부령으로 정하는 사항

(동법 제30조)

제4장 복지서비스의 제공

1) 복지서비스의 개발

국가와 지방자치단체는 정신질환자가 정신질환에도 불구하고 잠재적인 능력을 최대한 계발할 수 있도록 정신질환자에게 적합한 서비스를 적극적으로 개발하기 위한 연구지원 체계를 구축하기 위하여 노력하여야 한다(동법 제33조).

2) 복지서비스 지원

(1) 고용 및 직업재활 지원

국가와 지방자치단체는 정신질환자가 자신의 능력을 최대한 활용하여 직업생활을 영위할 수 있도록 일자리 창출, 창업지원 등 고용촉진에 필요한 조치를 강구하여야 한다. 보건복지부장관은 정신질환자의 능력과 특성에 적합한 직업훈련, 직업지도 등을 지원하기 위하여 필요한 조치를 강구하여야 한다(동법 제34조).

(2) 평생교육 지원

국가와 지방자치단체는 정신질환자에게 평생교육의 기회가 충분히 부여될 수 있도록 특별자치시장 · 특별자치도지사 · 시장 · 군수 · 구청장별로 평생교육기관을 지정하여 정신질환자를 위한 교육과정을 적절하게 운영하도록 조치하여야 한다(동법 제35조).

(3) 문화 · 예술 · 여가 · 체육활동 등 지원

국가와 지방자치단체는 이 법에서 정한 지원 외에 문화 · 예술 · 여가 · 체육활동 등의 영역에서 정신질환자에게 필요한 서비스가 지원되도록 최대한 노력하여야 한다(동법 제36조).

(4) 지역사회 거주 · 치료 · 재활 등 통합 지원

국가와 지방자치단체는 정신질환자의 지역사회 거주 및 치료를 위하여 필요한 시책을 강구하여야 하며, 정신건강증진시설에서의 퇴원 및 퇴소가 필요한 정신질환자에 대한 지역사회 재활 지원 등 지역사회 통합 지원을 위하여 노력하여야 한다(동법 제37조).

(5) 가족에 대한 정보제공과 교육

국가와 지방자치단체는 정신질환자의 가족이 정신질환자의 적절한 회복과 자립을 지원하는 데 필요한 정보를 제공하거나 관련 교육을 실시할 수 있다(동법 제38조).

제5장 보호 및 치료

1) 보호의무자 자격 및 의무

후견인 또는 부양의무자는 정신질환자의 보호의무자가 된다. 다만, 다음 각 호의 어느 하나에 해당하는 사람은 보호의무자가 될 수 없다.

1. 피성년후견인 및 피한정후견인　2. 파산선고를 받고 복권되지 아니한 사람
3. 해당 정신질환자를 상대로 한 소송이 계속 중인 사람 또는 소송한 사실이 있었던 사람과 그 배우자　4. 미성년자　5. 행방불명자
6. 그 밖에 보건복지부령으로 정하는 부득이한 사유로 보호의무자로서의 의무를 이행할 수 없는 사람

보호의무자는 보호하고 있는 정신질환자가 적절한 치료 및 요양과 사회적응 훈련을 받을 수 있도록 노력하여야 한다(동법 제39조 및 제40조).

2) 입원

(1) 자의입원 등

정신질환자나 그 밖에 정신건강상 문제가 있는 사람은 보건복지부령으로 정하는 입원등 신청서를 정신의료기관 등의 장에게 제출함으로써 그 정신의료기관 등에 자의입원등

을 할 수 있다.

(2) 동의입원 등

정신질환자는 보호의무자의 동의를 받아 보건복지부령으로 정하는 입원 등 신청서를 정신의료기관 등의 장에게 제출함으로써 그 정신의료기관 등에 입원 등을 할 수 있다.

(3) 보호의무자에 의한 입원 등

정신의료기관 등의 장은 정신질환자의 보호의무자 2명 이상이 신청한 경우로서 정신건강의학과전문의가 입원 등이 필요하다고 진단한 경우에만 해당 정신질환자를 입원 등을 시킬 수 있다.

(4) 특별자치시장 · 특별자치도지사 · 시장 · 군수 · 구청장에 의한 입원

정신건강의학과전문의 또는 정신건강전문요원은 정신질환으로 자신의 건강 또는 안전이나 다른 사람에게 해를 끼칠 위험이 있다고 의심되는 사람을 발견하였을 때에는 특별자치시장 · 특별자치도지사 · 시장 · 군수 · 구청장에게 그 사람에 대한 진단과 보호를 신청할 수 있다.

(5) 응급입원

정신질환자로 추정되는 사람으로서 자신의 건강 또는 안전이나 다른 사람에게 해를 끼칠 위험이 큰 사람을 발견한 사람은 그 상황이 매우 급박하여 상기 입원 등을 시킬 시간적 여유가 없을 때에는 의사와 경찰관의 동의를 받아 정신의료기관에 그 사람에 대한 응급입원을 의뢰할 수 있다.

보건복지부장관은 입원 등의 적합성을 심사하기 위하여 각 국립정신병원 등 안에 입원적합성심사위원회를 설치한다(동법 41조부터 제50조).

제6장 퇴원 등의 청구 및 심사 등

1) 정신건강심의위원회의 설치·운영

시 · 도지사와 시장 · 군수 · 구청장은 정신건강에 관한 중요한 사항을 심의 또는 심사하기 위하여 시 · 도지사 소속으로 광역정신건강심의위원회를 두고, 시장 · 군수 · 구청장 소속으로 기초정신건강심의위원회를 둔다. 다만, 정신의료기관 등이 없는 시 · 군 · 구에는 기초정신건강심의위원회를 두지 아니할 수 있다(동법 제53조).

2) 정신건강심사위원회의 설치·운영

정신건강심의위원회의 업무 중 심사와 관련된 업무를 전문적으로 수행하기 위하여 광역정신건강심의위원회 안에 광역정신건강심사위원회를 두고, 기초정신건강심의위원회 안에 기초정신건강심사위원회를 둔다(동법 제54조).

3) 퇴원 등 심사의 청구 및 심의위원회에의 회부·심사·퇴원명령 등

정신의료기관등에 입원 등을 하고 있는 사람 또는 그 보호의무자는 관할 특별자치시장 · 특별자치도지사 · 시장 · 군수 · 구청장에게 입원 등을 하고 있는 사람의 퇴원 등 또는 처우개선에 대한 심사를 청구할 수 있다. 특별자치시장 · 특별자치도지사 · 시장 · 군수 · 구청장은 심사청구를 받았을 때에는 지체 없이 그 청구 내용을 소관 정신건강심의위원회 회의에 회부하여야 한다(동법 제55조부터 제61조).

4) 특별자치시장·특별자치도지사·시장·군수·구청장에 의한 입원의 해제

특별자치시장 · 특별자치도지사 · 시장 · 군수 · 구청장은 특별자치시장 · 특별자치도지사 · 시장 · 군수 · 구청장에 의해 입원한 정신질환자에 대하여 최초로 입원을 한 날부터 3개월 이내에 입원을 해제하여야 하며, 입원의 해제 사실을 그 정신질환자가 입원하고 있는 정신의료기관의 장에게 서면으로 통지하여야 한다. 이 경우 그 정신의료기관의 장은 지체 없이 그 정신질환자를 퇴원시켜야 한다(동법 제62조).

5) 임시 퇴원 등

보호의무자에 의한 입원 또는 특별자치시장 · 특별자치도지사 · 시장 · 군수 · 구청장에 의한 입원에 따라 정신질환자를 입원 등을 시키고 있는 정신의료기관 등의 장은 2명 이상의 정신건강의학과전문의가 진단한 결과 정신질환자의 증상에 비추어 일시적으로 퇴원 등을 시켜 그 회복 경과를 관찰하는 것이 필요하다고 인정되는 경우에는 3개월의 범위에서 해당 정신질환자를 임시 퇴원 등을 시키고 그 사실을 보호의무자 또는 특별자치시장 · 특별자치도지사 · 시장 · 군수 · 구청장에게 통보하여야 한다(동법 제63조).

6) 외래치료 명령 등

정신의료기관의 장은 보호의무자에 의한 입원 또는 특별자치시장 · 특별자치도지사 · 시장 · 군수 · 구청장에 의한 입원에 따라 입원을 한 정신질환자 중 정신병적 증상으로 인하여 입원을 하기 전 자신 또는 다른 사람에게 해를 끼치는 행동을 한 사람에 대해서는 보호의무자의 동의를 받아 특별자치시장 · 특별자치도지사 · 시장 · 군수 · 구청장에게 1년의 범위에서 외래치료 명령을 청구할 수 있다(동법 제64조).

제7장 권익보호 및 지원 등

1) 입원 등의 금지 등

누구든지 응급입원의 경우를 제외하고는 정신건강의학과전문의의 대면 진단에 의하지 아니하고 정신질환자를 정신의료기관 등에 입원 등을 시키거나 입원 등의 기간을 연장할 수 없다. 진단의 유효기간은 진단서 발급일부터 30일까지로 한다(동법 제68조).

2) 권익보호

누구든지 정신질환자이거나 정신질환자였다는 이유로 그 사람에 대하여 교육, 고용, 시설이용의 기회를 제한 또는 박탈하거나 그 밖의 불공평한 대우를 하여서는 아니 된다.

누구든지 정신질환자, 그 보호의무자 또는 보호를 하고 있는 사람의 동의를 받지 아니하고 정신질환자에 대하여 녹음 · 녹화 또는 촬영하여서는 아니 된다.

정신건강증진시설의 장은 입원 등을 하거나 정신건강증진시설을 이용하는 정신질환자에게 정신건강의학과전문의의 지시에 따른 치료 또는 재활의 목적이 아닌 노동을 강요하여서는 아니 된다(동법 제69조).

3) 인권교육

정신건강증진시설의 장과 종사자는 인권에 관한 교육을 받아야 한다. 보건복지부장관은 인권교육을 하기 위하여 인권교육기관을 지정할 수 있다(동법 제70조).

4) 비밀누설의 금지

정신질환자 또는 정신건강증진시설과 관련된 직무를 수행하고 있거나 수행하였던 사람은 그 직무의 수행과 관련하여 알게 된 다른 사람의 비밀을 누설하거나 공표하여서는 아니 된다(동법 제71조).

5) 수용 및 가혹행위 등의 금지

누구든지 이 법 또는 다른 법령에 따라 정신질환자를 보호할 수 있는 시설 외의 장소에 정신질환자를 수용하여서는 아니 된다. 정신건강증진시설의 장이나 그 종사자는 정신건강증진시설에 입원 등을 하거나 시설을 이용하는 사람에게 폭행을 하거나 가혹행위를 하여서는 아니 된다.

6) 특수치료의 제한

정신의료기관에 입원을 한 사람에 대한 전기충격요법 · 인슐린혼수요법 · 마취하최면요법 · 정신외과요법, 그 밖에 대통령령으로 정하는 특수치료는 그 정신의료기관이 구성하는 협의체에서 결정하되, 본인 또는 보호의무자에게 특수치료에 관하여 필요한 정보를 제공하고, 본인의 동의를 받아야 한다(동법 제73조).

7) 통신과 면회의 자유 제한의 금지

정신의료기관 등의 장은 입원 등을 한 사람에 대하여 치료 목적으로 정신건강의학과전문의의 지시에 따라 하는 경우가 아니면 통신과 면회의 자유를 제한할 수 없다(동법 제74조).

8) 격리 등 제한의 금지

정신의료기관 등의 장은 입원 등을 한 사람에 대하여 치료 또는 보호의 목적으로 정신건강의학과전문의의 지시에 따라 하는 경우가 아니면 격리시키거나 묶는 등의 신체적 제한을 할 수 없다(동법 제75조).

9) 작업요법

정신의료기관 등의 장은 입원 등을 한 사람의 치료, 재활 및 사회적응에 도움이 된다고 인정되는 경우에는 그 사람의 건강상태와 위험성을 고려하여 보건복지부령으로 정하는 작업을 시킬 수 있다. 작업은 입원 등을 한 사람 본인이 신청하거나 동의한 경우에만 정신건강의학과전문의가 지시하는 방법에 따라 시켜야 한다(동법 제76조).

10) 경제적 부담의 경감 등

국가 또는 지방자치단체는 정신질환자와 그 보호의무자의 경제적 부담을 줄이고 정신질환자의 사회적응을 촉진하기 위하여 의료비의 경감 · 보조나 그 밖에 필요한 지원을 할 수 있다(동법 제79조).

11) 비용의 부담 및 징수

국가 또는 지방자치단체는 진단과 치료에 드는 비용의 전부 또는 일부를 부담할 수 있다. 정신요양시설과 정신재활시설의 설치 · 운영자는 그 시설을 이용하는 사람으로부터 보건복지부장관이 정하여 고시하는 비용징수 한도액의 범위에서 시설 이용에 드는 비용을 받을 수 있다(동법 제80조 및 제81조).

제8장 벌칙

1) 벌칙

다음 각 호의 어느 하나에 해당하는 자는 5년 이하의 징역 또는 5천만원 이하의 벌금에 처한다.

1. 제40조제4항을 위반하여 정신질환자를 유기한 자
2. 제41조제2항, 제42조제2항, 제43조제9항 또는 제47조제4항을 위반하여 정신질환자를 퇴원 등을 시키지 아니한 자
3. 제43조제7항을 위반하여 퇴원 등의 명령 또는 임시 퇴원 등의 명령에 따르지 아니한 자
4. 제45조제2항을 위반하여 입원적합성심사위원회에 신고하지 아니한 자
5. 제59조제1항제1호(제61조제2항에서 준용하는 경우를 포함한다)에 따른 퇴원 등의 명령 또는 임시 퇴원 등의 명령에 따르지 아니한자
6. 제62조제1항 후단을 위반하여 정신질환자를 퇴원시키지 아니한 자
7. 제66조제4항에 따른 퇴원 등의 명령에 따르지 아니한 자
8. 제67조제3항을 위반하여 정보를 처리한 자
9. 제68조제1항을 위반하여 정신건강의학과전문의의 대면 진단에 의하지 아니하고 정신질환자를 입원 등을 시키거나 입원 등의 기간을 연장한 자
10. 제72조제1항을 위반하여 정신질환자를 이 법 또는 다른 법령에 따라 정신질환자를 보호할 수 있는 시설 외의 장소에 수용한 자
11. 제72조제2항을 위반하여 정신건강증진시설의 장 또는 그 종사자로서 정신건강증진시설에 입원 등을 하거나 시설을 이용하는 사람에게 폭행을 하거나 가혹행위를 한 사람
12. 제73조제1항을 위반하여 협의체의 결정 없이 특수치료를 하거나 정신의료기관에 입원을 한 사람 또는 보호의무자의 동의 없이 특수치료를 한 자

(동법 제84조)

2) 양벌규정

「노인복지법」 벌칙 중 양벌규정의 내용과 대동소이하므로 해당 부분 참고

Ⅵ. 가정폭력방지 및 피해자보호 등에 관한 법률 (약칭: 가정폭력방지법)

[시행 2018. 9. 14.] [법률 제15448호, 2018. 3. 13., 일부개정]

1. 법 제정 의의 및 연혁

「가정폭력방지 및 피해자보호 등에 관한 법률」(약칭: 가정폭력방지법)은 가정 내의 폭력으로 인하여 가정이 파산되고 가정구성원이 신체적 · 정신적 피해를 당하고 있어 가정폭력을 예방하고 가정폭력으로 인한 피해자를 보호함으로써 건전한 가정을 육성하는 데 필요한 법적 · 제도적 장치를 마련하고, 이에 필요한 예산상의 조치를 취하도록 하기 위하여 제정되었다.[17]

가정폭력이 사회문제가 된 것은 1983년 한국여성의 전화가 가정폭력을 당하는 여성배우자를 상담하면서부터이며, 본격화된 것은 1994년 '세계가정의 해'의 영향과 1994년 5월에 한국여성단체가 「가정폭력방지법」 제정을 위한 전국연대회의를 결성하면서이다. 특히 1996년에 친정어머니가 자신의 딸에게 폭력을 휘둘러 온 사위를 살해하는 사건이 발생하였는데, 이 사건은 우리나라에서 「가정폭력방지법」을 제정하는 데 큰 계기가 되었다. 1996년 5월에는 한국여성단체연합 차원에서 「가정폭력방지법」의 제정추진 특별위원회를 구성하였고, 동 위원회의 활동과 여성단체, 사회 각 분야에서 법 제정을 요청하였다. 1997년 11월에 여당, 야당, 범국민운동본부가 법안의 내용에 대해 합의하였고, 가정폭력에 대한 처벌법과 가정폭력에 대한 피해자 보호를 위한 법으로 '1997. 12. 31. 법률 제5487호'로 「가정폭력방지 및 피해자 보호 등에 관한 법률」을 제정하였고, 1998년 7월 1일부터 시행해 오고 있다.[18]

2. 법의 주요 내용

이 법의 주요 내용은 다음과 같다.[19]

1) 목적 및 정의

이 법은 가정폭력을 예방하고 가정폭력의 피해자를 보호 · 지원함을 목적으로 한다. 이 법에서 사용하는 용어의 뜻은 다음과 같다.

> "가정폭력"이란 가정구성원 사이의 신체적, 정신적 또는 재산상 피해를 수반하는 행위를 말한다.

"가정폭력행위자"란 가정폭력범죄를 범한 사람 및 가정구성원인 공범을 말한다. "피해자"란 가정폭력으로 인하여 직접적으로 피해를 입은 자를 말한다.

(동법 제1조, 제2조 및 「가정폭력범죄의 처벌 등에 관한 특례법」 제2조)

2) 기본이념

가정폭력 피해자는 피해 상황에서 신속하게 벗어나 인간으로서의 존엄성과 안전을 보장받을 권리가 있다(동법 제1조의2).

3) 국가 등의 책무

국가와 지방자치단체는 가정폭력의 예방 · 방지와 피해자의 보호 · 지원을 위하여 다음 각 호의 조치를 취하여야 한다.

1. 가정폭력 신고체계의 구축 및 운영
2. 가정폭력의 예방과 방지를 위한 조사 · 연구 · 교육 및 홍보
3. 피해자를 보호 · 지원하기 위한 시설의 설치 · 운영
4. 임대주택의 우선 입주권 부여, 직업훈련 등 자립 · 자활을 위한 지원서비스 제공
5. 법률구조 및 그 밖에 피해자에 대한 지원서비스 제공
6. 피해자의 보호와 지원을 원활히 하기 위한 관련 기관 간의 협력 체계 구축 및 운영
7. 가정폭력의 예방 · 방지와 피해자의 보호 · 지원을 위한 관계 법령의 정비와 각종 정책의 수립 · 시행 및 평가
8. 피해자와 긴급전화센터, 가정폭력 관련 상담소, 가정폭력피해자 보호시설의 상담원 등 종사자의 신변보호를 위한 안전대책 마련
9. 가정폭력 피해의 특성을 고려한 피해자 신변노출 방지 및 보호 · 지원체계 구축

특별시 · 광역시 · 특별자치시 · 도 · 특별자치도 및 시 · 군 · 구에 가정폭력의 예방 · 방지 및 피해자의 보호 · 지원을 담당할 기구와 공무원을 두어야 한다(동법 제4조).

4) 가정폭력 실태조사, 예방교육의 실시 및 결과 제출 등

여성가족부장관은 3년마다 가정폭력에 대한 실태조사를 실시하여 그 결과를 발표하고, 이를 가정폭력을 예방하기 위한 정책수립의 기초자료로 활용하여야 한다.

국가기관, 지방자치단체 및 「초 · 중등교육법」에 따른 각급 학교의 장, 그 밖에 대통령령으로 정하는 공공단체의 장은 가정폭력의 예방과 방지를 위하여 필요한 교육을 실시하고, 그 결과를 여성가족부장관에게 제출하여야 한다(동법 4조의2 및 제4조의3).

5) 아동취학지원, 불이익 처분 금지 및 가정폭력 추방 주간

(1) 아동의 취학 지원

국가나 지방자치단체는 피해자나 피해자가 동반한 가정구성원이 아동인 경우 주소지 외의 지역에서 취학할 필요가 있을 때에는 그 취학이 원활히 이루어지도록 지원하여야 한다(동법 제4조의4).

(2) 피해자에 대한 불이익처분의 금지

피해자를 고용하고 있는 자는 누구든지 가정폭력범죄와 관련하여 피해자를 해고하거나 그 밖의 불이익을 주어서는 아니 된다(동법 제4조의5).

(3) 가정폭력 추방 주간

가정폭력에 대한 사회적 경각심을 높이고 가정폭력을 예방하기 위하여 대통령령으로 정하는 바에 따라 1년 중 1주간(매년 11월 25일부터 12월 1일까지)을 가정폭력 추방 주간으로 한다(동법 제4조의7).

6) 상담소, 긴급전화센터 및 보호시설

(1) 상담소의 설치 · 운영 및 업무

국가나 지방자치단체는 가정폭력 관련 상담소를 설치 · 운영할 수 있다. 국가나 지방자치단체 외의 자가 상담소를 설치 · 운영하려면 특별자치시장 · 특별자치도지사 · 시장 · 군수 · 구청장에게 신고하여야 한다. 시장 · 군수 · 구청장은 제2항에 따른 신고를 받은 날부터 10일 이내(변경신고의 경우 5일 이내)에 신고수리 여부 또는 민원 처리 관련 법령에 따른 처리기간의 연장을 신고인에게 통지하여야 한다. 상담소의 업무는 다음 각 호와 같다.

1. 가정폭력을 신고받거나 이에 관한 상담에 응하는 일
1의2. 가정폭력을 신고하거나 이에 관한 상담을 요청한 사람과 그 가족에 대한 상담
2. 가정폭력으로 정상적인 가정생활과 사회생활이 어렵거나 그 밖에 긴급히 보호를 필요로 하는 피해자 등을 임시로 보호하거나 의료기관 또는 가정폭력피해자 보호시설로 인도(引渡)하는 일

3. 행위자에 대한 고발 등 법률적 사항에 관하여 자문하기 위한 대한변호사협회 또는 지방변호사회 및 「법률구조법」에 따른 법률 구조법인 등에 대한 필요한 협조와 지원의 요청
4. 경찰관서 등으로부터 인도받은 피해자 등의 임시 보호
5. 가정폭력의 예방과 방지에 관한 교육 및 홍보
6. 그 밖에 가정폭력과 그 피해에 관한 조사 · 연구

(2) 긴급전화센터의 설치 · 운영 등

여성가족부장관 또는 시 · 도지사는 긴급전화센터를 설치 · 운영하여야 한다. 이 경우 외국어 서비스를 제공하는 긴급전화센터를 따로 설치 · 운영할 수 있다(동법 제4조의6, 제5조 및 제6조).

(3) 보호시설의 설치, 종류 및 운영 등

① 보호시설의 설치

국가나 지방자치단체는 가정폭력피해자 보호시설을 설치 · 운영할 수 있다. 사회복지법인과 그 밖의 비영리법인은 시장 · 군수 · 구청장의 인가를 받아 보호시설을 설치 · 운영할 수 있다.

보호시설에는 상담원을 두어야 하고, 보호시설의 규모에 따라 생활지도원, 취사원, 관리원 등의 종사자를 둘 수 있다(동법 제7조).

② 보호시설의 종류

보호시설의 종류는 다음 각 호와 같다.

1. 단기보호시설: 피해자 등을 6개월의 범위에서 보호하는 시설
2. 장기보호시설: 피해자 등에 대하여 2년의 범위에서 자립을 위한 주거편의(住居便宜) 등을 제공하는 시설
3. 외국인보호시설: 배우자가 대한민국 국민인 외국인 피해자 등을 2년의 범위에서 보호하는 시설
4. 장애인보호시설: 「장애인복지법」의 적용을 받는 장애인인 피해자 등을 2년의 범위에서 보호하는 시설

단기보호시설의 장은 그 단기보호시설에 입소한 피해자 등에 대한 보호기간을 각 3개

월의 범위에서 두 차례 연장할 수 있다(동법 제7조의2).

③ 보호시설의 입소대상 등

보호시설의 입소대상은 피해자 등으로서 다음 각 호의 어느 하나에 해당하는 경우로 한다.

1. 본인이 입소를 희망하거나 입소에 동의하는 경우
2. 지적장애인이나 정신장애인, 그 밖에 의사능력이 불완전한 자로서 가정폭력행위자가 아닌 보호자가 입소에 동의하는 경우
3. 지적장애인이나 정신장애인, 그 밖에 의사능력이 불완전한 자로서 상담원의 상담 결과 입소가 필요하나 보호자의 입소 동의를 받는 것이 적절하지 못하다고 인정되는 경우

인가받은 보호시설의 장은 보호시설에 입소한 입소자의 인적사항 및 입소 사유 등을 시장 · 군수 · 구청장에게 지체 없이 보고하여야 하며, 상기 제3호에 해당하는 자를 입소시킨 경우에는 지체 없이 관할 시장 · 군수 · 구청장의 승인을 받아야 한다(동법 제7조의3).

④ 보호시설의 퇴소

보호시설에 입소한 자는 본인의 의사 또는 입소 동의를 한 보호자의 요청에 따라 보호시설을 퇴소할 수 있으며, 보호시설의 장은 입소한 자가 다음 각 호의 어느 하나에 해당하는 경우에는 퇴소를 명할 수 있다.

1. 보호의 목적이 달성된 경우 2. 보호기간이 끝난 경우
3. 입소자가 거짓이나 그 밖의 부정한 방법으로 입소한 경우
4. 보호시설 안에서 현저한 질서문란 행위를 한 경우

(동법 제7조의4)

⑤ 보호시설에 대한 보호비용 지원

국가나 지방자치단체는 보호시설에 입소한 피해자나 피해자가 동반한 가정 구성원의 보호를 위하여 필요한 경우 다음 각 호의 보호비용을 보호시설의 장 또는 피해자에게 지원할 수 있다. 다만, 보호시설에 입소한 피해자나 피해자가 동반한 가정 구성원이 「국민기초생활 보장법」 등 다른 법령에 따라 보호를 받고 있는 경우에는 그 범위에서 이 법에 따른 지원을 하지 아니한다.

1. 생계비 2. 아동교육지원비 3. 아동양육비 4. 직업훈련비 4의2. 퇴소 시 자립지원금 5. 그 밖에 대통령령으로 정하는 비용

(동법 제7조의5)

⑥ 보호시설의 업무

보호시설은 피해자 등에 대하여 다음 각 호의 업무를 행한다. 다만, 피해자가 동반한 가정 구성원에게는 제1호 외의 업무 일부를 하지 아니할 수 있고, 장기보호시설은 피해자 등에 대하여 제1호부터 제5호까지에 규정된 업무(주거편의를 제공하는 업무는 제외한다)를 하지 아니할 수 있다.

1. 숙식의 제공 2. 심리적 안정과 사회적응을 위한 상담 및 치료 3. 질병치료와 건강관리(입소 후 1개월 이내의 건강검진을 포함한다)를 위한 의료기관에의 인도 등 의료지원 4. 수사 · 재판과정에 필요한 지원 및 서비스 연계 5. 법률구조기관 등에 필요한 협조와 지원의 요청 6. 자립자활교육의 실시와 취업정보의 제공 7. 다른 법률에 따라 보호시설에 위탁된 사항 8. 그 밖에 피해자 등의 보호를 위하여 필요한 일

장애인보호시설을 설치 · 운영하는 자가 상기의 업무를 할 때에는 장애인의 특성을 고려하여 적절하게 지원할 수 있도록 하여야 한다(동법 제8조).

⑦ 긴급전화센터, 상담소 및 보호시설 종사자의 자격기준

다음 각 호의 어느 하나에 해당하는 자는 긴급전화센터의 장, 상담소의 장, 보호시설의 장 또는 그 밖에 긴급전화센터 · 상담소 및 보호시설 종사자가 될 수 없다.

1. 미성년자, 피성년후견인 또는 피한정후견인 2. 파산선고를 받은 자로서 복권(復權)되지 아니한 자 3. 금고 이상의 형을 선고받고 그 집행이 끝나지(집행이 끝난 것으로 보는 경우를 포함한다) 아니하거나 집행이 면제되지 아니한 자

긴급전화센터, 상담소 및 보호시설에 근무하는 상담원은 가정폭력 관련 상담원 교육훈련시설에서 상담원 교육훈련과정을 마친 자로 한다(동법 제8조의2).

(4) 치료보호

의료기관은 피해자 본인, 가족, 친지나 긴급전화센터, 상담소 또는 보호시설의 장 등이 요청하면 피해자에 대하여 다음 각 호의 치료보호를 실시하여야 한다.

1. 보건에 관한 상담 및 지도 2. 신체적 · 정신적 피해에 대한 치료
3. 그 밖에 대통령령으로 정하는 의료에 관한 사항

치료보호에 필요한 일체의 비용은 가정폭력행위자가 부담한다(동법 제18조).

(5) 피해자 의사의 존중 의무

상담소나 보호시설의 장은 피해자 등의 명시한 의사에 반하여 보호시설의 업무와 치료보호를 할 수 없다(동법 제9조).

(6) 수사기관의 협조 및 사법경찰관리의 현장출동 등

긴급전화센터, 상담소 또는 보호시설의 장은 가정폭력행위자로부터 피해자 또는 그 상담원 등 종사자를 긴급히 구조할 필요가 있는 경우 관할 경찰관서의 장에게 그 소속 직원의 동행을 요청할 수 있다. 이 경우 요청을 받은 경찰관서의 장은 특별한 사유가 없으면 이에 따라야 한다(동법 제9조의2 및 제9조의4).

7) 시설의 폐지, 감독, 인가 취소 등

(1) 상담소 · 보호시설 또는 교육훈련시설의 폐지 등

상담소 · 보호시설 또는 교육훈련시설의 장이 그 시설의 운영을 일시적으로 중단하거나 폐지 또는 그 운영을 재개하려면 여성가족부령으로 정하는 바에 따라 시장 · 군수 · 구청장에게 신고하여야 한다. 상담소의 장, 보호시설의 장 또는 교육훈련시설의 장은 해당 시설을 일시적으로 중단 또는 폐지하는 경우에는 여성가족부령으로 정하는 바에 따라 해당 시설을 이용하는 사람이 다른 시설로 옮길 수 있도록 하는 등 시설 이용자의 권익을 보호하기 위한 조치를 하여야 한다(동법 제10조).

(2) 인가의 취소 등

시장 · 군수 · 구청장은 상담소 · 보호시설 또는 교육훈련시설이 다음 각 호의 어느 하나에 해당하면 시설의 폐쇄, 업무의 폐지 또는 6개월의 범위에서 업무의 정지를 명하거나 인가를 취소할 수 있다.

1. 설치기준이나 운영기준에 미달하게 된 경우
2. 상담원이나 강사의 수가 부족하거나 자격이 없는 자를 채용한 경우
3. 정당한 사유 없이 시설에 관하여 필요한 보고를 하지 아니하거나 거짓으로 보고를 한 경우 또는 관계 공무원의 조사 · 검사를 거부하거나 기피한 경우
4. 영리를 목적으로 상담소 · 보호시설 또는 교육 훈련시설을 설치 · 운영한 경우

(동법 제12조 및 제12조의2)

8) 경비의 보조, 평가, 통합 설치 등

(1) 긴급전화센터 등의 평가

여성가족부장관은 3년마다 긴급전화센터, 상담소 및 보호시설의 운영실적을 평가하고, 그 결과를 각 시설의 감독, 지원 등에 반영할 수 있다(동법 제13조의2).

(2) 상담소 또는 보호시설의 통합 설치 및 운영

국가나 지방자치단체는 상담소나 보호시설을 유사한 성격의 상담소나 보호시설과 통합하여 설치 · 운영하거나 설치 · 운영할 것을 권고할 수 있다(동법 제14조).

(3) 영리목적 운영의 금지

누구든지 영리를 목적으로 상담소 · 보호시설 또는 교육훈련시설을 설치 · 운영하여서는 아니된다. 다만, 교육훈련시설의 장은 상담원교육훈련과정을 수강하는 자에게 여성가족부장관이 정하는 바에 따라 수강료를 받을 수 있다(동법 제15조).

9) 벌칙 및 양벌규정

(1) 벌칙

피해자에 대한 불이익처분의 금지 규정을 위반하여 피해자를 해고하거나 그 밖의 불이익을 준 자는 3년 이하의 징역 또는 3천만원 이하의 벌금에 처한다.

다음 각 호의 어느 하나에 해당하는 자는 1년 이하의 징역 또는 1천만원 이하의 벌금에 처한다.

1. 신고를 하지 아니하거나 인가를 받지 아니하고 상담소 · 보호시설 또는 교육훈련시설을 설치 · 운영한 자
2. 업무의 정지 · 폐지 또는 시설의 폐쇄 명령을 받고도 상담소 · 보호시설 또는 교육

훈련시설을 계속 운영한 자
3. 비밀 엄수의 의무를 위반한 자

(동법 제20조)

(2) 양벌규정

「노인복지법」 벌칙 중 양벌규정의 내용과 대동소이하므로 해당 부분 참고

Ⅶ. 한부모가족지원법(약칭: 한부모가족법)

[시행 2018. 7. 17.] [법률 제15355호, 2018. 1. 16., 일부개정]

1. 법 제정 의의 및 연혁

한부모가족지원법은 「모자복지법」이 「모 · 부자복지법」으로 대체되고, 「모 · 부자복지법」이 다시 「한부모가족지원법」으로 대체되는 입법 연혁을 거치면서 제정된 법이다.

모자복지법(1989) → 모 · 부자복지법(2002) → 한부모가족지원법(2007)

「모자복지법」은 날로 도시화 · 공업화 · 핵가족화되고 있는 오늘날의 산업사회는 배우자와의 사별, 이혼, 유기, 별거 등의 사유로 배우자가 없거나 배우자가 있어도 폐질 · 불구등으로 장기간 근로능력을 상실하여 여성이 생계의 책임을 지는 모자가정이 날로 격증하고 있는 바, 이들 모자가정이 자립자활할 수 있도록 생계보호 · 교육보호 · 생업자금융자 · 주택제공 등을 통하여 모자가정의 건강하고, 문화적인 생활을 보장하기 위하여 '1989. 4. 1. 법률 제4121호'로 제정되었다.

「모 · 부자복지법」은 모자가정에 대해서만 국가 등이 경제적 · 사회적 지원을 하도록 하고 있던 것을 같은 조건의 남성이 세대주인 부자가정에 대하여도 확대지원하도록 하기 위하여 '2002. 12. 18. 법률 제6801호'로 법의 제명을 변경하고 제정되었다.

「한부모가족지원법」은 자녀가 취학중인 경우 자립능력이 갖추어지지 아니한 상태로 학비 등으로 인한 생활비 지출이 증가될 수 있는 시기라는 점을 고려하여 자녀가 취학중인 때에는 22세 미만까지 확대하여 지원하도록 하며, 65세 이상의 고령자들과 손자녀로 구성되어 있는 조손가족의 경우도 이 법에 따른 보호대상자로 함으로써 조손가족의 생활안정과 복지증진을 도모하는 한편, 법 문장을 원칙적으로 한글로 적고, 어려운 용어를 쉬운 용어로 바꾸며, 길고 복잡한 문장은 체계 등을 정비하여 간결하게 하는 등 국민이 법 문장을 이해하기 쉽게 정비하기 위하여 '2007. 10. 17. 법률 제8655호'로 법의 제명을 변경하고 제정되었다.[20]

2. 법의 주요 내용

이 법의 주요 내용은 다음과 같다.[21]

제1장 총칙

1) 목적 및 정의

이 법은 한부모가족이 안정적인 가족 기능을 유지하고 자립할 수 있도록 지원함으로써 한부모가족의 생활 안정과 복지 증진에 이바지함을 목적으로 한다.

이 법에서 사용하는 용어의 뜻은 다음과 같다.

"모" 또는 "부"란 다음 각 목의 어느 하나에 해당하는 자로서 아동인 자녀를 양육하는 자를 말한다.

가. 배우자와 사별 또는 이혼하거나 배우자로부터 유기(遺棄)된 자
나. 정신이나 신체의 장애로 장기간 노동능력을 상실한 배우자를 가진 자
다. 교정시설 · 치료감호시설에 입소한 배우자 또는 병역복무 중인 배우자를 가진 사람
라. 미혼자[사실혼(事實婚) 관계에 있는 자는 제외한다]
마. 가목부터 라목까지에 규정된 자에 준하는 자로서 여성가족부령으로 정하는 자

"한부모가족"이란 모자가족 또는 부자가족을 말한다. "모자가족"이란 모가 세대주[세대주가 아니더라도 세대원을 사실상 부양하는 자를 포함한다]인 가족을 말한다. "부자가족"이란 부가 세대주[세대주가 아니더라도 세대원을 사실상 부양하는 자를 포함한다]인 가족을 말한다.

"청소년 한부모"란 24세 이하의 모 또는 부를 말한다.

"아동"이란 18세 미만(취학 중인 경우에는 22세 미만을 말하되, 「병역법」에 따른 병역의무를 이행하고 취학 중인 경우에는 병역의무를 이행한 기간을 가산한 연령 미만을 말한다)의 자를 말한다.

"지원기관"이란 이 법에 따른 지원을 행하는 국가나 지방자치단체를 말한다.

(동법 제1조 및 제4조)

2) 국가 등의 책임

국가와 지방자치단체는 한부모가족의 복지를 증진할 책임을 진다. 국가와 지방자치단체는 한부모가족의 권익과 자립을 지원하기 위한 여건을 조성하고 이를 위한 시책을 수립 · 시행하여야 한다(동법 제2조).

3) 한부모가족의 권리와 책임

한부모가족의 모 또는 부는 임신과 출산 및 양육을 사유로 합리적인 이유 없이 교육 · 고용 등에서 차별을 받지 아니한다. 한부모가족의 모 또는 부와 아동은 한부모가족 관련 정책결정과정에 참여할 권리가 있다. 한부모가족의 모 또는 부와 아동은 그가 가지고 있는 자산과 노동능력 등을 최대한으로 활용하여 자립과 생활 향상을 위하여 노력하여야 한다(동법 제3조).

4) 지원대상자의 범위 및 특례

이 법에 따른 지원대상자는 상기의 한부모가족인 모자가족과 부자가족, 청소년한부모가족의 의 모 또는 부 및 아동에 관한 규정에 해당하는 자로 한다. 지원대상자 중 아동의 연령을 초과하는 자녀가 있는 한부모가족의 경우 그 자녀를 제외한 나머지 가족구성원을 지원대상자로 한다. 혼인 관계에 있지 아니한 자로서 출산 전 임신부와 출산 후 해당 아동을 양육하지 아니하는 모는 미혼모자가족복지시설을 이용할 때에는 이 법에 따른 지원대상자가 된다.

다음 각 호의 어느 하나에 해당하는 아동과 그 아동을 양육하는 조부 또는 조모는 이 법에 따른 지원대상자가 된다.

1. 부모가 사망하거나 생사가 분명하지 아니한 아동
2. 부모가 정신 또는 신체의 장애 · 질병으로 장기간 노동능력을 상실한 아동
3. 부모의 장기복역 등으로 부양을 받을 수 없는 아동
4. 부모가 이혼하거나 유기하여 부양을 받을 수 없는 아동
5. 제1호부터 제4호까지에 규정된 자에 준하는 자로서 여성가족부령으로 정하는 아동

국내에 체류하고 있는 외국인 중 대한민국 국민과 혼인하여 대한민국 국적의 아동을 양육하고 있는 사람으로서 대통령령으로 정하는 사람이 지원대상자의 범위에 해당하면 이 법에 따른 지원대상자가 된다(동법 제5조 및 제5조의2).

5) 한부모가족의 날

한부모가족에 대한 국민의 이해와 관심을 제고하기 위하여 매년 5월 10일을 한부모가족의 날로 한다(동법 5조의4).

6) 실태조사 등

여성가족부장관은 한부모가족 지원을 위한 정책수립에 활용하기 위하여 3년마다 한부모가족에 대한 실태조사를 실시하고 그 결과를 공표하여야 한다(동법 제6조).

제2장 복지의 내용과 실시

1) 지원대상자의 조사 등

특별자치시장 · 특별자치도지사 · 시장 · 군수 · 구청장은 매년 1회 이상 관할구역 지원대상자의 가족상황, 생활실태 등을 조사하여야 하며, 조사 결과를 대장으로 작성 · 비치하여야 한다. 다만, 「사회복지사업법」에 따른 정보시스템을 활용할 때에는 전자적으로 작성하여 관리할 수 있다(동법 제10조).

2) 복지 급여

(1) 복지 급여의 신청

지원대상자 또는 그 친족이나 그 밖의 이해관계인은 복지 급여를 관할 특별자치시장 · 특별자치도지사 · 시장 · 군수 · 구청장에게 신청할 수 있다. 복지 급여 신청을 할 때에는 금융정보, 신용정보, 보험정보 등의 제공에 대한 지원대상자의 동의 서면을 제출하여야 한다(동법 제11조).

(2) 복지 급여의 내용

국가나 지방자치단체는 복지 급여의 신청이 있으면 다음 각 호의 복지 급여를 실시하여야 한다. 다만, 이 법에 따른 지원대상자가 「국민기초생활 보장법」 등 다른 법령에 따라 지원을 받고 있는 경우에는 그 범위에서 이 법에 따른 급여를 하지 아니한다.

1. 생계비　2. 아동교육지원비　3. 삭제　4. 아동양육비　5. 그 밖에 대통령령으로 정하는 비용

아동양육비를 지급할 때에 미혼모나 미혼부가 5세 이하의 아동을 양육하거나 청소년 한부모가 아동을 양육하면 예산의 범위에서 추가적인 복지 급여를 실시하여야 한다. 이 경우 모 또는 부의 직계존속이 5세 이하의 아동을 양육하는 경우에도 또한 같다. 국가나 지방자치단체는 이 법에 따른 지원대상자의 신청이 있는 경우에는 예산의 범위에서 직업훈련비와 훈련기간 중 생계비를 추가적으로 지급할 수 있다(동법 제12조).

(3) 복지 급여 사유의 확인 등

여성가족부장관 또는 특별자치시장 · 특별자치도지사 · 시장 · 군수 · 구청장은 복지 급여를 신청한 지원대상자 또는 복지 급여를 받고 있는 지원대상자에 대하여 급여 사유의 발생 · 변경 또는 상실을 확인하기 위하여 필요한 소득 · 재산 등에 관한 자료의 제출을 요구할 수 있으며, 소속 공무원으로 하여금 지원대상자의 주거 등에 출입하여 생활환경 및 소득자료 등을 조사하게 하거나 지원대상자의 고용주 등 관계인에게 필요한 질문을 하게 할 수 있다(동법 제12조의2 및 제12조의3).

(4) 복지 급여의 거절 · 변경 등

여성가족부장관 또는 특별자치시장 · 특별자치도지사 · 시장 · 군수 · 구청장은 급여를 신청한 지원대상자가 자료의 제출을 거부하거나 조사 · 질문을 거부 · 방해 또는 기피하는 경우에는 복지 급여의 지급을 거절할 수 있다.

여성가족부장관 또는 특별자치시장 · 특별자치도지사 · 시장 · 군수 · 구청장은 복지 급여를 받고 있는 지원대상자에 대하여 다음 각 호의 구분에 따른 조치를 할 수 있다.

1. 지원대상자가 자료의 제출을 거부하거나 조사 · 질문을 거부 · 방해 또는 기피하는 경우: 복지 급여 지급의 정지
2. 지원대상자의 복지 급여 사유가 변경되거나 상실된 경우: 복지 급여의 변경 또는 지급 중지

(동법 제12조의4)

3) 복지 자금의 대여

국가나 지방자치단체는 한부모가족의 생활안정과 자립을 촉진하기 위하여 다음 각 호의 어느 하나의 자금을 대여할 수 있다.

1. 사업에 필요한 자금 2. 아동교육비 3. 의료비 4. 주택자금
5. 그 밖에 대통령령으로 정하는 한부모가족의 복지를 위하여 필요한 자금

(동법 제13조)

4) 고용의 촉진 및 고용지원 연계

국가 또는 지방자치단체는 한부모가족의 모 또는 부와 아동의 직업능력을 개발하기 위하여 능력 및 적성 등을 고려한 직업능력개발훈련을 실시하여야 하며, 한부모가족의 모

또는 부와 아동의 고용을 촉진하기 위하여 적합한 직업을 알선하고 각종 사업장에 모 또는 부와 아동이 우선 고용되도록 노력하여야 한다(동법 제13조 및 제14조).

5) 공공시설에 매점 및 시설 설치 및 시설 우선이용

국가나 지방자치단체가 운영하는 공공시설의 장은 그 공공시설에 각종 매점 및 시설의 설치를 허가하는 경우 이를 한부모가족 또는 한부모가족복지단체에 우선적으로 허가할 수 있다.

국가나 지방자치단체는 한부모가족의 아동이 공공의 아동 편의시설과 그 밖의 공공시설을 우선적으로 이용할 수 있도록 노력하여야 한다(동법 제15조 및 제16조).

6) 지원서비스

(1) 가족지원서비스

국가나 지방자치단체는 한부모가족에게 다음 각 호의 가족지원서비스를 제공하도록 노력하여야 한다.

1. 아동의 양육 및 교육 서비스 2. 장애인, 노인, 만성질환자 등의 부양 서비스
3. 취사, 청소, 세탁 등 가사 서비스 4. 교육 · 상담 등 가족 관계 증진 서비스
5. 인지청구 및 자녀양육비 청구 등을 위한 법률상담, 소송대리 등 법률구조서비스
6. 그 밖에 대통령령으로 정하는 한부모가족에 대한 가족지원서비스

(2) 청소년 한부모에 대한 교육 지원

국가나 지방자치단체는 청소년 한부모가 학업을 할 수 있도록 청소년 한부모의 선택에 따라 다음 각 호의 어느 하나에 해당하는 지원을 할 수 있다.

1. 「초 · 중등교육법」 제2조에 따른 학교에서의 학적 유지를 위한 지원 및 교육비 지원 또는 검정고시 지원
2. 「평생교육법」 제31조제2항에 따른 학력인정 평생교육시설에 대한 교육비 지원
3. 「초 · 중등교육법」 제28조에 따른 교육 지원
4. 그 밖에 청소년 한부모의 교육 지원을 위하여 여성가족부령으로 정하는 사항

여성가족부장관은 청소년 한부모가 학업을 계속할 수 있도록 교육부장관에게 협조를

요청하여야 한다(동법 제17조의2).

(3) 자녀양육비 이행지원

여성가족부장관은 자녀양육비 산정을 위한 자녀양육비 가이드라인을 마련하여 법원이 이혼 판결 시 적극 활용할 수 있도록 노력하여야 한다(동법 제17조의3).

(4) 청소년 한부모의 자립지원

국가나 지방자치단체는 청소년 한부모가 주거마련 등 자립에 필요한 자산을 형성할 수 있도록 재정적인 지원을 할 수 있다. 재정지원으로 형성된 자산은 청소년 한부모가 이 법에 따른 지원대상자에 해당하는지 여부를 조사 · 확인할 때 이를 포함하지 아니한다(동법 제17조의4).

(5) 청소년 한부모의 건강진단

국가와 지방자치단체는 청소년 한부모의 건강증진을 위하여 건강진단을 실시할 수 있다. 국가와 지방자치단체는 제1항에 따른 건강진단의 결과를 청소년 한부모 본인에게 알려 주어야 한다(동법 제17조의5).

(6) 아동 · 청소년 보육 · 교육

국가와 지방자치단체는 아동 · 청소년 보육 · 교육을 실시함에 있어서 한부모가족 구성원인 아동 · 청소년을 차별하여서는 아니 된다(동법 제17조의6).

7) 국민주택의 분양 및 임대

국가나 지방자치단체는 「주택법」에서 정하는 바에 따라 국민주택을 분양하거나 임대할 때에는 한부모가족에게 일정 비율이 우선 분양될 수 있도록 노력하여야 한다(동법 제18조).

8) 한부모가족 상담전화의 설치

여성가족부장관은 한부모가족 지원에 관한 종합정보의 제공과 지원기관 및 시설의 연계 등에 관한 전문적이고 체계적인 상담서비스를 제공하기 위하여 한부모가족 상담전화를 설치 · 운영할 수 있다(동법 제18조의2).

제3장 한부모가족복지시설

1) 한부모가족복지시설

한부모가족복지시설은 다음 각 호의 시설로 한다.

1. 모자가족복지시설: 모자가족에게 다음 각 목의 어느 하나 이상의 편의를 제공하는 시설
   가. 기본생활지원: 생계가 어려운 모자가족에게 일정 기간 동안 주거와 생계를 지원
   나. 공동생활지원: 독립적인 생활이 어려운 모자가족에게 일정 기간 동안 공동생활을 통하여 자립을 준비할 수 있도록 주거 등을 지원
   다. 자립생활지원: 자립욕구가 강한 모자가족에게 일정 기간 동안 주거를 지원
2. 부자가족복지시설: 부자가족에게 다음 각 목의 어느 하나 이상의 편의를 제공하는 시설
   가. 기본생활지원: 생계가 어려운 부자가족에게 일정 기간 동안 주거와 생계를 지원
   나. 공동생활지원: 독립적인 생활이 어려운 부자가족에게 일정 기간 동안 공동생활을 통하여 자립을 준비할 수 있도록 주거 등을 지원
   다. 자립생활지원: 자립욕구가 강한 부자가족에게 일정 기간 동안 주거를 지원
3. 미혼모자가족복지시설: 미혼모자가족과 출산 미혼모 등에게 다음 각 목의 어느 하나 이상의 편의를 제공하는 시설
   가. 기본생활지원: 미혼 여성의 임신 · 출산 시 안전 분만 및 심신의 건강 회복과 출산 후의 아동의 양육 지원을 위하여 일정 기간 동안 주거와 생계를 지원(제5조에 따른 지원대상자 중 미혼이 아닌 여성의 임신 · 출산 시 안전 분만과 출산 후 양육 지원을 포함한다)
   나. 공동생활지원: 출산 후 해당 아동을 양육하지 아니하는 미혼모 또는 미혼모와 그 출산 아동으로 구성된 미혼모자가족에게 일정 기간 동안 공동생활을 통하여 자립을 준비할 수 있도록 주거 등을 지원
4. 일시지원복지시설: 배우자(사실혼 관계에 있는 사람을 포함한다)가 있으나 배우자의 물리적 · 정신적 학대로 아동의 건전한 양육이나 모의 건강에 지장을 초래할 우려가 있을 경우 일시적 또는 일정 기간 동안 모와 아동 또는 모에게 주거와 생계를 지원하는 시설
5. 한부모가족복지상담소: 한부모가족에 대한 위기 · 자립 상담 또는 문제해결 지원 등을 목적으로 하는 시설

(동법 제19조)

2) 한부모가족복지시설의 설치, 폐지 또는 휴지

국가나 지방자치단체는 한부모가족복지시설을 설치할 수 있다. 한부모가족복지시설의 장은 청소년 한부모가 입소를 요청하는 경우에는 우선 입소를 위한 조치를 취하여야 한다.

국가나 지방자치단체 외의 자가 한부모가족복지시설을 설치 · 운영하려면 특별자치시장 · 특별자치도지사 · 시장 · 군수 · 구청장에게 신고하여야 한다. 입양기관을 운영하는 자는 기본생활지원에 해당하는 편의제공시설을 설치 · 운영할 수 없다(동법 제20조).

3) 수탁 의무

한부모가족복지시설을 설치 · 운영하는 자는 특별시장 · 광역시장 · 특별자치시장 · 도지사 · 특별자치도지사 또는 시장 · 군수 · 구청장으로부터 한부모가족복지시설에 한부모가족을 입소하도록 위탁받으면 정당한 사유 없이 이를 거부하지 못한다(동법 제22조).

4) 감독, 시설 폐쇄 및 청문 등

여성가족부장관, 시 · 도지사 또는 시장 · 군수 · 구청장은 한부모가족복지시설을 설치 · 운영하는 자에게 그 시설에 관하여 필요한 보고를 하게 하거나, 관계 공무원에게 시설의 운영 상황을 조사하게 하거나 장부 등 그 밖의 서류를 검사하게 할 수 있다.

특별자치시장 · 특별자치도지사 · 시장 · 군수 · 구청장은 한부모가족복지시설이 다음 각 호의 어느 하나에 해당하면 그 사업의 정지나 폐지를 명하거나 시설을 폐쇄할 수 있다.

1. 시설 기준에 미달하게 된 경우 2. 수탁의무를 위반한 경우
3. 정당한 이유 없이 보고를 하지 아니하거나 거짓으로 한 경우 또는 조사 · 검사를 거부하거나 기피한 경우

(동법 제23조부터 제24조의2)

제4장 비용

1) 비용의 보조, 징수 및 반환명령

국가나 지방자치단체는 대통령령으로 정하는 바에 따라 한부모가족복지사업에 드는 비용을 보조할 수 있다.

거짓이나 그 밖의 부정한 방법으로 복지 급여를 받거나 타인으로 하여금 복지 급여를 받게 한 경우 복지 급여를 지급한 지원기관은 그 비용의 전부 또는 일부를 그 복지 급여

를 받은 자 또는 복지 급여를 받게 한 자(부정수급자)로부터 징수할 수 있다.

국가나 지방자치단체는 한부모가족복지시설의 장이나 한부모가족복지단체의 장이 다음 각 호의 어느 하나에 해당하면 이미 내준 보조금의 전부 또는 일부의 반환을 명할 수 있다.

1. 보조금의 교부 조건을 위반한 경우
2. 거짓이나 그 밖의 부정한 방법으로 보조금을 받은 경우
3. 한부모가족복지시설을 경영하면서 개인의 영리를 도모하는 행위를 한 경우
4. 이 법 또는 이 법에 따른 명령을 위반한 경우

(동법 제24조의3부터 제26조)

제5장 보칙

1) 양도·담보 및 압류 금지

이 법에 따라 지급된 복지급여와 이를 받을 권리는 다른 사람에게 양도하거나 담보로 제공할 수 없으며, 다른 사람은 이를 압류할 수 없다. 지정된 복지급여수급계좌의 예금에 관한 채권은 압류할 수 없다(동법 제27조).

2) 심사청구

지원대상자 또는 그 친족이나 그 밖의 이해관계인은 이 법에 따른 복지 급여 등에 대하여 이의가 있으면 그 결정을 통지받은 날부터 90일 이내에 서면으로 해당 복지실시기관에 심사를 청구할 수 있다. 복지실시기관은 심사청구를 받으면 30일 이내에 이를 심사·결정하여 청구인에게 통보하여야 한다.

제6장 벌칙

1) 벌칙

금융정보 등을 사용 또는 누설한 사람은 5년 이하의 징역 또는 5천만원 이하의 벌금에 처한다.

자료 등을 사용 또는 누설한 사람은 3년 이하의 징역 또는 3천만원 이하의 벌금에 처한다.

신고를 하지 아니하고 한부모가족복지시설을 설치한 자 또는 시설의 폐쇄, 사업의 정지

또는 폐지의 명령을 받고 사업을 계속한 자는 1년 이하의 징역 또는 1천만원 이하의 벌금에 처한다.

거짓이나 그 밖의 부정한 방법으로 복지 급여를 받거나 타인으로 하여금 복지 급여를 받게 한 자는 1년 이하의 징역, 1천만원 이하의 벌금, 구류 또는 과료에 처한다(동법 제29조).

2) 양벌규정

「노인복지법」 벌칙 중 양벌규정의 내용과 대동소이하므로 해당 부분 참고

Ⅷ. 청소년복지 지원법(약칭: 청소년복지법)

[시행 2018. 6. 13.] [법률 제15210호, 2017. 12. 12., 일부개정]

일반법: 청소년기본법, 특별법: 청소년복지 지원법

1. 법 제정 의의 및 연혁

「청소년복지 지원법」은 청소년관련 일반법인 청소년기본법의 청소년복지에 관한 특별법이다. 「청소년복지 지원법」은 「헌법」 제34조 제4항의 "국가는 노인과 청소년의 복지향상을 위한 정책을 실시할 의무를 진다."에 근거하여 청소년의 복지 향상에 대한 가정 · 사회 및 국가의 책임과 의무를 정하고 이를 실천하기 위하여 필요한 사항을 정함으로써 미래사회의 주역이 될 청소년들의 삶의 질 향상과 최적의 성장 · 발달을 도모하도록 하기 위하여 '2004. 2. 9. 법률 제7164호'로 제정되었다.[22] 이 법은 국가 및 지방자치단체는 청소년이 원활하게 정보에 접근하고 그 의사를 표명할 수 있도록 하기 위하여 청소년관련 정책 수립 등의 절차에 청소년의 참여 또는 의견수렴을 보장하는 조치를 시행하도록 하였으며, 국가 및 지방자치단체는 조화로운 성장과 정상적인 생활에 필요한 기초적인 여건이 미비하여 지원이 필요한 청소년을 특별지원청소년으로 선정하고, 생활지원 · 학업지원 · 의료지원 · 직업훈련지원 · 청소년활동지원 등 필요한 지원대책을 강구하도록 규정하였다.[23]

2. 법의 주요 내용

이 법의 주요 내용은 다음과 같다.[24]

제1장 총칙

1) 목적 및 정의

이 법은 「청소년 기본법」 제49조 제4항에 따라 청소년복지 향상에 관한 사항을 규정함을 목적으로 한다.

「청소년 기본법」 제49조(청소년복지의 향상)

① 국가는 청소년들의 의식 · 태도 · 생활 등에 관한 사항을 정기적으로 조사하고, 이를 개선하기 위하여 청소년의 복지향상 정책을 수립 · 시행하여야 한다.

② 국가 및 지방자치단체는 기초생활 보장, 직업재활훈련, 청소년활동 지원 등의 시책을 추진할 때에는 정신적 · 신체적 · 경제적 · 사회적으로 특별한 지원이 필요한 청소년을 우선적으로 배려하여야 한다.
③ 국가 및 지방자치단체는 청소년의 삶의 질을 향상하기 위하여 구체적인 시책을 마련하여야 한다.
④ 제1항부터 제3항까지의 규정에 관하여는 따로 법률(「청소년복지 지원법」)로 정한다.

이 법에서 사용하는 용어의 뜻은 다음과 같다.

1. "청소년"이란 9세 이상 24세 이하인 사람을 말한다. 다만, 다른 법률에서 청소년에 대한 적용을 다르게 할 필요가 있는 경우에는 따로 정할 수 있다.
2. "청소년복지"란 청소년이 정상적인 삶을 누릴 수 있는 기본적인 여건을 조성하고 조화롭게 성장 · 발달할 수 있도록 제공되는 사회적 · 경제적 지원을 말한다.
   "청소년보호"란 청소년의 건전한 성장에 유해한 물질 · 물건 · 장소 · 행위 등 각종 청소년 유해 환경을 규제하거나 청소년의 접촉 또는 접근을 제한하는 것을 말한다.
3. "보호자"란 친권자, 법정대리인 또는 사실상 청소년을 양육하는 사람을 말한다.
4. "위기청소년"이란 가정 문제가 있거나 학업 수행 또는 사회 적응에 어려움을 겪는 등 조화롭고 건강한 성장과 생활에 필요한 여건을 갖추지 못한 청소년을 말한다.

(동법 제1조 및 제2조, 청소년기본법 제3조 및 제49조)

제2장 청소년의 우대 등

1) 청소년의 우대 및 청소년증

국가 또는 지방자치단체는 그가 운영하는 수송시설 · 문화시설 · 여가시설 등을 청소년이 이용하는 경우 그 이용료를 면제하거나 할인할 수 있다.

국가 또는 지방자치단체는 다음 각 호의 어느 하나에 해당하는 자가 청소년이 이용하는 시설을 운영하는 경우 청소년에게 그 시설의 이용료를 할인하여 주도록 권고할 수 있다.

1. 국가 또는 지방자치단체의 재정적 보조를 받는 자
2. 관계 법령에 따라 세제상의 혜택을 받는 자
3. 국가 또는 지방자치단체로부터 위탁을 받아 업무를 수행하는 자

(동법 제3조 및 제4조)

제3장 청소년의 건강보장

1) 건강한 성장지원

국가 및 지방자치단체는 성별 특성을 고려하여 청소년의 건강 증진 및 체력 향상을 위한 질병 예방, 건강 교육 등의 필요한 시책을 수립하여야 하며, 보호자는 양육하는 청소년의 건강 증진 및 체력 향상에 노력하여야 한다(동법 제5조).

2) 체력검사와 건강진단, 결과의 분석 및 결과의 공개 금지

국가 및 지방자치단체는 청소년의 체력검사와 건강진단을 실시할 수 있다. 국가 및 지방자치단체는 제1항에 따른 체력검사 및 건강진단의 결과를 청소년 본인에게 알려 주어야 하며, 건강진단 결과를 분석하여 청소년의 건강 증진을 위하여 필요한 시책을 수립 · 시행하여야 한다. 건강진단 결과를 공개하여서는 아니 된다(동법 제6조부터 제8조).

제4장 지역사회 청소년통합지원체계 등

1) 지역사회 청소년통합지원체계의 구축·운영 및 운영위원회

지방자치단체의 장은 관할구역의 위기청소년을 조기에 발견하여 보호하고, 청소년복지 및 청소년보호를 효율적으로 수행하기 위하여 지방자치단체, 공공기관, 청소년단체 등이 협력하여 업무를 수행하는 지역사회 청소년통합지원체계를 구축 · 운영하여야 한다(동법 제9조 및 제10조).

2) 주민의 자원 활동 지원

국가 및 지방자치단체는 지역 주민들이 자발적으로 단체를 구성하여 위기청소년의 발견 · 보호 및 지원을 위한 활동을 하는 경우에는 그 단체의 활동을 지원할 수 있다(동법 제11조).

3) 상담과 전화 설치 등

국가 및 지방자치단체는 모든 청소년이 필요한 사항에 관하여 전문가의 상담을 받을 수 있도록 하여야 한다. 국가 및 지방자치단체는 상담을 위하여 전화를 설치 · 운영하거나 정보통신망을 운영하여야 한다(동법 제12조).

제5장 위기청소년 지원

1) 상담 및 교육

국가 및 지방자치단체는 위기청소년에게 효율적이고 적합한 지원을 하기 위하여 위기청소년의 가족 및 보호자에 대한 상담 및 교육을 실시할 수 있다(동법 제13조).

2) 위기청소년 특별지원, 신청 및 선정

국가 및 지방자치단체는 위기청소년에게 필요한 사회적 · 경제적 지원(특별지원)을 할 수 있다. 특별지원은 생활지원, 학업지원, 의료지원, 직업훈련지원, 청소년활동지원 등 물품 또는 서비스의 형태로 제공한다. 다만, 위기청소년의 지원에 반드시 필요하다고 인정되는 경우에는 금전의 형태로 제공할 수 있다.

다음 각 호의 어느 하나에 해당하는 사람은 위기청소년을 특별지원 대상 청소년으로 선정하여 줄 것을 특별자치도지사 또는 시장 · 군수 · 구청장에게 신청할 수 있다. 이 경우 제1호 중 보호자 및 제2호부터 제5호까지의 사람은 해당 청소년의 동의를 받아야 한다.

1. 청소년 본인 또는 그 보호자 2. 청소년지도자 3. 초 · 중등 교원 4. 사회복지사
5. 지방자치단체에서 청소년 업무를 담당하는 공무원

특별자치도지사 또는 시장 · 군수 · 구청장은 특별지원의 신청을 받은 경우에는 운영위원회의 심의를 거쳐 선정 여부와 지원 내용 및 기간을 결정하여야 한다(동법 제14조 및 제15조).

3) 청소년 가출 예방 및 보호·지원

여성가족부장관 또는 지방자치단체의 장은 청소년의 가출을 예방하고 가출한 청소년의 가정 · 사회 복귀를 돕기 위하여 상담, 청소년쉼터의 설치 · 운영, 청소년쉼터 퇴소 청소년에 대한 사후지원 등 필요한 지원을 하여야 한다(동법 제16조).

4) 이주배경청소년에 대한 지원

국가 및 지방자치단체는 다음 각 호의 어느 하나에 해당하는 청소년의 사회 적응 및 학습능력 향상을 위하여 상담 및 교육 등 필요한 시책을 마련하고 시행하여야 한다.

> 1. 다문화가족의 청소년
> 2. 그 밖에 국내로 이주하여 사회 적응 및 학업 수행에 어려움을 겪는 청소년

제6장 교육적 선도(善導)

1) 교육적 선도의 실시 등

특별자치도지사 또는 시장 · 군수 · 구청장은 다음 각 호의 어느 하나에 해당하는 청소년에 대하여 청소년 본인, 해당 청소년의 보호자 또는 청소년이 취학하고 있는 학교의 장의 신청에 따라 교육적 선도를 실시할 수 있다.

> 1. 비행 · 일탈을 저지른 청소년
> 2. 일상생활에 적응하지 못하여 가정 또는 학교 외부의 교육적 도움이 필요한 청소년

선도의 기간은 6개월 이내로 한다. 다만, 특별자치도지사 또는 시장 · 군수 · 구청장은 선도의 결과를 검토하여 선도의 연장이 필요하다고 인정하는 경우 청소년 본인의 동의를 받아 6개월의 범위에서 한 번 연장할 수 있다(동법 제19조).

2) 시설의 설치·운영 등

국가 및 지방자치단체는 선도에 필요한 시설의 설치 · 운영, 선도 프로그램의 개발 · 보급, 선도활동에 대한 지원 및 지도자 교육 등 선도의 실효성을 확보하기 위한 노력을 하여야 한다(동법 제20조).

3) 선도후견인

국가 및 지방자치단체는 선도 대상 청소년을 개인별로 전담하여 지도하는 선도후견인을 지정할 수 있다. 선도후견인은 청소년지도자 및 청소년지도위원 중에서 지정한다(동법 제21조).

제7장 청소년복지지원기관

1) 한국청소년상담복지개발원

청소년복지지원사업을 하기 위하여 한국청소년상담복지개발원을 설립한다. 청소년상

담원은 법인으로 한다(동법 제22조부터 제26조).

2) 청소년상담복지센터

특별시장 · 광역시장 · 도지사 및 특별자치도지사 및 시장 · 군수 · 구청장은 청소년에 대한 상담 · 긴급구조 · 자활 · 의료지원 등의 업무를 수행하기 위하여 청소년상담복지센터를 설치 · 운영할 수 있다. 광역시 · 도 및 특별자치도에 설치된 청소년상담복지센터는 시 · 군 · 구의 청소년상담복지센터의 업무를 지도 · 지원하여야 한다. 시장 · 군수 · 구청장은 제1항에 따라 시 · 군 · 구에 설치하는 청소년상담복지센터를 지방청소년활동진흥센터와 통합하여 운영할 수 있다(동법 제29조).

3) 이주배경청소년지원센터

여성가족부장관은 이주배경청소년 지원을 위한 이주배경청소년지원센터를 설치 · 운영할 수 있다(동법 제30조).

제8장 청소년복지시설

1) 청소년복지시설의 종류 및 설치

청소년복지시설의 종류는 다음 각 호와 같다.

1. 청소년쉼터: 가출청소년에 대하여 가정 · 학교 · 사회로 복귀하여 생활할 수 있도록 일정 기간 보호하면서 상담 · 주거 · 학업 · 자립 등을 지원하는 시설
2. 청소년자립지원관: 일정 기간 청소년쉼터 또는 청소년회복지원시설의 지원을 받았는데도 가정 · 학교 · 사회로 복귀하여 생활할 수 없는 청소년에게 자립하여 생활할 수 있는 능력과 여건을 갖추도록 지원하는 시설
3. 청소년치료재활센터: 학습 · 정서 · 행동상의 장애를 가진 청소년을 대상으로 정상적인 성장과 생활을 할 수 있도록 해당 청소년에게 적합한 치료 · 교육 및 재활을 종합적으로 지원하는 거주형 시설
4. 청소년회복지원시설: 소년부 판사가 보호자 또는 보호자를 대신하여 소년을 보호할 수 있는 자로 하여금 감호 위탁 처분을 받은 청소년에 대하여 보호자를 대신하여 그 청소년을 보호할 수 있는 자가 상담 · 주거 · 학업 · 자립 등 서비스를 제공하는 시설

국가 또는 지방자치단체는 청소년복지시설을 설치 · 운영하여야 한다. 국가 또는 지방자치단체 외의 자는 청소년복지시설을 설치 · 운영하려면 해당 시설이 있는 지역을 관할하는 특별자치도지사 또는 시장 · 군수 · 구청장에게 신고하여야 한다.

청소년복지시설을 설치 · 운영하는 자는 청소년복지시설을 이용하는 청소년의 생명 · 신체에 손해가 발생하는 경우 이를 배상하기 위한 보험에 가입하여야 한다(동법 제31조 및 제32조).

2) 가출청소년의 청소년쉼터 계속 이용

청소년쉼터(가출청소년을 7일의 범위에서 일시적으로 보호하는 청소년쉼터는 제외)를 설치 · 운영하는 자는 해당 청소년쉼터에 입소한 가출청소년이 가정폭력, 친족에 의한 성폭력, 그 밖에 가정으로 복귀하여 생활하기 어려운 사유로서 아동학대가 원인이 되어 가출한 경우에는 그 가출청소년 본인의 의사에 반하여 퇴소시켜서는 아니 된다(동법 제32조의2).

3) 청소년복지시설의 종사자

청소년복지시설에는 각 시설의 사업 수행 및 운영에 필요한 종사자를 두어야 한다. 여성가족부장관 또는 지방자치단체의 장은 청소년복지시설 종사자를 양성하고 전문성을 높이기 위한 교육 · 훈련을 실시하여야 한다(동법 제34조).

4) 시설개선, 사업정지, 폐쇄 등

특별자치도지사 또는 시장 · 군수 · 구청장은 국가 또는 지방자치단체 외의 자가 신고한 청소년복지시설이 다음 각 호의 어느 하나에 해당하면 그 시설의 개선, 1개월 이내의 사업정지, 시설의 장의 교체 또는 시설의 폐쇄를 명할 수 있다.

1. 설치기준에 미달하게 된 경우
2. 사회복지법인이나 비영리법인이 설치 · 운영하는 시설인 경우 그 사회복지법인이나 비영리법인의 설립허가가 취소된 경우
3. 회계 부정, 이용자에 대한 인권 침해 등 불법행위가 확인된 경우
4. 사업정지 기간에 사업을 한 경우
5. 이 법 또는 이 법에 따른 명령을 위반한 경우

특별자치도지사 또는 시장 · 군수 · 구청장은 시설의 개선, 사업정지, 시설의 장의 교체

또는 시설의 폐쇄를 명하려면 청문을 하여야 한다.

제9장 보칙

1) 비밀누설의 금지

청소년상담원, 청소년상담복지센터, 이주배경청소년지원센터나 청소년복지시설에서 청소년복지 업무에 종사하거나 종사하였던 사람은 그 직무상 알게 된 비밀을 누설하여서는 아니 된다(동법 제37조).

제10장 벌칙

1) 벌칙

다음 각 호의 어느 하나에 해당하는 사람은 1년 이하의 징역 또는 1천만원 이하의 벌금에 처한다.

1. 건강진단 결과를 공개한 사람
2. 직무상 알게 된 비밀을 누설한 청소년복지 업무에 종사하거나 종사하였던 사람

(동법 제43조)

2) 양벌규정

「노인복지법」 벌칙 중 양벌규정의 내용과 대동소이하므로 해당 부분 참고

Ⅸ. 다문화가족지원법(약칭: 다문화가족법)

[시행 2018. 6. 13.] [법률 제15204호, 2017. 12. 12., 일부개정]

1. 법 제정 의의 및 연혁

「다문화가족지원법」은 결혼이민자 및 그 자녀 등으로 구성되는 다문화가족은 언어 및 문화적 차이로 인하여 사회부적응과 가족구성원 간 갈등 및 자녀교육에 어려움을 겪고 있음에 따라, 다문화가족의 구성원이 우리 사회의 구성원으로 순조롭게 통합되어 안정적인 가족생활을 영위할 수 있도록 하기 위한 가족상담 · 부부교육 · 부모교육 및 가족생활교육 등을 추진하고, 문화의 차이 등을 고려한 언어통역, 법률상담 및 행정지원 등의 전문적인 서비스를 제공하도록 하는 등 다문화가족에 대한 지원정책의 제도적인 틀을 마련하기 위하여 '2008. 3. 21. 법률 제8937호'로 제정되었다.[25)]

다문화가족은 급변하고 사회적인 관심이 증폭되고 있는 가족유형 중의 하나이다. 광의의 개념으로 다문화가족이란, 한 가족 내에 다양한 문화가 공존하고 있는 가족을 의미한다. 한국인 남성과 결혼한 이주여성 가족, 한국인 여성과 결혼한 이주남성가족, 이주민가족(노동자, 유학생) 등이 있다. 한편, 협의의 개념으로는 국제결혼을 통해 형성된 가족만으로 국한한다. 2008년에 제정된 「다문화가족지원법」에는 다문화가족을 협의의 개념으로 사용하고 있어 법에 기초하여 다문화가족의 생활안정, 교육지원 등을 지원하게 된다.[26)]

2. 법의 주요 내용

1) 목적 및 정의

이 법은 다문화가족 구성원이 안정적인 가족생활을 영위하고 사회구성원으로서의 역할과 책임을 다할 수 있도록 함으로써 이들의 삶의 질 향상과 사회통합에 이바지함을 목적으로 한다. 이 법에서 사용하는 용어의 뜻은 다음과 같다.

"다문화가족"이란 다음 각 목의 어느 하나에 해당하는 가족을 말한다.

가. 「재한외국인 처우 기본법」 제2조제3호의 결혼이민자와 「국적법」 제2조부터 제4조까지의 규정에 따라 대한민국 국적을 취득한 자로 이루어진 가족

나. 「국적법」 제3조 및 제4조에 따라 대한민국 국적을 취득한 자와 같은 법 제2조부터 제4조까지의 규정에 따라 대한민국 국적을 취득한 자로 이루어진 가족

"결혼이민자 등"이란 다문화가족의 구성원으로서 다음 각 목의 어느 하나에 해당하는 자를 말한다.

> 가. 「재한외국인 처우 기본법」 제2조 제3호의 결혼이민자
> 나. 「국적법」 제4조에 따라 귀화허가를 받은 자

"아동 · 청소년"이란 24세 이하인 사람을 말한다(동법 제1조 및 제2조).

2) 국가와 지방자치단체의 책무

국가와 지방자치단체는 다문화가족 구성원이 안정적인 가족생활을 영위하고 경제 · 사회 · 문화 등 각 분야에서 사회구성원으로서의 역할과 책임을 다할 수 있도록 필요한 제도와 여건을 조성하고 이를 위한 시책을 수립 · 시행하여야 한다. 특별시 · 광역시 · 특별자치시 · 도 · 특별자치도 및 시 · 군 · 구에는 다문화가족 지원을 담당할 기구와 공무원을 두어야 한다(동법 제3조).

3) 다문화가족 지원을 위한 기본계획 및 연도별 시행계획의 수립

여성가족부장관은 다문화가족 지원을 위하여 5년마다 다문화가족정책에 관한 기본계획을 수립하여야 한다. 기본계획은 다문화가족정책위원회의 심의를 거쳐 확정한다.

여성가족부장관, 관계 중앙행정기관의 장과 시 · 도지사는 매년 기본계획에 따라 다문화가족정책에 관한 시행계획을 수립 · 시행하여야 한다(동법 제3조의2 및 제3조의3).

4) 다문화가족정책위원회의 설치

다문화가족의 삶의 질 향상과 사회통합에 관한 중요 사항을 심의 · 조정하기 위하여 국무총리 소속으로 다문화가족정책위원회를 둔다. 위원장은 국무총리가 된다(동법 제3조의4).

5) 실태조사 등

여성가족부장관은 다문화가족의 현황 및 실태를 파악하고 다문화가족 지원을 위한 정책수립에 활용하기 위하여 3년마다 다문화가족에 대한 실태조사를 실시하고 그 결과를 공표하여야 한다(동법 제4조).

6) 다문화가족에 대한 이해증진

국가와 지방자치단체는 다문화가족에 대한 사회적 차별 및 편견을 예방하고 사회구성

원이 문화적 다양성을 인정하고 존중할 수 있도록 다문화 이해교육을 실시하고 홍보 등 필요한 조치를 하여야 한다(동법 제5조).

7) 생활정보 제공 및 교육 지원

국가와 지방자치단체는 결혼이민자 등이 대한민국에서 생활하는 데 필요한 기본적 정보를 제공하고, 사회적응교육과 직업교육 · 훈련 및 언어소통 능력 향상을 위한 한국어교육 등을 받을 수 있도록 필요한 지원을 할 수 있다. 국가와 지방자치단체는 교육을 실시함에 있어 거주지 및 가정환경 등으로 인하여 서비스에서 소외되는 결혼이민자 등과 배우자 및 그 가족구성원이 없도록 방문교육이나 원격교육 등 다양한 방법으로 교육을 지원하고, 교재와 강사 등의 전문성을 강화하기 위한 시책을 수립 · 시행하여야 한다(동법 제6조).

8) 평등한 가족관계의 유지를 위한 조치

국가와 지방자치단체는 다문화가족이 민주적이고 양성평등한 가족관계를 누릴 수 있도록 가족상담, 부부교육, 부모교육, 가족생활교육 등을 추진하여야 한다. 이 경우 문화의 차이 등을 고려한 전문적인 서비스가 제공될 수 있도록 노력하여야 한다(동법 제7조).

9) 가정폭력 피해자에 대한 보호·지원

국가와 지방자치단체는 다문화가족 내 가정폭력을 예방하기 위하여 노력하여야 한다. 국가와 지방자치단체는 가정폭력으로 피해를 입은 결혼이민자 등을 보호 · 지원할 수 있다. 국가와 지방자치단체는 가정폭력의 피해를 입은 결혼이민자 등에 대한 보호 및 지원을 위하여 외국어 통역 서비스를 갖춘 가정폭력 상담소 및 보호시설의 설치를 확대하도록 노력하여야 한다(동법 제8조).

10) 의료 및 건강관리를 위한 지원

국가와 지방자치단체는 결혼이민자 등이 건강하게 생활할 수 있도록 영양 · 건강에 대한 교육, 산전 · 산후 도우미 파견, 건강검진 등의 의료서비스를 지원할 수 있다. 국가와 지방자치단체는 결혼이민자 등이 제1항에 따른 의료서비스를 제공받을 경우 외국어 통역 서비스를 제공할 수 있다(동법 제9조).

11) 아동·청소년 보육·교육

국가와 지방자치단체는 아동 · 청소년 보육 · 교육을 실시함에 있어서 다문화가족 구성원인 아동 · 청소년을 차별하여서는 아니 된다. 국가와 지방자치단체는 다문화가족 구성원인 아동 · 청소년이 학교생활에 신속히 적응할 수 있도록 교육지원대책을 마련하여야 하고, 특별시 · 광역시 · 특별자치시 · 도 · 특별자치도의 교육감은 다문화가족 구성원인 아동 · 청소년에 대하여 학과 외 또는 방과 후 교육 프로그램 등을 지원할 수 있다(동법 제10조).

12) 다국어에 의한 서비스 제공

국가와 지방자치단체는 지원정책을 추진함에 있어서 결혼이민자 등의 의사소통의 어려움을 해소하고 서비스 접근성을 제고하기 위하여 다국어에 의한 서비스 제공이 이루어지도록 노력하여야 한다(동법 제11조).

13) 다문화가족 종합정보 전화센터의 설치·운영 등

여성가족부장관은 다국어에 의한 상담 · 통역 서비스 등을 결혼이민자 등에게 제공하기 위하여 다문화가족 종합정보 전화센터를 설치 · 운영할 수 있으며, 이 경우 긴급전화센터와 통합하여 운영할 수 있다(동법 제11조).

14) 다문화가족지원센터의 설치·운영 등

국가와 지방자치단체는 다문화가족지원센터(이하 "지원센터"라 한다)를 설치 · 운영할 수 있다.

국가 또는 지방자치단체 아닌 자가 지원센터를 설치 · 운영하고자 할 때에는 미리 시 · 도지사 또는 시장 · 군수 · 구청장의 지정을 받아야 한다. 지원센터는 다음 각 호의 업무를 수행한다.

1. 다문화가족을 위한 교육 · 상담 등 지원사업의 실시
2. 결혼이민자 등에 대한 한국어교육
3. 다문화가족 지원서비스 정보제공 및 홍보
4. 다문화가족 지원 관련 기관 · 단체와의 서비스 연계
5. 일자리에 관한 정보제공 및 일자리의 알선
6. 다문화가족을 위한 통역 · 번역 지원사업
7. 그 밖에 다문화가족 지원을 위하여 필요한 사업

지원센터에는 다문화가족에 대한 교육 · 상담 등의 업무를 수행하기 위하여 관련 분야에 대한 학식과 경험을 가진 전문인력을 두어야 한다. 여성가족부장관 또는 시 · 도지사는 지원센터에 두는 전문인력의 자질과 능력을 향상시키기 위하여 보수교육을 실시하여야 한다(동법 제12조 및 제12조의2).

15) 다문화가족지원사업 전문인력 양성

국가 또는 지방자치단체는 다문화가족지원 및 다문화 이해교육 등의 사업 추진에 필요한 전문인력을 양성하는 데 노력하여야 한다(동법 제13조의2).

16) 민간단체 등의 지원

국가와 지방자치단체는 다문화가족 지원 사업을 수행하는 단체나 개인에 대하여 필요한 비용의 전부 또는 일부를 보조하거나 그 업무수행에 필요한 행정적 지원을 할 수 있다. 국가와 지방자치단체는 결혼이민자 등이 상부상조하기 위한 단체의 구성 · 운영 등을 지원할 수 있다(동법 제16조).

17) 과태료

지원센터가 아니면 다문화가족지원센터 또는 이와 유사한 명칭을 사용한 자에게는 300만원 이하의 과태료를 부과한다(동법 제17조).

미주

1) 김기원(2009). 『사회복지법제론』. 서울: 나눔의집, pp. 563-676.
2) 국가기록원, www.archives.go.kr
3) 법제처, www.moleg.go.kr
4) 상동.
5) 상동.
6) 국가기록원, www.archives.go.kr
7) 법제처, www.moleg.go.kr
8) 국가기록원, www.archives.go.kr
9) 법제처, www.moleg.go.kr
10) 상동.
11) 한국장애인고용공단, 장애인의무고용제도, www.kead.or.kr
12) 국가기록원, www.archives.go.kr
13) 법제처, www.moleg.go.kr
14) 상동.
15) 상동.
16) 상동.
17) 상동.
18) 국가기록원, www.archives.go.kr
19) 법제처, www.moleg.go.kr
20) 상동.
21) 상동.
22) 국가기록원, www.archives.go.kr
23) 법제처, www.moleg.go.kr
24) 상동.
25) 상동.
26) 국가기록원, www.archives.go.kr

제16장 사회복지법 판례

Ⅰ. 판례의 의의

판례(判例, precedents)란 선례가 되는 재판으로 법원이 특정 소송사건에 대하여서 법을 해석하거나 적용하여 내린 판단을 말한다. 당사자의 제소(提訴)에 의하여 법원이 그 구체적인 소송에서 내린 법원의 판단은 그 사건에 관해서만 구속력을 갖는 것이고, 다른 사건에 대하여는 구속력이 없는 것이다.[1] (판례의 법체계상 의의에 관해서는 '제3장 사회복지법의 체계'의 내용 가운데 '2. 불문법 2) 판례법' 참고.)

영미법계국가에서는 불문법제도를 채택하고 있어서는 선례구속주의(principle of state decisis)에 근거하여 판례는 법원(法源)으로서 법적 구속력을 갖고 있지만, 우리나라, 독일, 프랑스와 같은 대륙법계국가에서는 성문법제도를 채택하고 있어 판례는 법적 구속력을 갖지 못하고 사실상의 구속력만을 갖는다. 우리나라도 성문법주의를 택하고 있기 때문에 판례에 대하여는 법률상의 구속력을 인정하지 않는다. 그러나 법원의 판결은 그 속에 포함되어 있는 일반적 합리성으로 말미암아 다른 유사사건에 관하여 법원이 재판할 경우에는 먼저의 재판이 나중 재판의 선례가 되고, 또 법원에 상하의 계급을 두어 하급법원의 재판에 대해 상급법원에 불복신청을 허용하고, 동일 사건을 다른 계급의 법원으로 하여금 반복 심판하게 하는 법원간의 상하관계를 규정한 심급제도(審級制度)를 택하고 있기 때문에 하급심에서는 대법원같은 상급심에서 파기될 가능성이 명백한 판결을 내리기 어렵고, 소송당사자도 재판에서 승소하기 위해서는 판례를 존중하여야 하기 때문에 판례는 사실상 구속력을 발휘하게 되고 법규범으로 작용하게 된다.[2] 또한 헌법재판소의 헌법불합치 판결은 사회복지정책 전반에 걸쳐 영향을 미치고 있으며, 다른 국가정책에도 지대한 영향을 미친다. 대법원이나 헌법재판소는 판례집을 공개함으로써 하급심 법원은 물론 국가와 일반국민들이 법률행위를 함에 있어 고려하도록 하고 있다.

사회복지법과 관련된 판례는 한편으로는 공익소송적인 의미를 갖는다. 공익소송(public interest litigation)이란 공공의 이익을 위해 제기된 소송을 말한다. 사회복지소송에 대한 법원의 판결은 소송당사자인 개인이나 집단뿐만 아니라 국민 다수의 이익에 직접적으로 영향을 미칠 수 있기 때문에 결과적으로 국가의 사회복지제도와 정책에 근본적인 변화를 가져오게 된다.[3] 이 장에서는 우리나라 사회복지법과 관련된 소송들이 실제 법원에서 어떻게 판결이 이루어지고 있는가를 파악하기 위하여 대법원과 헌법재판소의 일부 판례를 소개한다.[4][5]

Ⅱ. 사회보험법 관련 판례

사회보험법과 관련된 헌법재판소 및 대법원 판례로는 다음과 같은 판례가 있다.

국민연금법 관련 판례

국민연금 수급권 관련 판례

2010두8065 반환일시금부지급처분취소(2012. 2. 9. 대법원 제1부, 피고 국민연금공단)

2007. 7. 23. 전부 개정된 「국민연금법」의 시행 당시 이미 60세를 경과한 사람도 같은 법 제116조 제1항에 의하여 시효소멸한 반환일시금 수급권을 다시 취득하는지에 관한 판례

[판결] 법 시행 당시에 이미 60세가 지난 원고의 경우에도 법 제116조 제1항, 제77조 제1항 제1호의 규정에 기하여 소멸시효의 완성에 불구하고 반환일시금을 다시 지급받을 수 있는지에 관하여 보건대, ① 2007. 7. 23. 법이 전부 개정되면서 법 제116조 제1항과 같은 규정을 둔 취지는, 가입자자격 상실 후 1년이 경과하거나 국적상실 또는 국외이주 등의 사유로 가입자가 반환일시금 수급권을 취득하였으나 향후 재가입할 의사 등으로 반환일시금을 지급받지 아니하다가 소멸시효가 완성된 경우에, 가입자의 자격을 다시 취득하여 노령연금의 최소가입기간(10년)을 충족한 사람은 가입기간을 합산받아 종전의 가입기간을 모두 인정받게 되므로 불이익이 없으나, 가입자의 자격을 다시 취득하지 아니한 사람은 반환일시금을 지급받을 기회가 봉쇄되므로 이러한 사람들에게도 노령연금의 지급시기인 60세가 되는 시점에서 다시 반환일시금 수급기회를 부여함으로써 가입기간 중 기여에 대한 보상을 보장하고 국민연금제도에 대한 국민의 신뢰를 제고하기 위한 것인 점, ② 법 시행 전에 이미 60세가 된 사람보다 법 시행 후에 비로소 60세가 된 사람의 반환일시금 수급권을 보호할 필요성이 더 크다거나 달리 취급할 만한 특별한 이유가 없고 수급자가 기여한 연금보험료의 반환이라는 측면에서 그 성격이 같다고 할 것인데도, 피고의 주장처럼 전자의 반환일시금 수급권에 대해서만 본인이 사망한 후에 유족이 비로소 청구할 수 있다고 하는 것은 전자에 대한 불합리한 차별

대우라고 할 것인 점, ③ 법 제77조 제1항이 반환일시금 수급대상자에 관한 규정이긴 하나 법 제116조 제1항에서의 '제77조 제1항 제1호에 해당하게 된 때'란 반환일시금 수급대상자를 의미한다기보다는 시효소멸한 반환일시금 수급권을 60세가 된 때부터 행사할 수 있다는 의미로 이해하는 것이 고령 등으로 근로활동을 할 수 없는 국민을 부양하기 위한 이 법의 목적 및 법 제116조에서 소멸시효의 특례를 규정한 취지에도 부합한다고 할 것인 점 등에 비추어 보면, 법 시행 당시에 이미 60세가 지난 원고의 경우에도 법 제116조 제1항, 제77조 제1항 제1호의 규정에 의하여 그 소멸시효의 완성에 불구하고 구법 제67조 제1항 제1호에 기한 반환일시금을 지급받을 수 있다고 봄이 상당하다.

산업재해보상보험법 관련 판례

출퇴근 산업재해 관련 판례(출퇴근 재해 관련)

대법 2011두28165 유족급여등부지급처분취소[대법원 제2부 2012. 11. 29.]

외형상으로는 출퇴근의 방법과 그 경로의 선택이 근로자에게 맡겨진 것으로 보이지만, 출퇴근 도중에 업무를 행하였다거나 통상적인 출퇴근시간 이전 혹은 이후에 업무와 관련한 긴급한 사무처리나 그 밖에 업무의 특성이나 근무지의 특수성 등으로 출퇴근의 방법 등에 선택의 여지가 없어, 실제로는 그것이 근로자에게 유보된 것이라고 볼 수 없고 사회통념상 아주 긴밀한 정도로 업무와 밀접 · 불가분의 관계에 있다고 판단되는 경우 업무상 재해에 해당하는지 여부
사업주가 제공한 교통수단을 근로자가 이용하거나 또는 사업주가 이에 준하는 교통수단을 이용하도록 하는 경우뿐만 아니라, 외형상으로는 출퇴근의 방법과 그 경로의 선택이 근로자에게 맡겨진 것으로 보이지만, 출퇴근 도중에 업무를 행하였다거나 통상적인 출퇴근시간 이전 혹은 이후에 업무와 관련한 긴급한 사무처리나 그 밖에 업무의 특성이나 근무지의 특수성 등으로 출퇴근의 방법 등에 선택의 여지가 없어, 실제로는 그것이 근로자에게 유보된 것이라고 볼 수 없고 사회통념상 아주 긴밀한 정도로 업무와 밀접 · 불가분의 관계에 있다고 판단되는 경우에도, 그러한 출퇴근 중에 발생한 재해와 업무 사이에는 직접적이고도 밀접한 내적 관련성이 존재하여 그 재해는 사업주의 지배관리 아래 업무상의 사유로 발생한 것이라고 볼 수 있다.

Ⅲ. 공공부조법 관련 판례

생활보호법(신 국민기초생활 보장법) 관련 판례: 생계보호수준 관련 판례
[1994년 생계보호기준위헌확인, 헌법재판소 1997. 5. 29. 94헌마33 전원재판부]

청구인들은 부부이고 「생활보호법」 제6조 제1항 및 동법시행령 제6조 제1호 소정의 "거택보호 대상자"로서, 1994. 1. 경 보건복지부장관이 고시한 1994년 생활보호사업 지침상의 "1994년 생계 보호기준"에 의하여 생계보호급여를 받고 있는바, 이 보호급여 수준은 최저생계비에도 훨씬 미치지 못하여 「헌법」상 보장된 청구인들의 행복추구권과 인간다운 생활을 할 권리를 침해하고 있다는 이유로 1994. 2. 25. 위 "1994년 생계보호기준"에 대한 헌법소원심판 청구에 대한 판례

1. 모든 국민은 인간다운 생활을 할 권리를 가지며 국가는 생활능력 없는 국민을 보호할 의무가 있다는 「헌법」의 규정은 입법부와 행정부에 대하여는 국민소득, 국가의 재정능력과 정책 등을 고려하여 가능한 범위 안에서 최대한으로 모든 국민이 물질적인 최저생활을 넘어서 인간의 존엄성에 맞는 건강하고 문화적인 생활을 누릴 수 있도록 하여야 한다는 행위의 지침, 즉 행위규범으로서 작용하지만, 헌법재판에 있어서는 다른 국가기관, 즉 입법부나 행정부가 국민으로 하여금 인간다운 생활을 영위하도록 하기 위하여 객관적으로 필요한 최소한의 조치를 취할 의무를 다하였는 지의 여부를 기준으로 국가기관의 행위의 합헌성을 심사하여야 한다는 통제규범으로 작용하는 것이다. 그러므로 국가가 인간다운 생활을 보장하기 위한 헌법적인 의무를 다하였는지의 여부가 사법적 심사의 대상이 된 경우에는, 국가가 생계보호에 관한 입법을 전혀 하지 아니하였다든가 그 내용이 현저히 불합리하여 「헌법」상 용인될 수 있는 재량의 범위를 명백히 일탈한 경우에 한하여 「헌법」에 위반된다고 할 수 있다.
2. 국가가 행하는 생계보호의 수준이 그 재량의 범위를 명백히 일탈하였는지의 여부, 즉 인간다운 생활을 보장하기 위한 객관적 내용의 최소한을 보장하고 있는지의 여부는 「생활보호법」에 의한 생계보호급여만을 가지고 판단하여서는 아니되고, 그 외의 법령에 의거하여 국가가 생계보호를 위하여 지급하는 각종 급여나 각종 부담의 감면 등을 총괄한 수준을 가지고 판단하여야 하는바, 1994년도를 기준으로 생활보호대상자에 대한 생계보호급여와 그 밖의 각종 급여 및 각종 부담감면의 액수를 고려할 때, 이 사건 생계보호기준이 청구인들의 인

간다운 생활을 보장하기 위하여 국가가 실현해야 할 객관적 내용의 최소한도의 보장에도 이르지 못하였다거나 「헌법」상 용인될 수 있는 재량의 범위를 명백히 일탈하였다고는 보기 어렵고, 따라서 비록 위와 같은 생계보호의 수준이 일반 최저생계비에 못 미친다고 하더라도 그 사실만으로 곧 그것이 「헌법」에 위반된다거나 청구인들의 행복추구권이나 인간다운 생활을 할 권리를 침해한 것이라고는 볼 수 없다.

Ⅳ. 사회서비스법 관련 판례

노인복지법 관련 판례: 노령수당지급대상자 관련 판례
[대법원 1996. 4. 12. 선고 95누7727 판결]

노령수당의 지급대상자를 "70세 이상"으로 규정한 부분은 법령의 위임한계를 벗어난 것인지 여부

1. 보건사회부장관이 정한 「1994년도 노인복지사업지침」은 노령수당의 지급대상자의 선정기준 및 지급수준 등에 관한 권한을 부여한 「노인복지법」 제13조 제2항, 같은법시행령 제17조, 제20조 제1항에 따라 보건사회부장관이 발한 것으로서 실질적으로 법령의 규정내용을 보충하는 기능을 지니면서 그것과 결합하여 대외적으로 구속력이 있는 법규명령의 성질을 가지는 것으로 보인다.
2. 법령보충적인 행정규칙, 규정은 당해 법령의 위임한계를 벗어나지 아니하는 범위 내에서만 그것들과 결합하여 법규적 효력을 가지고, 「노인복지법」 제13조 제2항의 규정에 따른 「노인복지법 시행령」 제17조, 제20조 제1항은 노령수당의 지급대상자의 연령범위에 관하여 위 법 조항과 동일하게 "65세 이상의 자"로 반복하여 규정한 다음 소득수준 등을 참작한 일정소득 이하의 자라고 하는 지급대상자의 선정기준과 그 지급대상자에 대한 구체적인 지급수준(지급액) 등의 결정을 보건사회부장관에게 위임하고 있으므로, 보건사회부장관이 노령수당의 지급대상자에 관하여 정할 수 있는 것은 65세 이상의 노령자 중에서 그 선정기준이 될 소득수준 등을 참작한 일정소득 이하의 자인 지급대상자의 범위와 그 지급대상자에 대하여 매년 예산확보상황 등을 고려한 구체적인 지급수준과 지급시기, 지급방법 등일 뿐이지, 나아가 지급대상자의 최저연령을 법령

상의 규정보다 높게 정하는 등 노령수당의 지급대상자의 범위를 법령의 규정보다 축소 · 조정하여 정할 수는 없다고 할 것임에도, 보건사회부장관이 정한 「1994년도 노인복지사업지침」은 노령수당의 지급대상자를 "70세 이상"의 생활보호대상자로 규정함으로써 당초 법령이 예정한 노령수당의 지급대상자를 부당하게 축소 · 조정하였고, 따라서 위 지침 가운데 노령수당의 지급대상자를 "70세 이상"으로 규정한 부분은 법령의 위임한계를 벗어난 것이어서 그 효력이 없다.

미주

1) 김기원(2009). 『사회복지법제론』. 서울: 나눔의집, pp. 747-767.

2) 고창현(1997). 『법학원론』. 서울: 박영사, pp. 6-8, 27-38, 36-42.

3) 윤찬영(2000). 『사회복지법제론 I』. 경기: 나남출판, pp. 351-362.

4) 대법원, www.scourt.go.kr

5) 헌법재판소, www.ccourt.go.kr

찾아보기

ㅅ

저자 소개

김기원(Kim, Kiweon)

고려대학교 법과대학 행정학과 (B.A.)
University of Texas(Dallas) (M.A.)
University of Texas(Dallas) [Ph.D.(Political Economy–concentration: social policy)]
현 서울장신대학교 사회복지학과 교수

〈경력〉

Research Assistant[University of Texas(Dallas)] 역임
한국사회복지학회 이사, 편집위원 및 연구위원 역임
한국사회복지정책학회 이사 겸 정책위원 역임
한국학술진흥재단 연구과제 심사위원 역임
행정고등고시 출제, 채점 및 평가위원 역임
7급 공무원 및 9급 공무원 시험 출제위원
사회복지사 1급 국가시험 출제위원, 정답심사위원 역임
사회복지교육협의회 사회복지법제론 교과목지침서 책임집필위원 역임
사회복지공동모금회 중앙회 배분위원 역임
노동부 근로복지공단 정책자문위원 역임
기획예산처 voucher system 자문위원 역임
한국장애인고용촉진공단 연구자문위원 역임
한국건강증진개발원 프로그램 자문위원
대한예수교장로회(통합) 총회 사회봉사위원 역임
지역사회복지계획 수립 책임연구원 역임
지방자치단체 시정자문위원
경기복지재단 복지시설인증전문자문위원장 역임
미국 달라스 영광한글학교 교장 역임
고려대학교, 서울대학교 등 대학원 강사 및 박사논문심사위원 역임

〈저서〉

공공부조론(학지사, 2000)-문화관광부 선정 우수학술도서

한국사회복지정책론(나눔의집, 2003)

민영교도소론(한국학술정보, 2004) 외 다수

사회복지법제론(나눔의집, 2009)

기독교사회복지론(교육과학사, 2009)

최근 사회복지입법의 분석적 이해(정민사, 2015)

사회보장론(정민사, 2016)

사회복지조사론(교육과학사, 2016)

사회복지정책론(학지사, 2017)

사회문제론(정민사, 2017)

외 다수

〈논문〉

사회복지, 경제성장, 소득분배의 상호관계성에 관한 연구, 사회복지연구 6호, 서울대학교 사회복지연구소, 1995.

사회복지재정보조금 활용방안에 관한 연구, 한국정책학회보 제4권, 한국정책학회, 1996.

실업정책대안 개별화 필요성에 관한 연구, 사회복지정책 12호, 한국사회복지정책학회, 2001.

경제성장 친화적 사회복지정책대안에 관한 연구, 한국사회정책 제9권, 한국사회정책학회, 2002.

장수시대의 노인의 경제적 문제와 정책 대안에 관한 연구, 서울장신논단 제22집, 서울장신대학교, 2014.

칼뱅의 『기독교강요』에 나타난 사회복지사상, 한국기독교신학논총 108, 한국기독교학회, 2018.

외 사회복지관련 논문 다수

사회복지법제와 실천

Social Welfare Legislation and Practice

2019년 1월 20일 1판 1쇄 발행
2023년 1월 20일 1판 2쇄 발행

지은이 • 김 기 원

펴낸이 • 김 진 환
펴낸곳 • (주) 학지사
04031 서울특별시 마포구 양화로 15길 20 마인드월드빌딩 5층
대표전화 • 02) 330-5114 팩스 • 02) 324-2345
등록번호 • 제313-2006-000265호
홈페이지 • http://www.hakjisa.co.kr
페이스북 • https://www.facebook.com/hakjisabook

ISBN 978-89-997-1725-3 93330

정가 **22,000**원